Joachim C. Fest
Das Gesicht des Dritten Reiches

Serie Piper
Band 199

Zu diesem Buch

In der zeitgeschichtlichen Literatur wurde der individuelle psychologische Hintergrund des nationalsozialistischen Herrschaftssystems lange Zeit wenig beachtet. Dem politisch aufgeschlossenen Menschen, der sich mit den Erfahrungen jener Jahre auseinandersetzt, drängt sich jedoch notwendig die Frage nach der menschlichen Realität und dem persönlichen Profil jener Männer auf, die als Spitzenfiguren einer Massenbewegung große Teile des deutschen Volkes hinter sich brachten und der heutigen Generation die grauenvollen Spuren ihres Wirkens hinterließen.
Woher kamen sie, aus welchem Milieu und welchen Berufen? Welche Antriebe und Ideen bestimmten sie, was verband sie miteinander und machte sie zu Exponenten der Affekte und geheimen Wünsche großer Bevölkerungsteile? Und wer waren die anderen, die in den höchsten Stellungen des Unrechtsstaates aus Ehrgeiz mitwirkten und dadurch objektiv mitschuldig wurden, mochten sie auch subjektiv anständig bleiben? Was machte sie anfällig für die Faszination der totalitären Macht und blind für deren Verbrechen?
Joachim C. Fest beantwortet diese Fragen in seinen analytischen Charakterporträts. Neben den Einzelgestalten, von denen manche heute nur mehr schemenhaft bekannt sind, erscheinen in eigenen Kapiteln auch gesellschaftliche Gruppen wie die Generalität und die Intellektuellen in ihren für die damalige Zeit typischen Verhaltensweisen. Damit erweist sich das Buch als Beitrag zu einer Psychologie des Totalitarismus im allgemeinen.

Joachim C. Fest wurde 1926 in Berlin geboren. Nach Kriegsteilnahme und Gefangenschaft studierte er Rechtswissenschaft, Geschichte und Soziologie und war zwei Jahre als freier Autor tätig. Dann übernahm er eine Redaktion beim RIAS Berlin. 1955 begann er, neben anderen historischen und soziologischen Sendungen, mit einer großen Sendereihe, in der er Grundzüge der jüngeren deutschen Geschichte von Bismarck bis zum Jahr 1945 entwickelte. 1961 wechselte er zum Norddeutschen Rundfunk und war von 1963 bis 1968 Chefredakteur des Fernsehens. Er moderierte eine Zeitlang das politische Magazin »Panorama«. 1973 erschien seine grundlegende Hitler-Biographie, die in alle bedeutenden Kultursprachen übersetzt wurde. Im gleichen Jahr trat Fest als Mitherausgeber in die Frankfurter Allgemeine Zeitung ein.

Joachim C. Fest

Das Gesicht des Dritten Reiches

Profile einer totalitären Gesellschaft

Piper
München Zürich

ISBN 3-492-10199-2
8. Auflage, 44.–47. Tausend Juli 1986
(2. Auflage, 11.–14. Tausend dieser Ausgabe)

Umschlag: Federico Luci
Gesamtherstellung Clausen & Bosse, Leck
Printed in Germany

INHALT

Meinem Vater

»Jahrhunderte braucht ein Wald, um zu wachsen, in einer Nacht brennt er ab.«

Georges Sorel

»Keine Nation wird sich die Finger zweimal verbrennen. Der Trick des Rattenfängers von Hameln verfängt nur einmal.«

Adolf Hitler

VORWORT

Der Baum, auf dem die Eule der Minerva sitzt, hat viele Zweige. Die in diesem Buch vereinigten Porträts verdanken ihre Entstehung einem unter streng fachlichem Gesichtspunkt eher profanen Zusammenhang. In ihrer ursprünglichen Fassung waren sie Teil einer breitangelegten Sendereihe über die jüngere deutsche Geschichte, die der Verfasser im Auftrag von Rias-Berlin geschrieben hat. Den Anstoß dazu gab die durch zahlreiche Anregungen, auch aus der Öffentlichkeit, bestärkte Überlegung, daß es geboten sei, den in der zeitgeschichtlichen Literatur bis dahin weitgehend vernachlässigten individuellen und psychologischen Hintergrund der nationalsozialistischen Herrschaft zu untersuchen.

Schon während der Vorarbeiten zu diesem Unternehmen wurde erkennbar, daß die Beschränkung ausschließlich auf das persönliche Profil der Führungsfiguren des Dritten Reiches, die für ihren Weg in die Politik bestimmend gewordenen Affektlagen, die Motivstrukturen ihres Verhaltens usw. das Thema unnötig und wohl auch unzulässig verengen würde. Infolgedessen wurde versucht, in jedes einzelne Porträt den ihm zugeordneten »rahmenfüllenden Hintergrund« einzufügen. Das heißt beispielsweise: Im Zusammenhang mit der Person Ribbentrops wurden einige hervorstechende Merkmale der nationalsozialistischen Außenpolitik analysiert; die Erscheinung Bormanns gab das Stichwort zu einigen Gedanken über die Herrschaftsstruktur des Hitlerreichs, Himmler das zu verschiedenen Anmerkungen über Wesenselemente und Zielsetzungen des SS-Staates, während es bei Goebbels nahelag, Maximen, Voraussetzungen und Stil der nationalsozialistischen Propaganda zu beleuchten. Über die individuelle Charakteristik hinaus zielt daher jedes Porträt immer auf die Signifikanz, die der skizzierten Erscheinung im Rahmen eines Gesamtporträts des Dritten Reiches wesentlich zukommt. Lediglich der in fünf Teile aufgegliederte Beitrag über Hitler versucht, zugleich die allgemeine Geschehenskulisse jener 25 Jahre zu veranschaulichen, die den gemeinsamen geschichtlichen Hintergrund in Aufstieg und Wirken sämtlicher hier vorgestellten Akteure bildet, ohne doch die primär biographische Aufgabe zu vernachlässigen. Obwohl die Darstellung bei diesem Verfahren zwangsläufig einen Zug zum Systematischen erhielt, will sie keine, wenn auch noch so begrenzte Systematik der nationalsozialistischen Herrschaft sein. Ihr Anspruch ist bescheidener. So wie die Porträts selbst, den Regeln der Porträtkunst folgend, sich auf die wesentlichen Linien zu beschränken versuchen und im übrigen die Tugend des Weglassens üben, geht es auch in den sachlichen Zusammenhängen darum, einige, dem Verfasser wichtig erscheinende Aspekte zu Idee und Wirklichkeit des Dritten Reiches sichtbar zu machen.

Immerhin war dabei die Absicht bestimmend, möglichst alle wesentlichen Züge jenes Herrschaftsgebildes in die Darstellung aufzunehmen, so daß der Leser am Ende mehr als ein nur vom Rang der ausgewählten Akteure geprägtes Bild erhält. Es war daher angezeigt, neben den Einzelgestalten das Verhalten bestimmter Gruppen, soweit sie von keiner individuellen Figur hinreichend repräsentiert werden, in die Betrachtung einzubeziehen. Das gilt beispielsweise für die Generalität, die sogenannten Intellektuellen oder auch für die aus der Aufstiegsgeschichte Hitlers und damit der nationalsozialistischen Bewegung nicht fortzudenkende Rolle der Frauen. Wie auf der einen Seite die individuellen, so stehen hier soziale Physiognomien für jeweils eine charakteristische Linie im ›Gesicht des Dritten Reiches‹.

Allerdings bedarf es an dieser Stelle einer einschränkenden Bemerkung. Der Intention nach zielt das Buch auf die Beschreibung und Analyse psychologischer Strukturen; die Aufgabe, die es sich gestellt hat, ist die Darstellung mehr oder minder typischer, am nationalsozialistischen Beispiel demonstrierter Varianten des totalitär anfälligen Menschen. Sofern einzelne Vordergrundfiguren aus dem Herrschaftsapparat des Dritten Reiches zwar unter dem Gesichtspunkt einer möglichst umfassenden sachlichen Fragestellung Interesse hätten beanspruchen können, ihre Persönlichkeit an sich jedoch keine oder aber nur solche Aufschlüsse vermittelte, die schon von der Persönlichkeit des einen oder anderen ihrer Führungspartner verfügbar gemacht worden waren, wurden sie hier nicht berücksichtigt. Das gilt zum Beispiel von Robert Ley. Die Bedeutung des »sozialistischen« Elements innerhalb der nationalsozialistischen Ideologie, die heute noch immer respektvoll registrierten Maßnahmen des Regimes zur Arbeitsbeschaffung, seine Sozial- und Wirtschaftspolitik hätten in einer Darstellung mit dem Anspruch annähernder systematischer Vollständigkeit gewiß in einem eigenen Kapitel erörtert werden müssen. Die Erscheinung Robert Leys hingegen in ihrem zugleich schwächlichen, verstiegenen und derben, insgesamt aber dürftigen Zuschnitt legte den Verzicht auf einen zusätzlichen Beitrag um so eher nahe, als die persönlichen Strukturen sich in diesem Falle mit denen einiger anderer Partner aus dem Gefolge Hitlers weitgehend decken. Ähnlich verhält es sich mit Julius Streicher, Fritz Sauckel oder Wilhelm Frick. Entsprechendes gilt, freilich mit verändertem Vorzeichen, auch von der weithin noch immer nahezu unbegreiflich überschätzten Erscheinung Hindenburgs, dem geradezu klassischen Lehrbeispiel für den von merkwürdig launischen Umständen bestimmten Mythologisierungsprozeß an einer bewährungsuntüchtigen Durchschnittsfigur. Auch er, der »greise Feldmarschall des großen Krieges«, gehört auf seine Weise und an der Seite des »Unbekannten Soldaten« eben dieses Krieges zum Gesicht des Dritten Reiches. Darüber hinaus wäre es denkbar gewesen, die Gruppenporträts durch eine Untersuchung über die Verhaltensweisen der Parteien, der Beamtenschaft, der Juristen, der Kirchen zu ergänzen; oder schließlich auch der Industriellen, obwohl gerade dieses Beispiel den für den Verfasser ausschlaggebenden Verzichtsgrund sinnfällig zu machen vermag. Denn trotz aller gewiß verhängnisvollen Unterstützung, die Hitler von dieser Seite erfuhr, waren es doch weniger die Millionen der (vor allem schwerindustriellen) Geldgeber, die ihm den Weg ebneten, als vielmehr die Millionen Unzufriedener, Erbitterter, von Deklassierungsängsten Erfüllter, die unter den Belastungen der Stunde politische Vernunft und Urteilswilligkeit vermissen ließen und sich immer süchtiger dem planmäßig um die Person des »Führers« entfachten Erlöserkult ergaben. Damit soll vor allem gesagt sein, daß das Versagen der genannten Gruppen im Durchschnitt dem Versagen des gesamten Volkes entsprach. Es ist zu befürchten, daß der betonte Hinweis auf das Fehlverhalten einzelner Gruppen, zumindest in dem hier gegebenen Rahmen, den ohnehin vorhandenen Tendenzen zur Fremdbezichtigung Vorschub leistet und das Bewußtsein für den unbestreitbaren Schuldanteil des gesamten Volkes am Geschehen jener Jahre weiter verdunkelt.

Endlich sollte vermerkt werden, daß der sowohl im Titel als auch im Text selbst durchweg verwendete Begriff des Dritten Reiches auf kritische Einwendungen stoßen könnte, da er strenggenommen nicht ganz exakt ist. Das nationalsozialistische Herrschaftssystem hat sich, nach der im Herbst 1933 erfolgten »Verkündung des Dritten Reiches«, seinem expansiven Drang entsprechend, später als Großdeutsches Reich und auf dem Höhepunkt, in den maßlosen Weltherrschaftsentwürfen seiner führenden Vertreter, als

Großgermanisches Reich verstanden und bezeichnet. Aber wenn der Begriff des Dritten Reiches nicht nur einen rein numerischen Sachverhalt ausdrükken, sondern – wie es doch tatsächlich der Fall war – zugleich die damit verbundenen endzeitlichen Erwartungen und Sehnsüchte usurpieren sollte, dann schwang auch in den späteren Bezeichnungen noch etwas von dem chiliastischen Unterton der anfänglichen Formel mit. Es war, wenn auch pervertiert und auf eigentümlich zwiespältige Weise dem monströsen, alles überlagernden Machtanspruch unterworfen, immer das »Dritte Reich«, dem die Bestrebungen, der unentwegte Leistungshunger und die Verbrechen des Regimes ebenso wie der irregeleitete Enthusiasmus seiner Anhänger und zeitweise nahezu des ganzen Volkes galten.

Es ist die Absicht dieses Buches, einige Elemente für die Beantwortung der Frage nach der totalitären Anfälligkeit des Menschen unserer Zeit bereitzustellen. Der historische Tatbestand, der diese Untersuchung veranlaßt hat und ihre Grenzen bestimmt, hat zur Folge, daß diese Frage nur auf der Ebene eines Landes, einer Nation gestellt wird. Tatsächlich vermittelt die Lektüre über weite Strecken hin den Eindruck einer Sammlung typischer deutscher Versagensweisen in der geschichtlichen und politischen Bewährung. Aber damit ist möglicherweise nicht mehr als nur ein spezifischer Ursachenkomplex angedeutet. Einiges spricht immerhin für die Auffassung, daß es anders gelagerte Voraussetzungen gibt, die zu den gleichen oder doch ähnlichen Erscheinungen des Totalitären führen. Die Frage wäre dann, ob die allgemeine Bedingung für den von den totalitären Herrschaftssystemen ja nicht nur geforderten, sondern auch millionenfach freudig geleisteten Verzicht des Menschen auf sich selbst nicht schon in der Heimatlosigkeit dieses Menschen liegt, in seiner geistigen und moralischen Orientierungsnot, seiner personalen Schwäche, seinem blinden Hunger nach den vorgeblichen Gewißheiten einer »Weltanschauung«, und ob nicht die besonderen, in den historischen, gesellschaftlichen und psychologischen Strukturen eines einzelnen Volkes begründeten Voraussetzungen den totalitären Neigungen lediglich die größere oder geringere Durchschlagskraft und die eigentümlichen Prägungen verschaffen. Daraus folgte dann die weitere Frage, wie und ob überhaupt dem totalitären Drang noch zu widerstehen sei.

Doch weist diese Frage über den Rahmen des vorliegenden Buches hinaus. Am Ende ist dies weniger eine Frage, die von Büchern als vielmehr von Menschen beantwortet werden sollte.

VOM MÄNNERHEIM ZUR REICHSKANZLEI:

DER WEG ADOLF HITLERS

I. TEIL: DIE ZEIT DER INKUBATION

»Ich glaube, daß es Gottes Wille war, von hier einen Knaben in das Reich zu schicken, ihn groß werden zu lassen, ihn zum Führer der Nation zu erheben . . .«

Adolf Hitler 1938 in Linz

»Den Führer Hitler kennt nur, wer den jungen Hitler kennt.«

Franz Jetzinger

Der Aufstieg Adolf Hitlers vom »armen Teufel« aus Braunau und Insassen des Wiener Männerheims zur Herrschaft über Deutschland und einen Teil der Welt ist eine der erstaunlichen und beunruhigenden Karrieren der Geschichte. Sie wurde möglich durch das einzigartige Zusammentreffen individueller mit allgemein-historischen Voraussetzungen, durch die schwer entschlüsselbare Ergänzung, die der Mann in dieser Zeit und die Zeit in diesem Mann fanden. Der merkwürdig brüchige, neurotische Charakter der Nachkriegsära, wie er vom Zusammenbruch einer überlieferten Ordnung hervorgerufen war, die Anpassungsschwierigkeiten an die neuen staatlichen Formen, die ökonomische und gesellschaftliche Deklassierung weiter Bevölkerungsschichten und damit verbunden: die verbreiteten Gefühle der Lebensangst, der Erschöpfung angesichts einer aus den Fugen geratenen Zeit sowie eine zunehmende Massenflucht in irrationale Bereiche, die kopflose Bereitschaft, sich von der Vernunft loszusagen, und eine immer enthemmtere Mythenanfälligkeit – dies alles hätte wohl immer zu Krisen und Notständen, doch ohne die Person Hitlers gewiß nicht zu jenen Zuspitzungen, Umschlägen, Begeisterungen und barbarischen Explosionen geführt, die es im Gefolge hatte. In ihm schien alle nationale, seelische und soziale Bedrükkung lange Zeit »aufgehoben«; weithin galt er schließlich als die rettende Heilsgestalt, die der vielfach tragisch fehlgelaufenen Geschichte der Deutschen eine neue glückliche Wendung zu geben versprach. In der Schlußphase der Republik, als er im Verlauf seiner berühmt gewordenen Deutschlandflüge von Kundgebung zu Kundgebung hastete, ließ er das Flugzeug mitunter über den Veranstaltungsstätten einige Runden kreisen. Die erleuchtete Maschine am Nachthimmel, die im Dunkeln geduldig Stunde um Stunde ausharrenden Menschenmassen, verzweifelt, mutlos und doch auf diese Stunde, diesen Mann wartend, der wie eine Art Gott zu ihnen herabkam, um seine Herrschaft zu ergreifen, das Volk heimzuholen – in diesem Bild haben die Macht und der Mythos Hitlers eine der eindrucksvollsten Vergegenwärtigungen erfahren. Was wir Nationalsozialismus nennen, ist ohne seine Person undenkbar. Jede Definition dieser Bewegung, dieser Weltanschauung, dieses Phänomens überhaupt, die den Namen Hitlers nicht enthält, verfehlt ihren Gegenstand. In der Geschichte des Aufstiegs der Bewegung ebenso wie in der Periode ihres Triumphs bis hin zum katastrophal verzögerten Ende war er alles in einem: Organisator der Partei, Schöpfer ihrer Ideologie, Taktiker ihres Machtstrebens, rhetorischer Massenbeweger, dominierender Bezugspunkt, Wirkungszentrum und kraft des »Charismas«, über das allein er gebot, die einzige wirklich unabgeleitete Autorität: Führer, Retter, Erlöser. Auf ihn richteten sich das Glaubensbedürfnis, die Hingabesehnsucht und der Verantwortungsüberdruß großer Massen. Wenn Hans Frank zurückschauend versicherte: »Es war Hitlers Regime, Hitlers Politik, Hitlers Gewaltregiment, Hitlers Sieg, Hitlers Niederlage – nichts anderes«[1], so waren darin, jenseits aller vordergründigen apologetischen Bedürfnisse, doch auch Geheimnis und Wirkungsmechanismus des Nationalsozialismus angedeutet. »Dann kommt der große Glücksschauer«, hieß es in einem zeitgenössischen Erlebnisbericht, der seine ungezählten Parallelen hat, von einer Begegnung mit Hitler. »Ich sah ihm in die Augen, er sah mir in die Augen, und da hatte ich nur den einen Wunsch, zu Hause und allein zu sein mit dem großen, überwältigenden Erlebnis.«[2]

Was im Überschwang solcher Bekenntnisse zum Vorschein kam, war mehr als die Wirkung einer Propaganda, die Hitler systematisch zu übernatürlichem Rang emporgefeiert hatte. Immer sollte, bevor die Beschreibung »dämonische« oder »magische« Eigenschaften heranzieht, darauf verwiesen werden, daß Hitler neben allem anderen zugleich der Nationalsozialist schlechthin war, nicht nur Führer, sondern auch Exponent der Bewegung. In keinem seiner Anhänger lassen sich die Einzelzüge nationalsozialistischen »Wesens« derart gesteigert und zu ihrer typischen Erscheinungsform ausgeprägt nachweisen. Sein Lebenslauf bringt alle psychologischen, gesellschaftlichen und ideologischen Grundantriebe dieser Bewegung zum Ausdruck. Die Mißgefühle, die Ressentiments und Protesthaltungen, die sich verzerrt und oft einseitig akzentuiert bei seinen Mitkämpfern und schließlich auch Mitläufern wiederfanden, sind in seiner Person eine exemplarische Verbindung eingegangen. Eher noch als die Eigenschaften, die ihn aus der Masse heraushoben, haben jene Eigenschaften seinen Erfolg begründet, die er mit ihr gemein hatte und beispielhaft repräsentierte: die Inkarnation des Durchschnitts, »der Mann, der der Masse seine Stimme lieh und durch den die Masse sprach«[3]. In ihm begegnete sie sich selbst. Die Geschichte seines Aufstiegs vom Männerheim zur Reichskanzlei ist die Geschichte der Projektion eines individuellen Versagens auf ein ganzes Volk. Er war ihm insofern voraus, als er für die persönlichen Notlagen, Demütigungen und Enttäuschungen, die seinen frühen Lebensweg säumen, längst die Bewältigungsformeln gefunden hatte, die er dem Volk schließlich präsentierte.

Die individual- und sozialpathologischen Übereinstimmungen zwischen Hitler und jener Nachkriegsgesellschaft, die ihn nach oben brachte, werden von den unterschiedlichsten Ansatzpunkten her greifbar. Da waren das Gefühl der eigenen Übergeltung, das sich so unvermittelt desillusioniert gesehen hatte, die unbefriedigten Wunsch- und Anspruchshaltungen, die Unfähigkeit, sich den Anforderungen selbstverantwortlicher Existenz gewachsen zu zeigen, die erbittert erfahrene Proletarisierung, die einherging mit der Suche nach Schuld- und Haßobjekten, die Fehleinstellungen und Wahngefühle, die jede sachliche Daseinsorientierung ausschlossen und jenes Zerrbild des Menschen schufen, in dem beide sich erkannten: er und die Zeit. Die Analyse der Persönlichkeit Hitlers wird immer wieder Elemente zutage fördern, die der Epoche seines Aufstiegs zu eigen sind, und umgekehrt.

Die Darstellung seines Lebens muß zurückgehen bis in die Zeit vor der Geburt. Die Schonung, die man den Abstammungsverhältnissen eines Menschen zugestehen mag, ist ihm gegenüber nicht angezeigt; denn Adolf Hitler, der den arischen Ahnennachweis für Millionen Menschen zu einem Dokument über Leben und Tod machte, besaß selbst keinen. Er wußte nicht, wer sein Großvater war. In den von Zwecklegenden entstellten, verworrenen und vielfach trüben Abstammungshintergrund haben auch eingehende Nachforschungen bislang keine endgültige Klarheit zu bringen vermocht. Nationalsozialistische Darstellungen sind über diese Zusammenhänge durchweg kursorisch hinweggegangen und haben beispielsweise hervorgehoben, daß die Bevölkerung des sogenannten Waldviertels, aus dem Hitler kam, »stammesmäßig seit der Völkerwanderung ... immer deutsch« gewesen sei oder, noch allgemeiner, daß Hitler »durch seine Väter ... die starken Kräfte dieser deutschen Granitlandschaft in sein Blut aufgenommen« habe.[4]

Im Hause des Kleinbauern Trummelschlager in Strones hatte am 7. Juni 1837 die 41jährige, ledige Magd Maria Anna Schicklgruber einem Sohn das Leben geschenkt. Der Vater des Kindes war und blieb unbekannt, und an das Rätsel seiner Identität haben sich die unterschiedlichsten und abenteuerlichsten Vermutungen geknüpft. Teilweise bestätigt und insgesamt unwiderlegt ist die von Hans Frank im Rahmen seines Nürnberger Rechenschaftsberichts verfaßte Bekundung. Danach hat Hitler im Jahre 1930 von dem Sohn eines Halbbruders in möglicherweise erpresserischer Absicht einen Brief erhalten, der sich in dunklen Andeutungen über »sehr gewisse Umstände unserer Familiengeschichte« erging. Frank erhielt den Auftrag, der Sache vertraulich nachzugehen, und kam zu dem Ergebnis:

»Der Vater Hitlers war das uneheliche Kind einer in einem Grazer Haushalt angestellten Köchin namens Schickelgruber aus Leonding bei Linz ... Diese Köchin Schickelgruber, Großmutter Adolf Hitlers, war in einem jüdischen Haushalt mit Namen Frankenberger bedienstet, als sie ihr Kind gebar (müßte richtig heißen: als sie in die Hoffnung kam; der Verf.). Und dieser Frankenberger hat für seinen damals – die Sache spielt in den Dreißigerjahren des vorigen Jahrhunderts – etwa neunzehnjährigen Sohn, mit der Geburt beginnend, bis in das vierzehnte Lebensjahr dieses Kindes der Schickelgruber Alimente bezahlt. Es gab auch einen jahrelangen Briefwechsel zwischen diesen Frankenbergers und der Großmutter Hitlers, dessen Gesamttendenz die stillschweigende gemeinsame Kenntnis der Beteiligten war, daß das Kind der Schickelgruber unter den Frankenberger alimentenpflichtig machenden Umständen gezeugt worden war ...«[5]

Der Sohn der Maria Anna Schicklgruber kam schon frühzeitig zu dem Bauern Johann Nepomuk Hiedler, dem späteren Schwager der Mutter, in Pflege. Bis zu seinem 40. Lebensjahr hieß er Alois Schicklgruber und änderte dann, offenbar auf Initiative des »Ziehvaters« und dank einer Inkorrektheit des Pfarrers von Döllersheim, der das Standesregister führte, seinen Namen. Ab Januar 1877 nannte sich Alois Schicklgruber Alois Hitler. Niemand vermag zu sagen, welche Reaktionen die Aufdeckung dieser Zusammenhänge in seinem Sohn auslöste, der sich soeben zur Eroberung der Macht in Deutschland anschickte; doch spricht einiges dafür, daß die dumpfen Aggressionen, die er dem Vater gegenüber stets empfunden hatte, nun in offenen Haß umschlugen. Schon im Mai 1938, wenige Wochen nach dem Anschluß Österreichs, ließ er die Ortschaft Döllersheim und deren weitere Umgebung in einen Truppenübungsplatz umwandeln. Die Geburtsstätte des Vaters und die Grabstelle der Großmutter wurden von den Panzern der Wehrmacht dem Erdboden gleichgemacht.[6]

Alois Schicklgruber-Hitler erlernte zunächst das Schuhmacherhandwerk und trat dann in den österreichischen Finanzdienst ein. Durch Intelligenz und Ehrgeiz brachte er es bis zum Oberoffizial bei der k. u. k. Zollbehörde, der höchsten Rangklasse, die er auf Grund seiner Vorbildung überhaupt erreichen konnte. Er war offenbar ein strenger und pflichteifriger Mann, hatte dreimal geheiratet und sich ungeachtet der durchsichtigen Nachreden des Sohnes einen gewissen materiellen Wohlstand erworben. In der dritten

Ehe wurde ihm am 20. April 1889 zu Braunau am Inn ein Sohn geboren, der auf den Namen Adolf getauft wurde.

Die Spuren aus Kindheit und Jugend sind vergleichsweise spärlich. Dem selbstgewobenen Legendenwerk nach, das später, mit der beginnenden Vergötzung des Führers, die rührenden und auf den Eindruck genialischer Frühreife zielenden Ausschmückungen erfuhr, hat er sich auf dem Dorfanger als Anführer immer nur siegreich hervorgetan und seinen Spielgefährten unaufhörlich sorgfältig durchdachte Pläne zu abenteuerlichen Forschungsreisen oder tollkühnen Unternehmungen entworfen. Sein angeblicher Enthusiasmus für das Soldatentum, das außerordentliche historische Einfühlungsvermögen, das bereits den Schüler, eigener Bekundung zufolge, »Geschichte ihrem Sinn nach verstehen und begreifen« ließ, sowie der begeisterte Nationalismus gaben diesem Bilde die zukunftweisenden Akzente, während es in der Fabel vom »armen Waisenknaben, der schon mit siebzehn Jahren in die Fremde ziehen und sich sein Brot verdienen mußte«, die wirkungsvollen sentimentalen Zusätze erhielt. Der erdichtete Charakter dieser Darstellung ist inzwischen fast durchweg nachgewiesen worden.[7] Im Gegensatz dazu war Adolf Hitler offenbar ein aufgeweckter, durchschnittlich begabter Schüler, dessen Anlagen freilich durch die schon frühzeitig hervortretende Unfähigkeit zur Selbstdisziplin und den Hang zu einer bequemen, ungeregelten Lebensweise beeinträchtigt wurden. Die Beurteilungen der Volksschulen, die er besuchte, weisen ihn noch als guten Schüler aus, doch im Verlauf der fünf Jahre auf der Realschule wird er zweimal nicht versetzt und muß sich überdies einmal einer Wiederholungsprüfung stellen. Die Zeugnisse bewerten seinen Fleiß fast durchweg mit der Note 4 (»Ungleichmäßig«), während sich in Mathematik, Naturgeschichte, Französisch und schließlich auch in der deutschen Sprache ein »Nicht genügend« findet. Das Zeugnis vom September 1905 verzeichnet selbst im Lehrfach Geschichte, in dem er angeblich der ganzen Klasse voraus war, nur die Note 4 (»Genügend«), billigte ihm lediglich im Turnen ein »Vorzüglich« zu und war insgesamt derart unbefriedigend ausgefallen, daß er die Schule aufgab. Hitler hat dieses Ereignis später als Trotzreaktion auf den Versuch des Vaters hingestellt, ihm eine Beamtenlaufbahn aufzuzwingen; aber auch diese Behauptung hat sich inzwischen als falsch erwiesen, zumal der Vater zur Zeit des Schulabgangs bereits seit über zwei Jahren tot war und die kränkelnde Mutter dem verstockten und leicht aufbrausenden Jungen nichts als die offen zur Schau getragene Bekümmerung über dessen weiteren Lebensweg entgegenzusetzen hatte.

Adolf Hitler wollte Kunstmaler werden. Einiges spricht immerhin dafür, daß diese Berufswahl nicht zuletzt von den vagen Vorstellungen bestimmt war, die ein Kleinbürgersohn aus der Provinz mit dem Begriff des freien ungezügelten Künstlerlebens verband, und gewiß stand auch der Wunsch dahinter, den Anforderungen eines sachlichen Lernbetriebes zu entkommen. Jedenfalls unternahm der Sechzehnjährige zunächst keinen ernsthaften Schritt zur Verwirklichung des angeblich leidenschaftlich verfochtenen Planes. Gleichwohl begann die Mutter allmählich nachzugeben. Sie hatte bald nach dem Tode ihres Mannes das Haus in Leonding verkauft und eine Wohnung in Linz bezogen. Dort saß der Sohn nun herum, untätig, beschäftigt mit dilettantischen Malübungen, verspielten unbeholfenen Entwürfen für Prunkvillen und Repräsentationsbauten, nahm kurze Zeit Klavierunterricht, ehe auch hier der Überdruß sich einstellte und er die Sache hinwarf, besuchte die Caféhäuser, das Theater und die Oper: Es war das Leben halb eines Rentiers, halb eines Taugenichts, das er dank der Witwenpension der Mutter zu führen vermochte. Er lehne für sich selbst eine bestimmte Arbeit, einen »Brotberuf«, wie er verächtlich meinte, ab. Seine besondere Vorliebe galt schon damals der Musik Richard Wagners, die offenbar eine merkwürdige Macht über ihn hatte. Immer williger und, wenn wir den Versicherungen seines zeitweiligen Jugendfreundes August Kubizek glauben können, nahezu süchtig ließ er sich von ihr in die irreale Welt entführen, die er schließlich neben und über dem Leben errichtete, vor dessen Bewährungsansprüchen er mit ebenso nichtstuerischer wie überheblicher Geste auswich. Kubizek hat auch die ekstatische Reaktion Hitlers geschildert, nachdem sie gemeinsam einer Aufführung der Wagner-Oper »Rienzi« beigewohnt hatten, die das Schicksal des spätmittelalterlichen Empörers und Volkstribunen Cola di Rienzo darstellt: »Wie eine angestaute Flut durch die berstenden Dämme bricht, brachen die Worte aus ihm hervor. In großartigen, mitreißenden Bildern entwickelte er mir seine Zukunft und die seines Volkes.« Als Kubizek später, 1939 in Bayreuth, Hitler an diese Szene erinnerte, soll dieser ihm ernst geantwortet haben: »In jener Stunde begann es!«[8]

Im Glauben an seine besondere Berufung ging er im Jahre 1907, inzwischen im 19. Lebensjahr, nach Wien, um sich an der Akademie für bildende Künste um Aufnahme in die Malklasse zu bewerben; doch machte er die Probezeichnungen mit ungenügendem Erfolg und wurde abgewiesen. Bald darauf starb die Mutter. »Fünf Jahre Elend und Jammer«, so hat er später mit wehleidigem Blick auf seine Wiener Jahre bemerkt, »sind im Namen dieser Phäakenstadt für mich enthalten. Fünf Jahre, in denen ich erst als Hilfsarbeiter, dann als kleiner Maler mir mein Brot verdienen mußte; mein wahrhaft kärglich Brot, das doch nie langte, um auch nur den gewöhnlichen Hunger zu stillen. Er war damals mein getreuer Wächter, der mich als einziger fast nie verließ.«[9] Doch auch diese Schilderung ist nachgewiesenermaßen unzutreffend. Die genaue Berechnung seiner Einkünfte hat ergeben, daß ihm aus dem Erbteil des Vaters, der Hinterlassenschaft der Mutter, einer betrügerisch bezogenen Waisenrente und später auch dank der Unterstützung, die er sich von einer Tante zu sichern wußte, monatlich ein Betrag von durchschnittlich fast 100 Kronen zur Verfügung stand.[10] Auch ein zweiter Versuch, in die Kunstakademie aufgenommen zu werden, mißlang, nach Vorlage seiner Arbeiten wurde er nicht einmal mehr zur Prüfung zugelassen; doch gab er das ziellose Leben, an das er sich inzwischen gewöhnt hatte, nicht auf. August Kubizek, der als Musikstudent einige Zeit mit ihm das Zimmer im Hinterhaus in der Stumpergasse 29 teilte, hat diese Entwicklungsphase anschaulich beschrieben. Schon damals pflegte Hitler erst gegen Mittag aufzustehen, im Park von Schönbrunn spazierenzugehen und sich bis tief in die Nacht sinnlosen Riesenprojekten zu widmen, in denen sachliche Unzuständigkeit mit unduldsamer Besserwisserei wetteiferte. Er plante den Neubau der Hofburg, deren Ziegeldach ihm nicht gefiel, entwarf Tonhallen, Theater, Museen und Schlösser; er entwickelte, neben Angriffen auf die Beamtenschaft, den Schulbetrieb oder die Hausvermieter, Entwürfe für eine Sozialreform oder Phantasien über ein neues Volksgetränk; ohne musikalische Kenntnisse machte er sich daran, eine einst von Richard Wagner beabsichtigte Oper »Wieland der Schmied« zu schreiben, er versuchte sich als Dramatiker, der seine Stoffe der germanischen Sagenwelt entnahm, und schrieb unterdessen auf seinen Postkarten »Teater«, »Iede« (statt »Idee«), »den« (statt »denn«), »daß Innere« oder »par« (statt paar«).[11] Nichts führte er zu Ende. Er besaß ein außerordentlich unausgeglichenes Temperament, Zustände fieberhafter Hochstimmung wechselten abrupt mit depressiven Stimmungen, in denen er mit aller Welt überworfen war und von den »Fallstricken« sprach, die von der Umwelt »raffiniert ausgelegt worden seien . . ., nur zu dem einzigen Zweck, um ihn an seinem Aufstiege zu hindern«[12].

Die Ersparnisse, die ihm die Eltern vermacht hatten, waren offenbar im Frühjahr 1909 verbraucht, und bei anhaltender Unfähigkeit zu jeder geordneten Lebensweise begann nunmehr Hitlers Abstieg. Den Sommer des Jahres verbrachte er vorwiegend auf den Parkbänken der Stadt, dann fand er Unterschlupf im Obdachlosenasyl Meidling. Wenn er später behauptet hat, er habe als Hilfsarbeiter auf dem Bau gearbeitet, so ist auch dieses Vorbringen, das er sogar mit seinem politischen Erwachen verknüpft hat, erwiesenermaßen unzutreffend.[13] Nach dem Zeugnis eines Landstreichers namens Reinhold Hanisch, dem er sich im Meidlinger Asyl näher anschloß, trug er damals einen langen, bis über die Knie reichenden Gehrock, den ihm ein befreundeter Mitinsasse, ein ungarischer Jude namens Neumann, geschenkt hatte, sowie »einen steifen, speckigen, schwarzen Melonenhut, das Haar in Zotteln über den Kragen und einen Bartflaum in dicker Krause rund ums Kinn«[14].

Auch Hanisch schildert Hitler als faul und launisch. Während er selbst sich durch Gelegenheitsarbeiten über Wasser hielt, versuchte Hitler, die 24 Kronen Waisenrente, die er als angeblicher Kunststudent immer noch bezog, durch Betteln aufzubessern, sofern er nicht untätig und resigniert sich treiben ließ. Die Bemühungen des unternehmenden Kumpans, ihn zu gemeinsamer Arbeitssuche zu bewegen, schlugen meist fehl. »Immer und immer wieder«, so erinnerte Hanisch sich später, »gab es Tage, an denen er sich einfach weigerte, zu arbeiten. Dann klopfte er die Wärmestuben ab, lebte von dem Brot und der Suppe, die man dort bekam, und diskutierte über Politik, wobei es häufig zu hitzigen Auseinandersetzungen kam.« Eines Tages antwortete ihm Hitler auf die Frage, welchen Beruf er erlernt habe, er sei Maler. »In der Meinung, er sei Anstreicher, sagte ich, es müsse doch leichter sein, in diesem Beruf Geld zu verdienen. Er war beleidigt und erwiderte, er gehöre nicht zu dieser Sorte Maler, sondern sei Akademiker und Künstler.« Auf Vorschlag des gewitzten Hanisch tun sie sich daraufhin zusammen. Sie ziehen ins Männerheim Brigittenau, und im Lesesaal des Hauses sitzt Hitler und zeichnet Postkarten ab, die Hanisch, als Blinder oder Schwindsüchtiger maskiert, abends in den Beiseln und Vorstadtkneipen verhökert, der Gewinn wird geteilt.[15]

Zwar bedeutete Hitlers Übersiedlung vom Asyl ins Männerheim, in der Hierarchie des Bodensatzes, eine Art Aufstieg. Er wurde ihm vermutlich mit Hilfe der um Unterstützung ersuchten Tante Johanna ermöglicht, die einst zum elterlichen Haushalt gehört hatte. Doch auch hier blieb er weiterhin unter vorwiegend entgleisten, wurzellos gewordenen Existenzen. Im sozialen Treibgut des Vielvölkerstaates, wie es in den Asylen und Heimen der Stadt angeschwemmt wurde, fanden sich verarmte ungarische Adlige, bankrotte Kaufleute, heruntergekommenes Volk aus den italienischen Provinzen der Doppelmonarchie, kleine Angestellte, Agenten und Geldverleiher, verbummelte Künstler oder sogenannte »Handelees«, Juden aus den östlichen Bezirken des Reiches, die als Trödler, Trikotagenhändler oder Hausierer mühsam einen sozialen Aufstieg versuchten. Diese krankhafte, übelriechende, von Neid, Mißgunst und Egoismus erfüllte Welt, in der jeder angespannt auf seine Chance zum Sprung nach oben lauerte und nur gegenseitige Rücksichtslosigkeit den Aufstieg verbürgte, wurde nun für die nächsten Jahre Heimat und Bildungserlebnis Hitlers. In dieser Szenerie formten sich für immer seine Vorstellungen vom Menschen, sein Bild von der Gesellschaft sowie die ersten politischen Eindrücke und Fragestellungen, denen er mit den aufsteigenden Ressentiments, den Haß- und Ohnmachtsgefühlen des Deklassierten allein ausgeliefert blieb. Die Traum- und Phantasiewelt, die er seinen verbummelten Künstlerhoffnungen errichtet hatte, fand sich hier in der Umkehrung wieder, in ihrem Gegenstück, das indes irreal war wie jene und abseits vom wirklichen Leben, zu dem er immer weniger den Zugang fand. Schon Kubizek hatte immer wieder erschreckt die besessenen Züge an seinem Freund registriert, die plötzlichen hemmungslosen Wutanfälle, die maßlosen Entladungen sowie das Vermögen zu hassen. Seine wachsende Kontaktarmut, die Unfähigkeit, sich mitzuteilen, wandte nun das Konfliktmaterial zusehends nach innen, wo es sich zu immer neuen, intensiveren Aggressionen auflud und die tote Zone noch verstärkte, die um ihn war und seiner Biographie, bis ans Ende, selbst im Triumph vor Hunderttausenden, das merkwürdig menschenleere Gepräge gab. Zwar versuchte er bisweilen, die Mitinsassen des Männerheims in gereizte politische Gespräche zu verwickeln, doch fand er keine Zustimmung, zumeist erntete er offenbar nur Gelächter. Tagelang saß er dumpf brütend herum, haltlos ausgeliefert den Spannungen und Krampfzuständen seines Innern, und grübelte über sein ungerechtes Schicksal nach. In jener Mischung von Selbstmitleid und Ichbesessenheit, wie sie für ihn charakteristisch war, deutete er die Umwelt nicht vom Standpunkt des abgerissenen Gelegenheitsmalers, sondern vom Standpunkt des gewaltsam unterdrückten Genies.

Die Lebensumstände und Erfahrungen der annähernd sechs Wiener Jahre haben zweifellos den Charakter Hitlers entscheidend geprägt. Er selbst hat später bekannt:

> »In dieser Zeit bildete sich mir ein Weltbild und eine Weltanschauung, die zum granitenen Fundament meines derzeitigen Handelns wurden. Ich habe zu dem, was ich mir so einst schuf, nur weniges hinzulernen müssen, zu ändern brauchte ich nichts. Im Gegenteil.«[16]

Tatsächlich war sein Weltbild nicht das Ergebnis eigenen Nachdenkens, so sehr er sich auch später bemühte, alle bestimmenden geistigen Einflüsse zu verleugnen und dem Bild des begnadeten Führers die Kategorie des voraussetzungslosen Ideologen hinzuzufügen, der seine Weltanschauung direkter Zwiesprache mit dem Geiste verdankt. Andererseits hat er bemerkt, er habe in den Wiener Jahren »unendlich viel, und zwar gründlich« gelesen. Soweit sich diese Äußerung auf das behauptete Studium des Marxismus bezog, hat er sie selbst unfreiwillig als unwahr enthüllt, als er an anderer Stelle seines Bekenntnisbuches »Mein Kampf« versicherte, ein Vortrag Gottfried Feders habe ihn »zum ersten Mal« in seinem Leben an gewisse ökonomische Probleme herangeführt.[17] Ähnlich demaskierend wirkt die Beschreibung seiner Bekehrung zum Antisemitismus. Er habe zunächst, so schrieb er rückblickend, »wie immer in solchen Fällen« versucht, die aufkeimenden Zweifel »durch Bücher zu beheben. Ich kaufte mir damals um wenige Heller die ersten antisemitischen Broschüren meines Lebens«. Diese Gleichsetzung von »Büchern« und »Broschüren« erhält um so mehr entlarvendes Gewicht, als es sich dabei mit großer Wahrscheinlichkeit um weitverbreitete Schundhefte handelte, die der Begründer der sogenannten »Ariosophie«, der sich Jörg Lanz von Liebenfels nannte, unter dem Titel »Ostara. Briefbücherei der blonden Mannesrechtler« in den Wiener Tabaktrafiken vertrieb, um der mit ebenso krauser wie bösartiger Weisheitsgebärde verkündeten Lehre vom Kampf der Asinge oder Heldlinge gegen die minderwertigen Rassen, die Äfflinge oder Schrättlinge, eine breite Anhängerschaft zu sichern.[18] Was Hitler im übrigen als sein Weltbild ausgab, war die Summe der gängigen Klischees aus dem Wien der Jahrhundertwende. Konrad Heiden hat darauf hingewiesen, daß Sozialistenfeindschaft und Antisemitismus die »Mode der herrschenden Schicht (waren); guter Ton in den bürgerlichen Kreisen, in die Hitler hinaufstrebte« oder zu denen er sich doch, mit dem verbissenen Selbstwertgefühl des proletarisierten Kleinbürgers, noch immer rechnete.[19] Ähnliche Stimmungen wirkten in der Alldeutschen Partei des Georg Ritter von Schönerer, die ihnen überdies eine nationalistische, pangermanische Färbung vermittelte und den Anschluß der deutschstämmigen Teile der Doppelmonarchie an das Reich propagierte. Den nachhaltigsten Eindruck hinterließ ihm offenbar der Wiener Bürgermeister Karl Lueger, der »Abgott der Greißler und Hausmeister, der Frauen und Kapläne«, den Hitler selbst den »gewaltigsten deutschen Bürgermeister aller Zeiten« genannt hat.[20] In ihm bewunderte er den kenntnisreichen und wendigen Demagogen, der die herrschenden sozialen, antijüdischen und christlichen Überzeugungen oder Affekte außerordentlich geschickt mit seinen politischen Zwecken zu vereinbaren wußte und die Methoden der Massenbeeinflussung mit seltenem Raffinement beherrschte. Einen persönlichen Akzent erhielt dieses öde und eher willkürlich zusammengehäufte Ideengut lediglich durch einen primitiven Darwinismus, der die individuellen Erfahrungen Hitlers im Männerheim widerspiegelte.

> »Die Idee des Kampfes« – so hat er später erklärt – »ist so alt wie das Leben selbst, denn das Leben wird nur dadurch erhalten, daß anderes Leben im Kampf zugrunde geht ... In diesem Kampf gewinnt der Stärkere, Fähigere, während der Unfähigere, der Schwache verliert. Der Kampf ist der Vater aller Dinge ... Nicht durch die Prinzipien der Humanität lebt der Mensch oder ist er fähig, sich neben der Tierwelt zu behaupten, sondern einzig und allein durch die Mittel brutalsten Kampfes ...«[21]

Was in solchen und zahllosen vergleichbaren Formeln zum Ausdruck kam, war nichts anderes als das Weltbild des Männerheims, die Philosophie des Deklassierten, Gedankenabfall aus einer Welt, deren Bewohner wissen, daß sie zuviele sind und deshalb aufsteigen oder sich auffressen müssen wie die

Spinnen in einem Topf. Man kann die Spuren dieser abgeschmackten Kampfphilosophie im Weltbild Hitlers seit jenen Wiener Jahren durchgängig verfolgen, ob er nun von seinem Vorbild Lueger bewundernd schrieb, daß er »sich besonders hütete, die Menschen besser zu sehen, als sie nun einmal sind«, seiner Umgebung beteuerte, »es gelte verschlagen zu sein«, die Brutalität als schöpferisches Prinzip feierte oder sich rühmte, »keine bürgerlichen Bedenken« zu haben[22] – es war immer der ordinäre Macchiavellismus des Männerheims, die Schule der Gemeinheit, die in solchen Auffassungen zum Vorschein kam. Ihre penetrante Ausdünstung konnte nie mehr die Infektionsstoffe verleugnen, die seit jenen Jahren darin wirksam waren. Indem er den Menschen ausschließlich von seinen Deformierungen her bestimmte und immer nur Haß, Rücksichtslosigkeit, Korruption, Gier, Machthunger, Grausamkeit oder Angst als Motive seines Verhaltens am Werke sah, dünkte er sich mit provinzlerischer Selbstgefälligkeit der Wucht letzter Erkenntnisse nahe – während er in Wirklichkeit damit doch nur den desperaten und verdorbenen Grund seines Wesens zu erkennen gab.

Das Überlegenheitsgefühl, dessen er bedurfte, nachdem er bisher vor jeder persönlichen Bewährung versagt hatte, zog er jenseits solcher menschenverachtenden Anmaßung auch aus der rassebiologischen Wendung, die er, offenbar im Anschluß an Lanz v. Liebenfels, seinen vulgärdarwinistischen Vorstellungen gab. Im Zufall rassischer Zugehörigkeit fand der Versager den Ansatzpunkt zu jenen Erhöhungen und individuellen Aufwertungen, nach denen sein ungezügeltes Selbstwertgefühl aus den Niederungen der eigenen Existenz immer dringender verlangte. Denn der Arier, das war der bald sich verfestigende Kern seines Antisemitismus, sei »das höchste Ebenbild des Herrn«, und wie er der Träger aller kulturellen und zivilisatorischen Höchstleistungen in der Vergangenheit war, so sei er, dem Schöpfungsplan der Vorsehung zufolge, auch künftig zur Höhe, zur Herrschaft bestimmt. Mit den Rache- und Haßgefühlen, wie sie für den Minderwertigen kennzeichnend sind, stelle sich ihm freilich mit wachsendem Nachdruck der Jude als das Prinzip der Zerstörung und des Bösen entgegen, um sich die Welt mit den ihm eigenen Mitteln zu unterwerfen: durch planmäßige Korruption, gezielte Blutschande und systematische Vergiftung des öffentlichen Lebens. »Gab es denn da einen Unrat«, so meinte Hitler später, »eine Schamlosigkeit in irgendeiner Form, vor allem des kulturellen Lebens, an der nicht wenigstens ein Jude beteiligt gewesen wäre? Sowie man nur vorsichtig in eine solche Geschwulst hineinschnitt, fand man, wie die Made im faulenden Leibe, oft ganz geblendet vom plötzlichen Lichte, ein Jüdlein.«[23] Die Presse, die Kunst, die Prostitution, die Bodenspekulation, die Syphilis, der Kapitalismus sowohl wie der Marxismus, aber auch Pazifismus, Weltbürgertum oder Liberalismus waren jeweils nur die Tarnformen einer Weltverschwörung, hinter denen sich die Gestalt des Ewigen Juden verbarg. Letztes Hindernis für die Verwirklichung seiner Pläne bildete das deutsche Volk mit seinen hochgradig arischen Blutanteilen; unterliege es in der gewaltigen Auseinandersetzung, sei der Sieg des Bastardmenschen, das Ende aller Kultur und die Verfälschung des Schöpfungsplanes nahe; dieser Entwicklung gelte es Einhalt zu gebieten: »Indem ich mich des Juden erwehre, kämpfe ich für das Werk des Herrn.«[24]

Es fällt nicht schwer, aus den endlos abgewandelten Bezügen dieser Ideologie sowohl die Einflüsse der »Ariosophie« als auch der persönlichen Demütigungen und Mißerfolge des jungen Hitler zu dechiffrieren. Auch stößt man, in der Beschreibung des »Gegenmenschen«, immer wieder auf offenkundige Projektionen des eigenen Wesens: die angebliche Rachbesessenheit der Juden, ihre Minderwertigkeitsempfindungen, die Unterwerfungsgier oder Zerstörungslust sind zweifellos nichts anderes als die Übertragung selbsterfahrener, triebhafter Strukturen auf das Feindbild. Gleichwohl wird man darüber hinaus in jenen Jahren ein Erlebnis suchen müssen, das ihn, den Sohn liberaler Eltern, der, eigener Bekundung nach, sich nicht erinnern konnte, »zu Lebzeiten des Vaters das Wort (Jude) auch nur gehört zu haben«[25], und noch in den ersten Wiener Jahren näheren Umgang mit einem Juden gehabt hatte, zu dieser »Flucht in den Haß« bewegte. August Kubizek freilich hat darauf hingewiesen, daß Hitler schon früh mit aller Welt überworfen war und Haß empfand, wohin er blickte. Möglicherweise war daher sein Antisemitismus nur die gebündelte Form seines bis dahin ziellos vagabundierenden Hasses, der im Juden endlich das Objekt, den Fixpunkt gefunden hatte, vor dem er seiner selbst innewurde. Andererseits hat man Hitlers Antisemitismus aus dem Sexualneid des unbefriedigten, einsamen, »verhockten« Männerheiminsassen herzuleiten versucht, und tatsächlich sprechen triftige Gründe für diese Überlegung. Nicht nur sein von frühauf nervös unbeholfenes, gedrücktes Verhältnis zur Frau, wie es in der überlieferten Blickbeziehung zu dem romantischen Jugendidol »Stefanie« zum Ausdruck kam, und jene späteren, zwischen Anwiderung und hysterischer Schwärmerei schwankenden Stimmungen unterstützen diese Auffassung; vielmehr deuten darauf auch Stil und Argumentationsweise seiner Darstellung selbst.[26] Aus den Seiten des Buches ›Mein Kampf‹, in denen er sich über seinen Antisemitismus verbreitet hat, weht ein Geruch nackter Obszönität, halbverdeckt nur von jener Attitüde »sittengeschichtlicher Gelehrsamkeit, in die sich pornographische Werke zu hüllen pflegen«[27]:

»Die Verjudung unseres Seelenlebens und Mammonisierung unseres Paarungstriebes werden früher oder später unseren gesamten Nach-

> wuchs verderben«, heißt es da (S. 270). »Die Blutsvermischung und das dadurch bedingte Senken des Rassenniveaus ist die alleinige Ursache des Absterbens alter Kulturen; denn die Menschen gehen nicht an verlorenen Kriegen zugrunde, sondern am Verlust jener Widerstandskraft, die nur dem reinen Blute zu eigen ist (S. 324). Der schwarzhaarige Judenjunge lauert stundenlang, satanische Freude in seinem Gesicht, auf das ahnungslose Mädchen, das er mit seinem Blute schändet und damit seinem, des Mädchens Volke raubt. Mit allen Mitteln versucht er die rassischen Grundlagen des zu unterjochenden Volkes zu verderben. So wie er selber planmäßig Frauen und Mädchen verdirbt, so schreckt er auch nicht davor zurück, selbst im größeren Umfange die Blutschranken für andere einzureißen. Juden waren und sind es, die den Neger an den Rhein bringen, immer mit dem gleichen Hintergedanken und klaren Ziele, durch die dadurch zwangsläufig eintretende Bastardisierung die ihnen verhaßte weiße Rasse zu zerstören, von ihrer kulturellen und politischen Höhe zu stürzen und selber zu ihren Herren aufzusteigen.« (S. 357)

Mit der quälenden Monotonie des Wahnwitzigen ist er immer wieder zu diesen unflätigen Phantasmen zurückgekehrt, über endlose Seiten hin offenkundig geplagt von den gaukelnden Verbotsvorstellungen eines schwülen und unausgelüfteten Bewußtseins, für das »Frau und Geschlecht im Bereich der sündigen Fieberphantasie geblieben sind ... Seine zentrale politische Idee ist eine abgeschmackte Rationalisierung dieser Zwangsvorstellung: eine Irrwelt, in der Geschichte, Politik und ›Lebenskampf der Völker‹ sich ausschließlich in Vorstellungen von Paarung, Unzucht, Blutschande, Zuchtwahl, Kreuzung, Bastardisierung, Empor- und Herabzeugen im Urschleim, Schändung, Vergewaltigung und Abjagen des Weibchens vollziehen – die Weltgeschichte als Brunstorgie, in der wüste und teuflische Untermenschen dem goldgelockten Weibchen auflauern.«[28]

Mit solchen schmuddeligen Fiebermotiven hat er denn auch begründet, warum er schließlich, nach Jahren der brütenden Untätigkeit, der exzentrischen Tagträume, der ständigen Flucht in überspannte Phantasiewelten, Wien verlassen hat: »Mir erschien die Riesenstadt als Verkörperung der Blutschande.«[29] Auch beteuerte er seinen Wunsch, »des Glückes teilhaftig (zu) werden, an der Stelle sein und wirken zu dürfen, von der einst ja auch mein brennendster Herzenswunsch in Erfüllung gehen mußte: der Anschluß meiner geliebten Heimat an das gemeinsame Vaterland, das Deutsche Reich«. Tatsächlich schließen jedoch seine wiederaufgefundenen Militärpapiere, um die er sich denn auch gleich nach dem Einmarsch in Österreich – freilich vergeblich – bemühte, jeden Zweifel daran aus, daß er sogenannte Stellungsflucht begangen, d. h. sich der militärischen Dienstpflicht entzogen hat. Um diesen Sachverhalt zu verdunkeln, gab er sich auf der polizeilichen Meldestelle in München nicht nur als Staatenloser aus, sondern fälschte in seinem Lebensbericht auch das Datum seines Weggangs aus Wien: Er verließ die Stadt nicht im Frühjahr 1912, sondern erst im Mai 1913. Von den Behörden schließlich doch aufgespürt, verfaßte er einen langen larmoyanten Brief an den »Magistrat Linz Abt. II«, der nicht nur seine noch immer mangelhafte Kenntnis der deutschen Sprache und Rechtschreibung verrät, sondern in der Schilderung seiner Verhältnisse auch darauf hindeutet, daß sein Leben weiterhin in den ungeregelten Bahnen der Wiener Jahre verlief.[30] Einen großen Teil seiner Zeit vertat er entschlußlos in den Cafés der Stadt, wo er hastig und mißgelaunt große Mengen Kuchen verschlang, sich hinter den ausliegenden Zeitungen vergrub und mitunter vor ein paar Zufallsgästen in gereizte Monologe über Judentum, Sozialdemokratie oder Nationalismus ausbrach, ehe er wieder in seine brütende Dämmerung zurückfiel. Unüberwindlich blieb auch weiterhin seine Abneigung gegen jede geordnete Arbeit. Durch den gelegentlichen Verkauf von Skizzen, Plakaten oder kleinen Aquarellen nach Münchener Motiven verschaffte er sich einen unsicheren Erwerb: »So ist den(!) auch mein Einkommen nur ein sehr bescheidenes«, schrieb er an den Magistrat in Linz, »gerade so groß daß ich eben mein Auskommen finde. Ich lege als Zeugniß (!) dessen meinen Steuerausweis bei.«[31] Noch immer hegte er vage Wünsche auf eine Karriere als Baumeister, »in kleinem oder großem Rahmen, den mir das Schicksal dann eben schon zuweisen würde«. Josef Greiner, der ihn noch aus der Wiener Zeit kannte, fragte ihn damals nach seinen Zukunftsplänen und erhielt die Antwort, es komme sicher zum Krieg, und dann sei es gleichgültig, ob er einen Beruf habe oder nicht.[32]

Die Ahnung trog nicht. Es hat sich eine zufällige Aufnahme erhalten: Hitler am 1. August 1914, anläßlich der Proklamation des Kriegszustandes, unter der begeisterten Menge auf dem Münchener Odeonsplatz. Deutlich erkennt man sein Gesicht, den halbgeöffneten Mund, die erregten Augen, die endlich ein Ziel haben und eine Zukunft sehen: »Mir selber«, so schrieb er später, »kamen die damaligen Stunden wie eine Erlösung aus den ärgerlichen Empfindungen der Jugend vor. Ich schäme mich auch heute nicht, es zu sagen, daß ich, überwältigt von stürmischer Begeisterung, in die Knie gesunken war und dem Himmel aus übervollem Herzen dankte ...«[33] Denn dieser Krieg war die befreiende Möglichkeit, die Vereinsamung, die Mißstimmungen und Fehlschläge seines Lebens zu überwinden. Aus der Not seines ziellosen Hasses, seiner unverstandenen Affekte, den Stauungen und Exaltationen, konnte er endlich in die Geborgenheit einer großen Gemeinschaft flüchten. Zum ersten Male in seinem Leben waren ihm Aufgaben zugewiesen, durfte er sich mit Menschen solidarisch fühlen, sich mit der Stärke und dem Ansehen einer machtvollen Institution identifizieren: zum ersten Male wußte Adolf Hitler, 25 Jahre alt, ohne Beruf, langjähriger Männerheiminsasse und Postkartenabmaler, wo er hingehörte. Der Krieg war sein anderes großes, sein positives Bildungserlebnis. Er selbst hat später mit der verräterischen Anmaßung des gescheiterten Akademikers versichert: »Der Krieg veranlaßt zu tiefstem Nachdenken über alles Menschliche. Vier Jahre Krieg sind mehr als dreißig Jahre Universität an Bildung über die Probleme des Lebens.«[34]

Tatsächlich verdankte er den vier Jahren, in denen er als Meldegänger beim Regimentsstab diente, die offenbar entscheidenden Anstöße zum Thema seines Lebens. In dem aufschlußreichen 6. Kapitel seines Buches ›Mein Kampf‹, das die Mängel der deutschen mit den Vorzügen der alliierten Kriegspropaganda vergleicht und eine eigene Konzeption »psychologischer Kriegführung« entwickelt, hat er zu erkennen gegeben, wie ausschließlich er den Krieg, jenseits der inzwischen weitgehend verfestigten antisemitischen Konstruktion von der Verschwörung des Weltfeindes gegen das Deutsche Reich, als Kampf zweier Propagandatechniken erfaßte. Die Erkenntniselemente, auf die er schon, wenn wir den Bekundungen der Gefährten und seiner Selbstdarstellung glauben können, durch das Rienzi-Erlebnis, die Erscheinung Luegers, die Agitation der Sozialdemokratie und nicht zuletzt die eigenen Versuche als Plakatmaler gestoßen war, begannen sich nun zu dem Schema zusammenzufügen, unter dem er das politische Geschehen zu betrachten lernte: Nur das unwissende, immer im Tone der Verachtung bewertete Volk kämpfte für Ideen, während tatsächlich die Methoden ihrer Propagierung Macht oder Ohnmacht verhießen. Schon hier enthüllten sich die Ansätze dessen, was später die »Geheimlehre« des engsten Kreises war, das zynische Erfolgsrezept seines Aufstiegs – aber auch die Ursache seines Untergangs.

Gewiß war der verschlossene, gehemmte Gefreite des Regiments List noch weit von der Sicherheit entfernt, mit der er diese Erkenntnisse später anzuwenden vermochte; aber sie gaben ihm schon jetzt ein Gefühl innerer Überlegenheit und zum ersten Male das Bewußtsein begründeten, nicht bloß dumpf aufbegehrenden Besserwissens. Die Kameraden, denen er in erregten Ausbrüchen seine Einsichten vermitteln wollte, belächelten die gespreizte Aufdringlichkeit, mit der er sich für das Kriegsgeschehen verantwortlich fühlte, keiner schloß sich ihm näher an: Er war der Sonderling, der »Spinner«, wie sie fast übereinstimmend berichteten. Oft saß er, »mit dem Helm auf dem Kopf in Gedanken versunken in der Ecke, und keiner von uns war imstande, ihn aus seiner Apathie herauszubringen«[35]. Offensichtlich aber war er tapfer, wurde zweimal verwundet und mit dem Eisernen Kreuz I. und II. Klasse ausgezeichnet. Gleichwohl brachte er es nur zum Gefreiten.

Sein damaliger Regimentsadjutant hat versichert, alle Vorgesetzten seien sich darüber einig gewesen, daß man diesen gewiß unerschrockenen, aber zutiefst merkwürdigen Menschen nicht zum Unteroffizier ernennen könne. Sie meinten, er werde unfähig sein, sich Respekt zu verschaffen . . .[36]

Mit dem Ende des Krieges freilich kam, was der unerschrockene Meldegänger Adolf Hitler immer gefürchtet hatte: die Rückkehr in das zivile Leben, in die Schrecken der Normalität, an der er, der ohne Heimat, ohne Beruf, ohne Familie, ohne Ziel war, keinen Anteil hatte. Gewiß hatte das Fronterlebnis ihn härter, erfahrener gemacht und ihm die ersten Selbstbestätigungen verschafft. Aber im Grunde war auch dies wieder eine Erfahrung neben dem wirklichen Leben, mochte er es auch für das Leben selbst halten und seine aus dem Männerheim mitgebrachte Kampfphilosophie darin beglaubigt finden. Bis zu seinem 30. Lebensjahr hatte er immer nur die »irrealen«, die Neben- und Unteransichten der Wirklichkeit kennengelernt. Schon als Junge, so hat er versichert, habe er sich über seine »zu spät angetretene irdische Wanderschaft oft ärgerliche Gedanken gemacht und die mir bevorstehende Zeit ›der Ruhe und Ordnung‹ als eine unverdiente Niedertracht des Schicksals angesehen«[37]. Nun hatte das Schicksal doch noch Nachsehen bewiesen. Im Chaos von Zusammenbruch und Nachkrieg nahm Deutschland die Strukturen eines riesenhaft vergrößerten Männerheims an. Unendliche Massenheere entwurzelter, vom Krieg, seinen ökonomischen und gesellschaftlichen Folgeerscheinungen bedrohter oder aus der Bahn geworfener Existenzen bevölkerten das Land. Im Scheitern einer ganzen Ordnung erhielt der Typus des Gescheiterten die Möglichkeit eines neuen Anfangs. Der Nullpunkt, auf den sich die Gesellschaft zurückgeworfen sah, verschaffte den Nullpunktexistenzen die historische Chance.

Das war Adolf Hitlers Stunde. Die Zeit der Inkubation war abgeschlossen. In der brütenden Dumpfheit der zurückliegenden Jahre hatten sich die Gärstoffe: die Haßgefühle, die Fieberphantasien, die krankhaften Wahnvorstellungen geheimnisvoll versetzt. Jetzt brach das alles auf. In der Sprache Adolf Hitlers, im Schlußsatz des Kapitels über die Novemberrevolution, hieß das: »Ich aber beschloß, Politiker zu werden.«[38]

II. TEIL: DER TROMMLER

»Nicht aus Bescheidenheit wollte ich Trommler sein. Das ist das Höchste, das andere ist eine Kleinigkeit . . .«

Adolf Hitler 1924
vor dem Münchener Volksgericht

Aus der anonymen Masse der geschlagen zurückgekehrten deutschen Armeen taucht zum ersten Male, undeutlich und eher verschwommen, das Gesicht des »unbekannten Soldaten des Weltkrieges«, Adolf Hitler, auf. In einem der Kurse für »nationales Denken«, wie sie von der Aufklärungs- oder Propagandaabteilung (Abt. Ib/P) des Bayerischen Reichswehrgruppenkommandos 4 unter dem rührigen Hauptmann Mayr Anfang 1919 veranstaltet wurden, war er als »einer dieser ewigen Kasernenbewohner, die nicht wußten, wohin sonst, aufgefallen, ein Gefreiter mit magerem, gelblichem, verbissenem Gesicht, der das bei Mannschaften so seltene Eiserne Kreuz I. Klasse trug«[1]. Die Revolutionstage des Jahres 1918 hatte er in einem Lazarett in Pasewalk verbracht, den vor Erbitterung und Scham »brennenden Kopf in Decke und Kissen (gegraben)«, wie er später schrieb. »Seit dem Tage, da ich am Grab der Mutter gestanden, hatte ich nicht mehr geweint ... Nun aber konnte ich nicht mehr anders ... In diesen Nächten wuchs mir der Haß, der Haß gegen die Urheber dieser Tat.«[2]

Dieser Haß war es, der nun aus ihm zu reden begann und die ersten unsicheren, ihrer Wirkung noch nicht mächtigen rhetorischen Versuche trug. Seine Erregbarkeit, die Vehemenz, mit der er sich in die Diskussionen der Kursusteilnehmer einschaltete, machte seine Vorgesetzten bald auf ihn aufmerksam, und in einem der frühen Verzeichnisse über die verfügbaren Vertrauensleute (»V-Männer«) taucht zum ersten Male sein Name auf. Kurze Zeit später erhielt er seinen ersten Bewährungsauftrag. In einer Liste vom 22. Juli 1919 über die Zusammensetzung eines sogenannten Aufklärungskommandos für das Durchgangslager Lechfeld erscheint unter Nr. 17 der »Infanterist Adolf Hitler«. Das Kommando hatte die Aufgabe, die heimkehrenden Soldaten des Übergangsheeres im antisozialistischen, vaterländischen Sinne zu beeinflussen, und war gleichzeitig als »praktischer Redner- und Agitationskurs« für die Teilnehmer gedacht.[3]

In dieser Zeit und Umgebung sammelte Hitler seine ersten politischen und psychologischen Erfahrungen. Seine »Doktrin«, die er später als das Ergebnis unausgesetzten bitteren Ringens, als einsame Erleuchtung aus dunklen Stunden der Sorge darzustellen pflegte, hat in Wahrheit vorwiegend hier ihre aktuellen Inhalte gefunden; hier auch wurden die opportunistischen Strukturen, die dem vorgegebenen Konglomerat fixer Ideen zur unverwechselbaren Gestalt dessen verhalfen, was sich später als nationalsozialistische Ideologie ausgab, zum ersten Male deutlich. Von den Gesichtern der zurückgekehrten Soldaten, die sich nach Jahren des Krieges um alles betrogen sahen, was ihrer Jugend Größe und Gewicht gegeben hatte: die Opfer, die Siege, den Heroismus und die Zuversicht, las er allen Groll ab und schuf ihren noch ziellosen, blinden Aggressionen die festumrissenen Feindvorstellungen. Im Mittelpunkt seiner Redeübungen, deren hervorstechendste Merkmale, dem Zeugnis Beteiligter zufolge, ein leidenschaftlicher »Fanatismus« und die »leicht faßliche Art« der Darstellung waren[4], standen infolgedessen die Angriffe auf die »Versailler Schmach«, die »jüdisch-marxistische Weltverschwörung« sowie jene Gruppe, die er später, in einer populären Prägung, die »Novemberverbrecher« genannt hat. Aus der gleichen Zeit stammt auch die erste erhaltene schriftliche Äußerung Hitlers zu politischen Fragen, ein Brief über die »Gefahr, die das Judentum für unser Volk heute bildet«:

> »Durch tausendjährige Innzucht (!), häufig vorgenommen im engsten Kreise, hat der Jude im allgemeinen seine Rasse und ihre Eigenart schärfer bewahrt, als zahlreiche Völker unter denen er lebt ... Seine Macht ist die Macht des Geldes, das sich in Form des Zinses in seinen Händen mühe- und endlos vermehrt und den Völkern jenes gefährlichste Joch aufzwingt, daß (!) sie seines anfänglichen goldigen Schimmers wegen so schwer in seinen späteren traurigen Folgen zu erkennen vermögen. Alles was Menschen zu Höherem streben läßt, sei es Religion, Sozialismus, Demokratie, es ist ihm alles nur Mittel zum Zweck, Geld und Herrschgier zu befriedigen. Sein Wirken wird in seinen Folgen zur Rassentuberkulose der Völker. Und daraus ergibt sich folgendes: Der Antisemitismus aus rein gefühlsmäßigen Gründen wird seinen letzten Ausdruck finden in der Form von Progromen (!). Der Antisemitismus der Vernunft jedoch muß führen zur planmäßigen gesetzlichen Bekämpfung und Be-

seitigung der Vorrechte der Juden ... Sein letztes Ziel aber muß unverrückbar die Entfernung der Juden überhaupt sein. Zu beidem ist nur fähig eine Regierung nationaler Kraft und niemals eine Regierung nationaler Ohnmacht.«[5]

Die gegenrevolutionäre Aktivität, in deren Rahmen Hitler seine ersten tastenden Schritte auf dem Felde der Politik unternahm, beruhte auf spezifisch bayerischen Voraussetzungen; denn in München hatte während der Novembertage des Jahres 1918 der gutmeinende, radikal gestimmte Dilettantismus einiger Politiker der extremen Linken überraschend die Macht an sich gerissen, sie indes bald darauf im selbstangerichteten Chaos verloren. Die verbreiteten Schuldgefühle gegenüber dem treulos im Stich gelassenen Königshaus, aber auch die Empörung über die Räteherrschaft verbanden sich mit den allgemeinen Not- und Angstkomplexen einer bis auf den Grund erschütterten Gesellschaft, die nun blind und erbittert wiederhaben wollte, was ihr ungerechtfertigt verlorengegangen schien, und auf der Suche nach den Urhebern ihres Unglücks nur zu leicht geneigt war, in den zum Teil jüdischen Wortführern des revolutionären Experiments die Kommissare einer riesenhaften Verschwörung zu sehen, ihnen die Schuld für alle Symptome aufzubürden, an denen sich die Unmutsstimmungen immer wieder entzündeten: an der Niederlage, den Demütigungen des Selbstbewußtseins, der Aussichtslosigkeit oder drohenden Deklassierung.

Nicht nur infolge des Anteils, den die militärischen Befehlsspitzen an der Niederschlagung der Räteherrschaft gehabt hatten, sondern auch in Vertretung der zivilen Instanzen, die vorerst in ihrem Zufluchtsort Bamberg verblieben waren, trat in München anfänglich das Reichswehrgruppenkommando 4 als der bestimmende Machtträger auf, der, über die militärischen Belange hinaus, auch politische und verwaltungsmäßige Zuständigkeiten beanspruchte. Seine Vertrauensleute beobachteten und kontrollierten sorgfältig die Tätigkeit der über fünfzig in München wirkenden politischen Parteien oder Gruppen, deren Vielfalt nicht minder von der krisenhaften Verwirrung des öffentlichen Bewußtseins zeugte als die teilweise schon in den Namen zutage tretende sektiererische Programmatik.[6] In seiner Eigenschaft als V-Mann erhielt Hitler den Auftrag, am 12. September 1919 eine Versammlung der Deutschen Arbeiterpartei zu besuchen. Sie war die Gründung eines Maschinenschlossers namens Anton Drexler sowie des Sportjournalisten Karl Harrer und versammelte wöchentlich ihre wenigen Getreuen, Arbeiter, Handwerker, Angehörige des kleinen Mittelstandes, im Leiberzimmer des Sternecker-Bräu »zwecks Besprechung und Studium politischer Angelegenheiten«. Das Trauma des verlorenen Krieges, antisemitische Stimmungen und die Klage über die zerrissenen »Bande der Ordnung, des

Rechts und der Sitte« bestimmten den Charakter ihrer Zusammenkünfte. In ihren »Richtlinien« vertrat sie den verbreiteten Gedanken eines nationalen, »nur von deutschen Führern geleiteten« Sozialismus, der auf die »Adelung des deutschen Arbeiters« zielte, statt der Sozialisierung forderte sie Gewinnbeteiligung, verlangte die Bildung einer Volksgemeinschaft und formulierte ihre »Pflicht und Aufgabe« dahin, die »Mitglieder im idealen Sinne zu erziehen und sie zu einer höheren Weltauffassung emporzuheben«[7]. Keine Partei im eigentlichen Sinne, sondern eher Typ der für das München jener Jahre kennzeichnenden Mischung von Geheimbund und Dämmerschoppen, trat sie nicht an die Öffentlichkeit. Namenlose Phantasten sprachen zu den dreißig oder vierzig Versammelten, man diskutierte Deutschlands Schmach und Wiedergeburt oder schrieb Postkarten an gesinnungsgleiche Vereinigungen in Norddeutschland.

Am 12. September sprach Gottfried Feder über das Thema »Wie und mit welchen Mitteln beseitigt man den Kapitalismus?« Als in der anschließenden Diskussion ein Besucher die Loslösung Bayerns vom Reich forderte, griff Hitler ihn so leidenschaftlich an, daß Drexler seinem Nachbarn zuflüsterte: »Mensch, der hat a Gosch'n, den kunnt ma braucha.«[8] Als Hitler bald darauf »den langweiligen Verein« verließ, eilte Drexler ihm nach und bat ihn, bald wiederzukommen. Er drückte ihm eine kleine selbstverfaßte Schrift in die Hand, die er »Mein politisches Erwachen« genannt hatte, und veranlaßte offenbar, daß Hitler schon wenige Tage später unaufgefordert eine Mitgliedskarte mit der Nr. 555 zugeschickt wurde.[9] Da Hitler nichts mit sich anzufangen wußte, besuchte er einige weitere Zusammenkünfte. Auf sein Drängen hin riskierte die kleine Partei am 16. Oktober 1919 eine Veranstaltung im Hofbräukeller. Hundertelf Personen waren erschienen, und als zweiter Redner des Abends ergriff Hitler erstmals öffentlich das Wort. In einem erbitterten Redestrom entluden sich die gestauten Affekte, die immer wieder erstickten Haß- und Ohnmachtsgefühle des Einsamen, wie in einem Ausbruch aus den Beengungen, der Dumpfheit der zurückliegenden Jahre überstürzten sich die Worte, die Wahnbilder, die Anklagen, hemmungslos redete er sich in Schweiß und Erschöpfung hinein, »nach dreißig Minuten waren die Menschen in dem kleinen Raum elektrisiert«, und was er »früher, ohne es irgendwie zu wissen, einfach innerlich gefühlt hatte, wurde nun durch die Wirklichkeit bewiesen«, jubelnd hielt er das überwältigende, befreiende Erlebnis fest: »Ich konnte reden!«[10]

In zahlreichen Äußerungen hat Hitler später den Vorrang des gesprochenen Wortes gegenüber dem geschriebenen betont und mit dem Blick auf die große, erlösende Erfahrung seiner rhetorischen Wirkungsmacht, in einseitiger Überschätzung, alle Umwälzungen der Geschichte auf die »Zauberkraft«, die »Brandfackel des unter die Masse geschleuderten Wortes« zurückgeführt. Tatsächlich hat er diesen Grundsatz von Beginn seiner politischen Tätigkeit an konsequent befolgt, und in der vergleichsweise geringen Bedeutung, die der Parteipresse der NSDAP immer zukam, hat dieses Rangverhältnis seinen charakteristischen Ausdruck gefunden.[11] Eine Veranstaltungsliste der Partei, in der er sich nun rasch nach vorn spielte, nennt ihn bereits innerhalb des ersten Jahres nach jenem Durchbruch zu sich selbst einunddreißigmal als Redner, immer häufiger und in immer rascherer Folge trat er an die Öffentlichkeit: Deutlich reflektiert noch das bloße Verzeichnis den wachsenden Rausch, die zu immer neuem Auftreten drängende Sucht nach jenen Selbstbestätigungen, die er nach jahrelang anhaltenden Entbehrungen mit orgiastischen Erfüllungsgefühlen an sich erfuhr. Stets sprach er dabei über die gleichen Themen: Zweiundzwanzigmal nimmt schon der Titel des Referats Bezug auf den Versailler Vertrag und das Judenproblem.

Indes war die unaufhörliche Wiederholung der unaufhörlich gleichen Themen nicht nur Ausdruck der starren Fixierungen, in denen er befangen war, sondern zugleich bewußt angewandte Methode:

> »Die Masse«, so hat er gelegentlich erklärt, »braucht in ihrer Schwerfälligkeit immer eine bestimmte Zeit, ehe sie auch nur von einer Sache Kenntnis zu nehmen bereit ist. Und nur einer tausendfachen Wiederholung einfachster Begriffe wird sie endlich ihr Gedächtnis schenken. Jede Abwechslung darf nie den Inhalt des durch die Propaganda zu Bringenden verändern, sondern muß stets zum Schlusse das gleiche besagen. So muß das Schlagwort wohl von verschiedenen Seiten aus beleuchtet werden, allein das Ende jeder Betrachtung hat immer von neuem beim Schlagwort selber zu liegen ... Dann aber wird man mit Staunen feststellen können, zu welch ungeheuren, kaum verständlichen Ergebnissen solch eine Beharrlichkeit führt. Jede Reklame, mag sie auf dem Gebiete des Geschäfts oder der Politik liegen, trägt den Erfolg in der Dauer und gleichmäßigen Einheitlichkeit ihrer Anwendung.«[12]

In der Tat hatte Hitler mit solchen Überlegungen, die er mit wachsender Sicherheit anzuwenden lernte, die ersten Erfolge, und bald schon konnte ein Plakat, das sein Auftreten ankündigte, versichern: »Da Herr Hitler ein glänzender Redner ist, können wir einen äußerst anregenden Abend in Aussicht stellen.«[13] Der biedere, weltfremde Anton Drexler sah verwundert, wie die Partei sich unter dem Einfluß dieses Mannes unversehens veränderte. Er hatte sie stets klein halten wollen, überschaubar im intimen Dunstkreis einer Bräustube, während Hitler, zusehends selbstbewußter, den Appell an die Massen forderte. Auch das soziologische Gesicht der Partei begann sich nun zu verändern. Zu den Arbeitern und den kleinen Gewerbetreibenden stießen die Soldaten, die Hitler zu einem Teil selbst der Partei zuführte, andere schickte Hauptmann Röhm vom Reichswehrgruppenkommando. In den Münchener Kasernen fristete die Mehrzahl ein zielloses, provisorisches Soldatenleben, seit der Krieg sie jedem zivilen Lebensinhalt entfremdet hatte: gebrochene Existenzen vielfach, die aus den Erfahrungen des Krieges, der sie geformt hatte, nicht zurückfanden, Abenteurer, Offiziere ohne Zukunft, deren Aktivismus in der mühsam anhebenden Normalität der Nachkriegszeit zusehends ins Leere stieß. Eher ratlos sahen sie sich den ungewohnten Fährnissen bürgerlicher Existenzsicherung gegenüber und sehnten sich im trüben Leerlauf ihrer Tage nach den heroisierenden Daseinsbestätigungen, die ihrem Tatenhunger so lange Richtung und Weg gewiesen hatten. Ihre vom Fronterlebnis geprägte Idee des »Schützengraben-Sozialismus«, die auf der Erfahrung von der Kameraderie aller Menschen im Angesicht des Todes beruhte, fand in der pluralistischen, von kontroversen Leidenschaften erfüllten Wirklichkeit keine Anknüpfungspunkte und drängte sie, ebenso wie die nationale Empörung, zu radikalen Konzepten. Mit ihrer Hilfe gelang es Hitler allmählich, der Partei eine feste organisatorische Struktur und damit jene Basis für die von vornherein konsequent angestrebte Führerschaft zu geben, die er als Voraussetzung für jede politische Massenwirksamkeit betrachtete.

Es haben sich verschiedene Versammlungsprotokolle aus dieser Entwicklungsphase der Partei erhalten, in der Hitler seine ersten, wenn auch noch bescheidenen Triumphe als Redner feierte, unvergleichlich aufschlußreiche Dokumente für den geradezu klinischen Primitivismus, der Redner und Zuhörer dieser Veranstaltungen zusammenführte. Hinter den klobigen, unartikulierten Formulierungen des Protokollführenden taucht immer wieder aufs unmittelbarste die affektgeladene Gestalt Hitlers auf, der alles, was er an sich zog, unter den Verformungen seiner Vorurteile wieder entließ und mit krankhaft überreizten Haßtiraden Befreiung aus dem »inneren Ghetto seiner Individualität« suchte:

»Die Versammlung begann um 7½ und endete um 10¾ Uhr. Der Referent gab eine Aussprache über das Judentum. Der Referent gab bekannt, daß überall wo man hinsieht, Juden sind. Ganz Deutschland wird von Juden regiert. Es ist eine Schande, daß die Deutsche Arbeiterschaft ob Kopf oder Hand sich so von den Juden verhetzen lassen. Natürlich weil ja der Jude das Geld in der Hand hat. Der Jude sitzt in der Regierung und schiebt und treibt Schleichhandel. Wenn er seine Taschen wieder voll hat, dann hetzt er wieder die Arbeiterschaft durcheinander, damit er immer wieder ans Ruder kommt und wir armen Deutsche lassen uns das alles gefallen. Er kam auch über Rußland zu sprechen ... und wer hat das alles fertig-

> gebracht? Nur der Jude. Darum Deutsche seit (!) einig und kämpft gegen die *Juden.* Denn die fressen uns den letzten Brocken auch noch weg ... Schlußwort des Referenten: Wir wollen den Kampf solange führen bis der letzte Jude aus dem Deutschen Reich entfernt ist und wenn es auch zu einem Putsch kommt und noch viel mehr noch mal zu einer Revolution ... Der Referent erhielt einen großen Beifall.«[14]

Und an anderer Stelle:

> »Es sprach dann Herr Hitler über das Thema aber dieser geriet in eine Wut und schrie so, daß man rückwärts nicht viel verstehen konnte. Auf die Reden des Herrn Hitler schrie ein Kerl immer ›Pfui‹ während die anderen immer ›sehr richtig‹ betonten. Aber mit diesem wurde kurzer Prozeß gemacht. Er flog gleich durch den Saal, auf der Treppe wurde er dann von einem Schutzmann in Schutz genommen, wäre so vielleicht nicht mehr ganz heimgekommen ... (Hitler) sagte, daß jetzt die Zeit kommt, in der man sieht, ob Deutschland einig ist, aber er hofft, daß sich Deutschland bald die Augen öffnen.«[15]

In brodelnden, rauchgeschwängerten Wirtshaussälen redete sich der inzwischen zum »Werbeobmann« der Partei avancierte Agitator langsam nach oben, das Protokoll einer Veranstaltung vom Oktober 1920 verzeichnet bereits annähernd 5000 Zuhörer. In diese Zeit fällt vermutlich auch sein endgültiger Entschluß, Politiker zu werden, nachdem sich noch knapp ein Jahr zuvor über ihn der Vermerk findet: »Er ist Kaufmann und wird berufsmäßiger Werberedner.«[16] Jedenfalls schied er aus dem Heeresdienst aus und nahm wiederum Quartier in einem Männerheim, als Beruf gab er »Schriftsteller« an. Was immer von seinen Reden überliefert ist, zeugt davon, daß er über kein formuliertes Programm verfügte, sondern die Stichworte von den Massen empfing, deren Ressentiments und Proteststimmungen er um so gewisser aufspürte, als sie den eigenen Aggressionshaltungen entsprachen. Der Armut seiner ideologischen Konzeption stand indes die demagogische Geschicklichkeit gegenüber, mit der er die aus tausend Quellen hervorbrechende Unzufriedenheit der Menschen auf seine Mühle zu leiten wußte. Die radikale Negation des Bestehenden im Namen einer unter wechselnden Vorzeichen apostrophierten, irrealen Idealvorstellung ermöglichte die ersten Kontaktschlüsse, jene suggestiven Vereinigungen zwischen ihm und einer anfangs oft genug feindselig oder belustigt gestimmten Zuhörerschaft, die er bald immer souveräner auf den Schmelzpunkt besinnungslosen Taumels zu bringen vermochte.

Die verneinenden Elemente bestimmten auch weitgehend den Charakter des Parteiprogramms, das Drexler zusammen mit Hitler und Feder formuliert hatte, ehe Hitler es am 24. Februar 1920 in einer Versammlung verkündete, die von der nationalsozialistischen Partei-Legende später mit dem Thesenanschlag Luthers an der Schloßkirche zu Wittenberg verglichen worden ist.[17] Es enthielt 25 Punkte, war antisemitisch, antikapitalistisch, antidemokratisch, antimarxistisch und antiliberal. Nie hat Hitler selbst die »positiven«, etwa den nationalen Gedanken oder den Schutz des Mittelstandes propagierenden Formeln als konstruktiv verpflichtende Maximen verstanden, sondern stets als stimulierende, die Ressentiments und Begehrlichkeiten steigernde Schlagworte. In einer unfreiwillig aufschlußreichen Wendung, die seinen taktischen Opportunismus enthüllt, hat er die 25 Punkte später ein »Werbeprogramm« genannt und erklärt: »Die Ideen unseres Programms verpflichten uns nicht, wie Narren zu handeln.«[18] Zur gleichen Zeit wurde auch der Name der Partei geändert, sie nannte sich jetzt in Anlehnung an bestehende Gruppierungen, aber auch in der Aneignung eines noch undeutlich artikulierten, verbreiteten Zeitbedürfnisses »Nationalsozialistische Deutsche Arbeiterpartei«. Ende 1920 verfügte sie über annähernd 3000 Mitglieder, und ein halbes Jahr später fanden die lange und erbittert ausgetragenen Rivalitätskämpfe um die Führung mit dem vollständigen Sieg Hitlers ihren Abschluß: Am 7. Dezember 1921 bezeichnete ihn der »Völkische Beobachter« zum ersten Male als »Führer der NSDAP«[19].

Der Erwerb des Blattes war der Unterstützung einflußreicher und vermögender Gönner zu danken, die sich nun zusehends um den »kommenden Mann« zu kümmern begannen. Das revolutionäre Geschehen der zurückliegenden Jahre hatte gerade in den führenden konservativen Schichten einen tiefen Schock vor der unwiderstehlichen Dynamik der Massen ausgelöst, die ihnen seither fremd oder unheimlich waren, und Hitler schien der Mann zu sein, der die Kunst ihrer Bändigung und Beherrschung verstand. Aber auch Hitler selbst bemühte sich um wichtige Verbindungen, neben der Gunst der Straße warb er systematisch um die Gunst der Ämter und Salons. Die Erfahrungen der Räteherrschaft waren in Bayern unvergessen, und die offiziell geförderte, antirepublikanische Stimmung hatte das Land, im Gegenschlag, zum Mittelpunkt verschwörerischer rechtsradikaler Aktivität gemacht. Der Münchener Polizeipräsident Pöhner beantwortete gelegentlich die Frage, ob ihm die Existenz politischer Mordgruppen der Rechten bekannt sei, mit der berühmt gewordenen Äußerung: »Ja, aber noch nicht genug!«, während sein Untergebener, der Oberamtmann Frick, versicherte: »Wir (hielten) unsere schützende Hand über Herrn Hitler und die nationalsozialistische Partei«, weil »wir in ihr den Keim einer Erneuerung Deutschlands sahen, weil wir von Anfang an die Überzeugung hatten, daß die Bewegung diejenige ist, die geeignet wäre, ... die Arbeiterschaft ins nationale Lager zurückzuführen.«[20] Zweifellos ist Hitlers Aufstieg zum gefeierten Lokalagitator Münchens undenkbar ohne die Protektion jener deutschvölkischen Politiker, die den staatlichen Apparat Bayerns weitgehend kontrollierten, der Nationalsozialismus wurde alsbald tatsächlich »der ungezogene, verhätschelte Liebling des Staates«[21]. Sie, aber auch der »Nationalfeldherr« Ludendorff, hohe Reichswehroffiziere, Freikorpsführer und viele andere, die in den Amtszimmern, den Kasernen und Bräustuben der Stadt ihren privaten, vielfach rivalisierenden Staatsstreichplänen nachhingen, liehen ihm teils offen, teils heimlich ihre Unterstützung, um den nationalen Mann für eigene Zwecke einzuspannen.

Der Dichter Dietrich Eckart, der schon vor Hitler der Partei Drexlers beigetreten war und über Verbindungen zu allen Rechtskreisen verfügte, führte ihn in die Münchener Gesellschaft ein, und die halb kuriose, halb befremdende Erscheinung blieb in der traditionell liberalen Schicht mit ihrer Schwäche für absonderliche Züge nicht ohne Eindruck. Alle Darstellungen schildern ihn als linkisch, gehemmt, von devoter Höflichkeit, »auffallend durch seine hastige Gier beim Essen und seine übertriebenen Verbeugungen«[22]. Lange bewahrte er seine Unsicherheit, und die mitunter exzentrischen Bemühungen, sich in Szene zu setzen, spiegelten das irreparabel gestörte Verhältnis des ehemaligen Asylisten und Männerheiminsassen zur bürgerlichen Gesellschaft. Wenn wir den überlieferten Berichten glauben können, pflegte er meist verspätet zu erscheinen und früher aufzubrechen, laute aufdringliche Ausfälle gegen die Juden oder politische Gegner wechselten abrupt mit Phasen grüblerischer Verschlossenheit. Offenbar beherrscht vom alten Außenseitergefühl, sah seine Geltungssucht sich ständig durchkreuzt von der Befürchtung gesellschaftlicher Geringschätzung, über die ihm auch die zahlreichen Frauen, ältliche Damen zumeist, die sich mit später mütterlicher Begehrlichkeit seiner annahmen, nicht hinweghelfen konnten. Zusammen mit den aus der Wiener Zeit stammenden Vorurteilen hielt er auch an seinen Gewohnheiten fest, an der ungeregelten Lebensweise insbesondere, in der die einstigen Künstlerträume ihren noch immer einzigen Ausdruck gefunden hatten, und auch über der abgerissenen oder achtlos getragenen Kleidung hing unverlierbar der Geruch der Männerunterkunft. Als Pfeffer von Salomon, der später sein Oberster SA-Führer werden sollte, ihm das erste Mal begegnete, trug Hitler einen alten Cutaway, gelbe Lederschuhe und einen Rucksack auf dem Rücken, so daß der fassungslose Freikorpsführer vorerst auf die persönliche Bekanntschaft verzichtete.[23] Der faszinierende Ruf freilich, der ihm vorausging, weckte das Interesse immer wieder neu, auch wenn es bei näherem Zusehen vielfach rasch erlahmte. Einigen immerhin auffallenden Bekundungen zufolge war es außerordentlich schwierig, das Aussehen dieses Mannes in der Erinnerung festzuhalten. Schon in dieser Zeit begegnet man der merkwürdigen Erscheinung von den zwei Gesichtern Hitlers: als Redner, vor großen Massen, ungemein selbstsicher, suggestiv, mit einem untrüglichen Gespür für triumphale Effekte und die Mittel zur Veranstaltung des Kollektivrausches, wirkte er in der Gesellschaft Einzelner eher unsicher, nur selten dem Partner gewachsen, aus den bindenden Regeln des Gesprächs immer wieder in selbstentrückte Monologe ausweichend, ermüdend und rasch uninteressant. Als er gelegentlich im Kreise von Freunden gebeten wurde, einige Sätze zu sprechen, weigerte er sich mit den Worten: »Ich muß eine Masse haben, wenn ich rede. In einem kleinen, intimen Kreis weiß ich nie, was ich sagen soll. Ich würde alle nur enttäuschen . . .«[24]

In der Münchener Gesellschaft lernte er einen großen Teil seiner engeren Anhänger kennen, darunter Hermann Göring, den letzten Kommandeur des Jagdgeschwaders Richthofen, den steifen, bewunderungssüchtigen Rudolf Heß, den baltendeutschen Architekten Alfred Rosenberg und Max Erwin von Scheubner-Richter, der am 9. November 1923 vor der Feldherrnhalle fiel — sie alle und die zahlreichen Gefolgsleute des zweiten Ranges keine Arbeiter, wie der Parteiname vorgab, sondern Vertreter einer intellektuellen Bohème, Angehörige der durch den Krieg ökonomisch getroffenen oder seelisch desorientierten Mittelschichten. Auf der Fahrt zum »Deutschen Tag« in Coburg im Oktober 1922, an der die gesamte Parteileitung teilnahm, befanden sich zusammen mit Hitler im gleichen Abteil: Max Amann, Hermann Esser, Dietrich Eckart, Christian Weber, Ulrich Graf, Alfred Rosenberg sowie Kurt Lüdecke, und man hat zutreffend darauf hingewiesen, daß diese Gruppe das soziologische Gesicht der Partei nahezu exakt repräsentierte: »Ein Maler, ein kaufmännischer Angestellter, ein Journalist, ein ›Pferdeschmuser‹, ein Dichter, ein Metzger und ein Architekt — einschließlich Lüdecke noch ein ›Kaufmann‹ — das war das Spiegelbild der Hitlerbewegung . . .«[25]

Aus den gleichen Gesellschaftsklassen kamen die Menschen, die nun in wachsendem Maße Hitlers Versammlungen füllten. Gewiß fanden auch Arbeiter den Weg in die Partei, aber von der Führung, deren Kern von Angehörigen des akademischen oder gewerblichen Mittelstandes geprägt war, blieben sie im Grunde ausgeschlossen. Die Angst vor wirtschaftlicher Überwältigung vor allem durch Großbetriebe oder Warenhäuser hatte schon vor dem Krieg latente Panikstimmungen in jenen kleinbürgerlichen Schichten erzeugt, die in der Mittelstandsbewegung eine Organisation ihrer Interessen angestrebt hatten, ehe sie nun, im Verlauf der krisenhaften Verschärfungen durch die Nachkriegssituation, von der NSDAP angezogen wurden, deren Programm diesen Besorgnissen ausdrücklich Rechnung trug und in der kategorischen Verneinung alles Bestehenden auch weit umfassenderen Unmutsgefühlen Ausdruck verlieh. Die historische Fatalität der Republik: ihre Geburt nach einem verlorenen Krieg und angesichts einer von den Siegermächten verständnislos betriebenen Politik der Sühne für die Sünden des Kaiserreiches, die belastende Erfahrung von Demütigungen, Hunger, Chaos und Währungszerfall – das alles machte es diesen gesellschaftlichen Gruppen unendlich schwer, sich mit ihrem Staatsgefühl an die neue Ordnung zu binden. Gerade das Kleinbürgertum, ebenso wie das Bürgertum selbst, hatte seit je eine ausgeprägte Staatsanhänglichkeit bekundet, eine Obrigkeitstreue, die sich unter den gewandelten Verhältnissen führungslos sah und einen ehemaligen Sattlermeister, um den der »Ludergeruch der Revolution« war, dort nicht zu akzeptieren vermochte, wo einst der Kaiser im noch immer unvergessenen Glanze gestanden hatte. Das Bewußtsein der Identifikation mit der staatlichen Ordnung und Autorität, dem es einen Teil seines gesellschaftlichen Wertgefühls verdankt hatte, war ihm darüber hinaus sichtlich erschwert, seit der Begriff der Ordnung nicht nur durch die chaotischen Wirren der Nachkriegszeit, sondern, wie ihm schien, geradezu konstitutionell durch »Parteienwirtschaft«, Demokratie und Pressefreiheit in Frage gestellt und die »Güter der Nation« auch dem respektlosesten Zugriff ausgesetzt waren. Der Ruf nach Ordnung, Sitte, Moral oder Treu und Glauben, der gerade vor der bayerischen politischen Kulisse und im Munde nationalsozialistischer Wortführer einen merkwürdig bizarren Klang besaß, hatte in solchen Unzufriedenheitskomplexen seinen Ursprung.

Motive ähnlicher Art waren auch bestimmend für den auffälligen Zulauf, den die Partei bei einem Teil der aus den gleichen Mittelstandsschichten stammenden Studentenschaft fand, in der sich die Parteinahme für die wirtschaftlichen Interessen der Elternhäuser mit nationalen Ressentiments, dem Gefühl beruflicher Aussichtslosigkeit und den allgemeinen Protestempfindungen der Jugend verband. »Im Hofbräuhausfestsaal«, so deutete die sozialdemokratische ›Münchener Post‹ in ihrem Bericht über eine Versammlung der NSDAP diesen Sachverhalt an, »sah man gestern alles, nur keine Arbeiter. Dafür aber studentische Claqueure, Hakenkreuzjünglinge, Münchner Bierdimpfl.«[26] Auch die ersten Industriellen stießen alsbald zur Partei, neben einigen Großunternehmern vor allem die Besitzer kleiner oder mittlerer Betriebe, die von ihr Schutz vor dem gewerkschaftlichen Druck erwarteten, sodann Beamte und später auch Bauern, wie es denn überhaupt bezeichnend war, daß die Bewegung an ihren Rändern Menschen jeder Herkunft, jeder soziologischen Färbung sammelte; nur die Enttäuschung, die Mißstimmungen waren ihnen allen gemeinsam, die unbalancierte, neurotische Bewußtseinsstruktur, die sich von dem vage formulierten Programm der NSDAP ebenso wie von der lärmenden Radikalität ihrer ressentimentbestimmten Appelle angezogen und auf ihre Weise verstanden wußte.

Getragen vom kollektiven Unbehagen, von den irrationalen Sehnsüchten und Wunschbildern, die er in aggressive, freilich vom charakteristischen bayerischen Vergnügen an Krawall und »Gaudi« unüberhörbar mitbestimmte Protestbekundungen umzusetzen verstand, begann Hitler, sich immer wirksamer in die Rolle des »Trommlers« hineinzufinden, der die Massen in Bewegung setzte. Diese Funktion bestimmte in jener Phase noch die Vorstellung von der eigenen Sendung. Er sah sich als Vorläufer, als Verkünder jener Führergestalt, die in der deutschen politischen Mythologie seit alters ein Flucht- und Kristallisationspunkt für die virulenten Stimmungen des Ungenügens an der Wirklichkeit gewesen war.[27] Vereinzelt allerdings wurde er schon in Eröffnungen, die seinem Selbstbewußtsein neue Antriebe verschafften, als die Figur des Retters selbst gefeiert. Der nahezu erblindete Houston Stewart Chamberlain, dessen rassisch orientierte Geschichtsphilosophie einen bestimmenden Eindruck auf ihn gemacht hatte, äußerte nach einem Besuch Hitlers, er sei nun beruhigt: »Daß Deutschland in der Stunde seiner höchsten Not einen Hitler gebiert, das bezeugt seine Lebendigkeit.«[28]

Die wachsende Not des Landes führte ihn zusehends nach oben, und er war bereits eine führende Erscheinung der bayerischen politischen Szenerie, als das Reich im Jahre 1923 förmlich in eine Sturzflut von Krisen geriet: In Norddeutschland kam es zu einem, freilich rasch unterdrückten, militärischen Putschversuch, im Rheinland erhielten die separatistischen Bestrebungen neuen Auftrieb, im Ruhrgebiet führte die engherzige Politik Frankreichs zum sogenannten Ruhrkampf, Sachsen und Thüringen gerieten unter wachsenden linksradikalen Einfluß, während zugleich der Wert der Mark ins Bodenlose sank und überall Hungerrevolten ausbrachen. In der vorrevolutionären, von bürgerkriegsähnlichen Stimmungen und Erwartungen geprägten Situation drängte auch die verschwörerische Aktivität, die in Bayern ein undurchsichtiges Gewirr konkurrierender, wenn auch durchweg gegen die Republik gerichteter Umtriebe geschaffen hatte, zum offenen Konflikt mit der Reichsgewalt. In stark vereinfachter Sicht präsentierte sich die »nationale Opposition« in drei größeren Lagern: der monarchistischen weißblauen Anhängerschaft des Generalstaatskommissars von Kahr, sodann in den in ihren wechselnden Zielen und Sympathien schwer faßbaren Einheiten der Freikorps und Vaterländischen Verbände, die sich mehr oder weniger eng um die Person Ludendorffs reihten, und schließlich in der Bewegung Hitlers. Mit über 55 000 Anhängern war sie im Herbst 1923 nicht nur die zahlenmäßig stärkste, sondern auch die geschlossenste Gruppe der nationalistischen Rechten in Bayern. In einer Atmosphäre von Einverständnis, gegenseitiger Bekräftigung und Mißtrauen beobachteten sie einander, unentschlossen zu handeln und jenen vielberedeten »Marsch auf das rote Berlin« auszulösen, an dessen Ende die divergierendsten Vorstellungen standen, angefangen von einer Militärdiktatur über die Restauration der Hohenzollern bis hin zu den verschwommenen Konzepten eines sozialistischen Volksstaates nationaler Prägung; entschlossen aber zugleich auch, dem Partner unter keinen Umständen das Gesetz des Handelns zu überlassen und, wie der Chef der Heeresleitung, General v. Seeckt, zu jener Zeit bemerkte, möglichst überhaupt nicht zu kommen, »wenn's eine Komödie wird«, dagegen im dritten Akt zu erscheinen, sollte es »ein Drama« werden.[29]

In der aufs äußerste zugespitzten Situation verlor Hitler zuerst die Geduld und wagte sich, noch durchaus seiner selbst unsicher, aber berauscht vom Erfolg bei den hinter ihm unruhig drängenden Massen, zu weit vor. In der irrigen Annahme, von Kahr sei zum Losschlagen bereit, versuchte er am Abend des 8. November, sich mit einer dramatischen Überrumpelungsaktion an die Spitze aller republikfeindlichen Gruppen der bayerischen Hauptstadt zu setzen. Eine Pistole in der erhobenen Hand, stürmte er mitten in eine Versammlung von Würdenträgern, führenden Politikern und ausgesuchten Bürgern des Landes, die der Generalstaatskommissar in den Bürgerbräukeller geladen hatte. Nach einem Schuß gegen die Decke des Saales proklamierte er die Nationale Revolution, erklärte die bayerische Regierung für abgesetzt und rief eine provisorische Reichsregierung unter seiner Leitung aus. Doch das Unternehmen scheiterte. Hin- und hergerissen zwischen Wut, Verzweiflung und Nervenzusammenbrüchen, deren ungezügelt hysterische Abfolge die späteren Krämpfe und Tobsuchtsanfälle des geschlagenen Feldherrn schon vorwegnahm und das Versagen des im Grunde überaus labilen Neurotikers angesichts wahrhaft kritischer Situationen schlagend verdeutlichte, entschlossen zu wildem Widerstand, dann wieder jäh resignierend, ließ er sich schließlich zu einem Demonstrationszug für den kommenden Tag bestimmen: »Geht's durch, ist's gut; geht's nicht durch, hängen wir uns auf«, erklärte er mit dem abgebrühten Zynismus des Glücksspielers [30], und auch diese Äußerung antizipierte die immer zwischen den Extremen von Sieg oder Selbstmord, Weltmacht oder Untergang pendelnde Haltung späterer Jahre. Zusammen mit Ludendorff setzte er sich am Vormittag des folgenden 9. November an die Spitze einer wachsenden, schließlich nach mehreren Tausenden zählenden Menge. Am Odeonsplatz, unmittelbar neben der Feldherrnhalle, kam es dabei zu einem Feuerwechsel mit einer zahlenmäßig schwachen Polizeikette. Hitler und die Mehrzahl seiner Begleiter in den vorderen Reihen stürzten oder warfen sich zu Boden, nur Ludendorff ging zornbebend, in freilich gedankenlosem Heroismus weiter und wurde verhaftet. Hitler dagegen floh und ließ neben einigen tausend Gefolgsleuten sechzehn Tote zurück. Die später von ihm selbst öffentlich verbreitete Legende, er habe ein hilfloses Kind aus dem Feuer getragen, das er zur Bekräftigung seiner Behauptung sogar vorführte, ist nachgewiesenermaßen unzutreffend.[31] Während er sich in Uffing am Staffelsee in einem Landhaus der Familie Hanfstaengl verbarg, versicherte er, er müsse Schluß machen und sich erschießen, doch gelang es den Hanfstaengls, ihn umzustimmen, ehe er kurz darauf verhaftet und »mit bleichem, abgehetztem Gesicht, in das eine wirre Haarsträhne fällt«, in die Festungsanstalt Landsberg am Lech eingeliefert wurde.[32]

Der anschließende Prozeß, der am 24. Februar 1924 begann, war bestimmt von dem stillschweigenden Einverständnis aller Beteiligten, »an das ›Eigentliche‹ jener Ereignisse beileibe nicht zu rühren«[33], so daß die Verhandlung alle Anzeichen einer prozessualen Farce trug, in deren Verlauf Hitler vom Angeklagten unversehens zum Ankläger wurde. Gewiß hat der peinliche und durchsichtige Versuch der führenden bayerischen Politiker mit von Kahr an der Spitze, alle Schuld für das doch seit Monaten gemeinsam beredete und in einer zwielichtigen Atmosphäre der halben Zusagen und versteckten Ermunterungen geplante hochverräterische Unternehmen Hitler zuzuschieben, diesem die Umkehrung der Prozeßsituation außerordentlich erleichtert; zweifellos aber zählt die intuitive und herausfordernd bezeugte Sicherheit, mit der er, so kurz nach einer schweren Niederlage, dem Gericht begegnete und alle Schuld bewußt auf sich nahm, um damit zugleich sein Verhalten im Namen höherer vaterländischer Motive von jedem Schuldvorwurf zu befreien, zu »seinen eindrucksvollsten politischen Leistungen«[34]. In seinem Schlußwort, das den selbstsicheren Charakter seines Prozeßverhaltens treffend widerspiegelt, erklärte er:

> »(Wer) für die Politik geboren ist, muß Politik treiben, ob er in Freiheit oder im Kerker ist, auf einem seidenen Stuhl sitzt oder mit einer harten Bank sich begnügen muß; das Schicksal seines Volkes wird ihn bewegen vom frühen Morgen bis in die späte Nacht hinein ... Wer zum Diktator geboren ist, der wird nicht gedrängt, sondern der *will*, der wird nicht vorgedrängt, sondern drängt selber vor ... Wer sich berufen fühlt, ein Volk zu regieren, hat nicht das Recht zu sagen: Wenn ihr mich wünscht oder holt, tue ich mit. Er hat die Pflicht, das zu tun ... Die Armee, die wir herangebildet haben, die wächst von Tag zu Tag, von Stunde zu Stunde schneller. Gerade in diesen Tagen habe ich die stolze Hoffnung, daß einmal die Stunde kommt, daß diese wilden Scharen zu Bataillonen, die Bataillone zu Regimentern, die Regimenter zu Divisionen werden, daß die alte Kokarde aus dem Schmutz herausgeholt wird, daß die alten Fahnen wieder voranflattern, daß dann die Versöhnung kommt beim ewigen letzten Gottesgericht, zu dem anzutreten wir willens sind ... Denn nicht Sie, meine Herren, sprechen das Urteil über uns; das Urteil spricht das ewige

Gericht der Geschichte. Ihr Urteil, das Sie fällen werden, kenne ich. Aber jenes Gericht wird uns nicht fragen: Habt Ihr Hochverrat getrieben oder nicht? Jenes Gericht wird über uns richten, über den Generalquartiermeister der alten Armee, über seine Offiziere und Soldaten, die als Deutsche das Beste gewollt haben für ihr Volk und Vaterland, die kämpfen und sterben wollen. Mögen Sie uns tausendmal schuldig sprechen; die Göttin des ewigen Gerichts der Geschichte wird lächelnd den Antrag des Staatsanwalts und das Urteil des Gerichtes zerreißen; denn sie spricht uns frei.«[35]

Tatsächlich entsprach das Urteil des Münchener Volksgerichts, wie man zutreffend bemerkt hat, nahezu dem von Hitler vorausgesagten Gottesurteil. Nur mit Mühe gelang es dem Vorsitzenden, die drei Laienrichter überhaupt zu einem Schuldspruch zu veranlassen, und er erhielt ihre Zustimmung erst, nachdem er versichert hatte, daß eine vorzeitige Begnadigung Hitlers mit Gewißheit zu erwarten sei. Das Urteil, dessen Begründung noch einmal den »rein vaterländischen Geist und edelsten Willen« der Angeklagten hervorhob, lautete für Hitler auf die Mindeststrafe von fünf Jahren Festungshaft und stellte ihm nach Verbüßung einer Haft von sechs Monaten Bewährungsfrist in Aussicht. Als das Gericht seine Entscheidung verkündete, von der gesetzlichen Vorschrift über die Ausweisung lästiger Ausländer im Falle Hitlers keinen Gebrauch zu machen, wurden im Zuschauerraum Bravorufe laut. Anschließend zeigte Hitler sich von einem Fenster des Gerichtsgebäudes aus der jubelnden Menge.

Immerhin schien sein Aufstieg, der ihn innerhalb kurzer Zeit vom V-Mann des Reichswehrgruppenkommandos zu einer der Führungsfiguren der bayerischen Politik gemacht hatte, endgültig unterbrochen. Die Partei, ohne den in seinen magischen ebenso wie macchiavellistischen Fähigkeiten begründeten Zusammenhalt, zerfiel innerhalb weniger Monate in eifersüchtig und erbittert sich befehdende Gruppen ohne Bedeutung. Die Chancen, die seine nahezu ausschließlich von öffentlichen Unmutskomplexen genährte Agitation besaß, verringerten sich weiter, als mit dem Ende des Jahres 1923 die Verhältnisse im Reich sich zusehends stabilisierten und die Periode der »glücklichen Jahre« im Verlauf der so glücklos begonnenen Republik anbrach.

Die Art jedoch, in der Hitler aus der Niederlage die Nutzanwendungen für seine politische Karriere zog, wie er die unter dem Desaster verborgenen propagandistischen, psychologischen und taktischen Möglichkeiten aufspürte und in neue Bewegungsimpulse umzusetzen verstand, bezeugte erneut sein außerordentliches politisches Geschick. Er selbst hat später nicht ohne Grund im Fehlschlag vom November 1923 »vielleicht das größte Glück meines Lebens« gesehen, und ganz in diesem Sinne hat Theodor Heuß in einer Studie aus dem Jahre 1932 über ›Hitlers Weg‹ bemerkt: »Was wäre dies alles, deutsche Öffentlichkeit, Märtyrertum als Werbung, Sicherung vor Sachentscheidung, Kampf gegen ›Verfolgung‹, Pflege der werdenden Legende – was wäre dies alles ohne den 8. November 1923? Der Putsch, sein Ausgang, seine Folgen waren das große Geschenk des Schicksals an Adolf Hitler«[36], und jedenfalls wurde dieser Mißerfolg der Ausgangspunkt seines unter völlig neuen Voraussetzungen, mit neuen methodischen Ansätzen begonnenen Kampfes um die Macht. Von entscheidendem Gewicht war dabei die Erkenntnis, daß die Gewalt zur Eroberung moderner Staatsgebilde ungeeignet, daß der usurpatorische Griff nach der Macht nur vom Boden der Verfassung aus erfolgverheißend sei. Gewiß bedeutete das nicht die Bereitschaft, die Verfassung als verbindliche Schranke im Zuge des Eroberungs- und Herrschaftsstrebens zu akzeptieren, sondern den im weiteren Verlauf seines Machtkampfes konsequent, über alle parteiinternen Auseinandersetzungen und Revolten der Ungeduld rigoros verfolgten Entschluß, die Illegalität im Schutz der Legalität anzusteuern. Hinter den Verfassungsbeteuerungen, die Hitler im Rahmen des neuen taktischen Kurses während der folgenden Jahre so bereitwillig abgab, stand nie mehr als der in seinem höhnisch formalen Charakter offen erkennbare Wille, der einmal erfahrenen Bedrohung durch die Gewehrläufe der Staatsmacht so lange auszuweichen, bis ihm selbst die Verfügungsgewalt über eben diese Gewehrläufe gebührte. Und während die zeitgenössische Formel vom »Adolphe Légalité« mit sicherem Instinkt verdeutlichte, daß die vom Führer der NSDAP vielbeschworene Legalität nur ein »Moratorium der Illegalität« enthielt[37], nahm der Staat selbst diese Versicherungen mit jener illusionären Befriedigung zur Kenntnis, hinter der sich der ihm eigene Mangel an Autorität, seine Unentschlossenheit und Ratlosigkeit nur schlecht verbargen.

Die Erfahrungen des fehlgeschlagenen Novemberputsches markieren einen entscheidenden Einschnitt, sie schließen Hitlers politische Lehrzeit ab. Die Elemente jenes Machtwissens, mit dessen Hilfe er in den kommenden Jahren seinen Aufstieg verwirklichte, basierten darauf: seine Anpassungsfähigkeit gegenüber den Machtträgern, das geläufig gehandhabte System taktischer Kompromisse, die gesteigerte Kenntnis der psychologischen Überwältigungspraktiken sowie die Grundsätze der Organisation der Partei, deren Ausrichtung auf seine Person immer nachdrücklichere Formen annahm und ihn aus der Rolle des Trommlers in die pseudometaphysischen Regionen des »Führers« emportrug. Die Erscheinung des von den Ereignissen und den eigenen impulsiven Reaktionen immer wieder mitgerissenen Agitators trat damit zurück, um dem mit berechnendem Opportunismus agierenden Machttechniker Platz zu machen, treulos selbst gegenüber »granitenen« Grundsätzen, ohne moralische oder intellektuelle Hemmungen, bereit, wie er versicherte, »jeden Tag sechs falsche Eide zu schwören«[38].

Die Verstrickung in alle Komplexe und hysterischen Fixierungen seiner Formationszeit war damit freilich nicht aufgehoben. Von diesem Zeitpunkt an tritt in der Person Hitlers vielmehr, deutlich greifbar, jenes eigentümlich verwirrende Nebeneinander von Rationalität und fixer Idee, von Verschlagenheit und stupidem Fanatismus hervor, das so viele Rätsel aufgibt und zu den Unerklärlichkeiten dieses Lebens gehört. Der Versuch seiner Darstellung gerät leicht in Gefahr, bei der Beschreibung von Symptomen stehenzubleiben, nicht anders übrigens als in der alles überlagernden, mit den Mitteln rationaler Analyse kaum lösbaren Frage, welcher inneren Bewegungskraft es den jähen Umschlag verdankt, der es aus den verlorenen Bereichen des verbummelten, seinen überspannten Ausschweifungen süchtig nachhängenden Kunstschülers zur Macht über Deutschland und einen Teil der Welt führte.

III. TEIL: DER FÜHRER

»Woher er kommt, niemand vermag es zu sagen. Aus einem Fürstenpalaste vielleicht oder einer Tagelöhnerhütte. Doch jeder weiß: Er ist der Führer, ihm jubelt jeder zu . . . und so wird er sich denn einmal ankündigen, er, auf den wir alle voll Sehnsucht warten, die Deutschlands Not heute tief im Herzen empfinden, daß tausend und aber hunderttausend Hirne ihn malen, Millionen Stimmen nach ihm rufen, eine einzige deutsche Seele ihn sucht . . .«

Kurt Hesse in seinem Buch
»Feldherr Psychologos«, 1922

Die erzwungene Unterbrechung seines Aufstiegs durch den Fehlschlag vom 9. November 1923 und die Haft in Landsberg hat Hitler zu sich selbst verholfen: zum Glauben an sich und seine Sendung. Während der Aufruhr der Emotionen sich legte, verfestigte sich die ihm im Prozeß von seinen Gegnern zugespielte Rolle des putschistischen Anführers zur immer selbstbewußteren Kontur des messianisch beauftragten, einzigen Führers. Die Unsicherheit, mit der er das sich anbahnende Gefühl seiner Berufung im Kreis der Mitgefangenen zunächst demonstrierte, verbarg doch nicht die Konsequenz seiner Bestrebungen, dem Anspruch besonderer Erwähltheit Geltung zu verschaffen. Sie gaben diesem Leben von jenem Zeitpunkt an die bewußt distanzierenden, eisigen Züge, die kein Lächeln, keine uneigennützige Geste, keine selbstvergessene Haltung je löste. Immer absichtsvoller erstarrte er in der statuarischen Pose, mit deren Hilfe er sich zu seiner Vorstellung von Größe und Führertum stilisierte. Die Atempause, die ihm gewährt war, ehe er noch einmal, in merkwürdig parallelem Verlauf, aus den Niederungen der Namenlosigkeit über die Eroberung der Massen und dank der neugewonnenen Gunst der Machtträger nach oben gelangte, um schließlich, wie im Jahre 1923, doch nun im verheerend erweiterten Maßstab, alles in einem einzigen wahnwitzigen Entschluß aufs Spiel zu setzen und zu scheitern – diese Atempause diente ihm zugleich zu einer umfassenden Bestandsaufnahme, in deren Verlauf er den in ihm gärenden Wust von Trieben, Vorurteilen und Haßgefühlen zu rationalisieren versuchte und das Geröll von Angelesenem und Halbverarbeitetem als Material zum »System« seiner Weltanschauung zusammentrug. Er hat die Monate seiner Haft gelegentlich seine »Hochschule auf Staatskosten« genannt und möglicherweise während dieser Zeit auch seine Wissensgrundlage durch die Lektüre jener Bücher zu verbreitern gesucht, deren gängige Ideen ihm bis dahin wohl nur in Aufgüssen aus zweiter und dritter Hand begegnet waren: Von Nietzsche, Chamberlain, Ranke, Treitschke, Marx, Bismarck und anderen hat er in diesem Zusammenhang ausdrücklich gesprochen, doch begegnete er in allen diesen Werken immer nur sich selbst, und jene von ihm als »Kunst des Lesens« bezeichnete und beschriebene Übung war nie mehr als die hektische Suche nach den Lehnformeln für die eigenen, längst verhärteten Voreingenommenheiten: »Ich erkannte die Richtigkeit meiner Anschauungen auf lange Sicht aus der Welt- und Naturgeschichte und wurde für mich zufrieden.«[1]

Das Ergebnis seiner Bestandsaufnahme, dessen ersten Teil er bald nach seiner Haftentlassung vorlegte, war das Buch ›Mein Kampf‹. Teils Biographie, teils ideologischer Traktat, teils taktische Aktionslehre ist es trotz aller nachweisbaren Unaufrichtigkeiten, aller widerspruchsvollen Legenden und Selbstverklärungen doch auf eine unfreiwillige Weise wahr und vermittelt, wie eine zeitgenössische Darstellung im freilich bezeichnend kultischen Stil schrieb, »wichtige Aufschlüsse für Wesen und Methoden dieses Mannes, der in vielem an die Propheten der Bibel, die Gewissensmahner und Führer ihres Volkes, erinnert«[2]. Tatsächlich enthält das Werk ein genaues Porträt seines Verfassers: die hochtrabende Unordnung der Gedanken; das ganze Gelegenheitswissen, das sich mit der Gebärde vorgetäuschter Wissenschaftlichkeit an den Mann zu bringen versucht; der Mangel an Selbstkontrolle, aus dem er unversehens immer wieder in die extreme Gegenposition, den Starrkrampf unbändiger Energie, verfällt; diese manisch in sich selbst verbissene Egozentrik, der die Menschenleere des dickleibigen Buches nur zu genau entspricht; die Monotonie seiner ewig gleichgerichteten Besessenheiten — solche und zahllose weitere Befunde vergleichbarer Art unterstreichen nachdrücklich, daß das Buch Adolf Hitlers, jenseits der eigentlichen Textzusammenhänge, die noch immer aufschlußreichste Darstellung Adolf Hitlers ist. Wohl in Erkenntnis des decouvrierenden Charakters der Niederschrift hat er sich später auch davon zu distanzieren versucht und den Inhalt als »Phantasien zwischen Gittern« abgetan: »Das jedenfalls weiß ich, wenn ich 1924 geahnt hätte, Reichskanzler zu werden, dann hätte ich das Buch nicht geschrieben.«[3]

Allerdings bezogen sich solche Eingeständnisse vorwiegend auf die in der Tat unsäglichen Anrüchigkeiten des Werkes, wie sie vor allem dem fiebrig-obszönen Kapitel über die Syphilis das abstoßende Gepräge gaben; die Axiome seiner Welt- und Menschenanschauung dagegen blieben davon unberührt. Die Kernvorstellung, um die sich alle Überlegungen gruppierten, war ein vulgärer Darwinismus, der im erbarmungslosen Kampf aller gegen alle, im Sieg der Starken über die Schwachen eine Art Weltgrundgesetz erkannt hatte, das er mit der ausschließenden Kraft einer fixen Idee in primitiven Analogien aus Natur und Tierleben auf die höhere Form menschlicher Gemeinschaft übertrug und hier als die Vorstellung von der Überlegenheit der Rücksichtslosen über die Gewissenhaften, der rohen über die empfindlich organisierten Naturen, der brutalen Kraft über die Gesittung feierte.

Diese zentrale Idee bestimmte im Grunde den gesamten Katalog der Bezüge und Frontstellungen des Buches: den antisemitisch gefärbten Rassenmythos, die Vorstellung der Bestenauslese mit ihren national-aggressiven Akzenten und damit im Zusammenhang das schon vom Bewußtsein persönlicher Erwähltheit inspirierte aristokratische Führerprinzip einerseits und die Lebensraumentwürfe andererseits. Von hier aus führten wiederum die Linien zu den taktischen Anweisungen für die Fanatisierung der Massen, die Einschmelzung aller pluralistischen Willensregungen in eine einzige Aktionsgemeinschaft, die Organisation der Bewegung, ihren schlagkräftigsten Aufbau und Durchsetzungsstil, denen dann, nach der Eroberung der Macht, die Organisation und expansive Schlagkraft der einer einheitlichen Führungsenergie unterworfenen Nation in ihrem Verhältnis nach außen, anderen Nationen gegenüber, entsprechen sollte; dies alles durchsetzt von einer fundamentalen Unfähigkeit, fremdes Recht und fremden Glücksanspruch zu begreifen oder gar zu respektieren. Eine hinter ihren autodidaktischen Drapierungen dünkelhaft verborgene Überzeugung von der Allmacht des Willens, die Idee »immerwährenden brutalsten Kampfes«, ein primitiver Gewaltglaube, der sich hämisch jeder »Mitleidsreligion« überlegen weiß und den Amok zum Götzen und letzten Sinn der Geschichte erhebt — das ist der immer wieder hervortretende, armselige Inhalt eines Weltbildes, das sich auf nahezu 800 Seiten mit dem anmaßenden Wortreichtum des Halbgebildeten bläht und streckt:

> »Indem ich mich in der Lehre des Marxismus vertiefte und so das Wirken des jüdischen Volkes in ruhiger Klarheit einer Betrachtung unterzog, gab mir das Schicksal selber seine Antwort. Die jüdische Lehre des Marxismus lehnt das aristokratische Prinzip der Natur ab und setzt an Stelle des ewigen Vorrechtes der Kraft und Stärke die Masse der Zahl und ihr totes Gewicht. Sie leugnet so im Menschen den Wert der Person, bestreitet die Bedeutung von Volkstum und Rasse und entzieht der Menschheit damit die Voraussetzung ihres Bestehens und ihrer Kultur. Sie würde als Grundlage des Universums zum Ende jeder gedanklich für

Menschen faßlichen Ordnung führen. Und so wie in diesem größten erkennbaren Organismus nur Chaos das Ergebnis der Anwendung eines solchen Gesetzes sein könnte, so auf der Erde für die Bewohner dieses Sternes nur ihr eigener Untergang ...«[4]

Das Werk, dessen Niederschrift Hitler sich mit außerordentlichem Ernst widmete, diente nicht zuletzt dem Versuch, den persönlichen Führungsanspruch innerhalb der Bewegung auch literarisch-philosophisch zu legitimieren. Hinter den tönenden Wortfassaden hockt unverkennbar die Sorge des Halbwitzigen vor dem Zweifel des Lesers an seiner intellektuellen Autorität. Kein Satz steht frei, gelöst oder natürlich da und vermag den hochgereckten Krampfzustand zu verbergen, unter dem er sich befreite. Die stilistischen Entgleisungen, auf die schon bald nach dem Erscheinen des Buches hingewiesen wurde, haben in der geschwätzig vertuschten Unsicherheit des Verfassers ihre Ursache, so wenn er von der »harten Faust des Schicksals« spricht, »die mir das Auge öffnete«, »die Flagge des Reiches ... aus dem Schoße des Krieges« hervorgehen läßt oder zu dem verunglückten Bilde greift: »Dieses (journalistische) Pack fabriziert zu mehr als zwei Dritteln die sogenannte öffentliche Meinung, deren Schaum dann die parlamentarische Aphrodite entsteigt.« Rudolf Olden hat gelegentlich darauf aufmerksam gemacht, welche Gewalt der Logik durch die Sprache Hitlers angetan wird. So äußert er beispielsweise über die Not: »›Wer nicht selber in den Klammern dieser würgenden Natter sich befindet, lernt ihre Giftzähne niemals kennen.‹ In so ein paar Worten sind mehr Fehler, als sich in einem ganzen Aufsatz richtigstellen ließen. Eine Natter hat keine Klammern, und eine Schlange, die einen Menschen umklammern kann, hat keine Giftzähne. Wenn aber ein Mensch von einer Schlange gewürgt wird, so lernt er doch dadurch nie ihre Zähne kennen.«[5] Und wie sich in den verfehlten Formulierungen die Unsicherheit der unablässig um Beifall besorgten Scheingelehrsamkeit bekundet, so auch in dem Pathos des Buches, das die mißtrauische Abwehrhaltung, die immer präsente Angst vor Nichtachtung, Ironie oder Geringschätzung dessen verdeutlicht, der sich in seiner Besorgnis, durchschaut zu werden, erst eigentlich durchschaubar machte — le style c'est l'homme:

»Eine nur sechshundertjährige Verhinderung der Zeugungsfähigkeit und Zeugungsmöglichkeit seitens (!) körperlich Degenerierter und geistig Erkrankter würde die Menschheit nicht nur von einem unermeßlichen Unglück befreien, sondern zu einer Gesundung beitragen, die heute kaum faßbar erscheint ... Der Weg hierzu ist vor allem der, daß ein Staat die Besiedlung gewonnener Neuländer nicht dem Zufall überläßt, sondern besonderen Normen unterwirft. Eigens gebildete Rassekommissionen haben den einzelnen das Siedlungsattest auszustellen; dieses aber ist gebunden an eine festzulegende bestimmte rassische Reinheit. So können allmählich Randkolonien begründet werden, deren Bewohner ausschließlich Träger höchster Rassenreinheit und damit höchster Rassentüchtigkeit sind ... Der völkischen Weltanschauung muß es im völkischen Staat endlich gelingen, jenes edlere Zeitalter herbeizuführen, in dem die Menschen ihre Sorge nicht mehr in der Höherzüchtung von Hunden, Pferden und Katzen erblicken, sondern im Emporheben des Menschen selbst, ein Zeitalter, in dem der eine erkennend schweigend verzichtet, der andere freudig opfert und gibt.«[6]

Auf solche und zahllose gleichartige Textstellen, in denen sich die Zuchtbücher des Rasse- und Siedlungshauptamtes ankündigen, hat man die Auffassung gestützt, daß Hitler in krankhaften Haßgefühlen auf sein eigenes Spiegelbild fixiert war. Die Überzeugung, »daß das nordisch-germanische Blut das einzig wirklich ganz große, herrliche Schöpfungswerk Gottes auf menschlichem Gebiet« sei [7], war danach gerade in ihren wahnwitzigen Übersteigerungen Ausdruck seiner Gewißheit, daß auch er am »Siechtum des verdorbenen Blutes« litt und von der Teilhabe an der »Bruderschaft der wirklich Reinen, Adligen« für immer ausgeschlossen sei.[8] Sein Verfolgungswille nahm die Stoßrichtung vorwiegend gegen Erscheinungen, in denen unschwer die Schatten der eigenen Physiognomie zu erkennen waren, und die Beschreibung des »Weltfeindes« entlehnte persönliche Züge: vom nie geklärten Dunkel seines Abstammungshintergrundes über die Schwächen und Untüchtigkeiten seiner frühen Jahre bis hin selbst zu Kleidung und Aussehen während jener Zeit, von denen ein Mitinsasse des Männerheims spöttisch versicherte, sie machten einen Eindruck, »wie er eigentlich bei uns Christen selten vorkommt«[9]. Auf der gleichen Linie liegt, daß er die eigenen Grundsätze, Praktiken und Bestrebungen fast durchweg an den vorgeblichen Methoden des Gegners darstellte, in dem er die heimliche Identität mit sich selbst erkannte und haßte. Die Propagandatechniken, die Organisationsformen der Bewegung, schließlich auch die Welteroberungspläne: immer schob er seinen Verhaltensweisen die Maske, sei es der feindlichen Kriegspropaganda, sei es der Marxisten oder der Juden, über. Gewiß wird man solche Beobachtungen nicht zum Angelpunkt eines psychologischen Deutungsversuchs machen, aber die Erscheinung des homo alpinus mit der schwarzen Haarsträhne im Gesicht als Gralswächter der kostbaren Schale nordischen Blutes[10] verlangt doch nach einer Erklärung, die über den Hinweis auf die opportunistischen Taktiken des völkischen Führers hinausreicht. Nationalsozialistische Stimmen haben diesen Zwiespalt, sofern sie ihn nicht einfach in der angeübten Technik, das Unvereinbare zu vereinen, außer acht ließen, kurzerhand in ihrem Sinne gelöst und Hitler zu einer Erscheinung »rein (arisch-)germanischer Natur« erklärt. Eine von dem Rassecharakterologen Alfred Richter »mit polizeilicher und parteiamtlicher NSDAP-Genehmigung« veröffentlichte Schrift äußerte über Hitler: »Gesamtausdruck: Geniale, schöpferische, geistige Führernatur, kraftvoll, zäh, mit großer Liebe, unsagbarem Schmerz und Entsagernatur«; sie las aus dem Oberhaupt »Alliebe, hohe Religion, Schönheit und Wesensadel« heraus, versicherte von der Stirn, sie sei »nordischer Natur«, nannte das Haar »blond« und entschied schließlich: »Am linken Ohr tritt die Ohrmuschel deutlich hervor. Hitler kann also sehr scharf im Kampf werden. Sehr stark ist auch der Hinterkopf entwickelt, woraus sein Heim- und Kindersinn zu erkennen ist.«[11] Dem stand freilich gegenüber, was Max von Gruber, sogenannter führender Rassehygieniker Deutschlands, in einem Gutachten vor dem Volksgerichtshof München bekundet hat:

> »Zum ersten Mal sah ich Hitler aus der Nähe. Gesicht und Kopf schlechte Rasse, Mischling. Niedere, fliehende Stirn, unschöne Nase, breite Bakkenknochen, kleine Augen, dunkles Haar; Gesichtsausdruck nicht eines in voller Selbstbeherrschung Gebietenden, sondern eines wahnwitzig Erregten. Zum Schluß der Ausdruck beglückten Selbstgefühls.«[12]

Während Hitler auf der Festung Landsberg, in respektheischender Zurückgezogenheit, seinem Gefolgsmann Rudolf Heß die ausschweifenden Ergebnisse seines Nachdenkens diktierte, zerfiel die Bewegung, ohne daß er, wie einer seiner damaligen Anhänger bemerkte, »einen Finger rührte«[13]. Kurz vor seiner Verhaftung hatte er Alfred Rosenberg auf einem »Stück Papier« mit der Führung der Bewegung betraut, und Rosenberg, ohne Autorität und von schwerfälliger Entschlußkraft, vermutete dahinter nicht zu Unrecht einen taktischen Schachzug, der den Zerfall der angeblich großen gemeinsamen Sache bewußt förderte, um den eigenen Führungsanspruch aufrechtzuerhalten. »Was sonst nie möglich gewesen wäre«, so hat Hitler später freimütig bekannt, »konnte ich damals (nach der Haftentlassung) allen in der Partei sagen: Es wird jetzt so gekämpft, wie ich es will, und nicht anders.«[14]

Die ersten Bemühungen nach seiner Rückkehr aus Landsberg am 20. Dezember 1924 zielten auf die Aufhebung des Parteiverbots. Der rasche Erfolg, der seinen Verhandlungen beschieden war, war wohl nicht nur auf die Geschicklichkeit zurückzuführen, mit der er sich, je nach Gutdünken, durch Legalitätsbeteuerungen, antimarxistische, prokatholische oder monarchistische Stellungnahmen wieder in die »Front der Ordnungsparteien« hineinspielte[15], sondern auch als Einlösung der stillschweigenden Prozeßabsprache zu verstehen, »an das ›Eigentliche‹ jener Ereignisse (vom 8. und 9. November 1923) beileibe nicht zu rühren«. Schon am 26. Februar 1925 erschien erneut der ›Völkische Beobachter‹, und tags darauf hielt Hitler mit den verbliebenen Getreuen und Rivalen eine Versammlung ab. In einer zweistündigen Rede, die fast ausschließlich der Sicherstellung seiner Führungsposition gewidmet war, erklärte er:

> »Wenn jemand kommt und mir Bedingungen stellen will, dann sage ich ihm: Freundchen, warte erst einmal ab, welche Bedingungen ich dir stelle. Ich buhle ja nicht um die große Masse. Nach einem Jahr sollen Sie urteilen, meine Parteigenossen; habe ich recht gehandelt, dann ist es gut; habe ich nicht recht gehandelt, dann lege ich mein Amt in Ihre Hände zurück. Bis dahin aber gilt: ich führe die Bewegung allein, und Bedingungen stellt mir niemand, solange ich persönlich die Verantwortung trage. Und ich trage die Verantwortung wieder restlos für alles, was in der Bewegung vorfällt.«[16]

Was er zuvor, in zahllosen mühevollen Einzelgesprächen, nicht erreicht hatte, gelang ihm jetzt: Unter dem stürmischen Jubel der 4000 Versammelten, die auf die Tische stiegen und sich vor Glück umarmten, kam es zur Aussöhnung der untereinander verfeindeten Parteigenossen. Während sich die führenden Konkurrenten auf der Tribüne demonstrativ die Hand reichten, nannte Streicher Hitlers Rückkehr ein »Gottesgeschick«, und der bayerische Fraktionsführer Dr. Buttmann versicherte, alle Bedenken, mit denen er gekommen sei, »schmolzen in mir weg, als der Führer sprach«. Nach dieser Formel, die gelegentlich schon, wenn auch ohne den lapidar-beschwörerischen Unterton, aufgetaucht war, hieß er von diesem Tage an »der Führer«. Der Erfolg beförderte zugleich seinen Entschluß, die in der gleichen Versammlung neugegründete Partei von allen demokratischen Überresten ihrer Frühzeit zu reinigen und ihr den straff autoritären Zuschnitt einer ausschließlich von ihm selbst kommandierten Führerpartei zu geben. Den Abschluß dieser Entwicklung, in der sich seine taktische Manövrierbegabung erneut bestätigte, bildete die Ausschaltung der beiden einzigen ernsthaften Rivalen: Während die Aktivität Gregor Strassers auf Norddeutschland abgelenkt wurde, sah sich der erbitterte Ernst Röhm ohne jede Erklärung aus der Partei gedrängt.[17]

Kaum war die eigene Machtstellung innerhalb der Partei erneut bekräftigt und stärker denn je gesichert, machte Hitler sich daran, die NSDAP im Rahmen der Verfassung aufzubauen. Zu seinem Entschluß, das Gesetz künftig nicht mehr offen zu brechen, sondern es sich unter dem Schein der Legalität gefügig zu machen, hatte er schon in Landsberg erklärt:

> »Wenn ich meine Tätigkeit wiederaufnehme, werde ich eine neue Politik befolgen müssen. Statt die Macht mit Waffengewalt zu erobern, werden wir zum Verdruß der katholischen und marxistischen Abgeordneten

unsere Nasen in den Reichstag stecken. Zwar mag es länger dauern, sie zu überstimmen als sie zu erschießen, am Ende aber wird uns ihre eigene Verfassung den Erfolg zuschieben. Jeder legale Vorgang ist langsam ..., doch werden wir früher oder später die Mehrheit haben — und damit Deutschland.«[18]

Indes, die Zeit war solchen hochgesteckten Erwartungen nicht günstig, zumal die bayerische Regierung frühzeitig erkannte, daß »die Bestie« doch nicht, wie der Ministerpräsident Held voreilig seinem Kabinettskollegen Gürtner versichert hatte, »gezähmt« sei[19] und folglich für Hitler ein Redeverbot erlassen hatte, dem sich die größeren Länder des Reiches fast durchweg anschlossen. Trotz ihrer unermüdlichen Veranstaltungstätigkeit, die sich während des Jahres 1925 in fast 6000 größeren oder kleineren Versammlungen bezeugte, blieben der Partei selbst geringfügige Erfolge versagt. Nicht nur das erzwungene Schweigen ihrer im Grunde einzigen demagogischen Potenz, sondern weit eher noch die zunehmende Festigung der Republik drängte sie an die Schattenränder politischen Daseins. Noch im Jahre 1926 zählte sie nicht mehr als 17 000 Mitglieder, ein Jahr später annähernd 40 000, und während sich 1928, nach der Aufhebung des Redeverbots für Hitler, die Zahl ihrer Anhänger zwar auf 60 000 erhöhte, erzielte sie bei den Reichstagswahlen des gleichen Jahres mit 12 Sitzen weniger als die Hälfte der im Mai 1924 errungenen Mandate. Ausländische Kapitalzufuhren sicherten einen steigenden Produktionsindex, und schon im Jahre 1927 erreichte das Volkseinkommen, bei kaum noch nennenswerten Arbeitslosenziffern, den Vorkriegsstand. Hitlers leidenschaftliche Versuche, die Katastrophe zu beschwören, seine Appelle gegen die »rücksichtslose Erpressung des notleidenden Volkes« vermochten die Massen nicht zu mobilisieren, und statt des Staates geriet die Bewegung in die Krise. Zäh, unnachgiebig und dank der Fähigkeit, Selbstvertrauen zu übertragen, hielt er die Mehrheit seiner Gefolgsleute zusammen und verstand es, seine Unterführer durch immer neue Funktionsverteilungen in kräfteraubende Rivalitäten zu manövrieren, die ihm die unangefochtene Position an der Spitze gewährleisteten.[20] Im Rahmen dieser Bestrebungen gelang es ihm schließlich auch, Gregor Strasser, der sich in Norddeutschland eine relativ starke, im Gegensatz zur opportunistischen Münchener Zentrale von sozialistischen Stimmungen geprägte Organisation aufgebaut hatte, völlig zu unterwerfen und dennoch in der Partei zu halten.

Doch nutzte Hitler die Jahre der Stagnation nicht nur zum Ausbau der totalitären Führungsstruktur und zur Formierung einer verläßlichen und schlagkräftigen Kerntruppe. In die gleiche Zeit fallen auch die Ansätze zur Bildung eines Schattenstaates. Bereits in seinem Buche ›Mein Kampf‹ hatte er als Voraussetzung für die geplante Umwälzung eine Bewegung gefordert, die nicht nur »in sich selbst schon den kommenden Staat trägt«, sondern »ihm auch bereits den vollendeten Körper ihres eigenen Staates zur Verfügung stellen kann«[21]. Die konsequente Verwirklichung dieses Gedankens führte zu einer rasch entstehenden Vielzahl von Ämtern und Einrichtungen, die neben den eifrig genutzten Möglichkeiten zu innerparteilicher Machtteilung vor allem dazu dienten, den staatlichen Institutionen im Namen des wahren, angeblich unvertretenen Volkes Kompetenz und Legitimation zu bestreiten. Der ministerialen Regierungsstruktur entsprechend entstanden die Ressorts des Schattenstaates, zum Beispiel das Außenpolitische, das Agrarpolitische oder das Wehrpolitische Amt der NSDAP. Reichs- und Gauleiter traten immer nachdrücklicher mit dem Anspruch von Ministern und Regierungspräsidenten auf, SA und SS übernahmen bei öffentlichen Veranstaltungen kurzerhand polizeiliche Funktionen, und auf internationalen Konferenzen ließ Hitler sich mitunter durch eigene Beobachter »vertreten«. Ähnliche Zielsetzungen lagen auch der parteieigenen Symbolik zugrunde: Mit dem Hakenkreuz wurde das Hoheitszeichen, mit dem Horst-Wessel-Lied die Hymne des Schattenstaates geschaffen, während Braunhemd, Orden und Abzeichen ein dem Staat entgegengesetztes Zugehörigkeitsgefühl erzeugten und den Hang »zu bekennendem Schmuck« rationalisierten.[22]

Jenseits solcher beharrlichen, die Eroberung der Macht planvoll vorbereitenden Aktivität führte Hitler selbst in dieser Zeit das vergleichsweise zurückgezogene, wenig beachtete Leben eines süddeutschen Landespolitikers, dessen exzentrische Eigenarten kaum ernst genommen und gern mit dem barocken Stil der bayerischen Politik erklärt wurden. Es bedurfte zweier verschiedener, zeitlich jedoch höchst vorteilhaft verketteter Ereignisse, um ihn schließlich aus der Enge seiner süddeutschen Domäne in die vordere Reihe der völkischen Opposition innerhalb des Reiches zu spielen. Das eine näherte sich ihm in der Gestalt des deutschnationalen Parteiführers Alfred Hugenberg, der im Jahre 1929 die Rechtsradikalen zu einer großangelegten Kampagne gegen die im Young-Plan vorgesehene Neuregelung des Reparationsproblems sammelte. Auf der Suche nach einer agitatorischen Begabung, geeignet, die in ihrer Anmaßung erstarrte konservative Sache wieder mit den verlorengegangenen Massen in Berührung zu bringen, stieß er auf Hitler. Mit der kurzsichtigen Arroganz des »besseren Herrn« gegenüber dem Führer einer ungebärdigen Pöbelpartei rechnete er darauf, ihn zu gegebener Zeit überspielen und das in Bewegung geratene Volk in die Hürden seiner eigenen politischen Zwecke treiben zu können. Mit diesem Irrtum, der vormals schon den bayerischen Politikern unterlaufen war, wiederholte sich nahezu exakt die Konstellation des Jahres 1923, mit dem Unterschied freilich, daß Hitler längst über die Bescheidungen seiner damaligen Selbsteinschätzung hinausgewachsen war und sich, gestützt auf die zu hymnischen Formen findende Verehrung seiner Anhängerschaft, immer bewußter Rolle und Gehabe des »Führers« angeeignet hatte. Blind gegenüber solchen Erwägungen, stellte Hugenberg ihm den Riesenapparat seines Presse-Imperiums zur Verfügung und vermittelte ihm die bislang vergeblich gesuchte Verbindung zu einigen einflußreichen und finanzstarken Kreisen der Schwerindustrie.

Die vielfältigen Publikationsmittel des Hugenberg-Konzerns machten nicht nur Hitlers Namen mit einem Schlage in ganz Deutschland bekannt, sondern verschafften ihm auch eine unvergleichliche publizistische Ausgangsbasis, als im Herbst des gleichen Jahres die Weltwirtschaftskrise auch auf Deutschland übergriff. Die mit betäubender Geschwindigkeit die Millionengrenze übersteigenden Arbeitslosenziffern waren nur der spektakulärste Ausdruck eines Zusammenbruchs, der im Grunde sämtliche Schichten mit sich riß. Vor allem im Kleinbürgertum, dessen ausgeprägtes Standesbewußtsein Armut seit je nicht nur als Entbehrung, sondern weit eher noch als entwürdigendes Indiz sozialer Degradierung auffaßte, verwandelte sich die wirtschaftliche Krise augenblicklich in eine Krise des Staatsbewußtseins. Müde der ewigen Bedrängnisse, in ihrer seelischen Widerstandskraft noch von Krieg, Niederlage und Inflation zermürbt, ergaben sich die labilen Massen ihren Affekten. Durch die dünne Decke einer eher formalen Staatsanhänglichkeit brachen Triebkräfte hervor, die zwar immer vorhanden, doch von der bemühten Alltagstüchtigkeit der republikanischen Wortführer weder erkannt noch aufgefangen worden waren: der Drang zu Mythos und Utopie; das Bedürfnis nach Aktivierung im Zeichen einer suggestiven Zukunftsvorstellung; der Protest gegen erstarrte Institutionen, gegen Kapitalismus, Materialismus und politischen Formalismus, der sich nur zu oft von jener falschen republikanischen Schönrednerei, die immer nur Gesten der Zufriedenheit verlangte und verordnete, bagatellisiert sah; das Verlangen nach faßlicher Deutung der nie ganz zur Ruhe gekommenen Mißgefühle sowie schließlich die Sehnsucht nach starken Führerpersönlichkeiten, in der alle diese so lange vernachlässigten und nun aggressiv hervorbrechenden Wunschhaltungen kulminierten.[23]

Zu allem Unglück versagten die parlamentarischen Institutionen fast unverzüglich vor der Belastungsprobe und bestätigten damit nur die dumpfen Unmutsstimmungen innerhalb der betroffenen Öffentlichkeit. Während die Krise nach der Übernahme von Verantwortungen verlangte, drängten die Parteien in teils ideologischer, teils interessengebundener Unfähigkeit, größere Zusammenhänge zu überblicken, überstürzt in die Opposition. Noch vor dem ersten Höhepunkt der Krise zerbrach im Frühjahr 1930 die Große Koalition. Der in fast allen politischen Lagern mit Ausnahme einiger Mittelparteien verbreitete kleinmütige Hang zur Flucht in die Opposition erwies sich indessen als Fehlrechnung. Die in fortlaufend kürzeren Abständen veranstalteten Neuwahlen räumten der NSDAP, die dem Geist der herrschenden Verneinung den lärmendsten und offenbar konsequentesten Ausdruck verlieh, die Möglichkeit ein, sich nach oben zu wählen: »Nationalsozialismus«, so lautete die demagogische Formel, die auf langwierige Begründungen verzichtete, »ist das Gegenteil von dem, was heute ist.«[24]

Im Mittelpunkt des gewaltigen agitatorischen Aufruhrs, der das Land nun bis in die Tiefen erfaßte und aufwühlte, stand Adolf Hitler. Aus der deklassierten Masse hervorgegangen, mit einem untrüglichen Spürsinn für die in der gesellschaftlichen Auflösung frei werdenden Angstgefühle und Empörungskomplexe begabt, witterte er im Zusammenbruch die niemals wiederkehrende Stunde seines Lebens. Wenn er im Jahre 1924, bei der Niederschrift seines Buches, dem Wiener Bürgermeister Karl Lueger bewundernd nachgerühmt hatte, er habe »das Hauptgewicht seiner politischen Tätigkeit auf die Gewinnung von Schichten (gelegt), deren Dasein bedroht war«[25], so standen dahinter zwar schon die Einsichten in das Geheimnis seiner eigenen Massenerfolge während der ersten Nachkriegsjahre; doch nun erst, unter den unendlich verschärften Bedingungen der Weltwirtschaftskrise, diktierten sie seinem Agitationsstil die mit äußerster Rationalität ermittelten und zur Anwendung gelangenden Methoden, in denen jede Einzelheit wichtig und nichts dem Zufall überlassen war: die Größe der Versammlung, das genau bestimmte Mischungsverhältnis der Masse, die Tageszeit oder das zur Spannungssteigerung durch eine Regie der Fahnenaufzüge, Marschrhythmen, ekstatisch angestimmten Heilrufe immer wieder künstlich hinausgezögerte Erscheinen des Redners, der dann plötzlich, unter aufflammenden Lichteffekten, vor eine planmäßig hungrig gemachte, zu kollektiver Verzückung präparierte Menge tritt. Die »Ausschaltung des Denkens«, die »suggestive Lähmung«, die Erzeugung eines »aufnahmewilligen Zustandes fanatischer Hingabe« – diese seelischen Aggregatzustände, deren Herstellung Hitler in seinen propagandatechnischen Maximen ausdrücklich als Funktion einer Massenversammlung bezeichnet hatte, war hier schon zur Aufgabe ihrer inszenatorischen Vorbereitung geworden, und keinem anderen Zweck diente die Rede selbst, ihr Stil, ihre Argumentationsweise, die berechneten Steigerungen, die Modulation der Stimme sowie die sorgfältig angeübte pathetische, drohende oder beschwörende Gestik. »Die Masse ist wie ein Tier, das Instinkten gehorcht«, versicherte er. Diesem Grundsatz entsprachen die Forderungen nach größter Primitivität, nach einfachen, schlagwortartigen Parolen, ständigen Wiederholungen, die Wendung gegen jeweils nur *einen* Gegner sowie der apodiktische Ton der Rede, die sich »Gründe« oder »Widerlegungen anderer Meinungen« bewußt versagte – das alles schließlich eine, wie Hitler formulierte, »unter genauer Berechnung aller menschlicher Schwächen gefundene Taktik, deren Ergebnis fast mathematisch zum Erfolg führen muß«[26].

Ihr verdankte die Partei denn auch, angesichts der krisenhaften Zerrüttung des öffentlichen Bewußtseins, der wild wuchernden und nach Entladung drängenden Emotionen und Wahnvorstellungen, ihren stürmischen Aufschwung. Hitlers Gestalt, mit den Mitteln irrationaler Gefühlsappelle systematisch in pseudoreligiöse Regionen gesteuert, wurde alsbald zum Vereinigungspunkt abertausender Gefühle der Auflehnung, des Hasses und einer Sehnsucht, in der sich der alte politische Führermythos der Deutschen mit den aktuellen Bedürfnissen nach Ordnung, Sicherheit und Einheit verband. Seiner demagogischen Virtuosität, der die übrigen Parteien in all ihrer Fassungslosigkeit nur die nüchterne Routine der traditionellen Veranstaltungsabläufe entgegenzusetzen hatten, entsprach auch die weitaus größere Intensität des agitatorischen Einsatzes. In den fünf Sommermonaten des Jahres 1931 wurden beispielsweise in der Provinz Hessen-Nassau von den politischen Parteien insgesamt 4135 Versammlungen durchgeführt; davon entfiel fast die Hälfte auf die NSDAP, während die SPD nur knapp 450mal, das Zentrum gar nur 50mal in Erscheinung trat.[27] Unermüdlich, oft mit dem Flugzeug unterwegs, senkte Hitler sich wie ein Retter zu den brodelnden verzweifelten Menschenansammlungen herab, sprach mitunter an einem einzigen Tage vor vielen Hunderttausenden und riß sie, wie er selbst es nannte, zu »vorwärtstreibender Hysterie« hin. Schon die bloße Ballung, die Faszination durch jene Quantität, von der ein jeder sich als Teil empfinden durfte, vermittelte ihnen lange entbehrte Machtgefühle, denen dann im exzessiv entzündeten Taumel durch die rhetorische Gewalt Hitlers die Erfüllung zuteil wurde: äußerste Selbsterhöhung durch äußerste Selbstpreisgabe. Auf seinem ersten Deutschlandflug besuchte Hitler einundzwanzig Städte in sieben Tagen, auf dem zweiten Flug in acht Tagen fünfundzwanzig Städte und auf den beiden letzten Flügen je fünfzig Städte in sechzehn bzw. vierundzwanzig Tagen. Getreu seinem Grundsatz, daß »nur die fanatisierte Masse ... lenkbar« werde, gab er ihr, was ihren Fanatismen zum Durchbruch verhalf: die primitiv verkürzten, plausiblen Schuldformeln, die aufpeitschenden Parolen der Empörung, die vagen Rezepturen von Macht, Vaterland, Ehre, Größe und Rache, unbekümmert darum, daß der Aufruhr der Affekte das Chaos nur förderte, das er so anklagend und zornig beschwor. Auch dies war vielmehr nur Teil seiner umfassenden Strategie der Machteroberung, die neben der demagogischen Verwirrung den Terror auf den Straßen, die Blockierung der Parlamente oder die Verweigerung jeder loyalen Mitarbeit als bewußt krisenverschärfende Mittel einschloß. Wer immer in unverschuldete Not geraten war, die Arbeitslosen, die Jugendlichen an den Straßenecken, die Rentner, die kleinen Geschäftsleute, die brotlosen Akademiker, der unter den Stößen der Wirtschaftskrise zusammenbrechende Mittelstand überhaupt — wer immer hilflos oder erbittert nach den Gründen seiner Not fragte und seine Urteilswilligkeit eingebüßt hatte, überließ sich nur allzu begierig dem verführerischen Sog dieser Stimme. Während die übrigen Parteien sich vorwiegend an einzelne Schichten oder Gruppen der Bevölkerung wandten, appellierte die NSDAP ungehemmt an sie alle, und wie schon ihr Name »sich mit der Addierung des Nationalen und Sozialistischen nicht begnügte, sondern ihm zur Sicherheit auch noch die (rechte) Handelsmarke ›deutsch‹ und die (linke) ›Arbeiter‹ anheftete«, so entwand sie den anderen Parteien auch die »politischen Gehalte und prätendierte, sie alle in sich zu verkörpern«[28].

Für Hunderttausende, bald für Millionen, wurde Hitler so zum Abgott, dessen Heraufkunft sie unter Krämpfen und Zuckungen erlebten. Es haben sich Aufnahmen erhalten, auf denen er durch schreiende, schluchzende Spaliere schreitet, eine »Via triumphalis ... aus lebenden Menschenleibern«, wie Goebbels emphatisch schrieb[29], Frauen vornean, und er selbst einsam, verschlossen, entrückt solcher Gier nach seelischer Vergewaltigung: noch »bei sich«, in der ordinären, armseligen Ungestalt, die die andere, eigentliche Seite seiner wechselgesichtigen Erscheinung war, eine mühsam posierende Menschenhülle, doch medial bereit, sich von der Kraft erfüllen und emporführen zu lassen, die sich im Erwartungsschrei der Massen ankündigte. Erst wenn er das Podium betrat und die ersten tastenden Worte in die atemlose Stille fielen, schien er selbst sich zu verwandeln und jene unbezwinglich anmutende Genialität zu erreichen, die ihn weit forttrug aus den Niederungen seiner inferioren Individualität. »Er beginnt mit leiser, langsamer Tenorstimme«, notierte ein zeitgenössischer Beobachter, »und nach etwa fünfzehn Minuten tritt ein, ... was sich nur mit dem alten primitiven Bilde sagen läßt: Der Geist fährt in ihn.«[30] Er selbst hat gelegentlich bekannt, vor jubelnden Volksmassen werde er »ein anderer Mensch«[31], und es bedarf, um den Ursprung dieser Beziehung greifbar zu machen, nur eines Blickes auf die von der Masse handelnden Seiten seines Buches ›Mein Kampf‹, auf die durchaus erotische Inbrunst, die Begriff und Vorstellung der Masse in ihm wecken, ihm die Sprache lösen und zu den einzigen überschwenglichen, befreiten Passagen verhelfen. In den immer süchtiger begehrten Vereinigungen fand der Einsame, Kontaktgestörte, der »jeder Begegnung mit (einzelnen) Menschen auswich«[32], die Ersatzbefriedigungen, und jene Masse, die er begrifflich mit »dem Weibe« zu identifizieren pflegte, verschaffte ihm in den zu immer neuen Übersteigerungen geführten orgiastischen Kollektivdelirien die Surrogate einer Gefühlserfahrung, die ihm in all seiner monströsen Ichbesessenheit individuell versagt geblieben war. Aus diesem Grunde sprach denn auch der Dichter René Schickele von »den Reden Hitlers, die wie Lustmorde sind«. Einiges scheint immerhin die Auffassung zu stützen, daß er nur in den rhetorischen Aufschwüngen, wenn »der Geist in ihn fuhr«, zu seinem anderen, von den frühen Verwachsungen und Deformierungen überdeckten Selbst fand. »Reden war das Element seines Daseins«, hat einer seiner alten Gefolgsleute versichert [33], nur die immer neuen rhetorischen Ausbrüche öffneten ihm den Weg aus der kataleptischen Gebundenheit seines Wesens. »Wenn er nicht redete, fiel er in seine brütende Dämmerung zurück, vom Dämon verlassen, entschluß- und handlungsunfähig in sich vergraben — post coitum triste«[34]; nicht mehr der Führer, sondern einfach Hitler, Adolf, früh gescheitert, Postkartenabmaler und vom Männerheim geprägt. Einem Beobachter, der ihn in solcher Situation, müde und mit verglastem Blick, angetroffen hatte, wurde vom Adjutanten Brückner der Weg mit den Worten versperrt: »Lassen Sie ihn doch in Ruhe; der Mann ist fertig!« Hitler selbst versicherte, er sei nach seinen großen Reden »klitschnaß gewesen und habe vier bis sechs Pfund an Gewicht verloren«[35].

Der von ihm entfesselte agitatorische Taumel allein hätte ihn freilich nie zur Macht führen können. In keiner Wahl hat Hitler je mehr als 37,3 % der Stimmen errungen. Sein Erfolg wurde vielmehr vorbereitet durch das Regierungsverfahren, das sich vom Jahre 1930 an in Deutschland einbürgerte. Seitdem die Wege normaler parlamentarischer Mehrheitsbildung, nicht zuletzt auch infolge der von den Nationalsozialisten geschürten Krise, blockiert waren, griff man zusehends auf das Notverordnungsrecht des Reichspräsidenten zurück. Es war die unvermeidliche Begleiterscheinung dieses Verfahrens, daß die Schwerkraft politischer Macht sich immer ausschließlicher auf den Reichspräsidenten selbst und die kleine Gruppe seiner Ratgeber verlagerte, von denen nicht nur der Sohn Oskar von Hindenburg, einem populären Spottwort der Zeit zufolge, »in der Verfassung nicht vorgesehen« war. Um diese Kreise bemühte sich Hitler, die Macht seiner Wählergefolgschaft und seiner Sturmabteilungen im Rücken, mit steigender Hartnäckigkeit. Drohungen mit der Revolution einerseits und die Verheißungen aufrichtiger Zusammenarbeit andererseits kennzeichneten in verwirrendem Wechsel die Methoden seiner unerbittlichen Werbung. Während er noch vergeblich, unter wachsender Unruhe, auf den Zugang zur Kanzlerschaft wartete, erlebte die Partei in den Novemberwahlen des Jahres 1932 einen ersten empfindlichen Rückschlag. Schon einen Monat später folgte eine schwere innere Krise, in deren Verlauf Hitler, zwischen Wutausbrüchen, Weinkrämpfen und wilden Beschuldigungen, wieder mit seinem Selbstmord drohte. Sie machte noch einmal die Brüche im Gefüge einer von divergierenden Stimmungen und Wunschbildern bestimmten Sammelpartei ohne verpflichtendes Programm deutlich, die nicht nur den Mythos des Führers, sondern auch den seiner Unbezwinglichkeit und der ständigen Erfolge benötigte, weil eben dies im Grunde ihr Programm war; zugleich deutete diese Krise Möglichkeiten an, die den offenkundig eingeleiteten Prozeß der »Entzauberung der NSDAP«[36] hätten weiterführen können.

Daß sie nicht genutzt wurden, war nicht zuletzt darauf zurückzuführen, daß dem Führer der NSDAP bei seinen weiteren Bemühungen kein entschlossener republikanischer Selbstbehauptungswille mehr gegenüberstand, sondern nur noch die zerstrittenen, entnervten, vom historischen Recht ihrer Sache längst nicht mehr überzeugten demokratischen Politiker auf der einen, und die windige Einfalt einiger konservativer Wortführer auf der anderen Seite, die sich, tief befangen in der Illusion ihrer »geschichtsbefugten Führungsrolle«, auf das Spiel mit Hitler einließen. In einer Intrige, zu der persönliche Motive der Beteiligten keinen geringen Anstoß gegeben hatten, verschafften sie dem Führer der demoralisierten, ratlosen, mit beträchtlichen finanziellen Schwierigkeiten ringenden NSDAP eine völlig unerwartete Chance; und unter geschickter Ausnutzung der standesherrlichen, antigewerkschaftlichen und nationalen Vorurteile jener Gruppen, die über den wankelmütigen Geist des Reichspräsidenten geboten, kam er schließlich doch noch zum Erfolg: am 30. Januar 1933 übertrug Hindenburg Hitler das Kanzleramt und damit die Schlüsselstellung zu jener Macht, von der er öffentlich gesagt hatte, er werde sie sich, einmal in ihrem Besitz, nicht mehr wegnehmen lassen, so wahr ihm Gott helfe. »Alles mutet an, als wäre es ein Märchen«, notierte Goebbels in seinem Tagebuch.[37]

Ein erstaunlicher, in seinen Elementen und Bedingungen streckenweise schwer begreiflicher Aufstieg lag hinter ihm. Nicht vom Kaiserhof, seinem langjährigen Berliner Hauptquartier, sondern vom Männerheim in der Wiener Meldemannstraße hatte der Weg ihn in die Reichskanzlei geführt. Mitgerissen von der eigenen Dynamik und im dynamischen Vorwärtsdrängen neue Kräfte, neue Beschleunigungselemente entfesselnd, setzte er ihn immer ungeduldiger fort; denn noch sah er sich, Kanzler eines mit nur drei Nationalsozialisten besetzten Koalitionskabinetts, nicht am Ziel, das sich ihm erst im Einparteienstaat totalitärer Prägung verkörperte. Die Devise für die nun unverzüglich und ohne Rücksicht auf die Regierungspartner in Angriff genommene nächste Phase seines Aufstiegs gab Goebbels aus: »Macht erobert man mit Macht.«[38]

IV. TEIL: DER REICHSKANZLER

»Das ist das Wunder unserer Zeit, daß ihr mich gefunden habt, daß ihr mich gefunden habt unter so vielen Millionen! Und daß ich euch gefunden habe, das ist Deutschlands Glück!«

Adolf Hitler

»Was für ein Glück für die Regierenden, daß die Menschen nicht denken.«

Adolf Hitler

Mit dem triumphalen Zeremoniell des historischen Siegers betrat Hitler am 30. Januar 1933 die politische Szene. Zwar entsprach die pathetische Kulisse mit ihren Massenaufmärschen und Fackelzügen keineswegs der verfassungstechnischen Bedeutung des Tages, der unter formalem Aspekt nicht mehr als einen Regierungswechsel gebracht hatte. Aber die Öffentlichkeit registrierte doch, daß die Ernennung Hitlers zum Reichskanzler den Kabinettsumbildungen früherer Zeiten nicht vergleichbar war, sondern einen neuen Anfang setzte. Trotz der prahlerischen Anmaßung Papens, der alle Warnungen vor der machthungrigen Entschlossenheit Hitlers mit der Versicherung in den Wind schlug: »Sie irren sich, wir haben ihn uns engagiert«[1], erwiesen sich die Sicherungsvorkehrungen der deutschnationalen Koalitionspartner, die auf ihren Einfluß beim Reichspräsidenten, bei Wirtschaft, Armee und Beamtenkorps sowie in den gesellschaftlichen Schlüsselstellungen überhaupt vertrauten, binnen weniger Wochen als hoffnungslos entwertet. Sowohl die taktische Zielstrebigkeit der Nationalsozialisten als auch die von ihrer planmäßigen Regie gesteuerte und konsequent hochgetriebene Druckwelle der Begeisterung über das »nationale Einigungswerk« entfalteten, alle Überlegungen zur »Eindämmung« Hitlers einfach fortspülend, eine Kraft, der die konservativen Bündnispartner nichts entgegenzusetzen hatten. Ihre dilettantischen Versuche, mitzureden, mitzufeiern, mitzulenken, kamen nur dem nationalsozialistischen Rivalen zugute. Er ließ keinen Zweifel daran, daß dies die Stunde seiner Verheißung, seines Willens und seiner Macht war. Selbst die ersten Anzeichen des Terrors vermochten den Jubel nicht zu dämpfen, sie trugen ihn vielmehr mit. Die rüden Gebärden, mit denen das Regime seinen Einstand gab, erschienen weithin nur als Ausdruck einer Energie, die auf gouvernementaler Ebene ebensosehr wie auf der Straße nach Entfaltung drängte, und lösten daher eher Gefühle des Respekts und gar der Zuversicht aus; denn selbst die brutale Aktivität wertete das von depressiven Stimmungen pervertierte öffentliche Bewußtsein höher als den staatlichen Immobilismus der Vergangenheit. Gewiß bewahrheitete sich auch hier wieder, daß in revolutionären Zeiten die Gesinnungen billig zu haben sind und Treulosigkeit, Berechnung und Furcht den Tag regieren; aber es waren doch nicht nur Opportunismus und Charakterlosigkeit, die sich in jenen turbulenten Frühjahrswochen in oft verblüffenden politischen Kehrtwendungen bekundeten und von links bis rechts das große Überlaufen ins Lager der Nationalsozialisten auslösten, sondern nicht selten der wie auf ein geheimes Stichwort hin freigesetzte Wille, alte Vorurteile, Ideologien und Gesellschaftsschranken ins revolutionäre Feuer zu werfen und gemeinsam einen neuen Anlauf zu einer besseren Staatlichkeit zu nehmen. Mächtige, traditionsreiche Parteien und Verbände knickten unter dem Ansturm zusammen und ließen alsbald, noch vor ihrer Zwangsauflösung, nur manövrierunfähige Trümmer zurück. Das Alte war tot. Die rasch zusammenschmelzende Minderheit derer, die dem wie eine Sucht um sich greifenden Bekenntnisdrang zum Neuen nicht verfielen, geriet zusehends in die Isolierung und verbarg ihre Verbitterung, ihren einsamen Ekel angesichts einer offenbar »von der Geschichte selbst« erteilten Niederlage. Gewalt für die einen, und die großen Erlebnisse eines neuen Gemeinschaftsgefühls für die anderen, das waren die auffälligsten Kennzeichen des Geschehens dieser Phase: Straße frei und Konzentrationslager — und dann die Kundgebungen der Hunderttausende mit Massenschwüren unter Lichterdomen, Führeransprachen, nächtlichen Höhenfeuern und dem Niederländischen Dankgebet. Wenn Hitler gelegentlich alle historischen Umwälzungen auf das Erscheinen großer Volksredner zurückgeführt hat, so hat er doch auch unumwunden erklärt, daß Gemeinschaft sich »nur durch Gewalt schaffen und erhalten« lasse.[2]

Man soll indes den Anteil brachialer Mittel im Verlauf des Machtergreifungsprozesses, der unmittelbar nach dem 30. Januar einsetzte, nicht überschätzen. Die bald zum rhetorischen Grundvokabular zählende Formel von der »unblutigsten Revolution der Weltgeschichte«[3] enthält einen zutreffenden Kern. Tatsächlich war es eines der Hauptmerkmale dieser Revolution neuen Typs, daß sie die Akte der Gewaltanwendung weitgehend ins Innere verlegte. Mord und blutige Ausschreitungen waren zwar ein als unentbehrlich betrachtetes, im Grunde aber eher hilfsweise eingesetztes Demonstrationsmittel. Die entscheidenden Wirkungen gingen von einem ausgeklügelten System psychologischer Überwältigung aus, das in der Erscheinung der »Nationalen Erhebung« seine suggestiv-verführerischen, in der Erscheinung der »legalen Revolution« seine jede oppositionelle Haltung lähmenden Wirkungen entfaltete und den Einsatz terroristischer Mittel nicht nur einschränkte, sondern auch ideologisch absicherte. Die sofort rigoros in Anspruch genommene Verfügungsmacht über die publizistischen Massenmedien schuf die technischen Vorbedingungen für die Durchsetzung eines Denk- und Gefühlsschemas, nach dem die Nation nun einheitlich erfaßt und ausgerichtet wurde. In seinem Mittelpunkt stand, unendlich und bisweilen grotesk variiert, das Motiv der Führergestalt. Aus dem ständig anschwellenden Lärm einer mit allem staatlichen Nachdruck betriebenen Propaganda, die Hitler als »Volkskanzler«, »nationalen Befreier«, »Erneuerer des deutschen Blutes« und mit nie abreißender Erfindungsgabe vom Größten aller Deutschen bis hin zum Kinderfreund feierte, erhob er sich alsbald zu annähernd mythischer Größe, und vor den Tribünen, die er betrat, stieg süchtiger denn je der manipulierte Brunstschrei der Massen hoch. In der Tat hatte er, der »Großmagier Hitler«[4], weit stärker als irgendein Ereignis, irgendeine Person oder Personengruppe seines Gefolges daran Anteil, daß der Jubel sich so überwältigend steigerte und alsbald die Schreie übertönte, die aus den »Heldenkellern« der SA-Stabswachen nach oben drangen. Der Vereinigung von taktischem Geschick und massensicherem Instinkt in seiner Person war es zuzuschreiben, daß die NSDAP innerhalb eines Jahres nicht nur nahezu vollständig die Macht, sondern auch die Mehrheit des deutschen Volkes eroberte und in einen Erregungszustand versetzte, der aus Selbsttäuschung, Idealismus, Furcht, Opferbereitschaft und Gläubigkeit seltsam gemischt war und als »Wunder deutscher Volkwerdung« überschwenglich gefeiert wurde.[5]

Aus dem Gefühl seines persönlichen Sieges leitete Hitler denn auch das Recht her, den Staat gänzlich nach eigenem Gutdünken – und das hieß: nach der selbstherrlichen Kommandostruktur der NSDAP – umzugestalten. In einer Rede hat er das deutsche Volk gelegentlich in einer bezeichnenden Wendung sein »Instrument« genannt[6], und im Bilde der verschworenen Gemeinschaft von Führer und Volk erfuhr dieses nackte Unterwerfungsprinzip seine durchsichtige Stilisierung. Wenn der Nationalsozialismus, jenseits gewisser rassischer und expansiver Fixierungen, je ein verbindliches ideologisches oder tagespolitisches Programm besessen hatte, so wurde es im Verlauf der Machteroberung endgültig verlassen und nur noch von wenigen belächelten oder ausgeschalteten Einzelgängern sektiererisch weitergeführt. Die Masse der Mitkämpfer von einst indes, mit Pfründen und Ämtern weitgehend versehen, schwenkte auf den »offiziellen« Kurs ein, der nun ganz unverhüllt die Richtung auf das persönliche Regiment Hitlers nahm, und der Nationalsozialismus offenbarte, was er im Grunde immer gewesen war: das ideologische Alibi für den Machtwillen seines Führers. »Ein Programm im einzelnen zu geben«, so bemerkte eine zeitgenössische Schrift aus nationalsozialistischer Sicht, »hat der neue Reichskanzler, von seinem Standpunkt durchaus verständlich, bisher abgelehnt (›Pg.1 antwortet nicht‹, sagt der Berliner Volkswitz).«[7] Auch die Öffentlichkeit sah in den Ereignissen jener Monate weniger die Eroberung der Macht durch die NSDAP oder den Nationalsozialismus, als vielmehr durch Adolf Hitler, und was sie gefangennahm, überwältigte oder mitriß, war nicht das niemals ernst genommene, alle Vernunft und Gesittungsgrundlagen herausfordernde Flickwerk der nationalsozialistischen Ideologie, sondern die Erscheinung dieses Mannes: er war die Ideologie und der Bezugspunkt der fluktuierenden Erwartungen, Hingabewünsche und Unterwerfungsbedürfnisse. Die weitgehend vorgebildete Wandlung des Nationalsozialismus zum Hitlerismus hat durch diese Volksstimmung ihre eigentliche Bestätigung und absolutistische Legitimation erfahren.[8]

Hitlers Weg zur Alleinherrschaft, der inzwischen unter veränderten Vorzeichen verschiedene Nachahmer gefunden hat, ist in seinen einzelnen Stationen noch immer das klassische Modell für die totalitäre Überwältigung demokratischer Institutionen von innen her, das heißt mit Hilfe und nicht im Widerstreit mit der Staatsmacht. Es war, kurz gesagt, die Taktik, Vorgänge revolutionärer Überrumpelung mit Akten juristischer Sanktionierung so zu verkoppeln, daß eine im Einzelfall zwar immer wieder fragwürdige, insgesamt aber eben doch überzeugende Legalitätskulisse den Blick auf die Rechtswidrigkeit des Systems verstellte. Die Undurchsichtigkeit der Machteroberung, die man überwiegend hinter den bewußt aufrechterhaltenen, alten institutionellen Fassaden vorantrieb, war das entscheidende, überaus folgenschwere Merkmal dieses Prozesses, der nicht nur Elemente der erprobten bolschewistischen und faschistischen Staatsstreichpraxis aufnahm und vervollkommnete, sondern auch die eigene Taktik der sogenannten Kampfzeit weiterführte. Auf der gleichen Linie lag, daß gewisse Bereiche des Öffentlichen vom Zugriff einstweilen verschont blieben und beispielsweise der zivilen Gerichtsbarkeit eine zunächst weitgehende Unabhängigkeit eingeräumt wurde: Inseln der Rechtsstaatlichkeit inmitten einer tiefgreifenden Umwälzung aller Verhältnisse, beruhigende Reservate traditioneller Ordnungsvorstellungen, deren scheinbar unangefochtene Weiterexistenz das Urteil der Zeitgenossen über Recht oder Unrecht des Regimes, über Loyalität oder Widerstand so außerordentlich irritiert hat. Soweit die für die rechtsstaatliche Integrität zuständigen Instanzen und Personenkreise diesen Kurs hart am Rande der Legalität überhaupt mit einiger Besorgnis wahrnahmen und sich die partiellen Übergriffe nicht einfach mit der groben Formel zurechtdeuteten, daß auch Späne fielen, wo gehobelt werde, hat gerade die fast durchweg zu beobachtende Reaktion darauf die Bestrebungen der nationalsozialistischen Machtergreifung noch gestützt; denn nicht wenige hofften, durch bereitwillige Mitarbeit die »schlimmsten Auswüchse«, die offene Überschreitung rechtlicher Grenzen zu verhindern und den von Hitler immer wieder ins Spiel gebrachten, drohend zur Verfügung gehaltenen revolutionären Mutwillen vor allem seiner braunen Sturmtruppen zu domestizieren. Das Nebelwerk nationaler Stimmungselemente, unter dem sich das Regime präsentierte, hat diesen illusionären Überlegungen noch vorgearbeitet und Beamtenschaft, Armee, aber auch Parteien, Gewerkschaften und vor allem den gleichermaßen national wie gesetzespositivistisch befangenen Juristenstand zur Unterstützung jener totalitären Ansprüche gebracht, die sie, teilweise zumindest, gerade abzuwenden trachteten.

Indes hat nicht nur diese virtuos angewendete Verschleierungstaktik verwirrend gewirkt, sondern auch die geradezu überfallartige Abfolge des Geschehens, das Schlag auf Schlag immer neue Stellungen des Gegners aufbrach und den ohnehin geringen und entmutigten Kräften, die sich zu widersetzen versuchten, keine Möglichkeit zur Sammlung und Formierung der eigenen Reihen ließ. Es sei seine Absicht gewesen, »die Macht schnell und in einem Zuge zu erobern«, hat Hitler später geäußert.[9] Von der Verordnung zum Schutze des deutschen Volkes in der ersten Woche seiner Kanzlerschaft[10], der zwei Tage später erfolgenden Exekution gegen das Land Preußen und der sogenannten Reichstagsbrandverordnung, die bereits die Situation des permanenten Ausnahmezustandes etablierte, über das Ermächtigungsgesetz bis hin zu dem beispiellosen Dekret, das die im Zusammenhang mit der Röhm-Affäre verübten Morde kurzerhand für rechtens erklärte und den Prozeß der Machtergreifung abschloß, erwies jeder Schritt sich als die Konsequenz des voraufgegangenen, während er seinerseits wiederum die sachliche, machttechnische oder gesetzliche Voraussetzung für den nächstfolgenden schuf. Es war gerade Ernst Röhms Unverständnis für dieses betrügerische Konzept der stufenweisen Revolution unter dem Mantel der Legalität, an dem er zusammen mit seinen Gefolgsleuten starb. Hitlers brutales Vorgehen warf freilich für einen verräterischen Augenblick den sorgfältig aufgebauten Scheinprospekt um und gab den Ausblick auf den Hintergrund der Bühne frei, wo er und die übrigen führenden Akteure der »legalen Revolution« ohne jede Verkleidung, in der bedingungslosen Unnachgiebigkeit ihres Machtanspruchs, sichtbar wurden. Anfang August 1934 hatte er alle staatlichen Gewalten in seiner Hand, ehe er – in einem Akt institutioneller Abrundung seiner Macht – die faktische Nachfolge Hindenburgs als Reichspräsident antrat. »In den nächsten tausend Jahren«, so proklamierte er in Nürnberg, »findet in Deutschland keine Revolution mehr statt.«[11]

Hitler war am Ziel. In den »Jahren des Aufbaus«, die folgten, setzte er sich geschickt vor den Wind der einsetzenden weltwirtschaftlichen Konjunktur. Mit dem ihm eigenen Spürsinn erkannte er, daß die Massen, aber auch die Wirtschaft, hungrig waren nach Impulsen; und es war zweifellos sein Verdienst, daß er ihnen gab, was vor allem die Regierung Brüning ihnen unter übergroßer Verantwortungshemmung vorenthalten hatte. Die Entschiedenheit, mit der er Weisungen ausgeben konnte, verschaffte seinen Maßnahmen überdies eine Wirksamkeit, wie sie demokratische Strukturen mit ihren vielfachen Kontrollmechanismen naturgemäß kaum entwickeln. Die großzügige Ankurbelung der Produktion bewirkte nicht nur eine rasche Verringerung der Arbeitslosenziffern, sondern ermöglichte auch eine beträchtliche, wirkungsvoll zum Einsatz gebrachte Aktivität auf sozialpolitischem Gebiet. Überhaupt war das Regime bemüht, die rigorose Durchsetzung seiner Ordnungsvorstellungen, wie sie beispielsweise in der Zwangsregelung des Arbeits- und Tarifwesens oder der Errichtung einer staatlichen Gewerkschaft zum Ausdruck kamen, durch versöhnliche Demonstrationen seiner Arbeiterfreundlichkeit zu verbrämen. Während die neuen Machthaber nicht einen einzigen »sozialistischen« Punkt ihres Parteiprogramms verwirklichten, wurden umfassende Betreuungseinrichtungen für die Arbeiterschaft ins Leben gerufen, die mit den Ferienreisen, den Sportfesten, Betriebsfeiern, Volkstänzen, Feierabenden und der politischen Schulung zugleich den Menschen organisierten und neben den vordergründigen Aufgaben der »Kraft durch Freude«, der »Schönheit der Arbeit«, Kontroll- und Beschwichtigungsfunktionen erfüllten. Die damit verbundenen Vorteile für den Einzelnen konnten doch schwerlich über den Charakter dieser Vergnügungsprojekte als Entschädigung im Rahmen eines großangelegten Entmündigungsverfahrens hinwegtäuschen, das eine verächtliche Auffassung vom Arbeiter widerspiegelte, der, wie Hitler gelegentlich versicherte, nichts anderes als Brot und Spiele verlange und »kein Verständnis für irgendwelche Ideale« besitze.[12] Die Absicht, ihm das soziale und das gesellschaftlich-politische Selbstbestimmungsrecht abzukaufen, blieb immer greifbar, so sehr diese Bestrebungen auch als Verwirklichung der Volksgemeinschaft propagiert und mißverstanden wurden. Sozialismus war im Dritten Reich, nach der lapidaren Formel Robert Leys, alles, was dem deutschen Volke nützte; und da dessen Wohl von der nationalsozialistischen Führerschaft konsequent den persönlichen Machtinteressen gleichgesetzt wurde, war die straff totalitäre Durchdringung kurzweg aller Lebensbereiche in der Tat »Sozialismus«. Im übrigen hat die gewiß außerordentliche Fähigkeit des Regimes, die spektakulären Unternehmungen in den Vordergrund zu rücken, zu einer Überschätzung seiner Erfolge geführt; auch wird man bei sorgfältiger Urteilsfindung immer die Bedenkenlosigkeit in der Wahl der Mittel zum Beispiel der Geldschöpfungspolitik berücksichtigen müssen, für die Hitlers zynische Bemerkung, »an seinen Schulden (sei) bisher kein Volk der Welt zugrunde gegangen«, ungemein bezeichnend ist[13]; und schließlich ist auch die Verkettung zwischen diesen Leistungen und dem Kriegsausbruch zu bedenken, da die Vollbeschäftigung nicht nur durch Aufrüstungsmaßnahmen erreicht wurde, sondern auch die hemmungslose Produktions- und Kreditausweitung immer mit der Spekulation auf die Zukunft, die Eroberung neuen Lebensraumes, verbunden und nur damit zu begründen war, wenn nicht alles in einer volkswirtschaftlichen Katastrophe enden sollte.[14] Allerdings waren diese Zusammenhänge damals nur schwer durchschaubar; auch wollten nur die wenigsten innerhalb der von den Schrecken der Wirtschaftskrise noch immer verstörten Bevölkerung solche Überlegungen anstellen, und die Popularität Hitlers und seiner Regierung erreichte in den Jahren 1937 und 1938, unter dem zusätzlichen Eindruck außenpolitischer Erfolge, ihren Gipfelpunkt.

Immerhin zeichnete sich das helle Bild auf dunklem Grunde. Nicht nur die nie verstummenden Gerüchte über die Konzentrationslager schufen Besorgnisse, auch die Diffamierung von Minderheiten, der Rassenkult, die Kirchenpolitik der Staatsführung, der Druck auf Kunst und Wissenschaft, der Übermut der Amtswalter oder die teilweise unerträgliche Überorganisierung des Menschen erzeugten Elemente der Unruhe, die freilich nur in vorsichtig verschwiegenen Unmutsäußerungen zu konsequenzenlosem Ausdruck gelangten. Die vielfach gehegten Erwartungen, die Macht und der ihr innewohnende Zwang zur Verantwortung werde auf Hitler mäßigend wirken, bewahrheiteten sich nicht, er blieb, allem populären Anschein zum Trotz, der radikalste Nationalsozialist, dessen persönlicher Initiative auch und gerade die gewalttätigen Züge im Bilde des Regimes entsprangen. Doch die erstaunlichen Fähigkeiten, die er im Verlauf der Eroberung der Macht bewiesen hatte, fanden jetzt ihre Ergänzung in seinem immer wieder mit stimulierender Wirkung eingesetzten Vermögen, die Macht auch zu repräsentieren. Seinen jeweiligen Bedürfnissen und Zielsetzungen entsprechend, konnte er sie drohend oder pompös zur Geltung bringen, düster oder einschüchternd demonstrieren oder aber ihre von Zeit zu Zeit ins öffentliche Bewußtsein gerückte Schrecken jovial bagatellisieren: in aufgeräumter Laune im Kreise von Filmschauspielerinnen, beim Eintopfessen vor der Gulaschkanone, auf Galavorstellungen in Bayreuth oder treuherzig mit Kindern und alten Kämpfern. Das Prinzip der Zweispurigkeit, das stets seine Taktik geleitet und ihr die verwirrenden, nie eindeutig faßbaren Linien aufgeprägt hatte, bestimmte auch weiterhin seine und seiner Gefolgschaft Verhaltensweisen: Stacheldraht und Dampferpartien, Euthanasiemaßnahmen und volksverbundene Gemütlichkeiten, Dunkelzellen und Duzereien mit dem Manne auf der Straße liefen unmittelbar nebeneinander her, aber immer ging es nur um das eine: um Macht, deren unaufhörliche, nur auf sich selbst bezogene Steigerung der Inhalt und die Besessenheit seines Lebens war. Soweit die vielfältigen Anforderungen, denen er sich in seinem Amt gegenübersah, keine geradezu machtsteigernden Möglichkeiten erkennen ließen, blieben sie bald vernachlässigt. Er hatte seit je das disziplinierende Gewicht regelmäßiger Arbeit gehaßt, »eine einzige geniale Idee sei wertvoller als ein ganzes Leben gewissenhafter Büroarbeit«, pflegte er zu versichern.[15] Nur in den ersten Monaten seiner Kanzlerschaft war Hitler daher zur korrekten Wahrnehmung seiner Amtsgeschäfte zu bewegen. Zusehends kamen die alten bohèmehaften Züge zum Vorschein, die emotionalen Abhängigkeiten mit ihren abrupten Stimmungsumschlägen. Entschlußlos verbummelte er — nach übereinstimmendem Zeugnis — seine ungeregelten, von sprunghaft wechselnden Wünschen oder Interessen bestimmten Tage, verzögerte wichtige Entscheidungen, um andere wiederum mit gänzlich unproportioniertem Nachdruck voranzutreiben: »Was wir uns ... ständig bemühen zur Geltung zu bringen«, versicherte Goebbels in dem für ihn bezeichnenden byzantinischen Formuliergebaren, »das ist bei ihm in weltweiten Dimensionen zum System geworden. Seine Schaffensweise ist die des echten Künstlers, gleichgültig, auf welchem Gebiet er wirken mag.«[16] Unterdessen verluderten ganze staatliche Aufgabenbereiche infolge seines mangelnden Interesses, während die teilweise freilich bewußt geförderte Unsicherheit in den Kompetenzen bisweilen chaotische Formen annahm. So energisch und zupackend sich der Staat daher in vordergründigen Einzelaktionen gab, so zerfahren und desorganisiert wirkte er bei genauerem Zusehen, und es unterstreicht diesen Hinweis nur, daß vom Jahre 1937 an das Kabinett nie mehr zusammentrat und desgleichen weder Reichs- noch Gauleitersitzungen stattfanden. Fachminister erhielten monate- und schließlich jahrelang keine Gelegenheit zum Vortrag, und aus Scheu vor dem in der Reichshauptstadt unvermeidbaren Druck der Pflichten, aber auch aus Abneigung gegen Berlin und die Berliner überhaupt, zog Hitler sich immer häufiger nach München oder auf seinen Berghof in Berchtesgaden zurück.

Die Zustimmung zu seinen Maßnahmen holte er sich bei den Jasagern in seiner Umgebung oder aber bei den Massen, und neben den manipulierten Plebisziten waren es vor allem die in den rhetorischen Auftritten erzeugten Begeisterungsstürme, die als Einverständnis der Nation mit der Politik der Regierung gedeutet und als Ausdruck »wahrer« Demokratie deren angeblich formal und liberal entarteten Erscheinungsformen entgegengehalten wurden. Man hat ausgerechnet, daß Hitler im Laufe seines Lebens vor annähernd 35 Millionen Menschen gesprochen hat, allein auf den jährlich im Herbst veranstalteten Reichsparteitagen hielt er regelmäßig zwischen fünfzehn und zwanzig Reden, wie ein Süchtiger dem Opiat der Kommunikation mit den Massen verfallen und wütend, wenn ihm eine erwartete Ovation nicht dargebracht wurde.[17] Es entspricht durchaus diesem Zug, daß er sich gleichzeitig isolierte und vom Jahre 1938 an Zutritt lediglich als Auszeichnung gewährte.[18] Er haßte Diskussionen; widerspruchsentwöhnt und längst nur noch im Monolog sich äußernd, zog er die heiseren Exaltationen auf der Rednertribüne den verpflichtenden Spielregeln individueller Auseinandersetzung vor. Als Mussolini zu seinem Staatsbesuch in Deutschland weilte, redete Hitler nach einem Essen während einer Stunde und vierzig Minuten ununterbrochen auf den sichtlich gequälten Gast ein, ohne ihm die angestrengt gesuchte Gelegenheit zu einer Gegenäußerung zu geben. Ähnliche Erfahrungen machten fast alle Besucher oder Mitarbeiter, insbesondere während des Krieges, als der Redeschwall des Ruhelosen zu immer exzessiveren Formen fand, die verzweifelt mit dem Schlaf ringende Generalität des Führerhauptquartiers, die sich den nächtlichen, meist bis in die frühen Morgenstunden ausgedehnten Worttiraden über Kunst, Philosophie, Rasse, Technik oder Geschichte mit wehrlosem Respekt ausgeliefert sah: immer brauchte er Zuhörer, Empfänger, nie dagegen Gesprächspartner, und gelegentlich zustande kommende Einwände wirkten nur als Reiz zu weiteren wild wuchernden Assoziationen, ohne Begrenzung, ohne innere Ordnung und ohne Ende.

Seine Unduldsamkeit zeigte sich in zunehmend schrofferer Weise. Schon als Kind hatte Hitler, einem eigenen Eingeständnis zufolge, einen Ohnmachtsanfall erlebt, als er »gegenüber seinem Vater nicht das letzte Wort behielt«[19]; jetzt hatte er die Macht, es zu behalten. Als er, der sich dem englischen Journalisten Ward Price gegenüber als »einen der musikalischsten Menschen von der Welt« bezeichnet hatte, einmal eine Melodie falsch pfiff, erwiderte er auf eine Bemerkung aus seiner Umgebung: »Nicht ich pfeife verkehrt, sondern der Komponist hat hier einen Schnitzer gemacht.«[20] Dieser in ihrer infantilen Rechthaberei eher harmlosen Episode stehen andere gegenüber, in denen sein Unfehlbarkeitsanspruch sich mit dem ›Argument‹ ordinärer Gewalt verband, so beispielsweise, als er seinen Juristen Hans Frank aufforderte, die Macht des Rechts doch einmal an der Macht seiner Bajonette zu erproben. Kritik war ihm unerträglich, in völliger Verkennung ihrer konstruktiven Funktion sah er darin nur den Ausdruck nörgelnden Querulantentums und eines überholten Freiheitsbegriffs, der die Menschen, wie er meinte, nur dazu verleite, »sich wie die Affen« zu benehmen.[21] Sein Starrsinn und seine Anmaßung wuchsen zusehends, sie vergrößerten den menschenleeren Raum um ihn und machten Äußerungen des Widerspruchs immer seltener.

In seiner Ichbezogenheit vermochte Hitler freilich das Schweigen, das um ihn war, nur als Zeichen der Benommenheit angesichts der überwältigenden Größe seiner Visionen sowie seiner Erscheinung schlechthin zu deuten. Wenn die Behauptung seiner Unfehlbarkeit ursprünglich ein vorwiegend propagandistisch eingesetztes Attribut war, das ihm in der Führung der Partei sowie vor den Massen Autorität verschaffen sollte, so begann er jetzt, sich selbst in der Aura des von der menschlichen Schwäche des Irrtums verschonten Führers zu sehen, dessen Willensbekundungen durch den gleichgerichteten Willen der Vorsehung selbst Weihe und Legitimation erfuhren: »Wenn ich auf die fünf Jahre, die hinter uns liegen, zurückblicke«, so rief er im Sommer 1937 in einer Rede aus, »dann darf ich doch sagen: das ist nicht Menschenwerk allein gewesen!«[22] Um den Dimensionen seines Selbstbildnisses zu genügen, zwang er sich in die Rolle eines Denkmals hinein – wer weiß zu sagen, unter welchen Akten psychischer Selbstverstümmelung! »Er hatte in seinem ganzen Leben etwas unbeschreiblich Distanzierendes«, notierte Ribbentrop später, und die Beobachtung, daß er »ein Grauen davor (empfand), lächerlich zu erscheinen«, ist nur die Kehrseite des gleichen Sachverhalts.[23] Eine seiner Sekretärinnen berichtet, er habe es immer peinlich vermieden, beim Spiel mit einem seiner Hunde überrascht zu werden; sobald er sich beobachtet wußte, »jagte er den Hund roh davon«. Als sein Leibfotograf Heinrich Hoffmann ihn mit dem Terrier Eva Brauns fotografierte, meinte Hitler: »Sie dürfen den Schnappschuß nicht veröffentlichen, Hoffmann. Ein Staatsmann gestattet es sich nicht, mit einem kleinen Hund fotografiert zu werden ... Ein deutscher Schäferhund ist der einzige Hund, der eines richtigen Mannes würdig ist.«[24] Nichts anderes als die Furcht, sich ohne die konzentrierte Pose staatsmännischer Monumentalität zu zeigen, machte ihn so unpersönlich, unmenschlich. Den vielfach, vor allem von journalistischer Seite an ihn herangetragenen Wünschen nach Informationen über sein persönliches Leben hat er sich immer versagt, und während er, aus offenbarer Scheu vor einer human-befreiten Regung, nur lachte, indem er sein Gesicht hinter der schräg davorgehaltenen Hand verbarg, versuchte er, Göring mit der unendlich bezeichnenden Begründung vom Rauchen abzuhalten, daß man ja auch als Denkmal nicht »mit einer Zigarre im Mund« dargestellt werden könne.[25]

Der Staat, über den er uneingeschränkt verfügte, nahm alsbald in zahllosen Einzelzügen seine Physiognomie an: die nackten Machtabhängigkeiten in den menschlichen und sachlichen Beziehungen bei zunehmender Verwilderung aller machtindifferenten Bereiche; die prahlerische Brutalität der öffentlichen Willensbetätigungen; die Degradierung des Rechts; die theatralische und großmannssüchtige Kälte der staatlichen Repräsentation in Kundgebungen und Bauten; die Verkrampfungen, denen dann von Zeit zu Zeit die plötzlichen Entladungen folgten, und schließlich dieser gänzliche Mangel an Gelöstheit, an innerer Souveränität – dies alles war in seiner spezifischen Prägung nicht so sehr Ausdruck einer den totalitären Systemen an sich innewohnenden Eigenart als vielmehr die getreue Spiegelung der Psychopathologie dieses Mannes in den staatlichen und gesellschaftlichen Strukturen.

Im größeren Muster dieser Zusammenhänge wird denn auch das verbreitete Vorbringen von der allmählichen Entwicklung Hitlers zum Bösen hin untauglich, das in den Rechtfertigungsbemühungen seiner führenden Helfershelfer vor allem aus konservativem Lager eine so beherrschende Stellung einnimmt. Auch die volkstümliche Version jenes Arguments, daß nämlich dieser Staat sich im Grunde, von gewissen Einschränkungen abgesehen, als fähig, wirkungsvoll und dem öffentlichen Wohl verpflichtet erwiesen habe, wird unter diesen Aspekten als Trugschluß erkennbar. Hier erscheint der Krieg lediglich als vermeidbare Abirrung vom Wege und beispielsweise die Judenausrottung als eher zwangsläufige Folge einer von den Erbitterungen des Kriegsgeschehens hervorgerufenen Radikalisierung. Aber der Gewaltwille, die Radikalität, ja der Krieg selbst waren von allem Anfang an nicht nur in den Überzeugungen der Träger, sondern auch im Wesen und inneren Zuschnitt des Regimes begründet und nicht zu trennen von seinen energischen Möglichkeiten, »Ordnung« zu schaffen. Es bedarf nicht erst eines Blickes auf die rohen und gewaltsamen Partien seiner Machtausübung, die Mordaktionen, Nürnberger Gesetze oder die wachsende Zahl der Konzentrationslager, um zu erkennen, was schon der hektische, nach immer neuen Zielen drängende Stil seiner Politik überhaupt deutlich macht. Die Bewegung, die unbändige, dröhnende, sich zusehends enthemmende Dynamik gehörte zu seinen unverwechselbaren Merkmalen und mußte, sobald sie im Innern keine Objekte oder Widerstände mehr fand, über die Grenzen hinaus in eine aggressive Außenpolitik münden. Die Bedingungen, die dem System zu seinen Erfolgen verhalfen, waren zugleich die Bedingungen seiner Übergriffe, seiner Unrechtsakte und schließlich auch seines Scheiterns.

Man hat diesen inneren Zusammenhang neuerdings am Beispiel der Wirtschaftspolitik des Dritten Reiches nachgewiesen. Danach war der wirtschaftliche Aufschwung jener Jahre, soweit er nicht auf die steigende Weltkonjunktur, sondern auf die von Hitler etwa in der Denkschrift zum Vierjahresplan entwickelte Programmatik zurückzuführen war, überwiegend eine mit ausgesprochenen Raubbau-Methoden erzielte Scheinblüte. Zwar bewirkte sie eine erhebliche Kräftekonzentration, brachte das Regime jedoch »in eine ständig sich zuspitzende Zwangslage, gegenüber der der Ausweg des Krieges schließlich auch dann unumgänglich war, wenn die nationalsozialistische Führung ihre ideologischen Postulate einer realistischeren Einstellung zur Außenpolitik zu opfern bereit gewesen wäre«[26]. Hitler selbst hat später, in einem seiner Tischgespräche im Führerhauptquartier, diesen Sachverhalt auf die knappste Formel gebracht: »Gerade bei diesem Krieg«, so erläuterte er seiner Umgebung, »müsse man sich immer wieder vor Augen halten, daß bei einem Verlust sowieso alles im Buddel sei. Wir müßten deshalb alle unsere Bemühungen rücksichtslos auf die Parole ›Sieg‹ setzen. Wenn wir siegten, spielten die für Wehrmachtszwecke ausgegebenen Milliarden überhaupt keine Rolle.«[27]

Indes bietet die Überspannung der Wirtschaftskräfte lediglich *einen* Ansatzpunkt, um die unaufhebbare Wechselseitigkeit von »Erfolgs«- und Unrechtscharakter des nationalsozialistischen Herrschaftssystems zu verdeutlichen; sie war nur *einer* der zum Krieg drängenden Faktoren. Im Mittelpunkt standen nach wie vor die wenigen primitiven Denkfiguren, auf die Hitler die differenzierten Funktionsweisen menschlichen Zusammenlebens herunterstutzte: Leben ist Kampf, der Starke schlägt den Schwachen tot, Moral ist Dummheit oder Dekadenz. Wörtlich: »Immer wird der Prozeß Geist gegen Kraft zugunsten der Kraft entschieden«; »Wer hat, hat«; »Grausamkeit imponiert«, oder: »Der ewige Friede auf der Welt tritt erst ein, wenn der letzte Mensch den vorletzten umgebracht haben wird.«[28]

Aus dem Bereich allgemeiner Menschen- und Weltbeurteilung in die konkrete Sphäre politischer Richtlinien übertragen, lautete das dann beispielsweise:

> »Ich werde propagandistischen Anlaß zur Auslösung des Krieges geben, gleichgültig ob glaubhaft. Der Sieger wird später nicht danach gefragt, ob er die Wahrheit gesagt hat oder nicht. Bei Beginn und Führung des Krieges kommt es nicht auf das Recht an, sondern auf den Sieg.
> Herz verschließen gegen Mitleid. Brutales Vorgehen. 80 Millionen Menschen müssen ihr Recht bekommen. Ihre Existenz muß gesichert werden. Der Stärkere hat das Recht. Größte Härte.«[29]

Mit diesen Worten hat er sich wenige Tage vor Beginn des Krieges, als der soeben mit der Sowjetunion abgeschlossene Pakt Polen in die Lage gebracht hatte, »in der ich es haben wollte«, gegenüber seinen militärischen Befehlshabern erklärt. Das Recht des »biologisch hochwertigen« Volkes zur Niederwerfung, Unterdrückung und Ausrottung »minderwertiger« Rassen schien ihm gänzlich unbestreitbar, und er hat diese Wertrelation, bei aller Verachtung des »vernegerten« Frankreich oder seiner späteren Geringschätzung für das »degenerierte« England, immer im Verhältnis des deutschen Volkes zu den östlichen Nachbarvölkern als gegeben betrachtet. Der Begriff des Nationalismus, in seiner Vorstellungswelt seit je mit imperialistischem Akzent versehen, hat seine Stoßrichtung stets nach Osten entfaltet: »Wir stoppen den ewigen Germanenzug nach dem Süden und Westen Europas«, so heißt es an einer berühmten Stelle seines Buches ›Mein Kampf‹, »und weisen den Blick nach dem Land im Osten. Wir schließen endlich ab die Kolonial- und Handelspolitik der Vorkriegszeit und gehen über zur Bodenpolitik der Zukunft.«[30] Die Eroberung neuen Lebensraumes im »Herzland der Welt« war denn auch, neben dem Etappenziel der Beseitigung des Versailler Vertrages, die einzige konstante außenpolitische Zielsetzung Hitlers, die er zwar zeitweilig aus taktischen Rücksichten verborgen, aber nie aufgegeben hat. Am 5. November 1937, als er einer engen Führungsspitze zum ersten Male seine aggressiven Pläne enthüllte, hat er dieses Konzept als sein Vermächtnis an die Nation bezeichnet, falls er zuvor sterben sollte.[31]

Der Gedanke an einen frühen Tod, verbunden mit der Überzeugung von der Unersetzlichkeit seiner Person, hat ihn von dieser Zeit an offenbar ständig beunruhigt. Zahlreiche Erklärungen, in denen er die Notwendigkeit raschen Handelns begründete, enthalten diesen Hinweis, und was mitunter als kaltblütiger Berechnung entspringende, schlagartige Aktionsfolge interpretiert wird, war in Wirklichkeit wohl auch Ausdruck der Unrast, die aus seinen Todesahnungen kam. Dem Zeugnis eines Beteiligten zufolge, äußerte er Ende 1937 in einer Ansprache:

> »Er, Hitler, habe nach menschlichem Ermessen nicht mehr sehr lange zu leben. In seiner Familie würden die Menschen nicht alt. Auch seine beiden Eltern seien früh gestorben.
>
> Es sei daher notwendig, die Probleme, die gelöst werden müßten (Lebensraum!) möglichst bald zu lösen, damit dies noch zu seinen Lebzeiten geschehe. Spätere Generationen würden dies nicht mehr können. Nur seine Person sei dazu noch in der Lage.
>
> Er habe sich nach schweren inneren Kämpfen von noch vorhandenen religiösen Kindheitsvorstellungen freigemacht. ›Ich fühle mich jetzt frisch wie ein Füllen auf der Weide.‹«[32]

Freilich änderte auch die verblüffende Serie seiner außenpolitischen Erfolge den ursprünglichen Zeitplan. Am 5. November 1937 hatte er als günstigsten Termin für den Angriff noch die Jahre 1943/45 genannt; tatsächlich aber sah er sich schon Ende 1938 zum Kriege entschlossen. Der Stil seiner Außenpolitik, der die Taktik der Machteroberung auf internationaler Ebene wiederholte, indem er regelmäßig Aggressionsakte mit Friedensbeteuerungen verknüpfte und virtuos die verbreiteten Neigungen zu selbstbetrügerischer Passivität ausbeutete, düpierte und lähmte seine Gegenspieler unentwegt. Unter ihrem teils entsetzten, teils ratlosen, von den immer gleichen Illusionen und Selbstbeschwichtigungen getrübten Blick gelang ihm vom Austritt aus dem Völkerbund im Oktober 1933 an über die Einführung der allgemeinen Wehrpflicht und die Rheinlandbesetzung bis hin zu Wien, München und Prag schlechterdings alles: mit Glück, Berechnung und jener totalen Risikobereitschaft, die ihn auch um begrenzter Einzelziele willen jeweils den ganzen Einsatz wagen ließ – nicht nur der »größte Schauspieler Europas«, wie er sich mit zynischem Stolz genannt hat [33], sondern auch dessen größter Hasardeur. Anders als seine Partner, die sich im Frieden wähnten, betrachtete er sich stets im Kriege und wußte ziemlich exakt, was er wollte, während sie nur wußten, was sie nicht wollten: eben den Krieg.[34]

»Ergriffen von einem Rausch des Erfolges«[35], bewegte er sich auf schwindelnder Höhe. Im Jahre 1938, anläßlich der mystischen Kollektivberauschung auf dem Nürnberger Parteitag, überschlug sich der Kult um seine Person in Prägungen purer Götzendienerei: Robert Ley bezeichnete ihn als den einzigen Menschen, der sich nie geirrt habe, Hans Frank nannte ihn einsam wie alles Starke in der Welt und wie der Herrgott selbst, und ein SS-Gruppenführer Schulz aus Pommern versicherte, er sei größer als Jesus Christus; denn dieser habe zwölf treulose Jünger gehabt, der Führer dagegen stehe an der Spitze eines verschworenen Volkes von 70 Millionen.[36] Trotz gelegentlicher ironischer Anspielungen nahm Hitler die Formeln des um seine Person entfachten Kultes in der wachsenden Gewißheit seines Übermenschentums entgegen und schwenkte mitunter selbst auf einen hymnisch-überhöhten Ton ein, der nicht selten religiöse Wendungen travestierte:

> »Wie fühlen wir nicht wieder in dieser Stunde das Wunder, das uns zusammenführte!« rief er im Jahre 1936 in einer Rede vor den Politischen Leitern aus. »Ihr habt einst die Stimme eines Mannes vernommen, und sie schlug an eure Herzen, sie hat euch geweckt, und ihr seid dieser Stimme gefolgt. Ihr seid ihr jahrelang nachgegangen, ohne den Träger der Stimme auch nur gesehen zu haben; ihr habt nur eine Stimme gehört und seid ihr gefolgt.
>
> Wenn wir uns hier treffen, dann erfüllt uns alle das Wundersame dieses Zusammenkommens. Nicht jeder von euch sieht mich, und nicht jeden von euch sehe ich. Aber ich fühle euch, und ihr fühlt mich! Es ist der Glaube an unser Volk, der uns kleine Menschen groß gemacht hat, der uns arme Menschen reich gemacht hat, der uns wankende, mutlose, ängstliche Menschen tapfer und mutig gemacht hat; der uns Irrende sehend machte und der uns zusammenführte!
>
> So kommt ihr aus euren kleinen Dörfern, aus euren Marktflecken, aus euren Städten, aus Gruben und Fabriken, vom Pflug hinweg an einem Tag in diese Stadt. Ihr kommt, um aus der kleinen Umwelt eures täglichen Lebenskampfes und eures Kampfes um Deutschland und für unser Volk

einmal das Gefühl zu bekommen: Nun sind wir beisammen, sind bei ihm und er bei uns, und wir sind jetzt Deutschland! ... Es ist etwas Wunderbares für mich, euer Führer sein zu können.«[37]

Und um die gleiche Zeit, als seine »Intuition« sich wieder einmal, entgegen der Auffassung der Fachleute, in einer außenpolitischen Krisensituation bewährt hatte, versicherte er: »Ich gehe mit traumwandlerischer Sicherheit den Weg, den mich die Vorsehung gehen heißt.«[38]

Jetzt indes begann diese Sicherheit ihn zu verlassen. Der englische Historiker Alan Bullock hat mit Recht darauf hingewiesen, daß Hitler nur solange vom Erfolg begünstigt gewesen sei, wie er den Glauben an seine Unfehlbarkeit ausschließlich als Mittel seiner Politik eingesetzt habe; daß sein Schicksal sich dagegen wendete, als er – verblendet durch die Mühelosigkeit seiner Siege – selbst daran zu glauben und die Akte der Vergottung ernst zu nehmen anfing: »Wenn je ein Mensch an seinem selbstgeschaffenen Bilde zugrunde ging, dann war es Adolf Hitler.«[39]

Verwöhnt, aufgebläht von seiner ›fortune‹, begann er seine Gegenspieler zu unterschätzen, sie immer mutwilliger vor unehrenhafte Alternativen zu stellen, sie in fortwährend rascherer Folge zu erpressen und schließlich unumwunden die kriegerische Verwicklung zu provozieren. Dem betroffenen Chamberlain erklärte er 1938 in Berchtesgaden, es sei ihm »gleichgültig, ob es einen Weltkrieg gibt oder nicht«, und nach der Münchener Konferenz beschimpfte er »diesen Kerl«, wie er sich ausdrückte, der ihm durch seine Kompromißwilligkeit den »Einzug in Prag verdorben« habe[40], obwohl der Krieg, den er wollte[41], damals weder materiell-militärisch noch politisch oder psychologisch hinreichend vorbereitet war. Trotz aller massierten Bemühungen der gelenkten Presse war das Volk nicht bereit, »nach der Gewalt zu schreien«, wie Hitler in seiner Rede vor den Chefredakteuren der Inlandspresse vom November 1938 gefordert hatte.[42] Als am Nachmittag des 27. September des gleichen Jahres, auf dem Höhepunkt der sogenannten Sudetenkrise, eine motorisierte Division in feldmarschmäßiger Ausrüstung durch die Straßen Berlins rollte, bewahrten die Menschen tiefes Schweigen, ehe sie sich abwandten. »Mit diesem Volk kann ich noch keinen Krieg führen«, soll Hitler daraufhin wütend geäußert haben[43].

Doch war er entschlossen, das »vor seinem Schicksal zögernde deutsche Volk (zu) zwingen, seinen Weg zur Größe zu gehen«[44]. Der Friede, der im September 1938 noch einmal bewahrt worden war, hatte ein Jahr später keine Chance mehr. Denn inzwischen fühlte die Welt sich durch die sogenannte Kristallnacht und die Einverleibung der Tschechoslowakei, mit der die noch feuchten Verträge von München zerrissen worden waren, aufs äußerste herausgefordert. Wie im Taumel, wechselweise seine Aktionen vorantreibend und von ihnen mitgerissen, unaufhörlich Zuflucht in den rhetorischen Delirien vor den Massen suchend und mit offenbar rauschhaft getrübtem Urteilsvermögen, trug Hitler die Bedingungen der Katastrophe geschäftig zusammen. »Unsere Gegner sind kleine Würmchen«, höhnte er, »ich sah sie in München«, und weigerte sich, an ihre Bereitschaft zur Übernahme von Risiken zu glauben. Als Göring ihn Ende August 1939 in seinem wahnwitzigen Treiben unterbrechen wollte und darum bat, das Vabanque-Spiel zu lassen, erwiderte Hitler erregt, er habe in seinem Leben immer Vabanque gespielt.[45]

In dieser Zeit, spätestens, erwies es sich, daß er in seinem individuellen Gewicht hinter dem Anspruch der Macht, über die er verfügte, weit zurückgeblieben war und keine sachlichen, sondern nur machttechnische Kenntnisse, Verschlagenheit und methodisches Überwältigungswissen dazugewonnen hatte. Bei allem taktischen Geschick und aller kaltblütigen Überlegenheit, denen er seine Augenblickstriumphe verdankte, war er doch immer auch der Gefangene seiner Vergangenheit geblieben, ihrer Vorurteile und provinziellen Beschränkungen, Staatsmann zwar von macchiavellistischem Format, aber zugleich doch auch nicht mehr als ein dämonisch gewordener Braustübl-Agitator, der die bedrückenden Entscheidungen, die in seine Hand gegeben waren, jenseits aller moralischen Bewertungen, nicht anders als aus der dunstigen Perspektive des Münchener Lokalpolitikers zu sehen vermochte. So hat er den Krieg immer wieder mit dem Kampf um die Macht in Deutschland verglichen und aus dem historischen Hergang die Gewißheit des Sieges zu schöpfen versucht. Aber dieser Krieg war die gravierende Abweichung vom taktischen Erfolgsrezept der hinter ihm liegenden Jahre. Im Grunde beging er im Herbst des Jahres 1939 den gleichen Fehler wie im November 1923. Angesichts der zahlreichen Faktoren zu seinen Gunsten hätte er vermutlich die Mehrzahl seiner Forderungen mit jener Taktik der halben »Legalität«, der beharrlich und mehrspurig verfolgten Einzelziele, der vorgetäuschten Solidarität durchsetzen können, die ihm innenpolitisch, und bis dahin auch außenpolitisch, so außerordentliche Dienste geleistet hatte. Jetzt gab er sie auf: aus Übermut, Ungeduld, korrumpiert vom Erfolg des im Protest groß gewordenen Politikers, der ständig »unverzichtbare Ansprüche« anzumelden gewohnt war, aber auch irregeführt von seinen töricht-banalen Gemeinplätzen, und griff wieder auf die »putschistische Lösung« zurück, die doch schon einmal versagt hatte. »Nur wer gefährlich lebt, lebt ganz«, pflegte er Nietzsche zu zitieren, um gelegentlich hinzuzufügen: »Das hat er für mich geschrieben.«[46]

Schon Jahre zuvor hatte er in einer seiner blutigen und misanthropischen Prophetien zu Hermann Rauschning geäußert:

»Wir müssen auf den härtesten Kampf gefaßt sein, den ein Volk je zu bestehen gehabt hat. Nur über diese Willensprobe können wir für die Herrschaft reif werden, zu der wir berufen sind. Es wird meine Pflicht sein, diesen Krieg ohne Rücksicht auf Verluste zu führen. Die Blutopfer werden ungeheuerlich sein. Jeder von uns weiß, was der totale Krieg bedeutet. Wir werden als Volk zur Stahlhärte geschmiedet werden. Alles Weichliche wird von uns abfallen. Aber der gehämmerte Kern wird ewig dauern. Ich fürchte keine Zerstörungen. Wir werden viel daran geben müssen, was uns lieb und heute unersetzlich scheint. Städte werden in Trümmer zerfallen; edle Bauwerke werden für immer verschwinden. Diesmal wird unser heiliger Boden nicht verschont bleiben. Aber ich fürchte dies nicht ...«[47]

Die wenigen Sätze bargen ein Epitaph für annähernd fünfzig Millionen Menschen.

V. TEIL: SIEGER UND BESIEGTER

»In meinem Testament wird einmal stehen, daß man auf meinen Grabstein nichts anderes schreibt als ›Adolf Hitler‹. Meinen Titel schaffe ich mir in meinem Namen.«

Adolf Hitler

»Und letzten Endes, der Erfolg ist ja entscheidend.«

Adolf Hitler

Am frühen Morgen des 1. September 1939, um 4.45 Uhr, eröffnete das deutsche Linienschiff ›Schleswig-Holstein‹ aus allen Rohren das Feuer gegen die Westerplatte. Gleichzeitig erhoben sich entlang der deutsch-polnischen Grenze die Truppenverbände aus ihren Bereitschaftsstellungen, während über sie hinweg die Bombergeschwader in grauen Schwärmen nach Osten flogen. Er habe Angst, hatte Hitler acht Tage zuvor seinen Befehlshabern gegenüber geäußert, daß ihm »noch im letzten Moment irgendein Schweinehund einen Vermittlungsplan« vorlege; nun war er seiner Ängste enthoben. Der Krieg hatte begonnen.[1]

Auf den Straßen Berlins und der übrigen deutschen Städte allerdings herrschten weder Jubel noch jener todeslüsterne Massentaumel, der den totalitären Stimmungstechnikern so teuer ist. In der Bedrückung dieses Kriegsbeginns gingen die Menschen eher stumm, in dumpfer Resignation ihren Geschäften nach[2] und bildeten nur dünne Spaliere, als Hitler kurz nach 10 Uhr zur Krolloper fuhr, um seinen Entschluß vor dem Reichstag in einer Rede zu begründen. Er schien nervös und unsicher; schwankend zwischen forcierter Überheblichkeit und heftigen Versuchen, sich zu rechtfertigen, überhäufte er Polen mit Vorwürfen und versicherte feierlich, daß er gegenüber dem Westen keinerlei Interessen, vielmehr den Willen zur Verständigung habe. Gegen Schluß betonte er, daß er den Soldatenrock nur nach dem Siege ausziehen oder das Ende nicht erleben werde: »Ich möchte daher jetzt der ganzen Umwelt gleich versichern: Ein November 1918 wird sich niemals mehr in der deutschen Geschichte wiederholen.«[3] Zwei Tage später, als die Kriegserklärungen Englands und Frankreichs eingetroffen waren, reiste er an die Front.

Bis zuletzt hatte er vage gehofft, die Westmächte würden ihre Garantie für Polen nicht einlösen. Falsch beraten, aber auch ein Opfer seines rohen Macchiavellismus, hielt er es für undenkbar, daß eine Weltmacht einen Vertrag ohne Aussicht auf greifbaren Gewinn, nur um ihrer Glaubwürdigkeit, ihrer Ehre und mißbrauchten Geduld willen erfülle. Er hatte sich dessen nie vergewissert. Zum ersten Male, drei Tage nach dem Beginn des Krieges, rächten sich damit die Verachtung der Wirklichkeit, der Verzicht auf diplomatische Mittel und das Vertrauen auf jene angeblich unbeirrbare Intuition, der er sich um so starrsinniger anheimgab, je nachhaltiger sie ihn täuschte.

Der mangelnden psychologischen und politischen Planung entsprachen die ungenügenden wirtschaftlichen und rüstungstechnischen Voraussetzungen zur Führung des Krieges. Gewiß war er, als die schlagendste Bestätigung der hitlerschen Risikopolitik, nicht zuletzt gerade ausgelöst worden, um diese seine eigenen Voraussetzungen erst zu schaffen, aber vieles war doch über Ansätze noch nicht hinausgelangt: von den geplanten Viermonats-Vorräten an Ausrüstung und Reserven aller Art beispielsweise, waren im Durchschnitt nur 25 % vorhanden.[4] In seiner Reichstagsrede vom 1. September hatte Hitler zwar versichert, er habe in sechs Jahren 90 Milliarden Mark für den Aufbau der Wehrmacht aufgewendet; aber zuviel war unter Zeitdruck entstanden, zuviel improvisatorischer Eingebung überlassen und zuwenig mit dem systematischen Ernst betrieben worden, den die offenbar nie richtig realisierte Herausforderung fast der ganzen Welt verlangt hätte. Auch waren die Wechselfälle, die möglichen Frontstellungen und Geschehensabläufe mit den daraus folgenden Verhaltensgrundsätzen nie alternativ durchdacht worden. Aufgebracht meinte der zeitweilige Generalstabschef Halder, Hitler habe, »so unglaublich das klingen mag, nicht einmal einen Generalplan für den Krieg« gehabt.[5] Hin- und hergerissen zwischen cholerischen Hochstimmungen und Erschöpfungszuständen teilte er immer verbissener nach allen Seiten hin Schläge aus, warf seine Armeen über immer neue Grenzen, unaufhörlich größere Räume erobernd, von denen doch keiner groß genug war, seine Ichsucht zu behausen. Auf diese persönlichen Strukturen sieht sich denn auch immer wieder verwiesen, wer nach dem Ursachenkern für Entfesselung und Durchführungsstil dieses Krieges sucht; denn so sehr die Auseinandersetzung das Gepräge eines von der ruinösen Wirtschaftspolitik des Dritten Reiches diktierten Raubzuges besaß, so sehr verspätete nationalstaatliche, ideologische oder missionarische Motive hineinspielten, so wenig darf man die rein hegemonialen Zielsetzungen übersehen, die alle anderen Antriebe überlagerten: das

Streben nach der Vorherrschaft in Europa und schließlich auch nach Weltherrschaft, das zwar vielfältige ideologisch-rassische Begründungen erfuhr, tatsächlich aber weitgehend auf sich selbst bezogenes Herrschaftsbedürfnis war: es ginge »nicht um ein nationalsozialistisches Deutschland«, so hat Hitler diesen Sachverhalt in freilich seinerseits zugespitzter Form erläutert, »sondern darum, wer künftig in Europa dominiert«[6]. Nur dieser Gesichtspunkt macht denn auch den auf den ersten Blick ebenso imponierenden wie sinnlos erscheinenden Ausdehnungsorgiasmus verständlich, der Hitlers Kriegführung kennzeichnete und ohne jede Ökonomie der Kräfte, von der Wolga bis zum Atlantik, vom Nordkap bis zum Nil, auf den Generalstabskarten seine Fähnchen steckte. »Die Außenpolitik der nationalen bürgerlichen Welt ist in Wahrheit stets nur eine Grenzpolitik gewesen, die der nationalsozialistischen Bewegung wird demgegenüber immer eine Raumpolitik sein«, hatte Hitler 1928 in einer außenpolitischen Studie geschrieben.[7] In solchen und zahlreichen vergleichbaren Formeln bekundete sich sein unruhiger Machtwille, der weder Halt noch Genügen fand und nach der innenpolitischen Konsolidierung in einen überspannten Raumhunger ausbrach, um, geleitet von seinen vulgärdarwinistischen Axiomen, neue Ziele, neue Bestätigungen und Erhöhungen seiner selbst zu suchen: »Ich habe zu wählen zwischen Sieg und Vernichtung. Ich wähle den Sieg.«[8]

Die erste Phase des Krieges war von einer Serie atemberaubender Blitzfeldzüge bestimmt, die – unter fachlich-militärischen Gesichtspunkten – zweifellos außerordentliche Leistungen darstellten. Polen, dessen Militärs sich in ruhmredigem Illusionismus schon in Berlin gesehen hatten, wurde in neunzehn Tagen überrannt, Dänemark und Norwegen in zwei Monaten, Holland, Belgien, Luxemburg und Frankreich in sechs Wochen, Jugoslawien, Griechenland, die Insel Kreta in annähernd der gleichen Zeit und schließlich die vom ebenso beutehungrigen wie schwächlichen italienischen Verbündeten verlorene Cyrenaika in neun Tagen. Das Erfolgsrezept blieb, nachdem es einmal gefunden war, fast immer gleich und basierte vor allem auf dem Vorstoß massierter Panzergroßverbände mitten durch die feindlichen Linien mit anschließender Zangenbildung und Einkesselung der gegnerischen Streitkräfte. Die Überlegenheit der deutschen Kriegführung beruhte dabei weniger auf materiellem oder zahlenmäßigem Übergewicht als vielmehr auf dem bedingungslos eingehaltenen Prinzip der schnellen beweglichen Operation, das – kombiniert mit überfallartigen Luftwaffeneinsätzen, Kommando- und Luftlandeunternehmen im Rücken der Front – den Gegner nicht so sehr im klassischen Sinne »schlug«, sondern durch totale Verwirrung kampfunfähig und kapitulationsbereit machte.

Nachdem dieses Konzept der sogenannten Sichelschnitte sich vor allem im Westfeldzug mit so durchschlagendem Erfolg bewährt hatte, berauschte

Hitler sich zusehends an den damit eröffneten Möglichkeiten und schaltete sich immer nachhaltiger in die militärische Führung des Krieges ein. Sein ohnehin ungezügeltes Selbstgefühl steigerte sich noch auf Grund des nicht unbeträchtlichen eigenen Anteils bei der Entwicklung dieses Konzepts, so daß er alsbald alle Siege nur noch als Ergebnis persönlicher Inspiration, Einfallsfülle und Feldherrnkunst ansah, und jeder neue Erfolg verzerrte ihm den Blick noch mehr, bis er sich schließlich der verachteten Generalität unendlich überlegen fühlte. »Das bißchen Operationsführung kann jeder machen«, äußerte er nach der Entlassung Brauchitschs, als er den Oberbefehl über das Heer selbst übernahm[9], während Goebbels ihn von Mal zu Mal überschwenglicher als den »größten Feldherrn aller Zeiten« feierte.

Dabei ist kaum bestritten[10], daß er über gewisse militärische Qualifikationen verfügte, die durch seine autodidaktische Unbefangenheit eher noch verstärkt wurden. Neben der Witterung für die Möglichkeiten moderner Kriegführung, wie sie beispielsweise in der von ihm ins Werk gesetzten Aufstellung motorisierter und gepanzerter Verbände zum Ausdruck kam, besaß er vor allem ein außerordentliches Einfühlungsvermögen in die Psychologie des Gegners, das sich in sicher gesetzten Überrumpelungseffekten, in der zutreffenden Voraussicht taktischer Gegenzüge oder im blitzartigen Erfassen günstiger Gelegenheiten bezeugte. Diesen Eigenschaften standen freilich Hitlers mangelnder Sinn für das Mögliche, seine erst hochtrabende und später hysterische Tatsachenverachtung sowie die Unfähigkeit gegenüber, die in plötzlichen Eingebungen entwickelten, weiträumigen Entwürfe mit konkreten Lagen und Voraussetzungen in Einklang zu bringen. Gewiß hatte er für die fachlich-deduktive Arbeit, deren Ordnungs-Kategorien ihm vermutlich bis zuletzt fremd blieben, seine Stäbe zur Verfügung; aber sowohl sein Naturell, in dem schon ein Vorgesetzter aus dem Ersten Weltkrieg die Züge eines »völlig unerträglichen Kritikasters, Besserwissers und Nörglers« erkannt hatte[11], als auch sein komplexgesättigtes Verhältnis gegenüber dem Offiziersstand überhaupt, das die Ressentiments des hochgekommenen Mannschaftsdienstgrades und einstigen Münchener Putschisten niemals verleugnen konnte, machte jede ruhige, auf sachlichen Grundsätzen beruhende Zusammenarbeit unmöglich. »Er wollte Gläubige, die folgen, ohne zu fragen. Selbständige Köpfe waren ihm verhaßt«, urteilte einer seiner ehemaligen Mitarbeiter. Spätestens mit der Wende des Krieges begann er, in krankhaft anmutenden Affektentladungen, seine Generäle abzukanzeln, zu verabschieden, wiederzuholen und erneut zu verstoßen. Es war zuletzt diese Launenhaftigkeit und fehlende Selbstkontrolle, die ein destruktives Element der Unruhe in alle Operationen trug und ihn ebenso wie sein exzessives Mißtrauen für jenes Feldherrnamt disqualifizierte, dem er schließlich nur noch im Starrkrampf angeübter Posen zu genügen versuchte.[12]

Das Verhängnis, das sich in diesen Verhaltensweisen schon ankündigte, wurde noch beschleunigt durch den immer offenkundiger zutage tretenden Mangel Hitlers an Elastizität und taktischer Beweglichkeit. Sein überlegenes, von programmatischen Festlegungen unbehindertes Anpassungsvermögen an wechselnde Lagen, in dem die gläubige Minderheit seiner Mitkämpfer von einst so viel Verrat und Treulosigkeit am Werke gesehen hatte, wich zusehends einer aus Überheblichkeit und ideologischem Fanatismus gemischten Verhärtung. Das überaus bewährte Prinzip der Zweispurigkeit, das seine Gegner immer wieder verwirrt, ihn selbst unangreifbar gemacht und ihm die Wege geebnet hatte, wurde unter dem Eindruck der Anfangserfolge zugunsten einer Politik auftrumpfender Direktheit fallengelassen, die nichts anderes als der gänzliche Verzicht auf die Mittel der Politik war. Schon sein »Appell an die Vernunft«, das Friedensangebot an England nach dem Abschluß des Westfeldzuges, machte in seinem offensichtlichen Scheincharakter diesen Zug deutlich, der dann vor allem im Regiment gegenüber den besetzten Ländern seine herausfordernde Verwirklichung erfuhr. Nicht nur unfähig zu den Übungen der Großmut, sondern auch, im Bewußtsein seiner Unbesiegbarkeit, alle Regeln der Klugheit mißachtend, kannte er nur das ewig gleiche, einfallslose Konzept des Zusammenraffens und verbissenen Festhaltens. Gewiß war er nicht mehr frei in seinen Entschlüssen; in eben dem Maße, in dem seine Wirtschaftspolitik ihn zur Entfesselung des Krieges gezwungen hatte, war er jetzt, angesichts der sich ständig potenzierenden wirtschaftlichen Kräfteüberspannung, auch zu jener Politik der Auspressung genötigt, die den Raum seiner Entscheidungsfreiheit wiederum laufend verengte. Dennoch bestanden Möglichkeiten, um zu verhindern, daß jede Vergrößerung des Machtbereichs zwangsläufig den Kreis der Feinde vergrößerte. Sie gingen jedoch in Anmaßung und bewußt herausgekehrten Gewaltstandpunkten unter. Einige Zeit tauchte zwar, offenbar absichtlich unklar gehalten, die Idee der »Nation Europa« auf als der einzige Versuch, das plumpe und stupide Unterdrükkungsschema im Sinne partnerschaftlicher Vorstellungen zu ideologisieren; doch angesichts der terroristischen, mit provozierendem Vorbedacht auf die Demonstration deutschen Herrenmenschentums gerichteten Praxis war der unter Belgiern, Franzosen, Balten oder Ukrainern ohnehin abenteuerlichen Idee eines Großgermanischen Reiches keine nachhaltige Resonanz beschieden.[13]

In ihrer abstoßendsten Gestalt kam die erwiesenermaßen von Hitler selbst angeordnete und immer wieder bekräftigte nationalsozialistische Herrschaftswirklichkeit in den eingegliederten polnischen Gebieten zum

Ausdruck, in denen jener biologische »Ausmistungsprozeß« von allem fremdvölkischen »Gesox« mit anschließender Germanisierung, den Hitler in der unbeschreiblichen Vulgarität seiner Ausdrucksformen auch für das sogenannte Altreich angekündigt hatte, bereits in vollem Gange war.[14] Diese Provinzen, denen (trotz aller daneben und dagegen wirkenden Verwaltungssachlichkeit) die vielfach untereinander rivalisierenden Gruppen von Schindern und Spintisierern, von Mördern und Menschenzüchtern das barbarische Gepräge gaben, wurden damit nicht nur zum »Neuland der völkisch-territorialen Expansion«, sondern auch der »nationalsozialistischen Selbstverwirklichung«[15]: nicht die unselige Entartung früher idealprogrammatischer Entwürfe, wie Alfred Rosenberg oder Hans Frank in ihren Nürnberger Zellen klagten, sondern deren konsequente Verwirklichung.

Die Idee der Raumeroberung im Osten, des »großen Germanenzuges«, blieb das imperiale Leitmotiv im Leben Hitlers, dem er sich nach dem siegreichen Abschluß des Westfeldzuges, in all seiner Unschlüssigkeit über die weitere Führung des Krieges, wie einem rettenden Ausweg zuwandte; denn inzwischen hatte der Mangel an konkreten Zielen, der diesem Krieg in so hohem Maße den Charakter einer blinden dynamischen Aggression verlieh, die Serie eindrucksvoller militärischer Erfolge in eine Reihe nutzloser Siege verkehrt. Englands Machtstellung war weiterhin ungebrochen, und unter den Beweggründen für das erneute Ausgreifen nach Osten, die Hitler sich dank seiner Fähigkeit, impulsiven Entschlüssen die plausiblen Formeln unterzuschieben, alsbald zurechtmachte, fand sich nicht zuletzt der Gedanke, im russischen Gegner die letzte Hoffnung Englands auf eine aussichtsreiche Weiterführung des Krieges zu vernichten. Es vermittelt eine Vorstellung von der hybriden, jedes vollsinnige Maß verleugnenden Selbstüberschätzung Hitlers, daß er darüber hinaus plante, das britische Weltreich nach der Niederwerfung Rußlands durch eine dreifache gewaltige Zangenbewegung über Nordafrika, den Balkan und den Kaukasus in seinen Fundamenten zu treffen, und bereits Anfang 1941 dem Wehrmachtsführungsstab den Befehl erteilte, Studien für einen deutschen Aufmarsch in Afghanistan gegen Indien auszuarbeiten.[16] Nicht minder großes Gewicht für seine Entscheidung zum Feldzug gegen Rußland hatte auch die wohl nie ganz verhehlte Überzeugung von der Unausweichlichkeit der »Endauseinandersetzung mit dem Bolschewismus«, die zwar beim Abschluß des Moskauer Paktes zynisch verdrängt worden war, doch nun, im Zeichen der sich verstärkenden ideologischen Befangenheit, wieder zum Vorschein kam. Man dürfe »jeweils immer nur *einen* Kampf führen«, hatte er gelegentlich betont; »ein Kampf nach dem andern; eigentlich müßte es nicht heißen: ›Viel Feind', viel Ehr'‹, sondern ›Viele Feinde, viel Dummheit‹«. Hatte er sich im Anschluß an den Moskauer Vertrag gerühmt, die Gefahr eines Zweifrontenkrieges von

Deutschland abgewendet zu haben, so schrieb er jetzt an Mussolini, die Partnerschaft mit der Sowjetunion sei für ihn stets bedrückend gewesen, »ich bin nun glücklich, von dieser Qual befreit zu sein«[17].

An seinem Entschluß hatte nicht zuletzt aber auch die Auffassung mitgewirkt, Rußland im Verlaufe eines Sommers in die Knie zwingen zu können. Auf einer Gauleitertagung kurz vor Beginn der Kampfhandlungen versicherte er mit der großspurigen Allüre des vom Siegesglück Verwöhnten, er werde innerhalb von acht Wochen in Leningrad sein[18], und das Bild vom russischen Bären, der schon erledigt sei und sich nur noch weigere umzufallen, wurde nach den stürmischen Erfolgen der ersten Monate eine geläufige Metapher der Zuversicht. Erst der verfrühte Einbruch des Winters brachte den deutschen Vormarsch zum Stehen. In der beispiellosen Kältekatastrophe der folgenden Monate, der sich die Truppe bezeichnenderweise gänzlich unvorbereitet gegenübersah, schien jäh der Schleier hochmütiger Siegesgewißheit zu zerreißen und Hitler erstmals die Möglichkeit einer Niederlage zu begreifen. Zwischen wilden Durchhaltebefehlen, die allerdings der Front tatsächlich das Gefüge zurückgaben, äußerte er verzweifelt, der bloße Anblick von Schnee bereite ihm physische Qualen. Auf Goebbels, der ihn im Hauptquartier besuchte, machte er einen »erschütternden Eindruck«; er fand ihn »stark gealtert« und erinnerte sich nicht, ihn jemals »so ernst und so verhalten« gesehen zu haben.[19] In der verfinsterten Stimmung dieses Winters fiel auch zum ersten Male die Bemerkung, die am Ende seines Weges wiederauftauchte: es ließe ihn »eiskalt. Wenn das deutsche Volk nicht bereit ist, sich für seine Selbsterhaltung einzusetzen, gut: dann soll es verschwinden.«[20]

Als indes das Frühjahr den buchstäblich eingefrorenen Vormarsch wieder in Bewegung setzte, sah Hitler sich erneut vom Höhenrausch erfaßt und klagte bisweilen gar darüber, daß ihn das Schicksal nur gegen zweitrangige Gegner Krieg führen lasse. »Die immer schon vorhandene Unterschätzung der feindlichen Möglichkeiten«, notierte der damalige Generalstabschef Halder am 23. Juli 1942 in seinem Tagebuch, »nimmt allmählich groteske Formen an ... Von ernster Arbeit kann nicht mehr die Rede sein. Krankhaftes Reagieren auf Augenblickseindrücke und völliger Mangel in den Beurteilungen des Führungsapparates und seiner Möglichkeiten geben dieser sog. ›Führung‹ das Gepräge.«[21] In der unbändigen Selbstüberhebung wurde denn auch immer augenfälliger eine der wesentlichen Ursachen des im Triumph schon greifbaren Niedergangs deutlich. Sie führte Hitler nicht nur, vor allem im Südabschnitt der Front, zu einer alle strategischen Grundsätze mißachtenden Verzettelung der Kräfte, sondern nun auch gegenüber den russischen Völkerschaften zum rigorosen Verzicht auf die Mittel einer werbenden, auf Zusammenarbeit abzielenden Politik. Gelegentlichen und offenkundig keineswegs aussichtslosen Versuchen, durch Gewährung gewisser

Autonomien oder humanere Behandlung die latenten Mißgefühle gegenüber dem bolschewistischen Regime zu aktivieren, hielt er immer nur die leeren Vokabeln seines Herrenmenschenanspruchs und seinen tiefeingewurzelten Glauben an die Macht der Brutalität entgegen. »Die Vorstellung, Kriege anders als härteste Auseinandersetzung von Existenzfragen zu behandeln«, so äußerte er einmal, »ist lächerlich. Jeder Krieg kostet Blut, und der Blutgeruch bringt die Menschen wieder in alle Instinkte hinein, die eben seit Anbeginn der Welt in uns liegen: Gewalttat, Mordrausch und vieles andere. Alles andere ist Geschwätz. Einen humanen Krieg gibt es nur in blutleeren Gehirnen.«[22] Solche Maximen, in denen die primitive Faszination eines in der Dumpfheit seiner eigenen Formationszeit steckengebliebenen Bewußtseins durch die groben Analogien vom Recht des Stärkeren überdauerte, sicherten nicht nur der immer hemmungsloser praktizierten Unterdrückungspolitik und ihren Trägern die Legitimation von höchster Seite, sondern stützten auch die Forderung nach schonungslosem Einsatz der verfügbaren Kräfte des eigenen Volkes. Als Hitler auf die Verluste an jungen Offizieren aufmerksam gemacht wurde, antwortete er verständnislos: »Aber dafür sind die jungen Leute doch da!«[23]

Diese Vorstellungsweise, die im Menschenleben schlechterdings keinen Wert jenseits seiner instrumentalen Funktion zur Befriedigung eigensüchtiger Herrschaftsbedürfnisse zu sehen vermochte, war auch mitverantwortlich für die mit außerordentlich schweren Verlusten bezahlte Niederlage, die zugleich zum Symbol für den Wendepunkt dieses Krieges, und mehr noch: im Leben Hitlers überhaupt geworden ist – Stalingrad. Seit er im Jahre 1919 als berufsloser Kriegsheimkehrer zu seiner ehrgeizigen Laufbahn aufgebrochen war, hatte das Schicksal ihn immer nur höher geführt. Die größere Initiative, der bedenkenlosere Mut und nicht zuletzt das Glück waren stets auf seiner Seite gewesen und hatten ihm erst die Partei, sodann Deutschland und schließlich fast ganz Europa gewinnen helfen; nun verließ ihn eins und alles zugleich, und in einer beispiellosen Katastrophe mußte der Preis für einen immer wieder bis an die äußerste Grenze vorangetriebenen, laufend kurzatmiger auf Biegen oder Brechen, Sieg oder Untergang abgestellten, doch nun endlich hoffnungslos überzogenen Anspruch entrichtet werden.

Nichts schien ihm mehr zu gelingen, obwohl oder weil er in wachsender Ungeduld immer mehr an sich riß und sich selbst in taktische Details einschaltete, »alles sei wie verhext«, klagte er gereizt.[24] Und während die Gegner, die seit dem aktiven Eingreifen der Vereinigten Staaten über 75 % der Menschen, der Industrie- und Rohstoffkapazitäten der Welt verfügten, die äußeren Bastionen des hitlerschen Imperiums überwältigten, Nordafrika, Sizilien und die Ukraine zurückeroberten, die Luftherrschaft errangen und die deutsche U-Bootkriegführung zum Zusammenbruch zwangen, vergrub Hitler sich in die Einsamkeit seines Führerhauptquartiers, das in seiner fast manisch anmutenden Unpersönlichkeit, mit seinen Sicherheitszonen, Stacheldrahtzäunen und Postenketten, sowohl bei Jodl als auch bei Goebbels den Eindruck eines Konzentrationslagers wachrief: ein körperlich zusehends verfallender, bitterer und, seinen eigenen Worten zufolge, von Melancholien geplagter Mann[25], der sich immer unlösbarer in die Komplexe und Haßgefühle seiner Anfangsjahre verstrickte und zwischen Schreikrämpfen und Tobsuchtsanfällen die Weiterführung des Krieges zusammen mit dem hektisch betriebenen Mord ganzer Völkerschaften organisierte.

Es war der alte Ausbruch ins totale Anathema, der bereits die zügellosen Reaktionen des gescheiterten Kunstschülers auf jeglichen Widerstand von außen bestimmt hatte – nun freilich aus der Ohnmacht pubertärer Verdikthaltungen mit grauenvoller Buchstäblichkeit in die Realität übersetzt. Und wie außer fachlichen Erörterungen nichts die eintönige Strenge des Tagesablaufs unterbrach, so begann auch er selbst die Öffentlichkeit zu meiden. Schon mit dem Beginn des Krieges war seine Erscheinung spürbar in den Hintergrund getreten, und alle propagandistische Bemühung, ihre Entrücktheit mythologisierend auszuwerten, konnte doch das ehedem verbreitete Gefühl ihrer Allgegenwart nicht ersetzen, mit dessen Hilfe das Regime den latenten Überschuß an Energien, Spontaneität und Opferwilligkeit entbunden und auf sich gelenkt hatte. Auch als Redner vor großen Massen trat Hitler immer seltener, nach Stalingrad im Grunde nur noch zweimal, hervor – der Glaube an die alles überwältigende Kraft agitatorischer Einsätze war angesichts einer feindlich gestimmten Welt, die sich allen suggestiven Überrumpelungswirkungen verschloß, an seine Grenze gestoßen, auch wenn Goebbels gelegentlich in seinem Tagebuch vermerkte, die Engländer seien nach einer »Führerrede merkbar kleinlauter geworden«[26]. Und wenn es das Bewußtsein eigener Unsicherheit war, das Hitlers rhetorische Enthaltsamkeit mitbegründete, so wurde es eben dadurch eher noch verstärkt. Er selbst hat oft genug und durchaus glaubwürdig auf den Zuwachs an Selbstgefühl hingewiesen, den die Kommunikation mit den Massen ihm verschaffte. Statt dessen verlor er sich vor seiner engen Umgebung immer häufiger in sehnsüchtig ausschweifenden Phantasien und beschwor Zukunftspläne: die Umgestaltung Berlins zur Welthauptstadt »Germania«, die Errichtung eines Museums für die von ihm leidenschaftlich zusammengetragenen Lieblingsmaler Makart und Defregger oder den Ausbau seiner »Heimatstadt« Linz zur kulturellen Donaumetropole, die eine Hochschule erhalten und zur Lehrstätte der »drei Weltbilder des Ptolemäus, des Kopernikus und der Welteislehre (Hörbigers)« werden sollte.[27]

In den Lagebesprechungen entluden sich die überspannten Nerven aus oft geringfügigem Anlaß in explosiven Wutausbrüchen. Seine unsteten Stimmungen, die jede Führungsarbeit chaotisch durchkreuzten, schwankten zwischen trotziger Entschlossenheit und wegwerfender Resignation, während nun auch wiederholt eine vom Selbstmitleid getragene Todessehnsucht ihn ergriff: »Es ist nur ein Bruchteil einer Sekunde und man ist frei von allem, hat seine Ruhe und ewigen Frieden«, äußerte er.[28] Schon im Frühjahr 1943 registrierte Goebbels besorgt die wachsende Entschlußunfähigkeit Hitlers sowie seine falsche Menschenbehandlung und fand, daß die Redewendung »›Wenn dieser Krieg einmal zu Ende ist!‹ ... beim Führer jetzt häufiger (vorkomme).«[29] Um die gleiche Zeit hörte Rommel ihn sagen, daß der Krieg wohl kaum mehr zu gewinnen sei, aber mit ihm schließe ja keiner von den anderen Frieden: Nun führe er den Krieg bis zum Ende. Doch im Wechselbad der Gefühle wich die Verzweiflung immer wieder neuer Zuversicht. Als der Sommer die offenbare Aussichtslosigkeit der Lage durch Teilerfolge milderte, erhielt der Außenminister auf den Vorschlag, Friedensfühler nach Moskau auszustrecken, die Antwort: »Wissen Sie, Ribbentrop, wenn ich mich heute mit Rußland einige, packe ich es morgen wieder an – ich kann halt nicht anders.«[30]

Er blieb nun ganz vergraben in die Irrwelt seiner Bunkersysteme, es sei »tragisch«, notierte Goebbels.[31] Von den Mienen einer teils gläubigen, teils charakterlosen Umgebung, die überdies den strikten Befehl zu optimistischer Situationsbewertung hatte, las er sich die Elemente einer hinfälligen und selbstbetrügerischen Siegesgewißheit zusammen. Doch nur dieses Vermögen, die Wirklichkeit zu verachten und auszuschalten, ermöglichte ihm die Fortsetzung des Kampfes. Schon vor dem Kriege hatte er sich aus gegebenem Anlaß »warnende Denkschriften« verbeten – jetzt betrachtete er jede nüchterne Lagebeurteilung als »persönliche Beleidigung«[32]. Als Halder ihm einmal vorhielt, die Russen fertigten monatlich 600 bis 700 Panzer, schlug er mit der Faust auf den Tisch und meinte, das sei unmöglich, »der Russe sei tot«[33].

Die gleiche Mißachtung der Tatsachen bekundete sich in seiner verhängnisvollen Unfähigkeit, den Rückzug zu organisieren. Schon der bloße Gedanke daran war seinem Temperament entschieden zuwider, und alle sachlichen Erwägungen stießen immer nur auf die gleiche Formel einfallsloser Verkrampftheit, daß nämlich die Truppe ›bis zum letzten Mann‹ standzuhalten habe. Gerade diese Phase des Krieges bewies, daß sein vielberedetes Feldherrntalent bestenfalls offensive Lagen zu beherrschen vermochte, und nichts anderes war der Grund dafür, daß er bis zuletzt, mit leeren Händen und gefangen in seiner Gespensterwelt, immer neue Offensiven plante. Die Verteidigung machte alle Schwächen dieses Mannes, der sich stets viel auf seinen ›ehernen Willen‹ zugute gehalten und Nachgiebigkeit immer als Schwäche verspottet hatte, potenziert deutlich: »Der erfolgreiche Offensivstratege wurde ideenlos und unfruchtbar in der Defensive«, schrieb einer seiner engeren Mitarbeiter, »talentlos bis zur Katastrophe.«[34]

Diese Katastrophe rückte nun unaufhaltsam näher. Seit der Landung der Alliierten in der Normandie kämpfte das Reich an drei und, infolge der zunehmenden Partisanentätigkeit, bald an allen Fronten zugleich, ein Kessel, der langsam zusammengepreßt und durch die im nahezu rollenden Einsatz erfolgenden Luftangriffe auch von oben eingedrückt wurde. Die Möglichkeiten zur Fortsetzung des Krieges hoben nun einander auf: Der Verlust der Rohstoffquellen verminderte die Produktion und die Einsatzfähigkeit der produzierten Waffen; dies führte wiederum zu neuen Gebietseinbußen, die ihrerseits den Gegner in die Lage versetzten, die Startbasen seiner Luftflotte immer näher an das Reichsgebiet heranzuschieben. Wenn auch die Wirkungen des Luftkrieges, wie neuere Untersuchungen gezeigt haben, weit hinter den Erwartungen zurückblieben, die seine Initiatoren damit verknüpft hatten, und weder das wirtschaftliche Leistungspotential des Landes noch die Nervenkraft der Bevölkerung entscheidend zu beeinträchtigen vermochten, so haben sie doch einer skeptischen Grundhaltung zum Durchbruch verholfen. Gewiß bewiesen die von der nationalsozialistischen Propaganda unter vollendeter Berechnung einer Seite der charakteristischen deutschen Gefühlswelt erweckten Haltungen der gläubigen Unterordnung, der Selbstentäußerung sowie einer fast süchtigen Diszipliniertheit noch immer ihre Wirksamkeit; aber sie äußerten sich nun doch zusehends im fatalistischen Gehorsam einer Mehrheit, die zwar zu den Akten der Auflehnung unfähig, indessen auch nicht bereit war, dem Regime auf seinem Wege weiter zu folgen. Nach dem freilich weithin von einem Gefühl der Unruhe begleiteten Überschwang der siegreichen Phase des Krieges begann die Öffentlichkeit nun zusehends, sich den Durchhalteparolen und geschniegelten Phrasen der Propagandamacher zu verschließen, um sich auf die Niederlage einzurichten. »Die Friedenssehnsucht«, so umschrieb Goebbels diesen Sachverhalt, »die im deutschen Volke weitest verbreitet ist, ist natürlich auch an den anderen Völkern festzustellen. Völker sind eben Völker . . .«[35] Im Unterschied dazu nistete allerdings in der magisch verzerrten Atmosphäre des Führerhauptquartiers, von Hitler unter immer neuen Beschwörungen und Drohungen aufrechterhalten, eine absurde Siegesgewißheit, in der er sich durch den Versuch der Verschwörer vom 20. Juli 1944, die Ehre und, vor dem Eintritt der totalen Katastrophe, auch eine Basis für die Weiterexistenz des Landes zu sichern, eher noch bestärkt fand: Aus dem Scheitern des Attentats folgerte er den Willen der Vorsehung, daß er auserwählt sei, den Krieg siegreich zu Ende zu führen.

Im wachsenden Durcheinander der von den widersprüchlichsten Führerbefehlen heraufbeschworenen Verwirrung brachen indes die letzten Elemente des Verteidigungssystems auseinander. Bald nach der fehlgeschlagenen Ardennenoffensive, die in tausend Unzulänglichkeiten steckengeblieben war, kehrte Hitler nach Berlin, in den Bunker unter der Reichskanzlei zurück. Und hier, durch acht Meter Eisenbeton vor der Wirklichkeit ebenso wie vor den feindlichen Bomben verborgen, zwischen sich steigernden Wutanfällen, sinnlosen Angriffsbefehlen und Weinkrämpfen, errichtete er sich noch einmal seine Wahnwelt, die von Wunderwaffen, vom Endsieg und von großen Bauten nach dem Kriege wußte. Den Körper von Drogen zerrüttet, den Ungewittern seines maßlosen Temperaments ausgeliefert und vom Mißtrauen gepeinigt, wirkte er nach übereinstimmendem Zeugnis wie eine Gestalt aus dem Reich der Schatten.[36] Mit fahrigen Bewegungen wischte er über die Lagekarten, führte Angriffsoperationen durch, organisierte zur beginnenden Kesselschlacht, mit zitternder Hand, Armeen, die längst keine mehr waren, und malte seiner Umgebung das Glück der kriegsentscheidenden Schlacht vor den Toren Berlins. In den nächtelangen brütenden Monologen, die den an sein Ende gelangenden Prozeß intellektueller Regression ebenso wie die Erbitterung über das »feige Versagen« des deutschen Volkes widerspiegelten, sprach er fast »nur noch über Hundedressur, Ernährungsfragen und die Dummheit und Schlechtigkeit der Welt«[37]. Fast Tag für Tag holte er sich Rat bei den Horoskopen eines Astrologen, und während die russischen Angriffsspitzen schon in den Vororten der Hauptstadt gegen eilig zusammengestellte Reste der zersprengten deutschen Armeen antraten, flackerten aus Planetenkonjunktionen, Aszendenzen und Transiten im Quadrat noch einmal verstiegene Hoffnungen empor. Erst als der Ring um das Regierungsviertel sich geschlossen hatte und er nur noch über einige Millionen Kubikmeter Schutt gebot, begann er sich zu ergeben.

In der Nacht zum 29. April, nachdem er den Liquidationsprozeß seines Daseins mit einer Szene von makabrer Pedanterie eingeleitet und seine langjährige Gefährtin Eva Braun geheiratet hatte, diktierte er sein Testament. Es enthielt die Beteuerungen eigener Unschuld, den Vorwurf fremden Verrats sowie unverdienter Treulosigkeit und bezeugte im Rückgriff auf die je und je gleichgebliebenen Formeln die trostlose Unbelehrbarkeit dieses Lebens, das über die Vorurteile und Haßkomplexe seines Ausgangspunktes nie hinausgelangt, sondern bis zum Ende in der Monotonie seiner Denk- und Gefühlslagen verharrt war. Nach der Regelung der Nachfolgefrage verpflichtete der Schlußsatz des Dokuments, in einer leeren und erbitterten Geste, noch einmal »die Führung der Nation und die Gefolgschaft zur peinlichen Einhaltung der Rassegesetze und zum unbarmherzigen

Widerstand gegen den Weltvergifter aller Völker, das internationale Judentum«[38]. Am Nachmittag des folgenden Tages, während die russischen Truppen nur noch wenige Häuserblocks von der Reichskanzlei entfernt waren, machte Hitler sich zum Sterben bereit. »Er saß da«, so hat ein Ordonnanzoffizier seine Beobachtungen wiedergegeben, »dumpf und wild brütend, ganz und gar teilnahmslos für das, was um ihn vorging, gequält, erloschen, ein schwer und langsam Sterbender, der einfach unlöslich an sein Schicksal und an seinen Glauben gekettet war und nun davon erwürgt wurde ... Damals wußte ich: das war das Ende!«[39] Kurz nach 15 Uhr zog er sich zusammen mit Eva Braun in seine Räume zurück. Es wirkte, wenn wir einem überlieferten Bericht glauben können, wie ein letzter grausiger Regieeinfall der Unterwelt, die sich anschickte, ihren Diener zurückzuholen, daß in diesem Augenblick in der Kantine des Bunkersystems ein Tanzvergnügen begann, in dem sich die wochenlange Anspannung der Nerven gewaltsam zu lösen schien. Selbst die wiederholte dringende Vorstellung, der Führer sei im Begriff zu sterben, konnte es nicht unterbrechen. Das Wort des Mannes, dem einst ein Erdteil gehorchen mußte, reichte in der letzten Stunde nicht über die Wände seiner Bunkerzelle hinaus.

Dann fiel ein einzelner Schuß. Daraufhin betrat der Führer der SS-Wachmannschaft, Rattenhuber, der zusammen mit einigen anderen auf dem Gang gewartet hatte, den Raum. Hitler lag auf dem Sofa, das blutüberströmt war, neben ihm Eva Braun, einen unbenutzten Revolver im Schoß; sie hatte Gift genommen. Rattenhuber befahl, die beiden Leichen in den Hof zu schaffen, ließ sie mit Benzin übergießen und bat die Trauergemeinde herauf: Goebbels, Bormann, General Burgdorf, Hitlers Kammerdiener Linge und einige andere. Da ein russischer Feuerüberfall sie in den Bunkereingang zurückdrängte, warf einer der Anwesenden einen brennenden Lumpen auf die beiden Leichen, und als die Flammen hochschossen, standen alle stramm und grüßten mit erhobener Hand. Ein Angehöriger des Wachpersonals, der eine halbe Stunde später am Ort dieser Zeremonie vorbeikam, konnte Hitler bereits »nicht mehr erkennen, weil er schon ziemlich verbrannt war«[40]. Am Abend des folgenden Tages meldete der Sender Hamburg, »daß unser Führer Adolf Hitler heute nachmittag in seinem Befehlsstand in der Reichskanzlei, bis zum letzten Atemzug gegen den Bolschewismus kämpfend, für Deutschland gefallen ist«.

Selbst diese letzte Meldung suggerierte noch den Anspruch auf Größe, der die unablässige, gewalttätige Bemühung im Leben dieses Mannes war, und bog zur Tragödie um, was dem banalen Gruselstück im Stile seines Lieblingsmalers Makart viel näher lag. Man wird jedoch, auch ohne dem Geschehen sogleich symbolische Hintergründe zu unterlegen, in diesem Ende unschwer bezeichnende Züge entdecken oder doch die Ansatzpunkte für eine abschließende Betrachtung; denn es scheint immerhin, als drückten sich in dem eigenartigen Mischungskontrast von Banalität und Bedeutung, von Gewöhnlichkeit und geschichtlichem Rang noch einmal Dialektik und Wirkungsmechanismus dieses dissonanzenreichen Daseins aus, das der Spannung von Sein und Wollen seine mächtigsten Antriebe verdankte. Gewiß war Hitler groß und eine Figur von geschichtlichem Rang. Auch der Begriff der Tragik ist mit seiner Erscheinung verbunden; aber er gehört zu den Opfern, die seine Herrschaft kostete, wie Hitler denn überhaupt die Elemente seiner Größe fast ausschließlich von den destruktiven Energien bezog, die er entwickelte. In der Summe dieses Lebens fehlen die aufbauenden Leistungen in einem Maße, das in der Geschichte selbst der großen Gewaltnaturen kaum ein Vorbild hat, und was in den Augen der Zeitgenossen immerhin diesen Eindruck zu erwecken vermochte, waren Scheinlösungen, mit Hilfe von Zwang, Täuschung und propagandistischem Trickwerk zu Augenblickswirkungen geführt, oder nur geschaffen, um die Mittel zur Entfaltung eines umfassenden Destruktionstriebes in die Hand zu bekommen. Schon in dem Bericht dessen, der sich als erster ihm anschloß, klingt durch die Beschreibungen der Haßausbrüche, der menschenverachtenden Gefühlskälte, der gleichsam wütenden Eigensucht dieses Motiv immer wieder hindurch, und im Rückblick erscheint Hitlers Weg wie eine eintönige, freilich auf immer größeren Kraftfeldern, über ständig wachsenden Geltungs- und Machtbereichen entwickelte Durchführung dieses einzigen ihm zugeordneten Leitmotivs der Zerstörung. Was immer mit seiner Erscheinung verbunden bleibt, die Exzesse der Herrschaftsausübung, der Krieg, die Ausrottungsmaßnahmen, entsprach letzten Endes nur der inneren Konsequenz dieses an konstruktiven Aufgaben und Bewährungsproben durchweg gescheiterten und verzweifelten, in seinen triebhaften Negationen hoffnungslos eingesperrten Menschen, der schon frühzeitig die ihm »bevorstehende Zeit der ›Ruhe und Ordnung‹ als eine unverdiente Niedertracht des Schicksals« anzusehen gelernt hatte und sich wohl bewußt war, daß die Geschichte Größe, wenn schon nicht anders, auch mit Katastrophenmaßen mißt. Dieser monströse Wille, seinen »Namen dereinst in der Historie zu lesen«, hat ihn weit über die Begrenzungen seiner trüben, amorphen Persönlichkeit hinausgeführt, die mit ihren Verwachsungen, Dumpfheiten und kleinbürgerlichen Verdüsterungen jeder eingehenden Beschäftigung so niederschmetternde Erfahrungen verschafft. Nur der Respekt vor den Toten und den Trümmern, die er hinterließ, verbietet es, dieses Leben auf die unsägliche Dimension einer schmutzigen, ordinären und blutigen Moritat zurückzuführen, die ihm im Grunde einzig angemessen ist, und nicht zu Unrecht hat man die Epoche seines Aufstiegs und seiner Herrschaftsentfaltung »das Zeitalter der dämonischen Hanswürste« genannt.[41] Der Historiker, der sich seiner Erscheinung annimmt, sieht sich denn auch unausgesetzt der Schwierigkeit gegenüber, »die katastrophale Größe der Ereignisse und die unbegreifliche Gewöhnlichkeit des Individuums, das sie in Bewegung setzte, zusammenzureimen«[42].

Es hieße indes, dem Irrtum so vieler seiner selbstgewissen Partner und Gegenspieler zu verfallen, wollte man die offenkundig inferioren Züge seiner Persönlichkeit mit Verstandesarmut oder gar Dummheit gleichsetzen. Die Elemente seiner Biographie, die in diesem Rahmen vorgezeigt werden konnten, bezeugen oft genug eher das Gegenteil. Auf dem Grunde weniger primitiver, frühzeitig in komplexen Aggressionshaltungen erstarrten Vorstellungsweisen hat er zumeist mit außerordentlicher Schärfe und, einem Lieblingswort der hitlerschen Terminologie entsprechend, »eiskalt« reagiert, unbeeinflußt von allen ausgleichenden Regungen des Mitgefühls, der Gesittung oder Verantwortung, ein Befund, wie er der psychiatrischen Praxis durchaus geläufig ist. Es war die gleiche, manisch und unerschrocken immer nur auf den einen Punkt der Steigerung persönlicher Macht gerichtete Konzentriertheit, die seiner Taktik so lange die Überlegenheit gegenüber allen Rivalen, allen innenpolitischen und der Mehrheit der außenpolitischen Kontrahenten, sicherte, ehe sie sich in der willentlichen Herausforderung fast der gesamten Welt als jene primitive Verengung des Blickfeldes offenbarte, die ihr eigentliches Wesen war.

An der Einseitigkeit und Überschätzung seiner Mittel ist jedoch nicht nur der Taktiker, sondern auch der Demagoge Hitler am Ende gescheitert. Im Prozeß vor dem Münchener Volksgericht hat einer der Zeugen auf die Frage nach dem Inhalt der Beratungen in der Nacht vor dem Marsch zur Feldherrnhalle geantwortet: »Herr Hitler rief immer nur: Propaganda, Propaganda, es kommt jetzt nur noch auf Propaganda an!«[43] Die Bewegungsabläufe der Geschichte, die Mechanik von Aufstieg oder Untergang ihrer Führungsfiguren, Klassen oder Parteien hat er in gänzlich unproportionierter Weise wesentlich als Funktion des größeren oder geringeren propagandistischen Vermögens bewertet und dies am Beispiel Luegers, des Ersten Weltkrieges oder auch der völkischen Bewegung nachzuweisen versucht. Seine eigenen triumphalen Erfahrungen als Agitator, mit ihren subjektiven Gefühlsaufschwüngen und ekstatischen Selbstbefreiungen, haben ihn in der Überschätzung dieses Mittels eher noch bestärkt. Gewiß enthielt seine Auffassung von der Entstehung großer Massenbewegungen durch die mitreißende Gewalt bedeutender Redner einen zutreffenden Kern; aber den Rausch des Augenblicks schon für die Konversion, die Raserei für Verschworenheit und den planmäßig geweckten Schrei nach dem Führer schon für das Zeugnis unabdingbarer Gefolgschaftstreue zu halten, war sein grundsätzliches Mißverständnis. Indem er, was nur das Ergebnis zielbewußter

Manipulationen war, als wirklich ansah, wurde er selbst deren Opfer. Die Erfahrungen der sogenannten Kampfzeit, die seinem propagandistischen Geschick die eindrucksvollsten Erfolge beschert hatte, haben ihm denn auch immer wieder als Verhaltensmodell gedient. Unheilbar befangen in der Vorstellungsenge des hochgekommenen Parteiführers von provinziellem Zuschnitt, vermochte er selbst einen Weltkrieg nicht anders als unter dem Aspekt des auf globalen Umfang erweiterten Wahlfeldzuges von Lippe zu sehen: »Hitler wies darauf hin«, heißt es in den Aufzeichnungen seiner Tischgespräche aus dem Führerhauptquartier, »daß dieser Krieg ein getreuer Abklatsch der Verhältnisse der Kampfzeit sei. Was sich damals als Kampf der Parteien im Innern vollzogen habe, vollziehe sich heute als Kampf der Nationen draußen.«[44]

Tatsächlich bedurfte seine Herrschaft auch im Innern zu ihrer ungeminderten Behauptung der ständig neuen propagandistischen Affektaufladungen. Es war gerade der Vorzug der Kampfzeit gewesen, daß sie reale Ziele, reale Hindernisse, reale Gegner gekannt hatte, an denen die agitatorische Energie entzündet und zu integrierender Wirkung gebracht werden konnte. Erst der Krieg schuf, nach einer Phase der Verlegenheit, wiederum ähnliche Voraussetzungen, wenn auch auf ungleich rigoroserer, aussichtsärmerer Ebene, zumal Hitler durch seinen Rückzug von den Rednertribünen das bis dahin gewahrte Prinzip vom annähernden Gleichgewicht zwischen der Größe des Gegners und der Gewalt des propagandistischen Einsatzes selbst verzerrte. Als er die Rolle des Demagogen mit der des Feldherrn vertauschte, ließ die Intensität der öffentlichen Gefühlsbindung nicht zuletzt aus diesem Grunde alsbald unverkennbar nach. Die Erscheinung deutete einmal mehr darauf hin, in welchem Maße das Dritte Reich, jenseits aller terroristischen Zwangsentfaltung, eine von der unersetzlichen rhetorischen Wirkungsmacht Hitlers zusammengehaltene, fiktive Machtkonstruktion war, die sich infolge ihres Verzichts auf überzeugungsgebundene Anhänglichkeit zugunsten rauschbestimmter Augenblickshingaben immer wieder von innerer Apathie bedroht sah.

Als Hitler nicht mehr redete, verfiel indes nicht nur seine Macht über die Gemüter, sondern in merkwürdiger Entsprechung dazu auch er selbst. »Alles, was ich bin, bin ich nur durch euch allein«, rief er einmal den Massen in einer Formulierung zu, die nicht nur einen machttechnischen, sondern auch einen konstitutionellen, nahezu physiologischen Sachverhalt zum Ausdruck brachte.[45] Die rednerischen Exzesse, die sein Leben von den ersten Auftritten in Münchener Biersälen bis hin zu den mühsamen und abgekämpften Versuchen der letzten Jahre begleitet hatten, dienten niemals nur der Erweckung fremder, sondern auch der Belebung der eigenen Kräfte und waren, über alle propagandistischen Anlässe und Zwecke hinaus, ein

Mittel der Selbsterhaltung. Während der Schlußphase des Krieges klagte er in einer seiner depressiven Stimmungen darüber, daß er wohl nie mehr in seinem Leben eine große Rede werde halten können: Die Vorstellung vom Ende seiner Laufbahn als Redner verband sich für ihn mit dem Begriff des Endes überhaupt.[46]

Erst das rhetorische Vermögen, mit dessen Hilfe er die vielfältigen ihm entgegenarbeitenden Bedingungen medial zu nutzen verstand, die suggestive Zwangsgewalt über die Gemüter, macht Aufstieg und Weg dieses Mannes ganz begreiflich. Unter den Voraussetzungen seiner wie immer gearteten Erfolge rangiert sie weit vor der macchiavellistischen, staatsmännischen oder gar militärischen Befähigung, deren Grenzen doch vergleichsweise frühzeitig deutlich und eher zu Ursachen seines Untergangs wurden: sein ganzes Leben sei nichts als ein ständiges »Überreden« gewesen, hat er selbst versichert, und zu welchen unwiderstehlichen Wirkungen er dabei gelangte, beweisen die nichtabreißenden Ketten individueller und kollektiver Kapitulationen, die seinen Weg säumen: angefangen von jenen frühen Gegnern und Rivalen innerhalb der Partei über die Massen der späten zwanziger und der dreißiger Jahre bis hin beispielsweise zu jenem ausländischen Diplomaten, der gelegentlich gestand, es sei ihm angesichts der rhetorischen Macht Hitlers »wiederholt vorgekommen«, daß er »für einige Minuten zum überzeugten Nationalsozialisten wurde«[47]. Gewiß ist das berühmte Wort Veit Valentins, die Geschichte Hitlers sei die Geschichte seiner Unterschätzung, zutreffend; aber richtig ist auch das Gegenteil. Die Zeitgenossen, die in Hitler »nur einen Demagogen« sahen, irrten ebensosehr wie jene, die der »außerordentlichen Persönlichkeit« oder der »Größe« dieses Mannes huldigten. Unter den besonderen Bedingungen der Zeit sicherte demagogische Verführungskraft ihrem Träger außerordentliche Macht. Zugleich aber hat die Erscheinung Hitlers deutlich gemacht, daß diese Kraft einhergehen kann mit einer ununterbietbaren individuellen Primitivität. Die dieser Beobachtung widersprechenden Äußerungen derer, die Hitler persönlich begegneten, vermögen schwerlich zu überzeugen. Sofern ihre Urteile nicht lediglich die pervertierten Bewertungsmaßstäbe der Zeit enthüllen oder vom theatralischen Glanz hitlerscher Machtrepräsentation getrübt waren, projizierten sie immer wieder Züge des überragenden Massenagitators in die Gesamtpersönlichkeit hinein, obwohl deren vulgäre Wesenszüge doch offenkundig und zumindest in zahllosen Zeugnissen, Texten von Reden oder Schriften, greifbar zutage lagen. Der Automatismus der Faszination, die von der medialen Erscheinung des Redners Hitler ausging, griff stets entstellend in den Prozeß der Urteilsbildung ein, und wie er die Blößen der im Grunde schäbigen Individualität dieses Mannes verdekken half und noch seinen banalsten Äußerungen die Aura des Bedeutungsvollen verschaffte, so kam er auch immer wieder dem Staatsmann zugute und trug dessen Erfolge mit. Ein durchaus vergleichbarer Automatismus bekundet sich in den noch heute verbreiteten Widerständen, eine Erscheinung von so unsäglicher Gewöhnlichkeit als Urheber von Ereignissen so außerordentlichen Umfangs zu akzeptieren. Aber es bedarf nur eines Blickes in sein Bekenntnisbuch ›Mein Kampf‹ oder seine ›Tischgespräche‹, um sich seines wirklichen Wesens zu vergewissern. In den beiden Dokumenten, die den Anfang und das Ende seines politischen Weges markieren, zeigte er sich ohne die irritierenden Effekte des Demagogen, war er nicht »außer sich« wie in seinen Reden, wenn »der Geist« in ihn fuhr, sondern trotz und mit allen Maskeraden ganz er selbst und ganz bei sich — und wo dies war, in welchen Bereichen der Plattheit, der Komplexgebundenheit, der menschlichen, moralischen und schließlich doch auch intellektuellen Inferiorität, wird darin Seite für Seite mit einer ermüdenden, auf wenige schrille Töne beschränkten Monotonie deutlich und enthüllt den legendären Charakter aller gegenteiligen Verlautbarungen.

Er hat einst gesagt, sein Weltbild habe sich seit seiner Wiener Zeit nicht verändert, und in der Tat: noch auf dem Gipfel seiner Erfolge blieb er der Insasse des Männerheims, das krankhaft gestörte Halbgenie aus dem XX. Bezirk, dem für einen furchtbaren Augenblick der Geschichte Macht über viele Menschen und Völker gegeben war. Seine Definition der Politik trägt unverkennbar die Spuren jener frühen Erfahrungen: sie sei, so formulierte er, »die Erreichung eines Zieles mit allen denkbaren Mitteln: Überredung, List, Klugheit, Beharrlichkeit, Güte, Schläue, aber auch Brutalität«. Er hat denn auch die Macht, deren er sich mit diesen Mitteln versicherte, stets nur in ihrer primitivsten Form begriffen, als Gewaltanwendung, Ausrottung, Krieg, und in allen Steigerungen und Radikalisierungen der Machtausübung nur die immer neuen Bestätigungen ihres persönlichen, uneingeschränkten Besitzes gesucht. »Genies außerordentlicher Art«, so hat er mit dem Blick auf sich selbst bemerkt, »lassen keine Rücksicht auf die normale Menschheit zu.«[48] Der »Zeit des persönlichen Glücks«, deren Ende er gelegentlich proklamierte, setzte er ein ausschließlich funktional orientiertes Menschenbild entgegen, in dem die Summe der Einzelnen, tief unter den Ansprüchen der »Genies« auf Größe und geschichtlichen Ruhm, lediglich als »Planetenbazillen« auftauchten.[49]

Diese Vorstellung hat schließlich auch sein Verhältnis zum deutschen Volk selbst bestimmt. Die Legitimation zur Umformung der Gesellschaft in eine geschlossene, total dirigierbare Verfügungseinheit, die allen persönlichen Machtzwecken offenstand, hat er mit der bezeichnenden Formel zu begründen versucht, die Affen trampelten jeden »Außenseiter als gemeinschaftsfremd tot. Und was für die Affen gelte, müsse in erhöhtem Maße für die Menschen gelten.«[50] Dahinter stand stets mehr als das Verlangen nach Unterwerfung des eigenen Volkes: nämlich ein Machtwille, der sich durch jede fremde Freiheit angegriffen, jede fremde Selbstbestimmung in seiner Ichbesessenheit beeinträchtigt sah und konsequenterweise nichts Geringeres als die Weltherrschaft erstrebte.[51] Der Vernichtung von Gegnern und Außenseitern im Innern lag durchweg ein doppeltes Motiv zugrunde; denn Gegnerschaft und Außenseitertum waren nicht nur eine Herausforderung an den totalitären Machtanspruch, sondern zugleich ein störendes Element im Zuge der systematischen, auf Geschlossenheit und höchste Schlagkraft gerichteten Vorbereitung des deutschen Volkes für seine expansive Mission. Mit Vorliebe bezeichnete Hitler die Erde als einen »Wanderpokal«, der im Kampf der Rassen und Völker dem Stärksten vorbehalten sei – ihn wollte er erringen.[52] Die Überlegung, daß dieser Versuch die Kräfte und Möglichkeiten des Landes hoffnungslos überspannte, hat ihn weder zu beunruhigen noch von seinen abenteuerlichen Vorsätzen abzubringen vermocht. »Das deutsche Volk«, so entgegnete er 1938 in der ihm eigenen Art von Ironie öffentlich auf eine entsprechende Warnung, »hat einst die Kriege mit den Römern überstanden. Das deutsche Volk hat die Völkerwanderung, ... die späteren großen Kämpfe des frühen und späten Mittelalters überstanden. Das deutsche Volk hat dann die Glaubenskämpfe der neueren Zeit überstanden. Das deutsche Volk hat dann später die Napoleonischen Kriege, die Freiheitskriege, es hat sogar einen Weltkrieg überstanden, sogar die Revolution (von 1918) – es wird auch mich überstehen!«[53]

Nicht anders entlockte ihm später, während des Krieges, doch nun ohne jeden bemüht ironischen Akzent, die Vorstellung vom Ende Deutschlands, das er so bedenkenlos heraufbeschworen hatte, nur die wegwerfende Bemerkung, daß dann eben »alles im Buddel« sei, und seine Äußerungen zu Albert Speer vom März 1945 sind der folgerichtige Abschluß eines nur von instrumentalen Zwecksetzungen bestimmten Verhältnisses: Wenn der Krieg verlorengehe, werde auch das deutsche Volk verloren sein, es sei nicht notwendig, auf die Grundlagen selbst einer primitivsten Weiterexistenz Rücksicht zu nehmen, denn es habe sich als das schwächere erwiesen. Nicht seine »Braut«, wie Hitler gelegentlich meinte, ist Deutschland ihm gewesen, sondern, der Äußerung Napoleons über Frankreich entsprechend, seine Mätresse. Für die weitausgreifenden Weltherrschaftspläne, die er ihm zugedacht hatte, war es tatsächlich zu schwach, und unter den zahlreichen Ursachen für das Scheitern Hitlers ist dieses Motiv der gewalttätigen, die Kräfteverhältnisse ebenso wie die Tatsachen schlechthin mißachtenden Überanstrengung eine der entscheidenden. Unentwegt wollte er »mit drei Würfeln neunzehn Augen werfen«, und in seiner starrsinnigen Verachtung der Wirklichkeit hielt er bis zu den Tagen der Agonie, in der unterirdischen Bunkerwelt, daran fest, daß eben dies ihm geglückt sei. Wenn es schließlich, entgegen einem rohen Populärzynismus, auch nicht so ist, daß die Geschichte die Bewertung ihrer treibenden Gestalten vom Ausgang des Geschehens abhängig macht, so verdient doch dieses Leben »nur an seinem einzigen eigenen Maßstab, dem Erfolg, gemessen zu werden«[54]. Von den hochgesteckten, voreilig auf tausendjährige Dauer abgestellten Zielsetzungen blieb nichts: Weder die staatlichen Strukturen noch Reste des ideologischen Systems oder gar seine Eroberungen überdauerten ihn, und der zu einem Kernstück der nationalsozialistischen Weltanschauung erhobene »Kampf gegen den Bolschewismus« hat den Gegner erst bis weit ins Innere Europas hereingeholt. Wie es dem ausschließlich auf ihn selbst zugeschnittenen, von ihm selbst bestimmten Machtgebilde entsprach, ging es mit ihm auch dahin. Nur Ruinen ließ es zurück, sonst nichts.

Indes, es bleibt ein unauflösbarer Rest angesichts der Frage, wie Hitler trotz der hier nachgezeichneten Persönlichkeitszüge nicht nur zur Herrschaft über Deutschland, sondern auch zur Hegemonie über Europa gelangen konnte, ehe die vereinte Kraft fast der gesamten Welt ihn niederwarf. Es ist wahr, daß man das Maß eines Jahrhunderts kennen muß, um das Maß dessen beurteilen zu können, der dieses Jahrhundert beherrschte. Die noch immer sichtbaren Spuren seiner Hinterlassenschaft bewahren gewiß vor der Versuchung, Hitler zu unterschätzen; aber erst die Berücksichtigung der Zeit und ihres Resistenzvermögens gegenüber demagogischer Verführungsmacht sowie gegenüber den eigenen Schwächen und Ängsten erlaubt die angemessene Bewertung seiner Überlegenheit.

Man wird in solche erweiterte Betrachtung nicht nur das Versagen des deutschen Volkes einzubeziehen haben. Zwar trägt jede Nation die Verantwortung für ihre Geschichte selbst. Aber das Erscheinen Hitlers, die Bedingungen seines Aufstiegs und seiner Triumphe waren doch in Voraussetzungen begründet, die weit über den Rahmen der engeren deutschen Verhältnisse hinausweisen. Man braucht nicht Versailles zu nennen, nicht München oder Moskau, sondern kann sich auf die gemeinsamen inneren Wesensmerkmale beschränken, für die diese und zahllose andere vergleichbare Stationen nur Symptome waren: die Abwendung nahezu aller europäischen Mächte von Vernunft und Solidarität, das verbreitete Unbehagen an den überlieferten Werten und Gesittungsnormen, das einherging mit einem mangelnden Einsatzwillen für moralische und rechtliche Prinzipien überhaupt, ein kurzsichtiges Vorteils- und Sicherheitsstreben sowie insbesondere eine Illusionsbereitschaft, die geradezu zum fatalen Grundzug im Charakterbild der Epoche geworden ist. Er mache sich nun auf, um mit einem bösen Tier zu kämpfen, äußerte Chamberlain vor seinem Abflug nach Bad Godesberg im September 1938[55], doch man weiß, wie wenig er zu kämpfen bereit, wie sehr sein Bemühen darauf gerichtet war, den eigenen kleinmütigen und absurden Hoffnungen neue Nahrung zu verschaffen, obwohl doch Taktik und aggressive Entschlossenheit Hitlers nicht nur am zurückliegenden Beispiel der innenpolitischen Machteroberung, sondern auch an der längst offenkundig gewordenen Wendung zu einer expansiven Außenpolitik demonstriert worden waren. Wenn alles andere gesagt ist, bleibt daher auch noch zu sagen, daß Hitler das Ergebnis einer langen, nicht auf die Grenzen eines einzelnen Landes beschränkten Entartung war, die Bilanz einer deutschen ebenso wie einer europäischen Entwicklung und eines gemeinsamen Versagens. Gewiß vermag diese Überlegung die Verantwortlichkeit des deutschen Volkes nicht zu verringern, doch sie teilt sie auf.

So hat Hitler denn auch nicht nur Deutschland zerstört, sondern dem alten Europa mit seinen sterilen Rivalitäten, seinen Engstirnigkeiten, seinen eigensüchtigen Patriotismen und seinen unaufrichtigen Imperativen, aber auch mit seinem Glanz, seiner Größe und dem Zauber seiner ›douceur de vivre‹ das Ende bereitet. Die Stunde, die es hatte, ist vorbei, und nie werden wir es so wiedersehen. Erst durch ihn, dem es zu Macht und Erfolg verhalf, wurden die Lichter über Europa wirklich und endgültig gelöscht.

TECHNIKER UND PRAKTIKER
DER TOTALITÄREN HERRSCHAFT

HERMANN GÖRING

Der Zweite Mann

»Willst Du kämpfen? Töten? Ströme Blutes sehen?
Große Haufen Goldes?
Herden gefangener Weiber?
Sklaven? —«

Gabriele d'Annunzio

»Ich bin, was ich immer gewesen bin: der letzte Renaissance-Mensch, mit Verlaub zu sagen.«

Hermann Göring

An ihrer Wurzel, tief unter dem schwer entwirrbaren Gestrüpp der »Weltanschauung«, enthielt die nationalsozialistische Ideologie nur eine einzige greifbare Vorstellung: die Idee des Kampfes. Sie bestimmte die Kategorien, die Wertbegriffe und die Terminologie sowohl der frühen Bewegung als auch des Dritten Reiches. Sie verschaffte dem hitlerschen Bekenntnisbuch nicht nur den programmatischen Titel, sondern prägte auch Inhalt und Tonart des Werkes in einem Maße, daß ihr gelegentlich sogar die Idee der Rasse, das andere wesentliche Kernstück der nationalsozialistischen Ideologie, weichen mußte.[1] Alle Geschichte ist eine Geschichte von Kämpfen, so ließe sich, unter Weglassung des ideologisch präzisierenden Vorzeichens, die berühmte Formel von Karl Marx zur Definition nationalsozialistischer Geschichts- und Gesellschaftsbetrachtung abwandeln. Kampf hat den Weg des Nationalsozialismus durchweg bestimmt, und für alle seine denkbaren bürgerkriegsähnlichen, psychologischen, terroristischen, sozialimperialistischen Ausprägungen bis hin zu totalem Krieg und totalem Untergang hat er die jeweils einprägsamsten Modelle geliefert. Hinter der bewußten Bevorzugung kämpferischer Mittel stand nicht die ungeduldige Radikalität einer Gruppe von Revolutionären in der Verwirklichung einer Ideologie, sondern der Kampf selbst war Ideologie; und wenn er, über die subjektiven Motive aktivistischer Selbstbestätigung hinaus, ein Ziel verfolgte, so war es die Macht, die an seinem Ende winkte.

Nicht jeder, der in den Jahren ihres Aufstiegs zur Bewegung Hitlers stieß, hat solchen Ideologieverzicht um der Macht willen von vornherein akzeptiert. Wie immer in Zeiten großer Erschütterungen wurden innerhalb der Gesellschaft die unterschiedlichsten Anklagen und Heilskonzepte entwickelt, und die sich formierende Massenpartei fing sie eher wahllos auf, um sie allmählich ideologisch zu neutralisieren und den nackten Machtzielen einer kleinen entschlossenen Elite unterzuordnen. Man kann, der Weise entsprechend, wie sie zum Bekenntnis einer sich selbst genügenden, gänzlich unideologischen Dynamik gelangten, innerhalb der nationalsozialistischen Führungsspitze zwei Typen unterscheiden und in Anlehnung an die juristische Fachterminologie von »gewordenen« und »geborenen« Nationalsozialisten sprechen. Joseph Goebbels war das Urbild des einen, des »gewordenen« Nationalsozialisten. Am Beginn der Karriere dieses Typus stand allemal eine mehr oder minder artikulierte Sehnsucht nach Änderung der bestehenden Verhältnisse im Sinne eines vorgegebenen ideologischen Konzepts. Gewiß wollten seine Repräsentanten Deutschland erobern und beherrschen, aber sie wollten ihm auch neue Gesetzestafeln bringen, es »erlösen«, wie unklar und verworren die darauf gerichteten Entwürfe sich auch ausnehmen mochten. Gewalt und Kampf bedeuteten ihnen im Grunde nur die Mittel ihres ideologischen Zuchtmeistertums, sie verabscheuten vergossenes Blut, ohne freilich im Ernstfalle, um der revolutionären »Sache« willen, »vor den Gräbern« zurückzuschrecken. Sie waren radikal, aber ihre Radikalität hatte ein definierbares Ziel. Durch Hitler sahen sie sich indes alsbald vor die Entscheidung gestellt: entweder in die innerhalb dieser macchiavellistischen Zweckgemeinschaft nur ironisch vermerkte Position des »Ernstmeinenden«, des »Eiferers« gedrängt zu werden oder aber, nach einer opportunistischen Schwenkung, den Schritt zum echten Nationalsozialisten zu machen, das heißt zum Anhänger des grundsätzlichen Kampf- und Machtprinzips mit immer nur relativ verbindlichen ideologischen Prämissen. Erst damit stand ihnen die Zutrittsmöglichkeit zum engsten Kreis im Führungsapparat offen.

Diesem Typus gegenüber standen die »geborenen« Nationalsozialisten, Menschen mit einem spontanen Verlangen nach kämpferischer Bewährung sowie einem unreflektierten, elementaren Hunger nach Macht. Sie hatten keine theoretischen Konzepte aufzugeben, da sie nie welchen angehangen hatten, sie waren »Kämpfernaturen« und in der Mehrzahl durch das Fronterlebnis und die Erfahrungen des Krieges geprägt – moderne Mietsoldaten, die sich wechselnden Fahnen und Gesinnungen anschlossen, sofern diese ihnen nur angemessenen »Lohn« verhießen: die über den Krieg und die Wirren des Umsturzes hinaus verlängerte Möglichkeit zu kämpferischem Einsatz inmitten einer zivilen Umwelt und die Versprechungen der Macht. Ehrgeizig, gerade und von einem rücksichtslosen Schneid litten sie nicht, wie der ideologische Typus, an der Welt, sondern wollten sie besitzen oder genießen. Sie dachten nicht, wie jener, an die kommenden Generationen, sondern bestenfalls an den kommenden Tag, sofern es nicht nur die kommende Stunde war. Ihr Urbild war Hermann Göring, den eine zeitgenössische Darstellung »den großen Repräsentativen der nationalsozialistischen Bewegung« genannt hat. Er selbst bekundete: »Ich schloß mich der Partei an, da ich ein Revolutionär war, nicht etwa wegen des ideologischen Krams.«[2]

Während in den »gewordenen« Nationalsozialisten immer die einstigen ideologischen Antriebe, wenn auch verdeckt und mitunter unkenntlich geworden, wirksam blieben, so daß sie auch nach der Eroberung der Macht unruhig zu den verlassenen Ideen von einst zurückkehrten und heimlich auf deren Verwirklichung sannen, gaben ihre robusteren Partner sich zumeist rasch mit den Privilegien der Herrschaft zufrieden. Auch darin wies sich die Zugehörigkeit Hermann Görings zum zweiten Typus aus. Was ihn von allem Anfang an beherrscht und zur Gefolgschaft Hitlers geführt hatte, war allein der bedingungslose Wille zur Macht. Namen und Rang erwarb er sich, weil er entschlossen wie kaum ein anderer um diese Macht zu kämpfen verstand — und beides verlor er fast, weil er sie wie kein anderer genoß: schamlos, naiv und gierig, immer in zu vollen Zügen, immer großspurig und an der Grenze des Lächerlichen, eine Mischung aus Condottiere und Sybarit. Er war eitel, verschlagen und brutal wie nur irgendein anderer Gefolgsmann Hitlers, und doch populärer als sie alle und zeitweilig sogar populärer als Hitler selbst. Nicht ganz zu Unrecht hat er in Nürnberg erklärt: »Ich war der einzige Mann in Deutschland neben Hitler, der *eigene*, keine abgeleitete Autorität hatte. Das Volk will nun einmal lieben, und der Führer stand oft der großen Menge zu fern. Da hielt man sich an mich.«[3]

In den Augen dieses Volkes war er immer, worauf sein höchster Ehrgeiz zielte: der Zweite Mann, lange bevor ihn Hitler auch offiziell dazu bestimmt hatte; und er blieb es, auch als diese Wahl längst stillschweigend widerrufen worden war und er nur noch mitgeschleppt wurde, weil das Aufsehen seines Sturzes angesichts der angespannten Kriegslage vermieden werden sollte, der »größte Versager«, wie Hitler meinte. Korrumpiert von der Macht und den Verlockungen des Wohllebens, verfiel er zusehends den Neigungen alternder Herrscher, dem Phlegma und dem Größenwahn, und war am Ende zu keiner Initiative mehr fähig, durch keine Kriegskatastrophe von seinen mondänen Liebhabereien abzubringen, ein »parfümierter Nero«[4], der entrückt die Leier spielte, während Rom in Flammen stand.

Sein massiges Profil und seine außerordentliche Vitalität forderten schon in zeitgenössischen Darstellungen die der antiken Begriffswelt entnommenen Attribute heraus. Ein im Jahre 1933 in seinem Auftrag geschriebenes Lebensbild rühmte seine »katonische Unbeugsamkeit«, während eine biographische Skizze aus der gleichen Zeit ihn einen »seltenen, eisernen Tatmenschen von cäsarischem Schlage« nannte und ihn mit einem »eisernen Ritter« verglich, dessen Gestalt die Wände des Zimmers zu sprengen schien.[5] Eisern oder Der Eiserne genannt zu werden, galt ihm denn auch als die bewegendste Bestätigung seiner Popularität. Es war das Bild, dem nachzuleben er bemüht war. Doch je mehr er die einstige Härte und brachiale Entschlußfreude des aufstrebenden Revolutionärs seinen Passionen opferte, desto angestrengter war er bemüht, die alten Eigenschaften unter zahllosen heroischen Verkleidungen vorzutäuschen: nicht mehr der »Held«, als der er begonnen und den Respekt der Straße erworben hatte, sondern nur noch der Heldendarsteller seiner selbst. Bar jeder Idee außer der einen, der Zweite Mann im Staate zu sein, war sein ungeniert persönlich gefärbter Ehrgeiz rasch zufriedengestellt und fand sich damit ab, die Insignien der Macht glücklich und keuchend in den Händen zu halten.[6]

Seine Popularität beruhte im wesentlichen darauf, daß er als die einzige Führungsfigur des Dritten Reiches über Eigenschaften verfügte, mit denen die Menge sich gern identifiziert. Er war männlich, ohne düster oder arrogant zu wirken; intelligent und doch offenbar ehrlich und ohne Spitzfindigkeit, indes die unmenschlichen Züge seines Wesens hinter einer launigen Leutseligkeit verborgen lagen. Von den Kompliziertheiten einer beschädigten Persönlichkeitsstruktur, wie sie zu Recht hinter dem kaustischen goebbelsschen Temperament, dem engstirnigen Fanatismus Himmlers oder den Verbissenheiten der Heß, Rosenberg oder Ribbentrop vermutet wurden, war er in all seiner breitbeinigen Ausgewogenheit gänzlich frei. Bei Kriegsende 1918 Kommandeur des traditionsreichen Jagdgeschwaders Richthofen, verband er die romantische Aura des hochdekorierten Kampffliegers mit der derben, ungekünstelten Intimität des vertrauten Kumpans, ein Held und Biedermann zugleich. Und obwohl ihm zum großen Redner sowohl das propagandistische Raffinement als auch das Gespür für die vagen Stimmungswerte innerhalb einer Massenversammlung fehlten, verstand er doch, die Menge zu nehmen, wie sie genommen werden will: grob, humorvoll, unverblümt. Seine Herkunft aus gutem Hause, die er in bewußter Distanzierung von den übrigen Gefolgsleuten Hitlers zu betonen pflegte[7], machte ihn frei von den Minderwertigkeitsgefühlen einer verstörten Kleinbürgerlichkeit, wie sie für die spätere nationalsozialistische Führungsschicht insgesamt so bezeichnend waren. Im Unterschied zu ihr zeigte er sich denn auch am Ende des Ersten Weltkrieges den Problemen ziviler Daseinsbewältigung weitgehend gewachsen und verdingte sich in Dänemark und Schweden als Schauflieger und Pilot. Dabei lernte er jene Baronin Karin von Fock-Kantzow kennen, die er im Februar 1922 in München heiratete und die anfangs unmittelbar, und später, nach ihrem frühen Tode, als sentimentaler

Schatten sein Leben beherrschte. Nicht zuletzt ihrem Einfluß war es zuzuschreiben, daß er im Herbst des gleichen Jahres den Weg zu Hitler fand, der ihm zu versprechen schien, wonach er angesichts der wachsenden bürgerlichen Normierungen seiner Existenz verlangte: Ungebundenheit, Aktion, Kameradschaft und Romantik sowie die Befriedigung seines Geltungsbedürfnisses — nicht dagegen »ideologischen Kram«. Gewiß verbarg sich hinter dieser ironischen Abwehr auch ein Gutteil Koketterie des »Haudegens« mit seiner intellektuellen Unbekümmertheit; daneben aber kam in solchen Äußerungen die nüchterne Direktheit des Tatmenschen zum Ausdruck, der den ideellen Realitäten stets beziehungslos, mit einer Mischung aus Bewunderung und Befremden, gegenübergestanden hatte. In Nürnberg hat Göring unwillig darum gebeten, nicht nach dem Parteiprogramm befragt zu werden, er kenne es nicht[8]; ein im Jahre 1933 von ihm unternommener Versuch, die nationalsozialistische Ideologie zu erläutern, vermag in seiner Wort- und Gedankenarmut die Skepsis zu beseitigen, die einer solchen Behauptung gegenüber immerhin angezeigt scheint.

> »Wie oft bin ich gefragt worden«, heißt es an der zentralen Stelle dieser Erläuterung: »›Ja, wie ist denn eigentlich Ihr Programm?‹, und ich konnte dann voller Stolz auf unsere schlichten und braven SA-Männer hinweisen und sagen: ›Dort stehen die Träger unseres Programms; sie tragen es auf ihrer klaren freien Stirn und das Programm heißt: Deutschland! Alle Grundsätze, die dem Aufstieg und der Haltung Deutschlands zu dienen vermögen, werden als einzige Programmpunkte anerkannt. Alle anderen, die das Vaterland zu schädigen vermögen, werden verworfen und sind zu vernichten.«[9]

Zunächst schien es allerdings, als bliebe die Verbindung mit der nationalsozialistischen Bewegung im Leben Görings nur eine Episode. Zwar hatte Hitler ihn im Jahre 1923 als Führer der SA gewinnen können und dabei in berechnendem Enthusiasmus ausgerufen: »Großartig! Ein Kriegsheld mit dem Pour le Mérite — stellen Sie sich vor! Ausgezeichnete Propaganda! Außerdem hat er viel Geld und kostet mich keinen Pfennig!«[10] Aber der Marsch zur Feldherrnhalle, in dessen Verlauf Göring verwundet wurde, setzte ihrer Zusammenarbeit vorerst ein Ende, zumal die zersprengte Bewegung dem Aktionsdrang Görings keine Wirkungsmöglichkeiten mehr bereithielt. Ins Österreichische entkommen, ging er alsbald nach Italien, sodann nach Schweden, und erst als Hitler ihm vor den Reichstagswahlen des Jahres 1928 eine aussichtsreiche Kandidatur anbot, band er seine Zukunft erneut und entschlossen an diesen Mann und seine Sache. Görings Beteuerung, er sei Hitler »vom ersten Augenblick ... mit Haut und Haar« verfallen gewesen[11], wird folglich bereits durch die Ereignisse widerlegt und ist zweifellos im

Sinne der Führer-Gefolgschafts-These stilisiert. Wenn er 1933 darauf verwies, daß »kein Titel und keine Auszeichnung mich so stolz machen können wie jene Bezeichnung, die das deutsche Volk mir gegeben hat: ›Der treueste Paladin unseres Führers‹«[12], so schätzte er daran gewiß weit mehr die Legitimation als Zweiter Mann, zu der diese Formel ihm im Kampf mit den Rivalen Röhm und Goebbels offenbar verhalf. Aber sicher ist doch auch, daß seine Persönlichkeitssubstanz sich unter dem Einfluß Hitlers allmählich zersetzte und daß er in einen Zustand nichtswürdiger Hörigkeit geriet, den er zunächst durchaus überschwänglich feierte. »Ich habe kein Gewissen! Mein Gewissen heißt Adolf Hitler«, rief er einmal aus; an anderer Stelle sagte er:

> »Wenn der katholische Christ überzeugt ist, daß der Papst in allen religiösen und sittlichen Dingen unfehlbar sei, so erklären wir Nationalsozialisten mit der gleichen innersten Überzeugung, daß auch für uns der Führer in allen politischen und sonstigen Dingen, die das nationale und soziale Interesse des Volkes angehen, glattweg unfehlbar ist ... Es ist für Deutschland zum Segen geworden, daß in Hitler die seltene Vereinigung stattgefunden hat zwischen dem schärfsten logischen Denker und wahrhaft tiefgründigen Philosophen und dem eisernen Tatmenschen, zäh bis zum äußersten«. Oder aber: »Ich folge nur der Führung Adolf Hitlers und des lieben Gottes!«[13]

Solche Bekundungen vermochten indes nie ganz das Bemühen zu verleugnen, die von Goebbels weitaus souveräner betriebene Führervergötzung zu kopieren, und gänzlich unglaubwürdig klang es, wenn der stämmige, vierschrötige Mann in linkischem Mystizismus sinnierte: »Nicht ich lebe, sondern Hitler lebt in mir.«[14] Nie hat er denn auch das Gefühl für den demütigenden Charakter solcher Selbstentäußerungen ganz verloren und, nachdem die Periode der triumphalen Unterwerfungsgelüste einmal vorüber war, unter der sklavischen Abhängigkeit von seinem Führer zunehmend gelitten. Am Beginn standen Eingeständnisse wie jenes gegenüber Hjalmar Schacht: »Jedesmal, wenn ich ihm (Hitler) gegenüberstehe, fällt mir das Herz in die Hosen«[15], und am Ende dann die Schrecken jener furchtbaren, gewittergleichen Auseinandersetzungen im Führerhauptquartier, die er mit schülerhafter Angst zu meiden trachtete, weil er, eigenem Zeugnis zufolge, »immer ganz geschlagen« davon zurückkam. »Ich konnte oft«, so hat er hinzugefügt, »erst gegen Mitternacht wieder etwas essen, da ich mich sonst in meiner Erregung hätte erbrechen müssen. Wenn ich gegen 9 Uhr nach Karinhall zurückgekommen war, mußte ich tatsächlich erst einige Stunden im Stuhl sitzen, um mich wieder zu beruhigen. Dieses Verhältnis ist für mich geradezu seelische Prostitution gewesen.«[16] In durchaus glaubwürdiger Ergänzung zu diesem Selbstbekenntnis steht die Versicherung des Staatssekretärs

v. Weizsäcker, Göring habe sich vor diesen Begegnungen immer außerordentlich »aufgepustet«, während von anderer Seite bezeugt wird, daß seine Unterwürfigkeit schließlich geradezu groteske Formen angenommen habe; so pflegte er bisweilen, wenn ihn ein Anruf aus dem Führerhauptquartier erreichte, am Telefon strammzustehen. Auch entsandte er gelegentlich einen Verbindungsoffizier dorthin, von dem er sich alle Äußerungen Hitlers sorgfältig berichten ließ, um sie beim nächsten Zusammentreffen als eigene Gedanken vorzutragen.[17]

Solchen Entartungen seines Selbstwertgefühls lag die ihm zweifellos bitter gewordene Einsicht zugrunde, daß er seit seiner Verbindung mit Hitler jeden individuell geprägten Persönlichkeits- und Existenzanspruch aufgegeben hatte. »Wer nur irgend die Verhältnisse bei uns kennt«, so bemerkte er, »weiß, daß jeder von uns genau so viel Macht besitzt, als der Führer ihm zu geben wünscht. Und nur mit dem Führer und hinter ihm stehend ist man tatsächlich mächtig und hält die starken Machtmittel des Staates in der Hand, aber gegen seinen Willen, ja auch nur ohne seinen Wunsch, wäre man im gleichen Augenblick vollständig machtlos. Ein Wort des Führers und jeder stürzt, den er beseitigt zu sehen wünscht. Sein Ansehen, seine Autorität sind grenzenlos ...«[18]

Die demütigenden Erfahrungen späterer Jahre, die in solchem Wissen immerhin schon angedeutet lagen, blieben allerdings zunächst, unter dem Eindruck der gemeinsam errungenen Erfolge im Verlauf der Machteroberung, verborgen, zumal Göring es war, der dem Triumph des 30. Januar 1933 entscheidend den Weg geebnet hatte. Nicht zufällig überbrachte gerade er am 29. Januar Hitler die Botschaft, daß die Einigung über das neue Kabinett erzielt sei; denn ihm, der sich für ein standesgeprägtes Bewußtsein dank seiner Herkunft und »Lebensart« sowie als Offizier und Pour le Mérite-Träger von den übrigen »geschichtslosen« Existenzen im Führungsapparat der NSDAP so wohltuend abhob, verdankte Hitler nicht nur einen entscheidenden Schritt auf dem Wege zu Hindenburg, sondern seinen Verbindungen, insbesondere zu konservativen Kreisen, und seiner hartnäckigen Tatkraft auch einige wichtige Zwischenerfolge auf dem Wege zur Macht. Hitler lohnte diesen Einsatz des »Diplomaten der Bewegung«, indem er Göring einen Sitz im Kabinett und die Geschäfte des Preußischen Innenministers übertrug.[19] Und während Göring nach außen weiterhin die joviale Allüre des Beleibten zur Steigerung seiner Popularität einsetzte, entpuppte er sich von einem Tag zum anderen als die brutalste Energie im Prozeß der Machtergreifung, die mit dröhnendem Ungestüm terrorisierte, gleichschaltete und nach ihren Vorstellungen Ordnung schuf. In der Rollenverteilung der nationalsozialistischen Revolution fiel ihm die Aufgabe rücksichtsloser Gewaltanwendung und damit jener Teil des Geschehens zu, der hinter einer pseudolegalen Geschäftigkeit ebensosehr wie hinter den Beteuerungen Hitlers von der »unblutigsten Revolution der Weltgeschichte« wort- und gestenreich verborgen wurde.

Als rechtstechnische Grundlage für »das große Aufräumen«, wie Göring selbst es genannt hat[20], dienten die schon am 4. Februar vom Reichspräsidenten erlassene »Verordnung zum Schutze des deutschen Volkes« sowie die »Notverordnung zum Schutze von Volk und Staat« vom 28. Februar (Reichstagsbrandverordnung), die unter dem Vorwand einer kommunistischen Staatsstreichdrohung den eigenen Staatsstreich vorbereiten halfen. Bereits eine Woche nach seinem Amtsantritt versicherte Göring der preußischen Polizei, daß sie »in den nächsten Monaten noch einen harten Kampf an der Front« zu erwarten habe, und befahl ihr zehn Tage später in dem berüchtigten Schießerlaß, zu den »nationalen Verbänden (SA, SS und Stahlhelm) das beste Einvernehmen herzustellen«, der Linken gegenüber jedoch, »wenn nötig, rücksichtslos von der Waffe Gebrauch zu machen«: »Jede Kugel«, so bestätigte er diese Maßnahme ausdrücklich in einer späteren Rede, »die jetzt aus dem Laufe einer Polizeipistole geht, ist meine Kugel. Wenn man das Mord nennt, dann habe ich gemordet, das alles habe ich befohlen, ich decke das, ich trage die Verantwortung dafür und habe mich nicht zu scheuen.«[21] Zur »Entlastung der ordentlichen Polizei in Sonderfällen« verfügte Göring am 22. Februar die Aufstellung starker Hilfspolizeieinheiten aus SA und SS und ließ damit auch die Fiktion polizeilicher Neutralität zugunsten parteigebundener Terrorfunktionen offen fallen. Mit rigoroser Konsequenz führte er eine personelle Säuberungsaktion durch, reihenweise, so heißt es in einer zeitgenössischen Göring-Biographie, »werden die Systembonzen hinausgeworfen. Vom Oberpräsident bis zum Portier erfolgt diese rücksichtslose Säuberung.«[22]

Einen anschaulichen Eindruck von der Bedenkenlosigkeit seiner Überzeugungen und Maßnahmen vermitteln seine Reden aus jener Zeit, in denen ein geradezu rauschhaftes Gewaltbekenntnis anklingt, so wenn er beispielsweise erklärte: »Meine Maßnahmen werden nicht angekränkelt sein durch irgendwelche juristischen Bedenken. Meine Maßnahmen werden nicht angekränkelt sein durch irgendeine Bürokratie. Hier habe ich keine Gerechtigkeit zu üben, hier habe ich nur zu vernichten und auszurotten, weiter nichts!«[23] Am 11. März 1933 versicherte er in einer Rede in Essen:

> »Ich habe erst angefangen zu säubern, es ist noch längst nicht fertig. Für uns gibt es zwei Teile des Volkes: einen, der sich zum Volke bekennt, ein anderer Teil, der zersetzen und zerstören will. Ich danke meinem Schöpfer, daß ich nicht weiß, was objektiv ist. Ich bin subjektiv ..., ich lehne es ab, daß die Polizei eine Schutztruppe jüdischer Warenhäu-

ser ist. Es muß endlich einmal der Unfug aufhören, daß jeder Gauner nach der Polizei schreit. Die Polizei ist nicht dazu da, die Gauner, Strolche, Wucherer und Verräter zu schützen. Wenn Sie sagen, da und dort sei einer abgeholt und mißhandelt worden, so kann man nur erwidern: Wo gehobelt wird, fallen Späne ... Ruft nicht soviel nach Gerechtigkeit, es könnte sonst eine Gerechtigkeit geben, die in den Sternen steht und nicht in euren Paragraphen! ... Wenn wir auch vieles falsch machen, wir werden jedenfalls handeln und die Nerven behalten. Lieber schieße ich ein paarmal zu kurz oder zu weit, aber ich schieße wenigstens.«[24]

Carl Jacob Burckhardt brachte von einem Besuch bei Göring die zutreffende Beobachtung mit, daß die hemmungslosen Ausbrüche »den Stil der ganzen nationalsozialistischen Bewegung« charakterisierten und daß — bei völligem Verlust jeglicher Selbstkontrolle — das Wüten »für männlich« gelte.[25] In der Tat war mancher Akzent, manche Wendung in solchen Reden diesem pervertierten Männlichkeitsideal zuzuschreiben, dessen Anhänger sich erst im besinnungslosen Toben ihrer selbst vergewisserten. Görings Aktivität im Rahmen der Machtergreifung läßt wahrlich nicht den Schluß zu, daß er »dieser aufrechte Soldat mit dem Kinderherzen« war, als den ihn Goebbels in freilich maliziöser Kameraderie gekennzeichnet hat.[26] Und sofern er je in konservativen Kreisen als Gegenstand einer, wenn auch unklaren und instinktlosen, Hoffnung gegolten hatte[27], so ging nun, zusammen mit so vielen anderen konservativen Illusionen, auch diese dahin, zumal Göring, wo immer sein mäßigender Einfluß auf das Gesamtgeschehen erwartet werden mochte, versagte und dem radikaleren Goebbels in steigendem Maße das Feld überließ. Er bewies seine zupackende Brutalität noch einmal, als er zum Abschluß der Machtergreifung in der Affäre Röhm als ehrgeiziger Hauptakteur in Erscheinung trat. Zusammen mit Heinrich Himmler übernahm er die Leitung der Mordaktion in Norddeutschland und Berlin und erweiterte, eigener Bekundung nach, den ihm gestellten »Aufgabenkreis«, um sich, wie er meinte, endgültig jene Position des Zweiten Mannes zu sichern, die Röhm ihm so lange versperrt hatte. Der Ruf, der ihm damals anhing, wird durch eine Episode aus der Zeit kurz nach dem 30. Juni 1934 veranschaulicht, als Göring zu einem Abendessen des britischen Botschafters Sir Eric Phipps etwas zu spät erschien. Seine Entschuldigung, er sei soeben erst von der Jagd zurückgekommen, quittierte Sir Eric mit dem Bemerken: »Auf Tiere, wie ich hoffe.«[28]

Zweifellos dünkte Göring sich am Ziel. Der Mythos des starken, aber auch populären Mannes lief ihm voraus und trug ihm die Ämter und die Aufgaben zu. Einer der »Zuständigkeitsgiganten« des Dritten Reiches[29], versah oder übernahm er allein in den ersten zwei Jahren die Aufgaben eines

Reichstagspräsidenten sowie eines Reichsministers für die Luftfahrt, war Preußischer Innenminister, Chef der Gestapo und wurde Preußischer Ministerpräsident, Präsident des Preußischen Staatsrats, Reichsforst- und Reichsjägermeister, Oberbefehlshaber der Luftwaffe und Beauftragter für den Vierjahresplan; aber an jeder dieser Positionen, die ihm formal eine außerordentliche Machtfülle verliehen, schien ihm bald allein das dekorative Element begehrenswert. Die Aufgaben, die er an sich zog, überließ er nach einigen impulsiven Ansätzen zumeist sich selbst und damit einer »lähmenden Unordnung«[30], so daß die beabsichtigte Konzentration der Kräfte sich geradezu ins Gegenteil verkehrte und sein Ämterhunger nur noch wie eine etwas abseitige Äußerungsform seiner Sammlerpassion wirkte. Immer verschwenderischer richtete er sich in der Macht ein, die er vorwiegend als Pfründe begriff, und veranstaltete Feste, Staatsjagden und Geburtstagsfeiern von nahezu orientalischer Üppigkeit, ein »König Lustik« im zeitgenössischen Gewande. Nach Karinhall, dem großzügigen, nach seiner ersten Frau benannten Herrensitz in der Schorfheide, schleppte er unermüdlich Gemälde, Statuen, Juwelen und Gobelins, die er teilweise auf dem Wege der Zwangsschenkung erwarb, indem er der Wirtschaft oder den großen deutschen Städten selbst die Gaben bezeichnete, die er an Geburtstagen oder aus anderem Anlaß überreicht wissen wollte.[31] Und während er immer ausgiebiger seinen Leidenschaften und prunkvollen Spielereien nachging, zogen seine kühleren Rivalen, insbesondere Goebbels und der zusehends vordringende Himmler, Stück für Stück jene Macht an sich, deren leere Symbole er blind und eitel vor sich hertrug. »Laßt ihn, er ist ein Renaissancemensch!« pflegte Hitler zu entgegnen, sooft er auf den kompromittierenden Charakter der von Göring betriebenen Praktiken hingewiesen wurde[32], doch verkörperte er nur dessen eine Seite: die Skrupellosigkeit, den Anspruchshunger und das gute Raubtiergewissen; von allem übrigen dagegen, dem souveränen Stilempfinden oder verfeinerten Lebensgefühl jenes Menschentyps, fehlte ihm in all seiner kraftmeierischen Eudämonie jeder Begriff. Sein erster Pressereferent im Preußischen Innenministerium hat versichert, daß Göring schon frühzeitig die leidige Arbeitsroutine des Amtes zu hassen begann und nur noch selten ins Ministerium kam. Eine im Jahre 1938 von einem seiner engsten Mitarbeiter veröffentlichte Biographie nennt in der Schilderung eines Tagesablaufs unbekümmert Schneider, Friseur, Kunsthändler und Juwelier (in dieser Reihenfolge) als die ersten Morgenbesucher.[33] Mit dem Luxusbedürfnis, wie es einer Kokotte eher anzustehen schien, wechselte er unaufhörlich, bis fünfmal am Tag, Kleider und Uniformen. Bei einem Empfang für das Diplomatische Korps in der Schorfheide trug er, dem Zeugnis eines Beteiligten zufolge, »ein rostbraunes Wams, hohe grüne Stiefel und in der Hand einen zwei Meter langen Speer«[34].

»Göring bietet ein groteskes Bild«, heißt es in einem anderen Bericht. »Morgens im Wams mit bauschigen, weißen Hemdsärmeln, am Tage mehrfach das Gewand wechselnd, abends bei Tisch im blauen oder violetten seidenen Kimono mit pelzbesetzten Schlafschuhen. Schon morgens einen goldenen Dolch an der Seite, der mehrfach gewechselt wurde, am Hals eine Agraffe mit ebenfalls wechselnden Edelsteinen, um den dicken Leib einen breiten, ebenfalls mit vielen Steinen besetzten Gurt, ganz zu schweigen von Pracht und Anzahl der Ringe.« Carl Jacob Burckhardt fand ihn bei einer Begegnung im Juni 1937 »in weißer Uniform auf einer Ottomane liegend, er war damals schon sehr beleibt, sein linkes Bein, dessen Beinkleider bis über das Knie hinaufgekrempelt waren, lag gestützt und erhöht auf einem Kissen, er trug wie ein Kardinal rotseidene Strümpfe ...« Neben den lasziven, weichen Kostümierungen liebte er, insbesondere auf seinen Jagdveranstaltungen, einen urtümelnd-altdeutschen Stil: »Fünfzig Förster in Paradeuniformen bliesen das Jagdhorn, wenn der Chef in seinen jagdlichen Phantasiegewändern mit gemessenem Schritt dem Wagen entstieg. In grünen Lederjacken und mittelalterlichen Bauernhüten, mit Saufedern ausgerüstet, deren blinkende Spitzen in ledernen, quastengeschmückten Scheiden steckten, zogen die Treiber und Hundeführer mit ihren zerrenden Koppeln im Marschtritt an ihm vorbei.«[35]

Die infantilen Züge seiner Persönlichkeitsstruktur, wie sie in solcher naiven Verkleidungssucht, den Beglückungen durch Orden und Flitterwerk und von der maßlosen Ichbezogenheit bis hin zu den selbstvergessenen Freuden vor der in Karinhall aufgebauten elektrischen Eisenbahn zum Vorschein kamen, standen indes seinem Ehrgeiz zusehends hinderlicher im Wege. Hatte er in der ersten Phase, bei der stürmischen Eroberung der Macht, immerhin aggressives Geschick bewiesen, so widersprach deren intrigenreiche Behauptung und vorsichtig-schrittweise Ausdehnung allzusehr seinem emotionalen Temperament, das Ablenkungen, Reize sowie glanzvolles Gepränge suchte und nun nicht mehr Machtziele, sondern Theatereffekte kalkulierte. Unversehens zerbröckelten ihm damit die Domänen seines Einflusses: die preußische Position, die Herrschaft über die Polizei und später auch die Stellungen, die er sich über die Wirtschaft und die Wehrmacht aufzubauen versucht hatte: neben Hitler und im Vergleich zu ihm der Typ des »in allem gescheiterten Diktators, eines ewig unterlegenen Zweiten Mannes mit Ambitionen«[36]. Unabhängig davon allerdings hob er sich in den Augen der Öffentlichkeit in all seiner satten Bonhomie vorteilhaft von der düsteren und neurasthenischen Besessenheit seiner Führungspartner ab, und seine Popularität, die kurz vor dem Kriege ihren Höhepunkt erreichte, war nicht zuletzt eine Folge seiner Schwächen, hinter denen man immerhin die Wärme eines menschlichen Temperaments zu verspüren meinte. In einem letzten Tribut an diese Popularität, der sein wirklicher Einfluß schon nicht mehr entsprach, ernannte Hitler ihn am 1. September 1939 zu seinem ersten Nachfolger und später zum Vorsitzenden des Reichsverteidigungsrates sowie zum Reichsmarschall.

Parallel zu solchen freilich wiederum eher repräsentativen Auszeichnungen liefen indessen die Stationen einer zunehmenden Abkühlung in den Beziehungen. Hatte Hitler noch Ende 1936 unter dem Hinweis auf die Betrauung Görings mit der Durchführung des Vierjahresplanes betont, von diesem Manne wisse er, »daß für ihn das Wort ›Es geht nicht‹ nicht existiere ... Es ist der beste Mann, den ich für diese Aufgabe habe«[37], so lehnte er es annähernd ein Jahr später bereits ab, ihm die Früchte einer Machenschaft zu gewähren, die ihn noch einmal auf der Höhe der Situation gesehen hatte: anders als es von Göring erhofft worden war, wurde er nicht zum Nachfolger des mit seiner Hilfe gestürzten Reichswehrministers v. Blomberg ernannt. Auch hinter seinen freilich dilettantischen Bemühungen, in letzter Stunde den Krieg zu vermeiden, witterte Hitler offenbar so sehr den Wunsch, das persönlich Erreichte endlich ungestört zu genießen, daß es die sich anbahnende Entfremdung eher verstärkte.[38] Die ersten Mißerfolge, die sich alsbald einstellten, taten ein übriges. Görings Biograph von 1938 berichtet, der junge Göring habe beim Spiel mit Bleisoldaten durch ausgeklügelte Spiegeleffekte versucht, die Zahl seiner Truppen künstlich zu vermehren. Auf ähnliche Weise versuchte er jetzt, nach den ersten raschen Triumphen in Polen und Frankreich, die erwartete Leistung durch die großspurige Pose zu ersetzen. Nachdem seine Prahlerei schon zum gelungenen britischen Rückzug bei Dünkirchen beigetragen hatte[39], wurde er in seinen überheblichen Prognosen auch in der Luftschlacht über England und sodann im Bombenkrieg über Deutschland opferreich widerlegt. Er selbst hat in Nürnberg unter Hinweis auf die Katastrophe von Stalingrad, die ja auch eine Katastrophe der Luftwaffe und die Wendemarke ihrer Überlegenheit war, erklärt, daß er »seit 1942 ... für Hitler der Sündenbock gewesen« sei; aber vieles spricht dafür, daß Hitler ihn bereits wesentlich früher fallengelassen hatte.[40] Schon über die Planung des Rußlandfeldzuges wurde er vergleichsweise spät informiert. Richtig ist allerdings, daß er mit dem Ende des Jahres 1942 gänzlich in die Isolierung geriet und an den stetig vordringenden Bormann den Rest jenes Terrains verlor, das die Rivalen Goebbels, Himmler und Speer ihm noch überlassen hatten. Die seltenen Ausfälle, in denen (wie beispielsweise in der sogenannten Plünderungsrede vor den Reichskommissaren für die besetzten Gebiete)[41] noch einmal etwas von der alten brutalen Konsequenz aufzuflackern schien, konnten doch die Resignation nicht verbergen, die allmählich von ihm Besitz ergriff. Als der Bombenkrieg, dessen Drohungen er so herausfordernd geleugnet hatte, seine verheerenden Wirkungen zu entfalten begann, ließ er die Dinge treiben und war sich selbst im Frühjahr 1943, wie Goebbels fassungslos registrierte, »über das Ausmaß der angerichteten Sach- und Personenschäden immer noch nicht ganz im klaren«[42]. Die Luftwaffe, die ihn vergötterte, bekam von seinem ganz auf äußere Wirkungen bedachten Temperament wiederum eher die dekorativen Seiten der vielberufenen Kameradschaft zu spüren; so besuchte er Flugplätze und Fronteinheiten, schulterklopfend, strahlend, zukunftsgewiß, während zugleich die Desorganisation der sich selbst überlassenen Ämter wuchs und alle Versuche seiner engeren Mitarbeiter, dem Chaos zu steuern, ein neues operatives Konzept und damit ein neues technisches Entwicklungsprogramm in Angriff zu nehmen oder die Fertigung zu vereinfachen, an der illusionären Unbelehrbarkeit Görings und seinem Mangel an Voraussicht scheiterten. Tief befangen in seinen romantischen, »urtümlichen Lebensidealen«, stand er allen technischen Überlegungen eher mißtrauisch gegenüber und liebte den Gedanken, daß das »Rammen« feindlicher Flugzeuge im Grunde »die würdigste Kampfesweise« sei.[43] Weder der Selbstmord Udets noch derjenige des Generalobersten Jeschonnek, die nicht zuletzt an der sachlichen Indolenz Görings verzweifelt waren, vermochten ihn aus seinen Selbsttäuschungen zu reißen. Als General Galland Ende 1943 berichtete, daß gegnerische Jagdflugzeuge die einfliegenden Bomberverbände inzwischen über immer weitere Strecken begleiteten, verbot er ihm, darüber Meldung zu machen.[44] Selten nur noch nahm er an Konferenzen und Lagebesprechungen teil und wurde oft vergeblich gesucht, wenn sein Generalstabschef eine Weisung benötigte. Statt dessen widmete er sich wie eh und je seinen Zerstreuungen und privaten Passionen. Der Essener Gauleiter Terboven berichtete von einem Besuch in Karinhall — »es war Sonntag und der Himmel über Deutschland wieder schwarz von amerikanischen Bombern« —, Göring habe sich beim diensthabenden Adjutanten lediglich darüber vergewissert, daß für Karinhall keine Luftwarnung vorliege, und dann bemerkt: »Schön, lassen Sie uns etwas jagen.«[45] Als Goebbels auf dem Höhepunkt des Krieges versuchte, Ansehen und Autorität des Reichsmarschalls für die Bestrebungen einer Gruppe einzusetzen, die dem übermächtig gewordenen Einfluß Bormanns entgegenwirken wollte, mußte er verblüfft feststellen, daß »das Prestige Görings beim Führer kolossal gelitten« habe. Von seinen gleichwohl unternommenen Bemühungen ließ er erst ab, als er die hoffnungslose Lethargie Görings erkannt hatte, um schließlich gegen Ende des Krieges, angesichts der Bilder vom zerstörten Dresden, aufgebracht zu fordern, »diesen dummen und nichtsnutzigen Reichsmarschall« vor Gericht zu stellen.[46] Bald sah Göring sich infolgedessen gänzlich allein, und selbst geringfügige Bitten wurden ihm brüsk abgeschlagen. Bezeichnenderweise war der letzte persönliche Erfolg, den er erzielte, die Verhinderung der beabsichtigten Schließung des Berliner Luxusrestaurants Horcher im Jahre 1943.[47] Fortan blieb ihm von seiner einstigen Macht und Autorität innerhalb der engeren Führungsspitze nicht einmal ein Rest. Als er 1944 erkrankte, nahm Hitler zu Görings Bestürzung keinerlei Notiz davon. Er war endgültig aus dem Spiel, Rang und Stellung behielt er nur wie ein Gnadenbrot.

Die Analyse seines Unvermögens, verantwortliche Positionen sachgerecht auszufüllen, wird nicht nur die korrumpierenden Wirkungen des Wohllebens zu berücksichtigen haben, sondern auch jenen schon frühzeitig einsetzenden Prozeß der Persönlichkeitsauszehrung, der von der einstigen Erscheinung nur noch den schweren und gedunsenen Schatten ihrer selbst übrigließ. Ob und in welchem Umfang seine Rauschgiftsucht, die eine Folge der im Kriege und später vor der Münchener Feldherrnhalle erlittenen Verletzungen war, daran mitgewirkt hat, kann um so eher unerörtert bleiben, als dieser Substanzverlust keine auf Göring allein beschränkte Erscheinung war, sondern fast die gesamte nähere Umgebung Hitlers wie eine Krankheit befiel. Lediglich die hochgetriebene Kunst der Selbsttäuschung verbarg ihm das Maß individueller Regression. Es bleibt freilich zu fragen, welche Wechselbeziehungen zwischen dem einen und dem anderen bestanden. Gewiß entsprach die Sucht nach Schaustellung einem tiefen Bedürfnis seines theatralischen Temperaments. Aber möglicherweise war dahinter auch das uneingestandene Verlangen wirksam, den fortschreitenden Persönlichkeitsverfall hinter der barocken Aufwendigkeit des Lebensstils zu verdecken, die in den unbewußten Schichten zweifellos verzeichnete und als Unruhe zurückwirkende Verkümmerung der individuellen Substanz im Lärm der Feste und Feiern zu übertönen. Seine unreflektierte Wesensart setzte ihn außerstande, die persönliche Existenz den Akten bewußter Rechenschaftslegung zu unterwerfen, sie den Eingeständnissen des Versagens auf breiter Front, der Bitternis anhaltender Selbstvorwürfe über die eigene Schwäche und Kapitulationswilligkeit zu konfrontieren. So suchte und fand er in den tausend Verkleidungen das Mittel zur Selbstverheimlichung einer zunehmend unansehnlicher werdenden individuellen Statur. Und wenn die Fertigkeiten der Selbsttäuschung auch die gelegentlichen demütigenden Einsichten nicht verhindern konnten, war ihm die Existenz in jenen Scheinwelten, die er um sich herum aufzubauen pflegte, doch zur zweiten Natur geworden.

Eine tief illusionäre Befangenheit liegt denn auch über dem letzten Abschnitt seines Lebens. Als er, der noch im April 1945 schimpflich aus allen Ämtern entlassen, verhaftet und testamentarisch verflucht worden war, vom

Tode Hitlers hörte, war er, dem Bericht seiner Frau zufolge, »der Verzweiflung nahe« und äußerte: »Er ist tot, Emmy. Nun werde ich ihm nie sagen können, daß ich ihm bis zum Ende treu geblieben bin!«[48] Nicht viel anders als Himmler hoffte er, von den Alliierten als Verhandlungspartner akzeptiert zu werden. Wie General Bodenschatz bezeugt hat, bereitete ihm bald nach seiner Gefangennahme durch die Amerikaner vor allem die Proklamation Sorge, mit der er sich an das deutsche Volk zu wenden gedachte, sobald er mit Eisenhower zu einem befriedigenden Ergebnis gelangt sei[49]; denn daß ihm nach dem Tode Hitlers der Führungsanspruch im Reich gebühre, hielt er für gänzlich unbestreitbar. Noch in Nürnberg nötigte er seinen Mithäftling Dönitz zu dem Eingeständnis, daß der Großadmiral die »Ernennung zum Nachfolger des Führers nur einem Zufall« verdanke[50]; und wenn er sich vor dem Internationalen Gerichtshof mit auffallendem Geschick und einer Aggressivität verteidigte, hinter der etwas von der alten elementaren Kraft seiner Persönlichkeit spürbar wurde, so in der eingestandenen Überzeugung, daß seine Führungsrolle ihm größere Verpflichtungen als den übrigen Häftlingen aufbürde. Hartnäckig und zeitweise nicht ohne Erfolg versuchte er, sie zu kommandieren, ihre Aussagen zu beeinflussen und ein Regiment zu errichten, das Speer zornig als »Görings Diktatur« bezeichnet hat – nun endlich, nach so vielen Jahren, so vielen Schlägen und Erniedrigungen für eine kurzbemessene und vergebliche Spanne am Ziel: der Erste Mann und »Nazi Nr. 1«, wie er selbst sich nannte, zu sein.[51]

Die Bedingungen seines persönlichen Aufstiegs waren zugleich diejenigen seines Versagens; denn Aufstieg und Versagen lagen begründet in einer gänzlich hemmungslosen, aller Kontrollmechanismen baren Egozentrik, die sich jenseits der eigenen Anspruchsbefriedigungen keiner verpflichtenden Norm bewußt war und ihm in all seiner naiven Gier den Charakter eines großen und gefährlichen Kindes gab. In einer Formulierung, die auf ihre Weise ein Beitrag zur Psychologie totalitärer Herrschaftsstrukturen ist, hat er einem Nürnberger Verteidiger gegenüber erklärt:

> »Wenn Sie wirklich etwas Neues machen wollen, so werden Ihnen die Guten dabei nicht helfen. Sie sind selbstgenügsam, faul, haben ihren lieben Gott und ihren eigenen Dickkopf – man kann es nicht mit ihnen machen. ›Laßt wohlbeleibte Männer um mich sein ...‹ – das kann ein gesalbter König sagen, aber kein Führer, der sich selbst geschaffen hat. Laßt abgefeimte Schurken um mich sein ... Die Bösen, die etwas auf dem Kerbholz haben, sind gefällige Leute, hellhörig für Drohungen, denn sie wissen, wie man es macht, und für Beute ... Man kann ihnen etwas bieten, weil sie nehmen. Weil sie keine Bedenken haben. Man kann sie hängen, wenn sie aus der Reihe tanzen. Laßt abgefeimte Bösewichter um

> mich sein — vorausgesetzt, daß ich die Macht habe, die ganze Macht über Leben und Tod. Alleiniger und einziger Disponent, dem niemand hineinpfuschen darf ... Was wissen Sie von den Möglichkeiten im Bösen! Wozu schreibt Ihr Bücher und macht Philosophie, wenn Ihr nur von der Tugend etwas wißt, und wie man sie erwirbt, wo doch die Welt im Grund von etwas ganz anderem bewegt wird ...«[52]

Möglicherweise war dies das Motiv, das ihn so beharrlich auf den Nachruhm hoffen ließ. Deutschland bedürfe für die Zukunft »eigentlich einer Persönlichkeit, die stark genug ist, einen Mittelpunkt für die Deutschen abzugeben«, äußerte er. »Dann wird man noch einmal an mich denken! Aber dann bin ich leider tot. —«[53] Doch selbst im Tode wollte er nur das Vehikel seiner geschichtlichen Wiederauferstehung sehen. Durch seine Äußerungen in der Nürnberger Zelle geistert immer wieder, in einem letzten Akt illusionärer Selbstüberschätzung, der Gedanke, einst als Märtyrer gefeiert zu werden. Er sei glücklich über das Todesurteil, versicherte er kurz vor seinem Ende, weil der zu lebenslänglichem Gefängnis Verurteilte keine Chance habe, ein Märtyrer zu werden. »In 50 oder 60 Jahren werden in ganz Deutschland Standbilder Hermann Görings zu sehen sein«, meinte er und fügte hinzu: »Vielleicht kleine Standbilder, aber eines in jedem Hause.«[54]

JOSEPH GOEBBELS

oder »Canaille Mensch«

»Ich will ein Held sein!«
Joseph Goebbels

»Ein Revolutionär muß alles können!«
Joseph Goebbels

Das Genie des Nationalsozialismus war Propaganda. Ihr verdankte er nicht nur seine bedeutendsten Triumphe, sie war auch sein einziger originärer Beitrag zu den Bedingungen seines Aufstiegs und stets mehr als bloßes Machtinstrument: Propaganda war ein Teil seines Wesens. Was Nationalsozialismus bedeutete, wird aus dem widersprüchlichen und verschwommenen Konglomerat seiner Weltanschauung weithin weniger greifbar als aus der Art ihrer propagandistischen Inszenierung. Zugespitzt ließe sich formulieren, daß der Nationalsozialismus Propaganda war, die sich als Ideologie ausgab – das heißt ein Machtwille, der sich seine ideologischen Theoreme nach dem jeweils größten psychologischen Nutzeffekt formte und seine Postulate aus den souverän aufgespürten Stimmungen und Triebrichtungen der Massen bezog. Angesichts seiner Fähigkeit zu medialer Kommunikation mit dem »Geist« dieser Massen schien er für seinen Aufstieg einer eigentlichen Idee, der alle Massenbewegungen der Geschichte Sammlung und Zusammenhalt verdankt hatten, nicht zu bedürfen. Ressentiments, vom Tag und von der Stunde diktierte Protestgefühle sowie jene mechanische Bindung, die sich aus der bloßen Aktivierung gesellschaftlicher Kräfte ergibt, ersetzten zusammen mit einer in allen psychotechnischen Künsten versierten Begabung der Massenbehandlung die integrierende Wirkung einer Idee. Die Mehrzahl der in den Nationalsozialismus aufgenommenen ideologischen Elemente war nichts anderes als das nach seiner Breitenwirksamkeit beurteilte Material für ein pausenlos veranstaltetes Feuerwerk propagandistischen Aufruhrs. Fahnen, Heilrufe, Fanfaren, Marschkolonnen,

Spruchbänder und Strahlendome: das ganze Arsenal der mit ingeniösem Erfindungsreichtum entwickelten Stimulantien zur Erregung öffentlicher Verzückungszustände war zuletzt auf die Selbstaustilgung des Individuums, die permanente Besinnungslosigkeit gerichtet, mit dem Ziel, zunächst die Anhängerschaft und später ein ganzes Volk dem eigenen Machtanspruch total gefügig zu machen. Das Rangverhältnis zwischen Ideologie und Propaganda kommt kaum deutlicher als in der unscheinbaren Wendung zahlloser zeitgenössischer Zeugnisse zum Ausdruck, wonach Nationalsozialismus »erlebt« werde – eine Formel, die jede erkenntniskritische Annäherung stillschweigend verbannte. Tatsächlich war diese Ideologie im strengen Wortsinne indiskutabel und wich aller sachbezogenen Auseinandersetzung durch den Rückzug in die schwerlich anfechtbaren Bereiche pseudoreligiöser Gefühlslagen aus, wo in einsamer metaphysischer Monumentalität, unerreichbar für alle rationalen Bewertungen, der Führer als die im Grunde einzige konstante Größe thronte. Zwar entsprach die Flucht in irrationale Regionen, in denen Politik zur Sache des Glaubens, der »Weltanschauung« wurde, einem vehementen Bedürfnis der desorientierten Massen; dennoch waren die Richtung, die sie nahm, und die Formen, unter denen sie sich bekundete, das Ergebnis zweckbewußter macchiavellistischer Steuerung, so daß sich das scheinbar elementare Verlangen bei näherem Zusehen als der geplante und kunstvoll immer wieder aufs neue geweckte Irrationalismus erwies, dem das Machtwissen der modernen totalitären Sozialreligionen Anhängerschaft und Existenz verdankt.

Man hat Joseph Goebbels, der das Gehirn dieser Manipulation der Seelen war, den neben Hitler »einzigen, wirklich interessanten Mann des Dritten Reiches« genannt[1], und zweifellos überragte er, als eine der erstaunlichsten propagandistischen Begabungen der neueren Zeit, die sachlich zumeist abenteuerliche Durchschnittlichkeit der übrigen Spitzenfunktionäre des Regimes in hohem Maße. Er war eine der wenigen echten Potenzen im Führungsapparat der Bewegung, nicht bloß Figur und ans Licht der Geschichte »im Sog der siegreichen Sache« gelangt. Beide, Hitler und Goebbels, ergänzten sich auf eine nahezu einmalige Weise: Für die dumpfen, komplexbedingten Visionen Hitlers, seine eher intuitive, rauschhafte Massenbeziehung, fand Goebbels die werbewirksamen Techniken, die Rationalisierungen, die Schlagworte, Mythen und Bilder. »Der Führer«, jener Begriff bereits, unter dem Hitler als Erlöser, Demiurg und begnadeter Heilsträger erschien, empfing von ihm seinen divinatorischen Inhalt. Niemand anderes als Goebbels hat mit berechnendem Geschick aus dem zunächst durchaus unschlüssigen Adolf Hitler den »Führer« gemacht und ihn auf den Blocksberg kultischer Verehrung emporgehoben. Mit angestrengtem Byzantinismus und unter ständiger bewußter Vermischung der profanen mit der religiösen Sphäre hat er jene messianische Aura um ihn verbreitet, die den Empfindungen eines vielfach erschütterten Volkes suggestiv entgegenkam. Der Führerkult, dessen eigentlicher Schöpfer und Organisator er war, hat nicht nur die Glaubens- und Geborgenheitsbedürfnisse sowie die latenten Sehnsüchte nach Selbstentäußerung angesichts einer entgötterten Welt ausgebeutet, sondern auch der aufsteigenden NSDAP den Halt einer hierarchischen Struktur verschafft. Die Zeugnisse dieses Kultes sind nicht zu zählen. Im »Angriff«, dem von Goebbels als Gauleiter von Berlin gegründeten Blatt, schrieb er gelegentlich in bezeichnender Imitation biblischen Tonfalls und unter Verwendung biblischer Alliterationen:

> »Werke des Talents sind Ergebnisse von Fleiß, Ausdauer und Begabung. Das Genie ist selbstschöpferisch allein durch die Gnade. Im Instinkt wurzelt die tiefste Kraft des wahrhaft großen Menschen. Er vermag manchmal nicht einmal zu sagen, warum alles so ist. Er begnügt sich damit: es ist so. Und dann ist es so. Was Fleiß und Wissen und Schulweisheit nicht zu lösen verstehen, das kündet Gott durch den Mund derer, die er auserwählt hat. Genie auf allen Gebieten menschlicher Wirksamkeit ist Berufung ... Wenn Hitler spricht, dann bricht vor der magischen Wirkung seines Wortes aller Widerstand zusammen. Man kann nur sein Freund oder sein Feind sein. Er scheidet die Heißen von den Kalten. Aber die Lauheit speit er aus aus seinem Munde ... Erkennen mögen viele, organisieren noch mehr, aber aus einer schicksalhaften Erkenntnis durch die Gewalt des Wortes politische Zukunftswerte aufzubauen, das kann heute in Deutschland nur er. Viele sind berufen, aber wenige nur auserwählt. Wir alle sind unerschütterlich davon überzeugt, daß er ihr Wortführer und Wegweiser ist. Darum glauben wir an ihn. Über seiner mitreißenden menschlichen Gestalt sehen wir in diesem Mann die Gnade des Schicksals wirksam sein und klammern uns mit all unseren Hoffnungen an seine Idee und damit verbunden an jene schöpferische Kraft, die ihn und uns alle vorwärts treibt.«[2]

An anderer Stelle nannte Goebbels sein Gefühl für den Führer »das Heilige und Unberührbare«, äußerte im Anschluß an eine Rede, Hitler habe »tief und mystisch« gesprochen, »fast wie ein Evangelium«, und beteuerte in einer Treueversicherung: »Da mag eine Stunde kommen, wo der Mob um Sie geifert und brüllt: ›Kreuziget ihn!‹ Wir stehen dann eisern und rufen und singen: ›Hosianna!‹«[3] In einer seiner regelmäßigen Geburtstagsansprachen am Vorabend des 20. April erklärte er: »Wenn der Führer spricht, ist das wie Gottesdienst«[4], während sich in seinen frühen Tagebüchern, sooft er das Bild Hitlers beschwört, Formulierungen im unerträglichsten, pubertär-sentimentalen Albumstil finden:

»Wir fahren mit dem Auto zu Hitler. Er ist gerade beim Essen. Schon springt er auf, da steht er vor uns. Drückt mir die Hand. Wie ein alter Freund. Und diese großen, blauen Augen. Wie Sterne. Er freut sich, mich zu sehen. Ich bin ganz beglückt ... Alles hat dieser Mann, um König zu sein. Der geborene Volkstribun. Der kommende Diktator ...«
Oder, an anderer Stelle: »Hitler ist da. Meine Freude ist groß. Er begrüßt mich wie einen alten Freund. Und umhegt mich. Wie lieb ich ihn! So ein Kerl! ... Und dann redet er. Wie klein ich bin! Er gibt mir sein Bild. Mit einem Gruß ans Rheinland. Heil Hitler! ... Ich möchte Hitler als Freund haben. Sein Bild steht auf meinem Tisch ...«[5]

Die Position Hitlers in der sich formierenden Massenpartei wurde durch solche vergötzende Erhöhung außerordentlich gefestigt und geradezu metaphysisch abgesichert. Während der um seine Person entfaltete Kult die Ansätze innerparteilicher Demokratie beseitigte, die der alten Partei immerhin eigen gewesen waren, begünstigte er zugleich ihre zentralistisch-autoritäre Struktur. Hitler wurde nunmehr endgültig zum ausschließlichen Willenszentrum, »dem das Hingabe-, Dienst- und Subordinationsbedürfnis oder die Verantwortungsmüdigkeit der Anhänger galt, der dies Bedürfnis allein aufzufangen und in die erlösende politische Tat umzusetzen ... vermochte«[6]. Er dankte es seinem »treuen, unerschütterlichen Schildknappen«, wie er Goebbels gelegentlich genannt hat[7], durch die besondere Förderung zu Beginn der Karriere und die Auszeichnung als Partner und Arrangeur privater Geselligkeit. Erst später machte sich eine im Ganzen spürbare Zurückhaltung geltend. Sofern darin nicht lediglich taktische Überlegungen am Werke waren, die den zu offenbar großem Selbstbewußtsein gelangten Propagandaminister durch das erprobte System gezielter Kaltstellung treffen sollten, mochte diese Reserve auch daher rühren, daß er der wendigen Routine mißtraute, mit der Goebbels es seit je verstanden hatte, sich wechselnden Lagen anzupassen.

Tatsächlich sind dessen überschwengliche Bekundungen keinesfalls als aufrichtige Bekenntnisse zu werten, schon der übertrieben demonstrative Akzent machte sie zutiefst unglaubwürdig. Allzuoft hat Goebbels ein Damaskus erlebt und seine verschiedenen Kehrtwendungen nie von der inneren Stimme, sondern vom opportunistischen Blick auf die stärkeren Bataillone abhängig gemacht: »Ich bin ein Apostata«, gestand er einmal.[8] Jene Überzeugung von der totalen Lenkbarkeit des Menschen, die ihn später organisieren ließ, was immer von ihm verlangt wurde: Jubel und Ausschreitungen, Pogrome, Führervertrauen und Widerstandskräfte, hat er zuerst und am konsequentesten an sich selbst verwirklicht. Als der einzige klare Kopf innerhalb der Garde der alten Parteimitglieder war er zugleich einer der unselbständigsten und ohne jeden personalen Kern.

»Ich bin nur Instrument, / darauf der alte Gott
Sein Lied singt. / Ich bin nur harrendes Gefäß,
In das Natur den neuen Wein / mit Lächeln füllt«,

dichtete er als Student.[9] Bar jeder eigenen innersten Überzeugung, verstand er es lediglich, die Überzeugungen anderer dekorativ und wirksam zur Schau zu stellen. Er hat einmal bewundernd bekannt, Hitler sei deshalb so gefährlich, weil er glaube, was er sage[10]; er selbst dagegen hat zeitlebens nicht zu glauben vermocht, was er sagte, und diesen Mangel, den er durchaus als Schwäche begriff, hinter zynischen Eingeständnissen verborgen. Die weiche, sentimentale Innenseite seines Wesens, die begierig nach dumpfen, aber wohnlichen Gewißheiten verlangte, war von einem nüchternen Skeptizismus überlagert, und was immer er seiner Glaubenssehnsucht zurechtzimmerte, hielt den Fragen des inquisitorischen Verstandes nicht stand. Dem gelegentlichen Jubelschrei aus frühen Tagen: »Ich glaube wieder«, oder der Formel »Credo, ergo sum!«, war allzu deutlich der Hunger des Rationalisten nach Teilhabe an den Gefühlssteigerungen und selbstvergessenen Zuständen »der anderen« anzumerken, und bezeichnenderweise war ihm denn auch der Gegenstand seines Glaubenshungers gänzlich gleichgültig: »Es ist nicht so sehr von Belang, woran wir glauben; nur daß wir glauben.«[11]

Daß der Sohn einer streng katholischen Arbeiterfamilie aus Rheydt im Rheinland[12] seine vorgebliche Glaubensgewißheit nach Jahren quälerischer Unschlüssigkeit gerade in der nationalsozialistischen Bewegung fand, hat alle Merkmale einer grotesken historischen Pointe. Hochbegabt, war er von frühauf dem peinigenden Gefühl körperlicher Unzulänglichkeit ausgesetzt: er besaß eine schwächliche Konstitution und einen verkrüppelten Fuß. Als er im Jahre 1933 als Vertreter des Reiches in Genf erschien, wurde in der dortigen Presse eine Karikatur veröffentlicht, die ein verkrüppeltes schwarzhaariges Männchen zeigte. Darunter stand: »Wer ist denn das? Aber das ist doch der Vertreter der hochgewachsenen, gesunden, blonden und blauäugigen nordischen Rasse!«[13] Tatsächlich beleuchtet dieser Witz zu einem Teil die Schwierigkeiten, denen sich Goebbels inmitten der alten Hitlergefolgschaft, insonderheit der rüden SA, ausgesetzt sah. Als körperlich Mißgebildeter und als Intellektueller wirkte er eher als Zumutung für eine Partei, die nicht geistige Fähigkeiten, sondern Muskelkraft und Rassegut, blonde Haare und lange Beine als Legitimation echter Zugehörigkeit betrachtete. Die Bezeichnung »unser kleiner Doktor«, die sich alsbald für ihn einbürgerte, bringt etwas von der herablassenden Anerkennung zum Ausdruck, die ihm von seiten der wohlgebauten Geistesschwachheit seiner frühen Mitkämpfer allezeit entgegengebracht wurde. Trotz der Bewunderung für seine demagogische Brillanz blieb er ihnen stets verdächtig; ihrer grobschlächtigen Dumpfheit erschienen seine Rationalität, seine Kälte immer als befremdlich oder gar »undeutsch«; lange galt er als der »Jesuitenzögling und Halbfranzose«[14]. Es wirkte geradezu wie eine Herausforderung des von der Bewegung geforderten und geprägten Menschentyps, wenn er schrieb: »Wir begnügen uns nicht mit Gesinnung. Wir suchen diese Gesinnung ... zu festigen und zu vertiefen. Wir wollen Klarheit, Klarheit ... Der Glaube versetzt Berge, aber das Wissen erst versetzt sie an die richtige Stelle. Im Wissen suchen wir Klarheit und einheitliche Prägung des Gefühls.«[15] Solche Sätze markierten seine intellektualistische Distanz zu dem in der NSDAP vorherrschenden Gesinnungstyp, der das, was er, wie Goebbels einmal bemerkte, »nicht im Gehirn hat ..., im Herzen (hat), und, was die Hauptsache ist, *in der Faust*«[16]. Zweifellos litt Goebbels darunter, nicht zu sein wie alle anderen. Vor allem zu Beginn seines Aufstiegs, als Gauleiter von Berlin, der in seinen Wirkungsmöglichkeiten auf die unbedingte Gefolgstreue einer SA-Kampftruppe angewiesen war, deren Bewährungsmerkmale eben ein unkritischer Aktivismus, athletische Gewaltentschlossenheit und die platteste »Normalität« waren, sah er seine Autorität mehrfach empfindlichen Beeinträchtigungen unterworfen[17], und wie Mirabeau (und ebenso vergeblich) mochte er Gott gelegentlich darum bitten, ihm jenes Mittelmaß zu schenken, von dessen banalen Wonnen er sich ausgeschlossen wußte. Sein Intellekthaß, der eine Form des Selbsthasses war, rührte daher, sein Verlangen, sich zu degradieren, unterzutauchen in Reih' und Glied der Masse, das seinem Ehrgeiz und quälenden Bedürfnis nach Auszeichnung merkwürdig parallel lief. Unablässig plagte ihn die Furcht, als »bürgerlicher Intelligenzler« angesehen und damit disqualifiziert zu werden. Sein schriller antibürgerlicher Komplex[18] findet in dieser Problematik ebenso seine Begründung wie das peinlich übersteigerte Treuegebaren gegenüber der Person Adolf Hitlers: immer schien es, als biete er blinde Anhänglichkeit als Kompensation für den Zwang zu eigenem Denken und für den Mangel aller jener rassischen Auslesemerkmale, die ihm von der Natur versagt worden waren. Beides, Intellektualität und Krüppeltum, machten ihn im Kreise seiner Rivalen um die Macht überaus verwundbar — und eben darum zum hemmungslosen Opportunisten, der eine außerordentliche Witterung für die Kräfteverhältnisse in seiner Umgebung entwickelte. In den parteiinternen Richtungskämpfen hat er, der durch Temperament und gedankliche Konsequenz so oft auf die ideologischen Flügel geriet, sich denn auch immer rechtzeitig auf die Seite der Majorität zu schlagen gewußt.[19]

Der Zwiespalt wurde allerdings durch taktische Schachzüge nur verdeckt, und alle Virtuosität in der Selbsttäuschung konnte ihn auf die Dauer nicht von den Akten der Rechenschaft gegenüber sich selbst abhalten, mochten sie auch mehr oder minder unfreiwillig sein. »In mir empört sich alles gegen den Intellekt«, schrieb er frühzeitig; und dann, auf die eigentliche Ursache aller Spannungen und Schroffheiten seines Wesens hindeutend: »Mein Fuß macht mir viel zu schaffen. Ich denke unaufhörlich daran, und das verdirbt mir die Freude, wenn ich unter Menschen komme.«[20]

Er hat das bittere Bewußtsein minderer Wohlgeratenheit denn auch ständig auszugleichen versucht. Sein Geltungshunger, seine Renommiersucht, aber auch die verkrampfte, an der militärischen Befehlssprache orientierte Diktion seiner frühen literarischen Versuche geben davon Zeugnis. Er liebte es, sich hart und männlich zu sehen, aber es war die erzwungene Härte eines eher empfindsamen jungen Mannes, der zum Grabe der Droste pilgerte, um dort einen Strauß Feldblumen niederzulegen, und sich nur in den unbewachten romantischen Stimmungen, wie seine hilflos sentimentalen Gedichte sie widerspiegeln, einige Abweichung von seinen pathetischen Idealen erlaubte. Seine gesamte literarische und publizistische Produktion weist drei merkwürdig kontrastierende Schichten auf: Neben der stilistischen und gedanklichen Prägnanz vor allem seiner tagespolitischen Beiträge steht die dümmlich aufgereckte Allüre des Kämpfers und schließlich der stammelnde Schwulst seiner privaten Aufzeichnungen. »In ihnen wohnt ein Dichter und ein Soldat«, läßt er in seinem Jugendwerk ›Michael‹ das Mädchen Hertha Holk sagen[21], nachdem er selbst lediglich »a. v.« gemustert worden und soeben mit ersten literarischen Versuchen gescheitert war. Schon der Name des Helden, dem er zahlreiche autobiographische Züge verlieh, ›Michael‹, deutet die Richtung seiner Selbstidentifikation an: eine Lichtgestalt, strahlend, groß, unbezwinglich. Auch ist er Bauernsohn, der über »dampfende Schollen« schreitet und das Blut seiner Vorfahren »langsam und gesund« in sich hochsteigen fühlt. »Ich setze meinen Helm auf, ziehe meinen Degen und deklamiere Liliencron. Manchmal überkommt mich so eine Anwandlung. Soldat sein! Auf Posten stehen! Man muß immer Soldat sein«, schrieb Michael-Goebbels.[22] Die hochstaplerische Frontkämpfereigenschaft, die er sich in diesem Buch ebenso wie in seinen späteren Reden mit der Formel »Wir Zerschossenen des Weltkriegs ...« zu eigen machte, sollte die Vorstellung suggerieren, er sei ein beinverletzter Kriegsteilnehmer, und tatsächlich scheint ihm die Täuschung verblüffend lange geglückt zu sein.[23] Im Gefühl physischer Zurücksetzung hat zweifellos auch seine erotische Aktivität ihr wesentliches Antriebsmotiv. Sowohl der breite Umfang, den die verschiedenen Affären in den wiedergefundenen Teilen seines privaten Tagebuchs einnehmen, als auch der Ton dieser Bekenntnisse verraten ganz offenkundig das Bedürfnis nach dem Prädikat des »ganz verfluchten Kerls«, sei es auch nur vor den eigenen Augen.

»Alma schreibt mir eine Karte aus Bad Harzburg«, so vermerkt er gelegentlich. »Das erste Zeichen nach jener Nacht. Diese neckische, entzükkende Alma. Ich habe dieses Menschenkind ganz gerne. Von Else den ersten Brief aus der Schweiz ...« (14. Aug. 1925). »Elslein, wann sehe ich Dich wieder? Alma, Du leichte, liebe Pflanze! Anka, ich werde Dich nie vergessen ...« (15. Aug. 1925). Und wenig später: »Gestern mit Else zusammen nach Hagen. Geburtstag zusammen gefeiert. Sie schenkt mir eine schöne bunte Wollweste. Eine süße Nacht. Sie ist so lieb und gut zu mir. Ich tue ihr manchmal so bitter weh. Diese schwellende, knospende Liebesnacht. Ich werde geliebt! Warum klage ich!« (28. Okt. 1925). Doch wenige Tage später schlägt die Stimmung um: »Über mir und den Frauen hängt ein Fluch. Wehe denen, die Dich lieben! Welch ein qualvoller Gedanke. Da möchte man verzweifeln ...« (10. Nov. 1925), um schließlich seufzend zu erkennen: »So ist das Leben: viel Blüten, viel Dornen, und – ein dunkles Grab« (18. Juli 1926); jedenfalls: »Heiraten wäre eine Qual für mich. Der Eros spricht laut in mir!« (29. Juli 1926)[24]

Solchen Äußerungen des immerhin 28jährigen stehen zahllose Bekundungen eines übermäßigen Selbstbewußtseins gegenüber, das bisweilen abrupt in Selbstbemitleidung übergeht oder durch triviale Dämonisierung des eigenen Ich eine drohend ins Leere gerichtete Haltung einnimmt. Da heißt es dann beispielsweise:

»Ich lese: Gmelin ›Temudschin (der Herr der Erde)‹ ... Jedes Weib reizt mich bis aufs Blut. Wie ein hungriger Wolf rase ich umher. Und dabei bin ich schüchtern wie ein Kind. Ich verstehe mich manchmal selbst kaum. Ich müßte heiraten und ein Spießbürger *sein*! Und mich dann nach 8 Tagen aufhängen!«[25]

Der Herr der Erde, die Wolfsgefühle, der Überdruß und eine tiefe Unsicherheit –: Sofern es nicht einfach die nackte Notlage war, haben solche Antriebe zweifellos dazu beigetragen, den in seiner beruflichen Karriere bislang gescheiterten Akademiker Ende 1924 zum Eintritt in die NSDAP zu bewegen. Um die bekümmerten Eltern zu beschwichtigen, hatte er nach seinem Studium kurze Zeit im Bankfach gearbeitet, sodann eine Anstellung als Ausrufer an der Börse erhalten, ehe er schließlich als Sekretär eines deutschvölkischen Politikers Kontakt zu den Nationalsozialisten fand. Als Mitarbeiter Gregor Strassers gehörte er zunächst zum sozialrevolutionären norddeutschen Flügel der Partei, der sich in seiner »proletarischen«, antikapitalistischen Tendenz betont von der »faschistischen« süddeutschen Richtung abhob und in Goebbels einen seiner konsequentesten Wortführer erhielt: »Ich bin der radikalste. Vom neuen Typ. Der Mensch als Revolutio-

När«, notierte er, fast berauscht, im Tagebuch jener Jahre[26], und in seinen ›Briefen an Zeitgenossen‹ distanzierte er sich leidenschaftlich von der bürgerlichen Halbherzigkeit der deutschnationalen Politiker. »Werkzeuge der Zerstörung werden Sie uns nennen«, schrieb er in jenem bezeichnenden Ton revolutionärer Selbstergriffenheit, »Kinder der Empörung nennen wir uns mit erschütterndem Beben. Wir haben die Revolution, die Empörung bis zu Ende durchgemacht. Wir gehen radikal auf die Umwertung aller Werte aus«, man werde »erschrecken vor dem Radikalismus unserer Forderungen«[27]. Schon damals plädierte er dafür, »lieber mit dem Bolschewismus den Untergang, als mit dem Kapitalismus ewige Sklaverei« zu wählen, und nannte es »grauenhaft«, daß »die Kommunisten und wir uns gegenseitig die Köpfe einschlagen«[28]. In einem offenen Brief, dessen Adressat ›Mein Freund von der Linken‹ hieß, stellte er einen ganzen Katalog identischer Überzeugungen und Haltungen auf: darunter die grundsätzliche Übereinstimmung im Hinblick auf die Notwendigkeit sozialer Lösungen, die gemeinsame Feindschaft gegen die Bourgeoisie und das »verlogene System« sowie den von beiden Seiten »ehrlich und entschlossen« geführten Kampf »um die Freiheit«, so daß als trennendes Element am Ende lediglich die taktische Frage der adäquaten Mittel bestehenblieb. »Sie und ich«, so schloß Goebbels sein Schreiben, »wir kämpfen gegeneinander, ohne daß wir wirkliche Feinde wären. Dabei zersplittern sich unsere Kräfte, und wir kommen nie zum Ziel. Vielleicht wird die letzte Not uns zusammenführen. Vielleicht! . . .«[29]

Es waren eben diese Fragen des sozialistischen Profils der Bewegung, die Goebbels in heftige Konflikte vor allem mit den sogenannten »Münchenern« brachte, den »Münchener Bonzen«, wie er damals zu formulieren pflegte.[30] Im Rahmen dieser Auseinandersetzungen erhob er Anfang 1926, auf einem Parteikongreß in Hannover, die berühmte Forderung, »daß der kleine Bourgeois Adolf Hitler aus der nationalsozialistischen Partei ausgeschlossen« werde.[31] Doch als er drei Wochen später, auf einer von den »Süddeutschen« einberufenen Tagung in Bamberg, das äußere Auftreten, den Wohlstand und die starke Hausmacht um Hitler mit der materiellen Armseligkeit der Strassergruppe verglich, wurde er zum ersten Male schwankend. Zwar fand er Hitlers Referat über Bolschewismus, Außenpolitik, Fürstenabfindung und Privateigentum »grauenhaft!« und sprach von einer der »größten Enttäuschungen meines Lebens«; aber als dieser ihn kurz darauf nach einer Rede öffentlich umarmte, nannte er ihn zum Dank bereits knapp »ein Genie« und notierte überschwenglich: »Adolf Hitler, ich liebe Dich«[32]. Noch ein halbes Jahr zuvor hatte er sich gefragt, wer dieser Mann eigentlich sei, »der Christus oder der Johannes«? Jetzt, vor allem unter dem Eindruck einer großzügigen Einladung nach München und Berchtesgaden, schwanden die letzten Zweifel, indes seinem Ehrgeiz zugleich die Umrisse der eigenen

Rolle deutlich wurden: Wenn Hitler tatsächlich »der Christus« war, dann wollte er es sein, der den Part des Verkünders übernahm; denn »je größer und ragender ich Gott mache, desto größer und ragender bin ich selbst«[33]. In diesem Sinne war es tatsächlich zutreffend, als er schrieb, die Münchener Tage mit Hitler seien ihm »Richtung und Weg« gewesen: der Organisator des Führermythos hatte seine Aufgabe gefunden.

> »Der Chef spricht über Rassefragen«, vermerkte er noch während seines Aufenthalts in seinem Tagebuch. »Man kann das so nicht wiedergeben. Man muß dabeigesessen haben. Er ist ein Genie. Das selbstverständlich schaffende Instrument eines göttlichen Schicksals. Ich stehe vor ihm erschüttert. So ist er: wie ein Kind, lieb, gut, barmherzig. Wie eine Katze, listig, klug und gewandt, wie ein Löwe, brüllend-groß und gigantisch. Ein Kerl, ein Mann. Vom Staate spricht er. Nachmittags von der Gewinnung des Staates und dem Sinn der politischen Revolution ... Wie Prophetie klingt das. Droben am Himmel formt sich eine weiße Wolke zum Hakenkreuz. Ein flimmerndes Licht steht am Himmel, das kein Stern sein kann. Ein Zeichen des Schicksals!?«[34]

Von diesem Zeitpunkt an unterwarf er sich, seine gesamte Existenz, unter bewußter Ausschaltung aller Hemmungen des Intellekts, des freien Willens und der Selbstachtung, der Bindung an die Person des »Führers«. Da diese Unterwerfung weniger ein Akt des Glaubens als der Einsicht war, hat sie sich über alle Wechselfälle bis zum Ende bewährt: »Wer von Adolf Hitler abfällt, der verdorrt«, pflegte er zu sagen.[35] Hitler lohnte diese Schwenkung, indem er Goebbels ein Vierteljahr darauf, im Herbst 1926, »mit besonderen Vollmachten« als Gauleiter an die Spitze der kleinen, zerstrittenen Parteiorganisation in Berlin stellte. Die hektische, lärmende Atmosphäre der Stadt kam dem flinken goebbelsschen Gassennaturell ungemein entgegen. Schon frühzeitig hatte er erkannt, daß »auf der Straße Geschichte gemacht« werde, daß »die Straße ... das politische Charakteristikum dieser Zeit« sei[36]: nun stieg er innerhalb weniger Monate zum gefürchtetsten Demagogen der Stadt empor, indem er dieser Maxime skrupellos Geltung verschaffte. Um zunächst einmal Aufsehen zu erregen, ins Gerede zu kommen, inszenierte er mit Hilfe einer kampfkräftigen Leibgarde Saalschlachten, Krawalle, Schießereien, und ein Kapitel seiner Darstellung dieser Zeit trägt denn auch den bezeichnenden Titel »Blutiger Aufstieg«: »Hütet euch, ihr Hunde«, so hatte er kurz zuvor geschrieben; »wenn der Teufel bei mir los ist, den bändigt ihr nicht mehr.«[37] Seine Kampfpraktiken waren die konsequenteste Verwirklichung eines neuen, total macchiavellistischen Propagandaprinzips. Das Blut, das der Aufstieg auch auf eigener Seite kostete, wurde primär nicht als das unumgängliche Opfer im Einsatz für eine politische Überzeugung betrachtet, sondern zielbewußt als Mittel einer Agitation investiert, die erkannt hatte, daß Blut allemal die wirksamsten Schlagzeilen macht.

»*Die* Propaganda ist gut«, so versicherte er in einer Rede aus jener Zeit, »die zum Erfolg führt, und die ist schlecht, die am gewünschten Erfolg vorbeigeht, selbst dann, wenn sie noch so geistreich ist, denn es ist nicht die Aufgabe einer Propaganda, geistreich zu sein, ihre Aufgabe ist es, zum Erfolg zu führen ... Es kann also keiner sagen, eure Propaganda ist zu roh, zu gemein, das sind keine charakteristischen Merkmale für ihre Verschiedenartigkeit. Sie soll gar nicht anständig sein, sie soll auch nicht sanft oder weich oder demütig sein; sie soll zu einem Erfolge führen ... Wenn einer zu mir sagt: ›Eure Propaganda hat ja kein gesittetes Niveau‹, dann brauche ich mich mit ihm erst gar nicht zu unterhalten. Es kommt nicht darauf an, daß eine Propaganda Niveau hat, sondern darauf, daß sie zum Ziele führt.«[38]

Tatsächlich sind ihm mit Hilfe dieser ausschließlich erfolgsorientierten Maximen beträchtliche Einbrüche in die massiven Fronten des sogenannten »roten Berlin« gelungen. Im Vorwort zu den gesammelten Aufsätzen, die er während jener Zeit in seinem Blatt »Der Angriff« veröffentlicht hat, ist in dem Ton der Verwunderung von der »unglaublichen Freiheit« die Rede, die ihm von seiten der republikanischen Behörden gewährt wurde; und tatsächlich ist dieser Band eines der erschütterndsten Dokumente für den mangelnden Selbstbehauptungswillen, die unendliche Hilflosigkeit dieser Instanzen angesichts ihres geschworenen Feindes.

»Eiskalt dem Gegner auf den Pelz rücken«, so hat er seine demagogische Taktik selbst beschrieben, »ihn abtasten, auskundschaften, wo seine verwundbare Stelle ist, überlegsam und berechnend den Speer schärfen, ihn wohlgezielt in die lecke Blöße des Feindes hineinjagen und dann vielleicht noch freundlich lächelnd zu sagen: Verzeihen Sie, Herr Nachbar, aber ich kann nicht anders! Das ist jenes Rachegericht, das kalt genossen wird.«[39]

Für diese Kampfesweise hat er zahllose Beispiele geliefert. Monatelang konzentrierte er seine Angriffe auf den Berliner Polizeipräsidenten Bernhard Weiß, den er unausgesetzt »Isidor Weiß« nannte. Als die Gerichte ihm diese Bezeichnung verboten, polemisierte er einfach gegen das »System Isidor«. Er nannte den Polizeipräsidenten Zörgiebel den »Reklamegoi im Polizeipräsidium«, den Reichskanzler Hermann Müller, der ehemals in der Keramik-Industrie tätig gewesen war, einen »Reisenden in Spülklosetts«, Scheidemann einen »Salonsimpel« — und alles, ohne daß er ernsthaft zur

Verantwortung gezogen wurde. Als ihm von befreundeter Seite die hämischen Angriffe auf Bernhard Weiß vorgehalten wurden, der doch ein tapferer Offizier gewesen und persönlich ein integrer Mann sei, entgegnete er zynisch, Weiß interessiere ihn gar nicht, es ginge ihm nur um den propagandistischen Effekt: »Zur Agitation benutzen wir, was wirksam ist.«[40] Durch Mittelsmänner setzte er skandalöse Gerüchte über Severing in Umlauf und bekundete dann unverhohlene Freude darüber, daß die demokratische Presse ihm »auf den Leim gekrochen« sei. Während der Kampagne gegen den Young-Plan bekannte er offen, er habe, was er so leidenschaftlich angreife, nie gelesen: »Propaganda hat mit Wahrheit gar nichts zu tun!« Den Reichstag nannte er in einem Artikel einen »stinkenden Misthaufen« und versicherte ungeniert, das parlamentarische Mandat diene der NSDAP lediglich dazu, sich »im Waffenarsenal der Demokratie mit deren eigenen Waffen zu versorgen«[41]. Mit der gleichen Offenheit bezeichnete er es als das Ziel eines Wahlkampfes, eine »sabotagefähige Gruppe in das hohe Haus« zu entsenden, und schrieb schließlich, zu Beginn der Legislaturperiode von 1928: »Ich bin kein Mitglied des Reichstags. Ich bin ein IdI. Ein IdF. Ein Inhaber der Immunität, ein Inhaber der Freifahrtkarte. Was geht uns der Reichstag an? . . . Wir sind gegen den Reichstag gewählt worden, und wir werden auch unser Mandat im Sinne unserer Auftraggeber ausüben« – ein Eingeständnis, das er mit dem Bemerken abschloß: »Jetzt staunt ihr, he? Aber glaubt nicht, daß wir bereits am Ende seien. Das ist nur die Ouvertüre . . . Ihr werdet noch manchen Spaß mit uns haben. Laßt das Theater nur mal anfangen!«[42] Ein geradezu klassisches Beispiel für seine propagandistische Meisterschaft bot jener Aufsatz vom 31. Mai 1931, der den Titel trug: »Der Marschall-Präsident«:

> »Die Präsidentschaft des Mannes, dem wir hier unser Interesse zuwenden wollen, war eine tödliche Tragikomödie; ihren Ursprung nahm sie in ihrer grundsätzlichen Charakterlosigkeit und der mit würdevollem Ernst bemäntelten Unfähigkeit, die Dinge so zu sehen, wie sie in Wirklichkeit waren . . . Es ist in der Tat peinlich, einen Mann, weil er nun einmal Präsident der Republik war, registrieren zu müssen, einen Mann, dessen groteske Unbedeutendheit in uns die erstaunte Frage aufwirft: wie war es möglich, daß dieser Trottel kaiserlicher Heerführer und Präsident der Republik werden konnte . . .«[43]

Dann erst gab der Artikel zu erkennen, daß nicht, wie jedermann glauben mußte und glauben sollte, der Reichspräsident v. Hindenburg, sondern der französische Präsident MacMahon gemeint war. Als Brüning der Aufforderung zu einer öffentlichen Diskussion nicht nachkam, ließ Goebbels eine Rede des Kanzlers auf Schallplatten festhalten, um sie anschließend im

Sportpalast, unter dem Gejohle seiner Anhänger, absatzweise zu widerlegen. Einer seiner Bewunderer hat ihn treffend den »Marat des roten Berlin« genannt, »ein Mahr und Kobold der Geschichte«, der »um das Haus dieses Systems wie eine Krähe um ein Aas (streicht) ... Ein Rattenfänger. Ein Seelenbezwinger«[44]. Mit dem Ausbruch der Weltwirtschaftskrise strömten auch ihm die Massen zu, und er bewies eine außerordentliche Witterung für die Mobilisierung ihrer Lebensangst. In seiner Broschüre ›Die Zweite Revolution‹ hatte er schon 1926 erklärt: »Wir erreichen alles, wenn wir Hunger, Verzweiflung und Opfer für unsere Ziele in Marsch setzen ... Es ist mein Wille, daß wir die Fanale anstecken in unserem Volk zu einem einzigen großen Feuer nationaler und sozialistischer Verzweiflung« — jetzt bekannte er offen, er begrüße den Zusammenbruch[45], und unternahm alles, die Feuer der Verzweiflung zu schüren. »Vulkanische Leidenschaften entfesseln, Zornesausbrüche wecken, Menschenmassen in Marsch setzen, Haß und Verzweiflung organisieren mit eiskalter Berechnung« — so hat er gelegentlich die selbstgestellte Aufgabe formuliert[46], und in der Tat: Er hat all das zu erzeugen vermocht. Mit diabolischem Spürsinn verfiel er auf immer neue Kunstgriffe, trieb er seine Zuhörer in Ekstasen, ließ sie aufstehen, Lieder singen, Hände heben, Eide nachsprechen, und das alles nicht aus der leidenschaftlichen Eingebung des Augenblicks, sondern als nüchtern am Schreibtisch errechnetes psychologisches Kalkül. Hatte er die gewünschten Reaktionen herbeigeführt, dann stand er, klein, aber hochaufgerichtet, die eine Hand zumeist in die Hüfte gestemmt, über dem Taumel und maß kühl die Wirkungen seiner Regie: wahrlich, der »kleine Doktor« mit dem quälenden Gefühl körperlicher Unzulänglichkeit war imstande, sich die Massen gefügig zu machen und zu jedem Zweck zu präparieren, er konnte, wie er stolz versicherte, auf der Volkspsyche »spielen wie auf einem Klavier«[47]. Aus Horst Wessel, dem zumindest teilweise aus Eifersuchtsmotiven, im Streit um eine Dirne, von einem Rivalen erschossenen SA-Führer, schuf er den Märtyrer der Bewegung; nach einer Saalschlacht in den Pharussälen im Berliner Norden ließ er den heroischen Typus des »Unbekannten SA-Mannes« erstehen; machte die von der gegnerischen Agitation verwendete Bezeichnung »Oberbandit von Berlin« mit ganovenhaftem Stolz zu seinem Ehrentitel, erfand Schlagworte, Hymnen, Mythen und schlug aus jeder Niederlage noch Kapital — unermüdlich, zähe, verbissen: Propaganda hat mit Wahrheit gar nichts zu tun! Ihr Erfolg beruhte vielmehr, wie er herausfordernd eingestand, auf dem Appell an die »primitivsten Masseninstinkte«[48]. Die der aufrichtigen propagandistischen Routine der demokratischen Parteien abgerungenen Wahlerfolge der NSDAP waren zweifellos in entscheidendem Maße sein Verdienst. Er hat sich unmittelbar nach dem 30. Januar 1933 damit gebrüstet, »seine Propaganda habe nicht nur direkt gewirkt, indem Millionen von Anhängern geworben worden seien; ebenso bedeutungsvoll sei es gewesen, daß sie die Gegner gelähmt habe. Viele wären durch seine unaufhörlichen Angriffe so müde, so furchtsam, so innerlich verzweifelt geworden, daß sie schließlich Hitlers Kanzlerschaft als unabwendbares Schicksal hingenommen hätten.«[49] Seine Verdienste fanden ihre Anerkennung, als Hitler Mitte März 1933, unter offenem Bruch der Koalitionsabsprache, Goebbels das lange geplante Ministerium für Volksaufklärung und Propaganda übertrug. Ungezwungen erklärte Goebbels bei der Amtsübernahme, »die Regierung verfolge ... die Absicht, das Volk nicht mehr sich selbst zu überlassen«. Aufgabe des neuen Ministeriums sei es, »eine politische Gleichschaltung zwischen Volk und Regierung zu erreichen«[50].

Diese Gleichschaltung hat er, geschickt auf dem Wellenkamm einer aus zahllosen Mißverständnissen und Blindheiten gebildeten Zustimmung reitend, innerhalb verblüffend kurzer Zeit bewerkstelligt und durch alle Phasen der Geschichte des Regimes bis hin ans Ende im wesentlichen behauptet. Gewiß hatte daran die terroristische Drohung im Hintergrund ihren wirksamen Anteil, wie denn überhaupt in der Kombination von Propaganda und Terror das konstituierende Element totalitärer Staatsführung liegt: beide zusammen erst ermöglichen jene durchgängige psychologische und gesellschaftliche Organisierung des Menschen, die den individuellen Freiheitsraum bis zur Bewegungsunfähigkeit verengt, so daß der Mensch total einsetzbar wird; aber man soll das Maß des Zwanges doch nicht überschätzen, und selbst ein so kritischer Beobachter wie der amerikanische Journalist William L. Shirer, der doch zudem der terroristischen Einschüchterung nicht unterworfen war, hat bekannt, daß er »bis zu einem gewissen Grad unter dem Einfluß« dieser Propaganda stand und sich »oft irreführen ließ«[51].

An der Rolle, die Goebbels im weiteren Verlauf des Dritten Reiches spielte, seiner nach verheißungsvollem Beginn zunächst stetig fallenden Bedeutungskurve, die erst gegen Ende des Krieges wieder einen jähen und bezeichnenden Aufschwung nahm, wird deutlich, in welchem Maße er — und mit ihm der Nationalsozialismus — seinen Weg zur Macht mit der Mobilisierung bloßer Proteststimmungen und Antigefühle bestritten hatte, ja in welchem Maße der totalitäre Propagandist überhaupt des Gegners bedarf. Zwar blieb diese Problematik verdeckt, solange der Aufbau eines lückenlosen Propaganda- und Überwachungsapparats die Energien des jungen Ministers band und die Bekämpfung innenpolitischer Widerstände noch das erforderliche Material zur psychologischen Ausrichtung verfügbar machte. Dann aber kam sie verstärkt zum Vorschein, zumal auch die Ausflucht in die Schaffung außenpolitisch orientierter Feindbegriffe dem um Anerkennung besorgten Regime lange versperrt war.

Infolgedessen sah sich Goebbels, kaum spürbar zunächst, in den Hintergrund gedrängt. Auch seine publizistischen Arbeiten aus dieser Zeit blieben seltsam matt und nichtssagend, und er selbst mag dies erkannt haben, da er sie, im Gegensatz zu seinen Beiträgen aus der Kampfzeit und später aus den Jahren des Krieges, nicht in gesammelter Form veröffentlicht hat. Auf die Ursache seiner Einflußminderung deutend, äußerte er denn auch einmal, er blicke oft sehnsüchtig auf die Jahre vor der Machtergreifung zurück, wo man etwas anzugreifen hatte.[52] Erst als die innen- und außenpolitische Konsolidierung so weit abgeschlossen war, daß die immerhin noch geübten Rücksichten fallengelassen werden konnten, fand Goebbels im zusehends hemmungsloser betriebenen staatlichen Antisemitismus jene neuen Möglichkeiten, auf die er sich mit dem Eifer eines durch ständige Machteinbußen beunruhigten Ehrgeizlings warf. So wurde er, der sich in früheren Jahren oft genug über den primitiven Antisemitismus völkischer Politiker mokiert hatte, zu einem der hartnäckigsten Judenverfolger. Gewiß haben dabei auch persönliche Antriebe eine Rolle gespielt, und möglicherweise war sein Judenhaß die nach außen gewendete Form seines Selbsthasses. Wer so wenig wie er, den seine Mitschüler zeitweise den »Rabbiner« genannt haben sollen[53], dem elitären Idealbild des Nationalsozialismus entsprach, mochte in den Machtkämpfen am Hofe Hitlers seine Gründe haben, einen gesteigerten Antisemitismus für verminderte Typleistung anzubieten, ideologische Linientreue für die typologische Abweichung. Schließlich mag mitgespielt haben, daß er kurz vor Beginn der großen antisemitischen Welle des Jahres 1938 das eigene Prestige und das des Regimes durch eine leidenschaftliche Liebesaffäre aufs Spiel gesetzt hatte und von dem Drang nach Rehabilitierung besessen war. Was immer aber die wirklichen Beweggründe waren – ziemlich sicher ist, daß Goebbels selbst die Rassentheorie nicht ernst nahm, und einer seiner Mitarbeiter hat denn auch berichtet, er habe sie innerhalb des Ministeriums während seiner zwölfjährigen Amtszeit in keinem Falle »auch nur erwähnt«[54]. Die von überwiegend opportunistischen oder machttaktischen Erwägungen bestimmte Motivstruktur seines Antisemitismus wird auch daran erkennbar, daß schon seine Maßnahmen zur Reinigung der deutschen Kultur von fremdrassischen Einflüssen überwiegend die Repräsentanten eines Geistes trafen, der seinen eigenen Neigungen weit eher entsprach als die bedrückenden, nun aber auch von ihm selbst propagierten Zeugnisse nationalsozialistisch geprägter Kunstübung. Letzthin deutet denn auch alles darauf, daß sich im goebbelsschen Antisemitismus, jenseits der individuellen Beweggründe, die aller totalitären Propaganda eigene Dialektik bekundete, die des barbarisch übersteigerten Feindbildes bedarf, da es die aggressiven Affekte innerhalb einer Gesellschaft im gleichen Maße bindet, wie es die überhitzte Idealisierung der eigenen Führergestalten mit den latenten positiven Energien unternimmt. Erst damit konnte die Propaganda jene Heftigkeit zurückgewinnen, die ihr einst so nachhaltige Erfolge verschafft hatte, wenngleich der dämonisierten Gestalt des Juden, wie Goebbels sie in immer kurzatmiger werdender Bemühung vorführte, ein offenkundiger Rest gewollter Stilisierung anhaftete; alle Beschwörungen des Universalfeindes, der als Drahtzieher von Moskau bis Wallstreet am Werke gesehen wurde, zerbrachen an dem Bilde der verängstigten und gehetzten Menschen mit dem gelben Stern, die eine Zeitlang durch die Straßen der deutschen Städte irrten, ehe sie rasch und für immer daraus verschwanden.

Wie sehr Goebbels in seinen propagandistischen Praktiken dem Freund-Feind-Schema verpflichtet war, dokumentierte darüber hinaus auch eine von ihm stolz vermerkte Äußerung Hitlers aus dem Jahre 1943, daß er »einer der wenigen sei, die heute mit dem Kriege etwas Richtiges anzufangen wüßten«. Bedeutsam an dieser ersten lobenden Bemerkung Hitlers nach langer Zeit ist vor allem die Tatsache, daß sie mit der Wende des Krieges zusammenfiel; denn bis dahin hatte Goebbels das einst verlorene Terrain trotz aller Bemühungen nicht zurückgewonnen, und noch gegen Ende des Jahres 1939 konnte der Rivale Rosenberg beglückt eine Äußerung Hitlers notieren, man müsse sehen, daß der Propagandaminister sich für die Dauer des Krieges möglichst im Hintergrund halte.[55] Mit den ersten Krisen und Rückschlägen dagegen, als der propagandistisch ohnehin unergiebige Tonfall der Siegeszuversicht einer wachsenden Erbitterung und die Geringschätzung des Gegners dem Haß weichen konnte, gelang Goebbels der sich seit längerem anbahnende Durchbruch zu seiner einstigen Geltung. Die alte frivole Gewandtheit, seine rabulistische Verwirrkunst kamen ihm zurück, und mit den Feinden stellte sich auch jenes große rhetorische Pathos wieder ein, das ihm einst den Ruf des besten Redners der Partei, noch vor Hitler, eingetragen hatte.[56]

Davon zeugten nicht nur seine Artikel in der Zeitschrift ›Das Reich‹, die nach dem Grundsatz des jeweils *einen* überraschenden Zugeständnisses an die Wahrheit geschrieben waren, sondern auch der Erfindungsreichtum, mit dem er die Zermürbung des Gegners durch Rundfunksendungen über die Fronten hinweg, durch Mobilisierung der Angst vor der sagenhaften Fünften Kolonne und andere Mittel betrieb. Er prägte neue Begriffe, wie »Coventrierung«, oder später, nach der Peripetie des Krieges, die Formel vom »Vorteil der inneren Linie«, usurpierte raschentschlossen das berühmte V-Zeichen des Gegners als Symbol eigener Siegeszuversicht, popularisierte erwünschte Verhaltensweisen durch eingängige Typen wie den »Kohlenklau« oder jenen drohenden schwarzen Schattenmann, der von allen Häuserwänden die Warnung verbreitete, daß der Feind mithöre, und erfand schließlich, angesichts der immer hoffnungsloser werdenden Kriegslage, die »Wunderwaffe«. Die erstaunliche Wirkung seiner Einfälle bestätigte einmal mehr die Behauptung Hitlers, »daß durch kluge und dauernde Anwendung von Propaganda einem Volke selbst der Himmel als Hölle vorgemacht werden kann, und umgekehrt das elendste Leben als Paradies«[57]. Für sein ausschließlich in propagandistischen Kategorien fixiertes Denken waren es, wie einer seiner Mitarbeiter bestätigte, »beinahe Glückstage«, wenn im Verlauf des Bombenkrieges berühmte Bauwerke zerstört wurden; denn immer dann konnte er seinen Appellen jene großen ekstatischen Töne des Hasses geben, die als Elemente der Fanatisierung die müde werdenden Massen zu neuen Anstrengungen in Bewegung setzten. Stundenlang rang er nach der Katastrophe von Stalingrad mit Hitler um die Erlaubnis zur Veranstaltung eines spektakulösen Requiems, das er schließlich mit düsterer Riesenpracht inszenierte. Einen seiner größten Triumphe als Redner feierte er, als er kurz darauf im Sportpalast einer geladenen Versammlung, die er kurzerhand zur Repräsentanz der Nation erhob, seine berühmten zehn Suggestivfragen stellte und »in einem Tohuwabohu von rasender Stimmung«, wie er selbst im Anschluß daran schrieb, die Zustimmung zum totalen Krieg einholte. Jeder Satz, jede Wirkung, jede Steigerungsmöglichkeit dieser Rede bis hin zu der elektrisierenden Schlußwendung »Nun, Volk, steh auf, und Sturm, brich los!« waren tagelang sorgfältig kalkuliert worden, und schon vor der Abfahrt zu dieser Veranstaltung hatte er, seiner Berechnungen gewiß, versichert: »Heute gibt es eine Demonstration, dagegen wird sich die vom 30. Januar wie eine Versammlung der Wirtschaftspartei ausnehmen.«[58] Er selbst allerdings hielt sich von aller Ergriffenheit frei und sah darauf, lediglich Veranstalter, nie dagegen Opfer propagandistischer Effekte zu sein. Auch wenn ihm dies wohl nicht durchweg gelungen ist, so daß er sich mitunter in den Fängen seiner eigenen Demagogie wiederfand, bezeichnet es doch das Prinzip seiner Haltung. Während er später, angesichts der näherrückenden Front, unter Aufbietung aller Mittel die Schrecken »asiatischer Horden« beschwor, nannte er die antisowjetische Propaganda zugleich zynisch »das beste Pferd im Stall« und spielte mit dem Gedanken einer einseitigen Verständigung mit dem Osten[59]: ein Macchiavellist der letzten Konsequenz, der die Macht in eben dem Maße begehrte, in welchem er ihre Objekte verachtete.

Tatsächlich wird seine Erscheinung nur erklärbar auf dem Grunde einer tiefeingewurzelten Menschenverachtung. In seinen privaten Aufzeichnungen taucht immer wieder die demaskierende Wendung »Canaille Mensch« auf[60], die offenbare Lieblingsformel seiner gedemütigten Natur. Gegner, Freunde, Anhänger und schließlich das ganze Volk bedeuteten ihm nie mehr als Rohmaterial zur Veranstaltung wirksamer Effekte sowie zur Gewinnung jenes Maßes an Selbsterhöhung und Macht, dessen er bedurfte. Die Haßtiraden und die feierlichen Strahlendome, der Antisemitismus, der Führerkult und die Triumphe im Sportpalast – es kam alles von ihm und war doch in Absicht und Durchführung nichts anderes als zynisch eingestandene »Mache«. Er konnte Millionen aus dem Herzen sprechen, ohne daß es je aus dem seinen kam, er manipulierte die Seelen und die Ideen und sich selbst, es war alles eines. Als der kälteste und skrupelloseste Rechner innerhalb der engeren Führungsspitze war er gänzlich frei von jener »Last des Gewissens«, die einem ganzen Volke abzunehmen Hitler als seinen historischen Auftrag formuliert hatte.[61] Was ihn zeitlebens trieb, war der Haß des Schwächlichen, des Verkrüppelten und Deformierten, der Befriedigung nur fand, wenn er die Gesunden, die Nichtverkrüppelten »mit eiskalter Berechnung« durch alle Stadien der Täuschung, des Taumels, der Erschöpfung jagen konnte. Unaufhörlich schien er der Welt beweisen zu wollen, daß die intelligente Mißgestalt dem kerngesunden Stumpfsinn überlegen sei. In dem Bericht über eine politische Aussprache vermerkte er gelegentlich eitel: »Ich dominierte.« Nach diesem Bewußtsein hat er zeitlebens verlangt. Und wenn seine körperliche Schwäche die Quelle so vieler Leiden und Spannungen war, so war sie doch sicherlich auch eine der entscheidenden Bedingungen seines Aufstiegs. Er hat sich einmal amüsiert der Äußerung seines alten Klassenlehrers erinnert, der ihm nach der Schulentlassungsansprache versichert hatte, er sei zwar talentiert, doch zum Redner nicht geboren[62] – und damit doch nur die Erfahrung bestätigte, daß ein Mangel nicht nur die Ursache großen Versagens, sondern auch großer Leistungen sein kann.

Wie er selbst andere nur benutzte, so ließ auch er sich bis zum Ende ohne Widerspruch, ohne einen Gedanken an Auflehnung benutzen, zumal er in der Schlußphase des Krieges nicht nur Macht und Prestige zurückgewinnen und gar noch erhöhen, sondern auch die einstige persönliche Vertrauensstellung bei Hitler weitgehend wiedererringen konnte, so daß kein Gefühl der Zurücksetzung ihn zu einer eigenen Linie inspirierte. Zwar zeigte er gewisse Selbständigkeitsbestrebungen, seit er erkannt hatte, daß Hitler die intuitive Sicherheit früherer Jahre zu verlieren begann; doch bewahrte die Bindung ihre Kraft, und bis zuletzt pries er »die Tiefe des Glücks, sein Zeitgenosse sein zu dürfen«[63]. Noch aus den Ruinen der zertrümmerten Reichskanzlei heraus beschwor er irrwitzig und wider besseres Wissen den Mythos, den er einst geschaffen hatte, als ihm deutlich geworden war, daß man »mit dem Mann . . . die Welt erobern« könne.[64] Der Versuch war gescheitert. Doch getreu seinem Grundsatz, daß der Propagandist sich nie widersprechen dürfe, nannte er Hitler noch zu einem Zeitpunkt, als die russischen Panzer schon in den Außenbezirken Berlins standen, den einzigen Mann, der die Richtung in ein neues aufblühendes Europa zu weisen vermöge.[65] Wenn das deutsche Volk über Adolf Hitler nie jenes befürchtete »Kreuziget ihn!« rief, war das in hohem Maße ihm zuzuschreiben. Er selbst aber stand, als alles schon sichtbar zu Ende war, einsam zwischen rauchenden Schuttbergen und rief, wie er es einst vorausgesagt hatte, sein »Hosianna!«: das paradoxe Bild eines Opportunisten, der sich zum Schluß als der treueste Gefolgsmann erwies. Aber was wie Treue schien, war lediglich die Einsicht in den Mangel an eigener Substanz, der ihn trotz aller Begabung zeitlebens in die Rolle des Substituten zwang. Er hörte sich gern den Talleyrand der Bewegung nennen, doch war er das sicher nicht. »Ich habe nie eigene Politik gemacht«[66], hat er wiederholt versichert. Fürwahr!

So nahm er auch das Ende Hitlers ohne Zögern als das eigene hin. Anders als die schimpflich geflohenen Mitkämpfer von einst, als Ley, Ribbentrop oder Streicher, aber auch ohne die illusionäre Naivität Görings oder Himmlers, täuschte er sich nicht darüber, wie sehr sie die Welt herausgefordert hatten. »Was uns betrifft«, so hatte er im »Reich« vom 14. November 1943 geschrieben, »so haben wir die Brücken hinter uns abgebrochen. Wir können nicht mehr, aber wir wollen auch nicht mehr zurück. Wir sind zum Letzten gezwungen und darum zum Letzten entschlossen«; und etwas später dann: »Wir werden als die größten Staatsmänner aller Zeiten in die Geschichte eingehen, oder als ihre größten Verbrecher.« Er war nüchtern genug, sich über den endgültigen Urteilsspruch Rechenschaft zu geben. Aus diesem Grunde bestürmte er denn auch den wie immer vor wichtigen Entscheidungen zurückweichenden Hitler, in der Reichskanzlei das Ende zu erwarten und dem kunstvoll verfertigten Mythos die krönende Apotheose hinzuzufügen. Seine letzte Sorge, der er sich mit wacher und zäher Entschlossenheit widmete, war es, auch den Untergang noch mit geübter Hand zu einem Schauspiel von atemberaubender Größe zu machen. Die Bemerkungen in seinem Abschiedsgespräch mit Hans Fritzsche, in denen er, dem Beispiel Hitlers folgend, den Untergang auf das Versagen des deutschen Volkes zurückführte, aber auch die Steigerungen, die er dem Vernichtungsgeschehen noch zu geben versuchte, waren wie ein abschließendes Siegel seiner Menschenverachtung. »Wenn wir abtreten, dann soll der Erdkreis erzittern!« waren die letzten Worte, mit denen er am 21. April 1945 seine Mitarbeiter entließ.[67] Was er mehr als alles andere zu fürchten schien, war ein Tod ohne Effekte, bis ans Ende war und blieb er der erste Propagandist seiner selbst, der er immer gewesen war. Was er je dachte oder unternahm, war immer nur in diesem einen quälenden Wunsch nach Selbsterhöhung begründet, und diesem gleichen Ziel diente nun auch noch der am Abend des 1. Mai 1945 begangene Mord an seinen Kindern, den letzten Opfern seiner über den Tod hinausweisenden Geltungssucht. Indes, auch diese Tat wertete ihn nicht zur tragisch umwitterten Figur auf, wie er es erhofft hatte; sie gab dem Ende lediglich eine abstoßende Pointe. Wenige Stunden später starb er zusammen mit seiner Frau in den Gärten der Reichskanzlei.

»Das Wesen der Propaganda besteht darin«, so hat er einmal bemerkt, »Menschen für eine Idee zu gewinnen, so innerlich, so lebendig, daß sie am Ende ihr verfallen und nicht mehr davon loskommen.«[68] Mißt man seine Leistung an dieser Formulierung, so ist er zweifellos gescheitert; denn die Idee des Nationalsozialismus ist vergessen oder doch nur noch Erinnerung. Indes enthüllt sich diese propagandistische Maxime bei näherem Zusehen selbst als Propaganda; in Wirklichkeit nämlich rechnet totalitäre Propaganda nicht mit dauerhaften Beeinflussungen. Die jähe Beliebigkeit, mit der sie Parolen und »granitene Grundsätze« wechselt, Verdammungsurteile oder Treueschwüre fordert, den Todfeind von gestern als treuen Verbündeten von heute feiert, den Freund als Verräter brandmarkt, ihre Geschichte widerruft, einstampft, umschreibt und zu jeder ihrer sprunghaften Manipulationen die Glaubensbeteuerungen der Menschen einholt, ehe in erneutem Wechsel die voraufgegangene Wahrheit samt den voraufgegangenen Eidesleistungen annulliert werden — dies alles zeugt von ihrem eigenen Wissen um die Nichtigkeit ihrer Bemühungen. Es ist kaum zweifelhaft, daß Goebbels sich dessen gelegentlich bewußt wurde, und es klingt wie eine vorweggenommene Antwort, wenn er, frühzeitig schon, versicherte: »Aber unsere Namen einkratzen in die Geschichte, das werden wir.«[69] Gewiß ist ihm dies gelungen. Vermutlich war es ihm gleichgültig, ob er als Verbrecher oder als Staatsmann darin figurierte. Aber wie dürftig ist dieser Ruhm, bedenkt man, was er kostete.

REINHARD HEYDRICH

Der Nachfolger

»Wir alle leiden am Siechtum des gemischten, verdorbenen Blutes. Wie können wir uns reinigen und sühnen? . . . Das ewige Leben, das der Gral verleiht, gilt nur den wirklich Reinen, Adligen!«
Adolf Hitler

In Reinhard Heydrich schien der Nationalsozialismus sich selbst zu begegnen. Was hinter dem irrationalistischen, für die Massen und ihre Glaubensbedürfnisse berechneten »Vordergrundzauber« greifbar wurde: die Rationalität seines Unterwerfungswillens, die perfektionistische, von humanitären Einschränkungen freie Sachlichkeit seines Herrschaftsstrebens, wie sie die Überlegungen des engsten Führungskreises bestimmte, schien in ihm, dem eigentlichen Architekten und Gehirn der Zukunftsvorstellung vom SS-Staat, rein verkörpert. Er war ein Mensch wie ein Peitschenknall, in seiner luziferischen Gefühlskälte, seiner Amoralität und der unstillbaren Machtgier nur den großen verbrecherischen Renaissancenaturen vergleichbar, mit denen er das Bewußtsein von der Allmacht des Menschen teilte, nur ins Technizistische, Methodische gewendet als die Überzeugung, daß durch Konstruktion und überlegene Organisation alles möglich und zu verwirklichen sei: Herrschaftsgebilde, Reiche, Rasseneuschöpfungen, blutmäßige Flurbereinigungen in weitgesteckten Räumen, und damit und zuletzt immer nur dies eine – Macht. In seiner Gedenkrede hat Hitler ihn den »Mann mit dem eisernen Herzen« genannt, und aus der Umgebung Himmlers stammt die Versicherung, er habe neben der romantisch-bornierten Gestalt des Reichsführers-SS »wie geschliffener Stahl« gewirkt.[1] In seiner von Ideologien wie Emotionen gleichermaßen unbeschwerten Haltung, die Gefühle, Überzeugungen, Menschen und ganze Völker stets nur als Mittel und Instrument zu bewerten und einzusetzen gewohnt war, schien er tatsächlich der Phänotyp nicht nur des nationalsozialistischen, sondern des modernen Totalitarismus überhaupt; und wenn er, noch ehe er ganz zum Zuge gekommen war, der Welt ein Vermächtnis hinterlassen hat, so war es die Angst, die er, in einem umfassenderen Sinne als je zuvor, den Menschen wieder vor dem Menschen lehrte. Die herkömmliche Vorstellung des Bösen, die mit den Kategorien der Besessenheit, der unkontrollierten Gefühlsentladungen sowie einer dunklen Instinktgebundenheit verknüpft ist, versagt angesichts der rational durchsichtigen Nüchternheit dieses Typus ebenso wie der Begriff des Dämonischen, der dem unbewegt sachlichen Machtverständnis dieser total säkularisierten Erscheinung einen unzutreffenden metaphysischen Akzent verschaffte. Indes ist das Bild Heydrichs nicht frei von Trübungen, auf seinem Grunde finden sich die Muster individueller Komplikationen, und wenn er, wie kaum einer neben ihm, über alle Tugenden des Nationalsozialismus zu gebieten schien, so lastete auf ihm auch, schwerer als auf anderen, dessen Lebenslüge.

In seinem Zentrum, als Kernstück eines überlegenen Herrschaftswissens und zugleich als »Staatsphilosophie« des Dritten Reiches[2], barg der Nationalsozialismus die Idee der Rasse. Was immer in Ideologie und Praxis zeitweilig in den Vordergrund zu rücken schien, alle nationalen, sozialistischen, restaurativen oder wie immer gearteten Motive, verstellte nur mehr oder minder stark den Blick auf die allesbeherrschende Rassendoktrin, und mit Recht hat man darauf hingewiesen, daß die »Lehre vom Rassenfeind ... so wesensnotwendig zum Nationalsozialismus (gehöre) wie die Lehre vom Klassenfeind zum Bolschewismus«[3]. Sie rezipierte alte Stimmungen und Vorurteile, die im 19. Jahrhundert ihren pseudowissenschaftlichen Aufputz erfahren hatten und jetzt erst, in der Verbindung mit nationalistischen, sozialen und ökonomischen Ressentiments, zu einem politischen Kampfprogramm von außerordentlich brisanter Wirkung wurden. Gewiß hatte auch die mythologisch legitimierte Erhöhung der eigenen Rasse vor dem Hintergrund der sogenannten Nieder- und Gegenrassen ihre taktische Seite zur Steigerung des Selbstbewußtseins sowie zur Mobilisierung und Ausrichtung des Gewaltwillens der Massen. Schon die wissenschaftlich ungreifbare Substanz des Begriffs »Rasse« machte ihn herrschaftstechnisch überaus praktikabel, und seine sachliche Präzisierung wurde denn auch offenbar bewußt nie in Angriff genommen, er behielt seine undefinierte Struktur, die ihn erst vollgültig als terroristisches Prinzip etablierte: als das beliebig anwendbare Mittel gegen wechselnde, vom Gutdünken der Machthaber abhängige Gruppen, wie es dann, angefangen von den Sterilisierungs- und Euthanasieprogrammen bis hin zur »Endlösung« der Judenfrage, mit stetig wachsender Radikalität praktiziert wurde.

Dennoch aber enthielt die Rassentheorie auch ein utopisches Element, das sich mit der Kraft und Ausschließlichkeit einer fixen Idee in die Vorstellungswelt Hitlers und seiner engeren Gefolgschaft einfraß; in ihm wirkten vor allem die Ideen und Entwürfe der sozialdarwinistischen Schule des 19. Jahrhunderts fort, deren Auffassung vom Menschen als biologischem Material sich mit den eigenen gesellschaftsplanerischen Antrieben verband.[4] Der Überzeugung vom fortschreitenden Rassenverfall, von der »Herabzeugung« des Menschen angesichts einer liberalistisch geprägten, blutschänderischen Promiskuität, stand der Katalog der »positiven« Heilmittel gegenüber: Rassenhygiene, Zuchtwahl der Ehepartner, Menschenzüchtung mit den Mitteln der Auslese einerseits und der sogenannten Ausmerze andererseits. Die leitende Vorstellung von der »rassengebundenen Seele«, die alle kulturellschöpferischen Leistungen vom äußeren Erscheinungsbild abhängig machte und zugleich die Fähigkeit und damit das Recht zur Gründung von Staaten und Reichen an biologische Voraussetzungen knüpfte, gab dem Rassismus nationalsozialistischer Prägung die imperialistische Wendung und dem Sendungsbewußtsein jenen hybriden Zug, der in riesigen Räumen und mit ganzen Völkerschaften rechnete. Nachdem Hitler im engeren Kreis schon frühzeitig von der Notwendigkeit gesprochen hatte, eine »Technik der Entvölkerung« zu entwickeln[5], postulierte er in seiner Rede vor dem Reichstag vom 6. Oktober 1939 ziemlich unverhüllt den Anspruch auf die völkische und rassische Neuordnung der Verhältnisse in Osteuropa.[6] Dahinter stand die Vision eines »blutmäßig geschlossenen Raumkernes«, der von einem Menschentyp bewohnt und an den vorgelagerten Grenzen verteidigt werden sollte, dessen Erscheinung der Rassentheoretiker Hans F. K. Günther als »blond, hochgewachsen, langschädelig« beschrieben hatte, »schmalgesichtig, mit ausgesprochenem Kinn, schmaler Nase mit hoher Nasenwurzel, weichem hellem Haar, zurückliegenden hellen Augen, rosigweißer Hautfarbe«[7]. Die machttechnische Bedingtheit dieses rassischen Leitbildes schlug allerdings immer wieder, vor allem angesichts der äußeren Erscheinung der meisten führenden Nationalsozialisten, so deutlich durch, daß man seinen verpflichtenden Charakter gewiß nicht überschätzen wird. Doch hat es nicht an Versuchen gefehlt, die Führerschaft des Dritten Reiches für diese Rassevorstellung zu retten; sie haben mitunter eine eigene Komik des Dreisten, so wenn es gelegentlich heißt:

> »Hitler ist blond, hat rosige Haut und blaue Augen, ist also rein (arisch-) germanischer Natur, und alle anderen Verbreitungen über sein Aussehen und seine Persönlichkeit hat die schwarze und rote Presse in die Volksseele gesät, was ich hiermit richtiggestellt haben möchte.«[8]

Reinhard Heydrich schien die Ausnahme. In der Vereinigung von sachlichen Fähigkeiten und körperlichen Merkmalen mochte er wie die Bestätigung der Theorie von der rassegebundenen Seele wirken: die Vorwegnahme jenes Typus des neuen Menschen, wie er durch »Verdrängungskreuzungen«

aus dem getrübten biologischen Material des deutschen Volkes destilliert und auf besonderen Schulen herangezogen werden sollte, »des Menschen«, wie Hitler gelegentlich erklärte, »der Herr ist über Tod und Leben, Menschenfurcht und Aberglauben, der seinen Körper, seine Muskeln und Nerven ... zu beherrschen gelernt hat ... Der aber auch souverän ist gegenüber den Versuchungen des Geistes und einer angeblich freien Wissenschaft.«[9] Heydrich war großgewachsen, blond, sportlich und verband hohe Intelligenz mit jenem metallischen Zug im Wesen, der als Ausweis besonderer rassischer Begnadung galt. »Ein junger böser Todesgott«, wie Carl Jacob Burckhardt ihn nach einer Begegnung bezeichnete, wurde er unter seinen Gefolgsleuten bisweilen mit einer Mischung aus Schrecken und Bewunderung »die blonde Bestie« genannt, während »Das Schwarze Korps« von ihm schrieb: »Er war schon in seiner äußeren Erscheinung ein SS-Mann, wie er der Vorstellung des Volkes entspricht, ein Mann aus einem Guß.«[10]

Tatsächlich jedoch war Heydrich eine vielfach gebrochene Persönlichkeit. Hinter dieser drohenden Statur in ihrer scheinbar festgefügten, kompakten Unmenschlichkeit verbarg sich eine Existenz von nervös reizbarem Stoff, die ihre geheimen Ängste kannte und sich beständig von Spannungen, Bitterkeiten und Selbsthaßgefühlen heimgesucht sah. Lediglich jener Zynismus, der das Zeichen einer komplexen Schwäche und Verwundbarkeit ist, offenbarte, worüber seine federnde Jugendlichkeit hinwegtäuschte. Die Härte und Ungerührtheit, die ihn auszeichneten, waren weniger, wie das verbreitete Klischee seiner Erscheinung es will, im Hang zu sadistischer Grausamkeit begründet, sondern vielmehr die manierierte Gewissenlosigkeit eines Mannes, der seine Unbefangenheit dem Leben gegenüber eingebüßt hatte; denn Reinhard Tristan Eugen Heydrich war mit einem untilgbaren Makel behaftet und im Zustand der »Todsünde«, der ihn schwermütig machte: er hatte jüdische Vorfahren.

Zwar hatte er alle Beweisstücke zu beseitigen versucht. Er hatte aus Standesämtern und Kirchenbüchern, sobald er über die Möglichkeiten dazu gebot, sämtliche Unterlagen an sich gebracht, ohne freilich verhindern zu können, daß seine Gegner und Rivalen, für die solches Wissen in einem ganz realen Sinne Macht bedeutete, Belege für den rassisch getrübten Abstammungshintergrund besaßen. Zwar ist die gefürchtete Geheimkartei Martin Bormanns nach dem Kriege nicht aufgefunden worden, immerhin aber hat sich die gleichfalls von Bormann verwahrte Personalakte Heydrichs mit der Ahnenliste erhalten. Diese Liste reicht, auf der mütterlichen Linie, nicht über den ersten Grad hinaus und läßt Namen, Eltern und Herkunft der Großmutter unerwähnt. Eine in den Jahren 1932/33 auf Anregung des Gauleiters von Halle-Merseburg, Rudolf Jordan, durch Gregor Strasser in die Wege geleitete Untersuchung führte zu einem Gutachten durch die Auskunftsstelle bei der Parteileitung der NSDAP in München. Es beschränkte sich allerdings ausschließlich auf die väterliche Abstammungslinie, da Jordan den inkriminierenden Verdacht vor allem auf den Hinweis gestützt hatte, daß der Vater Bruno Richard Heydrich, der nicht nur ein außerordentlich begabter und vielseitiger Musiker, sondern auch der Gründer des Ersten Hallischen Konservatoriums für Musik, Theater und Lehrberuf war, in Riemanns Musiklexikon von 1916 als »Heydrich, Bruno, eigentlich Süß« verzeichnet stand. Das Gutachten kam zu dem Schluß, daß der Name »Süß« nicht belastend und der am 7. März 1904 geborene Sohn Bruno Heydrichs frei von jüdischem Bluteinschlag sei.[11]

Die Gerüchte verstummten indessen nicht, und bis in das Jahr 1940 mußte Heydrich wiederholt Prozesse wegen angeblicher rassischer Verleumdung führen, die er als Chef der Politischen Polizei zwar leichterhand gewann, doch das quälende Bewußtsein blutmäßiger Unzulänglichkeit war damit nicht ausgelöscht. Auch Hitler und Himmler war die Fragwürdigkeit des heydrichschen Ahnenpasses bekannt, und sie machten sie sich auf ihre Weise, mit jener bezeichnenden Mischung aus Opportunismus und erpresserischer Berechnung, zunutze. Die ersten Hinweise erhielten sie bereits, bald nachdem der beschäftigungslose Marineoffizier, der Ende 1930 wegen einer Affäre mit einem jungen Mädchen ehrengerichtlich den Abschied erhalten hatte, zur SS gestoßen war.[12] Während Himmler, in der bigotten Einfalt des Strenggläubigen, zunächst an einen Ausschluß Heydrichs zu denken schien, urteilte Hitler nach einer längeren persönlichen Unterredung, »dieser Heydrich sei ein hochbegabter, aber auch sehr gefährlicher Mann, dessen Gaben man der Bewegung erhalten müsse. Solche Leute könnte man jedoch nur arbeiten lassen, wenn man sie fest in der Hand behielte, und dazu eigne sich seine nichtarische Abstammung ausgezeichnet, er werde uns ewig dankbar sein, daß wir ihn behalten und nicht ausgestoßen hätten, und werde blindlings gehorchen. Das«, so fügte Himmler seiner Äußerung selbstbewußt hinzu, »war dann auch der Fall.«[13]

Jedoch sah Himmler dieses Verhältnis auf seine eher voreingenommene Weise, und wie alle seine nachträglichen Äußerungen über Heydrich ist auch diese von dem Versuch nicht frei, die jahrelangen Gefühle der Unterlegenheit und sogar Furcht vor dem eigenen Untergebenen aus der Erinnerung zu verwischen; denn fraglos war Heydrich zu kühl und kontrolliert für die emotionalen Akte der Hörigkeit und weder zu Blindheit noch zu Gehorsam geschaffen. Gleichwohl hat er zeitlebens dafür aufkommen müssen, daß ihn sein Ehrgeiz ausgerechnet auf den Weg eines elitären arischen Ordens verschlug. Zusehends verfing er sich in den Widersprüchen zwischen Herkunft und ideologischem Anspruch, und die destruktive Dynamik, die ihn erfüllte, wird ganz verständlich erst als ständig wiederholter Ausbruchsversuch aus den Nöten einer Existenz, die sich von ihrer am Ende unlösbaren Problematik immer wieder eingeholt sah. »Er litt unendlich«, hat Himmler von ihm gesagt, »(und) kam eigentlich nie zur Ruhe und Entspannung, immer zerrte es in ihm irgendwie von neuem. Ich habe mich oft mit ihm unterhalten und versucht, ihm zu helfen, sogar gegen meine Überzeugung ihm gegenüber die Möglichkeit der Überwindung des jüdischen Blutanteils durch das bessere germanische Blut zugegeben und ihn selbst als Beispiel dafür bezeichnet ... Im Augenblick war er mir für solche Hilfen zwar sehr dankbar und kam sich wie erlöst vor, aber genutzt hat es auf die Dauer nichts.«[14]

Die Wahrheit ist, daß Heydrich nicht zu helfen war. Zwar gibt es keinen Zweifel daran, daß auch er zur ideologischen Konzeption des Nationalsozialismus über jene opportunistische Beziehung verfügte, die in dergleichen Theorienwerk lediglich den willkommenen Dekor eines ambitionierten Machtegoismus erblickte und auf den gesinnungstüchtigen Eifer wie auf einen Begabungsmangel herabsah. Schon die Gründe innerer Selbstbehauptung zwangen ihn zu einem ideologischen Nihilismus, der sich auf nichts eingeschworen wußte, und wie er selbst bis zu seinem Eintritt in die SS »von Politik nichts verstand und«, dem späteren Zeugnis seiner Frau zufolge, »nie großes Interesse daran gezeigt hatte«, so legte er auch bei der Auswahl selbst seiner engsten Mitarbeiter weit weniger Wert auf weltanschauliche als auf persönliche Ergebenheit.[15] Aber den Einflüssen der ideologisch geprägten Wirklichkeit konnte er sich auf die Dauer doch nicht entziehen. Die Möglichkeit, mit Widersprüchen zu leben, blieb ihm in seiner selbstbezogenen analytischen Bewußtheit nicht minder versperrt als der Ausweg, die Tröstungen, nach denen er verlangte, in eiligen Redensarten zu finden, wie sie einem Robert Ley über die Fragwürdigkeit seines Ahnenpasses hinweghelfen mochten.

Aus solchen individuellen Zwangslagen entwickelte oder verfestigte Heydrich Eigenschaften, aus denen nur allzu deutlich das Bestreben sprach, Vergeltung am Leben zu üben. Die Kälte und Geringschätzung, mit denen er Menschen und Menschenleben betrachtete, mögen eine Ahnung davon vermitteln, wie er, in Stunden einsamer Selbstkonfrontierung, sich selbst behandelte. Lediglich der Alkohol und die mit forcierter Maßlosigkeit wahrgenommenen Vergnügungen des Nachtlebens, zu denen er wechselweise seine Untergebenen als Begleiter befahl, verschafften ihm jenes kurzatmige Vergessen, dessen er in der ständigen Zerreißprobe seiner Existenz bedurfte. Die Spanne der Gegensätze, die dieses Bild von jenem anderen trennt, das ihn als Familienoberhaupt, als besorgten Vater und passionierten Musikliebhaber zeigt, der seine freien Abende der Kammermusik vor allem Haydns und Mozarts widmete, war nicht, wie bei vielen Angehörigen gerade der SS, in der Fähigkeit begründet, mit dumpfem Gleichmut das Unvereinbare zu vereinen, sondern resultierte vielmehr aus dem Verlangen, das als unvereinbar Erkannte zu verdrängen. Einer seiner Mitarbeiter hat jene nahezu gespenstische und jedenfalls zutiefst bezeichnende Szene berichtet, da Heydrich nachts in seine hellerleuchtete Wohnung zurückkehrte und in einem großen Wandspiegel sich unversehens seinem Ebenbild gegenübersah. In einem Anfall kalter Wut habe er »die Pistole aus dem Halfter gerissen und zwei Schüsse auf diesen Doppelgänger abgegeben«, die immer und quälend präsente Verneinung seiner selbst, von der er sich zwar im Trunk und im zersplitternden Glas, doch nicht in der Wirklichkeit befreien konnte.[16] Er war ihr Gefangener, eingeschlossen lebte er in einer Welt, die von den selbstgeschaffenen Chimären eines feindseligen Mißtrauens bevölkert war, witterte hinter allem Verrat, Intrige oder die Schlingen verborgener Gegnerschaften und dachte nur in Abhängigkeitsverhältnissen — die eindrucksvollste Verkörperung jenes vulgärdarwinistischen Prinzips, in dem sich der nationalsozialistischen Ideologie die Welt entschlüsselte: daß Leben ausschließlich Kampf sei. Himmler hat von ihm gesagt, er sei »das verkörperte Mißtrauen« gewesen, »der ›Oberverdachtsschöpfer‹, wie man ihn nannte, den man nicht lange ertragen konnte«[17].

Vom Beginn seiner Laufbahn an, seit er den Machtwert der von Himmler begonnenen Personalkartei erkannt hatte, sammelte Heydrich Informationen, »von Dienstmädchen ebensosehr wie von Ministern«, überzeugt, daß nur die Kenntnis fremder Schwächen zuverlässige Bindungen schaffe. Unberührt von gefühlsbedingten Treuekomplexen, die er als Schwäche bewertete, hielt er sich sogar ein Dossier über Himmler und Hitler. In Berlin ließ er eigens zu diesem Zweck einen intimen Salon einrichten und durch doppelte Wände, Abhörgeräte und eine Fernübertragungsanlage sicherstellen, daß jedes Wort festgehalten und an eine Zentrale übermittelt wurde.[18] Es wirft ein aufschlußreiches Licht auf den Charakter der in ihm nagenden Vergeltungssucht, daß er nach übereinstimmender Bekundung besonders begierig die Abstammungsverhältnisse führender Persönlichkeiten erforschte und ebensosehr über Hitlers ungeklärte Herkunft wie über jüdische Spuren in der Verwandtschaft Himmlers orientiert war, aber auch über die goebbelsschen Privataffären, über Görings Ausschweifungen und Korruptionsneigungen oder die Korrespondenzpartner Rosenbergs.[19] Wie kein anderer seiner Partner und Konkurrenten verstand er sich auf die indirekten Mittel der Einflußeroberung, die fast unauffällig vorangetriebenen Machtverschiebungen, die erst im großen Augenblick des Rivalensturzes sichtbar wurden. Mit Ausnahme Bormanns, der sich dank seiner persönlichen Vertrauensstellung bei Hitler unangreifbar fühlen durfte, haben alle ihn gefürchtet, wie hoch sie innerhalb der protokollarischen Hierarchie auch über ihm stehen mochten, und mit einer Mischung aus Faszination und Ohnmacht seinen unaufhaltsam scheinenden Aufstieg wie ein näherrückendes Verhängnis beobachtet.

Tatsächlich war sein Ehrgeiz hochgespannt. Er, der jedwede zweite Position entweder als Stufe zum nächsthöheren Rang oder aber als Mißerfolg bewertete, zielte, dem Vernehmen nach, auf nichts Geringeres als die tatsächliche Führerschaft des Dritten Reiches, und höhere Funktionäre des Regimes haben ihm nach dem Kriege auch echte Erfolgschancen bei diesem Versuch eingeräumt.[20] Das mag, vor allem in manchen übermittelten Einzelheiten, immerhin übertrieben sein, bestätigt aber Richtung und Höhe seiner Aspirationen, die durchweg äußerst eigennützigen Charakter trugen. Anders als die Mehrheit seiner Führungspartner, die ihre Karriere auf Rücksichtslosigkeit, Mut und Glück bauten, war er keine in die Politik verschlagene Spielernatur, kein Hasardeur, sondern ein Rechner, und Macht war für ihn nicht das Ergebnis risikoreicher Einsätze, sondern eine plantechnische, mit rationalen Mitteln unbedingt lösbare Aufgabe. Wenn er ideologische Bindungen verschmähte, so gilt das auch im umfassenderen Sinne der Ablehnung aller Machtzwecke überhaupt; denn Macht bedeutete ihm ein Wert an sich, und das Bedürfnis nach Orientierung des Willens und des Handelns an Wertvorstellungen, die über die unmittelbar ins Auge gefaßten Ziele hinausgingen, war ihm fremd: auch darin repräsentierte er nahezu unverfälscht den Typus des modernen Machttechnikers, der Ideologien den Taktiken unterordnet. Er fühlte sich nicht als Diener einer Sache, nicht einmal als Diener einer übergreifenden Staatsidee, und seine ganze jakobinische Radikalität war nicht der Ausfluß einer schrankenlos interpretierten Staatsraison, sondern Merkmal einer machtgierigen Privatraison. Wenn der berühmte Brief Macchiavellis an Vettori aus dem Jahre 1517, in dem er das Vaterland über das eigene Seelenheil gestellt hatte, tatsächlich die Heraufkunft einer neuen Epoche angekündigt hat, so markierte eine Erscheinung wie diejenige Heydrichs einen neuen Einschnitt: Ihm galt das eigene Seelenheil weniger als die Exaltationen einer Macht, die nur noch sich selbst wollte.

Er war klug genug, seinen Ehrgeiz im Schatten eines anderen zu halten, und der Zufall bewies einen merkwürdigen Sinn, als er Heydrich mit dem umständlichen, engstirnigen Himmler zusammenführte, den die fatale Mischung aus Energie und Anlehnungsbedürfnis zum idealen Sachwalter fremder Zwecke schlechthin machte. An den Behauptungen, Himmler sei nur das Geschöpf Heydrichs gewesen, oder, wie Göring es formulierte: das »Gehirn hieß Heydrich«[21], ist wohl immerhin soviel richtig, daß die sinistren Züge im farblosen Spießerprofil Himmlers von Heydrich ausgeliehen waren. Was immer die Motive ihrer Verbindung waren, so ist doch kein Zweifel, daß jeder den anderen als Mittel seines persönlichen Machtstrebens betrachtete. Während der Führer der damals noch unbedeutenden, der SA unterstellten SS in dem hochbegabten, aber rassisch belasteten Gefolgsmann den Glücksfall eines Partners gefunden zu haben meinte, der ihm den Weg in den engsten Kreis der Machtbesitzenden ebnen könnte, ohne doch je zum Rivalen zu werden, figurierte er selbst in den Plänen Heydrichs vermutlich schon bald als bloßer Übergangswert.

Es war eine eigenartige Dioskurität, die sich da mit dem Beginn des Machtergreifungsprozesses von Bayern aus daranmachte, auf der innenpolitischen Szenerie die Schußlinien aufzubauen, vor die sie über kurz oder lang die Gegner ihrer persönlichen Ambitionen trieb: Himmler, der formal Vorgesetzte, aber voll der Bewunderung des deutschen Kleinbürgers für die ruchlose Glätte und den skrupellosen Schneid des anderen, verstiegen, geschwätzig, voll zielloser Inbrunst und so unsicher, daß er einem Beobachter zuweilen, nach den geschickt akzentuierten Sachvorträgen Heydrichs, »wie vergewaltigt vorkam« und sein voreilig gegebenes Einverständnis nicht selten in der Form von Führerbefehlen zurückzunehmen versuchte[22] – und Heydrich selbst, infolge seiner Abstammung auf demütigende Weise in der Hand Himmlers, aber jederzeit überlegen, dynamisch, immer konzentriert, unsentimental, zugleich gefährlich und doch nicht zu entbehren. Die abwegigen Lieblingsprojekte, denen Himmler sich mit überzeugungsvoller Verbissenheit widmete, stießen bei Heydrich auf nichts anderes als kritische oder sarkastische Reserve, und oft endeten die Auseinandersetzungen, wie die Frau Heydrichs später berichtet hat, mit dem erregten und bezeichnenden Ausbruch Himmlers: »Sie, Sie ... und Ihre Logik. Immer nur kommen Sie mit Ihrer Logik. Alles, was ich vorschlage, machen Sie mit Ihrer Logik herunter. Ich habe genug von Ihnen und Ihrer kalten rationalen Kritiksucht.«[23] Andererseits aber war es offenbar Heydrich, der Himmler noch vor dem Jahre 1933 auf die Möglichkeiten aufmerksam machte, die sich aus seiner Stellung als Reichsführer der Schutzstaffeln ergaben. Von ihm stammte der Plan, »aus der SS die Polizeimacht des Dritten Reiches zu entwickeln«[24]. Für sich selbst forderte er die Leitung des staatspolizeilichen Sicherungsdienstes.

Dahinter verbarg sich die ebenso einleuchtende wie zielstrebige Überlegung, daß in den modernen totalitären Herrschaftssystemen das Prinzip der Staatssicherheit keine Grenze kennt und folglich der Inhaber dieser Funktion zu annähernd unumschränkter Macht gelangen muß. Innerhalb eines Jahres eroberte er denn auch, immer im Verein mit Himmler, erst die Münchener Polizei, sodann die bayerische und nacheinander die Domänen der politischen Polizei aller deutschen Länder, zuletzt diejenige Preußens, deren Chef, Rudolf Diels, Geschicklichkeit und Protektion genug besessen hatte, um bis zum 20. April 1934 Widerstand zu leisten; dann mußten er und Göring nachgeben. Heydrich selbst wurde Leiter des Geheimen Staatspolizeiamtes (Gestapa) sowie des SD-Hauptamtes und erhielt 1936, als Himmler Chef der deutschen Polizei wurde, zusätzlich die Kontrolle über die Kriminalpolizei. Er war damals 32 Jahre alt und bereits einer der mächtigsten Männer des Landes. Aus den eroberten Kompetenzelementen organisierte er 1939 das Reichssicherheitshauptamt (RSHA) und stieß damit endgültig an die Spitze vor. Obwohl formal weiterhin Himmler unterstellt, begann er Amt und Tätigkeit zusehends zu verselbständigen. In einem Labyrinth zahlloser Referate entwickelte er ein Überwachungssystem, dessen argwöhnisches Riesenauge zunächst ganz Deutschland und später große Teile Europas erfaßte, dabei jedoch nicht nur den Umfang, sondern auch die Intensität seiner Wirksamkeit unablässig steigerte. Als einer der wenigen führenden Funktionäre des Dritten Reiches, dessen Aktionen nicht nur von einem instinktiven Machtwillen gesteuert, sondern rational kontrolliert und zu Ende gedacht waren, hatte er offenbar erkannt, daß die Aufgabe konsequent totalitärer Polizeiapparate nicht mit der Beseitigung aller gegnerischen Kräfte und Regungen endet, sondern zu diesem Zeitpunkt erst ihre spezifische Entfaltung beginnt. Während die negativen Sicherungsfunktionen der Anfangsperiode zurücktreten, wirkt die terroristische Allgegenwart der Geheimpolizei mehr und mehr auf die Etablierung der totalen Herrschaft selbst hin, deren Eigenart nicht in der Abwesenheit jeder Opposition, sondern in der »Verwirklichung der jeweiligen totalitären Fiktion« besteht: Sie zielt nicht darauf, den Zweifel zu ersticken, sondern den Glauben zu fördern oder doch die Öffentlichkeit unaufhörlich zu den akklamatorischen Akten eines vorgeblich spontanen Enthusiasmus anzutreiben.[25] Erst die Erkenntnis dieser Zusammenhänge, deren Durchsetzung im Rahmen des Dritten Reiches zwar nicht gelang, aber doch ansatzweise sichtbar wurde, offenbart die machttechnische Konzeption Heydrichs in ihren hochgesteckten Zielen.

Charakterliche Disposition und die eng damit verknüpften Gefühle der herkunftsbedingten Unsicherheit führten dazu, daß von den Funktionen, die Heydrich über das Reichssicherheitshauptamt an sich zog, seine besondere Neigung dem Nachrichtendienst galt. Schon in den voraufgegangenen Jahren hatte dieser Ehrgeiz verschiedentlich zu Spannungen mit dem Chef der Abwehr, Admiral Canaris, geführt, obwohl Heydrich seit der gemeinsamen Zeit bei der Marine zu seinem einstigen Vorgesetzten und Förderer engere persönliche Beziehungen besaß. Der gelegentlich unternommene Versuch, in einer zehn Punkte umfassenden Niederschrift die Kompetenzen gegeneinander abzugrenzen, schlug alsbald fehl, da die Abmachung für Heydrich nie mehr als ein taktisches Mittel bedeutete, das lediglich den Partner binden sollte. Im übrigen schien auch Canaris jenem verbreiteten, aus Furcht und Faszination gemischten Gefühlskomplex zu verfallen, der ihn gegenüber dem eiskalt operierenden Heydrich von vornherein in die Rolle des Unterlegenen verwies. Den unaufhaltsam voranschreitenden Prozeß seines Machtschwundes vermochte er erst zum Stillstand zu bringen, als es ihm offenbar gelang, fotokopierte Unterlagen über die jüdische Abstammung seines Gegenspielers an sich zu bringen und im Ausland sicherzustellen.[26]

Nachdem Heydrich bei der Beseitigung Röhms und der Entmachtung der SA seine verschlagene Gewandtheit in so hohem Maße bewiesen hatte, wurde er nahezu unentbehrlich, wo immer ein Skandal, ein unsauberes Geschäft, ein Gaunerstreich zu inszenieren war. Er hatte seine Hände in der Tuchatschewski-Affäre, die zur Liquidierung der militärischen Spitze der Sowjetunion führte[27], und in der Krise um Blomberg und Fritsch; seine Hintergrundaktivität half, den Anschluß Österreichs und die schrittweise Einverleibung der Tschechoslowakei vorzubereiten; er steckte in noch ungeklärter Weise hinter dem Attentat auf Hitler im Münchener Bürgerbräu, veranstaltete die sogenannte Kristallnacht, erdachte und dirigierte den Überfall auf den Sender Gleiwitz, der einen Vorwand zur Auslösung des Krieges gegen Polen schaffen sollte, und war schließlich auch der Initiator des Unternehmens Bernhard, das mit Hilfe gefälschter Banknoten die britische Währung zu unterhöhlen versuchte.[28] Wie unter einem Zwang, dachte er stets nur an die hinterhältigen Mittel, an Intrige, Korruption oder Erpressung, und hielt die verschlungensten Wege für die zielstrebigsten. Seiner zutiefst pessimistischen Lebensbefangenheit lag die Vorstellung zugrunde, daß die Menschen niedrig, feige und selbstsüchtig, aber auch leicht zu betrügen seien. Der begreifende Zugang zu uneigennützigen Verhaltensweisen schien ihm merkwürdig versperrt, und die Überzeugung von der totalen Ohnmacht des Moralischen, die ihm eingeprägt war, ließ ihn annehmen, daß die Kenntnis und Berechnung der unansehnlichen Seite des Menschen die einzig erfolgversprechende Beherrschungsmaxime sei. Aufrichtigkeit war ihm nicht nur fremd, sondern im Grunde unverständlich, und wie er keine Freunde hatte, so vermied er auch offene Gegnerschaften – nicht aus Furcht, sondern weil frontale Beziehungen seiner Natur widersprachen. Die eigentümliche Vorliebe für die Beseitigung mißliebiger Gegner durch Gift war nicht so sehr, wie es angesichts der Rationalität seiner Persönlichkeitsstruktur scheinen mag, eine auf romantischen Reminiszenzen beruhende Inkonsequenz als vielmehr Ausdruck dieses psychologischen Tatbestandes. Nicht minder bezeichnend dafür ist auch sein Plan zur Vernichtung der Kirchen: nämlich junge, unerschütterlich fanatische Nationalsozialisten getarnt in die Priesterseminare zu schicken, um dann von innen her das Zersetzungswerk zu beginnen.[29]

Er hat daher vermutlich auch den Auftrag zur sogenannten Endlösung der Judenfrage, der ihm am 24. Januar 1939 (und mit der Erweiterung für das »deutsche Einflußgebiet in Europa« noch einmal am 31. Juli 1941) erteilt wurde, mit eher zwiespältigen Gefühlen entgegengenommen. Verschiedene Anzeichen deuten immerhin darauf. Zwar war er vor keiner Aufgabe je zurückgeschreckt, und auch dieser widmete er sich augenblicklich mit dem Hang zu perfekten, großräumigen Lösungen und jener apokalyptischen Sachlichkeit, wie sie für das Organisationsdenken nationalsozialistischer Funktionäre kennzeichnend waren; aber List lag ihm mehr als Brutalität, und der ahnungslose Schritt eines Gegners in einen kunstvoll aufgebauten Hinterhalt verschaffte ihm eine Befriedigung, wie sie von keinem Akt zupackender Roheit ausging. Gisevius und Nebe haben berichtet, daß er sich bemühte, seine verbrecherische Aktivität zu verheimlichen, die Terminologie, mit der das Geschäft des Massenmordes bürokratisch-sachlich umschrieben wurde, stammte weitgehend von ihm, und Himmlers Bemerkung in seiner Gedenkrede über die Skrupel Heydrichs am organisierten Völkermord ist um so glaubwürdiger, als sie den Härtegrundsätzen der SS strikt widersprachen.[30]

Nach außen allerdings drang nichts davon, und mit einer Unbewegtheit, die keine inneren Konflikte ahnen ließ, machte Heydrich sich daran, die Juden in Europa zu erfassen, zusammenzutreiben und teils durch »natürliche Verminderung«, das heißt durch Hunger, Erschöpfung oder Krankheit, teils durch physische Vernichtung, sei es mit Hilfe der Einsatzgruppen, sei es durch die sogenannte Sonderbehandlung der Massenvergasung, in den Tod zu dirigieren. Er erdachte den Gesamtplan, der über die Ausrottung der jüdischen Rasse hinaus die weiten Gebiete des Ostens als »Experimentierfelder« rassischer Neu- und Höherzüchtung verfügbar machen sollte, er entwickelte die Methode, und bezeichnenderweise stammte auch das perfide Detail von ihm, so beispielsweise der Gedanke, die Endlösung auf subalterner Ebene von jüdischen Gemeinschaften selbst organisieren zu lassen.[31] Die Betrauung mit dieser Aufgabe war nicht ausschließlich in der Konsequenz seiner Position begründet; und wenn die außerordentliche Radikalität seines Vorgehens von dem Bemühen getragen war, durch rücksichtslose Bewährung den Makel der eigenen Abstammung auszulöschen, so lag eben dies auf der Linie der Überlegung, die Hitler und Himmler zur Wahl Heydrichs bestimmt hatte. Schon in seiner 1936 unter dem Titel »Wandlungen unseres Kampfes« veröffentlichten Schrift hatte er sich mit einem nahezu besessenen Nachdruck zur »geschichtlichen Aufgabe« der Bekämpfung und Niederringung vor allem des »jüdischen Weltfeindes« bekannt und gerade durch die schrille Tonlage das Selbstreinigungsmotiv deutlich gemacht, das die verzweifelte und sinnlose Grundanstrengung seines Lebens war. Zu Walter Schellenberg hat er gelegentlich entmutigt geäußert, es sei »reiner Wahnsinn, dieses jüdische Problem geschaffen zu haben«, während Himmler bemerkte:

»Er (Heydrich) hatte in sich den Juden rein intellektuell überwunden und war auf die andere Seite übergeschwenkt. Er war davon überzeugt, daß der jüdische Anteil an seinem Blut verdammenswert war, er haßte dieses Blut, das ihm so übel mitspielte. Der Führer konnte sich im Kampf gegen die Juden wirklich keinen besseren Mann aussuchen als gerade Heydrich. Dem Juden gegenüber kannte er keine Gnade ...
Im übrigen wird Sie interessieren, Heydrich war ein sehr guter Violinspieler. Er hat mir zu Ehren einmal eine Serenade vorgetragen, das war wirklich Format, nur schade, daß er sich auf diesem Gebiet nicht öfter betätigte.«[32]

Diese Äußerung, die zur psychologischen Struktur des Reichsführers-SS nicht weniger beiträgt als zu derjenigen seines Untergebenen, macht die Antriebe der Bewährungsbemühung Heydrichs ebenfalls sichtbar, wie er denn überhaupt, jenseits der kalkulierten Machtziele, denen sein eigentlicher Ehrgeiz galt, von einem rastlosen Bestreben nach Auszeichnung erfüllt war. Eine nervöse Energie trieb ihn von frühauf dazu, alles zu ergreifen, alles zu wissen, auf allen Gebieten, nicht nur auf denen des Intellekts, zu exzellieren. Seine sportlichen Leistungen waren überdurchschnittlich, er war ein guter Fechter, Schütze und Reiter und versuchte auch, sich militärisch hervorzutun. Bald nach Beginn des Krieges setzte er es gegen den anfänglichen Widerstand Hitlers durch, als Flugzeugführer zum Einsatz zu kommen, und ruhte nicht eher, bis er auf Grund einer bestimmten Anzahl von Feindflügen, in deren Verlauf er einmal hinter den russischen Linien notlanden mußte, das Eiserne Kreuz I. Klasse erhielt.[33]

Dieser Drang, sich vielseitigen Aufgaben gewachsen zu zeigen, hat vermutlich auch eine Rolle gespielt, als er im Herbst 1941 zu dem Entschluß gelangte, das Hauptquartier in der Prinz-Albrecht-Straße zu verlassen und als Stellvertretender Reichsprotektor, als »Herzog Alba«, wie Hitler bemerkte, nach Prag zu gehen. Jedenfalls hat man diese Entscheidung als den Versuch interpretiert, das eigene Leistungsvermögen auch auf dem Gebiet der öffentlichen Verwaltung zu demonstrieren, zumal das neue Amt ihn durchaus nicht auf eine höhere Machtebene versetzte.[34] Möglicherweise ist aber auch die Erwägung mit im Spiel gewesen, dem Widersacher Canaris, der kurz zuvor die kompromittierenden Abstammungsunterlagen in die Hand bekommen hatte, für einige Zeit aus dem Wege zu gehen, sowie schließlich, als Motiv von dritter Seite, die endlich geweckten eifersüchtigen Besorgnisse Himmlers und Bormanns, die sich zusammenfanden, um den bedrohlichen Aufstieg des jungen Partners zu verzögern. Heydrich selbst jedenfalls hat in jener Zeit wiederholt auf sein »immer schlechter werdendes Verhältnis« zu dem einen wie zum anderen hingewiesen, und sein letzter Besuch im Führerhauptquartier deutete ihm denn auch an, daß die Machinationen der Rivalen nicht erfolglos verliefen. Zwar blieb er auch nach seinem Weggang aus Berlin, wie es im amtlichen Schriftwechsel mit geheimnisvoller und einschüchternder Kürze hieß, »ChdSPudSD« (Chef der Sicherheitspolizei und des Sicherheitsdienstes), aber er war doch, zumindest zeitweilig, vom Zentrum seiner eigentlichen Macht entfernt. Heydrich selbst mochte diese Nachteile um so eher in Kauf nehmen, als er dafür die Möglichkeit einwechselte, künftig ohne Vermittlung des mißgünstigen Himmler mit Hitler direkt zu verkehren.

Anders als der Ruf, der ihm vorauseilte, erwarten ließ, verfuhr er in Prag, nach einer kurzbemessenen Phase des offenen Terrors, mit beträchtlichem taktischem und psychologischem Geschick. Sein Versuch, die intellektuellen Kreise als die traditionellen Wortführer eines kompromißlosen Nationalismus zu isolieren und die Arbeiter- und Bauernschaft durch eine Politik teils echten, teils vorgetäuschten Entgegenkommens wenigstens so weit zu gewinnen, daß sie ihre Arbeitskraft dem Regime ungemindert zur Verfügung stellte, war in einem immerhin überraschenden Maße erfolgreich. Er verbesserte die sozialen Bedingungen durch weitgehende Übernahme der für das Reichsgebiet geltenden Sozialordnung, ließ die großen Luxushotels und Kurorte für die arbeitenden Schichten räumen und empfing deren Vertreter sogar als seine Gäste im Hradschin. Wenn es ihm trotz aller Bemühungen auch nicht gerade gelang, populär zu werden, so vermochte er doch, den von generationenalter Erfahrung geprägten Opportunismus der Bevölkerung für seine Zwecke dienstbar zu machen und einen Zustand »politischer Apathie«[35] zu erzeugen, in dem die vereinzelten Ansätze zu wirksamen Widerstandshandlungen alsbald untergingen. Ungeachtet der Fernziele, die ihn dabei leiteten, unterschied sich sein Vorgehen in den Augen der Bewohner des Protektorats durchaus positiv von der Politik seines eigentlichen Vorgängers v. Neurath, der durch Unentschlossenheit und mangelndes Durchsetzungsvermögen das Land dem willkürlichen und antagonistischen Regiment ehrgeiziger Untergebener ausgeliefert hatte. Es war daher nicht nur herausfordernder Leichtsinn, wenn er auf die üblichen Heerzüge bewaffneter Eskorten verzichtete und täglich im offenen Wagen von seinem Herrensitz Brezany nach Prag fuhr, sondern auch Ausdruck der, gewiß großspurigen, Sicherheit eines erfolgreichen Statthalters.

Das Attentat, dem er zum Opfer fiel, war daher auch von tschechoslowakischen Exilkreisen in England geplant und vorbereitet worden, die das Pazifizierungsgeschick Heydrichs mit wachsender Unruhe registriert hatten und mit dem Anschlag nicht zuletzt die Absicht verfolgten, das Regime durch eine empfindliche Herausforderung in einem Maße zu brutalisieren, das den Widerstand auf breiter Basis entfachen mußte. Die drei jungen

Männer, die am 27. Mai 1942 den Wagen Heydrichs in der Nähe der Stadtgrenze erwarteten, waren kurz zuvor mit dem Fallschirm unweit von Prag gelandet. Als das Fahrzeug mit stark verminderter Fahrt eine enge Kurve durchfuhr, warf einer von ihnen, Jan Kubis, eine Bombe, die unter dem Wagen explodierte. Heydrich wurde schwer verwundet. Zwar gelang es ihm noch, aus dem Wagen zu springen und auf die flüchtenden Attentäter einige Schüsse abzugeben; doch dann brach er zusammen. Auch die von Hitler und Himmler aufgebotenen Ärzte vermochten ihn nicht zu retten. Acht Tage später erlag er seinen Verletzungen.

Erbittert äußerte Hitler, der Tod Heydrichs gleiche einer »verlorenen Schlacht«[36], und das Regime reagierte denn auch mit einer Grausamkeit, wie sie primitive Völker an den Gräbern ihrer Stammeshäuptlinge und Halbgötter zu entfalten pflegen. Im Verlauf der Rache- und Verfolgungsmaßnahmen wurden allein vom Standgericht Prag 936 und vom Standgericht Brünn 395 Menschen zum Tode verurteilt.[37] Auch die Einwohner der Ortschaft Lidice wurden, ohne daß eine Beziehung zu dem Attentatsunternehmen nachgewiesen werden konnte, den Manen Reinhard Heydrichs zum Opfer gebracht. Und als sollte der Schrecken, der von seinem Namen ausging, über sein Ende hinaus weiterwirken, gaben die Umstände seines Todes den letzten Anstoß zur Durchführung der sogenannten Humanversuche mit Sulfonamiden im Konzentrationslager Ravensbrück.[38] Auch die sogenannte Aktion Reinhard, die das Vermögen ermordeter Juden sicherstellte, erhielt von ihm ihren Namen.

Trotzdem schien Himmler insgeheim eher erleichtert und äußerte dunkel, das Schicksal habe Heydrich »auf der Höhe seiner Macht ... wissend hinweggenommen«[39]. In seiner Gedenkrede, die zahllose Anspielungen auf das angeblich gesunde rassische Erbgut Heydrichs enthielt, nannte er ihn einen der »besten Erzieher im nationalsozialistischen Deutschland«, einen »Herrn von Geburt und Haltung«, um gegen Ende zu versichern: »So wie er aber die Reihe seiner Ahnen fortgesetzt hat und diesen nur Ehre bereitete, so wird er fortleben mit allen seinen Eigenschaften ..., edel, anständig und sauber in seinen Söhnen, in Kindern, die seines Blutes und Namens Erben sind.« Zu seinem Heilbehandler Felix Kersten aber meinte Himmler, »er sei sich etwas komisch vorgekommen, als er mit zwei Mischlingen an der Hand hinter dem Sarg hergegangen wäre«[40].

Die Summe dieses Lebens ist schwer zu ziehen. Er war weit mehr als ein führender, durch Intelligenz und Radikalität auffallender Gefolgsmann Hitlers. Er war ein Symbol und vielleicht *die* repräsentative Erscheinung des Dritten Reiches auf dem Gipfel seiner inneren und äußeren Macht. In diesem Sinne war es durchaus zutreffend, wenn im engeren Kreise von ihm als dem Nachfolger Hitlers gesprochen wurde, der »früher oder später« Deutschlands »Führer« geworden wäre.[41] In einem hintergründigen Sinn hatte er diese Nachfolge im Zeichen des sich entfaltenden und gnadenlos behauptenden SS-Staates schon angetreten.

Man hat Heydrich gelegentlich mit Saint-Just verglichen. In der Tat hat er zumindest die völlige psychische Fühllosigkeit mit ihm gemeinsam, welche Angestrengtheit dahinter auch verborgen sein mochte, und wie dieser fand er die Umstände nur für diejenigen schwierig, die vor den Gräbern zurückschrecken. Aber ihn trennte doch auch vieles. Er war roher, frivoler und in seinem gänzlich zweckentleerten, nur sich selbst verpflichteten Machthunger ungenierter als die ideengläubige, versteinerte Empfindsamkeit Saint-Justs. Und während dieser die Moral zum Maß seiner revolutionären Unbedingtheit erhob, ging jener davon aus, daß sie nur eine illusionäre oder sentimentale Kategorie sei. Auch war er kein Revolutionär und wollte die Welt nicht verändern, sondern unterwerfen. Die Erfahrungen des Schreckens, die Saint-Just seiner Zeit aufgebürdet hatte, waren daher auch von anderer Art und hatten immer noch die, wenn auch melancholisch stimmende, Rechtfertigung für sich, die dem blutig in die Irre gegangenen humanitären Impuls gebührt. In einem Mördertum dagegen, das nicht mehr nach Begründungen, sondern nur noch nach Methoden fragte und sich von ideellen Voraussetzungen nicht mehr behelligen ließ, weil es nur dem eigenen Machttrieb folgte, liegt der ganze Unterschied zwischen dem Bösen als dem fehlgeleiteten Guten, und dem Bösen, das nur noch das Böse ist.

Gewiß bedarf auch diese Bewertung der Persönlichkeit Heydrichs einiger Abstriche, die zerrissene Hintergrundstruktur seines Wesens zersetzt jede kategorische Urteilssubstanz. Auf seinem schwindelerregenden Weg zur Macht schien er denn auch bisweilen innezuhalten und nachdenklich zu werden, ehe er sich mit einem Zynismus oder einem billigen Ideologismus, den seine Intelligenz nicht ernst nahm, weiterhalf. »Es ist fast zu hart für den Einzelnen«, sagte er einmal, »aber hart wie Granit müssen wir sein, sonst geht das Werk unseres Führers zugrunde.« Carl Jacob Burckhardt, der diese Bemerkung Heydrichs überliefert hat, beobachtete die »zwei vollkommen verschieden gearteten Hälften des scharfen, blassen, asymmetrischen Gesichts« und deutete dies als Ausdruck der tiefen, heillosen Gespaltenheit dieses Mannes, der »zackig und wiederum weich und morbid« in einem war.[42]

Was immer er tat und wurde, war geprägt von diesem Riß durch seine Persönlichkeit, und von allem, was er war, war er zugleich wohl auch das Gegenteil. Das stereotype Bild des Henkers, das sich von seiner Erscheinung eingeprägt hat, ist auf dem Grunde durchkreuzt von den Zügen eines im Wortsinne trostlosen Selbsthenkertums. Es ist gewiß nicht viel mehr als ein Gerücht, daß er sich in den Tagen seiner Agonie von den einstigen Exzessen der Macht abgewandt und versucht habe, seinen Haß, seine Vergeltungssucht, seine Menschenverachtung zurückzunehmen; doch hat es immerhin einige psychologische Wahrscheinlichkeit für sich. Wenn Hitler einst gefordert hatte, der Nationalsozialist müsse »das gute Gewissen zur Grausamkeit wiedergewinnen«[43] – dieser besaß es gewiß nicht und auch nicht das eiserne Herz, das jener ihm nachgerühmt hatte. Himmler kannte ihn zweifellos gut. Er meinte, Heydrich sei »im Grunde ein armer Mensch gewesen«[44].

HEINRICH HIMMLER

Kleinbürger und Großinquisitor

»Ich weiß, daß es manche Leute in Deutschland gibt, denen es schlecht wird, wenn sie diesen schwarzen Rock sehen; wir haben Verständnis dafür . . .«

Heinrich Himmler

»Es kommt uns ja wirklich nicht darauf an, daß wir irgend jemanden töten . . .«

Heinrich Himmler

Zwei Totenmasken wurden Heinrich Himmler abgenommen, nachdem er am 23. Mai 1945, im Verlauf einer eingehenden Leibesvisitation durch einen britischen Militärarzt, hastig jene Zyankalikapsel zerbissen hatte, die innerhalb weniger Minuten sein Ende herbeiführte: die eine zeigt eine fratzenhaft entstellte Physiognomie, brutal, merkwürdig schamlos, deren diabolische Struktur durch die Verzerrungen des Todeskrampfes, durch die eingekniffene Mundpartie vor allem noch betont wird; die andere ein ausdrucksloses und eher gleichmütiges Gesicht, an dem nichts erschreckend wirkt. Es ist, als ob der Tod selbst noch einmal zu dokumentieren versuchte, welch merkwürdiger Verbindung er einen seiner furchtbarsten und emsigsten Diener auf dieser Welt verdankte.[1]

Der landläufig verbreiteten Vorstellungsweise kommen die Züge der ersten Maske näher. Weithin identifiziert mit dem SS-Staat und dem System der Vernichtungsfabriken, erscheint Heinrich Himmler ihr als zivilisatorische oder doch in die Gegenwart versetzte Inkarnation mythischer Ungeheuer. Das Gefühl der Bedrohung, der allgegenwärtigen und doch nicht greifbaren Angst, das einst im realen Sinne von ihm ausging, hat sich begrifflich an seinen Namen und seine von unpersönlicher Blässe eher noch ins Unheimliche gesteigerten Erscheinung geheftet. Schon zu seinen Lebzeiten gab es einen »Mythos« Himmler, der die Züge des Reichsführers-SS furchteinflößend verzerrte und den als Menschen Unkenntlichen in ein Prinzip umdeutete. Ganz in diesem Sinne hat Himmler selbst von sich gesagt, er werde »ein gnadeloses Richtschwert« sein.[2] Die von modernen Organisationsprinzipien geprägte

Methodik seines Terrorismus und der rationalisierte, »industrielle« Stil seines Vernichtungswirkens, überhaupt die geschäftsmäßige Sachlichkeit seines Fanatismus, haben die Aura des Schreckens, die von seiner Erscheinung ausging, auf eigentümliche, alle Erfahrung übersteigende Weise verstärkt.

Indes, sobald man nur einige Schichten von dem dämonisierten Bild dieses Mannes entfernt, kommen die weitaus simpleren Züge eines romantisch überspannten Kleinbürgers zum Vorschein, der unter den spezifischen Bedingungen eines totalitären Herrschaftssystems zu ungewöhnlicher Macht und damit in die Lage kam, seine Narrheiten blutig zu bekräftigen. Schon die Bekundungen derer, die ihm persönlich begegneten, vermerken durchweg übereinstimmend die Mittelmäßigkeit seiner Erscheinung, die durch keinen auffallenden, vom Durchschnitt unterschiedenen Charakterzug geprägt war. Ein englischer Diplomat äußerte, es sei ihm niemals möglich gewesen, dem Reichsführer-SS »eine Anmerkung selbst von flüchtigstem Interesse« zu entlocken, und das Urteil Speers, »halb Schulmeister, halb verschrobener Narr«, faßt prägnant zahlreiche Zeugnisse zusammen.[3] Walter Dornberger, der die Raketenstation in Peenemünde leitete, beschrieb Himmlers Erscheinung äußerst einprägsam:

> »Er kam mir vor wie ein intelligenter Volksschullehrer, bestimmt nicht wie ein Mann der Gewalt. Ich konnte für mein Leben nichts Hervorragendes oder Besonderes an diesem mittelgroßen, jugendlich-schlanken Mann in grauer SS-Uniform entdecken. Unter einer Stirn von mittlerer Höhe sahen mich zwei graublaue Augen hinter einem blitzenden Kneifer mit ruhig-fragendem Ausdruck an. Der gepflegte Schnurrbart unterhalb der geraden, wohlgeformten Nase zeichnete eine dunkle Linie auf seinem ungesund blassen Gesicht. Die Lippen waren farblos und sehr schmal. Nur das kaum hervortretende, fliehende Kinn überraschte mich. Die Haut an seinem Halse war schlaff und faltig. Wenn sein ständiges starres Lächeln um die Mundwinkel, das leicht spöttisch und zeitweise verächtlich war, breiter wurde, erschienen zwischen den Lippen zwei Reihen glänzender weißer Zähne. Seine schlanken, blassen und beinahe frauenhaft zarten Hände, die mit blauen Adern bedeckt waren, lagen während unserer ganzen Unterhaltung bewegungslos auf dem Tisch.«[4]

Tatsächlich täuschte sich, wer hinter der leicht gedunsenen Glätte dieses Gesichts die Zerrissenheit eines monströsen Charakters vermutete. Nur die Versuchung, sich angesichts der millionenfachen Schrecken, die er verbreitete, nicht mit mechanischen Deutungen zufriedenzugeben, sondern nach »Abgründen« zu suchen, in denen doch immerhin noch ein Widerschein »menschlicher« Reaktionsweisen spürbar werden mochte, hat zu solchen Fehleinschätzungen geführt. In Wirklichkeit war Heinrich Himmler genau das, was seine Erscheinung ausdrückte: eine unsichere, schwankende Natur, deren Persönlichkeitsfarbe grau war. Ihre Unselbständigkeit verhüllte ein verzweifelter und stupider Übereifer. Was Bösartigkeit oder Grausamkeit daran schien, war doch immer nur die gewissenlose Tüchtigkeit eines Mannes, dessen Lebensstoff so dünn dosiert war, daß er sich ausborgen mußte. Kein Gefühl riß ihn fort oder hemmte ihn, »selbst seine Kälte war ein negatives Element, nicht eisig, sondern blutlos«[5]. Ein fähiger Organisator und Verwaltungsmann, besaß er jene unmenschliche Mischung aus Fleiß, Ergebenheit und Durchführungsfanatismus, die in ihren Entscheidungen humane Beweggründe als sachfremd verwirft und in den Vollzugsmeldungen, die sie über geschlossenen Aktenvorgängen verfaßt, ihre heimlichen Idole besitzt: ein Mensch am Gefrierpunkt. Es bedurfte daher schon eines großen psychologischen Scharfsinns, um in der persönlichen Begegnung, diesseits aller eilig konstruierten Abgründe, den eigentlichen Grund seines Wesens zu entdecken, ihn unheimlich zu finden, unheimlicher als Hitler selbst, wie ein Beobachter schrieb, »durch den Grad von konzentrierter Subalternität, durch etwas engstirnig Gewissenhaftes, unmenschlich Methodisches mit einem Element von Automatentum«[6].

Es waren vor allem diese Eigenschaften, die seinen Aufstieg begründeten und ihn davor bewahrten, das Schicksal der Sektierer innerhalb der Bewegung zu teilen. Denn dieser, in seiner unpersönlichen Blässe fast abstrakt anmutende Charakter erhielt einen gewissen individuellen Akzent lediglich auf Grund seiner eigenbrötlerischen Verstiegenheit, die einer angeblich dem Verfall zusteuernden Welt das krude Gemisch von Rassentheorien, Runengläubigkeit und mancherlei Naturheillehren entgegensetzte. Mit naiver Unangefochtenheit hielt Himmler sich für die Reinkarnation Heinrichs I., der gegen die Ungarn und Slawen zu Felde gezogen war; empfahl er Lauch und Mineralwasser als das beste Frühstück für seine SS; duldete er an seinem Gästetisch, der sagenhaften Tafelrunde des König Artus folgend, nur zwölf Personen, oder wurde er gelegentlich im Kreise hoher SS-Führer angetroffen, die gleich ihm angestrengt vor sich hinstarrten, um durch »Konzentrationsübungen« eine im Nachbarraum anwesende Person zum Bekenntnis der Wahrheit zu zwingen.[7] Seinem Schäferglauben fehlten freilich, der Mode der Zeit entsprechend, die halbwissenschaftlichen Verbrämungen nicht. Ausgrabungen und archäologische Unternehmungen auf der Suche nach der germanischen Urrasse dienten diesem Zweck ebenso wie die späteren »Forschungen« an den Schädeln »jüdisch-bolschewistischer Kommissare«, die eine typologische Definition des »Untermenschen« ermöglichen sollten. Dem gleichen Persönlichkeitsgrund entstammte auch das kultische Zeremoniell, das er innerhalb der SS zur Geltung brachte.

Zweifellos hat Hitler diese Bestrebungen mit äußerstem Mißtrauen verfolgt. Schon in seinem Buche ›Mein Kampf‹ hatte er sich gegen das Pseudoprofessorentum des völkischen Okkultismus ausgesprochen[8] und zuletzt auf der Kulturtagung im Rahmen des Reichsparteitages von 1938 öffentlich gegen alle Versuche dieser Art Stellung genommen; sie dürften »in der Bewegung nicht geduldet werden«:

> »An der Spitze unseres Programms steht nicht das geheimnisvolle Ahnen«, so versicherte er, »sondern das klare Erkennen und damit das offene Bekenntnis ... Wehe, wenn aber durch das Einschleichen unklarer mystischer Elemente die Bewegung oder der Staat unklare Aufträge erteilt. Und es genügt schon, wenn diese Unklarheit im Worte liegt. Es ist schon eine Gefahr, irgendeinen Auftrag für eine sogenannte ›Kultstätte‹ zu stellen, weil sich schon daraus die Notwendigkeit für das spätere Ersinnen sogenannter kultischer Spiele und kultischer Handlungen ergibt. Unser ›Kult‹ heißt ausschließlich: Pflege des Natürlichen und damit auch des göttlich Gewollten.«[9]

Möglicherweise richteten sich diese Formulierungen auch gegen Himmler. Albert Speer jedenfalls hat bezeugt, daß Hitler die Ideologie der SS »zu bekritteln und zu bespötteln« pflegte[10]; aber offenbar erkannte und schätzte er doch deren machttechnischen Hintergrund. Und wenn Himmler selbst auch seinen abseitigen Sehnsüchten gerne größeren Raum gegeben hätte, so wird doch am Beispiel gerade der SS deutlich, wie sehr seine irrationalen Neigungen jederzeit durch einen zweckgerichteten Tatsachensinn gebändigt wurden: »In Berechnungen bin ich immer nüchtern gewesen«, hat er versichert.[11] Denn die Liturgie der von der SS praktizierten Selbstdarstellung war nie reiner Dekor, feierlich-verblasenes Beiwerk, sondern Element der Bindung und eines der wirksamsten Mittel zur Herstellung jener verschworenen, durch Teilhabe am mystischen Ritual erwählten Ordensgemeinschaft, die sich eben damit nicht nur besonders ausgezeichnet, sondern auch besonders verpflichtet wußte. Gewiß hatten die kultischen Bräuche, die Himmler auf der Wevelsburg und an den anderen Stätten seiner Glaubensgewißheit mit düsterem Gepränge inszenieren ließ, auch den Wunsch nach Überwältigung durch den melancholischen Schauder vor der eigenen Dämonie zum Inhalt; darüber hinaus mochten sie auch dazu dienen, jene Ergriffenheitshaltungen zu erzeugen, aus denen so leicht der Umschlag in die brutalen und schonungslosen Machtbetätigungen organisierbar ist. Aber dies alles kann nicht über den Ordinationscharakter dieser Feierstunden hinwegtäuschen, den für die Beteiligten immer wiederholten Akt der Weihe und Berufung in eine alle herkömmlichen Bindungen übersteigende, totale Verpflichtungsgemeinschaft, die Ernst machte »mit der bedingungslosen Loslösung aus der alten gesellschaftlichen, Kasten-, Klassen- und Familienwelt« und »mit der

Unbedingtheit, mit der neue Gemeinschaft aus der Tatsache des ›Dazugehörens‹ erwuchs, ein eigenes ›Gesetz‹ verkündete«[12]. Die mit der SS verfolgten Zielsetzungen gingen denn auch weit über alle vordergründigen Überlegungen politisch-militanter Gruppenbildung hinaus. Ihren führenden Trägern erschien sie nicht nur als Herrschaftsinstrument auf dem »innerstaatlichen Kriegsschauplatz«, sondern als Zelle einer neuen Staatlichkeit mit dem Ziel der allmählichen Durchdringung und Ablösung der alten Ordnung sowie als Kerntruppe einer imperialen Herrschaftskonzeption, die darauf gerichtet war, »Europa zu organisieren auf einer die bisherigen nationalen Grenzen sprengenden Basis, wirtschaftlich und politisch, mit dem Orden im Hintergrund«[13]. Diese Aufgabenstellung und die durchaus vorhandenen Ansätze zu ihrer Realisierung brachten wiederum den Doppelcharakter von unwirklicher Phantastik und planender Rationalität, der Himmlers eigenster Beitrag war, zum Ausdruck. Getreu seiner Überzeugung, daß bei durchdachtem Vorgehen die blond-blaue germanische Urrasse binnen 120 Jahren aus dem deutschen Volkskörper »auszumendeln« sei[14], wurden Überlegungen angestellt und teilweise verwirklicht, die auf eine neue Ehegesetzgebung und die Abschaffung der Monogamie hinausliefen. Dem gleichen Vorstellungskomplex entsprangen die vielfältigen Entwürfe zur Privilegierung der SS-Führungskaste, zur Ausschaltung traditioneller Wertinstanzen oder über ein System abgestufter Bildungs- und Entwicklungsmöglichkeiten für die unterworfenen Fremdvölker. Innerhalb der um 500 Kilometer nach Osten hinausgeschobenen Volkstumsgrenze sollten die städtischen Strukturen abgebaut und jenes »Paradies der germanischen Rasse« geschaffen werden, das in den Verlautbarungen des Reichsführers-SS und seiner eingeweihten Gefolgsleute immer wieder verklärend beschworen wurde. Auch war daran gedacht, in einem weitverzweigten Geflecht von Wehrdörfern den Angehörigen des Ordens, dem »Neuen Adel«, nicht nur die Möglichkeiten kämpferischer und herrschaftlicher Bewährung, sondern auch der Wiederherstellung urtümlicher Verbundenheit mit dem Boden zu verschaffen. Der polizeiliche Aufgabenbereich, der von der SS statt dessen weitgehend übernommen wurde, verblaßte angesichts dieser romantischen Zukunftsvisionen, sie waren in der Tat »das Heiligste«, und Himmler hat es als den »glücklichsten Tag« seines Lebens bezeichnet, als Hitler ihm zu dieser wehrbäuerlichen Konzeption die Zustimmung erteilte.[15]

Schwärmerische Ideenkomplexe, wie sie sich in diesen Bestrebungen sowie schließlich in der Erscheinung des Reichsführers-SS selbst manifestierten, sind in den Randbereichen jeder Gesellschaft zu annähernd jeder Zeit anzutreffen und haben ihre größere oder geringere Resonanz. Stabile Ordnungsstrukturen absorbieren deren Träger relativ unbeschadet und halten ihnen begrenzte Wirkungsmöglichkeiten als Sektengründer, Wunderdoktoren oder Tagesschriftsteller offen. Erst unter den Bedingungen einer heillos zerrütteten Gesellschaft vermochte eine Erscheinung wie Heinrich Himmler zu politischem Einfluß zu kommen, und erst unter den Bedingungen einer sich heilsmächtig gebärdenden, totalitären Herrschaftsform konnte er in den Besitz der Machtmittel gelangen, die dem Versuch einer Verwirklichung seiner Vorstellungen Erfolgsaussichten einräumten. Seine Nüchternheit und scheinbare Verständigkeit, von der Außenstehende sich so leicht täuschen ließen, waren gerade Voraussetzungen seines persönlichen Aufstiegs: »Ich bin überzeugt, daß niemand, den ich in Deutschland traf, normaler ist«, schrieb im Jahre 1939 ein englischer Beobachter.[16] Der pathologische Grundzug der nationalsozialistischen Bewegung, der so oft und irrtümlich in den offenkundig klinischen Narrenfiguren wie Julius Streicher gesucht wurde, hat sich tatsächlich viel eher in dem eigentümlichen Amalgam von Sektierertum und »Normalität«, von Irrwitz und nüchterner Verwaltungssachlichkeit offenbart. So geriet Julius Streicher denn auch machtpolitisch und persönlich zusehends in eine Abseitsstellung, während Heinrich Himmler, der das arcanum imperii dieses Herrschaftssystems besaß, rasch an die Machtspitze gelangte, ein berechnender Gläubiger, der ohne Zweifel und Anfechtungen über Millionen Schicksale hinwegging, eine Spur von Blut und Tränen hinter sich, als die fürchterlichste Verbindung von Spintisierer und Gewalttechniker, von Quacksalber und Inquisitor in der Geschichte: Konzentrationslager und Kräutergärten, wie er sie in Dachau und anderswo anlegen ließ – dies ist noch immer die schlagendste Metapher seines Persönlichkeitsbildes.

Seine Redseligkeit hat eine Fülle von Dokumenten hinterlassen, die durchweg diese Analyse bekräftigen. In seiner Rede vor den SS-Gruppenführern am 4. Oktober 1943 in Posen, die eines der erschreckendsten Zeugnisse in deutscher Sprache überhaupt ist, hat er u. a. erklärt:

> »Es ist grundfalsch, wenn wir unsere ganze harmlose Seele mit Gemüt, wenn wir unsere Gutmütigkeit, unseren Idealismus, in fremde Völker hineintragen. Das gilt, angefangen von Herder, der die ›Stimmen der Völker‹ wohl in einer besoffenen Stunde geschrieben hat und uns, den Nachkommen, damit so maßloses Leid und Elend gebracht hat. Das gilt, angefangen bei den Tschechen und Slowenen, denen wir ja ihr Nationalgefühl gebracht haben. Sie selber waren dazu gar nicht fähig, sondern wir haben das für sie erfunden.
>
> Ein Grundsatz muß für den SS-Mann absolut gelten: Ehrlich, anständig, treu und kameradschaftlich haben wir zu Angehörigen unseres eigenen Blutes zu sein und zu sonst niemandem. Wie es den Russen geht, wie es den Tschechen geht, ist mir total gleichgültig. Das, was in den Völkern

an gutem Blut unserer Art vorhanden ist, werden wir uns holen, indem wir ihnen, wenn notwendig, die Kinder rauben und sie bei uns großziehen. Ob die anderen Völker in Wohlstand leben oder ob sie verrecken vor Hunger, das interessiert mich nur soweit, als wir sie als Sklaven für unsere Kultur brauchen, anders interessiert mich das nicht. Ob bei dem Bau eines Panzergrabens 10 000 russische Weiber an Entkräftung umfallen oder nicht, interessiert mich nur soweit, als der Panzergraben für Deutschland fertig wird. Wir werden niemals roh oder herzlos sein, wo es nicht sein muß; das ist klar. Wir Deutsche, die wir als einzige auf der Welt eine anständige Einstellung zum Tier haben, werden ja auch zu diesen Menschentieren eine anständige Einstellung einnehmen, aber es ist ein Verbrechen gegen unser eigenes Blut, uns um sie Sorge zu machen und ihnen Ideale zu bringen ...

Ich will hier vor Ihnen in aller Offenheit auch ein ganz schweres Kapitel erwähnen. Unter uns soll es einmal ganz offen ausgesprochen sein, und trotzdem werden wir in der Öffentlichkeit nie darüber reden ... Ich meine jetzt die Judenevakuierung, die Ausrottung des jüdischen Volkes. Es gehört zu den Dingen, die man leicht ausspricht. — ›Das jüdische Volk wird ausgerottet‹, sagt ein jeder Parteigenosse, ›ganz klar, steht in unserem Programm, Ausschaltung der Juden, Ausrottung, machen wir.‹ Und dann kommen sie alle an, die braven 80 Millionen Deutschen, und jeder hat seinen anständigen Juden. Es ist ja klar, die anderen sind Schweine, aber dieser eine ist ein prima Jude. Von allen, die so reden, hat keiner zugesehen, keiner hat es durchgestanden. Von Euch werden die meisten wissen, was es heißt, wenn 100 Leichen beisammen liegen, wenn 500 daliegen oder wenn 1000 daliegen. Dies durchgehalten zu haben, und dabei — abgesehen von Ausnahmen menschlicher Schwächen — anständig geblieben zu sein, das hat uns hart gemacht. Dies ist ein niemals geschriebenes und niemals zu schreibendes Ruhmesblatt unserer Geschichte ...«[17]

Der Mann, der der deutschen Geschichte einige ihrer furchtbarsten Blätter schrieb, wurde am 7. Oktober 1900 in München geboren. Die familiäre Atmosphäre sowie die Eindrücke seiner Entwicklungsjahre überhaupt waren offenbar entscheidend von der Person des Vaters bestimmt, der, als Sohn eines Gendarmerievorstehers, einstiger Prinzenerzieher am bayerischen Hofe und Schulleiter, auch in der eigenen Familie gebieterische Grundsätze vertrat. Er war ein strenger, genauer und frommer Mann. Zweifellos geht man zu weit, wenn man in dem frühen Interesse des Sohnes für die germanische Sagenwelt, für Kriminalwissenschaft und Militär die vagen Ansätze der späteren Entwicklung zu erkennen meint; aber die heimische Umwelt in ihrer

Verbindung von »Beamtentum, Polizei und Schule«[18] hat offenbar doch nachhaltig auf ihn gewirkt, und die Opposition gegen Regiment und Zucht des Vaters mag eine Art von Abhängigkeit in ihm erzeugt haben, die sich später als komplexes Bedürfnis nach Aufblick und Hingabe äußerte. Auch in seinem Erziehungsfanatismus, der immer lehren und Nutzanwendungen fürs Leben vermitteln wollte, kamen vermutlich die prägenden Motive seiner Jugendjahre zum Vorschein. Der Medizinalrat Felix Kersten, der ihn seit dem Jahre 1939 laufend behandelt hat und eine Art Vertrauensstellung besaß, hat behauptet, Himmler hätte selbst die Fremdvölker lieber erzogen als ausgerottet[19], und während des Krieges schwärmte er, im Gedanken an die Friedenszeit, von seiner Aufgabe, militärische Einheiten aufzustellen, die »ausgebildet sind und erzogen sind, wo wieder erzogen, erzogen wird«[20].

Himmler sollte ursprünglich Landwirt werden, und die bäuerlichen Vorstellungselemente, die später immer wieder durch seine ideologische Konzeption, namentlich der SS, geisterten, hatten in dieser Berufswahl, der er allerdings konstitutionell nicht gewachsen war, ihre Wurzel. In der Feierstunde, die er im Juli 1936 unter den Klängen altgermanischer Luren im Dom zu Quedlinburg anläßlich der 1000jährigen Wiederkehr des Todestages Heinrichs I. veranstaltete, rühmte er diesen als einen »edlen Bauern seines Volkes«; in einer Rede aus dem gleichen Jahre sprach er davon, daß er »selbst nach Abstammung, Blut und Wesen Bauer« sei.[21] Doch geriet er nach dem Ersten Weltkrieg, an dem er als Fähnrich noch teilgenommen hatte, über eine rechtsradikale Soldatenvereinigung zu der Partei Hitlers. Eine Aufnahme vom Novemberputsch des Jahres 1923 zeigt ihn als Fahnenträger an der Seite Ernst Röhms. Kurze Zeit später tauchte er als Mitarbeiter Gregor Strassers auf dem sozialrevolutionären Flügel der NSDAP auf; zweifellos aber hatte diese Verbindung weniger ideologische als vielmehr landsmannschaftliche Gründe. Überhaupt blieb seine »weltanschauliche« Position, die später so viel Entschiedenheit zu besitzen schien, lange eher im Ungewissen, Ungeklärten. Auch seine rassische Ahnengläubigkeit scheint in den zwanziger Jahren noch nicht die bigotte Unerbittlichkeit späterer Zeiten erreicht zu haben. Jedenfalls heiratete er die sieben Jahre ältere Krankenschwester Marga Concerzowa aus Bromberg, die — dem Vernehmen nach — in ihm das Interesse an Homöopathie, Mesmerismus, Haferstrohbädern und Kräuterkunde weckte.[22]

Dieser Mann, der inzwischen in Waldtrudering bei München eine Hühnerfarm betrieb, wurde am 6. Januar 1929 zum Führer der damals knapp 300 Mann starken SS ernannt. Seine organisatorische Fähigkeit zeigte sich, als er den Verband bis zum Jahre 1933 auf über 50 000 Mann erweiterte. Noch immer freilich eine Randfigur in der Führungsspitze der Bewegung, spielte er sich erst im Verlauf der Machtergreifung, zusammen mit seinem überlegenen Gehilfen Reinhard Heydrich, methodisch und geduldig nach vorn und sicherte sich die Kontrolle über die Politische Polizei.[23] Der 30. Juni 1934 wurde zum entscheidenden Tag seiner Karriere. Nachdem er vom Hintergrund aus am Aufbau der Szenerie mitgewirkt hatte, auf die sich der täppische Röhm, dem er einst die Fahne getragen hatte, zur eigenen Exekution drängen ließ, stellten seine SS-Einheiten die Mordkommandos für das dreitägige Massaker. Aus der Rivalität zwischen Reichswehr und SA ging er – neben Hitler – als der eigentliche Sieger hervor. Schon drei Wochen später wurde die SS »im Hinblick auf die großen Verdienste ... besonders im Zusammenhang mit den Ereignissen des 30. Juni 1934«, wie es in dem offiziellen Erlaß hieß, aus dem Unterstellungsverhältnis zur SA gelöst und in den Rang einer selbständigen Organisation erhoben.[24] Als Himmler schließlich am 17. Juni 1936 zum Chef der nunmehr einheitlich zusammengefaßten Polizeikräfte des Reiches ernannt und als Reichsführer-SS bestätigt wurde, schien das der Höhepunkt einer erstaunlichen Laufbahn: immerhin verfügte er über einen beträchtlichen Teil der tatsächlichen und – dank der Furcht, die er verbreitete – eher noch größeren Teil der psychologischen Macht.

In Wirklichkeit aber hatte Himmler mit dieser Ernennung nur die Ausgangsstellung für einen Expansionsprozeß bezogen, der Gesicht und Geschichte des Dritten Reiches in den folgenden Jahren entscheidend bestimmte und in dessen Verlauf sich das reale Machtgewicht zusehends auf ihn und die SS verlagerte. Was er, immer angeregt und vorangetrieben von dem ruhelos im Hintergrund wirkenden Heydrich, insgeheim lange vorbereitet hatte, nahm nun, Stufe um Stufe, konkrete machthaltige Formen an. Die SS-Verfügungstruppe, das Wirtschafts- und Verwaltungshauptamt der SS, das Konzentrationslagerwesen, der SS-Sicherheitsdienst, das Rasse- und Siedlungshauptamt sowie schließlich die Waffen-SS waren zunächst sämtlich kleine, mit begrenzten Funktionen ausgestattete Institutionen, die sich allerdings bald zu machtvollen Organisationen entwickelten: das später über ganz Europa verstreute Wirtschaftsimperium der SS oder etwa die annähernd 40 Divisionen zählende Waffen-SS sind lediglich besonders auffällige Erscheinungsweisen eines nur total zu fassenden, in alle Richtungen abzielenden Ausdehnungsdranges. In ihm offenbarte sich denn auch keineswegs nur eine unersättliche Ämtersucht, sondern vielmehr das Strukturgesetz des nationalsozialistischen Regimes im Übergang zum SS-Staat. Man verbaut sich den Zugang zum Verständnis für das Wesen dieses Vorgangs und dieser Herrschaft überhaupt, wenn man diesen SS-Staat allein von seiner freilich sichtbarsten Seite, dem polizeilichen Bereich sowie dem System der Konzentrationslager und Vernichtungsfabriken her zu begreifen versucht.

Tatsächlich waren die Zielsetzungen des gewaltigen Apparats, der in der Reichsführung-SS entstand, weit umfassender und nicht so sehr auf die Kontrolle des Staates als vielmehr darauf gerichtet, selbst Staat zu werden. Aus den Hauptämtern und Referaten entwickelten sich schrittweise die Machtträger eines echten »Neben-Staates«, der allmählich in die bestehenden Institutionen eindrang, sie machtpolitisch auszuhöhlen und endlich abzulösen begann, aber im Grunde keinen Bereich des öffentlichen Lebens kannte, in dem er nicht seine konkurrierenden Herrschaftsansprüche anmeldete: ökonomisch, weltanschaulich, militärisch, agrar- und bevölkerungspolitisch, wissenschaftlich, technisch und auf dem Gebiete der Gesetzgebung ebenso wie auf dem der allgemeinen Verwaltung. In dem System der Höheren SS- und Polizeiführer, wie es vor allem in den besetzten Ostgebieten praktiziert wurde, fand diese Entwicklung nicht nur ihren unmißverständlichsten Ausdruck; die weitgehende Selbständigkeit des himmlerschen Führerkorps gegenüber der zivilen oder militärischen Verwaltung lieferte auch die Funktionsmodelle für jene Verschiebung der Machtschwerpunkte, die zweifellos im gesamten Herrschaftsraum des Großgermanischen Reiches für die Zeit nach dem Kriege geplant war. Und wenn dieser Prozeß im Anschluß an den sogenannten Röhm-Putsch seinen ersten starken Impuls erhalten hatte, so steuerte er nach dem Putschversuch vom 20. Juli 1944 seiner Vollendung entgegen. Die SS drang nunmehr selbst in »das Zentrum des Organisationsgefüges der Wehrmacht« ein, und Himmler, inzwischen auch Reichsinnenminister, wurde Chef des Ersatzheeres. Über die Vielzahl seiner sonstigen Funktionen hinaus unterstand ihm damit u. a. »das gesamte militärische Transportwesen . . ., ihm unterlag die militärische Zensur, das Nachrichtenwesen, die Truppenüberwachung, Verpflegung, Bekleidung, das Geldwesen der Truppe (und) die Fürsorge für Verwundete«[25].

In diesem Bilde konsequenter und nüchtern planender Machterweiterung fehlten freilich wiederum die individuellen Arabesken nicht, und während Himmler mit der Mehrzahl seiner Organisationen, Gründungen und Erwerbungen sachliche Herrschaftszwecke verfolgte, diente anderes der Institutionalisierung seiner Narrheiten: so die Mattoni-Mineralwasserherstellung, der Lebensborn e. V., der Nordland-Verlag, die Anpflanzungen der Kog-Sagys-Wurzeln oder die SS-Forschungs- und Lehrgemeinschaft Ahnenerbe, deren Aufgabe es war, »Raum, Geist, Tat und Erbe des nordrassischen Indogermanentums zu erforschen«[26].

Der Aufbau einer die Wirklichkeit in allen Funktionsbereichen überlagernden Führungsorganisation verschaffte der totalitären Herrschaft jene Systematisierungen, die ihre Wirksamkeit erst in ganzem Umfang begründeten. Kaum hatte Himmler daher im Verlauf seines Machteroberungskurses die polizeilichen Aufgaben an sich gerissen, als auch schon eine spürbare Straffung des Regimes zu verzeichnen war. Die spontanen Gewaltakte und Übergriffe, die das Bild des beginnenden Dritten Reiches beherrscht hatten, traten in den Hintergrund und hörten mit der endgültigen Entmachtung der SA gänzlich auf. Dem »emotionalen« Terror, wie er von den Stabswachen Ernst Röhms in unauflösbarer Vermischung von politischen und kriminellen Verhaltensweisen praktiziert worden war, folgte dessen versachlichtes Gegenstück mit einer zentralen Bürokratie, die ihre Verwaltungen, ihre Etats und Rationalisierungsprinzipien kannte und den Terror in einem ordnungsmäßig geführten Apparat als Institution etablierte. Dem neuen, von Himmler konsequent herangezogenen Typus des Gewaltmenschen ging es um die leidenschaftslose Vernichtung wirklicher oder möglicher Gegner, nicht dagegen um die Entbindung primitiver sadistischer Instinkte. Was immer davon vornehmlich in den Lagern zum Vorschein kam, rechnete Himmler zu jenen »Ausnahmen menschlicher Schwächen«, von denen er in seiner zitierten Posener Rede gesprochen hatte, es geschah im Widerspruch zur »Idee« des Typus. Seine ständig wiederholten moralischen Mahnungen sind denn auch keineswegs Ausdruck einer nur vorgeblichen Sittenstrenge, die es »nicht so ernst meint«, sondern finden im Prinzip des versachlichten Terrors ihre Begründung. Er hat daher in einzelnen Fällen, in denen Korruption, Grausamkeit oder persönliche Motive überhaupt deutlich wurden, rücksichtslos durchgegriffen und mitunter selbst bewährte Gefolgsleute nicht geschont.[27]

> »Die Reichtümer, die sie (die Juden) hatten, haben wir ihnen abgenommen«, so hat er gelegentlich betont. »Wir haben uns nichts davon genommen. Einzelne, die sich verfehlt haben, werden gemäß einem von mir zu Anfang gegebenen Befehl bestraft, der androhte: Wer sich auch nur eine Mark davon nimmt, der ist des Todes. Eine Anzahl SS-Männer – es sind nicht sehr viele – haben sich dagegen verfehlt, und sie werden des Todes sein, gnadelos. Wir hatten das moralische Recht, wir hatten die Pflicht gegenüber unserem Volk, dieses Volk, das uns umbringen wollte, umzubringen. Wir haben aber nicht das Recht, uns auch nur mit einem Pelz, einer Uhr, mit einer Mark oder mit einer Zigarette oder mit sonst etwas zu bereichern ... Ich werde niemals zusehen, daß hier auch nur eine kleine Fäulnisstelle entsteht oder sich festsetzt. Wo sie sich bilden sollte, werden wir sie gemeinsam ausbrennen. Insgesamt aber können wir sagen, daß wir diese schwerste Aufgabe in Liebe zu unserem Volk erfüllt haben. Und wir haben keinen Schaden in unserem Inneren, in unserer Seele, in unserem Charakter daran genommen.«[28]

Es war weniger Zeichen einer unüberbietbaren moralischen Stumpfheit, wenn sich die zahlreichen Mitglieder des SS-Führungskorps, die dieser

Rede beiwohnten, von solchen Äußerungen nicht abgestoßen, sondern, wie man vermuten darf, weit eher noch in ihrem freilich heillos pervertierten Idealismus bestätigt fühlten. Wenn gerade das System der Lager auch vorwiegend die Funktion zur Vernichtung gegnerischer Elemente beibehielt, so hatte es zugleich und in wachsendem Maße auch die Aufgabe, die Mitglieder des Ordens nach den Maximen des Leitbildes vom Neuadel germanischer Herrenmenschen vor allem zur Härte gegen sich selbst zu erziehen.[29] Anders als die SA, von der man mit Recht gesagt hat, sie habe sich im Umkreis der großstädtischen Arbeitsämter rekrutiert[30], vermochte die elitär organisierte SS, zumindest anfangs, einen Typus anzuziehen, der seinem Idealismus, seiner Hingabewilligkeit und seinen unklaren Glaubensbedürfnissen in ihren Reihen die Gefolgschafts- und Wirkungsmöglichkeiten zu verschaffen suchte. Das Postulat seiner »inneren Werte« umfaßte nach den Vorstellungen Himmlers: Treue, Ehrlichkeit, Gehorsam, Härte, Anständigkeit, Armut und Tapferkeit. Doch dieses Ethos, wie es unaufhörlich gepredigt und in nächtlichen Feierstunden bei Fackellicht bekräftigt wurde, war infolge seiner fehlenden Verwurzelung in echten sittlichen Kategorien am Ende nur noch notdürftig romantisierter Appell an eine Mordgesinnung, die nicht mehr fragt, sondern schweigend und gehorsam tötet und tatsächlich das Recht zum Massenmord dem Unrecht einer gestohlenen Zigarette gegenüberstellte. Indem es die Verhaltensprinzipien aus einem übergreifenden Normensystem herauslöste und an machttechnische Zweckmäßigkeitserwägungen band, war es im Grunde kein Ethos mehr, sondern Instrument einer auch und gerade auf den inneren Menschen zielenden totalen Herrschaft in moralischer Drapierung, auch wenn es von einem Teil der Gefolgschaft als »neue Sittlichkeit« mißverstanden und nicht selten unter individuellen Konflikten an die Stelle der herkömmlichen Wertvorstellungen gerückt wurde. Gerade die Überwindung, die den nichtkriminellen, »idealistisch« gesinnten Typus des SS-Angehörigen die Haltung der Fühllosigkeit, das Vermögen, im Wortsinne unbewegt über Leichen zu gehen, kostete, hat ihm oft das Bewußtsein einer ethischen Bemühung vortäuschen können, aus dem er zugleich die Möglichkeiten der Selbstrechtfertigung schöpfte. In der heillosen Konfusion aller Maßstäbe, wie sie sich unter dem Einfluß der Maximen totalitärer Sittlichkeit einstellt, erhielt die den Opfern gegenüber praktizierte Härte ihr Recht gerade daher, daß sie die Härte gegenüber sich selbst voraussetzte. »Hart zu sein gegen uns und andere, den Tod zu geben und zu nehmen«, lautete eine der von Himmler wiederholt apostrophierten Devisen der SS: weil das Morden schwerfiel, war es gut und gerechtfertigt. Aus dem gleichen Grunde hat er immer wieder stolz und wie auf ein »Ruhmesblatt« darauf verweisen können, daß der Orden an seiner mörderischen Aktivität »keinen Schaden im Innern« genommen habe und »anständig« geblieben sei. Es lag geradezu in der Konsequenz dieser Überzeugung, daß der moralische Rang der SS mit der Zahl der Opfer stieg:

> »Genau dasselbe hat bei 40 Grad Kälte in Polen stattgefunden«, erklärte Himmler vor dem Offizierskorps der Leibstandarte-SS ›Adolf Hitler‹ am 7. September 1940, »wo wir tausende und zehntausende und hunderttausende wegtransportieren mußten, wo wir die Härte haben mußten — Sie sollen das hören und sollen das aber auch gleich wieder vergessen — tausende von führenden Polen zu erschießen. Wo wir die Härte haben mußten, denn sonst würde später sich das an uns rächen ... Es ist bedeutend leichter in vielen Fällen, mit einer Kompanie ins Gefecht zu gehen, wie mit einer Kompanie in irgend einem Gebiet eine widersätzliche Bevölkerung kulturell tiefstehender Art niederzuhalten, Exekutionen zu machen, Leute herauszutransportieren, heulende und weinende Frauen wegzubringen ...«[31]

Es war indes nicht nur das Ethos der Härte, das solchen Äußerungen Himmlers die bezeichnenden Wendungen vermittelte, vielmehr war dahinter auch ein ordinärer und berechnender Stolz auf das eigene Vermögen zur Unmenschlichkeit spürbar, mit dem sich der Pedant und ehemalige Musterschüler des Königlichen Wilhelm-Gymnasiums in München in der Gemeinschaft kampf- und morderprobter Untergebener seinen Führungsrang zu bestätigen versuchte. Tatsächlich fällt es noch heute schwer zu begreifen, welchen individuellen Eigenschaften und Vorzügen er seine im Ganzen zweifellos unbestrittene Machtstellung innerhalb der SS verdankte. Im engeren Kreis der Führungsfiguren des Dritten Reiches war er die farbloseste Persönlichkeit, er verfügte kaum über natürliche Autorität und sein »Charisma« war das eines Oberlehrers. Die langjährige Abschirmung seiner Position durch Heydrich und das bis ans Ende weitgehend ungeminderte, durch äußerste Fügsamkeit erkaufte Vertrauen Hitlers haben ihn offenbar ganz wesentlich gestützt; im übrigen haben wohl auch die strengeren Gefolgschafts- und Verpflichtungsprinzipien des Ordens sowie die Inanspruchnahme seiner Mitglieder durch die immer neuen Aufgaben eines noch lange nicht an seine Grenze gelangten Ausdehnungsdranges, der dem Rivalitätsstreben vorerst noch genügend Ziele außerhalb der SS zeigte, die Unangefochtenheit seiner Stellung mitbegründet. Aber er selbst war unabhängig davon doch auch immer bemüht, seinen Einfluß nicht nur institutionell, sondern auch psychologisch zu festigen, indem er sich nach oben und nach unten stets als der radikalste SS-Mann im Gefolge des Führers auswies, wie denn überhaupt die totalitären Systeme einen beträchtlichen Teil ihrer Inhumanität weniger dem immanenten Prinzip der Menschenverachtung an sich, als vielmehr der Konkurrenz eifersüchtiger Machtpartner verdanken.

Allerdings waren die Bekundungen des himmlerschen Radikalismus von dem Zeitpunkt an, als die SS immer ausschließlicher zur Massenmord- und Ausrottungspraxis überging, nicht selten von einem forcierten Unterton begleitet: »Wir müssen abschwören und eine Absage erteilen der falschen Kameradschaft, der falsch verstandenen Barmherzigkeit, der falschen Weichheit und einer falschen Entschuldigung vor uns selbst«, rief Himmler seinen Zuhörern einmal fast leidenschaftlich entgegen.[32] Zweifellos ist die Beobachtung richtig, daß er in seiner zweckgerichteten Kälte von keinem Gefühl erreichbar war[33]; alle Empfindungen der Schuld, der individuellen Verantwortlichkeit wurden vielmehr teils von den pseudomoralischen Wertvorstellungen, teils von den vorgeschalteten bürokratischen Mechanismen, die seinem Wesen das Gepräge gaben, abgefangen und »erledigt«, so daß sie den Grund der Persönlichkeit gar nicht erreichten. Immerhin bleibt die Vermutung, daß die zusehends lauter vorgetragene Beschwörung zur Härte und Rücksichtslosigkeit Elemente der Unruhe übertönen sollte, die schließlich auch er vernahm. Der Umfang der Terror- und Vernichtungsaktivität sowie sein Anteil daran machten es unvermeidlich, daß er gelegentlich doch den Folgen dessen gegenüberstand, was er an Konferenztischen und vor Unterschriftsmappen bedenkenlos in Gang setzte. Doch besaß er selbst nicht die Härte, die er von seinen Untergebenen verlangte, so wenig er die übrigen Auslesegrundsätze des SS-Mannes, die äußerlichen Rassenmerkmale, die Körpergröße, die Haarfarbe oder den sogenannten Großen Ahnennachweis bis zum Jahre 1750 erbringen konnte.[34] Nichts deutet darauf hin, daß er diese Problematik empfand oder gar darunter gelitten habe. Nur einmal schien er sich dem Anblick dessen aussetzen zu wollen, was er von anderen forderte. Jedenfalls hat der SS-Obergruppenführer von dem Bach-Zelewski bezeugt, daß Himmler im Jahre 1941 in Minsk befahl, 100 Gefangene für eine Musterexekution herbeizuschaffen. Schon bei der ersten Salve habe er jedoch nahezu einen Ohnmachtsanfall erlebt und aufgeschrien, als es dem Exekutionskommando nicht gelang, zwei Frauen sofort zu töten.[35] In bezeichnendem Verhältnis zu seiner abstrakten Mordbereitschaft stand das von anderer Seite beschriebene Gefühl der Rührung, das ihn beim Anblick blonder Kinder ergriff[36], sowie seine geradezu hysterische Jagdgegnerschaft. Das Mittagessen war ihm verdorben, wenn er daran erinnert wurde, daß Tiere geschlachtet würden, und seinem Arzt hielt er in diesem Zusammenhang entgegen:

> »Wie können Sie nur ein Vergnügen daran haben, auf die armen Tiere, die so unschuldig, wehrlos und ahnungslos am Waldrand äsen, aus dem Hinterhalt zu schießen, Herr Kersten. Denn es ist, richtig gesehen, reiner Mord ... Die Natur ist so wunderschön, und jedes Tier hat schließlich auch ein Recht zu leben. Gerade dieser Standpunkt ist es, den ich so sehr

bei unseren Vorfahren bewundere. Da sagte man z. B. den Ratten und Mäusen die Fehde in aller Form an, forderte sie auf, ihr schändliches Tun einzustellen und das bestimmte Gebiet innerhalb einer gewissen Zeit zu verlassen, ehe man den Vernichtungskrieg gegen sie begann. Diese Achtung vor dem Tier finden Sie bei allen indogermanischen Völkern. Es hat mich außerordentlich interessiert, neulich zu hören, daß noch heute die buddhistischen Mönche, wenn sie abends durch den Wald gehen, ein Glöckchen bei sich tragen, um die Tiere des Waldes, die sie zertreten könnten, zum Ausweichen zu veranlassen, damit ihnen kein Schaden zugefügt wird. Bei uns aber wird auf jeder Schnecke herumgetrampelt, jeder Wurm wird zertreten ...«[37]

Die nahezu unbegreiflich anmutende Verzerrung aller Maßstäbe, die deutlich wird, sobald man diese Bemerkung auf dem Hintergrund seiner Äußerungen über die Experimente an lebenden Häftlingen oder über die »Behandlung der Fremdvölkischen im Osten« betrachtet[38], wird erst verständlich, wenn man sie mit seinem utopischen Fanatismus, der in der bornierten Fixierung auf sich selbst durchaus ein Element des Wahnsinns enthielt, sowie mit seiner gänzlich von der menschlichen Wirklichkeit losgelösten Vorstellungswelt in Zusammenhang bringt. Er hatte schon frühzeitig die Fähigkeit bewiesen, seinen Verhaltensweisen idealistische Beweggründe zu unterschieben. Im Jahre 1921, als er sich einmal in der studentischen Selbstverwaltung betätigte, schrieb er in sein Tagebuch: »Tatsächlich habe ich es ursprünglich nicht aus idealistischen Gründen getan. Jetzt, da ich es getan habe, werde ich es idealistisch tun.«[39] Dieses Vermögen, sich die »anständigen« Motive nach wechselnden Bedürfnissen plausibel zu machen, hat einer weiteren Abstrahierung jedweden Tuns von individuellen Schuldkategorien vorgearbeitet und nicht nur ihm, sondern auch einer großen Zahl seiner führenden Untergebenen die Vernebelung aller persönlichen Verantwortlichkeiten ermöglicht. Die Humanversuche in den Laboratorien der Konzentrationslager, die einen schauerlichen Dilettantismus am Werke sahen, konnten deshalb ohne jedes geringfügige Ergebnis bleiben, weil es im Grunde gar nicht um Ergebnisse, sondern um Verbrämungen ging, weil – wie einer dieser Ärzte behauptete – Himmler beweisen wollte, »daß er kein Mörder, sondern ein Förderer der Wissenschaft war«[40]. Und was immer an latenten Schuldgefühlen von diesem System der Selbstbeschwichtigungen nicht aufgezehrt wurde, nahm schließlich die mit der pseudotragischen Pose provinzlerischer Dämonie vorgetragene Behauptung hinweg, es sei »der Fluch des Großen, daß es über Leichen schreiten muß«[41]. Dahinter erhob sich, eifernder denn je beschworen, jenes Konzept eines großgermanischen Nachkriegsimperiums, das er, jenseits der mit gewissenhafter Routine betriebenen Ausrottungspraktiken, planend und gutachtend vorbereitete. Den Charakter dieser Entwürfe enthüllt schon die begriffliche Substanz seiner Ausführungen zu diesem »Thema seines Lebens«, mit dem er sich aus den Beengungen seiner trokkenen und farblosen Existenz zu einem Führertum in gelobte Landstriche zu erheben trachtete. »Herrenmenschen« standen »Arbeitsvölker« gegenüber, von »rassischen Experimentierfeldern« war die Rede, von »Aufnordung«, »Zeugungshilfe«, von »unserer Blutbasis«, »biologischen Grundgesetzen«, »blutlicher Versauung«, »der Heranzüchtung eines neuen Menschentyps« oder »Pflanzgärten germanischen Blutes«: wahrlich, die Visionen eines Hühnerzüchters aus Waldtrudering! Unterdessen entwarf Himmler Pläne für die Begründung eines SS-Staates Burgund, der eine gewisse Autonomie besitzen und unter seiner persönlichen Führung als rassischer und weltanschaulicher Modellstaat jenen Charakter eines riesigen nordischen Internats besitzen sollte, dessen Bild seinem engherzigen schulmeisterlichen Temperament die ersehnten kalten Glücksgefühle bescherte.[42] Wenn man von den Wortführern der Französischen Revolution gesagt hat, sie hätten die Politik mit einem Roman verwechselt, so gilt von ihm, daß er sie mit einem jener obskur-überspannten Traktate durcheinanderbrachte, wie sie am Beginn des Bildungsweges seines Führers gestanden hatten.

Was immer an seiner Erscheinung letzten Endes als unauflösbarer Rest bleibt, findet in der Bindung an die Person Hitlers, der er auf geradezu pathologische Weise verfallen war, seine Begründung. Die Unselbständigkeit seiner anlehnungsbedürftigen Existenz, von der die Wahl einer sieben Jahre älteren Ehefrau ebensosehr wie die dogmatische Pedanterie seines Glaubens zeugt, gipfelte in einem übersteigerten Treuegebaren gegenüber dem »Führer des Großgermanischen Reiches«, wie er Hitler im Vorgriff auf die Zukunft zu nennen liebte. Als Felix Kersten während einer Behandlung ein Telefongespräch annahm, äußerte Himmler anschließend mit glänzenden Augen: »Sie haben die Stimme des Führers gehört, welch ein Glück für Sie!«[43] Der Chef des deutschen Nachrichtendienstes, Walter Schellenberg, der gegen Ende des Krieges sein Ratgeber war, berichtet, daß Himmler nach jedem Gespräch mit seinem Führer dessen Sprache und Ausdrucksweise kopierte.[44] Den Beobachtungen Kerstens zufolge sah er in den Anordnungen Hitlers buchstäblich »letzte verbindliche Entscheidungen des Führers der germanischen Rasse, Äußerungen aus der übersinnlichen Welt«, die »für ihn göttliche Kraft« besaßen:

> »Er entstand uns aus der tiefsten Not«, äußerte er, »als es mit dem deutschen Volk nicht mehr weiter ging, er gehört zu den großen Lichtgestalten, die dem Germanentum immer dann entstehen, wenn es in tiefste körperliche, geistige und seelische Not gelangt. Goethe war eine solche

Gestalt auf dem Geistesgebiet, Bismarck auf dem politischen Sektor, der Führer ist es auf allen Gebieten, dem politischen, kulturellen und militärischen. Er ist dazu von dem Karma des Germanentums der Welt vorbestimmt, den Kampf gegen den Osten zu führen und das Germanentum der Welt zu retten, eine der ganz großen Lichtgestalten hat in ihm ihre Inkarnation gefunden.« Und Kersten fährt daran anschließend fort: »Himmler sprach diese Gedanken mit einer großen Feierlichkeit und Eindringlichkeit aus. Jetzt war mir klar, warum Himmler mir gelegentlich Hitler als denjenigen Mann bezeichnet hatte, zu dem nach Jahrhunderten die Menschen ebenso gläubig aufschauen würden, wie sie es zu Christus getan hätten.«[45]

Entsprach die religiös überhöhte Unbedingtheit seiner Loyalität gegenüber dem Führergott einem tiefen Bedürfnis Himmlers nach Halt und Sicherheit, so wird auch verständlich, warum seine Glaubensgewißheit sich den Belastungen der Schlußphase des Regimes nur mühsam gewachsen zeigte. Denn als mit der Wende des Krieges und dem immer offenkundiger werdenden Versagen Hitlers die ersten Risse und Sprünge über das Götzenbild liefen, fiel er augenblicklich in seine schwankende Grundhaltung zurück. Heute darf als erwiesen gelten, daß er vom Jahre 1943 an über freilich ganz lockere, informative Kontakte zur Widerstandsbewegung verfügte und auch bei den Ereignissen vom 20. Juli eine noch ungeklärte, aber zweifellos fragwürdige Rolle spielte[46], ehe er im Frühjahr 1945 verschwiegene Verhandlungen mit einem Vertreter des Jüdischen Weltkongresses und schließlich mit dem Grafen Folke Bernadotte aufnahm. Soweit er nicht zu diesen Unternehmungen wider Willen gedrängt worden ist, bleibt freilich fraglich, ob er je einen Akt bewußter Untreue begehen wollte. Wahrscheinlicher ist, daß er in einem Winkel seines verehrungserpichten Herzens die Altäre seines Götzendienstes bis zuletzt bewahrte und daß gerade dies seinen Aktionen ihren unschlüssigen, planlosen Charakter gab. Aber das Eigengewicht der ungeheuren Macht, die er in den vergangenen Jahren, nicht zuletzt mit dem Blick auf die Nachfolge Hitlers, zusammengerafft hatte, zwang ihn nun zum Handeln.

Die Schritte, die er unternahm, zeugten allerdings von einer fast unbegreiflichen Wirklichkeitsfremdheit. Den Vertreter des Jüdischen Weltkongresses, der ihn am 21. April 1945 aufsuchte, begrüßte er mit den unsäglichen Worten: »Willkommen in Deutschland, Herr Masur! Es ist Zeit, daß ihr Juden und wir Nationalsozialisten die Streitaxt begraben.«[47] Er erging sich in Überlegungen, was er tun werde, sobald er erst die Macht in Händen halte, und hoffte allen Ernstes bis zum Tage seiner Verhaftung, daß die westlichen Alliierten ihn als Verhandlungspartner und sogar als Bundesgenossen gegen Sowjetrußland begrüßen würden. Als er am 1. Mai den soeben zum Nachfolger Hitlers ernannten Großadmiral Dönitz aufsuchte, sprach er von der »großen Resonanz« seiner Person im Ausland.[48] Von Dönitz verabschiedet, plante er noch am 5. Mai, in Schleswig-Holstein eine nationalsozialistische Regierung unter seiner Führung auszurufen, die ihm die Legitimation zu Verhandlungen mit den Westmächten verschaffen sollte.

Es war am Ende dieser stupende Mangel an Realitätssinn, der Charakter und Leben dieses Mannes in so verhängnisvoller Weise bestimmt hat. Einmal, in der panischen Turbulenz jener Tage, als er sich nach einer gescheiterten Hoffnung unvermittelt der Realität in Gestalt der heraufziehenden Katastrophe bewußt wurde, äußerte er zu einem seiner Mitarbeiter: »Mir graut vor allem, was jetzt kommen wird.«[49] Und wenn es nur Angst war, die er nun empfand — auch dies hatte er offenbar nie bedacht, weil es weder in Aktenvorgängen und Vollzugsmeldungen noch in den Tagträumen seiner Zukunftsentwürfe je erschienen war: daß der Mensch Angst hat vor dem Tode.

In der Tat bot der Reichsführer-SS Heinrich Himmler in diesen Wochen des zusammenbrechenden Dritten Reiches nur noch den Anblick eines Opportunisten, der hartnäckig um ein hinausgezögertes Ende kämpft. Vergebens drängte ihn seine Umgebung, sich zu stellen und die Verantwortung für die SS zu übernehmen.[50] Noch am 19. März hatte er die apokalyptische Vorstellung eines Untergangs bis zum letzten Mann, »wie die Ostgoten am Vesuv«, beschworen[51], jetzt dachte er nur an Verkleidung und Flucht. »Eines kann unter uns Germanen nicht verziehen werden: das ist die Untreue«, hatte er einige Monate zuvor seinen Gefolgsleuten versichert. Eine nicht geringe Anzahl von Angehörigen vor allem der SS-Eliteverbände beging Selbstmord, als sie den Verrat Heinrich Himmlers erkannten. In Böhmen zündeten SS-Offiziere im Mai 1945, einem zeitgenössischen Bericht zufolge, nachts ein Feuer an, sangen im Kreise stehend das Gelöbnislied der SS »Wenn alle untreu werden...«, und gingen anschließend gemeinsam in den Tod. Was sie so jäh und schockartig desillusionierte und ihren Wirklichkeitssturz verursachte, war weniger der Verrat, den Hitler gemeint hatte, als er Himmler aufgrund seiner eigenmächtigen Fühlungnahme mit den Westmächten testamentarisch verstieß und aller Ämter enthob; es war vielmehr, soweit die Motive sich auf das Verhalten des Reichsführers bezogen, der Verrat an der gemeinsamen »Idee der SS«, an die sie in allen Kämpfen, allen Siegen, Niederlagen und Verbrechen geglaubt hatten. Ihr Zusammenbruch ließ nur ein sinnloses, schmutziges, barbarisches Mordgeschäft zurück, das keine Verteidigungen erlaubte. Rudolf Höß, der langjährige Kommandant von Auschwitz, wurde »ganz stumm«, als Himmler ihm »strahlend und in bester Laune« den Rat gab, unterzutauchen.[52]

Offenbar versagte der Mechanismus der Illusionsbereitschaft auch jetzt noch nicht. Als Himmler am 21. Mai 1945 unter dem Namen Heinrich Hitzinger, den Schnurrbart wegrasiert und eine schwarze Kappe über dem linken Auge, Flensburg verließ, hatte er als Maskerade die Uniform eines Feldwebels der Geheimen Feldpolizei gewählt, die eine Untergliederung der Gestapo war. Unfähig, den Schreckensruf aller mit seinem Namen verbundenen Organisationen zu begreifen, ahnte er nicht, daß er sich damit automatischer Festnahme ausgesetzt hatte. Noch am gleichen Tage wurde er von einem britischen Kontrollposten verhaftet.

Er bereitete seinem Leben ein angemessenes Ende. Der Selbstmord strich aus, was er je zur Rechtfertigung der von ihm verursachten Leiden vorgebracht hatte. »Auf meine Haltung kommt es mehr an als auf das, was ich rede«, hatte er in seiner Posener Ansprache versichert und hinzugefügt: »Dieses germanische Reich braucht den Orden der SS. Es braucht ihn wenigstens für die nächsten Jahrhunderte.«[53] Jetzt widerlegte seine Haltung alles. Es gibt keine Legende.

MARTIN BORMANN

Die braune Eminenz

»Zugegebenermaßen ist es nicht die Redlichkeit, die im wirklichen Leben die Unredlichkeit überwindet. Im harten Existenzkampf trägt das eherne, härtere Durchsetzungsvermögen täglich den Sieg davon – und doch ist es bitter, wenn dieses Vermögen auf Intrige und einem brennenden Ehrgeiz beruht wie im vorliegenden Falle . . .«

Martin Bormann

»Aber Du weißt, nicht wahr, daß in meinem Wörterbuch PFLICHT in Großbuchstaben geschrieben wird.«

Martin Bormann

Aus allzu großer Entfernung wie aus allzu unmittelbarer Nähe erscheinen die totalitären Herrschaftssysteme wie ein einziger festgefügter Block, dessen massive Struktur ebenso gewaltig wie undurchdringlich über der Gesellschaft emporragt. Indes beruht dieser Eindruck, der sich auf die Zielstrebigkeit und unbarmherzige Durchsetzungsenergie diktatorischer Machtbekundungen stützt, auf einer Täuschung, und was dem Beobachter wie ein Block erscheint, ist oft genug nur die Widerspiegelung einer Angst, die willkürliche und unbeschränkte Macht stets in kompakte Vorstellungsbilder kleidet. Im Gegensatz dazu liegt über dem nationalsozialistischen Regime eine eigentümliche und auf den ersten Blick verblüffende Strukturlosigkeit, die ihre Ursache nicht nur in der ordnungstechnischen Indolenz hatte, mit der die führenden Nationalsozialisten ihre Herkunft aus der verwilderten Großstadtbohème immer aufs neue bezeugten; vielmehr kam darin auch eines der Grundprinzipien konsequent totalitärer Herrschaftsweisen zum Ausdruck: die Maxime der Unverläßlichkeit aller Autorität, die paradoxerweise das verläßlichste Instrument der Führung zur Herstellung einer einschüchternden, unentwegt drohenden Über-Autorität ist. In der Verwirklichung dieses Prinzips entzieht sich die Macht allen frontalen Beziehungen und wird merkwürdig ungreifbar. Die Methoden der bewußt unklar gehaltenen Kompetenzen, der vertrackt gestaffelten Zuständigkeiten mit den Möglichkeiten der Instanzenverwirrung oder des Doppelspiels versetzen den einzelnen in einen Zustand äußerster Hilflosigkeit, der über die nahezu identischen Ursachen hinaus auch die psychologischen Reaktionen mit den

Helden Kafkas gemein hat: Wie diese, so verliert auch jener im zermürbenden Erfahrungskatalog mit einer Macht, die nicht zu stellen und doch allgegenwärtig ist, allmählich die menschliche Sicherheit, Substanz und Würde.

Die Verdoppelung und schließliche »Multiplikation«[1] der Kompetenzen, die das Gefühl der allgemeinen Unsicherheit institutionell verankert, begann bei der Trennung von Partei und Staat, die allen Rangebenen staatlicher Herrschaftsausübung den parteibeauftragten Amtswalter gegenüberordnete, und endete im Kompetenzchaos der zahlreichen rivalisierenden Institutionen, die sich beispielsweise außenpolitisch, nachrichtendienstlich, verwaltungstechnisch oder rechtlich für zuständig hielten. Dieser Gegensatz spiegelte nicht zuletzt das Aufstiegsprinzip der nationalsozialistischen ebenso wie jeder totalitären Bewegung wider, die sich ja nicht als Partei im engeren Sinne, d. h. als Vertretung eines Teils im Rahmen einer akzeptierten Ordnung verstehen, sondern als Vorhut eines aufs Ganze gerichteten Herrschaftsanspruchs, der »in ausdrücklicher und offener Gegnerschaft gegen den Staat entwickelt und verwirklicht« wird.[2] Zwar betonten die offiziellen Verlautbarungen seit dem Gesetz vom 1. Dezember 1933 immer wieder die Einheit von Partei und Staat, tatsächlich aber war die Trennungslinie äußerst scharf gezogen. Der Staat degenerierte alsbald zur bloßen »technischen Apparatur« mit reinen Durchführungsfunktionen. Während ihm allenfalls noch die Aufgabe zufiel, als Repräsentant des zivilen Prinzips den Schein des Vertrauens und der Gewähr bürgerlicher Normen zu erzeugen, war der Partei weiterhin die Möglichkeit gegeben, ihren revolutionären Affekten und Zielsetzungen Raum zu gewähren, indes die Führungsspitze, ganz den Erfordernissen machttaktischer Opportunität folgend, von der einen Seite zur anderen hinüberwechseln, die eine gegen die andere ausspielen und gegebenenfalls alle zusammen betrügen konnte. Im Einzelfall lagen das schwerere Gewicht der Macht und vor allem die Formulierung und Verwirklichung des eigentlich totalitären Anspruchs bei der Bewegung, wie denn auch Hitler selbst sich durchweg eher als »Führer« statt als Reichskanzler betrachtet hat. Neben den rein technischen Funktionen hatte der seiner Hoheitsrechte zusehends entkleidete Staat lediglich noch als Fassade eine Bedeutung. Ihm oblag die Repräsentation einer Macht, die er im Grunde nicht besaß, die nur hinter ihm stand und sich zu ihrer eigenen Legitimation der aus gemeinsamen nationalen Erlebnisinhalten, Traditionen und Achtung gemischten Gefühle einer im Volke tiefeingewurzelten Staatsanhänglichkeit vergewisserte. Immer ins Verborgene, Nichtöffentliche ausweichend, erschien das Zentrum der Macht gerade dank der Aura des Anonymen, mit der es sich umgab, allen oppositionellen oder auch nur widerstrebenden Regungen weniger ausgesetzt, furchtgebietender, schreckenerregender, allmächtiger – ein irdischer Deus absconditus.[3]

Man hat aus diesem Sachverhalt das Gesetz abgeleitet, daß innerhalb der totalitären Herrschaftssysteme Macht »immer dort (beginnt), wo die Öffentlichkeit aufhört«, und dieses Prinzip »die einzige Regel« genannt, »auf die sich jedermann in einem totalitär beherrschten Lande verlassen kann«[4]. Repräsentation von Macht indiziert bereits den Verlust von Macht; in ihrer ungetrübten Ausprägung ist sie nur und gerade dort wirksam, wo sie unsichtbar bleibt.

Das gilt, ist es zutreffend, nicht nur von den Institutionen, sondern in hohem Maße auch von den individuellen Machtträgern. Martin Bormann, dessen Laufbahn und Führungsrolle im Machtgefüge des Dritten Reiches diese Beobachtung eindrucksvoll bestätigen, schrieb im Herbst 1943 in einem Brief an seine Frau, er habe stets jede Art öffentlicher Bekanntschaft, wie sie von anderen Parteiführern gesucht werde, »bewußt vermieden«; während deren Verlautbarungen sich stets unmittelbar an das Volk richteten, erreichten seine Anordnungen die Führungsspitze: »Ich«, so folgerte er selbstbewußt, »richte mehr aus, beträchtlich mehr.« Er fügte hinzu: »Sollte jemals nach meinem Tode eine Gedenkzeremonie stattfinden, darf unter keinen Umständen eine billige Zurschaustellung von Ordenskissen mit zahlreich aufgereihten Medaillen usw. stattfinden. Diese Dinge geben einen falschen Eindruck.«[5]

Die Umstände haben ihm dieses Verlangen erfüllt und Bormann am Ende seines Lebens eine Auszeichnung gewährt, die ihm zweifellos mehr galt als die Ehrungen eines Staatsbegräbnisses: die Formulierung »mein treuester Parteigenosse, Martin Bormann«, mit der Hitler ihn, nur noch Verrat und Untreue um sich herum wahrnehmend, in seiner letzten Äußerung bedachte, war die Erfüllung einer Karriere, die in den scheinbar anspruchslosen Prädikaten immer ihr Genüge gefunden hatte, sofern nur die Domänen des Einflusses sich zugleich erweiterten; mit dem von Hitler ihm verliehenen Amt des Testamentsvollstreckers durfte er sich endlich im Besitz jener Identität mit dem Willenszentrum des nationalsozialistischen Herrschaftssystems sehen, die sein Ehrgeiz immer gesucht hatte.[6] Nüchtern, berechnend und voll kalter Beflissenheit, hatte er stets nur die Macht selbst begehrt, ohne deren Insignien zu wollen; sie erschienen ihm eher töricht und Ausdruck einer irregeleiteten Begehrlichkeit, die an Äußerem hing. Fast unbemerkt, mit der schweigenden Beharrlichkeit, die ihn auszeichnete, hatte er innerhalb kurzer Zeit Stufe um Stufe erklommen. Nie hieß er mehr als »Leiter der Parteikanzlei« und »Sekretär des Führers«, und doch war keiner in den Jahren des versinkenden Hitlerreiches mächtiger als er, sein düsterer und klobiger Schatten verdunkelte zusehends den Stern derer, die lange vor ihm zur engeren Gefolgschaft Hitlers gehört hatten: Görings, Ribbentrops, Leys, ja selbst Goebbels' und schließlich auch Himmlers.

Als »braune Eminenz« stand er stumm und gefährlich im Hintergrund, hielt die Fäden in der Hand und die Blitze, die er in den maßlosen Entladungen Hitlers während der Endphase geschickt gegen diejenigen zu lenken wußte, die er als seine Rivalen empfand. In einem gewissen Sinne war er zuletzt mächtiger als Hitler selbst und verkörperte nahezu einzigartig jenen Typus des Diktators im Vorzimmer, der innerhalb der modernen politischen oder wirtschaftlichen Machtzusammenballungen mit ihren hochentwickelten Bürokratien immer mehr Einfluß gewinnt. Seine Anschauungen so gut wie seine Methoden der Tatsachenvermittlung bestimmten fast ausschließlich das Bild, das Hitler, in die unredliche Irrwelt seines Bunkersystems vergraben, von der Wirklichkeit erhielt. Gleichwohl war gegen Ende des Krieges nicht einmal sein Name der Öffentlichkeit geläufig. Er war ein Mann des Hintergrunds, ein Mann »des Dunkels und der Verstecke«, wie Richelieu von jenem Père Joseph gesagt hat, der noch immer das Urbild all jenen anonymen Machthungers ist, unfähig, in einer Begrüßungsansprache ein paar zusammenhängende Sätze zu artikulieren[7], aber erfahren in der bürokratischen Apparatur, deren Mechanismen er mit außerordentlichem Geschick beherrschte. Seine kurze gedrungene Gestalt in der schlecht sitzenden braunen Amtswalteruniform, die Aktentasche unter dem Arm, immer zuhörend, abwägend oder auch einen lauernden Ausdruck im bäuerischen Gesicht, gehört zum Bilde des Führerhauptquartiers der letzten Jahre. Man hat ihn den »bösen Geist« Hitlers genannt, doch erlaubt die Formulierung keineswegs den Schluß, er habe einen gutwilligen Hitler auf die Bahn des Bösen gedrängt[8]; er war eher des Teufels Beelzebub.

Niemand war verhaßter als er. Die Verachtung beispielsweise, die der neronischen Aufgeblasenheit des späten Göring entgegenschlug, die Lächerlichkeit Ribbentrops oder gar der blutige Leumund Himmlers – alle diese innerhalb der Führungsspitze in jahrelangen Rivalitäten erhärteten Gefühle gegenseitiger Abstoßung waren von anderer Art und nicht zu vergleichen mit der Intensität der Erbitterung, die diesem Macchiavellisten der Schreibstube von seinen zahllosen Feinden entgegengebracht wurde. Hans Frank, der ihn einen »Erzschurken« genannt hat, meinte, der Ausdruck ›Haß‹ sei »viel zu schwach«[9], und sogar die persönlichen Mitarbeiter und Sekretärinnen, die doch in jedem anderen Falle ausnahmslos einige freundliche Worte für ihren Vorgesetzten wußten, haben in Nürnberg nur Abneigung bekundet.[10] »Ein paar kritische Worte Hitlers, und alle Feinde Bormanns wären ihm an die Gurgel gefahren«, hat Albert Speer versichert[11]; doch in all seiner launenhaften Unberechenbarkeit, die der eines orientalischen Despoten durchaus gleichkam, hat Hitler diese paar kritischen Worte bis zuletzt nicht gesprochen. »Ich weiß«, so hat er gelegentliche Vorhaltungen aus seiner Umgebung zurückgewiesen, »daß Bormann brutal ist.

Aber was er anfaßt, hat Hand und Fuß, und ich kann mich unbedingt und absolut darauf verlassen, daß meine Befehle sofort und über alle Hindernisse hinweg durch Bormann zur Ausführung kommen ... Bormanns Vorträge sind so präzise ausgearbeitet, daß ich nur ja oder nein zu sagen brauche. Mit ihm erledige ich in zehn Minuten einen Haufen Akten, für den ich mit einem anderen Herrn Stunden brauchen würde. Wenn ich ihm sage: Erinnern Sie mich in einem halben Jahr an diese oder jene Sache, dann kann ich sicher sein, daß dies auch wirklich geschieht.«[12]

So sehr Gegner und Konkurrenten Bormann allmählich zu fürchten lernten, so sehr haben sie ihn auch in seinen Fähigkeiten unterschätzt. Bisweilen scheint es, als sei die entmutigende Anspruchslosigkeit seiner Erscheinung nur ein Mittel gewesen, unbeachtet an die Schaltstellen der Macht zu gelangen. Denn bei all seiner schrecklichen Trivialität, wie sie einem Hauptfeldwebel eher anstand, gebot er offenbar doch über Eigenschaften, die ihm nicht nur das ungeschmälerte Vertrauen Hitlers, sondern auch die Überlegenheit gegenüber allen Mitbewerbern sicherten; und jener Ton ungläubiger Verblüfftheit, auf den so viele Äußerungen gerade der frühen Weggefährten Hitlers gestimmt sind[13], rührt augenscheinlich aus dem Unvermögen des sogenannten Alten Kämpfers, eine Karriere zu begreifen, die nicht auf der Straße und im Lärm der Saalschlachten, sondern über die Kanzleien vorangetrieben worden war. Denn nach Profil und Temperament gehörte Bormann bereits in jene zweite »Generation«, die im Verlauf jeder Revolution ungeduldig der Garde gläubiger Kämpfernaturen folgt: die der Praktiker ohne Inbrunst, der Rechner ohne ideologischen Ballast und ohne die pathetischen Antriebe der Empörung, die den altmodischen Revolutionären von einst die innere Rechtfertigung und den Erfolg vor den Massen verschafft hatten. »Bormann ist kein Mann des Volkes«, bemerkte Goebbels. »Er hat sich immer nur in der Verwaltung betätigt und bringt deshalb für die eigentlichen Führungsaufgaben nicht das richtige Organ mit.«[14] Dahinter verbarg sich ein bezeichnendes Mißverständnis; denn nichts garantiert den Männern des Volkes die Macht, die sie in der Phase des Aufstiegs, der Eroberung und Konsolidierung der Herrschaft ihr eigen nennen, ehe sie allmählich in die Hände derer übergeht, die über das technische Wissen ihrer Organisation und Kontrolle verfügen und ihren Besitz zu »verwalten« verstehen.

Martin Bormann war der Typus des Funktionärs und mächtig nur durch das Amt, das er innehatte. Er besaß weder die bezwingenden Züge einer Persönlichkeit noch legendäre Verdienste aus der Kampfzeit der Partei, hatte keine Hausmacht, kein Ansehen, keine Freunde, kurzum nichts, worauf er seine Selbstbehauptung hätte gründen können, falls das Vertrauen Hitlers ihn nicht mehr stützte: ein Mensch, der aus dem vollen Nichts schöpfte. Aber gerade diese Voraussetzungslosigkeit seiner Existenz, ihr gänzlicher Mangel auch an persönlichen Prägungen, machte ihn zum geeigneten, ungehemmt »funktionierenden« Instrument in den Händen des jeweils Verfügenden, zum »Anhänger« schlechthin, wie ihn Zeiten erschütterter Ordnungen und Gewißheiten hervorbringen: immer auf der Suche nach einer beliebigen Sache, einer beliebigen Person, sich daran anzuhängen, sie mußte nur stark und gebieterisch genug erscheinen, um seiner Richtungslosigkeit die festen Orientierungspunkte und seiner Bereitwilligkeit die Aufgaben vorzuschreiben. Und wenn er der Typus des Funktionärs war, so war er zugleich der Typus des total disponiblen Menschen, der weder moralische noch intellektuelle Hemmungen kannte, sondern Direktiven ausführte: ohne Widerrede, ohne Gemütsbewegung und ohne die Vorstellung verursachter Leiden, die sein Blick nicht mehr erreichte: der »engstirnige Parteimann«, wie Bormann selbst sich nicht ohne einen Unterton verirrten Stolzes genannt hat.[15] Selbst sein außergewöhnliches Mißtrauen findet in solchen Persönlichkeitslagerungen eine Begründung; denn innerhalb der reibungslos funktionierenden Mechanik der bürokratischen Apparatur war der Mensch das einzige, nicht völlig berechenbare Element, sondern eine latente Abweichung, das Prinzip Unverläßlichkeit, von dessen Einwirkungen nur er selbst sich ausgeschlossen wußte. Den vorliegenden Zeugnissen zufolge rauchte er nicht, trank nicht, war im Essen mäßig und besaß weder Neigungen, Interessen noch Liebhabereien – doch vermutlich verbargen sich dahinter nicht die Akte einer bewußten strengen Verzichthaltung, sondern lediglich der Puritanismus einer Unpersönlichkeit, die bedürfnislos war, weil sie keine Bedürfnisse kannte. Die ihm eigenen Vorzüge ergaben sich aus der strikten Umkehrung seines Mangels an persönlichkeitsbildenden Faktoren: Er war dienstwillig, unaufdringlich, sachlich und selbst seine Gegner haben stets seinen beispiellosen Fleiß betont. Im Bereich bürokratischer Routine bewies er eine rasche Anpassungsfähigkeit und verstand es, fremde Vorstellungen ohne verfälschende subjektive Akzente zu übernehmen und zutreffend zu interpretieren.

Seine farblose Vergangenheit unterstreicht diesen Aspekt nur. Die frühen Jahre im Leben dieses sächsischen Kleinbürgersohnes[16] verzeichnen die »klassischen« Daten und Stationen der heimatlosen Rechten, die über unbewältigten Krieg, Nachkrieg, Freikorps und nationalistische Geheimbündelei den Weg in die aufstrebende Hitlerpartei fand – und bezeichnenderweise kein Ereignis, dem er das Gepräge gegeben, keinen Auftritt, der ein persönliches Profil enthüllt hätte. Bormann, der zunächst als Verwalter auf einem Gut in Mecklenburg gearbeitet hatte, gehörte dem Freikorps Roßbach an, und die einzige Episode, die seiner Entwicklung einen wenn auch abstoßenden Akzent gibt, jener schmutzige Mord an seinem ehemaligen

Volksschullehrer namens Kadow[17], sieht ihn bereits als Mann im Hintergrund, der die Kasse verwaltet, die Andeutungen fallenläßt und schließlich die technischen Mittel zur Verfügung stellt, während vorne, mit dem blinden Eifer des Befehlswilligen, jener Rudolf Höß, der später als Kommandant des Vernichtungslagers Auschwitz wiederauftaucht, »mit einem abgebrochenen Ahornbäumchen mit aller Wucht auf den Schädel« des Opfers einschlägt – eine tief bezeichnende Rollenverteilung! In der NSDAP hatte Bormann verschiedene Funktionärsstellungen inne, als Gaupressewart, Bezirksleiter und Gaugeschäftsführer in Thüringen, dann im Stab der Obersten SA-Führung und ab 1930 als Leiter einer von ihm gegründeten Hilfskasse für die in den blutigen Aufstiegskämpfen verletzten Genossen. In diesen Funktionen erwarb er sich die formale Qualifikation des vorbildlichen Sekretärs: die gedämpfte Beflissenheit nach oben und die gefühllose Energie nach unten, aber auch die Verwaltungssicherheit sowie das Vermögen, zu schmeicheln, Eigenschaften, die ihm später so nützlich wurden.[18] Im Juli 1933, als Hitler ihn zum Reichsleiter beförderte und zum Stabsleiter beim Stellvertreter des Führers, Rudolf Heß, ernannte, gelang ihm der erste Schritt auf jene höhere Ebene, die er sich nun unaufhaltsam eroberte. Seine Wirksamkeit machte sich zunächst auf organisatorischem Gebiet bemerkbar, wo er unter dem Vorwand, die Einheit der Partei zu sichern, vorwiegend durch Änderung von Geschäftsplänen und Kompetenzverteilungen die Einflüsse der alten Parteiführer zusehends beschnitt. Aus dieser Zeit stammt das Urteil des Schatzmeisters der NSDAP, Franz Xaver Schwarz, der unter dem Eindruck der rücksichtslos vorangetriebenen Machtumgruppierungen urteilte, daß Bormann »der schlimmste Egoist und Feind der alten Partei« sei, dem er sogar die Liquidierung aller alten Genossen zutraue.[19] Unfähig zu erkennen, daß von den zielstrebigen Machinationen Bormanns auch die eigene Stellung unterminiert wurde, förderte der ahnungslose Rudolf Heß diese Aktivität noch in der Hoffnung, daß die dadurch eintretende Aufwertung des Amtes vor allem ihm selbst zugute kommen werde. Die Taktiken, mit deren Hilfe Martin Bormann sich die Bedingungen seines persönlichen Aufstiegs schuf, hat Alfred Rosenberg später anschaulich geschildert:

> »Wenn ich Heß aufsuchte, war er (Bormann) manchmal dabei – später fast immer ... War ich in diesen Jahren beim Führer zum Mittagessen, so tauchte später neben Goebbels auch regelmäßig Bormann auf. Heß war dem Führer offenbar auf die Nerven gegangen, und Bormann besorgte die notwendigen Anfragen und Weisungen. Von diesem Punkte aus begann das Wirken für seine ›Unentbehrlichkeit‹. Während der Gespräche am Tisch kam die Rede auf irgendein Ereignis – Bormann zog

sein Taschenbuch heraus und machte eine Notiz. Oder der Führer ärgerte sich über eine Äußerung, eine Maßnahme, einen Film – Bormann notierte. Wenn irgendeine Angelegenheit unklar erschien, stand Bormann auf und kam bald wieder zurück: er hatte seinem Büro den Auftrag gegeben, *sofort* nachzuprüfen, zu telefonieren, zu telegraphieren, fernzuschreiben ...«[20]

Indes fand der einstige Kassenwart auch andere bewährte Mittel, seine Unentbehrlichkeit zu beweisen. Nach und nach zog er alle finanziellen Angelegenheiten Hitlers an sich und kaufte sich darüber hinaus über die Verwaltung der »Adolf-Hitler-Spende der Industrie« auch in Hitlers Privatleben ein, indem er nicht nur das Geburtshaus in Braunau und das elterliche Haus in Leonding, sondern auch den gesamten Komplex von Besitzungen auf dem Obersalzberg erwarb, der noch im Jahre 1945 im Grundbuch auf seinen Namen eingetragen war.[21] Der stetig wachsende Umfang seines teils auf persönlichen, teils auf sachlichen Voraussetzungen umsichtig aufgebauten Einflusses blieb freilich selbst dem Blick führender Akteure weitgehend entzogen. Noch im Jahre 1941, als er schon seit annähernd drei Jahren Adjutant im persönlichen Stabe Hitlers war, hieß er im Tagebuch eines engen Mitarbeiters von Goebbels »ein gewisser Parteigenosse namens Bormann«[22].

Vermutlich hätte sein verstohlener Machtwille kein höheres Lob gekannt, und auch, als er im gleichen Jahre endgültig zur Spitze vorstieß, geschah es in der unauffälligsten Weise. Am gleichen Tage, an dem der spektakuläre Englandflug von Rudolf Heß offiziell bekanntgegeben wurde, veröffentlichten die Zeitungen eine Randmeldung, in der es ohne weitere Begründung hieß:

»Die bisherige Dienststelle des Stellvertreters des Führers führt von jetzt ab die Bezeichnung Partei-Kanzlei. Sie ist mir persönlich unterstellt. Ihr Leiter ist, wie bisher, Pg. Reichsleiter Martin Bormann.

gez. Adolf Hitler.«

Der anspruchslose Wortlaut verbarg das Gewicht eines Wechsels, dessen eigentliche Bedeutung in der schwer greifbaren Zone persönlicher Bindung lag. Zwar übernahm Bormann nicht das Amt des Stellvertreters des Führers, das formal nunmehr erlosch; doch die Funktionen und Rechte, die das von Heß bis dahin geleitete Parteiministerium vor allem gegenüber den staatlichen Behörden ausgeübt hatte, gingen weitgehend auf ihn über. Die scheinbare Einflußminderung, der es dadurch ausgesetzt wurde, daß ihm die Repräsentanz der Gesamtbewegung künftig entzogen war, gab ihm jedoch in Wirklichkeit nur den genauen Zuschnitt auf die Persönlichkeit Bormanns, der, in den Schatten der Macht gedrückt, nie repräsentieren, sondern immer nur ein Büro führen wollte.[23]

Der Einfluß der Partei, der unter der schwachen und ziellosen Führung von Rudolf Heß manche Einbuße erlitten hatte, kam nun wieder verstärkt zur Geltung, zumal Bormann sich durch seine Erfahrung, seine Menschenverachtung und die ihm eigentümliche stiernackige Energie rasch nach vorn spielte und bereits ein Jahr darauf »Sekretär des Führers« wurde. Innerhalb kurzer Zeit verdrängte er den Chefadjutanten Brückner und besetzte — nach einem der Grundprinzipien bürokratischer Machtsicherung — alle Schlüsselstellungen mit Leuten, die ihre Position nicht eigenem älterem Verdienst oder sachlichen Vorzügen, sondern unerwarteter Begünstigung verdankten. Argwöhnisch überwachte er anhand der Besucherlisten Hitlers Kontakte zur Außenwelt und richtete, dem Zeugnis eines Beobachters zufolge, »eine wahre Chinesische Mauer auf, in die man nur eingelassen wurde, wenn man seine leeren Hände vorgezeigt und Bormann den Zweck des Besuchs eingehend erklärt hatte. Damit hatte er eine absolute Kontrolle über das ganze Räderwerk des Reichs.«[24] In sorgsamer Dosierung fütterte er Hitlers Selbstgefälligkeit und nutzte dessen hysterische Abneigung gegen objektive, den eigenen Phantasiegebilden zuwiderlaufende Tatsachen für die Festigung seiner persönlichen Stellung. Hitler dankte es ihm gegen Ende des Krieges geradezu, daß er die Türen immer fester gegen jeden verschloß, der die kalte Luft der Wirklichkeit in die dumpfe Wahnwelt des Führerhauptquartiers mit ihren gaukelnden Wunschvorstellungen zu bringen trachtete, wie überhaupt die intime Kenntnis der Schwächen und persönlichen Eigenarten Hitlers ihn allen Mitbewerbern überlegen machte. Selbst als Goebbels Anfang 1945 ein Album mit Fotografien umgepflügter Straßenzüge und zerstörter Baudenkmäler ins Hauptquartier schickte, erhielt er es von Bormann mit dem Bemerken zurück, der Führer wünsche nicht, »mit solchen belanglosen Angelegenheiten« behelligt zu werden.[25]

Die Menschen teilte er in zwei Kategorien ein: ob er sie gewinnen und sich unterwerfen könne oder ob er sie fürchten müsse, und mißtraute ihnen allesamt. Um von jedem alles zu wissen, sammelte er unaufhörlich Informationen für seine Personalkartei und zeigte sich als ein Meister in den Methoden jener heimlichen Günstlingsintrige, die das Kennzeichen despotischer Hofgesellschaften ist: Anspielungen, halb hingeworfene Verdächtigungen, Doppelzüngigkeit und angemaßte Befugnisse beherrschten von nun an mehr denn je den Untergrund kollegialer Beziehungen an der Führungsspitze, und sogar Heydrich, selbst ein Kenner aller Geheimnisse der von Bormann unermüdlich angezettelten Kabalen, begann, dessen hinterhältiges Ingenium zu respektieren.[26] Nach übereinstimmender Bekundung gab der Sekretär des Führers nicht selten als konkrete Weisung Hitlers weiter, was allein auf einer gelegentlichen Tischbemerkung beruhte oder auf andere unkontrollierbare Weise von ihm inauguriert worden war und allemal den eigenen selbstsüchtigen Aspirationen zugute kam.[27] Gerade die undeutlich gezogene Grenze seiner Befugnisse, die in der Berufung auf den angeblichen Willen des Führers immer beliebiger manipuliert wurde, sicherte ihm eine Bewegungsfreiheit, die im Grunde keine Beschränkung kannte und ihn in der Tat zum »geheimen Lenker Deutschlands« machte[28], während Hitler sich befriedigt zeigte, von der Bürde verwaltungstechnischer Routinearbeit befreit zu sein. Bormanns Rundschreiben über den »Aufgabenbereich der Partei-Kanzlei« vom 2. April 1942, das seiner Dienststelle den Anschein rein parteigebundener Verwaltungs- und Vertretungsfunktionen gab, erschöpfte den Katalog seiner tatsächlichen Kompetenzen nicht annähernd und richtete sich wiederum nach dem Prinzip der minimalen Publizität. »Schweigen«, so notierte er gelegentlich für seine Frau, »ist gewöhnlich am klügsten. Und man sollte unter keinen Umständen immer die Wahrheit sagen, sondern nur, wenn genügend Gründe es wirklich notwendig machen.«[29] Die Wahrheit lautete, daß er, jenseits seines mittelbaren Einflusses auf die Person Hitlers, den gesamten Parteiapparat immer eindeutiger beherrschte; er entzog Rosenberg einen Teil der ideologischen, Ley die personalpolitischen Befugnisse, und auch der Reichsminister Lammers, der Chef der Reichskanzlei, sah sich durch ihn wichtiger Funktionen beraubt. Bormann verabschiedete und ernannte Parteifunktionäre oder die ihm persönlich unterstellten Gauleiter, brachte sein Mitspracherecht bei Ernennungen und Beförderungen in allen staatlichen und selbst den militärischen Ressorts massiv zur Geltung, schenkte oder entzog seine Gunst, lobte, kujonierte oder beseitigte, hielt sich aber immer im Hintergrund und hatte stets eine Verdächtigung, eine Schmeichelei mehr zur Hand als seine Gegenspieler. Nicht zu Unrecht hat man seine schwer definierbare Position mit der Machtstellung verglichen, die Stalin in den letzten Tagen Lenins ausübte.[30]

Zur ideologischen Konzeption des Nationalsozialismus hatte er nur jene etwas hilflose Beziehung, die seinem Verhältnis zur geistigen Wirklichkeit insgesamt anhaftete. Er war ein Machtkontrolleur, der Typ des Funktionärs, dessen Wirkungsbereich die Ausführung, nicht die Begründung war, und die weltanschaulichen Anmerkungen, die im zugänglichen Teil seiner Korrespondenz gelegentlich auftauchen, sind zweifellos nicht allzu ernst zu nehmen, sofern sie ohnehin nicht lediglich als Echo auf das ideologische Eifererturn seiner Frau erscheinen. Sie ahmen deutlich einen Stil und eine Gefühlsbemühung nach, die ihm versagt geblieben waren, und Nationalsozialismus bedeutete ihm denn wohl auch weniger ein Glaubensbekenntnis als vielmehr ein Instrument des persönlichen Ehrgeizes. Offenkundig war seine derbe Diesseitigkeit unfähig zu den Akten getragener Inbrunst, die einem Heinrich Himmler so teuer waren, und hinter seinem dicken runden Schädel war kein Quentchen Dämonie, sondern nur ein robuster Machtwille, der seine Rechtfertigung in sich selber fand.

Dies auch, und nicht etwa ein ideell begründeter Widerspruch, machte ihn zu einem der radikalsten Gegner der Kirchen. Was ihn antrieb, war weniger die lästige ideologische Konkurrenz des Christentums als vielmehr der Anspruch auf den Menschen, mit dem die Kirchen den totalen Machtbestrebungen des Dritten Reiches entgegentraten. In seinen Direktiven zur Kirchenpolitik ist denn auch immer wieder von »Machteinbußen«, »Einflußmöglichkeiten« und dem »Recht zur Volksführung« die Rede; und wenn er in seinem berühmten Erlaß an die Gauleiter vom 6./7. Juni 1941 über das »Verhältnis von Nationalsozialismus und Christentum« versucht hat, solchem machttechnischen Zweckdenken mit schnoddriger Plattheit ein ideologisches Mäntelchen überzuwerfen, so doch nicht, ohne am Ende die eigentliche Ursache dieser Gegnerschaft zu enthüllen:

»Nationalsozialistische und christliche Auffassungen sind unvereinbar. Die christlichen Kirchen bauen auf der Unwissenheit des Menschen auf, demgegenüber beruht der N(ationalsozialismus) auf *wissenschaftlichen* Fundamenten ...
Wenn wir N(ationalsozialisten) von einer Gottgläubigkeit sprechen, dann verstehen wir unter Gott nicht wie die naiven Christen und ihre geistlichen Nutznießer, ein menschenähnliches Wesen, das irgendwo in der Sphäre herumsitzt ... Die naturgesetzliche Kraft, mit der sich alle diese unzähligen Planeten im Weltall bewegen, nennen wir die Allmacht oder Gott. Die Behauptung, diese Weltkraft könne sich um das Schicksal jedes einzelnen Wesens, jeder kleinsten Erdenbazille kümmern, könne durch sog. Gebete oder andere erstaunliche Dinge beeinflußt werden, beruht auf einer gehörigen Dosis Naivität oder aber auf einer geschäftlichen Unverschämtheit ...«
Dann erst verlagert sich die Argumentation auf die ausschlaggebenden Machtüberlegungen: Da Adolf Hitler die Volksführung selbst in der Hand hat, müssen »alle Einflüsse, die die durch den Führer mit Hilfe der NSDAP ausgeübte Volksführung beeinträchtigen oder gar schädigen könnten, ... ausgeschaltet werden. Immer mehr muß das Volk den Kirchen und ihren Organen, den Pfarrern, entwunden werden. Selbstverständlich werden und müssen die Kirchen, von ihrem Standpunkt betrachtet, sich gegen diese Machteinbuße wehren. Niemals aber darf den Kirchen wieder ein Einfluß auf die Volksführung eingeräumt werden. Dieser muß restlos und endgültig gebrochen werden ... Erst dann sind Volk und Reich für alle Zukunft in ihrem Bestande gesichert.«[31]

Im übrigen wirkten bei Bormanns kirchenfeindlichen Verlautbarungen vermutlich auch die taktischen Überlegungen eines Mannes mit, der sich neben der tatsächlichen Herrschaft über die Partei auch den ideologischen Unfehlbarkeitsanspruch sichern wollte – nicht weil er das Streben nach Rechtgläubigkeit mit dem Ehrgeiz des Schriftgelehrten verband, sondern einfach, weil auch dies Macht bedeutete und er sich im Grunde durch jede fremde Zuständigkeit herausgefordert fühlte. Daneben waren, wie immer bei derartig akzentuierten Feindschaften, auch hier offenbar persönliche Beweggründe im Spiel und schließlich auch ideologische Formfragen, die er selbstverständlich berücksichtigte, dem Atheisten vergleichbar, der seinen Kindern das Nachtgebet hersagt. Nationalsozialismus war alles, was den wechselnden persönlichen Bedürfnissen und Trieben entgegenkam: dem Ehrgeiz, dem Herrschaftswillen, der Karriere, den brutalen Instinkten oder selbst den kleinen erotischen Libertinagen. Gerade dieser Sachverhalt begründet die peinliche Komik jenes Briefwechsels zwischen Bormann und seiner Frau, nachdem er ihr im Januar 1944 mit triumphierender Ungeniertheit mitgeteilt hatte, es sei ihm endlich gelungen, die Schauspielerin M. zu verführen. Während Gerda Bormann diese Mitteilung sogleich tapfer in ihr Weltbild einordnet und ihm versichert, sie sei weder böse noch eifersüchtig, sondern vielmehr bereit, M. in den gemeinsamen Haushalt aufzunehmen und angesichts der durch den Krieg erschreckend gesunkenen Kinderproduktion ein System umschichtiger Mutterschaft auszuarbeiten, »so daß Du immer eine Frau hast, die gebrauchsfähig ist«, antwortet er anerkennend und im Tone dessen, für den Ideologien lediglich triebverschleiernde Funktion besitzen: »Du bist von nationalsozialistischem Stamm; als eines Nazi Kind bist Du sozusagen in der Wolle gefärbt.«[32]

Seine erklärte Absicht war es, die Kirchen noch während des Krieges weitgehend zu zerschlagen. Als er im Jahre 1941 darüber in taktischen Gegensatz zu Hitler geriet, der den von Bormann gesteuerten Kampfkurs angesichts der Anspannungen des Krieges für inopportun hielt, trieb er seine Pläne insgeheim weiter voran[33]; denn ihm schien gerade der Krieg die geeignete, nicht wiederkehrende Gelegenheit zur Radikalisierung des Regimes nach innen – hier wie stets zum Äußersten entschlossen, der »Vertreter aller harten Maßnahmen«, wie man ihn genannt hat.[34] Es kann denn auch nicht allein mit der Mechanik seines Amtes erklärt werden, daß sein Name immer wieder unter den verschärfenden Initiativen der letzten Kriegsjahre, sei es zur Rassenpolitik, zur Behandlung der Ostvölker, der Kriegsgefangenen usw., erschien; dahinter stand vielmehr die eigentümliche Radikalität des Subalternen, der sich seiner Machtfülle ständig durch deren schrankenlosen Gebrauch versichern will. Seine Härte, seine moralische Unempfindlichkeit, die einherging mit einer außergewöhnlich schikanösen Sorgfalt, kam neben zahlreichen anderen Beispielen überaus kennzeichnend in einer Weisung an Alfred Rosenberg zum Ausdruck, wonach in den besetzten Ostgebieten nicht nur die Abtreibung zu fördern, das Bildungsniveau zu senken und die Gesundheitsfürsorge einzustellen, sondern auch dafür Sorge zu tragen sei, daß »keinesfalls die ... Städte irgendwie hergerichtet oder gar verschönert werden«[35]. In einer Denkschrift vom 19. August 1942 schrieb er:

> »Die Slawen sollen für uns arbeiten. Soweit wir sie nicht brauchen, mögen sie sterben ... Die slawische Fruchtbarkeit ist unerwünscht. Sie mögen Präservative benutzen oder abtreiben, je mehr desto besser. Bildung ist gefährlich ... Die Religion lassen wir ihnen als Ablenkungsmittel. An Verpflegung bekommen sie nur das Notwendige. Wir sind die Herren, wir kommen zuerst.«[36]

Wer wie Bormann nur in Rivalitäten dachte, kam aus den Netzen taktischer Erwägungen nicht mehr frei. Gewiß sind solche Verlautbarungen Ausdruck unendlicher Verrohung; sie sind aber auch der Versuch, durch eine Radikalität, die der zusehends enthemmteren Weise Hitlers folgte, alle, und gegen Ende die drei verbliebenen Konkurrenten aus dem machtpolitischen Spiel zu verdrängen: Himmler, Goebbels und Speer. Während der Reichsführer-SS in anhaltender Wirklichkeitsblindheit seinen Gegner offenbar noch immer unterschätzte und ihm so zahlreiche Angriffsflächen bot, daß er innerhalb kurzer Zeit nachgeben mußte[37], leistete Goebbels erbitterten Widerstand, ehe auch er einlenkte oder doch zum unfreiwilligen Eingeständnis seiner Unterlegenheit gezwungen wurde. Den Plan, durch die Verbindung vor allem mit Göring, Speer und Ley die Kontrolle über die Intensivierung der Kriegsführung zu gewinnen, sah Goebbels alsbald scheitern, seine Klagen bei Hitler blieben erfolglos, und eine große Denkschrift zur politischen Lage, von der er sich eine entscheidende Initiative versprochen hatte, verstaute Bormann ungelesen in den hinteren Fächern seines Panzerschranks.[38] Als beide sich in der Endphase des Dritten Reiches wieder einander näherten, war das weniger in der Gemeinsamkeit der von ihnen gleichermaßen geschäftig gesteigerten Radikalität von Krieg und Untergang begründet als vielmehr in der Klugheit des taktisch gewandten Ministers, der die Vorteile der Stellung Bormanns am Hofe endlich erkannte und respektierte. Lediglich den Einfluß Speers vermochte Bormann trotz aller Bemühungen kaum zu untergraben — als Speer ging, geschah es aus eigenem Antrieb, im Entsetzen über ein willentliches Ende, das von Haßgefühlen, Vernichtungssehnsucht und den pseudoromantischen Erinnerungen aus Wagneropern grauenvoll inspiriert war. »Wir müssen nicht niedergeschlagen sein«, schrieb Bormann im April 1945 in seinem letzten erhaltenen Brief an seine Frau, »was auch kommt, wir sind gehalten, unsere Pflicht zu tun. Und wenn es uns bestimmt ist, wie weiland die ollen Nibelungen in König Etzels Saal unterzugehen, wollen wir es stolz und ungebeugt tun.«[39]

Auch dann intrigierte er noch, verbissen in sein Diadochenspiel, und verfolgte mit zäher und sinnloser Geduld selbst die ausgeschalteten Rivalen. Seiner Fallenstellerei verdankte Himmler den gar nicht mehr realisierbaren Oberbefehl über die Heeresgruppe Weichsel, die östlich von Berlin gänzlich aussichtslosen Widerstand leistete, und er war es, der Hitlers Befehl zur Verhaftung Görings kurzerhand in ein Todesurteil umfälschte. Am mächtigsten und unbestrittensten war seine Stellung, als das Dritte Reich nur noch über einige Schutthalden und einen Bunker acht Meter unter der Erde im Zentrum Berlins gebot: da war er endlich am Ziel.

Von seinem Machthunger blieb im Grunde nur einer verschont: Hitler selbst. Ihn brauchte er, schon weil er der großen befehlsgebenden Autorität und ihrer Weisungen nicht entraten konnte und weil der Schatten, den allein er warf, weit und tief genug war, um ihm das Dunkel zu gewähren, das sein Element war. »Er (Hitler) türmte sich über uns wie der Mount Everest«, bemerkte er gelegentlich: »Wenn alles gesagt und getan ist, bleibt der Führer doch der Führer! Wo wären wir ohne ihn?«[40] Die Frage deutet immerhin an, daß er seine Persönlichkeitsarmut bisweilen empfand, und möglicherweise waren die Anstrengungen seines Ehrgeizes der Versuch, das fehlende individuelle Gewicht durch das Gewicht der Macht zu ersetzen, mit der er sich so rücksichtslos identifizierte. Nur so würde schließlich auch verständlich, warum dieser kühle vorteilssüchtige Rechner bis zuletzt an der Seite Hitlers ausharrte, der »treueste Parteigenosse«. Er unterzeichnete Hitlers Testament, wirkte als Trauzeuge und stand, zusammen mit Goebbels, General Burgdorf und einigen anderen im Hof der Reichskanzlei, als unter dem Feuer russischer Granaten Hitlers Leiche in Flammen aufging.

In der Nacht vom 1. zum 2. Mai 1945 unternahm er zusammen mit den anderen Bunkerinsassen einen Ausbruchsversuch. Dank seiner gefühllosen Starrheit, aber auch auf Grund der festen Verklammerung in die Routine seines Amtes, hatte er bislang weder Zweifel noch Unsicherheit gekannt. Nun, angesichts des zusammenbrechenden Ordnungsgefüges, das er so unbeugsam beherrscht hatte, und der durch den Tod Hitlers ziellos gewordenen Unterordnungsbedürfnisse, begann er zum ersten Mal, seine Orientierungsgewißheit zu verlieren — »Wo wären wir ohne ihn?« Die resignativen Stimmungen, die den Gedanken an das unwiderruflich heranrückende Ende mitunter überschattet hatten, brachen in dem führungslosen Funktionär offen hervor. In einigen Briefen der letzten Monate hatte er für die Zeit nach dem Kriege kleinbürgerliche Wunschträume entwickelt, die ein Haus, einen Garten und ein Leben abseits aller Politik einschlossen: »Du weißt, ich habe das bis zur Neige kennengelernt, alle Häßlichkeit, Verzerrung, Verleumdung, abscheuliche und verlogene Schmeichelei, Speichelleckerei, Unfähigkeit, Wahnsinn, Idiotie, Ehrgeiz, Eitelkeit, Geldgier usw., kurz, alle unangenehmen Ansichten der menschlichen Natur ...: Ich habe genug!«[41] Jetzt sagte er zu einer seiner Sekretärinnen: »Also denn (sic!) auf Wiedersehn. Viel Sinn hat es ja doch nicht mehr, ich werde es mal versuchen, aber durchkommen werde ich doch nicht.«[42] Hinter ihm schlugen aus dem verlassenen Führerbunker die Flammen hoch.

Seither ist er verschollen. Zwischen der Weidendammer Brücke und dem Lehrter Bahnhof verliert sich seine Spur hinter Dreckfontänen und aufwirbelndem Gemäuer in jener Anonymität, die er immer gesucht hat.

ERNST RÖHM

und die verlorene Generation

Der Furcht so fern,
Dem Tod so nah —
Heil Dir, SA!
Joseph Goebbels

Er nehme immer den entgegengesetzten Standpunkt ein, hat Ernst Röhm gelegentlich erklärt[1], und damit nicht nur seinen Widerspruchsgeist und sein Selbstbewußtsein bezeugt. Repräsentant einer wahrhaft verlorenen Generation, der er war, hat er mit dieser Selbstbekundung auch das Lebensproblem dieser Generation formuliert, die sich in unklaren, aber konsequenten Gefühlen des Gegensatzes, des Protests, nach dem Ersten Weltkrieg in den Freikorps und bewaffneten nationalistischen Verbänden zusammenfand, um ihre Untüchtigkeit zu zivilen Existenzformen in einem radikal gestimmten Abenteurertum und national kaschierter Kriminalität zum Ausdruck zu bringen. Aktivistische Unrast, Risikobereitschaft, Gewaltglaube und Verantwortungslosigkeit markierten im wesentlichen die psychologische Ausgangslage jenes Nihilismus-in-Reih-und-Glied, der im Krieg mit dem daraus resultierenden Grundgefühl vom Untergang einer Kultur sein Bildungserlebnis und im Frontkämpfertum seinen Mythos gefunden hatte. Agenten einer permanenten Revolution ohne revolutionäres Konzept, besaßen sie kein Ziel, nur eine Unruhe, keine auf die Zukunft gerichtete Wertvorstellung, sondern nur den Wunsch, die »Grabenwerte« zu verewigen, sie kämpften und marschierten über Waffenstillstand und Kriegsende hinaus, doch nicht mit dem von einem neuen Ordnungsentwurf für die Gesellschaft geprägten Richtungsbewußtsein, sondern um des Kampfes und des Marschierens willen, weil die Welt sich ihnen als Front entschlüsselte und ihr Rhythmus derjenige marschierender Schritte war: »Marschieren ist die sinnvollste Form unseres Bekenntnisses.«

Es bedurfte nur der Vereinigung dieses blinden Dynamismus mit einem zielbewußten revolutionären Willen, um ihn nahezu unwiderstehlich zu machen. In der SA hat diese Kombination sich verwirklicht. Sie verdankte ihre Entstehung dem sich ergänzenden Bedürfnis einer richtungslos im politischen Raum vagabundierenden »reinen Stoßkraft« nach Zielen und Aufgaben einerseits und den aus unentschiedenen Anfängen zusehends schärfere Konturen gewinnenden machttechnischen Überlegungen Hitlers andererseits. Wie ein Magnet die Metallspäne, um eines seiner bevorzugten Bilder zu verwenden, hat Hitler diese Menschen mit dem frühen unheilbaren Bruch in ihrer Lebensgleichung, zu denen er selbst im Grunde gehörte, angezogen und ihren Radikalismus, ihre moralische Verwilderung in sein taktisches System der Machteroberung eingefügt. Denn nicht nur, weil sich hier natürliche Anknüpfungspunkte ergaben, nicht nur, weil er in ihnen ein für die eigenen Bestrebungen ideal präpariertes Menschentum vorfand, hat er seine Werbung so nachdrücklich auf die Kampfbünde gerichtet; vielmehr kam er schon bald darauf, sich den propagandistischen Wert jener Einschüchterung nutzbar zu machen, die von der Demonstration uniformierter Gewaltentschlossenheit ausgeht, und wie selten sonst bewies er gerade hierin sein psychologisches Geschick. Anders als ein zivilisiertes Bewußtsein es erwarten würde, vertraute er auf die Werbekraft des Terrors, auf die Anziehung durch den mit rüden Mitteln verbreiteten Schrecken. »Grausamkeit imponiert«, so hat er diese Erkenntnis einmal formuliert, »die Leute brauchen den heilsamen Schrecken. Sie wollen sich vor etwas fürchten. Sie wollen, daß man ihnen bange macht und daß sie sich jemandem schaudernd unterwerfen. Haben Sie nicht überall die Erfahrung gemacht nach Saalschlachten, daß sich die Verprügelten am ersten als neue Mitglieder bei der Partei melden? Was schwatzen Sie da von Grausamkeit und entrüsten sich über Qualen. Die Masse will das. Sie braucht etwas zum Grauen.«[2] Die in der SA praktizierte Mobilisierung der rohen, vom Krieg entbundenen Instinkte, die durch die Einbeziehung eindeutig krimineller Elemente, der Schlagetots und Typen aus dem Souterrain der Gesellschaft, zu noch gesteigerterer Wirkung gelangte, war infolgedessen nicht die unvermeidliche Begleiterscheinung eines revolutionären Aufbruchs, auch nicht, wie bisweilen mit freilich unverkennbar apologetischem Akzent versichert wird, die zwangsläufige Reaktion auf ähnlich organisierte, militante Formationen des politischen Gegners, sondern die zusehends planmäßiger ins Werk gesetzte Auswertung psychologischer Erfahrungen. Mit wachsender taktischer Sicherheit hat Hitler es immer sorgfältiger vermieden, über dem Einsatz rhetorischer und liturgischer Propagandamittel den werbenden Wert brachialer Vorhuten zu unterschätzen; ausdrücklich hat er für ein Zusammenspiel »aktivistischer Brutalität« beziehungsweise, »brutaler Macht mit genialem politischen Wollen« plädiert.[3]

In der Betonung des kämpferischen, auf umfassende Zwangsentfaltung gerichteten Elements lag denn auch, trotz aller Schwierigkeiten, die sich einer begrifflichen Abgrenzung von Bedeutung und Funktion der SA im Rahmen der Gesamtbewegung entgegenstellen, die eigentliche Aufgabe der braunen Sturmabteilungen im Gegensatz zur Politischen Organisation. Für das von Hitler geforderte Zusammenspiel sind Aufstieg und Machteroberung der NSDAP denn auch ein anschauliches Beispiel, obwohl die theoretische Ausgangsüberlegung immer wieder von den praktischen Komplikationen durchkreuzt wurde, wie sie sich aus dem ineinandergreifenden Einsatz zweier unterschiedlicher, dabei sich eigentümlich überlagernder, von rivalisierenden Ansprüchen und Selbständigkeitsbestrebungen erfüllter Machtkörper ergaben. Insgesamt jedoch erwies sich dieses Verfahren so lange als durchführbar und erfolgreich, wie ein konkretes Ziel und eine prinzipiell anerkannte Autorität an der Spitze existierten, deren taktischen Spielzügen beide Blöcke sich widerspruchslos fügten. Als indes die Macht errungen war und der schon immer mehr oder weniger untergründig schwelende Eigenwille der SA zu offenem Ausdruck strebte, löste Hitler das inzwischen strukturelle Problem der »Doppelpartei« auf blutige Weise.[4] Am 30. Juni 1934 sowie den beiden darauf folgenden Tagen ließ er seinen alten Gefolgsmann und Duzfreund Ernst Röhm und jene Spitzengarnitur innerhalb der SA beseitigen, die nicht nur der braunen Terrorarmee, sondern der Gesamtbewegung Hitlers einige ihrer markantesten und abstoßendsten Züge verschafft hatte.

Der Tod vor den Pelotons an der Mauer des Gefängnisses von Stadelheim sowie der Lichterfelder Kadettenanstalt war für die Mehrzahl der hohen SA-Führer, von Ernst Röhm über Edmund Heines bis hin zu August Schneidhuber, der identische Abschluß nahezu identischer Lebensläufe.[5] Dem Offiziersdienst im Kriege, in den Freikorps oder den rechtsradikalen Wehrverbänden folgten zumeist die Stationen unschlüssig und halbherzig unternommener Versuche, im bürgerlichen Leben Fuß zu fassen, als Reisender, kaufmännischer Angestellter, Gutsverwalter oder Heimleiter. Zwischendurch wurden die alten Kontakte gepflegt, die tiefeingebrannte Sehnsucht nach männlicher Kumpanei, nach dem Waffenhandwerk, nach den Unbeschwertheiten des Soldatenlebens und schließlich auch nach Suff und Fraß und Zügellosigkeit nagte unaufhörlich, man überwinterte nur hinter bürgerlichen Fassaden, die man als fremd und »zivilistisch« empfand, konspirierte unterdessen, nahm teil an hochverräterischen Unternehmungen, an Attentaten auf republikanische Politiker, an Fememorden. Fast jeder Lebenslauf verzeichnet einen Gefängnisaufenthalt als Symptom der Anpassungsschwierigkeiten von Menschen, die in fruchtlosem Ressentiment »immer den entgegengesetzten Standpunkt« einnahmen, entgegengesetzt jedenfalls dieser verachteten und verhaßten bürgerlichen Welt, deren Werte und Ordnungsbegriffe für die meisten im Kriegserlebnis unwiderruflich dahingegangen waren — bis dann plötzlich dieses leere, selbstentfremdete Leben mit dem Eintritt in die aufstrebende SA sein zentrales Bezugssystem zurückerhält: die Unruhe, die Abenteuerlust, die Haßgefühle haben mit einem Schlage wieder Tuchfühlung, die Sinnlosigkeit hat ihren Nachbarn, ihren Kameraden und nach der verschwommenen Denkweise eines revolutionären Irrationalismus damit ihren Sinn.

Die Ursachen für das außerordentliche zivile Unvermögen dieser Generation entstammten verschiedenen Schichten und Motiven. Für die einen, vor allem die Landsknechte mit nicht selten schwankenden Neigungen zwischen dem Radikalismus von links oder rechts, aber auch für die »Idealisten«, die in den »Feuern der Materialschlachten« den Zipfel eines neuen, noch unklaren Lebenssinnes erfaßt zu haben glaubten, den sie in der schalen Normalität ihrer Gegenwart vergebens wiederzufinden suchten, war es die seelische und intellektuelle Überforderung durch Krieg und Nachkrieg: sie bildeten den eigentlichen revolutionären Kern der SA; für andere war es die Angst vor dem infolge unterschiedlicher Umstände drohenden oder bereits erfahrenen wirtschaftlichen Ruin oder vor sozialer Deklassierung: eine Schicht von durchaus kleinbürgerlichem Charakter, die vorwiegend das »Material« der SA stellte; dazu stieß die Gruppe ehemaliger Berufssoldaten, die sich durch die Bestimmungen des Versailler Vertrages gesellschaftlich herabgesetzt, erwerbslos gemacht sowie überdies moralisch diffamiert sah und folglich von heftigen Ressentiments erfüllt war. Gemeinsam charakterisierte sie alle, mehr oder weniger stark, das schon vor dem Kriege insbesondere von der Jugendbewegung geweckte, im Kameradschaftserlebnis an der Front legendär bestätigte und verstärkte Verlangen nach neuen Gemeinschaftsformen, das sich von der am bürgerlichen Verein orientierten Praxis der bestehenden Parteien weder aufgefangen noch hinreichend repräsentiert sah.[6] Es ist nicht nur ein statistischer Zufall, sondern Ausdruck dieses Sachverhalts, daß es sich bei der frühen Führungsspitze der SA fast durchweg nicht um die negative Auslese aus dem Mob der großen Städte handelt, sondern überwiegend um Gescheiterte mit ursprünglich gesichertem Existenzansatz: eine entwurzelte Bürgerlichkeit, die aus verlorener Ehre, verlorenem Glauben oder verlorener Sozialgeltung ins Verbrechen ausweicht — freilich mit allen Rücksichten auf Befehlsdeckung von oben, auf ideologische Vorwände und formale Absicherungen. In geordneten Zeiten für die mittleren Ränge der Gesellschaft ausersehen, mit eher konservativer Lebensbestimmung, drängten eine im echten Sinne unbewältigte Vergangenheit und die Pluralität ihrer Aggressionshaltungen sie auf revolutionäre Bahnen, außerhalb und in bewußt kultiviertem Gegensatz zu jeder Ordnung mit Ausnahme der militärischen; und statt der maßvollen gesellschaftlichen Vorrechte, die ihnen einst verheißen schienen, nahmen sie nun lärmend und demonstrativ die Gewaltprivilegien des Landsknechtsdaseins in Anspruch, unnachahmlich zum Ausdruck gelangt in dem Trinkspruch eines der Anführer dieses mit nationalem Anspruch überhöhten Bandenwesens aus der Zeit der Oberschlesienkämpfe: »Es geht doch nichts über so einen kleinen Krieg! Gott erhalte den Kriegsschauplatz. Ich drohe, nüchtern zu werden.« Und Ernst Röhm schrieb: »Da ich ein unreifer und schlechter Mensch bin, sagt mir der Krieg und die Unruhe eben mehr zu als die brave bürgerliche Ordnung.«[7]

In der Tat war der kleine dicke Mann mit dem zerschossenen, stets leicht geröteten Gesicht der wohl typische Vertreter dieser entgleisten, erst in der braunen Terrorarmee Hitlers zu neuem Halt gelangten Schicht, und es ist offenbar mehr als eine Laune des Geschicks gewesen, daß er es war, der das spektakuläre Strafgericht herausforderte, in dessen Verlauf Hitler den Typus des robusten und populären Troupiers mit dem polternden Selbstbewußtsein aus der Führungsspitze der Bewegung verstieß. Als Nachkomme einer alten bayerischen Beamtenfamilie vereinigte Röhm nicht nur die soziologischen, sondern darüber hinaus auch wesentliche psychologische Durchschnittswerte zahlreicher führender Gefolgsleute Hitlers: über einer intensiven, fast innigen Mutterbeziehung erhob sich der Schatten, den die respektgebietende Gestalt des Vaters warf, der »hart gegen sich (war), rechtlich und sparsam«[8]. Röhm war ein besessener Soldat und Offizier, wenn auch ohne jene Arroganz und verkrampfte Hintergründigkeit, mit deren Hilfe sich die ja doch existente Karikatur des Generalstabsoffiziers alter Schule ein wenig martialische Dämonie ins leere Soldatengesicht schaffte. Obwohl er, der von Kindheit an »nur den einen Gedanken und Wunsch, Soldat zu werden«, gehabt hatte, gegen Ende des Krieges sogar im Generalstab tätig und ein hervorragender Organisator war, verkörperte er doch weit eher die Erscheinung des Truppenoffiziers. Er war ein rücksichtsloser Draufgänger, der im Krieg zahlreiche Verwundungen davongetragen hatte, und noch in seinem Erinnerungsbuch äußerte er eine merkwürdig exaltierte Abneigung gegen das Wort »besonnen«[9]. Er teilte die Menschen kurzerhand in Soldaten und Zivilisten, in Freund und Feind ein, war ehrlich, aber ohne Finessen, derb, nüchtern, ein Haudegen voller Einfalt und Geradlinigkeit, dem »der Lärm des Feldlagers gefiel ... und das prassende Treiben in der Marketenderei«[10]. Wo er auftrat, so hat einer seiner Kameraden aus der Zeit illegaler Wehraktivität vermerkt, »da kam ›Leben in die Bude‹, da wurde aber auch vor allem *praktische* Arbeit geleistet«[11]. In seiner bajuwarischen Diesseitigkeit, der alle Grübelei fremd war, hatte er denn auch zu Tiefenkult, Nordschwärmerei und rassischen Wahnvorstellungen keine Beziehung und höhnte offen über den verzwickten weltanschaulichen Mystizismus Rosenbergs, Himmlers oder Darrés. Vorwurfsvoll meinte sein Nachfolger Viktor Lutze später, er habe sich mit

Röhm nie befreunden können, da dieser »nicht genügend weltanschaulich eingestellt« gewesen sei.[12]

Zugleich allerdings war Röhm ein brutaler Patron, der um sich eine wüste Gesellschaft sammelte, die sich nicht scheute, in Verruf zu geraten, und sich auf Korruption, perverse Ausschweifungen oder Gewaltverbrechen sogar noch etwas zugute hielt. Gewiß haben Funktion und Zielsetzung der SA schon frühzeitig die vom Ersten Weltkrieg entbundenen kriminellen Energien nach vorn gebracht, aber erst unter Röhm erhielten sie jenen ostentativen Charakter, durch den sie gewissermaßen institutionalisiert und die SA endgültig als eine Art Ringverein mit politischem Akzent gekennzeichnet wurde. Von Gewissensbelastungen war Röhm zweifellos frei, ein Mord beunruhigte ihn nicht, und wenn der Hauptmann Weiß schrieb, wo Röhm aufträte, da sei »Leben« in die Bude gekommen, so war es sicher oft genug auch das Gegenteil. Als sein enger Freund Edmund Heines wegen einer Mordtat gerichtlich verurteilt wurde, nannte er das in empörtem Unverständnis rechtlicher Normen einen »Eingriff der formalen Justiz in das Notwehrrecht des Soldaten«[13].

Nach diesem Recht des Soldaten orientierte sich sein Weltbild, »bewußt einseitig«, wie er nicht ohne Stolz betonte. In seinen Erinnerungen schwärmte er von jener Zeit, da der Soldat »alles« galt, und forderte offen die grundsätzliche Privilegierung seines Standes, »das Primat des Soldaten vor dem Politiker«[14]. Seine Auffassung, die in der nichtuniformierten Gegenwelt nahezu ausschließlich »Drückeberger, Deserteure und Schieber« am Werke sah, stützte sich auf das Argument, daß zur Führung allein berufen sei, wer, frei von privaten Interessen, auch bereit sei, für die Prinzipien dieser Führung zu sterben – »ein Weltbild von erschütternder Naivität und Beschränktheit«, wie man zu Recht bemerkt hat, »eine Art militaristisches Totalressentiment gegen die zivile Umwelt«[15]. Und wie er versicherte, daß ihn auf Grund der gleichen aktivistischen Einstellung mit dem Kommunisten mehr verbinde als mit dem »Spießer«, so äußerte er noch im Jahre 1933 einem britischen Diplomaten gegenüber, daß er sich »eher mit einem gegnerischen Soldaten als mit einem deutschen Zivilisten verständigen würde; denn dieser ist ein Schwein, und ich verstehe seine Sprache nicht«[16].

Die Verhältnisse nach dem Ersten Weltkrieg kamen dem Hauptmann Röhm vom Reichswehrgruppenkommando 4 in München außerordentlich entgegen. Er gehörte zur großen Gruppe ehrgeiziger Hauptleute und Majore, die nach ihrer Rückkehr aus dem Felde die Ohnmacht der öffentlichen Institutionen nutzten und, gestützt auf die tatsächliche Macht, über die sie verfügten, ein wachsendes Terrain innerhalb der herrschaftsfreien Sphäre okkupierten. Nicht zuletzt der mit nahezu traumatischer Kraft wirksame Selbstvorwurf, im November 1918 bei der gebotenen Verteidigung der Monarchie versagt zu haben, führte dazu, daß von ihrer Seite die entschiedenste

Weigerung ausging, die revolutionär geschaffene neue Staatlichkeit anzuerkennen. Vor allem in Bayern konnten sie ihre gegenrevolutionäre, damit gegen das Reich und dessen Legalität selbst gerichtete Tätigkeit um so ungehinderter entfalten, als sie sich infolge der hier radikaler als anderswo zum Zuge gelangten und von chaotischen Wirren begleiteten Revolutionsereignisse von einer breiten, bis in die höchsten Regierungsstellen reichenden Volksstimmung getragen sahen. Röhm selbst schwang sich in wechselnden Positionen, deren Abfolge hier im einzelnen nicht untersucht werden muß, zum Herrn der in Bayern unterhaltenen geheimen Waffenlager und damit zu einem der mächtigsten Männer des Landes auf.[17] Die Aktivität der Freikorps und bewaffneten Verbände war ohne die geschäftige Unruhe und Vermittlungstätigkeit dieses Mannes, der weniger dem Range als dem tatsächlichen Einfluß nach zu einer der Schlüsselfiguren der politischen Szenerie wurde, kaum denkbar. Geleitet von der Idee des soldatischen Führungsanspruchs, organisierte er erstmals eine besondere Generalstabsabteilung für den politischen Nachrichtendienst, mit deren Hilfe er die Wirksamkeit der politischen Gruppen überwachte, und gelangte auf diesem Wege in Kontakt mit dem »V-Mann« Adolf Hitler. Wie nahezu jeder andere von dem rhetorischen Genie des jungen Agitators beeindruckt, verschaffte er ihm die ersten wertvollen Verbindungen zu den Politikern und militärischen Befehlsspitzen des Landes. In dem Bestreben, der nicht zuletzt dank seiner Initiative vielfach favorisierten Partei, zu deren frühen Mitgliedern er selber zählte, wachsendes Gewicht zu verschaffen, führte er ihr zahlreiche Anhänger aus dem Kreis seiner Freunde oder den Reihen der Reichswehr zu und unterstützte sie auch bei Gründung und Aufbau der SA. Doch während Hitler die SA mit dem auf unumschränkte persönliche Autorität gerichteten Instinkt des innerparteilichen Machttaktikers lediglich als terroristische Hilfstruppe für die politische Führung der Partei plante, zielten Röhms Absichten, nachdem er sich im Anschluß an seine Entlassung aus dem Heere aktiv in die Arbeit der Bewegung einzuschalten begann, weit darüber hinaus auf die Schaffung eines militärisch organisierten und geführten Wehrverbandes zur direkten revolutionären Eroberung des Staates.

So undeutlich sich zunächst beide Konzeptionen auch gegenüberstanden, setzte doch schon bald eine stille, mit wachsender Hartnäckigkeit geführte Auseinandersetzung ein, die erst am 30. Juni 1934 entschieden wurde, Hitler jedoch zu Anfang im Hintertreffen sah. Erschwert wurde seine Position nicht nur durch die damals weit überlegene Machtstellung Röhms, sondern auch durch die sowohl von den zahlreich zur SA stoßenden Soldaten als auch von organisationstechnischen Notwendigkeiten immer wieder verstärkte Tendenz zur Ausbildung militärischer Formen, die wiederum nicht ohne Rückwirkung auf die mit steigendem Selbstbewußtsein vorgetragenen Funktionsansprüche der braunen Garden blieben. Jedenfalls gelang es Röhm vom Jahre 1923 an immer offensichtlicher, seine Vorstellung durchzusetzen, so daß sich die NSDAP zusehends zur »Doppelpartei« aus zwei rivalisierenden Blöcken entwickelte: der SA, der Sturmabteilung, wie Hitler sie im Anschluß an eine in die Parteilegende eingegangene Saalschlacht getauft hatte[18], und der Politischen Organisation, abgekürzt PO, doch von der SA verächtlich P-Null genannt. Die Rolle Hitlers beschränkte sich zu dieser Zeit noch weitgehend auf die des wortgewaltigen Werbers für eine Bewegung, deren dynamischer, eigentlicher Kern weit eher der von Röhm geführte paramilitärische Verband war, und wenn auch alles dafür spricht, daß der Führer der NSDAP sich damals noch mit dieser Rangverteilung abfand, so hat sie doch, wie die weitere Entwicklung deutlich machte, sein Geltungsbewußtsein nicht unberührt gelassen. Spätestens seit dem mißglückten Unternehmen vom 9. November 1923, das ihn an den Stufen der Feldherrnhalle im Kniefall vor der Staatsautorität gesehen hatte, war er sich bewußt, daß Röhms plumpes und frontales Konzept der Machteroberung aussichtslos und folglich der Aufbau einer großen militärischen Parteiorganisation im Grundsatz verfehlt sei. Während Röhm, unmittelbar nach dem Prozeß mit Bewährungsfrist entlassen, noch die zersprengten völkischen Wehrverbände zu sammeln versuchte, begann Hitler sich, schon von Landsberg aus, von ihm zu distanzieren, zumal der eingeschworene Offizier außerstande war, die militärischen Voraussetzungen seines Machteroberungsplanes fallenzulassen und, wie er später stolz betonte, »unbelehrbar« blieb.[19] Einige wohl von beiden Seiten nur mit halber Bereitschaft durchgeführte Versuche, zu einer Verständigung zu gelangen, scheiterten, so daß Hitler bald nach seiner Haftentlassung den Bruch herbeiführte, der Röhm aller weiteren Wirkungsmöglichkeiten beraubte. Von Hitler, dessen Stellung und Prestige innerhalb der Bewegung nicht zuletzt dank der besonderen Umstände des Prozeßverlaufs außerordentlich gestärkt worden waren, verstoßen und aus der Reichswehr ausgeschieden, besaß Röhms Name kein Gewicht mehr, er war »nur noch ein Privatmann«[20]. Am 17. April 1925 zog er sich resigniert aus dem politischen Leben zurück.

Dem durchaus glaubwürdigen Vernehmen nach führte er, fern den Exzessen und liebgewordenen Regellosigkeiten des Landsknechtsdaseins sowie den meisten seiner Kameraden, »das Leben eines kranken Tieres«[21]. Unstet zog er umher, lebte hier und dort bei Freunden, verkaufte Bücher als reisender Vertreter eines patriotischen Verlages und fand für zwei Monate Arbeit in einer Maschinenfabrik, bis ihn schließlich der Ruf als militärischer Instrukteur nach Bolivien ereilte, dem er, überstürzt fast, »innerhalb 24 Stunden«, Folge leistete. Unterdessen versuchte Hitler, die SA gänzlich neu aufzubauen. »Der Zweck der neuen SA«, so hatten bereits die »Richtlinien für die Neuaufstellung der NSDAP« vom Februar 1925 erklärt, sei die »Stählung des Körpers unserer Jugend, Erziehung zur Disziplin und Hingabe an das gemeinsame große Ideal, Ausbildung im Ordner- und Aufklärungsdienst der Bewegung«. Dementsprechend entwickelte Hitler zusammen mit dem neuernannten Führer der SA, Franz Pfeffer von Salomon, die Grundsätze einer Organisation, die sowohl vom Charakter des Wehrverbandes als auch aus ihren begrenzten und uneinheitlichen Aufgaben als Prügelgarde örtlicher Parteiführer befreit und zu einem straff gelenkten machtvollen Instrument des Massenterrors in der Hand der politischen Parteiführung werden sollte. »Die Ausbildung der SA«, so hieß es in einem Schreiben Hitlers an Pfeffer, »hat nicht nach militärischen Gesichtspunkten, sondern nach parteizweckmäßigen zu erfolgen. Soweit die Mitglieder dabei körperlich zu ertüchtigen sind, darf der Hauptwert nicht auf militärisches Exerzieren, als vielmehr auf sportliche Betätigung gelegt werden. Boxen und Jiu-Jitsu sind mir immer als wichtiger erschienen als irgendeine schlechte, weil doch nur halbe Schießausbildung.« »Um die SA«, so fuhr der Brief fort, »auch geistig von allen Versuchen, durch kleine Verschwörungen ihren Aktivismus zu befriedigen, abzuziehen, muß sie, von allem Anfang an, in die große Idee der Bewegung vollständig eingeweiht und in der Aufgabe, diese Idee zu vertreten, so restlos ausgebildet werden, daß ... der einzelne Mann seine Mission nicht in der Beseitigung irgendeines kleineren oder größeren Gauners sieht, sondern in dem Sicheinsetzen für die Errichtung eines neuen nationalsozialistischen völkischen Staates. Dadurch aber wird der Kampf gegen den heutigen Staat aus der Atmosphäre kleiner Rache- und Verschwörungsaktionen herausgehoben zur Größe eines weltanschaulichen Vernichtungskrieges gegen den Marxismus, seine Gebilde und Drahtzieher ... Nicht in geheimen Konventikeln soll gearbeitet werden, sondern in gewaltigen Massenaufzügen, und nicht durch Dolch und Gift oder Pistole kann der Bewegung die Bahn freigemacht werden, sondern durch die Eroberung der Straße.«[22] In einer Folge von sogenannten SA-Befehlen und Grundsätzlichen Anordnungen hat Pfeffer später Eigenart und Wirkungsprinzipien der SA weiter differenziert und, insbesondere von ihren massenpsychologischen Einflußmöglichkeiten immer aufs neue fasziniert, ausgeführt:

> »Die einzige Form, in der sich die SA an die Öffentlichkeit wendet, ist das geschlossene Auftreten. Dieses ist zugleich eine der stärksten Propagandaformen. Der Anblick einer starken Zahl innerlich und äußerlich gleichmäßiger, disziplinierter Männer, deren restloser Kampfwille unzweideutig zu sehen oder zu ahnen ist, macht auf jeden Deutschen den tiefsten Eindruck und spricht zu seinem Herzen eine überzeugendere und mitreißendere Sprache als Schrift und Rede und Logik je vermag.

Ruhiges Gefaßtsein und Selbstverständlichkeit unterstreicht den Eindruck der Kraft –, der Kraft der marschierenden Kolonnen und der Kraft der Sache, für die sie marschieren. Die innere Kraft der Sache läßt den Deutschen gefühlsmäßig auf deren Richtigkeit schließen; ›denn nur Richtiges, Ehrliches, Gutes kann ja wahre Kraft auslösen.‹ Wo ganze Scharen planmäßig (nicht in der Aufwallung plötzlicher Massensuggestion) Leib, Leben, Existenz für eine Sache einsetzen, da *muß* die Sache groß und wahr sein!«

In dem gleichen SA-Befehl heißt es zur Abgrenzung der Funktionen von SA und PO:

»Der SA-Mann ist der heilige Freiheitskämpfer. Der Pg ist der Aufklärer und gerissene Agitator. Die politische Propaganda sucht den Gegner aufzuklären, mit ihm zu disputieren, seinen Standpunkt zu begreifen, auf seine Gedanken einzugehen, ihm bis zu einem gewissen Grade Recht zu geben. – Wenn aber die SA auf dem Plane erscheint, hört das auf. Sie kennt keine Konzession. Sie geht aufs ganze. Sie kennt nur das Motto (bildlich): Slah dot! Du oder ich!«[23]

Jenseits solcher Maximen einer allgemeinen Kampf- und Totschlagsprogrammatik hat die SA in der Tat kein ausgeprägtes ideologisches Profil entwickelt, und wenn Hitler in ihr die »fanatische Kampftruppe einer großen Idee« sah, dann war ihm auch hier die Bedingungslosigkeit ihres Fanatismus immer wichtiger als die Präzision ihrer ideologischen Bewußtseinsinhalte. Die vor allem der frühen SA im Gegensatz zur kleinbürgerlichen Politischen Organisation der Partei vielfach zugeschriebene »proletarische« Haltung war im Grunde nur Ausdruck der plebejischen Bindungslosigkeit von Menschen, die alle Brücken hinter sich abgebrochen hatten und ihren Nihilismus zur Selbstlosigkeit politischen Kämpfertums stilisierten. Gerade diese verschwommene, von vagen nationalen und sozialen Elementen bestimmte Weltanschauung, die es erlaubte, ihr die variabelsten persönlichen Neigungen, Triebhaltungen oder Interessenlagen zu unterschieben, hat, neben der auf die individuelle Unrast dieser Gescheiterten exakt zugeschnittenen nationalsozialistischen Bewegungsideologie, so anziehend gewirkt und dem Bedürfnis des in allen Rängen der SA vorherrschenden Typus des Landsknechts nach ideenloser Führung und ideenloser Gefolgschaft entgegengearbeitet. Gewiß war, was ihn vom gemeinen Kriminellen unterschied, das Verlangen nach ideologischer Motivierung seines Handelns[24]; aber dieses Verlangen begnügte sich zumeist doch mit den leeren Vokabeln eines demagogisch angehobenen kollektiven Selbstwertgefühls, sofern es nicht vorweg schon von der halbmilitärischen Struktur der SA an sich befriedigt wurde, entsprechend einem eigentümlichen Mißverständnis innerhalb einer von militaristischen Traditionen geprägten Gesellschaft, daß eine »Sache« vertreten und »Idealismus« praktiziert werde, wo die Träger individueller Affekte und Mißstimmungen sich zu Reih und Glied formieren und Schritt fassen – der zitierte Befehl Pfeffers ist ein anschaulicher Beleg dafür. Die Ideologie der SA war Aktivität um jeden Preis vor dem Hintergrund einer allgemeinen, gänzlich undifferenzierten Glaubensbereitschaft, und die Verführungskraft, die allein von diesen Voraussetzungen auf die Generation der vom Kriege aus der Bahn Geworfenen ausging, wurde noch gestützt durch die bewußt entwickelte und zu werbendem Einsatz gebrachte Romantik des ›Verlorenen Haufens‹, der für sich beanspruchte, in einer Zeit nationaler Ehrvergessenheit und sozialer Eigensucht Wert und Würde des Volkes gegen eine Welt von Feinden zu verteidigen. Erst hier, nach diesen lediglich das Grundsätzliche erfassenden Feststellungen, wäre dann darauf hinzuweisen, daß auch dieses Bild unterschiedliche Farbwerte enthält und beispielsweise der unideologische Dynamismus vor allem eine Besonderheit der süddeutschen Kernzelle der SA war, während in der norddeutschen Richtung gewisse, wenn auch unklare »linke«, antikapitalistische Stimmungen lebendig waren, die jedoch nie auf die Ebene eines gedanklich formulierten Konzepts erhoben und mit der wachsenden Vorherrschaft der Münchener Zentrale überspielt und schließlich liquidiert wurden. Dem homoerotischen Gepräge der SA entsprechend, sah ihre Hingabewilligkeit sich im übrigen weit weniger von Programmen als von Persönlichkeiten, von ›Führernaturen‹ geweckt, die im Mittelpunkt einer schwärmerischen, zum betont barbarischen Stil der sonstigen Gefühlsbekundungen merkwürdig kontrastierenden Verehrung standen. Es unterstreicht die Gesamtheit dieser Überlegungen, daß nach Auskunft der Statistik die Gewaltverbrechen im Rahmen der nichtpolitischen Kriminalität in jenen Jahren spürbar zurückgingen: die Aktivität der paramilitärischen Verbände absorbierte offensichtlich einen Teil der kriminellen Energie des Landes.[25]

Die sogenannten guten Jahre der Republik, die allen radikalen Gruppen auf den politischen Flügeln erhebliche Einbußen verschafften, ließen die SA weitgehend verschont. Während die Gesamtbewegung sich, als politische Partei, in fast aussichtslose Randzonen abgedrängt sah, konnte die SA ihren Mitgliederstand nicht nur halten, sondern vor allem dank der Zugänge aus den Lagern der sich auflösenden Freikorps und privaten Wehrverbände bis zum Herbst 1930 auf annähernd 70 000 Mann vermehren. Zahlreiche Konflikte und Reibereien, deren Ursachen sowohl in den immer wieder hervorbrechenden Schwierigkeiten der Zuständigkeitsabgrenzung zwischen SA und PO als auch in der Eifersucht zahlreicher Parteifunktionäre auf das zusehends selbstbewußter sich gebärdende SA-Führungskorps zu suchen waren, führten schließlich zum Rücktritt Pfeffers. Kurz nach dem großen Wahlsieg der NSDAP vom 14. September 1930 rief Hitler daher Ernst Röhm aus Bolivien zurück, nicht ohne freilich zuvor das Amt des Obersten SA-Führers selbst übernommen und zur Sicherung vor künftigen Unbotmäßigkeiten von jedem SA-Führer »ein unbedingtes Treuegelöbnis« auf seine Person eingefordert zu haben.[26]

Röhm folgte augenblicklich dem Ruf, und in der Leidenschaft, mit der er sich, zum Stabschef der SA ernannt, seiner neuen Aufgabe widmete, schien etwas von der Überzeugung mitzuschwingen, daß trotz aller gegenteiligen Versicherungen seine einstige Konzeption des Wehrverbandes und der direkten Aktion zur Eroberung des Staates an Boden gewonnen habe. Von den SA-Heimen und SA-Küchen angezogen, strömten mit dem Beginn der Weltwirtschaftskrise den braunen Formationen in einem zweiten Schub unzählige arbeitslose Bewerber zu, auch sie sozial Deklassierte, deren antigesellschaftliche Haßgefühle sich mit denen der abenteuernden Aktivisten wechselweise zu außerordentlicher Aggressivität aufluden. Ein Dreivierteljahr, nachdem Röhm seine Tätigkeit aufgenommen hatte, war die SA bereits 170 000 Mann stark. Hinter sich her zog er die ganze anrüchige Kumpanei seiner Freunde, deren Auftreten die Herrschaft des kriminellen Elements innerhalb der SA endgültig besiegelte und den ohnehin nur schwachen und vereinzelten Regungen einer uneigennützigen Sachverpflichtung keinen Raum mehr ließ: Röhm baue, so hieß es bald, eine »Privatarmee innerhalb der Privatarmee« auf, während Hitler Berichte über das strafwürdige Treiben innerhalb der SA-Führungsspitze als »Zumutung grundsätzlich und in aller Schärfe« zurückwies; die SA sei eine »Zusammenfassung von Männern zu einem politischen Zweck, ... keine moralische Anstalt zur Erziehung von höheren Töchtern, sondern ein Verband rauher Kämpfer«. Entscheidend sei, so meinte er, »ob der SA-Führer oder -Mann in der SA seine Dienstpflicht erfüllt oder nicht. Das Privatleben kann nur dann Gegenstand der Betrachtung sein, wenn es wesentlichen Grundsätzen der nationalsozialistischen Weltanschauung zuwiderläuft.«[27] Gestützt auf das Selbstbewußtsein einer unablässig anschwellenden Zahl, wurde die SA jetzt eigentlich erst zu jener Organisation des kalkulierten Massenterrors, die den Entwürfen Hitlers zugrunde gelegen hatte. Saalschlachten, Straßenkämpfe, Propagandafahrten, Sprengstoffattentate und Mordaktionen verbreiteten eine beispiellose Atmosphäre der Lähmung und der Angst, und der mangelnde Selbstbehauptungswille der republikanischen Kräfte war nicht zuletzt ihr blutiges Verdienst. Nach den Feststellungen der Polizei fanden sich in ihren Waffenlagern die »klassischen« Verbrecherwaffen: Totschläger, Schlagringe, Gummischläuche u. a. m., während »für die Pistolen ... – ebenfalls nach bewährtem Verbrechervorbild – die ›Mädels‹ als im Notfall stets hilfsbereite ›Waffenträger‹ eingesetzt« wurden. Vor allem in den Großstädten wurde ein »permanenter Unterweltskrieg zwischen SA und Rotfrontkämpferbund (geführt), in dem auf beiden Seiten Kneipen und Spelunken als Stützpunkte dienten«, ohne daß deshalb gelegentliche taktische Bündnisse sowie – vor allem unter dem Eindruck der nationalsozialistischen Rückschläge gegen Ende des Jahres 1932 – ein reges Überläufertum von der SA zum RFB ausgeschlossen waren, das dann im Frühjahr 1933 in den teilweise geschlossenen Übertritten kommunistischer Einheiten in die SA sein Gegenstück fand. Auch der verwendete Jargon deutete den Stil der Unterwelt an, ob nun die Münchener Einheiten der Anfangszeit die mitgeführte Pistole als »Feuerzeug« und den Gummiknüppel als »Radiergummi« bezeichneten oder die Berliner SA der frühen dreißiger Jahre sich mit dem pervertierten Stolz des Mob Spitznamen zulegte, die alle Beteuerungen über den angeblich politisch-revolutionären Impuls dieser Kampfgemeinschaften als propagandistische Zweckverbrämungen enthüllen: ein SA-Sturm am Wedding hieß »Räubersturm«, ein Trupp aus dem Bezirk Mitte »Tanzgilde«, einer der Männer »Mollenkönig«, ein anderer »Revolverschnauze«, wiederum ein anderer »Schießmüller«[28].

Während die SA Hitler die Herrschaft über die Straße und damit die Straße zur Herrschaft freikämpfte, rückte indes auch die Frage näher, was mit ihren Formationen nach der Eroberung der Macht geschehen solle. Röhm, dessen Selbstbewußtsein mit seinen Erfolgen ins Ungemessene gestiegen war, kam nunmehr herausfordernder denn je auf die alte Lösung zurück: ein Duumvirat mit Hitler als politischem Führer und Agitator und ihm selbst als Generalissimus eines riesenhaften Wehrverbandes, in dem die gesamte Nation organisiert werden sollte.[29] Hitler hielt sich zunächst alle Wege offen, indem er der SA nach dem 30. Januar 1933 in einem taktischen Verwirrspiel ohnegleichen die unterschiedlichsten Aufgaben zuwies: im Rahmen der doppelten Revolution von oben und unten wurde ihr die Rolle des seiner selbst nicht mehr mächtigen Volkszorns aufgetragen; ein Teil ihrer Einheiten durfte nun, ohne alle Beschränkungen voraufgegangener Jahre, Menschen jagen, foltern, morden und in den ersten wilden Konzentrationslagern das sadistische Ingenium enthemmter Kleinbürger entfalten. Unter Berücksichtigung aller Umstände hat man die Zahl der Toten innerhalb der ersten neun Monate des Regimes auf 500–600, die Zahl der in die schon am 8. März von Frick angekündigten Konzentrationslager Eingewiesenen auf annähernd 100 000 geschätzt.[30] Die Ablösung der Rechtssicherheit zugunsten einer privaten Rachejustiz war von den unterschiedlichsten Antrieben bestimmt, wie schon die Namensnennung einiger der Opfer dieser Phase verdeutlicht: neben dem anarchistischen Dichter Erich Mühsam befanden sich unter den Ermordeten der Philosoph und Pazifist Theodor Lessing, der jüdische Theateragent Rotter und seine Frau sowie schließlich der Mörder Horst Wessels, Ali Höhler. Wie immer bei der Analyse komplexer nationalsozialistischer Verhaltensstrukturen offenbart sich ein nahezu unentwirrbares Gemisch von politischen Motiven, persönlicher Triebbefriedigung und kalter Berechnung. Ganz in diesem Sinne enthüllte sich der Nationalsozialismus auch in den vereinzelten Begründungen, die der Terroraktivität unterlegt wurden, als die Hohe Schule der Verkleidung individueller Affekte unter ideologischen Vorwänden, die er im Grunde für die Mehrheit seiner Anhänger gewesen ist, so wenn zum Beispiel die erfindungsreichen Quälereien erzieherisch gerechtfertigt wurden: der SA sei in den Konzentrationslagern die »pädagogische Großaufgabe« gestellt, schrieb der SA-Gruppenführer Ernst Anfang 1934, »verführte(n) Volksgenossen gegen ihren Willen, zum eigenen Besten, zur politischen Einkehr und zum Arbeitsethos« zurückzuverhelfen.[31] Andere Einheiten fanden schon bald nach dem 30. Januar Verwendung als Hilfspolizei oder mußten, um die Verwirrung im Zuge des Machtergreifungsprozesses vollständig zu machen, geschlossen sonntägliche Kirchgänge ableisten, Ordnerdienste wahrnehmen oder mit der Sammelbüchse auf die Straßen gehen. Hitler nannte seine taktische Methode »ein einzigartiges, wunderbar elastisches Zusammenspiel zwischen der impulsiven Volksbewegung und der durchdachten Leitung durch die Führung«; das entsprach fast wörtlich dem, was er einst gefordert hatte.[32]

Dennoch war die SA unzufrieden, und ihr ungestümer Aktionsdrang, der die Verheißungen einer »Nacht der langen Messer« nun nicht plötzlich als rhetorische Metapher ausgelegt wissen wollte, fühlte sich um die Erfüllung seiner eigentlichen Wünsche betrogen. Das vage Versprechen, daß Deutschland nach dem Siege ihr gehören werde, hatte sich vielfach in einem ganz greifbaren Sinne als Aussicht auf ein umfassendes »Sacco di Germania« niedergeschlagen, dem die gelegentlich gewährte Freiheit zu Wohnungseinbrüchen oder Plünderungen jüdischer Geschäfte nicht annähernd entsprach, während für andere der Anbruch der neuen Zeit sich mit der Hoffnung auf ein Offizierspatent, ein Landratsamt, eine Forstverwaltung oder was sonst immer ihrem Verlangen nach sozialer Aufwertung gleichkam, verbunden hatte. Schon bald wurden Fälle bekannt, in denen SA-Angehörige unter Anwendung von Druckmitteln versucht hatten, Positionen innerhalb der Wirtschaft zu gewinnen, und Göring mußte im Mai 1933 der herrschenden Beunruhigung über den Ämterehrgeiz der braunen Gefolgschaft entgegentreten, den er freilich nur mit dem Anspruch auf »Wiedergutmachung« sowie mit dem Bemerken zu rechtfertigen versuchte, es sei »ein ewiges Gesetz: Wer Stellungen erobert und erkämpft hat, wird sie auch besetzen«[33]. Insgesamt waren es jedoch eher die Funktionäre der Politischen

Parteiorganisation, deren Ansprüche Berücksichtigung fanden, und jedenfalls sah die SA ihre Erwartungen nicht erfüllt. Ihre Entschlossenheit, sich nicht ohne weiteres beiseite schieben zu lassen, erfuhr ihren nachhaltigsten Ausdruck im Schlagwort von der ›Zweiten Revolution‹, das so oft als Beweisstück einer vorherrschenden sozialistischen Programmatik mißverstanden worden ist, während es in Wirklichkeit doch nur die Formel einer konzeptionslosen Bereicherungsabsicht vieler Einzelner oder doch ihres Verlangens nach gesellschaftlicher Wiedereingliederung war.

Angesichts dieser Vorgänge enthüllte sich denn auch endgültig der Wandel zur kleinbürgerlichen Klassenstruktur, den die SA vor allem unter den Auswirkungen der Weltwirtschaftskrise durchgemacht hatte. Anders als die frühen Sturmabteilungen, denen der prinzipielle Radikalismus der Kriegs- und Freikorpsgeneration das Gepräge gegeben hatte, war sie zu diesem Zeitpunkt überwiegend vom Typus des Radikalen auf Zeit beherrscht, dessen Trauma und »Bildungserlebnis« nicht die Materialschlacht, sondern die Arbeitslosigkeit mit allen ihren Einbußen für das soziale Geltungsbewußtsein und die individuelle Selbstachtung war. Nicht der Untergang, sondern der Verlust einer Welt war seine entscheidende Erfahrung, und sein Radikalismus weitgehend ein hemmungsloser Wiedereroberungswille, der das Ordnungsgefüge dieser Welt selbst unberührt ließ, sie nicht revolutionär verändern, vielmehr sich nur einen Platz darin sichern wollte, mit möglichst größeren Sicherheiten, größerem Sozialprestige als vordem und gesteigerten Einflußmöglichkeiten. In einer unvergeßlichen Formulierung hat Konrad Heiden den Begriff der »SA-Klasse« für jene Schichten geprägt, deren Ziel die Existenzsicherheit durch Staatshilfe ist und die statt des Anspruchs auf den Staat, wie ihn die Arbeiterschaft in der Zeit ihres größten Selbstbewußtseins erhob, Ansprüche an den Staat stellt[34]: Desperados mit Pensionserwartungen.

Unzufrieden mit der Entwicklung zeigte sich indes vor allem Ernst Röhm selbst, der den Traum vom Wehr- und Soldatenstaat schon nach wenigen Monaten entschwinden sah. Mit unverkennbar drohendem Unterton erklärte er angesichts der zahlreichen Massenkundgebungen zum Sieg der nationalen Erhebung, er »ziehe es vor, Revolutionen zu machen, statt sie zu feiern«[35], das Ziel sei »noch längst nicht erreicht«, die nationale Erhebung bedeute nur »eine Teilstrecke« auf dem Wege »zum nationalsozialistischen Staat, unserem letzten Ziel«. Tief gekränkt warf er Hitler vor, er sei und bleibe »ein Zivilmensch, ein ›Künstler‹, ein Spinner ...«[36]. Und während er vom Sommer 1933 an innerhalb der SA die alten militärischen Tendenzen demonstrativ wiederbelebte und überall im Reich machtvolle Paraden veranstaltete, entlud sich sein Unmut in zahlreichen kritischen Urteilen über die Außenpolitik, den Antisemitismus, die Beseitigung der Gewerkschaften oder die Unterdrückung der Meinungsfreiheit. Verbittert wandte er sich gegen Goebbels, Göring, Himmler und Heß, und provozierte überdies mit seinen Plänen, die Reichswehr unter Einbeziehung der SA zu einer nationalsozialistischen Miliz umzugestalten, die Feindschaft der eifersüchtig auf ihre Privilegien bedachten Generalität; »der graue Fels«, so pflegte er zu sagen, »muß in der braunen Flut untergehen«[37].

So stellte er allmählich selbst die Szene zurecht, auf der sich sein Schicksal entscheiden sollte. Gewiß war keine Revolte im Gange, als er am Morgen des 30. Juni 1934, schlaftrunken und verwirrt, von Hitler selbst verhaftet wurde; denn im Grunde hatte er immer, bei aller impulsiven Aufsässigkeit, nach Führung und Gehorsam verlangt. Schon in den Anfangsjahren der Bewegung hatte er Hitler gebeten, »er möge sich doch nicht die Mühe machen, ihm irgendeine politische oder militärische Maßnahme lange zu begründen. ›Es genügt, wenn du sagst: um soundsoviel Uhr stehst du mit soundsoviel Mann am Siegestor, dann stehe ich auch da.‹«[38] Aber am Siegestor wollte er jedenfalls mit seinen Haufen stehen, am besten nach einem Kampf mit Barrikaden, Pulverdampf und Blutvergießen. Sein Unmut rührte daher, daß Hitler ihn niemals dahin rief. Für die arglistige Machteroberungstaktik nach dem 30. Januar 1933 hatte er in seiner schwerfälligen Einfalt kein Verständnis. Als der bayerische Justizminister Hans Frank ihn am 30. Juni in seiner Zelle im Gefängnis Stadelheim aufsuchte, hörte er ihn resigniert sagen: »Alle Revolutionen fressen ihre eigenen Kinder.«[39]

Tatsächlich starben zusammen mit Ernst Röhm nur jene Kinder der Revolution, die wie er selbst mit raschem Zugriff verwirklichen wollten, was Hitler, seinen eigenen Worten zufolge, »langsam und zielbewußt, in kleinsten Schritten« zu vollstrecken trachtete.[40] Röhms bis zuletzt aufrechterhaltene Überzeugung, mit Hitler letzten Endes einig zu sein, war, wie die Entwicklung der SS, des eigentlichen Siegers dieser blutigen Vorgänge, lehrt, durchaus zutreffend. Denn ihr Einfluß, ihre Macht erreichten später jene umfassende Ausdehnung, die Röhm seiner SA zugedacht hatte. Und wenn seine ehrgeizigen Unterführer von einem SA-Staat geträumt hatten, so wurde nun der SS-Staat Wirklichkeit, dessen Schlüsselpositionen weitgehend von der überlebenden Schicht eben jener radikalen Aktivisten der Kriegs- und Freikorpsgeneration besetzt wurden, deren revolutionärer Nihilismus im Verlauf der Entwicklungsgeschichte der SA zusehends vom kleinbürgerlichen Typus mit seinen konkreten Wunschhaltungen überlagert worden war. Wer immer dem dreitägigen Morden zum Opfer fiel, starb im Grunde nur an seiner Ungeduld; denn Opfer und Sieger waren Revolutionäre bedingungsloser Prägung, für die einen wie für die anderen galten die Vorwürfe, die Hitler in seiner großen Rechtfertigungsrede vom 13. Juli 1934 erhoben hatte:

> Diese »Gruppe destruktiver Elemente ergibt sich aus jenen Revolutionären, die im Jahre 1918 in ihrem früheren Verhältnis zum Staat erschüttert und entwurzelt worden sind und damit überhaupt jede innere Beziehung zu einer geregelten menschlichen Gesellschaftsordnung verloren haben. Es sind Revolutionäre geworden, die der Revolution als Revolution huldigen und in ihr einen Dauerzustand sehen möchten ... Ich habe unter den zahllosen Akten, die ich in der vergangenen Woche durchzulesen verpflichtet war, auch ein Tagebuch gefunden mit den Aufzeichnungen eines Mannes, der 1918 auf die Bahn des Widerstandes gegen die Gesetze geworfen wurde und nun in einer Welt lebt, in der das Gesetz an sich zum Widerstand zu reizen scheint; ein erschütterndes Dokument, ein ununterbrochenes Konspirieren und dauerndes Verschwören, ein Einblick in die Mentalität von Menschen, die, ohne es zu ahnen, im Nihilismus ihr letztes Glaubensbekenntnis gefunden haben. Unfähig zu jeder wirklichen Mitarbeit, gewillt, gegen jede Ordnung Stellung zu nehmen, erfüllt von Haß gegen jede Autorität, findet ihre Unruhe und Unrast nur mehr Befriedigung in der dauernden gedanklichen und konspirativen Beschäftigung mit der Zersetzung des jeweils Bestehenden ...«[41]

Tatsächlich ist dieses Bild, so zutreffend es im einzelnen wirkt, unvollständig. Krieg, Nachkrieg und deren Folgen haben im vergeudeten Lebenslauf dieser Generation gewiß ihren außerordentlichen Anteil gehabt. Aber die große korrumpierende Kraft, die ihrer Richtungslosigkeit nach den Jahren des Freikorpsunwesens unter ideologischen Vorspiegelungen den Weg ins organisierte Bandendasein öffnete und die ohnehin gefährlich entsicherten Instinkte mit dem Glorienschein politischen Kämpfertums noch enthemmte – die große korrumpierende Kraft ihres Lebens ist Hitler selbst gewesen.

Was sie so fasziniert und in seinen Bann gezogen hatte, waren die Verheißungen rechenschaftsloser Gewalt, deren Schrecken sie lange verbreitet hatten, ehe sie jetzt selbst ihre Opfer wurden. In ihrer beiläufigen Brutalität entsprach die Abrechnung Hitlers den Maximen, die von der SA über Jahre hin praktiziert worden waren. Es sind denn auch strenggenommen nicht die Revolutionen, die ihre eigenen Kinder fressen, sondern es ist das Prinzip der Gewalt, an dem die Revolutionäre zugrunde gehen.

PERSONAL DER TOTALITÄREN HERRSCHAFT

FRANZ VON PAPEN

und die Konservative Kollaboration

»Diese Männer sind Gespenster.«
Adolf Hitler

Das Gesicht des Dritten Reiches war von allem Anfang an ein Doppelgesicht. Jenes Prinzip der Zweispurigkeit, das Hitlers taktische Grundsatzdevise war und schon den Machteroberungskurs des Regimes, aber schließlich auch seine Strukturen überhaupt als eine Kombination von Terror und Gesetzlichkeit, von straffer Ordnung und Chaos, von macchiavellistischer Vorurteilslosigkeit und dumpfer Triebbefangenheit charakterisiert, drückte sich auch, ganz vordergründig, physiognomisch aus. Dem Typus des »Unbekannten SA-Mannes«, jenem muskelstrotzenden, aber ungeniert herz- und hirnlosen Heroen, der auf zahllosen Plakaten, beispielsweise des Zeichners Mjoelnir, immer nur Ketten zerriß und Breschen schlug, entsprach auf der anderen Seite die Erscheinung des angesehenen Geheimrats konservativer Prägung, der sich »vertrauensvoll hinter die neue Führung« stellte. Das brachiale und das respektable Element gingen nebeneinander her und ergänzten sich. Während das Halblicht des Hintergrunds von durchaus kriminellen Charakteren wie dem Truppführer »Gummibein« aus dem Berliner Bezirk Mitte oder jener Neuköllner SA-Einheit bevölkert wurde, die sich mit ganovenhaftem Selbstbewußtsein »Ludensturm« nannte[1], präsentierte das Regime an der legalistischen Fassade die beruhigenden Gewährstypen für eine besorgte Bürgerlichkeit: Konstantin von Neurath, Hjalmar Schacht oder Franz von Papen.

Ihrer bedurfte es vor allem zu Beginn. Denn nachdem die nationalsozialistische Führung einmal erkannt hatte, daß moderne, kompliziert angelegte Gemeinwesen sich nicht im offenen Ansturm von der Straße, sondern viel eher auf dem Wege schrittweiser Gleichschaltungsprozesse von den politischen, wirtschaftlichen und bürokratischen Schlüsselstellungen her überwältigen lassen, definierte sie die eigenen Schritte zur Eroberung des Staates nicht als revolutionären Bruch, sondern als endliche Verwirklichung des wahren, bislang unterdrückten oder doch nicht zum Zuge gekommenen nationalen Deutschland. In Wirklichkeit besaß, was mit propagandistischem Geschick als Aufbruch des Volkes, als Wiedergeburt und Befreiung zur nationalen Ehre herausgestellt und emphatisch gefeiert wurde, alle Merkmale einer revolutionären Umwälzung.

Einer Fülle von Faktoren war es zuzuschreiben, daß dieser Aspekt des Geschehens, zumindest anfänglich, weitgehend und wirkungsvoll verschleiert blieb; von entscheidender Bedeutung war zweifellos, daß die Nationalsozialisten mit so durchschlagendem Erfolg auf die Charakterschwäche und totalitäre Anfälligkeit nationalkonservativer Wortführer setzen konnten, die sich als Figuren in den Vordergrund schieben und für die beabsichtigte große Irreführung mißbrauchen ließen. Gewiß haben für den Entschluß, sich der »nationalen Sache« anzuschließen, im weiteren Bereich des konservativ gesinnten Bürgertums nicht nur Blindheit und Opportunismus den Anstoß gegeben, sondern auch die allerdings kurzsichtige Erwägung, durch Mitarbeit »Schlimmeres zu verhüten« und den Weg Hitlers zur Alleinherrschaft zu verhindern; aber daß dieser Komplex von Täuschungen und Irrtümern, der Weg und Erfolg der nationalsozialistischen Machteroberung wesentlich bestimmt hat, überhaupt Gewicht erlangen konnte, war nicht zuletzt im kollaborierenden Auftreten jener führenden Akteure des Konservatismus begründet, für deren eigenes Verhalten diese Erwägungen grundsätzlich keine Bedeutung besaßen. Zur rauschhaften Betonung des nationalen Elements lieferten sie die beglaubigende personelle Staffage, Strohmänner der Machtergreifung, die den Blick von den terroristischen Gewaltpraktiken ablenkten und einem mörderischen Unternehmen einen halbwegs honorigen Anstrich verschafften. Ihr von illusionärer Selbstüberschätzung getragener Versuch, das neue Regime den eigenen, wenn auch den nationalsozialistischen Zielsetzungen nicht unähnlichen Bestrebungen dienstbar zu machen, hat denn auch nur so lange gedauert, bis Hitler sich fest im Besitz der Macht wußte. Dann sahen sie sich ausgeschaltet und nicht selten unter Umständen verabschiedet, deren demütigender Charakter einem Teil von ihnen den Irrtum dieser Partnerschaft erst zum Bewußtsein brachte.

In all seiner gewissensarmen Selbstgerechtigkeit ist Franz von Papen zu solchen Einsichten freilich nie vorgedrungen. Dennoch haben ihn besondere individuelle und sachliche Umstände zum Repräsentanten dieser nationalkonservativen Kreise gemacht. Dazu zählt nicht nur das Gewicht seiner historischen Rolle, sondern ein Bündel von Anlagen und Eigenschaften, die ihrerseits erst die geschichtliche Stellung dieses Mannes begründeten. Sein durch alle historischen Wechselfälle unbeirrt gewahrter Anspruch, zur »geschichtsbefugten Oberschicht« zu gehören; die bedenkenlose Identifizierung von Standes- und Staatsinteresse; der sozialreaktionäre Zug, der sich mit Vorliebe hinter einem pseudochristlichen Vokabular tarnte; die monarchistisch-restaurativen Einsprengsel im Persönlichkeitsbild; der nationale Jargon, den er sprach; das Denken in längst überholten Kategorien, kurzum: das anachronistische Profil und schließlich auch der Hauch von Karikatur, der über der ganzen Erscheinung liegt — das alles macht ihn geradezu zu einem Modellbild für jenen Herrentypus, der sich am 30. Januar 1933 dem Nationalsozialismus zur Verfügung stellte, weil er sich in nahezu unüberbietbarer Verblendung noch einmal von der Geschichte zur Führung berufen glaubte.

Franz von Papen entstammte einer alten westfälischen Adelsfamilie, hatte in einem feudalen Kavallerieregiment gedient und zum ersten Male eine gewisse und sogleich bezeichnende Publizität erlangt, als er 1916, während des Ersten Weltkrieges, wegen konspirativer Unternehmungen als Militärattaché aus den Vereinigten Staaten ausgewiesen worden war. Auf der Überfahrt nach Europa ließ er britischen Kontrollbehörden wichtige Unterlagen über seine geheimdienstliche Aktivität in die Hände fallen — eine Leichtfertigkeit, auf deren charakterliche Ursache hindeutet, daß ihm schon einige Zeit später, an der türkischen Front, ein ähnliches Mißgeschick unterlief. Wenige Jahre nach dem Ende des Krieges machte er den Schritt in die Politik und wurde, offenbar als Vertreter der agrarischen Interessen seines Bezirks, Mitglied der Zentrumsfraktion des preußischen Landtags. Dank seiner ausgeprägten Rechtsorientierung, die ihn u. a. 1925 bei der Reichspräsidentenwahl veranlaßte, nicht für den Kandidaten des eigenen Lagers, sondern für Hindenburg um Unterstützung zu werben, sah er sich mehrfach in offene Auseinandersetzungen mit seiner Partei verwickelt, blieb in ihr allerdings auch ohne nennenswerten Einfluß. Angesehener war er in den Kreisen der antiparlamentarischen, republikfeindlichen Rechten, deren Vertreter das Ende der Monarchie zugleich als den Verlust eigener Einfluß- und Geltungsmöglichkeiten beklagten und mit teils konfusen, teils naiven oder realitätsblinden, in jedem Falle jedoch ressentimentgeladenen Entwürfen die Wiederherstellung ihrer einstigen Machtposition erstrebten.

Anders als bei seinen vergeblichen Bemühungen um einen Sitz im Reichstag hatte Papen Erfolg mit dem Versuch, über das Zentrumsblatt »Germania« einen gewissen politischen Einfluß zu erwerben; zusammen mit dem Schwerindustriellen Florian Klöckner verfügte er alsbald über die Aktienmajorität der Zeitung und wurde schließlich Vorsitzender ihres Aufsichtsrates. Seine Heirat mit der Tochter eines führenden Saar-Industriellen hatte ihm beträchtlichen Reichtum, aber auch gute Beziehungen zur Industrie verschafft. Nimmt man hinzu, daß er als katholischer Adliger ebensosehr über Verbindungen zum hohen Klerus wie als ehemaliger Generalstabsoffizier über Kontakte zur Reichswehr gebot, so ergibt sich das Bild eines Mannes, der seine mangelnde persönliche Kontur durch eine Vielzahl von Beziehungen ersetzte und lediglich in den politischen Zwischenbereichen, als Schnittpunkt zahlreicher Interessen, zu einigem Gewicht gelangte. Gelegentliche Vorträge in den Klubs und Konventikeln der Rechten, aber auch schriftstellerische Versuche, wiesen ihn als einen Mann aus, der forsch und trivial zugleich einem Konservatismus das Wort redete, der sich national, überparteilich und christlich etikettierte, tatsächlich jedoch massive Interessen, sei es standespolitischer, sei es industrieller oder agrarischer Art, verfolgte und in der Befürwortung eines autoritären Regimes die Wunschbilder der Vergangenheit mit der Ablehnung der Gegenwart verknüpfte. Obwohl Papen bis dahin die Politik eher in der dilettierenden Form der Herstellung und Aktivierung von Verbindungen ausgeübt, jedoch keinerlei Verwaltungs- und Führungserfahrung hatte, wurde er am 31. Mai 1932, in einem ganz auf persönliches Gutdünken zugeschnittenen Regierungswechsel, als Nachfolger Brünings an die Spitze eines modernen krisengeschüttelten Industriestaates berufen. Dieser Entschluß, so schrieb der damalige französische Botschafter in Berlin, André François-Poncet, »begegnet zunächst ungläubigem Staunen; als die Nachricht bestätigt wird, lächelt man allgemein. Papen hat es an sich, daß weder seine Freunde noch seine Feinde ihn ganz ernst nehmen; es haftet ihm der Stempel der Leichtfertigkeit an, er ist keine Persönlichkeit ersten Ranges ... Er gehört zu den Menschen, die man für fähig hält, sich in ein gefährliches Abenteuer zu stürzen; sie heben jeden Fehdehandschuh auf, gehen jede Wette ein. Wenn ihm eine Sache gelingt, ist er sehr vergnügt, mißlingt sie ihm, macht er sich nichts daraus.«[2]

Eben diese Eigenschaften haben wohl nicht zuletzt zu dieser Verfertigung eines Kanzlers gewissermaßen aus dem politischen Nichts beigetragen. Wenn den Kräftegruppen, die schon den Sturz Brünings und nun diese Berufung durchgesetzt hatten, Papen selbst auch weniger interessant sein mochte als sein politischer Standort zwischen der Mitte und der Rechten[3], so haben sie in ihm und seinem unbekümmert drauflos agierenden Naturell doch offenbar auch den geeigneten Vordermann zur Beseitigung des schwer angeschlagenen parlamentarischen Systems überhaupt im Zeichen autoritär-ständischer Konzepte erblickt. Darüber hinaus hat in den Überlegungen des Generals v. Schleicher, der als Vertrauter Hindenburgs und »Kanzlermacher« die Fäden dieses Spiels weitgehend in der Hand hielt, zweifellos auch die Vermutung eine wichtige Rolle gespielt, der unerfahrene und aufs Äußere bedachte Papen werde seine Eitelkeit mit dem Amte selbst und den damit verbundenen repräsentativen Funktionen befriedigt sehen und im übrigen ein gefügiges Werkzeug sein. Gerade eine solche Konstellation kam dem ebenso ehrgeizigen wie öffentlichkeitsscheuen Temperament Schleichers außerordentlich entgegen. Als Freunde dem General verblüfft entgegenhielten, Papen sei doch kein Kopf, erwiderte er denn auch: »Das soll er ja auch nicht sein, aber er ist ein Hut.«[4]

Wenn Schleicher indessen geglaubt hatte, der Kopf der neuen Regierung werde er selber sein, so sah er sich bald getäuscht. Ohne jeden natürlichen Respekt vor Materie und Problematik des hohen Amtes, das ihm zugefallen war, nahm Papen seine Tätigkeit auf, und es ist nicht nur polemischer Übertreibung zuzuschreiben, wenn seine Gegner ihm immer wieder vorgeworfen haben, er habe kurzerhand die Gesichtspunkte von Herrenreitern in die Politik übertragen: er selbst hat die Parallele von politischem und »reiterlichem« Leben noch in seinem Erinnerungsbuch bestätigt und sich zum Reitsport als Schule politischer Charakterbildung mit der bezeichnenden Begründung bekannt, daß er »keine Sorge um zerbrochene Knochen« voraussetze.[5] Die Praxis seiner Amtsführung hat immer wieder die ihr zugrunde liegende Auffassung bezeugt, daß eine Schwierigkeit, gleich einem Hindernis, schon überwunden sei, wenn man nur flott und beherzt darüber hinwegsetze. Jedenfalls löste er sich zusehends aus der Abhängigkeit von Schleicher und begann, mit wachsendem Selbstbewußtsein seinen eigenen Zielsetzungen und den Interessen jener Kreise zu folgen, deren Exponent er war, so daß der General seiner Umgebung eingestehen mußte: »Was sagen Sie nun, Fränzchen hat sich selbst entdeckt!«[6]

Die Möglichkeiten zu einer Politik aus eigenem Anspruch dankte der neue Kanzler vor allem der Rückendeckung durch den greisen Reichspräsidenten, der an der Gewandtheit und dem frivolen Charme des Allerweltskerls Papen ein väterliches Gefallen gefunden hatte. Der charakterlich begründeten Anziehung entsprach die verwandte Prägung der Vorurteile, der politischen Neigungen und Interessenlagen, in denen, über die Generationen hinweg, das Dilemma eines sterilen, auf seine überholten Leitbilder festgelegten Konservatismus zum Ausdruck kam. Beiden war, »trotz des großen Altersunterschiedes, gemeinsam, daß sie den Wandel der Zeit nicht erkannt hatten«[7] und insbesondere Problem und Lösungsmöglichkeiten der sozialen Frage ignorierten oder aber mit den tönernen Phrasen eines patriarchalischen Herrenstandpunktes umgingen. Während ihr rückwärtsgewandtes Denken sich noch immer in der falschen Alternative der Kaiserzeit von sozialistisch und national bewegte, in deren Rahmen jeder Gruppierung links von der Mitte das Odium vaterlandsloser Gesinnung anhaftete, ging es blind daran vorbei, daß der beherrschende Gegensatz der Zeit längst auf das Begriffspaar demokratisch und totalitär gestellt war. Die im Zwischenfeld dieser Antithesen gesuchten Formeln einer »rechtsstaatlichen Diktatur«, eines autoritären Neuen Staates »zwischen Demokratie und totalitärer Diktatur« waren nichts anderes als die gedankenlose und verworrene Verkoppelung einander ausschließender Kontradiktionen, die zwar keinen Sinn ergaben, im Ablauf des historischen Geschehens jedoch die Wirkung hatten, den Erfolg Hitlers strukturell und psychologisch vorzubereiten.[8] Wenn Walther Schotte, der Ideologe des papenschen Reformkonzepts, versicherte, der neue Staat müsse »ein starker Staat sein ... frei von Interessen, gerecht in sich, unabhängig von den Parteien«, so war jede dieser Formeln nur ein pathetisches Synonym für den Herrschaftsanspruch jener Schichten, die hinter diesen Entwürfen standen: Ein »starker Staat« hieß dann nichts anderes als ein antiliberaler Staat, »frei von Interessen« bedeutete Freiheit von gewerkschaftlichen und öffentlichen Mitwirkungsrechten überhaupt, während die Forderung nach Gerechtigkeit den angeblich »organisch« bedingten Verfügungsanspruch dieser Schichten über den Staat legitimieren sollte und die »Unabhängigkeit von den Parteien« sich grundsätzlich als Unabhängigkeit von links verstand. Mit Recht hat man darauf hingewiesen, daß nicht von ungefähr zahlreichen Vertretern dieser Spielart des Konservatismus »das Mittelalter als Ideal (vorschwebte), nicht nur, weil in jener Zeit der Mensch in festen Ordnungen verwurzelt war und seinen Glauben hatte, sondern auch, weil die politischen Rechte damals nur wenigen gehörten«[9].

Von den sozialreaktionären Notverordnungen Mitte Juni 1932, mit denen der Kanzler seinem Kabinett die Spottbezeichnung »Kabinett der Barone« auch sachlich gewann, über den Staatsstreich gegen Preußen bis hin zu dem offen bekundeten Vorsatz, die Gesellschaft auf ihre ständischen Grundlagen zurückzuführen und die »sogenannten Errungenschaften der Revolution« zu beseitigen[10], blieben alle Maßnahmen der Regierung Papen Ausdruck solcher Fixierung in überlebten Vergangenheitsvorstellungen. Ihre Absichten und Programme vermochten allerdings nur einen verschwindend geringen, überwiegend interessengebundenen Teil der Öffentlichkeit für sich einzunehmen, im übrigen blieb die Regierung in hohem Maße unpopulär; und wenn die Berufung Papens in dem Bestreben erfolgt war, die bisherige Tolerierung des Regierungskurses von seiten der SPD durch eine Tolerierung von seiten der NSDAP zu ersetzen, so erwies sich dies überaus rasch als Fehlspekulation. Auch der riskante Kredit, den die Regierung der zwar rücksichtslos und mit den Mitteln des Bürgerkrieges an die Macht drängenden, aber eben doch gut national und antiliberal orientierten Hitlerpartei gewährte, brachte ihr nicht die erhoffte Duldungspause. Umgeben von den lauten Mißfallensbekundungen der Nation und nur gestützt auf das schmale Fundament des präsidialen Vertrauens glitt sie zusehends in die Isolierung. Kein Kabinett in der deutschen Parlamentsgeschichte hat je wie dieses eine Abstimmungsniederlage mit nur 42 gegen 512 Stimmen erlitten. Erstaunlicherweise freilich schwanden dem Kanzler trotz wachsender Mißerfolge die einstigen Zweifel[11] an seiner Eignung zum Regierungsamt. Erst ein recht massiver Druck Schleichers nötigte ihn Ende 1932, unmittelbar bevor er seine Aspirationen in einem Staatsstreich größeren Umfangs durchsetzen wollte, aus seiner Stellung. In einer wahren Rührszene, deren Umstände dem scheidenden Kanzler die Gewißheit seines unverminderten Einflusses am Präsidentenhofe vermittelten, überreichte Hindenburg ihm sein Bild mit der Widmung »Ich hatt' einen Kameraden!«[12]

Papen nutzte seinen Einfluß zu einer überaus verhängnisvollen Intrige. Denn allen gegenteiligen Beteuerungen zum Trotz war er es selbst, der die Initiative zu dem Bündnis mit dem bereits am Gewinn der Macht verzweifelnden Hitler ergriff. Bedenken vor dieser selbstmörderischen Verbindung mögen ebenso von seinem leichtfertigen Naturell wie von seiner überheblichen Führungsgewißheit und dem juckenden Rachegelüst an seinem Rivalen Schleicher fortgeschwemmt worden sein, der die Kanzlerschaft im neuen Kabinett selbst übernommen hatte. Jedenfalls hat der gekränkte Papen die letzten persönlichen Hindernisse für eine Partnerschaft zwischen Nationaler Rechten und NSDAP beseitigt und damit das Bündnis von Harzburg, nun jedoch im Zeichen realer Machtchancen, wiederhergestellt.[13] Zwar hatte sich die geringe Tragfähigkeit dieses Bündnisses in der Vergangenheit mehrfach mit schlagender Deutlichkeit erwiesen, doch hatte keine Erfahrung Papen, Hugenberg oder die deutschnationalen Kreise hinter und neben ihnen von ihren Illusionen zu heilen vermocht. Gerade die eigentümliche Mischung von persönlichem Ressentiment, Wirklichkeitsblindheit und Arroganz, die diese Vereinigung zustande gebracht hatte, enthüllt am Einzelfall, wie in einem Brennspiegel, den Punkt, an dem der deutsche Konservatismus der führenden Richtung nach einem langen Degenerationsprozeß angelangt war, und es ist gewiß mehr als ein Zufall, daß diese seine Voraussetzungen ihn auf den Weg zu Hitler führten.

Tatsächlich reichten die Übereinstimmungen weit über taktische Gesichtspunkte hinaus, und zwar nicht nur negativ in der gemeinsamen Wendung gegen Demokratie, Liberalismus und freiheitliche Ordnungen überhaupt, sondern auch positiv in den doch nur graduell voneinander abweichenden Leitbildern einer autoritären, nationalen, ständischen Lebensordnung mit ihren militärisch orientierten Strukturen und der Vorstellung einer einheitlich zusammengefaßten und ausgerichteten Volksgemeinschaft. »Papen hat im Rundfunk geredet«, notierte Goebbels im August 1932 in seinem Tagebuch. »Eine Rede, die von A bis Z aus unserem Gedankengut stammt.«[14] Längst aller humanistischen und religiösen Wertnormen entkleidet, aber auch ohne jenes kritische Traditionsbewußtsein, das die eigentliche Rechtfertigung der echten konservativen Position ist, besaß sie keine Lebendigkeit und keine zukunfttragenden Ideen mehr, sondern nur noch das starre, an die Erinnerung einstiger Vorrechte geklammerte Verlangen, sich gegenüber der Zeit einzuschanzen und die Stunde abzuwarten. Der Konservatismus jener Richtung und Phase hat keine gedankliche oder tatsächliche Wirkung vorzuweisen, die nicht in die von ihm beschworene Katastrophe eingegangen und davon aufgezehrt worden wäre. Unbeweglich stand er immer an den gleichen Fronten, defensiv lief alles auf die Verneinung der Revolution von 1789 mit ihren politischen, gesellschaftlichen und sozialen Folgeerscheinungen hinaus, während offensiv nie mehr als das Konzept des nationalistischen Machtstaates sichtbar wurde, und was immer sich als konservative Ideologie ausgab, war ganz überwiegend die ewig gleiche, mit nur wenigen wechselnden Vorzeichen versehene Variation dieser beiden einfallslosen Leitmotive.

Eben hier lag denn auch der Berührungspunkt zwischen nationalkonservativen und nationalsozialistischen Vorstellungskomplexen. Es war nicht so sehr das mangelnde Unterscheidungsvermögen der Wähler, wie Papen später vorwurfsvoll meinte, sondern die weitgehende Identität der Ausgangspunkte, die das Votum großer Teile der Bevölkerung für Hitler statt für das »konservative Programm« bewirkte.[15] Alle Versuche, sich vom Nationalsozialismus ideologisch und programmatisch abzugrenzen, sind strenggenommen gescheitert, und der Wortreichtum dieser Bemühungen enthüllt gerade, was er verdecken will. »Wenn ich nicht Deutschnationaler wäre, möchte ich Nazi sein«, hat Oldenburg-Januschau gelegentlich in einer öffentlichen Versammlung erklärt[16], und in solcher Bemerkung bekundet sich mehr über die Entartung konservativen Geistes in Deutschland, als umfangreiche Analysen darzulegen vermögen. Im Grunde bewunderten er und seinesgleichen die Konsequenz und rigorose Unerschrockenheit der Nationalsozialisten, und nur der hilflosere, geschraubtere Ausdruck der Ziele auf deutschnationaler Seite unterschied die beiden Lager. Während Hitler mit seinen emotionalen Appellen die Massen in Bewegung zu setzen vermochte, verhinderte schon der gespreizte Tonfall konservativer Proklamationen, aber auch das immer wieder dünkelhaft herausgekehrte Sonderbewußtsein jede Wirksamkeit in die Breite. Ein entscheidender Anstoß für das Bündnis mit Hitler ging, wie in Harzburg so auch im Januar 1933, gerade von der Erwägung aus, als »Offiziere ohne Armee« im Gefolge der NSDAP endlich zur Führung jener Massen zu kommen, die sich der konservativen Sache selbst immer verweigert hatten.[17] Was in der Hitlerpartei an gehässiger Demagogie, nackter Barbarei oder entfesselten schlechten Trieben nach oben drängte, schoben die Herren nachsichtig auf das Konto dessen, was sie die eigentlich doch sympathische Jugend und den revolutionären Überschwang der Bewegung nannten, die zu bändigen sie sich schon getrauten. Man wird, bei so weitgehender Übereinstimmung im Sachlichen, gewiß nicht die trennenden Züge übersehen, aber sie bezogen sich überwiegend auf Unterschiede in der Methode, in den vom gesellschaftlichen Exklusivitätsanspruch geforderten Formen; daß freilich auch hier die Kluft abbröckelte, zeigte sich beispielsweise in der Reaktion auf den Mordfall von Potempa. In der oberschlesischen Ortschaft hatten im Sommer 1932 fünf SA-Männer nach einem Zechgelage einen kommunistischen Arbeiter nachts aus dem Bett gezerrt und vor den Augen seiner entsetzten Mutter buchstäblich zu Tode getrampelt. Als die Mörder daraufhin zum Tode verurteilt wurden, erklärten sich nicht nur Hitler und die nationalsozialistische Führungsspitze mit ihnen solidarisch, vielmehr wandten sich auch verschiedene konservative Gruppen, darunter der Stahlhelm und der Königin-Luise-Bund, mit Gnadengesuchen an den Reichspräsidenten[18], während Papen sich als Kanzler beeilte, die Begnadigung durchzusetzen. »In der Beurteilung der Gewaltsamkeit«, so hat Hermann Rauschning die Gesamtheit dieser Bemerkungen eindrucksvoll zusammengefaßt, »besteht zwischen Reaktion und Revolution kein Gegensatz. Daher ist die deutschnationale Ansicht im wesentlichen nur eine politisch gemäßigtere, aber im Grundsätzlichen gleich nihilistische Gewaltlehre wie der Nationalsozialismus gewesen. Das ist der innere Grund der Kombination des bürgerlichen Nationalismus, der reaktionären pseudokonservativen Kräfte mit dem Dynamismus, und es ist der wesentliche Grund für die spätere Kapitulation jener bürgerlichen Kräfte vor dem Nationalsozialismus, weil der konsequente Ausdruck überall den unentschiedeneren zu verdrängen pflegt. Es gab seit langem keinen Konservatismus in Deutschland mehr, sondern nur noch eine bürgerliche Form der Gewaltlehre neben ihrer konsequent revolutionären.«[19] Tatsächlich herrschte im konservativen Lager weithin die Überzeugung, daß sie alle, einschließlich der Hitlerpartei, einer großen gemeinsamen Aufbruchsbewegung zu großen und gemeinsamen Zielen angehörten. Edgar Jung, einer der Wortführer des Konservatismus und enger Mitarbeiter Papens, hat ganz in diesem Sinne noch im Jahre 1933 geäußert, daß die »deutsche Revolution« neben der nationalsozialistischen eine konservative Wurzel habe.[20] Gewiß lag dieser Bemerkung die taktische Überlegung zugrunde, den eigenen Anspruch an der Gestaltung des neuen Staates anzumelden; darüber hinaus aber bestätigt sie doch auch den hier dargelegten Befund und war im übrigen Ausdruck jenes illusionären Selbstwertgefühls, das die Konservativen um Papen, Hindenburg und Hugenberg schließlich zu der fatalen Regierungskonstruktion vom 30. Januar 1933 geführt hatte. Überheblich versicherte Papen, Vizekanzler des neuen Kabinetts, allen Warnungen zum Trotz: »Was wollen Sie denn! Ich habe das Vertrauen Hindenburgs. In zwei Monaten haben wir Hitler in die Ecke gedrückt, daß er quietscht.«[21]

Wenn auch das Bündnis der »Nationalen Konzentration« von beiden Seiten in betrügerischer Absicht geschlossen worden war, so zeigte sich doch schon bald, daß nur die eine Seite über die Bereitschaft, das Geschick und die Bedenkenlosigkeit verfügte, dieses »System von Falscheiden«[22] den eigenen Zwecken nutzbar zu machen. Trotz der Zusammensetzung des Kabinetts, das acht deutschnationale gegen nur drei nationalsozialistische Positionen sah, vermochten jene sich gegenüber dem stürmischen, mit allen Mitteln vordrängenden Machthunger Hitlers und seiner Gefolgsleute nicht zu behaupten. Zahlreiche konservative Domänen wurden vom virtuos erzeugten Sog des nationalen Neubeginns einfach erfaßt und hinweggespült. Alle nervösen Bemühungen Papens und seiner Nebenmänner, ein eigenes Profil gegenüber der nationalsozialistischen Massenbewegung zu entwickeln, wurden von der Öffentlichkeit nicht ernst genommen, ja im Grunde überhaupt nicht beachtet, so daß sich das Bekenntnis zum neuen Staat fast durchweg als Bekenntnis zur dominierenden Persönlichkeit Hitlers äußerte. Auch wirkte sich nachteilig aus, daß die deutschnationalen Kabinettsmitglieder keine gemeinsame Front gegenüber den geschlossen und planmäßig agierenden Nationalsozialisten zustande brachten. Im schlagartig abrollenden Machteroberungsprozeß wurde daher jede Stufe zu einem Erfolg Hitlers, während die Positionen der andern Seite erst in Lähmung, dann in Zersetzung übergingen, Hindenburg sich irreführen ließ, Papen überspielt wurde, die Länder sich gleichgeschaltet sahen und auch die Reichswehrführung zusehends ins Lager Hitlers überschwenkte, so daß sie als Bastion konservativer Gegenzüge wegfiel. Allein den Zugeständnissen einer großmütigen und siegesgewissen Regie hatten Papen und seine Freunde es zu danken, daß sie sich noch eine Zeitlang am Ziel ihrer Hoffnungen fühlen durften; denn in eben dem Maße, in dem Hitler sich die echten Machtstellungen sicherte, überließ er jenen deren Symbole sowie die illusionären Glücksgefühle, daß ihre Sache vorankomme. Noch im April 1933 nannte Hugenberg sich und die deutschnationalen Kreise Garanten für die Ordnung und Gesetzmäßigkeit der »deutschen Auferstehung« und tat die nationalsozialistischen Übergriffe mit dem Hinweis darauf ab, daß auch Späne fliegen, wo gehobelt werde.[23] Höhepunkt und nahezu auch schon Abschluß dieses von Blindheiten und Irrtümern gekennzeichneten Weges ist der Tag von Potsdam geworden, der noch einmal die Partner einer vermeintlich gemeinsamen Sache am Grabe Friedrichs des Großen zu den Wonnen nationaler Ergriffenheit vereinigte, die betrogenen und die triumphierenden Betrüger, Hindenburg und Hitler, Papen und Göring, Hugenberg und Goebbels. Schon unmittelbar darauf zerriß jedoch »der Schleier der Illusionen und gab den Blick frei auf die Wirklichkeit der nationalsozialistischen Alleinherrschaft«[24].

Mit dem Staatsakt von Potsdam, den die nationalsozialistische Propaganda als »Geburtsstunde des Dritten Reiches« feierte[25], sowie mit dem zwei Tage darauf verabschiedeten Ermächtigungsgesetz hatten die konservativen Kabinettspartner ihre Funktion im Rahmen der nationalsozialistischen Machtergreifung weitgehend erfüllt: nämlich jenen Bruch zu verschleiern, der die Entwicklung vom Verfassungs- zum Unrechtsstaat markierte, und zugleich in der noch zögernden, schwankenden Masse des Volkes das Mißverständnis von der gemeinsamen Sache aller Deutschen zu fördern und sie an die eine nationale Regierung unter dem »Einheitskanzler« Adolf Hitler zu binden. Es ist kein Zweifel, daß sie diese Aufgabe bis zum Debakel ihrer selbstbetrügerischen Hoffnungen, und teilweise noch darüber hinaus, mit durchgreifendem Erfolg erfüllt haben. Papens Beteuerung, er habe im Wahlkampf vor dem 5. März 1933 durch den Hinweis auf den Koalitionscharakter der Regierung die Distanz zwischen Hitler und dem eigenen Lager hinreichend bekundet, taugt nicht und wird schon durch die Feststellung des mit ihm eng verbundenen Edgar Jung widerlegt, daß an diesem Tage »in Deutschland zum ersten Male regelrechte Regierungswahlen durchgeführt« worden seien.[26] Auch hoffte er ja gerade durch die Betonung der Gemeinsamkeit an jene Welle neuer Zuversicht heranzukommen, die Hitler so sichtbar nach oben trug. Es waren tatsächlich nur wenige Angehörige des national gesinnten Bürgertums, die sich von den Einheitsparolen und dem Rausch der vermeintlich verwirklichten »Volksgemeinschaft« nicht irreführen ließen; doch sind auch sie angesichts der demonstrativen Verbrüderungsszenen zwischen den Wortführern des Konservatismus und den Nationalsozialisten vielfach in ein echtes Dilemma geraten und haben, was sie mit Abneigung registrierten, schließlich doch als nationale Pflicht erfaßt. Unter dem Dokumentenmaterial des Nürnberger Juristenprozesses findet sich das Tagebuch eines hohen bayerischen Richters aus den Jahren 1933/34, der — allen Eintragungen zufolge — volle Einsicht in den terroristischen, rechtsfeindlichen, kulturwidrigen Charakter des Nationalsozialismus hatte und der doch in die Partei und sogar in die SA eintrat, nicht um der NSDAP, sondern der »Bewegung zur nationalen Wiedergeburt« seine Kräfte zur Verfügung zu stellen.[27]

In den gleichen Zusammenhang gehören die nicht seltenen Fälle, in denen vor allem die Inhaber öffentlicher oder halböffentlicher Funktionen sich zu aktiver Mitarbeit im Rahmen der neuen Verhältnisse bereit fanden, um die radikalen oder auf nationalsozialistische Alleinherrschaft gerichteten Tendenzen zu dämpfen. Sofern von solchen Entschlüssen überhaupt mäßigende Wirkungen ausgingen, kamen sie allerdings gerade den Bestrebungen Hitlers zugute, der im Übergangsstadium zur totalen Herrschaft auf die fachlichen Kenntnisse und den Leumund der bürokratischen, technischen oder wirtschaftlichen Elite um so mehr angewiesen war, als dadurch der Schein der Legalität und Ordnungsmäßigkeit des Regimes aufrechterhalten wurde.

Es hat die ganze dreiste Allüre eines mauvais sujet, wenn Papen heute jedes Verständnis für diese von ihm selbst maßgeblich verursachte Problematik leugnet und ausgerechnet er, der wichtigste Helfershelfer Hitlers zur Macht, dem deutschen Volk »mangelnde Intelligenz« und »Denkträgheit« vorwirft, weil es Hitler und dem Nationalsozialismus nicht reservierter begegnet sei.[28] Er selbst jedenfalls begnügte sich, eigenem Eingeständnis nach, lange damit, auf die »Erziehungsarbeit im Kabinett« zu hoffen, und hat seine Reserve, allen später geltend gemachten Widerstandsakten zum Trotz, erst vergleichsweise spät bekundet, zu einem Zeitpunkt, da die Machtergreifung längst abgeschlossen war und Hitler seinen schnöde verabschiedeten Partnern das höhnische Wort von den Bürgerlichen hinterhergerufen hatte, »die sich einen Diktator wählen, aber unter der stillen Voraussetzung, daß er in Wirklichkeit nie diktiert«[29]. Auch ist ja die berühmte, von Edgar Jung verfaßte Marburger Rede vom 17. Juni 1934, die in der papenschen Apologetik einen so breiten Raum einnimmt, weniger Dokument einer über Ziele und Methoden der nationalsozialistischen Machtpraxis an sich empörten Rechtsgesinnung als vielmehr Ausdruck einer verärgerten Komplizenschaft, die einsehen muß, daß sie mit ihren Plänen nicht zum Zuge gekommen ist und, wenn überhaupt, lediglich als dekoratives Element in einem Staate eingesetzt wird, den sie im Grunde schon wieder, nach vierzehnjährigem Interregnum, als den ihren betrachtet und eigentlich hatte regieren wollen. Es war nicht zuletzt dieser dahinter zum Vorschein kommende Anspruch, der die äußerst schroffe und schneidende Reaktion Hitlers auf diese Rede ausgelöst und dem vierzehn Tage später veranstalteten Blutbad vom 30. Juni 1934 die doppelte Stoßrichtung gegeben hat. Man erliegt noch heute der irreführenden nationalsozialistischen Sprachregelung, wenn man das Geschehen dieses Tages allein als Auseinandersetzung zwischen Hitler und Röhm, zwischen Partei und SA betrachtet. Weit darüber hinaus zielte der Schlag zugleich gegen die letzten verbliebenen Machterwartungen konservativer und bürgerlicher Kreise. Papen selbst wurde für einige Tage unter Hausarrest gehalten, während zwei seiner engsten Mitarbeiter, darunter Edgar Jung, dem Morden zum Opfer fielen, so daß der Vizekanzler »wie ein trauriger Kegelkönig in Blut und Leichen stehenblieb«[30]. Gewiß hat er als Mann von Ehre daraufhin um seine Demission ersucht, doch dem Weg in den Widerstand, den eine beträchtliche Gruppe des konservativen Lagers im Anschluß an diesen Akt der Desillusionierung eingeschlagen hat, ist er nicht gefolgt. Vielmehr hat er sich dem Freundesmörder Hitler schon wenige Wochen später erneut zur Verfügung gestellt, und man kommt nicht umhin zu vermuten, dieser Entschluß sei durch die Erwägung erleichtert worden, daß Hitler zugleich auch der Mörder seines intimsten Feindes, des Generals von Schleicher, war. In noch stärkerem Maße haben jedoch zweifellos Ehrgeiz und unstillbare Geltungssucht zu dieser Entscheidung Papens beigetragen. Ihm war der Gedanke unerträglich, wie einer seiner konservativen Kabinettskollegen später schrieb, »nicht mit von der Partie zu sein, auch wenn ihm die Mitspieler nicht gefielen«[31]. Nach angeblich schweren inneren Kämpfen ging er als Gesandter in besonderer Mission nach Wien, um den Anschluß Österreichs vorzubereiten, aber man muß nur nachlesen, welche Gedanken ihn bei der Berufung durch Hitler erfüllten, um zu wissen, wie bereitwillig er in diesem Ringen mit sich selbst unterlag.[32] Auch als 1938 ein zweites Mal einer der engsten Mitarbeiter von seiner Seite weggemordet wurde, bewahrte er Hitler seine Dienstwilligkeit und übernahm bald darauf das Botschafteramt in der türkischen Hauptstadt – unbelehrbar für immer in der Überzeugung, damit nicht dem nationalsozialistischen Unrechtsregime, sondern dem deutschen Reich und Vaterland zu dienen. »Der wahre Geist«, so hatte Papen in seiner Marburger Rede erklärt, »ist so lebenskräftig, daß er sich für seine Überzeugungen opfert.«[33] Aber weder er selbst noch der deutsche Konservatismus in seiner Gesamtheit haben jene Kraft bewiesen, sich oder auch nur Opportunismus und Geltungssucht für ihre später behaupteten Überzeugungen zu opfern – die wenigen Ausnahmen vermögen diesen Vorwurf nicht zu entkräften. Statt dessen haben sie sich auf jene vaterländische Dienstideologie zurückgezogen, die den nationalen Pflichtenkatalog als höchsten Wert von der totalitären Wirklichkeit trennte und Dienst am Vaterland blindlings auch als Dienst an einem rechts- und wortbrüchigen Mordregime akzeptierte.

Die persönlichen Erfahrungen Papens und die gesteigerten Einblicksmöglichkeiten, über die er verfügte, enthüllen zumindest in diesem Falle den rein auf die persönlichen Rechtfertigungsbedürfnisse zugeschnittenen Charakter dieses Vorbringens. Selbst wenn man für glaubwürdig hält, daß ihm die in Nürnberg formulierte Erkenntnis, Hitler sei »der größte Mörder aller Zeiten« gewesen, nicht eher gekommen ist, so läßt sie sich doch mit der vaterländischen Pflichttheorie nur vereinbaren, wenn sie vom Eingeständnis eines schweren und langanhaltenden Irrtums begleitet ist; tatsächlich aber hat Papen bis zuletzt seine selbstgerechte Haltung bewahrt und Klugheit, Unterscheidungsvermögen oder Einsicht immer nur bei anderen vermißt – beim deutschen Volk, bei den Alliierten oder selbst, in besonders abstoßender Weise, im Falle des ermordeten Edgar Jung bei diesem.[34] Moralische Unempfindlichkeit, ein fundamentaler Mangel an intellektueller Redlichkeit und jene vom Standesbewußtsein geprägte Allüre, die mit der Wahrheit umging wie ein Herr mit dem Personal, haben ihm solche inkonsequenten Argumentationsweisen immer leicht gemacht. Justice Robert H. Jackson hat in seinem Plädoyer gegen Schacht den Widerspruch im Verhalten der konservativen Kollaboration auf eine einprägsame Grundformel gebracht:

»Wenn wir ihn fragen«, so meinte Jackson, »warum er den verbrecherischen Kurs dieser Regierung, in der er Minister war, nicht aufhielt, so sagt er, er habe keinerlei Einfluß besessen. Wenn wir ihn aber fragen, warum er Mitglied einer verbrecherischen Regierung blieb, so erzählt er uns, daß er das Programm dadurch zu mäßigen hoffte, daß er dabeiblieb.«[35] In der Tat ist dieser Widerspruch, auf den unter wechselnden Aspekten alle späteren Rechtfertigungsversuche der konservativen Mitakteure des Regimes hinauslaufen, unauflösbar. Er deutet zugleich die einheitliche Motivstruktur an, die, jenseits der rein persönlichen Antriebe, die Mehrheit der Konservativen über alle Demütigungen hinweg an dem Bündnis mit Hitler festhalten ließ: der Wille, um jeden Preis die Führung der Nation oder doch einzelne Führungspositionen zurückzugewinnen und zu behaupten. Dahinter wirkten sowohl das nie aufgegebene Gefühl besonderer Berufung als auch das im Jahre 1918 erlittene Trauma vom Verlust des Staates – beides durchsetzt von der zwar nach außen hin verleugneten, aber doch unabweislich vorhandenen Ahnung eigener Schwäche, die dem Beteiligungsdrang die ebenso zähe wie unwürdige Note verschaffte. »Haben Sie gemerkt, wie die Leute zittern, wie sie mir zu Munde reden?« hat Hitler im Juli 1934 mit dem Blick auf Papen und das deutschnationale Lager verächtlich gefragt.[36]

So haben Bündnis und Zusammenwirken von Nationalsozialismus und konservativem Nationalismus offenbart, wie untüchtig und im Kern ausgebrannt dieser war. Keine gesellschaftliche Gruppe hat angesichts der von der Zeit geforderten Bewährungsprobe in ähnlichem Umfang versagt. Es bedarf zur Erhärtung dieser These nicht des Hinweises auf die persönliche und finanzielle Unterstützung, die Hitler vor allem in den Jahren seines Aufstiegs von großagrarischer, schwerindustrieller oder anderswie interessengebundener Seite erhalten hat; die von diesem Ausgangspunkt bestimmten, vorwiegend marxistisch orientierten Deutungsversuche[37] verlagern die Akzente in unzulässiger Weise und machen Hitler zur vorgeschobenen Figur fremder Hintergrundsbestrebungen, während es doch in Wirklichkeit gerade das spezifische Versagen des Konservatismus deutschnationaler Prägung war, sich um kurzsichtiger Ziele willen für fremde Zwecke mißbrauchen zu lassen. Edgar Jung versicherte im Jahre 1933, »der revolutionäre Konservative opfert zeitliche Werte, um ewige zu retten«[38]. Aber die Wahrheit ist, daß dieser Typus des Konservativen die »ewigen Werte« längst aufgegeben hatte und, getrieben von einem verzweifelten und ordinären Hunger nach Macht, in der Verbrüderung mit Hitler die zeitlichen auch noch drangab. Der in den Erinnerungsschriften der konservativen Partner des Regimes immer wieder greifbar werdende Mangel an persönlichem Schuldgefühl mag subjektiv durchaus aufrichtig sein; er zeigte dann jedoch nur an, in welchem Ausmaß das Bewußtsein von der Existenz verpflichtender

Werte verkümmert war; denn der Grad des Schuldgefühls ist stets abhängig vom Grade des Wertbewußtseins, und nur, wo bindende Normen nicht mehr erkannt werden, wird auch ihr Verrat nicht mehr empfunden. »Gnädige Frau, wir sind Verbrechern in die Hände gefallen, wie hätte ich das ahnen können«, hat Schacht im Sommer 1938 geäußert.[39] Tatsächlich aber war nicht nur die Ahnung, sondern die sichere Erkenntnis dieses Sachverhalts jedem nüchternen, unkorrumpierten Denken lange vor dem Jahre 1938 greifbar. Es waren vor allem der Verlust an Integrität, geistige Bestechlichkeit und das Vermögen, sich blind zu stellen, die den Konservatismus erst in die Nachbarschaft und mit einer gewissen Zwangsläufigkeit schließlich auch in das Bündnis mit Hitler geführt haben. Als im Nürnberger Gerichtssaal ein Dokumentarfilm über die Konzentrationslager und Massenvernichtungsstätten des Dritten Reiches gezeigt wurde, bedeckte Papen sein Gesicht demonstrativ mit den Händen. Die Geste war mehr als eine spontane Reaktion des Entsetzens; sie versinnbildlichte eine Haltung. »Ich wollte Deutschlands Schande nicht sehen«, versicherte er später.[40] Er hatte sie nie sehen wollen, wie sehr er selbst sie auch gefördert hatte.

In diesen Vorwurf der Miturheberschaft, der Wegbereitung für den Nationalsozialismus mündet am Ende immer wieder die Analyse der Rolle Papens und des von ihm repräsentierten Konservatismus. Unbekümmert um seine verhängnisvolle Aktivität, seine Reden zur »Nationalen Revolution«, die ihn als treibende Kraft im Verschmelzungsprozeß der nationalen Rechten ausweisen, und unbekümmert auch um das damals freudig übernommene »hohe Maß von Verantwortung ... an dem Zusammenschluß«[41], hat Papen gerade diese historische Schuld energisch bestritten und sich noch in Nürnberg mit dem ihm eigenen, herausfordernden Anspruchsgebaren als Sprecher »des anderen Deutschland« bezeichnet.[42] Indessen ist das Maß seiner Verantwortung für den Gang der Ereignisse inzwischen eindeutig genug nachgewiesen, und seine eher durchsichtigen Versuche, den eigenen Anteil an der Regierungsbildung vom 30. Januar 1933 zu verringern, entlasten ihn schon deshalb nicht, weil sie am Kern des gegen ihn gerichteten Schuldvorwurfs vorbeigehen. Denn nicht nur in der »ohne Amt und Auftrag«, überwiegend aus niedrigen persönlichen Motiven hergestellten Verbindung zu Hitler, sondern weit darüber hinaus in der schon vor dem Jahre 1933 begonnenen Präparierung des öffentlichen Bewußtseins auf die mit dem Nationalsozialismus gemeinsamen Leitbilder, in der Aktivierung der antirepublikanischen Ressentiments und der planmäßigen Unterhöhlung der verfassungsrechtlichen Strukturen des Weimarer Staates liegt der eigentliche Vorwurf an die Adresse Papens begründet, der »Steigbügelhalter« des neuen Regimes gewesen zu sein.

»Die Geschichte wartet auf uns«, hatte Papen am Ende seiner Marburger Rede ausgerufen, »aber nur dann, wenn wir uns ihrer als würdig erweisen.«[43] Selbst unter Abwägung aller Umstände, unter Berücksichtigung auch des Widerstands, der von vereinzelten Gruppen des bürgerlichen Konservatismus im Anschluß an spät gewonnene Einsichten ausging, wird man nicht sagen können, daß er die geschichtliche Probe bestanden habe. Denn der Entschluß zum Widerstand ging durchweg nicht von einem neu erworbenen Bewußtsein für die bindende Kraft dessen aus, was einst als konservative Idee Geltung besessen, sich jedoch in den opportunistischen Manövern seiner Wortführer, den Geschäften mit der Macht und einem parasitären Standesegoismus längst entwertet hatte, sondern basierte auf individuellen Entscheidungen, deren Antriebe »außerhalb der Ideologie« lagen, so daß der Konservatismus nicht einmal die einzige Aufgabe, die Hitler ihm noch zugestanden hatte, nämlich »in Schönheit zu sterben«, gemeistert hat.[44] Es ist zuletzt wohl die Verbindung von einem schon lange wirksamen Gefühl der eigenen Dürre und anhaltenden Blutarmut mit einem verzweifelten Verlangen nach Macht und »geschichtlicher Befugnis« gewesen, die den Konservatismus deutschnationaler Prägung auf seine abschüssige Bahn geführt hat. In der Vereinigung mit dem heimlich verachteten, aber eben doch auch bewunderten Emporkömmling Hitler hoffte er, an der Kraft und Vitalität der nationalsozialistischen Massenbewegung zu partizipieren, um, darauf gestützt, einen Rang zurückzugewinnen, den die Geschichte ihm nicht ohne Grund schon einmal aberkannt hatte. »Ich wünsche ein großes und starkes Deutschland, und um das zu erreichen, verbinde ich mich sogar mit dem Teufel«, hat Hjalmar Schacht gelegentlich versichert.[45] Aber selten in der Geschichte hat ein Ereigniszusammenhang so sehr jenes alte Sprichwort herausgefordert, daß einen langen Löffel brauche, wer mit dem Teufel zu Tische sitzen will.

Nach einem Wort von Thomas Mann ist allerdings der Teufel bereits da, »wo der Hochmut des Intellekts sich mit seelischer Altertümlichkeit und Gebundenheit gattet«[46]. Das wirft die Frage auf, an welcher Seite des Tisches denn eigentlich der Teufel bei dem hier erörterten Bündnis gesessen habe. Aber dies ist eine jener Fragen, die bei längerem Nachdenken immer komplizierter und schließlich gar unlösbar werden.

ALFRED ROSENBERG

Der vergessene Gefolgsmann

»Mit seiner Weltanschauung steht und fällt der Nationalsozialismus.«
Alfred Rosenberg

»Die Ideen unseres Programms verpflichten uns nicht, wie Narren zu handeln.«
Adolf Hitler

Die Tragödie Alfred Rosenbergs war, daß er an den Nationalsozialismus wirklich geglaubt hat. Die rechthaberische Gewißheit, mit der er sich als der Schriftgelehrte einer neuen irdischen Heilsbotschaft empfand, machte ihn innerhalb der Führungsspitze der NSDAP zu einem kuriosen und vielfach belächelten Einzelgänger – zum »Philosophen« einer Bewegung, deren Philosophie am Ende nahezu immer die Macht war. Rosenberg selbst hat das freilich nie erkannt oder gar anerkannt und wurde gerade deshalb im Verlauf der Jahre, als der Machtgedanke die ideologischen Drapierungen zusehends überspielte, zum vergessenen Gefolgsmann: kaum noch ernst genommen, mutwillig übersehen und herumgestoßen, ein Requisit aus der ideologisch gestimmten Frühzeit, der Werbephase der Partei. Die Einsicht, daß die von ihm so eifernd verteidigte Weltanschauung zumindest in den Zentren der Macht eigentlich keine verpflichtende Kraft besaß, blieb ihm lange verschlossen. Mit schwerfälliger Konsequenz hat er vielmehr bis zuletzt das Narrenparadies seines Glaubens als politische, soziale und religiöse Antwort auf die Fragen der Zeit betrachtet und im Nationalsozialismus, wie er noch in der Nürnberger Zelle als »Bekenntnis« niederschrieb, »die edelste Idee« erblickt, »für die ein Deutscher die ihm gegebenen Kräfte einzusetzen vermochte«[1].

Das Verhältnis des Nationalsozialismus als Gesamterscheinung zur eigenen Ideologie ist nur schwer analysierbar. Er war weder ein ausschließlich taktisch bestimmter Erfolgs- und Beherrschungswille, der sich selbst als absolut setzte und sich die Ideologiestücke beliebig zur Verfügung hielt, wie es in der Formel von der »Revolution des Nihilismus« zum Ausdruck gebracht worden ist[2]; ebensosehr allerdings entzieht er sich allen Versuchen, ihn als geistesgeschichtliches Phänomen, losgelöst von den machttechnischen Bedingtheiten, zu deuten. Er war beides, Herrschaftspraxis und Doktrin zugleich, das eine überlagert und vielfach durchkreuzt vom anderen, und selbst in den skrupellosen Eingeständnissen eines zweckfreien Machtstrebens, wie sie zum Teil überliefert sind, erwiesen Hitler und seine enge Umgebung sich schließlich doch immer als die Gefangenen ihrer eigenen Vorurteile. Wie der Nationalsozialismus als Totalität keine ideologischen Motive in sich aufnahm, ohne nach deren machtsteigernden Möglichkeiten zu fragen, so sind auch seine entscheidenden Machtbekundungen nicht ohne ein, mitunter freilich flüchtiges und nur schwer greifbares, ideologisches Motiv zu verstehen.

Die führenden Nationalsozialisten, soweit sie das Zusammenspiel von Ideologie und Herrschaftstaktik übersahen oder gar dirigierten, sind denn auch immer wieder jeder konkreten Festlegung ausgewichen und haben, wie beispielsweise Goebbels, betont, daß der Nationalsozialismus sich in seiner Gesamtheit nicht definieren lasse, da er »fortlaufenden Veränderungen und Wandlungen unterworfen« sei.[3] Gewiß enthielt er auf seinem Grunde bestimmte Anschauungen, auf die er unlösbar fixiert blieb, aber – mit Ausnahme der Idee des Kampfes und der Führermaxime – doch kaum welche, die er nicht um der Eroberung oder Behauptung der Macht willen, zumindest zeitweilig, preiszugeben oder doch zurückzustellen bereit gewesen wäre. Dieser taktische Opportunismus entsprach weitgehend der eher willkürlichen Art, in der die aufsteigende Bewegung die unterschiedlichsten ideologischen Elemente übernommen hatte, und ihre Treulosigkeit gegenüber Ideen und Grundsätzen war nur der genaue Ausdruck der stets von berechnenden Erwägungen bestimmten Aneignung dieser Ideen. Rassische, antisemitische, biologistische und pangermanische Konzepte hatte sie ebenso rezipiert wie gewisse traditionelle Gefühlselemente bäuerlicher, antizivilisatorischer, militärischer oder pseudoreligiöser Natur. Dazwischen geisterten die Schatten der deutschen Romantiker sowie Wagners, Nietzsches oder Paul de Lagardes; sodann, als Reflexe der Zeitstimmung, nationale, restaurative, bündische und sozialistische Vorstellungskomplexe und bis hin zu den abseitigen Bestrebungen gewisser Lebensreformer, Neuheiden und Edengärtner findet sich im Grunde kaum eine der mehr oder minder verbreiteten Strömungen jener Jahre, die nicht zumindest zeit- oder teilweise zum Konglomerat der nationalsozialistischen Ideologie einen Akzent beigesteuert hätte: »Wir haben«, so hat Hitler gelegentlich erklärt, »unsere Ideen von allen Sträuchern zu Seiten unseres Lebensweges aufgelesen, und wir wissen nicht mehr, wo sie herstammen.«[4]

Nicht nur der heterogene Charakter dieser »Weltanschauung«, auch das verschiedene Gewicht der einzelnen Elemente und ihre größere oder geringere herrschaftstechnische Funktion wirken außerordentlich behindernd auf den Versuch, das Verhältnis des Nationalsozialismus zur eigenen Ideologie zu bestimmen. Wie deren Uneinheitlichkeit und innere Folgewidrigkeit dazu zwingen, die Grenzen ihrer Manipulierbarkeit fallweise abzustecken, so ist es lediglich möglich, die Stellung einzelner Machtträger des Regimes zu einzelnen ideologischen Postulaten zu umreißen. Die ideologische Gleichgültigkeit Görings beispielsweise unterschied sich nachdrücklich von der verschrobenen weltanschaulichen Buchstabentreue Rosenbergs, und Himmlers sentimental verstiegene Ideologiebeziehung stand in nahezu denkbar größtem Gegensatz zu derjenigen seines Untergebenen Heydrich. Hans Frank hat denn auch versichert: »Die Formel: Nationalsozialismus ist ausschließlich, was der ›Soundso‹ sagt oder tut, wobei der jeweilige Repräsentant sich selbst meinte, trat (allmählich) an die Stelle der Voraussetzungen des Parteiprogramms ... Es gab grundsätzlich soviele ›Nationalsozialismen‹ als es führende Männer gab.«[5] Infolgedessen rückte zwangsläufig der Macht- und Zweckgedanke ganz nach vorn, aber unterbaut von den wechselnden persönlichen Zwangsvorstellungen und Ressentiments, die sich lediglich im unbedingten Gehorsam gegenüber dem Führer gebunden sahen. Dieser Sachverhalt erklärt zu einem wesentlichen Teil, warum der Typus des Strenggläubigen in der Führungsspitze der Bewegung so äußerst selten war. Diejenigen, deren Überzeugungen nicht durch einen entschiedenen Erfolgswillen geformt und im Sinne der von Hitler ausgegebenen Ziele aktivierbar waren, sahen sich rasch in die Isolierung gedrängt, oder anders ausgedrückt: die nationalsozialistische Herrschaftswirklichkeit hatte Raum für jede zynische Ideologieverachtung, die sich mit Machtwillen paarte, dagegen nicht für den Willen zur Ideologie, der mit der Verachtung der Macht einherging. Hitler hat diese Beziehung mit den Worten ausgedrückt, der Nationalsozialismus sei »eine Volksbewegung, aber unter keinen Umständen eine Kultbewegung«[6].

Das Schicksal derjenigen seiner Anhänger, die ihre Glaubensgewißheiten über die Machtforderungen stellten, hat diese Behauptung nachdrücklich bestätigt. Wenn Alfred Rosenberg das im Grunde paradoxe Bild eines führenden Nationalsozialisten bot, der sich seinen ideologischen Prämissen mit letzter störrischer Konsequenz verpflichtet fühlte, so ist an ihm auch das Fiasko aller Ernstmeinenden innerhalb der Bewegung am sichtbarsten geworden. Ein Vermerk in seinem Tagebuch vom 7. Mai 1940, der ihm offenbar so wichtig war, daß er ihn später an anderer Stelle noch einmal wiederholte, macht die orthodoxe Überzeugungsgebundenheit dieses Mannes unmißverständlich deutlich und liefert zugleich einen Schlüssel zu seinem Wesen. Die Notiz gibt wieder, was er einst Walther Darré antwortete, als dieser ihn zur Teilnahme am innerparteilichen Machtkampf überreden wollte: »Ich sagte ihm darauf«, so schreibt Rosenberg, »ich würde eine Haltung vertreten, gleich ob einer für oder gegen sie sei, wenn ich sie zutiefst als richtig für die Bewegung halte. Ich würde das tun, auch wenn ich zum Schluß *allein* bleiben würde.«[7] Tatsächlich und folgerichtig ist er jedoch nicht erst »zum Schluß« in die Vereinzelung geraten. Immer wieder gedemütigt und zurückgesetzt, suchte er Ausgleich im verächtlichen Blick des Rechtgläubigen auf die abtrünnigen Mitkämpfer von einst, die sich macht- und beutehungrig zu immer neuen Rudeln zusammenschlossen: als die ohnmächtige Torheit mit beleidigend einflußlosen Positionen bedacht, ein Prophet, der im eigenen Lande nichts galt und auswärts noch weit weniger. Ironisch nannte Goebbels ihn den »Beinahe-Rosenberg«; denn »beinahe hätte es bei Rosenberg zum Gelehrten, zum Journalisten, zum Politiker gereicht, aber eben nur beinahe«[8]. In dieser Formulierung kam die Geringschätzung des wendigen Machttechnikers gegenüber einem Manne zum Ausdruck, der sich mit seinen unbeholfenen Überzeugungen ständig selbst im Wege stand. Mit wachsendem Machtverlust kapselte Rosenberg sich in seinem Wissenshochmut ein und beharrte nur noch hartnäckiger auf jener hirnrissigen »Philosophie«, der seine bornierte Treue bis zum Ende galt: »die edelste Idee«. Und während er, vorwiegend mit weltanschaulichen Überwachungsaufgaben betraut, die Himmel rassischer Glückseligkeit hütete, gingen andere, härtere Naturen daran, deren Höllen einzurichten, die er später ungläubig als Verfälschung der reinen Lehre betrachtete. Wenn nach einem Wort Wilhelm Raabes, das Rosenberg in seinen letzten Aufzeichnungen zitiert, der deutsche Geist ein Drittel seiner Kraft aus dem Philistertum zieht, dann der deutsche Ungeist nicht minder.

Aus kleinbürgerlichen Verhältnissen in Reval stammend, war Rosenberg einer der zahlreichen Auslandsdeutschen, deren Deutschtumskomplex der aufsteigenden NSDAP viel von ihrem Gepräge gegeben hat.[9] »Die Gegner der nationalsozialistischen Bewegung«, so heißt es in der schon erwähnten zeitgenössischen Rassencharakterologie, »wollten in Rosenberg wegen seiner baltischen Abstammung einen Fremdling sehen, jeder aber, der sich seinen Schädel mit kundigem Blick ansieht, wird ihn sofort als germanisch-deutschen Menschen erkennen, der mit Fug und Recht seinen Platz in den Reihen Adolf Hitlers behaupten darf ... Der ausgesprochene Langschädel besagt uns, daß wir es mit einem reinen Bewegungs- und Empfindungsmenschen zu tun haben ... Es liegt aber in dem gesamten Augenausdruck ein gewisser Schmerz.«[10] Die an der Grenze der Ironie sich unfreiwillig bewegende Charakteristik legt eher bloß, was sie verdecken will; denn tatsächlich galt Rosenberg im Kreis der vierschrötig-derben Anhängerschaft der Entstehungszeit, deren Typus viel eher von Erscheinungen wie Streicher, Dietrich Eckart oder Röhm repräsentiert wurde, von vornherein als Außenseiter, und zum »Fremdling« haben nicht die Gegner, sondern das eigene grüblerische Temperament und die Mitkämpfer ihn gemacht. Zur unkomplizierten Diesseitigkeit gerade der tonangebenden »süddeutschen« Gefolgschaft Hitlers hat er, dem unter den Händen alles schwer und kompliziert wurde, nie einen Zugang gefunden, und gelegentlich hat er selbst bemerkt, er habe in der Partei kaum Freunde besessen.[11] Auch haben seine einseitig ideologischen Neigungen, die dem auf aktivistische Selbstbestätigung abgestellten Charakter der frühen Parteigarde eher zuwiderliefen, diese Distanz noch verstärkt: Er war der »narrete, hochnäsige, überkandidelte Tropf«, der »Bohem«, wie Max Amann von seinem Hauptschriftleiter des ›Völkischen Beobachter‹ sagte[12], dem als Arroganz vorgeworfen wurde, was wohl eher Hemmung und intellektuelle Befangenheit war.

> Im Gespräch, so hat ein ehemaliger Nationalsozialist berichtet, hatte man »den Eindruck, daß er gar nicht richtig zuhörte. Hie und da kniff er bei kritischen Bemerkungen die Lippen zusammen oder versuchte ein überlegenes Lächeln, was ihm natürlich den Ruf hochmütiger Unliebenswürdigkeit eintrug. Sicher tat man ihm damit unrecht, genauso wie mit dem Vorwurf, daß er ein Meinungsdiktator sein wollte. Er war nur derartig verkrampft in seinen anstudierten Vorstellungen und ichbezogenen Wunschbildern von baltischem Edelmann, englischem Lord, genialem Wissenschaftler von kopernikanischem Ausmaß, daß ihm darüber die ohnehin schwach entwickelten Fähigkeiten, mit anderen Menschen in Kontakt und ins Gespräch zu kommen, völlig verlorengegangen waren.«[13]

Im Grunde ist daher schwer zu deuten, welche Kombination von Umständen den schwerblütigen, pedantischen Architekturschüler und Zeichenlehrer dazu brachte, nicht nur innerhalb der NSDAP, sondern in der Politik überhaupt seine Berufung zu erkennen, und auch seine Nürnberger Niederschrift hat zur Aufklärung seiner umstrittenen Entwicklungsphase nur wenige Anhaltspunkte geliefert. Es waren ursprünglich offenbar weder die kennzeichnenden Ressentiments des »Deutschbalten« noch der Wille, einer politischen Zukunftsvorstellung zum Erfolg zu verhelfen, sondern die eher zufälligen Bedingungen äußerer Umstände; denn was immer sein Lebensbericht verschweigen mag, er macht doch die strukturelle Schwäche eines Charakters deutlich, der sich fast ausschließlich von den willkürlichen Impulsen leiten oder treiben ließ, die er von der Umwelt empfing. Auch für seine Übersiedlung nach Deutschland im Jahre 1918 hat er denn keine eindrucksvollere Begründung vorzubringen vermocht als die eigene Unschlüssigkeit: »So zog mich das Leben und ich folgte ihm.«[14]

Rosenberg folgte ihm nach München, wo er sich anfangs mit Gelegenheitsarbeiten mühsam behauptete. Alsbald geriet er in russische Emigrantenkreise und fand Kontakt zur Thulegesellschaft, einer völkischen Geheimverbindung mit okkultistischer Färbung, die, vorwiegend auf dem Hintergrund finsterer Greuelgeschichten und schmuddeliger »Enthüllungen« über Juden, Freimaurer und Bolschewisten, einen sektiererischen Arier- und Germanenkult betrieb, ehe sie zeitweilig zum Mittelpunkt der konterrevolutionären Umtriebe in Bayern wurde. Beide Begegnungen haben im weichen Wachs der Persönlichkeit Alfred Rosenbergs ihre unverlierbaren Spuren eingegraben. Denn während er, bald nach der durch Dietrich Eckart vermittelten Bekanntschaft mit Hitler und dem Eintritt in die Partei, die Emigrantenressentiments in Form der Lebensraumideologie als außenpolitisches Grundkonzept der Hitlerbewegung durchsetzte, haben die in der Thulegesellschaft empfangenen Eindrücke Richtung und Stil seiner sekundärphilosophischen Bemühungen geprägt. Schon die Titel der ersten Veröffentlichungen machen das deutlich, so etwa: ›Die Spur des Juden im Wandel der Zeiten‹, ›Unmoral im Talmud‹ (beide 1920), ›Das Verbrechen der Freimaurerei‹ (1921), ›Der Sumpf‹ oder ›Pest in Rußland‹ (1922). Auch war er einer der Hauptverbreiter des berühmten Falsifikats ›Die Protokolle der Weisen von Zion und die jüdische Weltpolitik‹ (1923), das er mit seinem ganzen naiven Mut zur Selbstbloßstellung im Jahre 1940 noch einmal verlegen ließ.[15] In diesen und allen folgenden Schriften erwies er sich als ein Mann von profunder Halbbildung, Kenner zahlloser apokrypher Quellen und Theorien sowie der gesamten abseitigen Traktatliteratur eines nationalpathologischen Schwärmertums, der die Fülle angelesenen Stoffes rasch, kritiklos und ungenau assoziierte, so daß das Ergebnis stets seinen vorgefaßten Meinungen entsprach. Die Jahr für Jahr anschwellende Produktion, die ihm den überschätzten Rang eines »Chefideologen« der NSDAP eintrug, fand schließlich ihren Höhepunkt in seinem 1930 erschienenen Hauptwerk ›Der Mythus des 20. Jahrhunderts‹, das einer zeitgenössischen Bibliographie zufolge, »neben Adolf Hitlers ›Mein Kampf‹ das wichtigste Buch des Nationalsozialismus« war.[16] Es bedeutete den Versuch, die widerspruchsgesättigten geistesgeschichtlichen und stimmungsmäßigen Elemente, denen die Bewegung ihren Erfolg verdankte, zum System einer nationalsozialistischen Philosophie zu verbinden. Unter der anspruchsvollen Eröffnung, daß »heute ... die Weltgeschichte neu geschrieben werden muß«, enthielt es eine von Houston St. Chamberlain, Gobineau und ihren Nachfolgern, aber auch von einem mißverstandenen Nietzsche inspirierte Deutung der Geschichte als einer Geschichte von Rassenkämpfen:

»Ein neues beziehungsreiches farbiges Bild der Menschen- und Erdengeschichte beginnt sich heute zu enthüllen«, so heißt es einleitend, »wenn wir ehrfürchtig anerkennen, daß die Auseinandersetzung zwischen Blut und Umwelt, zwischen Blut und Blut die letzte uns erreichbare Erscheinung darstellt, *hinter* der zu suchen und zu forschen uns nicht mehr vergönnt ist. Diese Anerkennung aber zieht sofort die Erkenntnis nach sich, daß das Kämpfen des Blutes und die geahnte Mystik des Lebensgeschehens nicht zwei verschiedene Dinge sind, sondern ein und dasselbe auf verschiedene Weise darstellen ... Rassengeschichte ist deshalb Naturgeschichte und Seelenmystik zugleich; die Geschichte der Religion des Blutes aber ist, umgekehrt, die große Welterzählung vom Aufstieg und Untergang der Völker, ihrer Helden und Denker, ihrer Erfinder und Künstler.«[17]

Auf solcher affektiven Argumentation, die gegen jede sachlich-logische Widerlegung gesichert war, gründete das gesamte Werk in seiner inbrünstigen Tiefenstimmung. Die Theorie, daß einzig dem nordischen Menschen kulturelles und staatsbildendes Genie eigen sei, entwickelte Rosenberg infolgedessen auch nicht auf dem Nachweis nordischen Blutes in den durch entsprechende Leistungen ausgewiesenen Völkern, sondern folgte der entgegengesetzten, schwerlich anfechtbaren Methode: wo immer er, wie in der griechischen Antike, eine bedeutende kulturschöpferische Kraft wirksam sah, nahm er dies als Beweis für seine unumstößliche Ausgangsthese. In seiner pessimistischen Grundgestimmtheit sah er das Deutschtum, die kostbare Neige in der Schale nordischen Blutes und damit die Welt schlechthin von Niedergang und Verderben bedroht. Als Symptome des Verfallsprozesses beklagte er die »seelische Verkreuzung unseres Volkes« und zugleich damit den »Verlust naturnaher Vernunft« sowie willensbestimmter nordischer Ästhetik, was immer das alles bedeuten mochte.[18] In kosmischen Auf- und Abwertungen proklamierte er die Ablösung der zersetzungsträchtigen, christlich-syrisch-liberalistischen Weltvorstellungen und setzte ihnen die neue Wertwelt gegenüber, die freilich zu ihrer vollen Entfaltung der Gewinnung neuen Lebensraumes bedurfte. Tat und Kampf rückten dabei an die Stelle von Mitleid und Humanität, das »Schöne« sah sich dem »Guten« entgegengesetzt, die »Liebe« durch den männlich-germanischen Begriff der »Ehre« überwunden: dies alles wiederum im Zeichen blutbedingter Wesenserkenntnis:

»Heute erwacht ein *neuer* Glaube: der Mythus des Blutes, der Glaube, mit dem Blute auch das göttliche Wesen des Menschen überhaupt zu verteidigen. Der mit hellstem Wissen verkörperte Glaube, daß das nordische Blut jenes Mysterium darstellt, welches die alten Sakramente ersetzt und überwunden hat.«[19]

Von der Wendung gegen das Christentum und die Gesamtheit der ihm gleichgesetzten Begriffe bezog der ›Mythus des 20. Jahrhunderts‹ im Grunde sein Profil und seinen späteren Ruf. In einem »Katechismus« der nationalsozialistischen Weltanschauung, der die Überlegungen des Buches in knappen Formeln zusammenfaßte, hat Rosenberg zwar betont, das Christentum sei »allein dadurch geadelt, daß Deutsche ... (daran) geglaubt haben«; doch minderte das keineswegs die dezidierte Schärfe der aktuellen Kampfansage; es hieß da:

> »Von der Zucht der Konfession zur Zucht durch germanische Werte ist der Schritt: mehrere Generationen. *Wir* sind der Übergang von der einen Zucht zur anderen. Wir sind die Überwinder eines Zeitalters und die Begründer einer neuen — auch religiösen — Epoche. Wir tragen ein schweres und deshalb großes Schicksal ... Bilder zu zerstören, das hat noch jede Revolution vermocht. Aber seine Sache auf Nichts stellen und doch nicht alle Brücken hinter sich verbrennen: das ist der Charakteradel der nationalsozialistischen Zeitwende ...
> Das deutsche Volk ist nicht erbsündig, sondern erbadlig ... An die Stelle der christlichen Liebe ist die nationalsozialistische, germanische Kameradschaftsidee getreten«, ein Vorgang, der, nach Meinung Rosenbergs, in der Verdrängung des Rosenkranzes durch den Spaten des Arbeitsdienstes auch bereits seinen symbolischen Ausdruck gefunden habe.«[20]

Der ermüdende, tiradenreiche Mystizismus, der den ›Mythus des 20. Jahrhunderts‹ wie alle Veröffentlichungen des Autors kennzeichnet, hat offenbar eher befremdend auf die Führungspartner innerhalb der Bewegung gewirkt und Rosenbergs Stellung jedenfalls nicht verstärkt. Hitler urteilte, das Werk sei »abgeschriebenes, zusammengekleistertes, ungereimtes Zeug! Schlechter Chamberlain mit einigen Zutaten!«, versicherte indes dem Verfasser, es sei »ein sehr geistvolles Buch«[21]. In seinen Tischgesprächen während des Krieges bekannte er überdies, er habe es »nur zum geringen Teil gelesen«, da es »zu schwer verständlich geschrieben sei«, und führte die vergleichsweise große Popularität des Werkes allein auf die Angriffe der katholischen Kirche zurück.[22] Und während Goebbels es halb belustigt, halb verärgert als »weltanschaulichen Rülpser« abtat, versicherten später, während des Nürnberger Prozesses, die Angeklagten ohne Ausnahme, sie hätten das Buch nie gelesen.[23] Auch in der Öffentlichkeit hat es, obwohl es auf Grund trickreicher Vertriebsmethoden bis zum Jahre 1944 eine Auflage von 1,1 Millionen erfuhr, doch nur wenige Leser gefunden, und Rosenbergs stolze Tagebuchgewißheit vom 19. Januar 1940, »daß nach und nach Hunderttausende inwendig durch mein Werk revolutioniert worden sind«[24], entsprang wohl eher dem Bedürfnis, eine gescheiterte politische Karriere durch eingeredete philosophische Erfolge aufzuwerten.

Denn zu dieser Zeit war längst deutlich geworden, daß Rosenberg kaum noch über realen politischen Einfluß verfügte und in den echten Machtentscheidungen keine gewichtige Stimme mehr hatte. Sein ursprünglich nicht nur ideologisch, sondern in mindestens eben dem Maße außenpolitisch orientierter Ehrgeiz hatte ihn in der sogenannten Kampfzeit der Bewegung als außenpolitischen Berater Hitlers und Vorsitzenden des außenpolitischen Fraktionsausschusses der NSDAP immerhin in die engere Führungsspitze der Partei gebracht. Nach dem mißglückten Putsch vom November 1923 hatte Hitler ihm sogar die Leitung der Bewegung anvertraut, doch nur, wie Rosenberg zu Recht argwöhnte, um ihren Zerfall zu fördern und sich dadurch eine günstige Ausgangsstellung für die spätere Rückeroberung der Führung zu sichern.[25] Mit dem Beginn des Machtergreifungsprozesses allerdings sah Rosenberg sich zusehends zur Seite gedrängt, und es bedurfte nicht erst des peinlich mißglückten Besuchs in England, der seinen außenpolitischen Führungsanspruch demonstrieren sollte, um die von ihm mühsam behauptete Position zu untergraben; denn seine prinzipienfeste Starrheit, die das weltanschauliche Gut der Bewegung ständig in Gefahr sah, machte ihn überaus unbeweglich und zum Gegner aller taktischen Kompromisse, wie Hitler sie im Frühjahr 1933 beispielsweise mit den Kirchen schloß. Disqualifizierend wirkte vermutlich auch sein geradezu neurotischer Ideologieverdacht, der hinter jeder gegnerischen Haltung die verschwörerische Aktivität sei es von Juden, Marxisten, Freimaurern oder Jesuiten witterte. So war er anfangs der dreißiger Jahre »ernsthaft der Ansicht, daß der Kanzler (Brüning) als Beauftragter des Vatikans nur die eine Aufgabe hätte, durch seine Politik der Notverordnungen mit der daraus notwendig folgenden Verelendung immer breiterer Volkskreise das protestantische Norddeutschland dem Kommunismus auszuliefern, um es im Fegefeuer dieser Prüfung für eine zweite Gegenreformation mit der Restauration der katholischen Fürstenhäuser reif zu machen«[26]. Seine Vorstellungswelt war beherrscht von einem Pandämonium finsterer Mächte, die er in vollem Aufbruch sah gegen die »Lichtwelt«, und hinter allen schwer durchschaubaren Zusammenhängen der Gegenwart, ihren wirtschaftlichen, finanztechnischen oder schlechthin organisatorischen Wirkungsweisen, vermutete er Dämonenspuk, Priestertreiben oder kabbalistisches Teufelswerk. Als er einmal auf die Frage nach den Hintermännern einer Zeitung die Antwort erhielt: Niemand!, entgegnete er gänzlich unbeirrt: »Irgendeiner steckt immer dahinter.«[27] Selten hat der nicht zuletzt von Hitler selbst souverän ausgebeutete Hang des modernen Menschen, für seine Ratlosigkeit, seine Lebensangst anonyme Kräftegruppen verantwortlich zu machen, einen gläubigeren Jünger gefunden als Rosenberg, und die Verbissenheit, mit der er den »alten Blutswillen« dagegen zu mobilisieren trachtete, enthüllte nur den Ohnmachtsgrund seiner Persönlichkeitsstruktur.

Es war daher nicht nur der größeren Bedenkenlosigkeit seiner Führungskonkurrenten, sondern auch der eigenen vorurteilssüchtigen Befangenheit zuzuschreiben, wenn Rosenberg sich in den Machtkämpfen an der Spitze alsbald von den gewandteren Rivalen überflügelt und in die undankbare Rolle dessen gedrängt sah, der unentwegt auf seine älteren Verdienste und Rechte hinweisen muß. Mit einem ernsten tiefsitzenden Haß verfolgte er die Goebbels, Ribbentrop und Ley, nachdem sie einmal in jene Ressorts eingedrungen waren, für die er sich vor allem in seiner weltanschaulichen Hohepriesterschaft allein als zuständig erachtete: ein eifersüchtiger, unleidlicher Querulant, der sich beispielsweise als besonders engherziger Rassenfanatiker, oder aber, wenn die Lage es erforderte, auch als Anwalt jüdischer Interessen aufspielen konnte.[28] Er hatte fest darauf gebaut, in einem von Hitler geführten Kabinett das Außenministerium zu übernehmen. Infolgedessen konnte er nie verwinden, daß er 1933 übergangen und neben weltanschaulichen und erziehungspolitischen Funktionen lediglich mit dem bedeutungslosen Außenpolitischen Amt der NSDAP betraut worden war; denn trotz aller von Rosenberg augenblicklich begonnenen Geschäftigkeit, trotz aller Kompetenzquerelen mit dem Auswärtigen Amt, war es nicht viel mehr als eine Betreuungsstelle für ausländische Besucher, und Göring hat denn auch in Nürnberg bezeugt, daß es »in außenpolitischen Fragen nicht ein einziges Mal gehört wurde«[29]. Sein Ehrgeiz suchte sich daher einen Wirkungsausgleich in der rigorosen Realisierung der im ›Mythus‹ entwickelten ästhetischen Programmatik. Schon vor der Machtübernahme hatte er im 1929 gegründeten »Kampfbund für deutsche Kultur« der Verwirklichung rassisch orientierter Schönheitsmaßstäbe eine organisatorische Basis geschaffen, von der aus nun die Offensive gegen das »bastardisierte Mestizentum« der sogenannten entarteten Kunst ungehemmt und mit allen staatlichen Machtmitteln vorangetragen werden konnte. Ein borniertes Eiferertum, in dessen kleinbürgerlich-nationalistischem Organon der »Hase« von Dürer oder, wie der damalige Leiter des Folkwang-Museums meinte, der »Stahlhelm« als unüberbietbarer Ausdruck »beseelter« oder großer deutscher Kunst erschien[30], diktierte künftighin die Voraussetzungen und Stilprinzipien der »völkischen Gemeinschaftskunst«. Ganz in diesem Sinne feierte einer der neuen Kulturfunktionäre den »Kanonendonner von Sedan und die Kleine Nachtmusik von Mozart« als »Ausdruck des gleichen künstlerischen Vermögens der Deutschen«, versicherte Professor Ewald Geissler, nur jene Kunst könne ihre »Deutschheit« beweisen, die leicht zu merken sei.[31] Der Ruf nach dem »großen Bildersturm durch deutsches Land«, schon seit Jahren hörbar[32], wurde nun mit wachsender Heftigkeit laut und gipfelte in der Forderung, daß »aus den deutschen Museen und Sammlungen alle Erzeugnisse mit weltbürgerlichen und bolschewistischen Vorzeichen entfernt« und anschließend verheizt und verbrannt würden; »die Namen sämtlicher vom

Marxismus und Bolschewismus mitgeschwemmten Künstler (dürften) öffentlich nie mehr genannt werden«; denn hier gelte es, »nach alttestamentlicher Moral zu verfahren: Auge um Auge, Zahn um Zahn«[33]. Und während die von Rosenberg geleitete »Reichsstelle zur Förderung deutschen Schrifttums« mit später 1400 Lektoren die Geschmacksdiktatur des kleinen Mannes auch auf literarischem Gebiet zur Geltung brachte, wurde in der ihm ebenfalls unterstellten NS-Kulturgemeinde unter der Parole »Die Kunst dem Volke« das neue völkische Stilempfinden in Bekundungen von bewegender Enge und Banalität popularisiert.[34]

Die triumphierende Versicherung Rosenbergs, er habe »das Hoheitsrecht über die Beurteilung sämtlicher geistiger Institutionen«[35], ließ ihn indes nie vergessen, was er darüber eingebüßt hatte. Was immer er an persönlichen Dokumenten hinterlassen hat, ist infolgedessen beherrscht von den verschiedenen Äußerungsformen eines zutiefst gedemütigten Selbstwertgefühls: von Verbitterung, Neid, Verfolgungswahn und einer fast beispiellosen Eitelkeit, mit der er sich unaufhörlich umdienerte.

> So vertraute er seinem Tagebuch an, ganz Braunschweig sei anläßlich seines Besuchs »in freudiger Zustimmung wie noch nie«; versichert, »die gesamte Jugend der Bewegung schwört auf mich«, oder notiert mit »innerer Genugtuung ..., daß mein Kampf um die Seele und Haltung der Partei grundsätzlich schon gesiegt hat«. An anderer Stelle beglückwünscht er sich zum »Jahrhunderterfolg« des ›Mythus‹ und sieht von Rom aus alle Kräfte der katholischen Kirche dagegen mobilisiert; dann vermerkt er: »Der üble Kardinal Faulhaber hat in München gesprochen und u. a. mein Werk in giftiger Weise angegriffen; da man den Führer *noch* nicht zu treten wagt, will man seinen gefährlichsten Mitarbeiter (!) madig machen. Die Antwort an den Mann wird nicht ausbleiben.«[36]

Begierig sammelte er jedes beiläufige Kompliment Hitlers und schrieb es auf. Noch in seinen Nürnberger Aufzeichnungen erinnerte er sich glücklich an das bisweilen erzielte Maß geheimnisvoller innerer Übereinstimmung[37], durch das er sich aus der Schar der Mitbewerber um die Gunst sicher herausgehoben wähnte. Es mag ihn mit Befriedigung erfüllt haben, daß sein erbittertster Rivale Goebbels die Gelegenheit vertan hatte, in ihrem niemals beendeten Streit das letzte Wort zu behalten. So schickte er es ihm nun, abschließend und rechthaberisch, hinterher:

> »Hitler wußte natürlich ganz genau, daß ich Kunst und Kultur tiefer verstand als Goebbels, ja daß dieser kaum tiefer als unter die Oberfläche zu blicken vermochte. Trotzdem überließ er die Leitung dieses von ihm leidenschaftlich geliebten Gebiets des deutschen Lebens jenem Mann. Weil,

wie ich mir später das nur zu oft ... sagen mußte, dieser dem Führer eine Umwelt vorzubereiten vermochte, wie ich es nie getan hätte ... Er fütterte das theatralische Element des Führers ...«
Doch augenblicklich drängten wieder die Gefühle der Zurücksetzung nach vorn: »An den Abenden pflegte der Führer oft am Kamin den einen oder anderen zu einem langen Gespräch einzuladen: Goebbels, Ley und einige andere waren hier außer der üblichen Tafelrunde bevorzugt. Ich kann hierüber nichts aussagen, weil ich nicht ein einziges Mal dazu eingeladen worden bin.«[38]

Die bitterste Enttäuschung war für Rosenberg allerdings, daß Hitler ihn auch im Frühjahr 1938, bei der Neubesetzung des Auswärtigen Amtes, überging, um den verachteten Karrieremacher Ribbentrop zum Außenminister zu ernennen. Schlimmste Ahnungen fand er bestätigt, als Ribbentrop im Sommer 1939 das Moskauer Abkommen schloß, dessen politische Vorteile für ihn die ideologische Charakterlosigkeit nicht aufwogen, zumal er daran zweifelte, daß der Konflikt mit Polen unausweichlich sei. »Die Geschichte wird vielleicht einmal klären«, so notierte er, »*ob* die Lage, die entstanden war, hat entstehen *müssen.*« Mit unverhohlenem Grauen vermerkte er, daß »die Sowjets ... bereits eine Delegation für den Nürnberger Parteitag vorgemerkt haben« sollen, und registrierte beleidigt Ribbentrops Äußerung bei der Rückkehr aus Moskau, »die Russen seien sehr nett gewesen, er habe sich in ihrer Mitte gefühlt *wie unter alten Pg's*«[39]. Zusammenfassend urteilte er:

»Ich habe das Gefühl, als ob sich dieser Moskau-Pakt irgendwann am Nationalsozialismus rächen wird. Das war nicht ein Schritt aus freiem Entschluß, sondern die Handlung einer Zwangslage, ein Bittgesuch seitens einer Revolution gegenüber dem Haupt einer anderen, die niederzukämpfen das vorgehaltene Ideal eines 20-jährigen Kampfes gewesen ist. Wie können wir noch von der Rettung und Gestaltung Europas sprechen, wenn wir den Zerstörer Europas um Hilfe bitten müssen?«[40]

Das Moskauer Abkommen versetzte der naiven Loyalität, die Rosenberg bis dahin trotz aller Demütigungen seinem Führer bewahrt hatte, einen entscheidenden Schlag. Ihm schien fortan, dem Nationalsozialismus sei das Rückgrat herausgerissen und Hitler selbst sei ins Lager der Opportunisten übergeschwenkt, die eine epochale Sache an tagespolitische Bedürfnisse verrieten. Tief betroffen von der nationalsozialistischen Wirklichkeit, zog er sich von nun an immer mehr in den verworrenen Kosmos seiner nationalsozialistischen Idealwelt zurück, den er, einsam zwar, aber dafür mit ungebrochenen Gefühlen behauste. Anfang 1940 wurde er, auf eigene Anregung, von Hitler zum »Beauftragten des Führers zur Sicherung der nationalsozialistischen Weltanschauung« ernannt und im gleichen Jahre gelang ihm sogar, was er befriedigt eine »geschichtliche« außenpolitische Tat nennen mochte, indem er einem führenden norwegischen »Nationalsozialisten« namens Quisling einen folgenreichen persönlichen Kontakt zu deutschen Regierungsstellen vermittelte. Doch solche Erfolge erhöhten nur sein Selbstgefühl, nicht sein Prestige. Immer wieder mußte er sich in Erinnerung bringen, sein brennender Ehrgeiz war zuletzt doch stärker als seine Bereitschaft, sich mit der Rolle des Hüters der Lehre abzufinden. So erbat er denn auch nach dem Abschluß des Frankreichfeldzuges von Hitler den Auftrag, in den besetzten Gebieten die Bibliotheken und Archive sowie den »herrenlosen jüdischen Kulturbesitz« nach wertvollem Material zu durchsuchen, eine Aufgabe, die er mit dem nach ihm benannten »Einsatzstab Reichsleiter Rosenberg« in teilweise räuberischer Auftragserweiterung durchführte.[41] Zum ersten Male, lange nach seinen Führungsrivalen, sah sich der Theoretiker und »Philosoph« der Bewegung in der Lage, seine bislang literarische Radikalität auch zu exekutieren, und er widmete sich dieser Tätigkeit mit einer Rücksichtslosigkeit, in der die euphorischen Stimmungen des plötzlich zu real gebietender Macht Gelangten mit den Aggressionsempfindungen des gescheiterten Außenpolitikers eine eigentümlich vehemente Verbindung eingingen. Im Grunde aber war auch diese Aktivität bereits Teil jenes Rückzugs von der ausübenden Politik, den er resigniert angetreten hatte; denn das beschlagnahmte Material, darunter vor allem die 550 000 Bücher, sollten den sogenannten Hohen Schulen, den »zentralen Stätten der nationalsozialistischen Forschung, Lehre und Erziehung«, zugeführt werden, deren Errichtung er für die Zeit nach dem Kriege nicht nur sachlich und organisatorisch, sondern auch architektonisch in Modellen von grandioser Geschmacklosigkeit vorbereiten ließ. Hier gedachte er sich der reinen, von Kompromissen und taktischen Zugeständnissen unbefleckten Lehre zu widmen und statt der realen Machtausübung, die ihm versagt geblieben war, von der Herrschaft über den Geist unumschränkt Besitz zu ergreifen.[42]

Unter diesen Umständen heilte auch der Beginn des Rußlandkrieges nicht mehr, was einmal in ihm zerbrochen war. Die Ernennung zum Reichsminister für die besetzten Ostgebiete schenkte ihm zwar die lange entbehrten Gefühle fachlich-politischer Unentbehrlichkeit zurück; aber bald schon mußte er erkennen, daß seine Berufung eher rein formeller Natur war, wobei vermutlich sowohl seine baltische Herkunft als auch der Wunsch mitsprachen, erneuten lästigen Auseinandersetzungen über angeblich wohlerworbene Ansprüche aus dem Wege zu gehen. Jedenfalls sah er seine Machtbefugnisse von vornherein empfindlich eingeschränkt. Göring als Generalbevollmächtigter für den Vierjahresplan, Himmler als Sonderbeauftragter im Operationsgebiet des Heeres, Chef der Polizei und Reichsführer-SS sowie der als für die Umsiedlungsmaßnahmen verantwortliche Reichskommissar zur Festigung des deutschen Volkstums, Sauckel als Bevollmächtiger für den Arbeitseinsatz und schließlich die Wehrmachtführung – sie alle durchlöcherten seine Zuständigkeit in einem Maße, daß ihm nicht viel mehr als der Titel blieb. Da er die primitiv-kurzsichtige Ostkonzeption Hitlers verwarf, konnten sich die ihm unterstellten Reichskommissare Hinrich Lohse und Erich Koch bald nach vorn spielen, von denen vor allem Erich Koch in der Ukraine ein ebenso großspuriges wie blutiges Sklavenhalterregiment errichtete, das dem Geist der hitlerschen Ostpolitik eher entsprach als die einsamen Bestrebungen Rosenbergs, beispielsweise durch Aufhebung der Kolchosen oder Gewährung begrenzter Selbstverwaltungsrechte die Sympathien der Bevölkerung zu gewinnen. In den mit steigender Hartnäckigkeit geführten Streitigkeiten blieb er allein oder mißbraucht als Figur in den Spielzügen härterer und überlegenerer Rivalen, und seine Appelle liefen, von Hitler unbeachtet, immer öfter ins Leere. Bald hielten es die konkurrierenden Instanzen nicht einmal mehr für notwendig, ihn über geplante oder vollzogene Maßnahmen ins Bild zu setzen, ja Hinrich Lohse konnte Hitler sogar die Auflösung des ihm vorgesetzten Ostministeriums vorschlagen[43], des »Cha-ostministeriums«, wie Goebbels angesichts der organisatorischen und machttechnischen Unbeholfenheit Rosenbergs treffend meinte. Rosenberg erinnere ihn, so erklärte der Propagandaminister darüber hinaus, an einen »Monarchen ohne Land und Untertan«[44], und tatsächlich beschränkte sich die Aufgabe seines Amtes zusehends darauf, Schriftsätze anzufertigen, die keiner las, Memoranden, die nur in der eigenen Dienststelle kursierten, Proteste, die niemand mehr zur Kenntnis nahm: ein vergessener Gefolgsmann an der Spitze einer vergessenen Behörde. Verachtet, überspielt und lächerlich gemacht, resignierte er im Herbst 1944 endgültig. Freilich fand er auch jetzt nicht das Wort, das der ihm widerfahrenen Zurücksetzung und dem Maß seiner angeblichen Empörung gerecht geworden wäre, sondern nur die Töne einer mutlosen Verstimmtheit, hinter der die Gefühle einer unlösbaren Bindung an den »Führer« deutlich wurden. In seinem Rücktrittsgesuch vom 12. Oktober 1944 hieß es:

> »Ich bitte Sie, mein Führer, mir zu sagen, ob Sie meine Tätigkeit ... noch wünschen; da es mir nicht möglich gewesen ist, Ihnen mündlich Vortrag zu halten, die Probleme des Ostens aber an Sie von verschiedenen Seiten herangetragen und besprochen werden, so muß ich angesichts dieser Entwicklung der Annahme Raum geben, daß Sie diese meine Tätigkeit vielleicht nicht mehr als notwendig erachten.«[45]

Es scheint, als sei Rosenberg auch die letzte Demütigung nicht erspart geblieben; denn es gibt keinen Hinweis darauf, daß dieses Gesuch je von Hitler beantwortet wurde. Er war keine Größe mehr, mit der man rechnete.

Er war es im Grunde nie gewesen, und es machte sein persönliches Unglück aus, daß er immer zu hoch gestanden hatte, wie niedrig das auch gewesen sein mochte. In seiner Unbeholfenheit im Umgang mit der Macht, seiner schwerfälligen deutschen Komplikationsneigung sowie seiner abergläubischen Befangenheit war er nicht nur allen Rivalen hoffnungslos unterlegen, sondern überhaupt keine Führungsfigur des modernen Totalitarismus; er war vielmehr nur eine Erscheinung aus dessen Gefolgschaft, Material für die Techniker irrationaler neuzeitlicher Sozialreligionen. Nach einem Wort Paretos besteht die Kunst des Regierens darin, Gefühle auszunutzen, statt mit dem zwecklosen Versuch Zeit zu vergeuden, sie zu vernichten; eben dies aber hat er in seinem aufgeregten Bekehrungseifer nie begriffen. Nicht zu Unrecht höhnte Goebbels über den Ideologen, der glaube, »daß der U-Boot-Mann, wenn er verdreckt und verölt aus dem Maschinenraum kommt, am liebsten zum ›Mythus des 20. Jahrhunderts‹ greift«[46]; Rosenberg in all seiner pseudointellektuellen Verschrobenheit glaubte es oder wollte es glauben. Die Welt eine Walpurgisnacht düsterer Mächte, und er mitten darin, sendungsbewußt und unbezwinglich zusammen mit dem Führer das Schwert vor den Heiligen Gral haltend – in solchen Bildern suchte und fand er die heroischen Ausgleichsgefühle, deren er bedurfte, dies war der wirkliche Inhalt seiner aus einer schwächlichen und verstörten Persönlichkeitsstruktur erwachsenen »Weltanschauung«.

Er wurde unendlich überschätzt, auch und gerade im Bösen. Der amerikanische Armeearzt und Psychiater am Nürnberger Gefängnis, Douglas M. Kelley, hat ihn brutal und grausam genannt, doch sicher zu Unrecht.[47] Viel eher war er intolerant und von jener kleinlichen Schikanesucht, die ein Zeichen von Unterlegenheit ist. Wie viele seiner intellektuellen Zeitgenossen war er ein Freund altertümlicher Torheiten, nur hatte er die Möglichkeit, sie auf öffentlichen Plätzen feierlich zu verkünden und ihnen eine, wenn auch stark beschränkte, Geltung zu verschaffen. Aber es war und blieb Theorie bei ihm. Er dachte nicht in Konsequenzen und teilte auch dies mit vielen, die Vernunft und Humanität literarisch verachteten und im modischen Halbdämmer des Geistes völkische Wahrheiten »umsannen«. In die herrschaftstechnische Wirklichkeit der nationalsozialistischen Diktatur ist von seinen verschwommenen Konstruktionen, die sich jeder Umsetzung in direkte Programmatik widersetzten, jenseits der ihm selbst unterstellten schmalen Einflußzonen kaum etwas eingegangen. Gewiß zielte die Anklage gegen ihn, wie im Nürnberger Gerichtssaal betont wurde, nicht auf das, was er gedacht, sondern auf das, was er getan hatte. Aber was er getan hatte, war durchweg eher das, was er in seinem Namen hatte geschehen lassen, weil er dem ihm eigenen unglücklichen Hang zu exekutiver Tätigkeit weder persönlich noch verwaltungstechnisch zu genügen vermochte. Er blieb der »Beinahe-Rosenberg«.

Angesichts des in Nürnberg vorgelegten Materials, das zumindest seine Kenntnis und indirekte Teilnahme an den Maßnahmen zur Judenausrottung eindeutig belegt, wirkt sein Erschrecken über Auschwitz und Theresienstadt äußerst unglaubwürdig. Doch wenn es echt war, dann gewiß auch die Stumpfheit, mit der er sich darüber hinweglog, als er nur von einer »großen Erkrankung des Nationalsozialismus« sprach, von einer zeitweiligen Entartung, für die er vor allem Goebbels, Himmler, Bormann und Funktionäre wie Erich Koch verantwortlich machte.[48] Bis zum Ende ist ihm nicht bewußt geworden, daß der Unrechtscharakter im Nationalsozialismus selbst angelegt war, daß die furchtbare Wirklichkeit nur auf dem Boden einer furchtbaren Theorie möglich war. In diesem weiteren Rahmen entsprachen Ideologie und Realität am Ende doch noch einander. Und wenn Rosenberg kurz vor seinem Tode die Hoffnung äußerte, die Idee des Nationalsozialismus werde nie vergessen und »von einem neuen leidgestählten Geschlecht neu geboren werden«, so deutete auch dies nur an, daß er das weitgehend fiktive Wesen totalitärer Ideologien nie erfaßt hat, die mit der äußeren Macht, in der sie sich verwirklichen, auch die Macht über die Gemüter verlieren.[49]

So hat denn niemand Charakter und Bedeutung der nationalsozialistischen Ideologie so sehr verkannt wie er, der sich zu ihren Begründern und maßgebenden Exegeten rechnete. Der letzte Satz, mit dem seine Aufzeichnungen aus der Nürnberger Zelle schließen, enthält denn auch ganz bezeichnend das Eingeständnis seiner Unfähigkeit, »das alles in seinem tiefsten Sinn zu *verstehen*«[50].

JOACHIM VON RIBBENTROP

oder die Degradierung der Diplomatie

»Ribbentrop ist ein Genie«

Adolf Hitler

»Ich versichere Ihnen, uns alle empören diese ganzen Verfolgungen und Greueltaten! Es ist einfach nicht typisch deutsch! Können Sie sich vorstellen, daß ich jemand töten könnte? . . . Sagen Sie mir ehrlich, sehen einige von uns wie Mörder aus?«

Joachim von Ribbentrop in Nürnberg

Zu den wenigen Ideen, die Hitler zeitlebens über alle machttaktischen Kompromisse hinweg unverändert beibehielt, gehörte die Überzeugung von der Suprematie der Gewalt. Der alte, von der Populärphilosophie des 19. Jahrhunderts in der plattesten Weise interpretierte Satz, daß der Kampf der Vater aller Dinge sei, fand sich bei ihm, daran anknüpfend, als die Erkenntnis wieder, daß Mord, Grausamkeit, Heimtücke oder Brutalität Vorrechte eines höheren Menschentums und Ausweis einer unverdorbenen Moral seien. Tief befangen in den Analogieschlüssen zwischen Natur und Menschengesellschaft, die seinen ersten so gut wie seinen späteren Verlautbarungen das charakteristische Gepräge gaben, übertrug er die Gesetze und Erfahrungen der Wildnis auf das Leben der Einzelnen und der Völker.

Wie sehr diese Auffassungen, freilich nicht bewußt und verfestigt, sondern als diffuses Grundgefühl in den Massen lebendig waren, bewies die Resonanz, die Hitler als demagogischer Debütant gerade damit erzielte. Aus den tiefen Falten des Mantels der deutschen Innerlichkeit holte er mit seinen maßlosen Appellen insbesondere jenen Typus des Kleinbürgers hervor, hinter dessen Biederkeit, Seelentümelei und romantischer Verschwommenheit die Züge eines harten Gewaltglaubens sichtbar wurden. Blut und Eisen, so formulierte es die gängige Phraseologie, regierten den Lauf der Welt, die Geschichte sei unsentimental, der Weltgeist reite immer hoch zu Roß über leichenbedeckte Schlachtfelder und kümmere sich nicht um den Anspruch fremden Rechts. Gewiß wäre es verfehlt, diese Pervertierung des öffentlichen Wertbewußtseins ausschließlich auf die deutsche Situation beschränkt zu sehen; vielmehr stießen darin lange vorbereitete Entwicklungen allgemeiner, europäischer Herkunft nach oben, die indes erst in der Vereinigung mit einer spezifisch deutschen Problematik zu einem hochentzündbaren Gemisch wurden.

Die allgemeine Erscheinung, um die es geht, hat man als Massenmacchiavellismus treffend beschrieben. Sie resultierte aus der wachsenden Teilhabe aller Schichten am politischen Geschehen. Während der Konflikt zwischen den Normen der geltenden Moral und den Maximen der Staatsraison in vergangenen Epochen nur den führenden Gruppen bewußt geworden war, wurde er nun, anders als die liberalen und demokratischen Wortführer des 19. Jahrhunderts gemeint hatten, uferlos ausgeweitet, ohne allerdings noch als Spannung empfunden zu werden. Was als Befreiung aus den Abhängigkeiten von einer unkontrollierbaren Machtpolitik alten Stils und als Aufhebung der ihr zugrunde liegenden »doppelten Moral« propagiert wurde, erwies sich damit, im Gegenteil, als Ansatzpunkt für das Eindringen eben dieser doppelten Moral in die gesamte Gesellschaft. Die neue Lage äußerte sich in der von immer breiteren Schichten immer ungenierter vorgetragenen Diffamierung aller öffentlich-ethischen Kategorien unter dem Verdikt einer »weichlichen Gefühls- und Verzichtsmoral«, was nichts anderes meinte, als daß Moral an sich eine Haltung der weichlichen Gefühle und des kleinmütigen Verzichts auf den Lebensanspruch der Nation überhaupt bedeute. Die bis dahin in den Führungsschichten wirksame und doch immer nur nach Abwägung zumindest aller äußeren Faktoren praktizierte Überzeugung von der eigengesetzlichen Moral des Staates wurde nun, ohne jedes auch nur die eigenen Mittel vernünftig abwägende Regulativ, »zur Alltagsmoral des kleinen Mannes«, wie Karl Mannheim gelegentlich schrieb, »der heute genauso Gewaltdiplomatie treibt, wie sie früher nur in den Geheimakten der führenden Staatsmänner vorkam«[1]. Der Anspruch auf Teilhabe an der Politik entartete zum Anspruch auf Teilhabe an der Verachtung moralischer Bindungen innerhalb der Politik.

Diese Entwicklung stieß zusammen mit den eigentümlich pathologischen Voraussetzungen, wie sie für das politische Bewußtsein des deutschen Volkes am Ausgang der nationalstaatlichen Epoche kennzeichnend waren. Der nie befriedigte und zur Ruhe gekommene deutsche Nationalstaatsanspruch, das verbreitete Gefühl, zur Aufteilung der Welt zu spät gekommen zu sein, die ebenso romantisch-verinnerlicht wie aggressiv gefaßte Vorstellung einer deutschen Sendung im Herzen Europas, die im Reichsgedanken schwärmerisch kulminierende Idee eines deutschen Hegemonialanspruchs und die Bereitschaft, eine nie wirklich erfahrene innere Freiheit den äußeren Herrschaftszielen aufzuopfern, kurz: die labile Gleichgewichtslage einer Nation, die sich kaum je in ihrer Geschichte eins mit sich selbst gefühlt hatte, schuf ein Bündel von Bedingungen, aus denen jederzeit der Umschlag in ein imperialistisches Abenteuer unter dem Zeichen des Alles oder Nichts erfolgen mochte.

Man mag, wie dies unlängst in einem aufsehenerregenden Buch geschehen ist, bereits den Ersten Weltkrieg als einen von wahrhaft napoleonischen Herrschaftsträumen diktierten Anlauf, als »Griff nach der Weltmacht« bewerten oder nicht; jedenfalls hat erst die mit dem Ende dieses Krieges und seinen Folgeerscheinungen krisenhaft zugespitzte Situation diesen Sachverhalt ganz offenkundig gemacht und außerordentlich intensiviert. Die hitlersche These »Weltmacht oder Untergang« fand, mit einer Fülle unterschiedlicher Akzente, ihre Vorläufer und Zuträger in allen Lagern von der Mitte bis zur Rechten und mitunter auch quer durch die politischen Frontstellungen hindurch. In den bezeichnenderweise immer wieder außenpolitisch orientierten Abhandlungen, Traktaten oder Rundbriefen, wie sie von Wissenschaftlern ebenso wie von Geschäftsleuten und Tagesschriftstellern bis hinunter zu den wild wuchernden Zirkeln völkischer Sektierer verbreitet wurden, dokumentierte sich nicht nur ein leidenschaftliches Mitspracherecht, sondern auch der Versuch, ein tief verletztes nationales Bewußtsein an imperialen Herrschaftskonzeptionen aufzurichten. Die verbreiteten Empfindungen der Demütigung gaben diesen Entwürfen eine radikale Note, die sich aller Rücksichten sowohl bei der Formulierung der Ziele als auch bei der Wahl der Mittel überhoben wußte: selbst, wenn die Welt »in Scherben« fiele, wie es in einem später populären nationalsozialistischen Kampflied hieß, von dem so überaus erwärmende Schauer für apokalyptisch gesinnte Kleinbürger ausgingen. Der von Hitler rauschhaft verkündete Glaube an die Allmacht der Gewalt, an die Methoden der skrupellosen Überwältigung hat in diesen Schichten und Gruppen wie eine Zauberformel und wohl weit nachhaltiger gewirkt als die verworrenen inhaltlichen Elemente der nationalsozialistischen Ideologie. Hier wurde das von einer traditionellen Zone des Schweigens umgebene »Gesetz« offen ausgesprochen, das Erfolgsrezept sichtbar gemacht, das insbesondere alle nationalen Nöte wie mit einem Schlage zu lösen versprach. Der Macchiavellismus der Massen, von dem die Rede war, ist angesichts der Erscheinung Hitlers, nun zu letzter Übersteigerung gebracht, politisch relevant geworden.[2]

Mit der ihm eigenen Beziehungslosigkeit zu den Normen übergreifender Verantwortlichkeit hat der im Gefolge Hitlers nach oben gelangte Typus des Machtmenschen zwar die Explosivität jener Mischung erkannt, die ihn zu dem machte, der er war; aber er hat sich eben darin mit Vorliebe bewundert und seine Katastrophenneigung zur Dämonie historischer Größe stilisiert. Es rundet diese Bemerkungen nur ab, wenn man darauf hinweist, daß im Verlauf der Geschichte des Dritten Reiches die außenpolitische Domäne stets stärker umkämpft war als irgendeine andere. Hier konnte die sachliche Inkompetenz am ehesten reüssieren, die Gefühle nationaler Erbitterung am wirksamsten abreagieren, ihr Machtwissen, ihren Gewaltglauben in ausgreifenden Projekten am ehesten zur Geltung bringen; und hier war denn auch der sichtbare Ort, an dem der Dämmerschoppen dröhnend in die große Politik einstieg, alle Figuren umwarf und unter den Augen einer fassungslosen Welt seine verblasenen Redensarten, sein Renommiergehabe und seine Imponiersucht in des Wortes Doppelbedeutung ›erschütternd‹ demonstrierte. Der Repräsentant dieses Typus war der Außenminister des Dritten Reiches, Joachim von Ribbentrop.

Schon die Umstände, unter denen er anfangs der dreißiger Jahre zu Hitler gestoßen war, sind dafür ungemein aufschlußreich. Auf eine gelegentliche Bemerkung Hitlers hin, daß er infolge seiner mangelnden Kenntnis fremder Sprachen die Auslandspresse nicht verfolgen könne, wurde ihm von einem seiner Zuhörer der Spirituosenimporteur v. Ribbentrop als Vorleser empfohlen. Ribbentrop verfügte nicht nur über gute Sprachkenntnisse, sondern hatte sich auch als Verfasser eines politischen Informationsbriefes an in- und ausländische Geschäftspartner betätigt, dessen Thesen auf der landläufigen Linie einer nationalen und zugleich antibolschewistisch orientierten Politik lagen. Hitler lernte ihn kennen und akzeptierte ihn, nicht zuletzt wohl unter dem Eindruck der weltmännischen Allüren des Partners.[3] Damit begann eine steile Karriere von geradezu abenteuerlicher Unzuständigkeit. Sie führte Ribbentrop, der mit Hitler die Gewohnheit teilte, sich in endlosen Monologen gewaltigen Visionen hinzugeben, in jene Bereiche, wo das großmannssüchtige Wort seine Unschuld verliert und unversehens Völkerschicksale beeinflußt; wo die auftrumpfende Grobheit nicht den Ruf des Schwadroneurs bei Nachbarn und Zechfreunden, sondern den des Friedensstörers vor der Geschichte einträgt. Ribbentrop hat diesen eklatanten Unterschied offenbar nie begriffen und ist ihm noch vor dem Nürnberger Gerichtshof mit nichts anderem als jener angestrengten Miene begegnet, die eine lebenslange intellektuelle Hilflosigkeit ihm aufgenötigt hatte. Er wurde verurteilt als der Kannegießer, dessen aufgeblähtem Gerede von einer böswilligen Fee plötzlich die Erfüllung zuteil, dessen geltungshungriges Wort Fleisch, und mehr noch: Blut geworden war.

Dies, der gespreizte Dünkel des Wichtigtuers, der mit Phrasen Geschichte macht, war es denn wohl auch, was ihm so viele vernichtende Urteile eingetragen hat. Vom französischen Außenminister Bonnet und dessen italienischem und spanischem Amtskollegen, Graf Ciano und Serrano Suñer, über die führenden Funktionäre des Dritten Reiches bis hin zu den Gerichtspsychologen des Nürnberger Prozesses unterscheiden sich die Urteile lediglich im Ton, nicht dagegen in der Substanz. Annähernd repräsentativ in diesem Sinne ist die Skizze des ehemaligen französischen Botschafters in Berlin, Robert Coulondre:

»Hitler verfällt in Monologe, wenn die Leidenschaft ihn hinreißt, Herr von Ribbentrop aber monologisiert eiskalt. Es ist vergeblich, ihm seine Auffassung auseinanderzusetzen, er hört ebensowenig hin, wie seine kalten leeren Mondaugen einen sehen. Immer von oben herab, immer in Pose, versetzt er mit schneidender Stimme seinem Gegenüber die wohlvorbereitete Ansprache; das Weitere interessiert ihn nicht mehr; man hat sich nur noch zurückzuziehen. An diesem, übrigens gut aussehenden Germanen ist nichts Menschliches außer den niedrigen Instinkten . . .«[4]

Auf die disqualifizierende Unfähigkeit Ribbentrops, sich den Regeln eines Gesprächs zu unterwerfen, hat auch sein Staatssekretär v. Weizsäcker hingewiesen. Der Reichspressechef Otto Dietrich nannte ihn »geistlos und undiplomatisch, empfindlich und hörig«, während Goebbels die Verachtung, die dem Außenminister fast von der gesamten Machtspitze des Dritten Reiches entgegenschlug, sarkastisch damit begründete, daß jeder der führenden Männer wenigstens eine lobenswerte Seite habe, nur Ribbentrop nicht.[5] Aus dem erdrückenden Chor ablehnender Urteile erhebt sich als die einzige dünne Stimme zu seinen Gunsten die seiner Sekretärin; doch auch sie hat nachdrücklich auf die bedingungslose Hörigkeit Ribbentrops und damit auf die offenbar wichtigste Ursache dafür hingewiesen, daß er sich so lange das Wohlwollen Hitlers erhielt, der ihn gelegentlich einen »zweiten Bismarck« und ein anderes Mal »ein Genie« genannt hat.[6] Denn, was immer Ribbentrop zur Verwunderung seiner Zeitgenossen erreicht hat, er zahlte dafür mit Unterwürfigkeit, und sein späterer Staatssekretär v. Steengracht hat in Nürnberg sogar von einer »gewissen hypnotischen Abhängigkeit zu Hitler persönlich« gesprochen.[7] Richtiger ist aber doch wohl, daß dieser Byzantinismus lediglich Funktion im ehrgeizigen Streben eines Mannes war, der die Abhängigkeit suchte und den Kniefall leistete, noch ehe er gefordert war. Es paßt ins Bild dieses in seiner geistigen Unredlichkeit, seiner Roheit und Unterwerfungssucht totalitär vorgeformten Charakters, daß er im August 1939, nach der spektakulären Moskaureise, »jedem, der es hören wollte, von Stalin und den ›Männern mit den starken Gesichtern‹ aus seinem Mitarbeiterkreis vorschwärmte«, und noch in den letzten Aufzeichnungen während der Nürnberger Haft hat er bemerkt, er habe mit ihnen einen »harmonischen Abend« verbracht.[8]

Sein ausgeprägter Wunsch, dem er diesseits und jenseits der Grenze des Lächerlichen nachjagte, war es, auch als »Mann mit starkem Gesicht« zu erscheinen. Von daher rührten die verkrampfte Härte, zu der er sich anhielt; die gekünstelte, verkniffene Haltung des von sorgenvollen Zukunftsgedanken erfüllten Staatsmannes; die mühsam umwölkte Stirne, kurz: jenes ganze cäsarische Grimassieren, das ihm doch in all seiner hochtrabenden Borniertheit so oft in Richtung auf die Buffopartie einer Lortzingoper ausglitt. Dem Bericht eines Augenzeugen zufolge wäre er, der den Kopf stets hocherhoben zu tragen pflegte, fast auf die Geleise des Invalidenbahnhofs gestürzt, als er im Jahre 1938 Paris besuchte.[9] Die Eitelkeit, der provozierende Anspruchshunger, mit denen er sich unablässig in Szene zu setzen versuchte, waren nur die Kehrseite seines überaus gewöhnlichen Persönlichkeitszuschnitts. Auf den Ärmelstücken der diplomatischen Phantasieuniform, die er sich entwerfen ließ, war eine Stickerei angebracht, die eine Weltkugel zeigte, auf der sich beherrschend ein Adler niedergelassen hatte. Seine Gefallsucht und sein Ehrgeiz waren ebenso groß wie die hochstaplerische Bedenkenlosigkeit in der Wahl der Mittel zu ihrer Befriedigung.

Im wenig bemerkenswerten Lebenslauf dieses Mannes bis zum Beginn der dreißiger Jahre treten diese Elemente denn auch immer wieder hervor. Daß ihm, dem Sohn aus bürgerlicher Offiziersfamilie, der in jungen Jahren als Kaufmann nach Kanada gegangen und kurz nach dem Ausbruch des Ersten Weltkrieges nach Deutschland zurückgekehrt war, das Eiserne Kreuz I. Klasse erst nachträglich auf Antrag verliehen worden sei, ist zwar bestritten worden, hat aber, wie immer auch, zumindest die psychologische Wahrheit für sich.[10] Nach dem Kriege gehörte er »zu den niederen Rängen der Caféhaus-Gesellschaft«[11], bis ihm durch die Heirat mit der Tochter eines namhaften Sektfabrikanten der erstrebte Aufstieg in die ›Society‹ gelang. Mit seinen Tapferkeitsverdiensten im Kriege hat er später übrigens fälschlicherweise seine Nobilitierung zu begründen versucht; denn er hieß ursprünglich Joachim Ribbentrop und nutzte nach dem Jahre 1918 eine veränderte Rechtssituation, um sich von einer entfernten adligen Verwandten gleichen Namens adoptieren zu lassen. Höhnisch verzeichnete Goebbels: »Seinen Namen hat er gekauft, sein Geld hat er geheiratet, und sein Amt hat er sich erschwindelt.«[12]

Die betont feindselige Haltung des Propagandaministers war nicht nur in außenpolitischer Rivalität, sondern zu einem beträchtlichen Teil wohl auch darin begründet, daß Ribbentrop erst spät und eher zufällig zur Partei gestoßen war. Auch wirkten sein fragwürdiger Adel und der auffällig zur Schau getragene Snobismus, der ihm den Spottnamen »Ribbensnob« eingetragen hatte [13], sowie die gewollte Vornehmheit und Exklusivität seiner Haltung eher herausfordernd auf die älteren Anhänger der Bewegung, zumal wenn sie sich, wie Goebbels, gelegentlich doch der einstigen proletarischen Antriebe und Stimmungen erinnerten. Zwar hatte für die entscheidenden Schlußverhandlungen über die Kabinettsbildung vom 30. Januar 1933

Ribbentrops Haus in Berlin-Dahlem, Lentze-Allee 7–9, als Treffpunkt gedient; aber solche vorwiegend gesellschaftlichen Verdienste zählten nicht bei den frühen Gefolgsleuten Hitlers. Er galt als Parvenü, und immer blieb in ihnen etwas vom Mißtrauen derer, die ihre Haut zu Markte getragen hatten, gegen den Emporkömmling lebendig, der die Bewegung als Sprungbrett für seine unverhüllt persönlichen Zielsetzungen benutzte. Noch das Führerlexikon aus dem Jahre 1935 erwähnte nicht einmal seinen Namen.[14]

Der gänzliche Mangel an Rückhalt innerhalb der Partei hat möglicherweise den letzten Anstoß zu jener in der charakterlichen Verfassung bereits vorgebildeten Haltung bedingungsloser Servilität gegeben, die seinen weiteren Weg bestimmt und ihn zu einem so würdelosen und verachteten Schatten Hitlers gemacht hat. Auch von ihm wird berichtet, er habe bisweilen Hitlers Ansichten durch Mittelsmänner zu erforschen versucht und sie anschließend als eigene Meinung präsentiert: »Außenpolitik bestand für ihn darin, eine wichtige Meldung möglichst als erster Hitler vorzutragen und dann herauszufühlen, wie dieser sie bewertete und worauf er den Akzent legte ... Für Ribbentrop war eine Sache wichtig, weil sie voraussichtlich von Hitler als wichtig angesehen werden würde. Stellte sich heraus, daß er sich getäuscht hatte, so verlor sie sofort jegliches Interesse.«[15] Im sogenannten Büro Ribbentrop, das er herausfordernd gegenüber dem Auswärtigen Amt im ehemaligen Hause des Preußischen Ministerpräsidenten installierte, schuf er seinem außenpolitischen Ehrgeiz noch im Frühjahr 1933 einen zunächst kleinen Apparat, der indes bald über 300 Mitglieder zählte. Seinen späteren Versicherungen zufolge, waren Funktion und Tätigkeit dieser Dienststelle ausschließlich auf die Förderung des »good will« im Ausland beschränkt[16]; tatsächlich aber war sie für ihn das Instrument eines hartnäckigen und rücksichtslos geführten Kampfes gegen das Auswärtige Amt. Er sah sich dabei nachdrücklich von Hitler unterstützt, der solche rivalisierenden Doppelkompetenzen nicht nur aus herrschaftstechnischen Gründen zu fördern pflegte, sondern auch eine tiefe Abneigung gegen das Auswärtige Amt hegte, dieses »Sammelsurium von Kreaturen«, wie er gelegentlich äußerte. Die konservative Grundhaltung dieser Behörde, ihre traditionelle Sachlichkeit und widerstrebende Steifheit, die gekoppelt war mit einem mangelnden Willen zum Enthusiasmus, wie das Regime ihn forderte, aber auch ihre bürokratische Umständlichkeit, waren ihm ein Greuel. »Die ledernen Gesandtschaftsberichte« interessierten ihn nicht, so hat er einmal versichert und das Bild des kommenden Diplomaten nationalsozialistischer Schule mit den Worten beschrieben: »Ein tüchtiger Botschafter muß Vergnügungsdirektor sein können; er muß jedenfalls kuppeln und fälschen können. Was er am wenigsten sein sollte, ist korrekter Beamter.«[17] Zwar entsprach Ribbentrop selbst schwerlich dieser Vorstellung, aber seine forsche

Direktheit imponierte Hitler offenbar sehr, und die kurzangebundene herrische Tonart dieses Mannes entsprach wohl weitgehend Hitlers Ansichten vom äußeren Stil nationalsozialistischer Außenpolitik.

Gleichwohl blieb der Apparat des Auswärtigen Amtes zunächst weitgehend unangetastet, zumal Hitler bestrebt schien, die verhandlungswillige Revisionspolitik, die das außenpolitische Credo der Weimarer Republik gewesen war, weiterzuverfolgen. Der besorgt gewahrte Anschein der Mäßigung und Stetigkeit hatte indes ausschließlich taktische Motive: er sollte jene ausländischen Stimmen beschwichtigen, die von den neuen Machthabern des Reiches die Verwirklichung der maßlosen Entwürfe befürchteten, wie sie beispielsweise in Hitlers ›Mein Kampf‹, aber auch in zahllosen drohenden Reden aufgeklungen waren, und damit zugleich dem Regime die Frist zur ungestörten innenpolitischen Gleichschaltung und Festigung seiner Herrschaft verfügbar machen. Der Primat der Innenpolitik, den Hitler insbesondere in seiner Rede vor dem Düsseldorfer Industrieklub im Jahre 1932 ausführlich begründet hatte, zielte zugestandenermaßen auf die einheitliche Mobilisierung der militanten Energien des Volkes im Rahmen der expansionistischen Zukunftspläne: erst die totale Kontrolle und Geschlossenheit im Innern, das war der Sinn seiner Ausführungen, verbürge die volle Handlungsfreiheit nach außen.[18]

Hitler hat sich denn auch, von gelegentlichen Eingriffen abgesehen, nicht eher aktiv in die Tätigkeit des Auswärtigen Amtes eingeschaltet, bis der Prozeß der Machtergreifung abgeschlossen und die Stabilität des Regimes weitgehend gesichert war. Dann allerdings wurde dessen Einfluß auf die Gestaltung und Formulierung der außenpolitischen Zielsetzungen zusehends zurückgedrängt, sofern er nicht durch Selbstaufgabe verfiel. Hatten die alten Beamten dieser Behörde schon bei der Verwirklichung der von Hitler angestrebten Nahziele, der Unterhöhlung und Auflösung des im Völkerbund repräsentierten Systems der kollektiven Sicherheit und dessen Umwandlung in eine Vielfalt bilateraler Beziehungen, eine Schwerfälligkeit bewiesen, die mit der versatilen Bedenkenlosigkeit des neuen Stils nicht zu vereinbaren war, so schieden sie bei der Entwicklung der strategischen Konzeption völlig aus: die Revision des Versailler Vertrages, die Schaffung eines großdeutschen Einheitsreiches sowie die imperialen »Raumlösungen« im Osten, die sämtlich den Bruch von Verträgen, die Methoden der Erpressung, der Übertölpelung oder der Kriegsdrohung von vornherein einkalkulierten, blieben in der Planung auf den engsten Kreis beschränkt und sahen das Auswärtige Amt bald nur noch in der Rolle einer »technischen Apparatur«[19], die für die reinen Routineaufgaben benötigt, im übrigen aber immer spürbarer übergangen und ausgeschaltet wurde.

Im Rahmen eines jener Sonderaufträge, die nunmehr immer häufiger an zuverlässige Gefolgsleute vergeben wurden und zur Kaltstellung des Auswärtigen Amtes den Auftakt bildeten, erzielte Ribbentrop im Frühsommer 1935 mit dem Abschluß des deutsch-englischen Flottenabkommens einen überraschenden Erfolg, der freilich weniger seiner taktlosen und erpresserischen Verhandlungsführung als vielmehr dem Wankelmut der englischen Politik zuzuschreiben war, wie ja denn überhaupt die Mehrzahl der außenpolitischen Erfolge des Dritten Reiches von der in London und Paris herrschenden Unsicherheit herrührte. Hier wie dort konnte man keine Klarheit darüber gewinnen, ob die Dynamik des Hitlerregimes durch vorsichtiges Entgegenkommen oder energische Zurückweisung aufzufangen sei; hier wie dort schwankte man zwischen Bagatellisierung und Mißtrauen und sah sich folglich eben jenem Problem gegenüber, das die innenpolitische Situation Deutschlands vor dem Jahre 1933 beherrscht hatte, um ihm am Ende auf die gleiche illusionäre und widersprüchliche Weise zu begegnen und Hitler gerade die Erfolge zuzuschanzen, die man ihm immer hilfloser und nervöser bestritt.[20]

Trotz gegenteiliger Beteuerungen[21] empfand Ribbentrop es offenbar als Rückschlag, daß er im Sommer 1936 zum deutschen Botschafter in London ernannt wurde. Als reiner Höfling fürchtete er vermutlich, fern von der Hauptstadt Berlin, ihren Machtkämpfen und Kabalen, für seine Position. Mit provozierender Nachlässigkeit begab er sich daher erst drei Monate nach der Erteilung des Agréments nach London und reiste künftig so häufig nach Berlin, daß die satirische Zeitschrift »Punch« ihn den »wandernden Arier« taufte, während ein leitender Beamter des Foreign Office indigniert die Vermutung äußerte, Herr v. Ribbentrop betrachte seine Tätigkeit am Hofe von St. James anscheinend als »part time job«[22]. Auch waren sein humorloses und aufdringliches Wesen sowie die frostige Feierlichkeit, mit der er sich umgab, wenig geeignet, ihm zumindest den begehrten persönlichen Erfolg zu verschaffen. »Als ich Ribbentrops Fähigkeiten in Frage stellte, mit den britischen Problemen fertig zu werden«, so hat Göring später bemerkt, »erklärte mir Hitler, daß Ribbentrop ›Lord So und So‹ und ›Minister So und So‹ kenne. Ich antwortete darauf: ›Ja, aber die Schwierigkeit ist, daß diese ihrerseits Ribbentrop kennen.‹«[23] Auf einem Empfang am Hofe im Jahre 1937 unterlief dem Botschafter, indem er dem König den Hitlergruß entbot, jener berühmte Fauxpas, der geradezu zum Musterfall einer dilettantischen und ungehörigen Diplomatie geworden ist. Die Zurückweisung durch die englische Society, der in seinen Augen die letzte Entscheidung über irgendeinen imaginären gesellschaftlichen Rang zukam, hat ihn tief gekränkt und möglicherweise stärker noch als der Fehlschlag seiner zwischen Anbiederungen und überheblichen Kraftdemonstrationen schwankenden Politik in ihm die Überzeugung von der Unversöhnlichkeit des deutsch-englischen Gegensatzes wachgerufen. »Jeder Tag«, so schrieb er kurz vor seiner Abberufung in einer geheimen Denkschrift, »an dem in Zukunft ... unsere politischen Erwägungen nicht grundsätzlich von dem Gedanken an England als unseren gefährlichsten Gegner bestimmt würden, wäre ein Gewinn für unsere Feinde –.«[24]

Die verhängnisvollen Auswirkungen dieser Abneigung, die durchaus im Gegensatz zu der anfänglich auf ein Interessenbündnis mit England gerichteten Außenpolitik des Reiches stand, zeigten sich erst, als Hitler ihn im großen Frühjahrsrevirement von 1938 zum Außenminister ernannte. Dem Zeugnis eines Beteiligten zufolge, geschah es zwar mitunter, daß »Hitler Ribbentrops Englandhaß im Grundsätzlichen entgegentrat und ihn sarkastisch glossierte. Aber sachlich machte sich bei ihm die einseitige Unterrichtung durch Ribbentrop deutlich bemerkbar.«[25] Nach übereinstimmenden, nur von dem ehemaligen Außenminister selbst bestrittenen Bekundungen, hat er Hitler in allen Krisen der Jahre 1938/39 insbesondere über die englische Politik irreführend informiert und das Bild einer Nation entworfen, die in ihrer resignativen Grundstimmung für absehbare Zeit jede gewaltsame Eroberungspolitik des Reiches hinnehmen werde.[26] Hitler ist dieser verhängnisvollen und kurzsichtigen These um so bereitwilliger gefolgt, als sie seinen eigenen ideologischen Vorurteilen von der humanitären Schwäche und machtpolitischen Degeneriertheit der westlichen Demokratien sichtlich entgegenkam. Ribbentrops Ruf und Einfluß wuchsen noch, als diese Vorhersagen sich im Verlauf der österreichischen und tschechischen Krise zu bewahrheiten schienen und der englische Ministerpräsident mit dem fatalen Wort von »diesen Ländern, die man kaum kennt«, die unglückliche Tschechoslowakei ihrem Schicksal überließ. Gewiß hat Ribbentrop weder zu diesem noch zu irgendeinem anderen Zeitpunkt die Außenpolitik des Reiches entscheidend bestimmt: »Die Politik, die ich verfolge ... ist nicht die meine, sondern die des Führers«, erklärte er dem französischen Botschafter Coulondre freimütig.[27] Aber Ribbentrop hat ihr doch manchen charakteristischen Einzelzug hinzugefügt und war, zumindest zwischen dem Münchener Abkommen vom Herbst 1938 und dem Moskauer Pakt vom August 1939, auf dem Höhepunkt seiner Laufbahn also, mehr als nur jener »außenpolitische Sekretär«, als der er in Nürnberg bezeichnet worden ist.[28] Er vor allem bestärkte Hitler in jener risikosüchtigen Politik, die dem heißen und hektischen Sommer des Jahres 1939 das Gepräge gab, er insbesondere setzte auch jene stupide These in Umlauf, daß Deutschland »die Kriegsfurcht der Westmächte nicht bis zur Neige ausgeschöpft« und »England in München nur auf Zeitgewinn gespielt (habe), um später besser gerüstet loszuschlagen«[29]. Zweifellos geht Görings im Jahre 1943 geäußerte Überzeugung, »daß dieser Krieg Ribbentrops Krieg« sei, zu weit[30]; erwiesenermaßen aber hat er alles getan, um die Friedensbestrebungen der letzten Stunde zu durchkreuzen. Der Bericht des schwedischen Geschäftsmannes Birger Dahlerus über seine Bemühungen im Sommer 1939, den drohenden Krieg zu verhindern, enthält nicht nur eine Fülle von Indizien über diese entgegenwirkende Aktivität, sondern auch die, allerdings von Ribbentrops persönlichem Rivalen Göring stammende Vermutung, daß der Außenminister ihm nach dem Leben getrachtet habe.[31] Darüber hinaus hat Ribbentrop den Londoner Missionschef, der in der spannungsreichsten Phase des Geschehens nach Berlin gekommen war, zur dringend erbetenen Berichterstattung kurzerhand nicht vorgelassen, dem Botschafter in Warschau dagegen die Rückkehr auf seinen Posten untersagt, obwohl die deutsch-polnischen Beziehungen ihrem Krisenpunkt entgegensteuerten; und die warnenden Berichte des Botschafters in Washington über die Haltung der USA legte er unbeachtet beiseite, da sie der vorgefaßten Meinung Hitlers widersprachen. Der Staatssekretär v. Weizsäcker mußte gelegentlich seine führenden Mitarbeiter von einer Weisung Ribbentrops unterrichten, daß er jeden seiner Beamten, der eine eigene, der vom Führer befohlenen Linie zuwiderlaufende Auffassung zum Ausdruck bringe, unter persönlicher Verantwortung im Büro erschießen lasse: letzte absurde Übersteigerung des nun zur vollen Entfaltung gelangten Stils einer »persönlichen Außenpolitik«[32]. Sie hatte gewiß aufsehenerregende Erfolge zu verzeichnen und hat, wie Hitler meinte, den Vorteil, »keine pedantischen und sentimentalen Rücksichten« zu kennen, bedenkenlos ausgespielt[33]; der stets gleichbleibende taktische Ablauf – eingeleitet durch die Anmeldung »unabdingbarer Forderungen«, denen sodann der überraschende Zugriff sowie ein Friedensangebot folgten, das mit der Versicherung gekoppelt war, künftig keine Forderungen mehr zu haben, ehe das Spiel von neuem begann –, diese Methode hat zunächst äußerst verwirrend gewirkt und die europäischen Mächte in einen Zustand der Lähmung dirigiert, der durch die beständig wachgehaltene Kriegsdrohung noch verstärkt wurde. Aber vorauszusehen war doch auch, daß diese Diplomatie der Herausforderung bald an ihre natürliche Grenze stoßen mußte, und Weizsäcker hat denn auch schon 1937, in einer Marginalie auf einem Botschafterbericht aus London, von einer Politik der »Beschleunigung des Jüngsten Gerichts« gesprochen.[34] Ribbentrop allerdings schien sich dessen nie bewußt. Als er nach dem Anschluß Österreichs unter Hinweis auf die behutsam schrittweise Politik Bismarcks gemahnt wurde, abzuwarten, entgegnete er seinem Gesprächspartner: »Dann haben Sie keine Ahnung von der dynamischen Gewalt des Nationalsozialismus.«[35] Dynamik war hier nichts anders als ein Synonym für die Bereitschaft, unentwegt aufs Ganze zu gehen. Der italienische Außenminister Graf Ciano notierte in seinem Tagebuch:

»Es war auf seinem Schloß Fuschl, daß mich Ribbentrop, während wir darauf warteten, uns zu Tisch zu setzen, von dem Entschluß, die Lunte ins Pulverfaß zu werfen, informierte, gerade so, als ob er mit mir über die unwichtigste und gewöhnlichste Verwaltungsangelegenheit spräche. Nun, Ribbentrop, fragte ich ihn, als wir im Garten spazierten, was wollen Sie haben? Danzig oder den Korridor? Jetzt nicht mehr ... und er starrte mich mit jenen kalten Musée-Grevin-Augen an, wir wollen Krieg! ... Der Wille zum Kampf ist unabänderlich. Jegliche Lösung, die Deutschland zufriedenstellen oder den Kampf vermeiden könnte, weist er zurück. Ich weiß mit Sicherheit, daß die Deutschen selbst dann, wenn alle ihre Forderungen erfüllt würden, sie gleichwohl angreifen würden, weil sie vom Teufel der Zerstörung besessen sind.«[36]

Es mag immerhin sein, daß Ciano übertrieben hat; aber der Eindruck schneidigen Barbarentums, das sich noch etwas auf die eigenen grausamen und gierigen Absichten zugute hält, ist zweifellos authentisch. Gewiß war auch dies wieder alles nur Phrase und »Krieg« lediglich eine Vokabel mehr in der breitspurigen Ungeniertheit seiner Worte; es hat indes Geschichte gemacht. Ein enger Mitarbeiter von Goebbels hat gelegentlich eine Unterhaltung zwischen Ribbentrop und Hitler mitangehört, die aufs Erschütterndste den geradezu unfaßlichen Zynismus dieser Politik wiedergibt: »Wenn der Krieg vorbei ist«, so brüstete sich der Außenminister, »werde ich mir eine vornehm geschnitzte Truhe anfertigen lassen. Dahinein will ich alle Staatsverträge oder andere Abmachungen zwischen Regierungen tun, die ich während meiner Amtszeit gebrochen habe und die ich in Zukunft brechen werde«; Hitler entgegnete darauf scherzhaft: »Und ich werde Ihnen eine zweite Truhe schicken, wenn die erste voll ist.«[37] Und falls es nicht der resolute Wille zum Kriege war, der Ribbentrops Aktionen im Verlauf der großen Weltkrise leitete, so war es doch ein schlauer Dünkel, der sich und anderen einredete, England und Frankreich würden nur formell eingreifen, um ein Gesicht zu wahren, für das sie, wie er mit der Allüre des Kundigen versicherte, im Ernst gar nicht mehr einzustehen gedachten. Möglicherweise begegnete ihm zum ersten Male eine Ahnung dessen, was er heraufbeschworen hatte, als am 3. September 1939 das englische Ultimatum in der Reichskanzlei eintraf und Hitler jenes wütende »Was nun?« hervorstieß, auf das er nur eine nichtssagende Floskel wußte.[38] Die raschen Triumphe der Anfangsphase des Krieges, die das Dritte Reich steil in den Zenit seiner Macht führten, spülten indes alle Bedenken hinweg; und als mit dem Abbruch des Unternehmens »Seelöwe« die ersten Schwierigkeiten auftauchten, half das Prinzip der Flucht nach vorn, in neue Abenteuer, neue Feldzüge, die Chancen innehaltender Besinnung zu übertäuben. Am 22.

Juni 1941 erfolgte der verhängnisvollste Schritt auf diesem Wege: die deutschen Armeen traten zum Angriff auf Sowjetrußland an. Im engsten Kreise äußerte Hitler: »Mir ist, als ob ich eine Tür zu einem dunklen, nie gesehenen Raum aufstoße — ohne zu wissen, was sich hinter der Tür befindet.«[39] So hatten sie, im Grunde, immer Außenpolitik betrieben.

Indes, als sie, mit Ribbentrops überheblicher Redensart: »Wir sind ja viel stärker, als wir selber glauben!«[40], alle Türen zu nahezu allen dunklen Räumen aufgestoßen hatten, begann der persönliche Abstieg des Außenministers. Zwar reiste er unentwegt dem Hauptquartier hinterher und hielt sich abrufbereit in kurzer Entfernung, ohne jedoch seinem Einflußverlust Einhalt gebieten zu können. Dafür war zum Teil Hitlers Auffassung verantwortlich, daß das Auswärtige Amt im Kriege eigentlich keine Funktion besitze, da Machtfragen, wie er meinte, »nicht durch diplomatische Mittel entschieden werden« könnten.[41] Dahinter stand nicht nur die Erfahrung des vom Gegner zurückgewiesenen »Friedensangebotes«, das Hitler in bewährter Manier kurz nach dem Abschluß des siegreichen Feldzuges gegen Polen gemacht hatte, sondern auch die Einsicht in das Wesen dieses Krieges: die immer erbitterter hervortretende ideologische Konkurrenz, die der Auseinandersetzung den Charakter eines »Kreuzzugs« gab und diplomatischer Aktivität tatsächlich wenig Raum ließ. Allerdings wurden auch die Verbindungen zu den neutralen und verbündeten Mächten zusehends vernachlässigt, und gerade darin offenbarten sich deutlich die Grenzen einer rein expansionistisch orientierten »Diplomatie«, die Machtstandpunkte zur Geltung bringen, in ihrer grundsätzlichen Kompromißfeindschaft jedoch nicht echt verhandeln konnte. Eine Rolle in dieser letzten Phase im Entmachtungsprozeß des Auswärtigen Amtes aber spielte zweifellos auch die Unbeweglichkeit und Phantasiearmut Ribbentrops, der nun, unter der zunehmenden Ungunst der Verhältnisse, da Gewaltdrohungen nichts mehr ausrichteten, in eine trotzige Pose verfiel. Aus dem Frühjahr 1943 wird berichtet, daß er an Hitler »keine Stütze mehr (hatte), der sich über ihn als einen Wichtigtuer lustig machte«. Bei abnehmendem Einfluß nahm sein Kompetenzneid ständig zu, so daß er, nach dem Zeugnis seines Staatssekretärs, alsbald »wenigstens 60 Prozent seiner Zeit« nur noch in törichten Rivalitätskonflikten hinbrachte.[42] Einen Teil seines Einflusses versuchte er zu behaupten, indem er sich nach dem bewährten Beispiel anderer Führungsrivalen aktiv in die Politik zur Ausrottung der Juden einschaltete und bei den verbündeten Regierungen auf verstärkte Evakuierung der jüdischen Bevölkerungsteile drängte, freilich ohne nachhaltigen Erfolg.[43] Jenes Rücktrittsgesuch, das später, in seinen Rechtfertigungsbemühungen, eine so bedeutende Rolle spielen sollte, war der sichtbarste Ausdruck seines gekränkten Stolzes, und wenn er darauf verwiesen hat, daß Hitler ihn seinen

»schwierigsten Untergebenen« und das von ihm geleitete Amt das »Haus der Schwierigkeiten« genannt habe, so bezog sich das gewiß nicht auf die von ihm verursachten sachlichen, sondern auf protokollarische Widerstände. Eine bezeichnende Episode unterstreicht diesen Sachverhalt. Als Rumänien aus der Koalition mit dem Reich auszuscheren begann, kümmerte er sich nicht um die Verhältnisse in Bukarest, sondern konzentrierte seine ganze Energie auf streitsüchtige Nachforschungen zu der Frage, wer im Führerhauptquartier eine Denkschrift zu diesem Thema eingereicht haben könnte, ohne den Dienstweg einzuhalten.[44] Eher ratlos sah er der allmählichen Auflösung seines Amtes zu, dessen Einflußminderung er einst so nachdrücklich gefördert hatte. Mit dem Jahre 1944 wird er in Akten und Erinnerungen nur noch gelegentlich und aus nichtigem Anlaß erwähnt, so etwa, wenn er einen Mitarbeiter beauftragt, in einem Memorandum die Unentbehrlichkeit des Auswärtigen Amtes nachzuweisen, oder in jener grotesken Szene am Nachmittag des 20. Juli 1944, als in der gereizten Atmosphäre des Hauptquartiers eine Auseinandersetzung begann, in deren Verlauf Göring — offenbar ohne gebührende Anrede — mit dem Marschallstab auf ihn losging und mit schriller Stimme zurechtgewiesen wurde: »Ich bin noch immer Außenminister und mein Name ist *von* Ribbentrop.«[45] Dies war ihm zuletzt geblieben: die Berufung auf ein Adelsprädikat, das ihm strenggenommen nicht gebührte, und ein Amt, das er längst nicht mehr besaß. Die letzten Monate waren erfüllt von nervösen Hoffnungen auf ein Zerwürfnis der Gegner, von unrealistischen Phantasien über eine Wendung zusammen mit den Westmächten gegen die östliche Gefahr, die doch sie selbst erst heraufbeschworen und bis in die Mitte Europas geführt hatten. Gewiß, nach außen hin behauptete sich noch immer seine dreiste Sicherheit. Graf Folke Bernadotte fand ihn im April 1945 eitel wie eh und je und mit der alten unerquicklichen Neigung zu rechthaberischen Monologen. Mehrmals versicherte er, daß noch nichts verloren sei.[46] Am 1. Mai kam das Ende seiner Karriere, als Dönitz ihm mitteilte, daß er als Reichsaußenminister abgelöst sei. »Um längere Auseinandersetzungen abzuschneiden, stellte er Ribbentrop anheim, noch einmal anzurufen, falls er glaube, einen geeigneten Kandidaten namhaft machen zu können. Nach einer Stunde war Ribbentrop erneut am Apparat, er habe sich die Sache eingehend überlegt, er könne mit gutem Gewissen Dönitz nur *einen* Mann vorschlagen: Ribbentrop.«[47] Wenige Wochen später wurde er in einer Hamburger Wohnung von britischen Soldaten aus dem Bett geholt.

Birger Dahlerus hat ihn an der Spitze der »minderwertigen Elemente« in Hitlers Umgebung gesehen, ihn damit aber doch wohl in seiner lediglich subalternen Inferiorität überschätzt. Gewiß ist sein Wirken verhängnisvoll gewesen, aber nach allem war er nicht eigentlich böse, sondern niedrig und herzlos und von einer unvergleichlichen moralischen Stumpfheit, die sich bis zuletzt weigerte, ihren blutigen Phrasen abzusagen. Noch im Angesicht des Todes hat er in der Ausrottung von Millionen Menschen nichts anderes als eine »zusätzliche außenpolitische Belastung« zu erblicken vermocht.[48]

Seine Aufzeichnungen aus der Nürnberger Haft sind denn auch in ihrer kalten Unpersönlichkeit eines der quälendsten Dokumente, das von den Akteuren jener Epoche hinterlassen wurde. Nicht ein einziger Ton der Betroffenheit oder gar der Einsicht klingt darin an, sondern nur die ermüdende Plattheit eines Schulungsleiters, so wenn er beispielsweise seine Politik zu rechtfertigen versucht, die deutsche Opposition oder aber die englische Regierung wechselweise mit der Schuld am Ausbruch des Krieges belastet und mit dümmlich gespielter Aufrichtigkeit der Welt die Erkenntnis hinterbringt, »daß es ernstlich eine vom internationalen Judentum zwischen Moskau, Paris, London und New York gesteuerte Aktion nicht gegeben hat«[49]. Die moralische Kategorie, die dem Prozeß, jenseits aller fragwürdigen rechtstechnischen Voraussetzungen, die entscheidende Legitimation gab, hat er in all seiner Gewissensarmut nie begriffen; vielmehr hat er, der allenthalben nur die Gewalt triumphieren sah und nichts darüber hinaus erkannte und anerkannte, auch diesen Prozeß als reine Machtfrage betrachtet: »Daß das Urteil völlig unhaltbar ist«, schrieb er in einem seiner letzten Briefe, »weiß jeder. Aber ich war nun einmal Außenminister Adolf Hitlers, und die Politik fordert, daß ich wegen dieser Tatsache verurteilt werde.«[50]

Einleuchtend, in der Tat, war ihm immer nur das Argument erschienen, welches die größere Anzahl Divisionen, Flugzeuge, Panzer, Fabriken oder Rohstoffquellen im Rücken hatte. Er war nichts aus sich selbst, und was er je erreichte, verdankte er der Gunst Hitlers und der Gewalt im Hintergrund. Als sie ihm nicht mehr beistanden und seinen Redensarten nicht mehr ihr furchtbares Gewicht liehen, reduzierte er sich rasch auf die kümmerlichen Maße jenes Kannegießers mit dem nietzscheschen Willen zur Macht, den er im Grunde immer repräsentiert hatte: »Seit Hitlers Tod ist es aus mit mir«, meinte er in Nürnberg.[51]

Seine Hörigkeit dauerte fort. Denn sie war die Voraussetzung, unter der er sich zu einiger geschichtlicher Bedeutung erhoben hatte: die paradoxe Millionenerscheinung des »totalitären« Menschen, der erst im Zustand der völligen Unterwerfung die begehrten Gefühle der Selbsterhöhung erfährt: »Wissen Sie«, so gestand er dem Gerichtspsychologen G. M. Gilbert in Nürnberg, »wenn Hitler jetzt zu mir in diese Zelle käme und sagen würde: ›Tu dies!‹, würde ich es sogar nach allem, was ich jetzt weiß, machen.« In seinen Rechtfertigungsversuchen kam er immer wieder auf den Begriff der Treue zurück, der ein alter mythologischer Begriff aus der Gefühlswelt jenes deutschen Kleinbürgers ist, dem gelehrt worden war, den Wert der Treue nicht am Wert dessen zu messen, dem die Treue gehalten wird, sondern losgelöst von allen Begründungen und damit von allem Sinn: »Wir Deutsche sind ein besonderes Volk; wir sind so treu«, versicherte Ribbentrop.[52]

G. M. Gilbert hat die These vertreten, daß jede der führenden Figuren des Dritten Reiches in Nürnberg eine Art »zweite Verteidigungslinie« besessen habe. Die Diplomaten und Militärs besannen sich auf ihren sozialen Standard, Göring kehrte einen selbstbewußten Heroismus hervor, Heß wich in hysterische Reaktionen aus, andere identifizierten sich mit gewissen Ideen, Traditionen oder wiedergefundenen Glaubensgewißheiten; nur Ribbentrop blieb nach dem Tode Hitlers nichts, worauf er sich zurückziehen konnte. Er besaß weder eine Überzeugung noch den Halt aristokratischer Herkunft, und auch der Ausweg in die pathologischen Bereiche war ihm in der nüchternen Beengtheit seines Wesen versperrt. Die Welt Hitlers, die sein substanzloses Ich eine Zeitlang aufgebläht und gestützt hatte, hinterließ nun, nach ihrem Zusammenbruch, ein Vakuum, in welchem er sich nicht mehr aufrechtzuerhalten vermochte.[53] Nur so wird seine Haltlosigkeit verständlich, die Larmoyanz seiner Bekundungen und jenes Sichgehenlassen, das auch äußerlich, in Kleidung und Auftreten, zum Ausdruck kam. Augenzeugen berichten übereinstimmend mit Erschrecken von seinem Erscheinen vor Gericht. Sein einst klirrender Hochmut hatte sich in eine unwürdige, werbende Beflissenheit verwandelt, durch die er sich etwas zu erhoffen schien. Er stritt alles ab, langatmig, unbeeindruckt von Gegenbeweisen, in ermüdenden Monologen. Aber was immer er sagte, verfing nicht mehr. Er gewann, so wird uns berichtet, »nicht das Ohr des Gerichts. Er brachte es nicht einmal zur Neugier der Zuhörer. Er überzeugte nicht. Man schämte sich. Das Schamgefühl wuchs, es wucherte, würgte und schnürte den Atem ab . . .«[54]

RUDOLF HESS

oder die Verlegenheit vor der Freiheit

»Hitler ist die menschgewordene reine Vernunft schlechthin.«

Rudolf Heß

Alle modernen, auf einer totalitären Ideologie begründeten Ordnungssysteme enthalten einen pseudoreligiösen Anspruch. Das Ende oder doch die Durchlöcherung der religiösen Autorität des Christentums verhalf einer Entwicklung zum Durchbruch, in deren Verlauf die Staaten selbst mit wachsendem Nachdruck als Träger einer verpflichtenden innerweltlichen Sittlichkeit auftraten. Aufklärung und Französische Revolution, die Konzepte einer »Bürgerreligion« und der Tugendbegriff leiteten einen Prozeß ein, der in der Übertragung religiöser Kategorien auf die gesellschaftliche Wirklichkeit bis in die Gegenwart immer neue Übersteigerungen seiner selbst erlebte. In ihrer Verheißungsgewißheit, ihrer Intoleranz, den unerbittlichen Alternativen von Unterwerfung oder Verdammung, aber auch im Ordenscharakter ihrer bevorrechtigten Eliten und den teilweise hierarchischen Aufbauelementen kopierten und kopieren die totalitären Herrschaftssysteme der Neuzeit mitunter bewußt die metaphysischen oder soziologischen Strukturen der okzidentalen Glaubensgemeinschaften. »Die Revolution duldete keine Kirche«, hat Michelet im Rückblick auf die Ereignisse von 1789 geäußert und hinzugefügt: »Weshalb? Weil sie selbst Kirche war«, indes Dostojewski in den ›Brüdern Karamasoff‹ vermerkte, daß die Kirche heute nicht die Tendenz habe, »Staat« zu werden, sondern umgekehrt der Staat alles daransetze, »Kirche« zu werden.[1]

Die Liquidierung und Inbesitznahme des Himmels, wie sie von den konkurrierenden weltlichen Sozialreligionen mit eiferndem Ernst und zunächst gestützt auf eine wachsende Resonanz bei den Massen betrieben wurde, entsprach gewiß der religiösen Orientierungslosigkeit des modernen Menschen, der nach neuen metaphysischen Bindungen jenseits oder diesseits der überkommenen Glaubensinhalte suchte; insofern waren sie lediglich die Wiederherstellung der Identität von Bewußtseinslage und Wirklichkeit. Aber sie räumten mit dem »Himmel« nicht zugleich auch die Höllen aus, sondern etablierten diese eigentlich erst, weil die totalitären Heilssysteme, so weit und so konsequent die Parallelen auch geführt wurden, die Möglichkeiten der Gnade und der Vergebung nicht besaßen. Andererseits ging ihr Anspruch weit über die Postulate aller herkömmlichen Formen diktatorischer Herrschaftsübung hinaus. Während der Machtdrang der Diktaturen mit der Beseitigung aller oppositionellen Regungen im Grunde gestillt war, trachten jene unentwegt nach den Akten positiver Glaubensbekundung, sie verlangen nicht den loyalen Staats-, sondern den Götzendiener. Es ist nicht allein ein am äußerlichen Machtbesitz orientierter Ausschließlichkeitsanspruch, der hier Geltung fordert, sondern ein Anspruch des Staates auf die Seelen, auf den Besitz der Schlüsselgewalt. In ihr erst ist die totale Macht über den Sozialkörper verbürgt.

»Nationalsozialismus und Christentum haben insofern etwas Gemeinsames, als sie den ganzen Menschen beanspruchen«, hat einer der führenden Funktionäre des Dritten Reiches gelegentlich erklärt, und ob Gott oder der Führer »größer, mächtiger und stärker« sei, wollte ein Fragebogen wissen, der jungen BDM-Führerinnen vorgelegt wurde.[2] Wie die nationalsozialistische Bewegung in den Jahren ihres Aufstiegs den Staat von Weimar durch die Bildung eines sogenannten Schattenstaates überlagert hatte, der mit dem Anspruch auf wahre nationale Repräsentation annähernd jede staatliche Institution auf der Parteiebene noch einmal wiederholte, so hatte die nationalsozialistische Weltanschauung das Bestreben, eine Schattenkirche zu bilden. Der Versuch, die Glaubensbereitschaft der Massen zum Nutzen einer politischen Ideologie von den bestehenden Konfessionen abzulösen, hatte seine Dogmen, seine Opferstätten und seine Liturgie; es gab einen Gott und jene Teufelsvorstellung, die zu den blutigsten Exorzismen der Geschichte führten. Zwar hat der Nationalsozialismus als Ideologie nie den scholastischen Rigorismus des kommunistischen Gedankensystems besessen; er war verschwommen, unpräzise und ließ irrationalen Bedürfnissen bewußt jeden denkbaren Spielraum. Seine Anhänger waren weniger auf die Orthodoxie einer Lehre als vielmehr auf die Person des Führers verpflichtet. Aber die mangelnde Klarheit der ideologischen Richtpunkte sagt nichts über die Intensität der geforderten oder erweckten Gefühle. Auch in den inneren Bereich der nationalsozialistisch geprägten Gemeinschaft trat nur der bedingungslos Sich-Unterwerfende ein, Menschen, wie Hitler gelegentlich mit durchaus religiösem Gestus formulierte, »die sich loslösen aus ihrer Umgebung, die alles weit zurückstoßen, alle Kleinigkeiten des Lebens, die scheinbar so wichtig sind, die sich wieder besinnen auf eine größere Aufgabe«[3]. Dieser Typus war vor allem unter den Anhängern aus der Frühzeit der Bewegung sowie in den mittleren Rängen ihres Führerkorps anzutreffen; doch wenige nur vertraten ihn so eindeutig wie Rudolf Heß, der wie kaum ein anderer die Berufung durch Hitler ernst genommen und inbrünstiger als andere vor trivialen Heiligtümern auf den Knien gelegen hat, buchstäblich bemüht um die Kraft zu jenem Gebet aus nationalsozialistischen Kindertagesstätten: »Führer, mein Führer, mein Glaube, mein Licht!«[4], ehe er in einem wahnwitzigen Entschluß seine Kraft zum Ungehorsam erprobte und augenblicklich scheiterte: fern von seinem Gott und den Segenserweisen, auf die er so begierig gewesen war, nur noch ein gespenstischer Schatten. Die ihm in Nürnberg wiederbegegneten, sahen sein Gesicht ausgebrannt von den einstigen Ekstasen und den Torturen der Exkommunikation.

Sola fide, allein durch den Glauben, ist Rudolf Heß vom verdrossenen, in sich gekehrten Studenten zum Stellvertreter des Führers einer Großmacht aufgestiegen; niemand hat ihm, wie die Wochenzeitung ›Das Reich‹ in einem Artikel vom Dezember 1940 schrieb, »an der Wiege gesungen, daß er einmal der dritte Mann in einem mächtigen Reich werden würde«[5]: ihn empfahlen weder demagogisches Talent oder taktisches Geschick noch aufallende Intelligenz, Brutalität oder ideologische Verdienste. Scheu, vielfach gehemmt und von einer bisweilen geradezu hinterwäldlerisch wirkenden Bescheidenheit, war er immer nur gläubig und angestrengt treu: »Ich will der Hagen in der Partei sein!«[6] Die Auslassungen bedingungsloser und glühender Gefolgschaft säumen seinen Lebensweg vom Tage der ersten Begegnung mit Hitler an, da es ihn, seinen eigenen Worten zufolge, »wie in einer Vision überkam«[7], bis hin zu jenem Nürnberger Schlußwort, als er aus dem Labyrinth seiner Traumphantasien zu einer kurzen Passage des entrückten Aufblicks ins Freie fand: »Es war mir vergönnt, viele Jahre meines Lebens unter dem größten Sohne zu wirken, den mein Volk in seiner tausendjährigen Geschichte hervorgebracht hat.«[8] Bei aller verzehrenden Heftigkeit blieb seine Glaubensgewißheit indessen eher stumm, im Vergleich mit seinen rhetorisch behenden Führungspartnern hat er nur wenige Zeugnisse hinterlassen. Doch was immer er sagte und schrieb – es wurde, stammelnd zwar und schwerfällig im Wort wie im Gedanken, ein Hohelied auf die Unterwerfung und ein Jubelschrei über die aufgekündigte, weggeworfene Freiheit. Wenn den aktiv totalitären Menschen das Bewußtsein auszeichnet, daß alles möglich sei[9], so war er der Typus des passiv totalitären Menschen, für den gilt, daß mit ihm alles möglich ist, weil er den Gedanken liebt, Wachs in fremden Händen zu sein, und sein Ehrgeiz sich darauf richtet, die Elemente seiner Unpersönlichkeit noch zu steigern, den Verzicht auf Kritik, Urteil und Selbstbestimmung, ideologisiert unter Begriffen wie Treue, Pflicht oder Gehorsam, freiwillig zu leisten, kurz: nichts zu sein oder nur Partikel und die Höhepunkte der Existenz denn auch folgerichtig im sinnlosen Begeisterungsrausch, in den Augenblicken der Verschmelzung, der gänzlichen Auslöschung zu erfahren: »Man muß den Führer wollen«, pflegte Rudolf Heß zu sagen.[10] In der Rede, die er wenige Tage vor dem 30. Juni 1934 mit deutlich warnendem Fingerzeig gegen den unbotmäßigen Stabschef der SA, Ernst Röhm, gehalten hat, heißt es bezeichnend:

> »Mit Stolz sehen wir: Einer bleibt von aller Kritik ausgeschlossen, das ist der Führer. Das kommt daher, daß jeder fühlt und weiß: Er hat immer recht, und er wird immer recht haben. In der kritiklosen Treue, in der Hingabe an den Führer, die nach dem Warum im Einzelfalle nicht fragt, in der stillschweigenden Ausführung seiner Befehle liegt unser aller Nationalsozialismus verankert. Wir glauben daran, daß der Führer einer höheren Berufung zur Gestaltung deutschen Schicksals folgt. An diesem Glauben gibt es keine Kritik.«[11]

Albert Krebs, einer aus der sogenannten Alten Garde der NSDAP und zeitweilig Gauleiter von Hamburg, hat Rudolf Heß nicht zu Unrecht vorgeworfen, er habe die Entwicklung der jungen Bewegung zur faschistisch-totalitären Kommandopartei ganz entscheidend gefördert und dank seiner größeren Vertrauenswürdigkeit wirksamer noch als selbst Goebbels jenem Führerkult die Altäre errichtet, der in dem Bemühen, Hitler an die Stelle Gottes zu setzen, weder Lästerung noch Lächerlichkeit fürchtete.[12] In seinem unbalancierten Verhältnis zur Autorität gleicht Heß auffallend vielen führenden Nationalsozialisten, die wie er aus sogenannten strengen Elternhäusern stammten. Es spricht denn auch einiges dafür, daß Hitler beträchtlich von den Erziehungsschäden einer Epoche profitierte, die ihre pädagogischen Leitbilder von den Kasernenhöfen holte und ihre Söhne in den Härtekategorien von Kadetten aufzog. In der eigentümlichen Mischung aus Aggressivität und hündischer Geducktheit, wie sie doch für den Typus des Alten Kämpfers vielfach bezeichnend war, aber auch der inneren Unselbständigkeit und Befehlsabhängigkeit, kamen nicht zuletzt die Fixierungen auf die Kommandowelt zum Vorschein, die der bestimmende Erfahrungshintergrund ihrer frühen Entwicklung war. Was immer in dem jungen Rudolf Heß an verborgenen Gefühlen der Auflehnung gegen jenen Vater lebendig war, der seine Macht zum letzten Male nachdrücklich demonstriert hatte, als er den Sohn, ohne Rücksicht auf dessen Wünsche und die Intervention der Lehrer, nicht studieren ließ, sondern die kaufmännische Vorbereitung auf die Übernahme des eigenen Unternehmens in Alexandria erzwang — der immer wieder gebrochene Wille suchte sich von nun an Vater und Vaterersatz, wo immer er ihn fand: Man muß Führer wollen! Es fügt sich ins Bild dieser komplizierten Beziehung, daß Rudolf Heß unter allen Hohenzollernkönigen für Friedrich Wilhelm I. besondere Verehrung empfand, jenen polternden roi sergeant, der sein hohes Amt mit intimer väterlicher Grobheit und Strenge versah und als Vaterfigur literarisch gedeutet worden ist.[13] Als Rudolf Heß sich beim Ausbruch des Ersten Weltkrieges freiwillig meldete, stand dahinter auch der Wunsch, neben dem verhaßten Kaufmannsberuf vor allem der Anspruchsmacht der eigenen Vaterfigur zu entrinnen. Sich selbst freilich entkam er nicht. Was ihm der Kriegsdienst dank der klaren militärischen Abhängigkeitsverhältnisse verschaffte, suchte und fand er später als Student in der persönlichen Anhänglichkeit an seinen Lehrer Karl Haushofer, ehe im Jahre 1920 die Begegnung mit Hitler jene »nahezu magische« Bindung schuf, von der seine Frau gesprochen hat.[14] In einer Niederschrift hat sie den Abend geschildert, an dem Heß von einer Veranstaltung zurückkehrte, auf der Hitler gesprochen hatte; wie er, der aus Verzweiflung über den verlorenen Krieg und den Niedergang des Vaterlandes nur selten lachte und »wirklich eine bis zum Zerreißen gespannte Saite (war), auf der das Schicksalslied von deutscher Not niemals endend gespielt wurde«, in die gemeinsame Pension in Schwabing gestürmt kam und immer nur, lachend und entrückt, »der Mann, der Mann« herausstieß — da wird noch im nachträglichen Bericht etwas von der Hysterie einer fast religiösen Erschütterung spürbar: »Er war wie ausgewechselt, lebendig, strahlend, nicht mehr düster, nicht vergrämt. Ihm mußte etwas ganz und gar Neues, etwas Aufrüttelndes begegnet sein.«[15] Schon in diesem Bericht enthüllt sich der ungleiche Charakter der Sich-Begegnenden. Auf der einen Seite der effektsicher chargierende Demagoge, auf der anderen der labile Neurotiker, der dem Partner nichts entgegenzusetzen hatte, mochte er die eigene Substanzarmut auch hinter der Pose knorriger Schlichtheit zu verbergen suchen. Bezeichnenderweise ist der erste artikulierte Laut in seiner politischen Karriere eine schwärmerische Verteidigung Hitlers, dem im Rahmen der parteiinternen Richtungskämpfe ein Flugblatt vor allem Veruntreuungen und diktatorischen Egoismus vorgeworfen hatte. Bald darauf gewann Heß einen Preis für eine Arbeit über das Thema: »Wie muß der Mann beschaffen sein, der Deutschland wieder zur Höhe führen soll?«

»Tiefes Wissen auf allen Gebieten des staatlichen Lebens und der Geschichte«, so zeichnete Heß nach dem idealisierten Bilde Hitlers den kommenden großen Diktator, »die Fähigkeit, daraus die Lehren zu ziehen, der Glaube an die Reinheit der eigenen Sache und an den endlichen Sieg, eine unbändige Willenskraft geben ihm die Macht der hinreißenden Rede, die die Massen ihm zujubeln läßt. Um der Rettung der Nation willen verabscheut er nicht, Waffen des Gegners, Demagogie, Schlagworte, Straßenumzüge usw., zu benutzen ... Er selbst hat mit der Masse nichts

gemein, ist ganz Persönlichkeit wie jeder Große. Die Macht der Persönlichkeit strahlt ein Etwas aus, das die Umgebung in seinen Bann zwingt und immer weitere Kreise zieht. Das Volk lechzt nach einem wirklichen Führer, frei von allem Parteigefeilsche, nach einem reinen Führer mit innerer Wahrhaftigkeit ...
Bei jeder Gelegenheit beweist der Führer seinen Mut. Das gibt der organisierten Macht blindvertrauende Ergebenheit; durch sie erringt er die Diktatur. Wenn die Not es gebietet, scheut er auch nicht davor zurück, Blut zu vergießen. Große Fragen werden immer durch Blut und Eisen entschieden ... Er hat einzig und allein vor Augen, sein Ziel zu erreichen, stampft er auch dabei über seine nächsten Freunde hinweg ...
So haben wir das Bild des Diktators: scharf von Geist, klar und wahr, leidenschaftlich und wieder beherrscht, kalt und kühn, zielbewußt wägend im Entschluß, hemmungslos in der raschen Durchführung, rücksichtslos gegen sich und andere, erbarmungslos hart und wieder weich in der Liebe zu seinem Volk, unermüdlich in der Arbeit, mit einer stählernen Faust in samtenem Handschuh, fähig, zuletzt sich selbst zu besiegen.
Noch wissen wir nicht, wann er rettend eingreift, der ›Mann‹. Aber daß er kommt, fühlen Millionen ...«[16]

Schon bald nach ihrer ersten Begegnung hatte Heß sich Hitler auch persönlich aufs engste angeschlossen, die Bindung an Hitler war von da an allen anderen Beziehungen »übergeordnet«[17]. Während der gemeinsamen Haft in Landsberg diktierte Hitler ihm Teile seines Bekenntnisbuches ›Mein Kampf‹, und auf diesem Wege ist wohl auch der Lebensraumgedanke, der die politische Konzeption Hitlers ganz entscheidend beherrschte, in die nationalsozialistische Ideenwelt geraten; denn durch Karl Haushofer, der mit den Häftlingen regen Kontakt unterhielt, hatte der ursprünglich diskutable Denkansatz einer politischen Geographie unter dem Stichwort »Geopolitik« seine imperialistisch akzentuierte Umwandlung in eine »pseudowissenschaftliche Expansionsphilosophie« erfahren.[18] Sie lenkte das gedemütigte nationale Bewußtsein auf Schicksal und Bestimmung des Deutschtums im Osten und fügte damit der einen ideologischen Grundkategorie des Nationalsozialismus, der ›Rasse‹, die des ›Raumes‹ hinzu, die, verklammert von der Idee des Kampfes, nahezu die einzigen annähernd festen Strukturelemente im taktisch und werbepsychologisch vielfach durchkreuzten Konglomerat der nationalsozialistischen Weltanschauung bildeten.

Die Vermittlung zwischen Haushofer und Hitler ist der wichtigste und im Grunde auch einzige persönliche Beitrag, den Rudolf Heß zu Entstehung und Gesicht des Nationalsozialismus geleistet hat. Bis zum Jahre 1932 bekleidete er keinen Parteirang, gehörte vielmehr zur persönlichen Suite Hitlers und war Leiter der Privatkanzlei. Wie es seinem Verlangen entsprach, stand er eng im Schatten des Führers, hoch genug für seinen heimlich brennenden Ehrgeiz und doch so verborgen, wie es die unüberwindliche Menschenscheu gebot. Weithin unerwartet kam, daß Hitler ihn nach dem Sturz Gregor Strassers im Dezember 1932 ein Stück aus diesem Schatten stieß und an die Spitze der neugebildeten Politischen Zentralkommission stellte, ehe er ihn unmittelbar darauf, am 21. April 1933, durch eine Parteiverfügung zu seinem Stellvertreter ernannte. »Man hatte ihm«, wie die ›Frankfurter Zeitung‹ schrieb, »bis dahin wohl nur Adjutantendienste zugetraut oder besser: gar keine Vorstellung mit seinem Namen verbunden.«[19]

Sein Profil blieb undeutlich, auch nachdem er Ende 1933 als eine Art Parteiminister ins Kabinett gelangt war. Dem ränkevollen Spiel um die Macht, dem sich die Kameraden von einst mit so ehrgeiziger Hingabe widmeten, stand seine Arglosigkeit im Wege, die einfach treu sein und dem Führer dienen wollte. Man hat ihn damals vielfach das »Gewissen der Partei« genannt, ihn damit jedoch in seiner anspruchslosen Dienstmann-Gesinnung weit überschätzt.[20] Eine moralische Initiative oder Gegenwirkung konnte von dem nicht ausgehen, der die höchste Moral in der »blindvertrauenden Ergebenheit« erkannte, von der er gesprochen hatte, und sich als Werkzeug des ›Mannes‹ betrachtete, dem gegenüber er jedes Gewissensopfer zu bringen bereit war. Schon in der sogenannten Kampfzeit der Bewegung hatte er Disziplinlosigkeiten und Übergriffe der braunen Kolonnen Hitler mit der Begründung verschwiegen, dadurch würden dessen »Arbeitskraft und Entschlußfreudigkeit« gelähmt, oder besorgte Äußerungen mit dem bezeichnenden Vorwurf »intellektueller Neigung zur Kritik« abgefertigt[21]; jetzt reagierte er nicht anders. Infolge seiner Kraftlosigkeit, der begierigen Treuebeziehung zu seinem Führer, sah er sich bald zu einer Beschwerdeinstanz für Bagatellsachen degradiert, und seit auch der Versuch gescheitert war, sich über die Bestrebungen zur Reichsreform ins machtpolitische Spiel einzuschalten, blieben ihm nur noch untergeordnete Repräsentationsaufgaben. Er durfte die jährliche Weihnachtsansprache halten, VdA-Delegationen begrüßen, mit kinderreichen Müttern Kaffeekränzchen abhalten und neben karitativen Obliegenheiten die Schirmherrschaft über zweitrangige Kongresse wahrnehmen. Auch war es sein Privileg, auf großen Kundgebungen, von der Tribüne herab, den Führer anzukündigen, und unter den Vorstellungsbildern, die er im Bewußtsein der Zeitgenossen hinterlassen hat, ist dies das geläufigste: wie er, den Arm hochgerissen, seinen Führer zu sich heraufsteigen sieht, die Augen geweitet vor Glück über soviel fremde Macht und eigene Unterwerfung. Sein Glaubenshunger, der sich die Anlässe und Stimulantien suchte, wo er sie fand, gewann zusätzliche Befriedigung aus dem Interesse für Halbwissenschaften und dunkles Weistum, wie sie in dem vom Nationalsozialismus so unverwechselbar geprägten Klima verachteter Vernunft ihre große Zeit hatten. Er war überzeugt vom Einfluß der Sterne auf das Schicksal, ließ sich von einer älteren Wahrsagerin Diagramme ausarbeiten und widmete sich mit eigentümlichem Ernst dem krausen Getue von Erdentstrahlern, Magnetiseuren, Pendlern und Zukunftsdeutern.[22] Bei seinem Flug nach England hatte er die Taschen gefüllt mit Medikamenten und Drogen vorwiegend homöopathischer Art, darunter ein Elixier, das angeblich Sven Hedin aus Tibet mitgebracht hatte.[23] Vor der Lächerlichkeit bewahrte ihn, der ein so hohes Amt mit einem so geringen Maß an machtkundiger Intelligenz verwaltete, lediglich die persönliche Integrität, die er gegenüber allen Versuchungen der Macht behauptete. Mit jener Vorliebe für bronzenen Tiefsinn, die ihm eigen war, hat er gelegentlich offenbart: »Am höchsten steigt, wer nicht weiß, wohin er steigt.«[24] Jetzt hatte er, mit dieser Devise, die seine machttechnische Unsicherheit nur phraseologisch verkleidete, den eher zufällig erworbenen Einfluß schon verspielt und innerhalb der Führungsspitze kein Gewicht mehr. Zweifellos litt sein verborgener Ehrgeiz darunter, und der Versicherung Hans Franks zufolge wartete er immer darauf, daß »der Führer seine Zurückhaltung anerkennen« und vor allem dem lauten »Publikumstreiben« Görings vorziehen würde, der als »Zweiter Mann« den nominellen »Stellvertreter« in der Gunst der Öffentlichkeit zusehends ausstach.[25] »Anständig, aber krank und entschlußlos«, urteilte Rosenberg über Heß, und dessen Sekretärinnen sahen ihn hin und wieder vor seinem Schreibtisch mit erloschenem Ausdruck ins Leere starren.[26] Die tiefliegenden Augen im klobigen, fast rechteckig auslaufenden Gesicht, die übernächtigte Düsternis und der Zug zelotischer Entrücktheit, den alle erkünstelte Härte und Schlichtheit nicht verbargen, gaben ihm etwas vom Aussehen eines Exerzitienmeisters, der mit den Dämonen Umgang und in langwierigen Gehorsamsübungen seine Zweifel und Ängste niedergerungen hat. Ende 1940 veröffentlichte ›Das Reich‹ eine Charakterstudie über ihn, die aus den physiognomischen Details freilich »Energie«, »Selbstzucht« und »strenge Geschlossenheit« herauslas. Auch hieß es: »Heß kann schweigen und Geheimnisse hüten.«[27]

In der Tat war der zurückgesetzte Stellvertreter des Führers zu jener Zeit bereits mitten in den Vorbereitungen für ein Unternehmen, das am 10. Mai 1941 eine ungläubige Welt verblüffte. In einem Akt konfusen Heroismus flog er, mitten im Kriege, heimlich nach England, um über den Herzog von Hamilton, dessen Person und Einflußmöglichkeiten ihm allerdings unbekannt waren, eine eigenmächtige Friedensregelung zu unterbreiten: Deutschland, so etwa lautete der Plan im Grundzuge, solle für seine Lebensraumpolitik innerhalb Europas freie Hand erhalten und garantiere dafür den unversehrten Bestand des britischen Weltreiches.[28]

Während die Engländer diese Vorschläge zur Kenntnis nahmen und Heß kommentarlos in Kriegsgefangenschaft überführten, war Hitler zutiefst schockiert und kündigte für den Fall einer Rückkehr »Irrenhaus oder Erschießung« an.[29] Bei einer Besprechung am 13. Mai war er »in Tränen und sah zehn Jahre älter aus«, während Goebbels sich vernehmen ließ, der Flug sei »ernster als die Desertion eines Armeekorps«[30]. Eine am gleichen Tage veröffentlichte parteiamtliche Mitteilung sprach von »einer seit Jahren fortschreitenden Krankheit«, von »Spuren einer geistigen Zerrüttung« und von »Wahnvorstellungen«, nachdem Hitler erst anderthalb Jahre zuvor, in seiner Rede vom 1. September 1939, das deutsche Volk zu »blinder Treue« auf den designierten Führernachfolger verpflichtet hatte.[31] Durch einen persönlichen Besuch seines Außenministers ließ er dem italienischen Bundesgenossen augenblicklich erklären, daß er »und seine Mitarbeiter von dem Unternehmen Heß wie vor den Kopf geschlagen worden seien. Es handle sich um die Tat eines Wahnsinnigen. Heß habe schon seit längerer Zeit an einer Gallenkrankheit gelitten und sei Naturheilkundigen und Magnetiseuren in die Hände gefallen, die seinen Zustand immer schlimmer werden ließen ...«[32] Unterdessen überboten sich die Zurückgebliebenen in der Verächtlichmachung und hämischen Abwertung ihres bisherigen Führungsgefährten. Rudolf Semmler, der zum engeren Mitarbeiterstab von Goebbels gehörte, hat darüber eine aufschlußreiche Schilderung aus dem Privatbereich des Propagandaministers gegeben, die zugleich ein Licht auf das Verhältnis der führenden Machtpartner untereinander wirft:

> »Goebbels sprach von Heß' Geisteskrankheit und beschrieb dann die Komödie von Heß und seiner Frau, die jahrelang versuchten, einen Erben zu zeugen. Niemand wisse genau, ob das Kind wirklich seines sei ... Angeblich sei Heß mit seiner Frau zu Astrologen, Kartenlesern und anderen Magielieferanten gegangen und habe alle Arten von Mixturen und Arzneien getrunken, ehe sie mit dem Kind Erfolg hatten.
> Frau Goebbels erinnerte sich, daß Frau Heß ihr fünf- oder sechsmal in einer Reihe von Jahren sagte, daß sie endlich ein Kind bekäme – im allgemeinen, weil irgendein Glücksprophet ihr eine solche Auskunft gegeben hatte. Als ihr Kind eintraf, tanzte Heß vor Freude ... Alle Gauleiter wurden angewiesen, dem Führerstellvertreter ein Säckchen mit deutscher Erde aus jedem Gau zu schicken. Diese Erde wurde unter eine speziell angefertigte Wiege gestreut, so daß das Kind sein Leben symbolisch auf deutscher Erde begann. Goebbels fügte hinzu, er selbst habe ernsthaft erwogen – als Gauleiter von Berlin –, ob er nicht am besten einen Berliner Pflasterstein senden solle ...«[33]

Die schnöden oder erbitterten Nachrufe, die Heß erhielt, haben die Antriebe seines Unternehmens eher verdeckt als offenbart. Heute ist kaum mehr fraglich, daß dem Flug ein Bündel von Motiven zugrunde lag, die fast durchweg einen depressiven Akzent besaßen. Der Versicherung des Nürnberger Gerichtspsychiaters Douglas M. Kelley zufolge, befand sich Heß schon im Jahre 1940 in einem Gemütszustand, der »von einem schweren Nervenzusammenbruch nicht weit entfernt war«[34]. Heß selbst hat in England erklärt, er sei zu diesem »schwersten Entschluß« seines Lebens gelangt, nachdem vor seinen Augen immer wieder »eine endlose Reihe von Kindersärgen mit den weinenden Müttern dahinter« aufgetaucht sei.[35] Darüber hinaus hat möglicherweise die Bestürzung über das von Hitler rücksichtslos durchgeführte Ausrottungsprogramm in Polen eine Rolle gespielt.[36] Die Psychologen haben zusätzlich darauf hingewiesen, der Flug sei auf die Entdeckung zurückzuführen, »daß sein ›Vater-Stellvertreter‹, Hitler, kein Gott, sondern ein grausamer und gewalttätiger Mensch war«[37], doch spricht dagegen, daß Heß zweifellos nicht an Verrat dachte; weit wahrscheinlicher ist, daß sich die zuerst genannten Motivelemente in der überspannten Phantastik seiner Gefühlswelt zu dem Entschluß verdichteten, in einem Akt konstruktiven Ungehorsams eine Art Opfergang für Führer und Volk auf sich zu nehmen. Auch mag sein Selbstgefühl, das sich nach so unverhofftem Aufstieg jahrelang im Kreis von kinderreichen Müttern und VdA-Kassenwarten immer aufs neue beleidigt gesehen hatte, als Beweggrund für eine Tat gewirkt haben, durch die er – wie v. Schirach meinte – hoffen konnte, »der bedeutendste Mensch der ganzen Welt« zu werden.[38]

Indes, der nüchterne, die Sensation des Falles gänzlich mißachtende Empfang durch die britische Regierung machte solche Hoffnungen rasch zunichte. Diese Desillusionierung, deren Spuren sich in der von Heß verfaßten Niederschrift über seinen Englandaufenthalt deutlich nachweisen lassen, hat offenbar die latent längst vorhandenen, paranoiden Strukturmerkmale seiner Persönlichkeit offen zum Vorschein gebracht. Nach den Aufzeichnungen eines der behandelnden Ärzte äußerte er schon nach knapp vierzehn Tagen in außergewöhnlicher Erregung, er fühle sich von Mördern umgeben, und acht Tage später hatte sein Verfolgungswahn sich bereits aus dem natürlichen Geschehensablauf in seiner Umgebung einen Katalog teuflischer Quälereien konstruiert, denen er Ende Juni durch einen Selbstmordversuch zu entrinnen trachtete.[39] Die erwähnte Niederschrift über den Englandaufenthalt erweckt den Eindruck, als sei der Verfasser ins Schreckenskabinett des Dr. Bondi selbst geraten. Seiner ohnehin hypochondrischen Natur gemäß vermutete er Giftzusätze in jeder Mahlzeit, so daß er bei Tisch bisweilen rasch den eigenen Teller mit dem eines Nachbarn vertauschte.[40] In versiegelten Kuverts bewahrte er Löschblätter auf, die mit Nahrungsresten getränkt waren.[41] Überall in seinem Raum verbarg er Papierschnipsel und lag von Zeit zu Zeit mit den Fingern in den Ohren da, lächelte in sich hinein und sagte: »Ich denke.«[42]

»Als die Vergiftungssymptome sich häuften«, so schreibt Heß, »kratzte ich in meiner Verzweiflung den Kalk von den Wänden in der Hoffnung, daß dies die Wirkung der Giftstoffe neutralisieren würde, doch ohne Erfolg.« In seiner Nahrung analysierte er nicht nur »Seife, Spülwasser, Dünger und faulen Fisch«, sondern auch »Petroleum und Karbolsäure«. »Das Schlimmste«, so fährt er dann fort, »waren Drüsensekrete von Kamelen und Schweinen ... Die Eßgeschirre waren voller Knochensplitter, und Tausende von kleinen Steinsplittern waren dem Gemüse zugesetzt.« Ohne Schutz wurde er angeblich den Strahlen der gleißenden Sonne preisgegeben, und um ihn zu quälen, wurden Feuer entzündet, in deren Rauch er »stundenlang« stehen mußte. Berge stinkender Fischköpfe wurden ihm vors Fenster geschüttet, und als er eines Tages in der Nähe eine schattige Bank entdeckt hatte, die er einige Tage lang aufsuchte, um abseits von allem Lärm zu lesen, lag dort plötzlich ein toter Stier mit durchschnittener Kehle. »In mein Abendessen tat man Mittel, die mir die Nachtruhe raubten«, und »vor meinem Garten wandelten Mondsüchtige mit geladenen Gewehren auf und ab – Mondsüchtige umgaben mich innerhalb des Hauses, und wenn ich einen Spaziergang machte, gingen Mondsüchtige vor und hinter mir.«[43]

Aus dieser Spukwelt floh Rudolf Heß im Herbst 1943 in die Nacht der Erinnerungslosigkeit, nachdem er schon zuvor vereinzelte Anzeichen von Gedächtnisschwäche und vermindertem Konzentrationsvermögen gezeigt hatte.[44] Seinen Behauptungen zufolge war selbst das Nächstliegende dem erinnernden Zugriff entglitten: die Familie, seine Rolle in der Partei, das Elternhaus in Alexandria, der Vater, Haushofer, Hitler. Erst am 4. Februar 1945 erwachte er wieder aus seiner Amnesie und erklärte dem herbeigerufenen Arzt, er habe der Welt eine wichtige Mitteilung zu machen: Die Juden besäßen eine geheime Macht. Sie seien befähigt, Menschen zu hypnotisieren. Ihr magischer Einfluß verleite den Betroffenen wider Willen zu verbrecherischem Tun. Zu den Hypnotisierten gehörten Winston Churchill, die Attentäter des 20. Juli, der König von Italien, die Ärzte und Wachmannschaften in seiner Umgebung sowie er selbst, Rudolf Heß. »Um Propagandamaterial gegen Deutschland zu erhalten«, seien die Juden sogar so weit gegangen, »die Wachtposten der deutschen Konzentrationslager durch Anwendung eines chemischen Geheimmittels dahin zu bringen, die Insassen nach Art der GPU zu behandeln«[45]. Wenige Stunden darauf unternahm er erneut einen Selbstmordversuch.

Dann verwirrten sich die Dinge weiter. Immer wieder entzogen sich ihm die Schatten, die er festhalten wollte. Aus den aufgebrachten Tiefen förderte er die Erkenntnis zutage, daß die Juden ihn zu dem Selbstmordversuch angestiftet hätten, da er ihr Geheimnis gelüftet habe. Dann meinte er triumphierend, der Gedächtnisverlust sei nur simuliert gewesen, »ein großes Theater«, wie er später aus Nürnberg schrieb.[46] Vier Tage darauf trat er in einen Hungerstreik und veröffentlichte eine Erklärung an die deutsche und britische Regierung, er wünsche zu sterben und in voller Luftwaffenuniform nach Deutschland überführt zu werden.

Was er tat oder sagte, war von diesem Zeitpunkt an dem Versuch gewidmet, eine Aufmerksamkeit zu gewinnen, die ihm von allen Seiten verweigert wurde. Die in Nürnberg erneut vorgetragenen Behauptungen, das Gedächtnis verloren und wiedergefunden und alles nur vorgetäuscht zu haben, waren gewiß Teil jener ratlosen Fluchtbemühung, mit der er dem längst nicht mehr bewältigten Chaos der inneren Konflikte zu entkommen versuchte. Der ungebrochene Glaube an den Führer, die eigene Brandmarkung als Verräter und Wahnsinniger, die Entdeckung der Verbrechen des Regimes, der Zusammenbruch des Reiches, die Wiederbegegnung mit den Partnern von einst – diesen Widersprüchen und Gefühlsgegensätzen vermochte er nicht standzuhalten. Aber sein beharrliches Schweigen vor dem Gerichtshof und die gelegentlichen Ankündigungen einer »großen Enthüllung« waren doch sicher auch die späten dramatischen Gesten eines Mannes, der sich nur noch von seinen Ärzten ernst genommen sah. In der Erörterung der Gründe für den Nerventerror, dem er im Verlauf seiner Gefangenschaft angeblich ausgesetzt gewesen war, kam er in seiner Niederschrift über seinen Englandaufenthalt zu dem Schluß, man habe eine gegen Deutschland gerichtete Erklärung von ihm erzwingen wollen, doch habe er sich allen Verlockungen und Erpressungen gegenüber standhaft gezeigt.[47] Auch damit täuschte er sich jedoch eine Bedeutung vor, die ihm die britische Regierung keineswegs zuzubilligen bereit war. Es hat den Anschein, als seien alle seine Unternehmungen und Verhaltensweisen, angefangen von dem Englandflug bis hin zu der Geste demonstrativer Nichtachtung, mit der er die Urteilsverkündung in Nürnberg hinnahm, von dem verzweifelten Bemühen getragen gewesen, durch die jeweils spektakulärste Gebärde jenen personalen Grund wiederzufinden, den er einst aufgegeben hatte, sich die Linien eines individuellen Profils wieder zu schaffen, das in der Glut seines Führerglaubens zergangen war. Doch was immer er zurückgewann, waren bezeichnenderweise nur Profilstücke einer zweitrangigen Hitlerkopie: genauso wie er, sollte die Welt verstehen, hätte der Führer sich verhalten, falls er je in Nürnberg erschienen wäre, so stolz, so verschlossen, so voll herrischer Ablehnung, und er war noch immer sein legitimer Stellvertreter, trotz der effektgierigen Anspruchshaltung Görings, der von seinen schaustellerischen Neigungen nicht lassen konnte und sich auf die Ebene seiner Richter begab. Infolgedessen schwieg Rudolf Heß, die leergebrannten Augen sahen verächtlich über die Szenerie; zuweilen bedeckte er sie mit der Hand oder starrte träumend auf die immer gleiche Seite eines Buches, das auf seinen Knien lag.[48]

Erst beim Schlußwort kam er noch einmal aus seiner schweigenden Welt herauf und sprach seinen Monolog, den Blick und die Stimme auf ein fernes Gegenüber im Leeren gerichtet, Bruchstücke einer banalen Enthüllung über das Judentum, chemische Geheimpräparate, die Moskauer Prozesse und die glasigen Augen seiner Bewacher in England. Als Göring ihm zuflüsterte, Schluß zu machen, bemerkte er laut: »Unterbrechen Sie mich nicht!« Dann sagte er:

> »Es war mir vergönnt, viele Jahre meines Lebens unter dem größten Sohne zu wirken, den mein Volk in seiner tausendjährigen Geschichte hervorgebracht hat. Selbst wenn ich es könnte, wollte ich diese Zeit nicht auslöschen aus meinem Dasein ... Ich bereue nichts. Stünde ich wieder am Anfang, würde ich wieder handeln, wie ich handelte, auch wenn ich wüßte, daß am Ende ein Scheiterhaufen für meinen Flammentod brennt. Gleichgültig was Menschen tun, dereinst stehe ich vor dem Richterstuhl des Ewigen. Ihm werde ich mich verantworten, und ich weiß, er spricht mich frei.«[49]

Er gewann sich nicht zurück. Der letzte Satz wiederholte fast wörtlich eine Wendung, mit der Hitler im Jahre 1924 seine Schlußerklärung vor dem Volksgericht München beendet hatte.[50] Das Verlangen nach Rehabilitierung, nach Wiederaufnahme in die Gemeinschaft der Gläubigen, aus der er sich von Hitler selbst verstoßen wußte, beherrschte ihn mit einer nur in religiösen Begriffen faßbaren Kraft. Auf den zerstörten Zügen, die den Hunger nach »dem Mann«, nach den Schauern und Erhebungen widerspiegelten, die er einst an dessen Seite erfahren hatte, trug er sichtbar das Signum der Verwerfung. »Warum läßt man mich nicht sterben?« fragte er nach der Urteilsverkündung einen der Wachtposten.[51] Das Leben war künftig für ihn ohne jeden Sinn, den er ihm, teilweise zumindest, in einem letzten Akt der Nachfolge zurückerobern wollte.

Indes wurde ihm doch noch, unverhofft, die Heimkehr zuteil. Durch Erich Kempka, den Fahrer Hitlers, erfuhr er, der Führer habe kurz vor dem Ende, unter Anspielung auf seinen einstigen Stellvertreter, geäußert, »daß es wenigstens in all den Jahren gelungen sei, *einen* Idealisten reinsten Wassers unauslöschbar in die Geschichte zu stellen«. Er habe seine »ganze Männlichkeit zusammenraffen müssen, um nicht zu weinen«, schrieb Heß dazu.[52]

Ihm war vergeben, er war wieder beim Vater.

Eine der fundamentalen Schwächen des totalitär anfälligen Menschen war in ihm, der allein nicht hatte existieren können, verkörpert. Ohne den Halt und die Gewißheiten verpflichtender ethischer oder religiöser Bindungen, war er immer auf der Suche nach Surrogaten für seine irrationalen Bedürfnisse, die schließlich in der ihn überwältigenden Erscheinung »des Mannes« eine neue Orientierung und Zuversicht fanden. Die selbständige Existenz begriff er nur als Aussetzung, und die individuelle Freiheit hatte er nur als Schrecken erfahren. Vieles spricht dafür, daß die Verwirrung, der er nach dem eigenmächtigen Englandunternehmen anheimfiel, in diesem psychologischen Tatbestand konstitutioneller Hörigkeit begründet war; daß er sich aus der Vereinzelung, in die er durch den Verlust seines Führergottes geraten war, in die Neurose geflüchtet hatte; denn die Symptome seiner geistigen Erkrankung dauerten offenbar nicht länger als das Gefühl der Verstoßung durch Hitler. Ein psychiatrisches Gutachten vom 27. Mai 1948 betont, daß »Heß zum gegenwärtigen Zeitpunkt an keiner geistigen Störung« leide und »vollkommen normal« sei.[53] Die Briefe an seine Familie, die er während der Haft in Spandau geschrieben hat, bestätigen diese Diagnose. Möglicherweise war daher, was an ihm deutlich wurde, nichts anderes als ein exemplarisches Versagen vor individueller Selbstbestimmung, die Psychopathologie der Verlegenheit vor der Freiheit. Erst dies würde seine Erscheinung, jenseits aller sensationell-politischen Aspekte, tatsächlich zu dem »berühmtesten psychiatrischen Fall der ersten Jahrhunderthälfte« machen, von dem man gelegentlich gesprochen hat.[54]

Der amerikanische Gerichtspsychiater Douglas M. Kelley hat aus Nürnberg berichtet, sein französischer Kollege habe, um eine Schriftprobe zu besitzen, Heß gelegentlich um seinen Namenszug gebeten. Heß schrieb daraufhin »seinen Namen und strich ihn sofort wieder aus«. »Dies«, so heißt es, »geschah mehrere Male . . .«[55]

ALBERT SPEER

und die technizistische Unmoral

»Die Aufgabe, die ich zu erfüllen habe, ist eine *unpolitische*. Ich habe mich solange in meiner Arbeit wohlgefühlt, als meine Person und auch meine Arbeit *nur* nach der fachlichen Leistung gewertet wurde ...«

Albert Speer
in einer Denkschrift an Hitler

Die Prozesse der Demoralisierung gehen meist unmerklich, verborgen in den sozialen Strukturen vor sich. Erst große Erschütterungen brechen von Zeit zu Zeit die festen Schalen trügerischer Selbstgewißheit auf und legen den wirklichen Zustand des allgemeinen Bewußtseins bloß. Im Verlauf ihres atemberaubenden Aufschwungs während der vergangenen hundert Jahre hat die Technik, zusammen mit einer eigenen Ideologie, eine eigene Moralbeziehung entwickelt, die auf älteren Vorstellungen vom Selbstverständnis wissenschaftlichen Geistes beruhte. Danach war nicht nur die Technik selbst, sondern technische Tätigkeit überhaupt wertfrei, und wie es keine »bösen« Erfindungen und Entdeckungen gibt, so bleibt auch der technische Genius unberührt von der moralischen Seite eines Dienstverhältnisses, in das er sich begibt. Denn im Grunde, das war die unausgesprochene Hintergrundgewißheit, dient Technik gar keiner fremden Macht, sie ist selber Macht. Längst ihrer ursprünglichen Werkzeugfunktion entwachsen, ist sie nicht mehr Herrschaftsinstrument, sondern Herrschaftsträger.

Hinter solchen Überzeugungen war ein ethischer Subjektivismus wirksam, der geringschätzig auf die öffentlichen Dinge herabsah und in der Moral ausschließlich eine Sache der privaten Existenz erblickte. Tief befangen in der Welt der Zwecke, sah und dachte er konzentriert nur auf die selbstgesetzten Ziele und überließ den Staat, wer immer sich darum balgen mochte. Die Genugtuung persönlichen Wohlverhaltens in der eng begrenzten Zone individuellen Handelns ging einher mit dem Verzicht auf die Erkenntnis der Wirkungszusammenhänge, in denen alles Tun sich vollzieht. Diese Verhaltensweise, die in einer geordneten, auf identische Überzeugungen und Maßstäbe gegründeten Welt ihre Rechtfertigung in sich tragen mochte, ist jedoch in den Strudel der Problematik gerissen worden, den die modernen totalitären Systeme unter der Oberfläche aller herkömmlichen Auffassungen erzeugt haben. Die politische »Naivität«, die an ihrem Platze, wo immer auch, leistete, was Pflicht oder traditionelles Berufsethos zu gebieten schienen, und sich keine Rechenschaft ablegte über die Kraftfelder, in die auch das streng sachbezogene Handeln unaufhebbar eingebettet liegt, ist in ihrer ganzen Fragwürdigkeit offenbar geworden[1], zumal die totalitäre Herrschaft gerade damit rechnet und darauf einen wesentlichen Teil ihrer Erfolge aufbaut.

Die selbstgewählte Isolierung des technischen Geistes ist eine der entscheidenden Voraussetzungen seiner totalen Dienstbarkeit, und der versachlichte Mensch, der sich nur noch als Funktion in einem Zusammenhang begreift, den er weder überschaut noch überschauen will, kommt den Bestrebungen dieser Herrschaft überaus entgegen. Hitlers gelegentlich behauptete Zukunftsvorstellung vom Termitenstaat[2] ging von diesem Bilde des total vereinzelten, nur noch an seinen begrenzten Zwecken orientierten Menschen aus und führte konsequent zu Ende, worauf einst ein elitäres Bewußtsein gegründet war, das freilich die Möglichkeiten solcher Pervertierung schon immer enthielt. Die Ansätze dieser Entwicklung wurden sichtbar, als im Jahre 1933 zahllose Menschen ohne den Anflug einer Beunruhigung ihren technischen und organisatorischen Sachverstand den neuen Herren zur Verfügung stellten und damit den reibungslosen Übergang zum Dritten Reich auch auf diesem Gebiet ermöglichten – eine auffällige und für die Etablierung der nationalsozialistischen Herrschaft entscheidende Parallele zu jenem »Einschnappen« des bürokratischen Mechanismus, das Max Weber in einer seiner Arbeiten als Voraussetzung moderner Machtergreifungsprozesse erkannt hatte.[3]

Wie kaum ein anderer hat während des Dritten Reiches Albert Speer, der Architekt und spätere Rüstungsminister Hitlers, diesen Typus des spezialistisch verengten Menschen und dessen technokratische Amoral repräsentiert, ehe beides in ihm die Widerlegung fand. Denn es waren nicht so sehr die Einflüsterungen eines ungehemmten Ehrgeizes, die Verlockungen einer beispiellosen Karriere und die nahezu unbeschränkten Schaffensmöglichkeiten eines Künstlers bei Hofe, die ihn über viele Jahre hin an ein Regime banden, dessen Herrschaftspraxis ihm nach Herkommen und Charakter zuwider sein mußte; sondern es war überwiegend das Bewußtsein, daß dies alles ihn im Grunde nichts anginge: der Terror, der ihm nicht verborgen blieb, die Verfolgung von Minderheiten, Willkür, Konzentrationslager, Aggression nach außen – »Politik« eben, während er selbst Architekt, Techniker, Künstler war. Noch in Nürnberg hat er sich darauf berufen, daß seine »Aufgabe eine technische und wirtschaftliche«, nicht dagegen eine politische gewesen sei, und auf die Frage, ob er nicht als gebildeter Mann den völkerrechtswidrigen Charakter der Fremdarbeiterverschleppungen erkannt habe, geltend gemacht, er sei Architekt gewesen und habe seine Rechtskenntnisse nur aus der Zeitung gehabt.[4] Es entsprach nur dem Charakter dieser Äußerung, die um ihre humane Ignoranz so wenig verlegen war, daß er vor dem Tribunal zwar regelmäßig und auch glaubwürdig seine Ablehnung aller Gewaltpraktiken bezeugte, aber weniger mit einer humanitären als vielmehr mit der sachlichen Begründung, dies habe gegen sein auf ständige Leistungssteigerung gerichtetes ministeriales Interesse verstoßen.[5]

Es hieße den angedeuteten Sachverhalt in seiner Problematik gründlich mißverstehen, wollte man eine Erscheinung wie diejenige Albert Speers unter dem Aspekt der welt- und zeitfremden Unschuld des werkversessenen Künstlers interpretieren. Er war, bei all seinen außerordentlichen Gaben, kein génie bête, kein dummes Genie, und auch nicht unempfindlich, phantasiearm oder taub gegenüber den Appellen des Gewissens. Er war vielmehr intelligent, lebenszugewandt und zweifellos auch sensibel, aber eben erfüllt von der traditionellen antigesellschaftlichen Gleichgültigkeit des Künstlers und Technikers, die ihm alle Anfechtungen aus politischem Ursprung ersparte. Mit dem Hinweis auf seinen unpolitischen Beruf hat er sich andererseits auch die Aufdringlichkeiten des Regimes vom Leibe zu halten versucht, und fraglos hat diese Erwägung beispielsweise seine Weigerung mitbegründet, einen Ehrenrang in der SS anzunehmen.[6] Gegen Ende des Krieges allerdings, als er sich der von Hitler, Bormann und Goebbels vernichtungssüchtig betriebenen Radikalisierung des Untergangs gegenübersah, versagte dieses Argument zusehends seinen Dienst. Eine Zeitlang versuchte Speer, einer Entscheidung auszuweichen: seine Denkschriften aus jenen Monaten formulieren seinen apolitischen Isolierungswillen unaufhörlich neu und dokumentieren nachdrücklich die unhaltbare Situation eines Mannes, der den Konsequenzen einer Politik auszuweichen versuchte, die er an prominenter Stelle mitgemacht und zugleich ignoriert hatte. Zwar hat er später in Nürnberg privat bekundet, es sei Hitler gewesen, der am Ende die einstigen Prinzipien selbstlosen Sachwaltertums gebrochen und nur noch ruhm- und eigensüchtige Ziele verfolgt habe[7]; doch war dies der gleiche Trugschluß, der, weit unaufrichtiger freilich, die Apologien vor allem der bürgerlich-konservativen Partner Hitlers beherrschte. Von dem Tage an, da er sich zur Eroberung der Herrschaft über Deutschland anschickte, bis zum Rückzug in die Betongruft tief unter der Reichskanzlei, der Parole »Aschenkrieg« und dem Ende in feuriger Lohe aus 200 Litern Benzin lag die Konsequenz auf seiten Hitlers, der den von allem Beginn an eingeschlagenen Weg nie verlassen hatte. Den Bruch dagegen vollzog Albert Speer, als er sich um die Jahreswende 1944/45 zum Widerstand entschloß und mit den Attentatsvorbereitungen gegen Hitler den Irrtum seines Lebens zu korrigieren versuchte: daß man am Tische der Macht sitzen und zugleich nicht daran sitzen kann.

Eigenartigerweise deutet der paradoxe Satz zugleich etwas von der tatsächlichen Stellung Speers unter den Gefolgsleuten Hitlers an. Stets wirkte er fremd in ihrem Kreis, als sei er versehentlich unter all diese macchiavellistischen oder beutehungrigen Kleinbürger geraten, und schon in seiner äußeren Erscheinung spiegelte sich die Distanz zu dem Typus, der die nationalsozialistische Bewegung durch alle Funktionärsgrade so unnachahmlich verkörperte: jenem braununiformierten Politischen Leiter, der, mit breitem Nacken und Gesäß, fest im stämmigen trainierten Speck stand und laut, humorlos und gewalttätig zusammen mit der »Nationalen Revolution« die Sache des eigenen Vorteils betrieb. Erziehung, Intelligenz, aber auch eine besondere Festigkeit im Charakter machten Speer zu einer echten Ausnahmeerscheinung. Obwohl seine Laufbahn alle Voraussetzungen enthielt, durch die Charaktere korrumpiert zu werden pflegen, bewahrte er bis zum Ende seine persönliche Integrität sowie die Fähigkeit, seine Überzeugungen offen auszusprechen, und der englische Historiker Hugh R. Trevor-Roper hat es, bei aller Schärfe der Bewertung im allgemeinen, freimütig ein »Mysterium« genannt, daß Speer, nach so vielen persönlichen Triumphen, weder auf seine objektive noch auf seine kritisch-intellektuelle Haltung je verzichtete.[8] Nicht zu Unrecht hat man ihm die seltene Eigenschaft der Zivilcourage nachgerühmt[9], die ihn nachdrücklich aus dem medial beherrschten Gefolge Hitlers heraushob, wie denn überhaupt dessen unausgelüftete Dämonie an der sachlichen Prägnanz und Unvergorenheit der Erscheinung Speers vergeblich ihre Macht versuchte.

Die Besonderheit seines Profils unterstreicht auch die Darstellung, die einer seiner ehemaligen Mitarbeiter, Dietrich Stahl, von seinem ersten Zusammentreffen mit Speer im Herbst 1944 gegeben hat. »Ich fand«, so versicherte Stahl in Nürnberg, »zu meiner völligen Überraschung zum ersten Male einen führenden und verantwortlichen Mann, der die wirkliche Lage nüchtern und klar sah und den Mut aufbrachte, nicht nur solche mit Todesgefahr verbundenen Gespräche zu führen, sondern der auch entschlossen zu handeln gewillt war.«[10] Trotz aller Rationalität, die sich an Sachen eher als an Ideologien entzündete, besaß er jene gläubige Begeisterungsfähigkeit, auf deren Boden die Hingabe an hohe (und manchmal auch schreckliche) Ideale wächst. Zu den unwürdigen Akten des Byzantinismus freilich, wie Hitler sie zunehmend forderte und die Günstlingsgesellschaft sie so bereitwillig leistete, ließ er sich nie bewegen; immer schien ihm bewußt, daß er nicht war wie sie alle, und kaum etwas konnte diese Verschiedenartigkeit, das auf grundsätzlich anderen individuellen und menschlichen Voraussetzungen beruhende Außenseitertum Speers im Gefolge Hitlers deutlicher machen als die Bemerkung Görings in Nürnberg: »Wir hätten ihm nie vertrauen sollen!«[11] Es war zweifellos die

Gesamtheit dieser Eigenschaften und Umstände, die ihm den Respekt vieler, darunter auch mancher Gegner eintrug: so setzten beispielsweise die Verschwörer des 20. Juli ihn, den Minister Hitlers, auf ihre Kabinettsliste, obwohl er nie Kontakt mit ihnen gesucht hatte, und selbst durch das Kreuzverhör des amerikanischen Hauptanklägers in Nürnberg, Justice Robert H. Jackson, wird ein Element persönlicher Achtung spürbar.[12] Als nahezu einziger Angeklagter hat er denn auch ohne Umschweife und durchsichtige Ausflüchte das persönliche Versagen eingestanden, sich offen zu seiner Verantwortung bekannt und auf die Frage, ob er sich auf Führerbefehle berufen wolle, mit einem einfachen »Nein!« geantwortet: »Soweit Hitler mir Befehle gab und ich diese durchführte, trage ich hierfür die Verantwortung; allerdings habe ich nicht alle Befehle durchgeführt.«[13]

Damit bekundete er, ungleich der Mehrzahl seiner Mitangeklagten, Hitler gegenüber einen Rest jener Loyalität, die er sich bei aller Widersprüchlichkeit ihrer gegenseitigen Beziehungen selbst über die erbitterten Zusammenstöße der letzten Monate hinaus bewahrt hatte. Tatsächlich verdankte er Hitler außerordentlich viel, seit dieser zu dem jungen Architekten, mit dem er durch Goebbels bekannt geworden war, eine enge persönliche Zuneigung gefaßt hatte. Speer entstammte einer alten Baumeisterfamilie, hatte sich 1931 der NSDAP angeschlossen und, neben einigen kleineren Arbeiten als Privatarchitekt, im darauffolgenden Jahre zwei Aufträge für die Gauleitung Berlin ausgeführt.[14] Anfang 1933 wurde ihm die künstlerisch-technische Ausgestaltung der Großkundgebung zum 1. Mai auf dem Tempelhofer Feld übertragen, eine Aufgabe, an der sich zum ersten Male sein improvisatorisches Geschick bewährte, indem er mit rasch aufgestellten Fahnenmasten und, in der Schlußveranstaltung am Abend, durch einfallsreiche Lichteffekte das von seinen Auftraggebern gewünschte Stimmungsgepränge erzielte. Damit hatte die nationalsozialistische Massenfeier jenen Stil gefunden, den Speer auf den Kundgebungen zum Erntedankfest auf dem Bückeberg, bei der Tannenbergfeier oder schließlich den Aufmärschen im Rahmen der Reichsparteitage ständig ausbaute. Mit außerordentlicher Einfühlung ins massenpsychologisch Wirksame vervollkommnete er den bis dahin allzusehr allein von riesenhaften Ausmaßen und Zusammenballungen bestimmten Veranstaltungsstil der NSDAP, indem er quaderartige Bauten, Treppen, Pylonen, Fahnenwände und die berühmten Lichtdome: Scheinwerfer, die, rings um das Aufmarschgelände postiert, unter dem nächtlichen Himmel eine pathetische Raumwirkung erzielten, mit gegliederten Menschenmassen zu jener Liturgie des Monumentalen kombinierte, die als Stilisierung kleinbürgerlicher Imponiersucht so überaus genau das psychologische Diagramm der Bewegung wiedergab und noch heute, vor allem im kommunistischen Herrschaftsbereich, ihre Nachahmer hat.

Mit diesen Erfolgen begann Speers steile Karriere, die dem noch nicht Dreißigjährigen eine Fülle von Ämtern und Aufgaben eintrug. Schon 1934 erhielt er den Auftrag für den Entwurf des Reichsparteitag-Geländes in Nürnberg, im gleichen Jahre wurde er zum Leiter des Amtes »Schönheit der Arbeit« und Anfang 1937 zum Generalbauinspektor für die Reichshauptstadt ernannt, dem, wie Hitler betonte, die planmäßige »Ausgestaltung Berlins zu einer wirklichen und wahren Hauptstadt des Deutschen Reiches« oblag.[15] Mit ihm konzipierte Hitler — seinen einstigen Baumeisterträumen späte Befriedigung verschaffend — die Neugestaltung auch der übrigen deutschen Städte in Riesenbauten und Anlagen, die ein epigonenhaftes Stilgefühl bezeugten, indem sie antikisierende Formelemente, wuchtiges Übermaß und mangelnde Anmut zu einem Eindruck feierlich gebändigter Leere vereinigten. Der Königsplatz in München oder die Neue Reichskanzlei, die nach einer zeitgenössischen Quelle als »erster Staatsbau ... für alle weiteren Bauten die Form vorgezeichnet« habe, aber auch zahllose Skizzen, Entwürfe sowie Halbvollendetes gaben und geben noch heute eine bedrückende Vorstellung dieser Pläne.[16] Speer erwies sich dabei als genialer Verwirklicher der von Hitler inspirierten Linie überschnappender Monumentalität, und die erwähnte Quelle spricht denn auch von »Bauten des Glaubens«, in denen sich »das Wort des Führers zum ›Wort aus Stein‹ (ergänzt)«. Bereitwillig übertrug er die persönliche Bewunderung für seinen Gönner und Führer auf dessen architektonische Ideen, von denen galt, was die Frau des Parteiarchitekten Paul Ludwig Troost von Hitlers Kunstauffassung überhaupt geäußert hat: er sei damit im Jahre 1890 stehengeblieben.[17] Seiner Vorliebe für die pompöse Dekadenz eines Malers wie Hans Makart entsprach das Gefallen an dem schalen Klassizismus des Wiener Parlamentsgebäudes, das er, zusammen mit dem Opernhaus und den belanglosen Prachtbauten an der Ringstraße, als die stärksten architektonischen Eindrücke seiner Wiener Jugendjahre geschildert hat: Stundenlang, so hat er versichert, konnte er bewundernd davorstehen.[18] Das Schwüle und das Aufwendige, das Glatte, Anspruchslose und handwerklich Genaue, Richard Wagner und die Allegorie »Die Sünde« des Piloty-Schülers Franz Stuck waren die Orientierungspunkte seines Kunstsinns, den er in der staatlichen Kulturpolitik ebenso wie in den offiziellen Repräsentationsbauten mit der Rachsucht des gescheiterten Kunstschülers zur verpflichtenden Norm erhob.[19] Auch zwischen Speer und ihm kam es gelegentlich offenbar zu Meinungsverschiedenheiten; denn als Wilhelm Furtwängler einmal äußerte, es müsse »doch herrlich sein, so im großen Stil nach eigenen Ideen bauen zu können«, soll Speer, dem Vernehmen nach, ironisch geantwortet haben: »Stellen Sie sich vor, jemand würde zu Ihnen sagen: Es ist mein unerschütterlicher Wille, daß die ›Neunte‹ von nun an nur auf der Mundharmonika aufgeführt werden darf.«[20] Die gesamte Planung war eintönig-unterschiedslos von »gigantischen« Ausmaßen bestimmt, in denen sich der traditionelle Diktatorenehrgeiz bekundete, die Hinfälligkeit der allein in der eigenen Person begründeten Herrschaft in gewaltigen Bauten überdauernd zu machen. In zahllosen Äußerungen Hitlers klingt diese Zielsetzung immer wieder an:

> »Weil wir an die Ewigkeiten dieses Reiches – soweit wir in menschlichen Maßstäben rechnen können – glauben«, so versicherte er auf dem Reichsparteitag des Jahres 1937, »sollen auch diese Werke ewige sein, das heißt, sie sollen nicht nur in der Größe ihrer Konzeption, sondern auch in der Klarheit ihrer Grundrisse, in der Harmonie ihrer Verhältnisse ewigen Anforderungen genügen ...
> Deshalb sollen diese Bauwerke nicht gedacht sein für das Jahr 1940, auch nicht für das Jahr 2000, sondern sie sollen hineinragen gleich den Domen unserer Vergangenheit in die Jahrtausende der Zukunft.
> Und wenn Gott die Dichter und Sänger heute vielleicht Kämpfer sein läßt, dann hat er aber den Kämpfern jedenfalls die Baumeister gegeben, die dafür sorgen werden, daß der Erfolg dieses Kampfes seine unvergängliche Erhärtung findet in den Dokumenten einer einmaligen großen Kunst. Dieser Staat soll nicht eine Macht sein ohne Kultur und keine Kraft ohne Schönheit.«[21]

Solche Überlegungen haben die Entwürfe geprägt, die unter Hitlers ständiger leidenschaftlicher Einflußnahme vorbereitet wurden. Er selbst hat gelegentlich erklärt, wenn der Erste Weltkrieg »nicht gekommen wäre, wäre er ... vielleicht – ja, wahrscheinlich sogar einer der ersten Architekten, wenn nicht der erste Architekt Deutschlands (geworden)«[22]; die vorliegenden Pläne zeigen deutlich die Spuren seiner selbstüberheblichen Megalomanie. In Berlin sollte eine Kuppelhalle von 350 Metern Höhe mit 100 000 Sitzplätzen errichtet werden. Unter den Parteibauten, die projektiert wurden, um der Stadt Nürnberg »ihr künftiges und damit ewiges Gepräge« zu geben, befanden sich eine Kongreßhalle für 60 000 Personen, ein Stadion, »wie es die Erde noch nicht gesehen hat«[23], für 500 000 und ein Aufmarschgelände für eine Million Menschen. 70 Kilometer Gleisanlagen waren allein für die Ausschachtungsarbeiten des Stadions erforderlich, 600 Millionen Ziegelsteine für die Fundamente, während die Außenmauern 90 Meter hoch werden sollten. Besondere Aufmerksamkeit widmete Hitler der Festigkeit der Steine und Baumaterialien, damit die Bauten noch nach Jahrtausenden von der Größe seiner Herrschaft kündeten wie die Pyramiden zu Luxor von der Macht und Herrlichkeit der Pharaonen.[24] »Wenn aber«, so hat er bei der Grundsteinlegung für die Kongreßhalle in Nürnberg erklärt, »die Bewegung jemals schweigen sollte, dann wird noch nach Jahrtausenden dieser Zeuge hier reden. Inmitten eines heiligen Haines uralter Eichen werden dann die Menschen diesen ersten Riesen unter den Bauten des Dritten Reiches in ehrfürchtigem Staunen bewundern.«[25] Und zu Hans Frank sagte er angesichts der Pläne zu diesen Bauwerken überschwenglich: »Die werden so gigantisch, daß selbst die Pyramiden zurücktreten gegenüber den Betonmassen und Steinkolossen, die ich da errichte ... Ich baue für die Ewigkeit – denn, Frank, wir sind das letzte Deutschland. Wenn wir einmal versinken sollten, die Bewegung in vielen Jahrhunderten einmal vergeht, dann gibt es kein Deutschland mehr.« Der Wunsch, den Eindruck der eigenen Größe jenen fernen Jahrtausenden zu überliefern, da »vielleicht einmal die Hunnen oder Barbaren über Europa herrschen sollten«, stand auch hinter seiner aufschlußreichen Anordnung, eine Skizze herzustellen, auf der die geplante Kongreßhalle als gewaltige Ruine gezeichnet sein sollte.[26]

Trotz der wachsenden Zahl der Ämter, die Albert Speer im Verlauf seines Aufstiegs bekleidete, basierten seine Stellung und sein Einfluß ausschließlich auf der engen persönlichen Beziehung zu Hitler; und da er wußte, daß er keine institutionelle Macht, sondern nur eine Vertrauensposition besaß, hielt er sich von den Rivalitäten der führenden Funktionäre fern. Sein Ehrgeiz blieb unpolitisch, und bis zum Jahre 1942, als er zum Minister ernannt wurde, hat er »nie im Leben eine Rede gehalten«[27]. Zudem besaß er ein uneigennützigeres Temperament als die sich befehdenden Machtträger an der Spitze, das von den Aufgaben stärker als von der Macht angezogen war.

Die Beziehung Hitlers zu Speer behielt in all diesen Jahren ganz offenkundig einen merkwürdig sentimentalen Charakter, der in auffallendem Gegensatz zu der Kälte und Sachbestimmtheit seiner sonstigen menschlichen Beziehungen stand. Es mag immerhin sein, daß er sich in dem jungen Architekten, der Energie, Brillanz und die scheinbare Mühelosigkeit alles Außerordentlichen besaß, wiederzuerkennen meinte – sein anderes Selbst, aber frei entfaltet und ohne die deformierenden Eingriffe eines übelmeinenden Geschicks, dem er in all seinem Selbstmitleid noch immer die Schuld an dem gescheiterten Lebensplan zuschrieb. In einem Aufsatz aus dem Jahre 1939 hat Hitler in einer außergewöhnlichen Ehrung Speer einen »genialen Architekten« genannt und neben der »künstlerischen Veranlagung« vor allem die »unerhörte organisatorische Begabung« Speers gelobt.[28] Man hat mit Recht darauf hingewiesen, daß Speer eine der wenigen Ausnahmen war, denen gegenüber Hitler sein eingewurzeltes Mißtrauen gegenüber Menschen mit bürgerlicher Herkunft überwand, und Speer selbst hat bekannt: »Wenn Hitler Freunde gehabt hätte, dann wäre ich sein Freund gewesen.«[29] Von den zahlreichen Beweisen persönlicher Gunst, die Hitler ihm so offen bezeugte, blieb er im übrigen nicht unbeeinflußt. Zweifellos verehrte Speer Hitler zu dieser Zeit uneingeschränkt und konnte, bei all seiner artistisch-technischen Gesellschaftsfremdheit, keinen Grund finden, seinen Emotionen zu mißtrauen. Soweit die

Wirklichkeit den leicht schwärmerischen Vorstellungen, die er sich davon machte, widersprach, blieb sie ausgeklammert. Nichts war ihm, der in der Mischung aus politischer Ahnungslosigkeit und fachmännischer Engstirnigkeit eine so bezeichnende Erscheinung im Typenkatalog jener Jahre war, weniger bewußt, als daß er zum Komplicen eines verbrecherischen Regimes geworden und daß die Freundchaft Hitlers eine fragwürdige Auszeichnung bedeutete: in seiner ersten öffentlichen Rede, am 24. Februar 1942, erklärte er denn auch fast bedrückt, daß er ein großes Opfer bringe: »Ich habe mich bis vor kurzem in einer idealen Welt bewegt.«[30]

Er war 36 Jahre alt, als er, nach dem rätselhaften Tod von Fritz Todt, das Ministerium für Bewaffnung und Munition übernahm. Schon gelegentlich mit organisations- und transporttechnischen Problemen befaßt, machte er sich jetzt energisch und mit unorthodoxen Lösungen an die neue Aufgabe und überwand binnen kurzem die ersten kritischen Störungen im Mechanismus der deutschen Rüstungsindustrie. Mit dem Mut zur Improvisation, der ihn auszeichnete, überbrückte er zerstörte Verbindungswege, richtete er Fabrikationsstätten wieder her, baute neue Industrien auf, reiste persönlich an die Front, um sich bei der Truppe von den Vorzügen oder Mängeln ihrer Waffen und Ausrüstungsgegenstände zu überzeugen, und fuhr, wie Goebbels in seinem Tagebuch notierte, mit den »hohen Militärherren richtiggehend Schlitten«[31]. Eine unbürokratische Großzügigkeit verband er mit jenem »Instinkt für das Richtige«, den er sich selbst zuerkannt hat[32], und formte das übernommene Ministerium nach seinen eigenen unkonventionellen Vorstellungen um, indem er an die Stelle der Beamtenhierarchie den sogenannten »typischen Speer-Apparat« setzte: eine qualifizierte Gruppe von relativ unabhängigen Fachleuten, die Initiative, Tatkraft und Sachkenntnis besaßen. Innerhalb kurzer Zeit stellten sich die Erfolge ein. Es gelang nicht nur, trotz der immer heftiger werdenden Luftangriffe, den Verkehr bis zum Kriegsende im ganzen funktionsfähig zu erhalten, sondern die Produktion stieg von Monat zu Monat und erreichte trotz aller Widrigkeiten im Sommer 1944 ihren Höhepunkt. Allein die Flugzeugproduktion kletterte beispielsweise von 9540 Frontmaschinen im Jahre 1941 auf 34 350 Maschinen im Jahre 1944, und statt 2900 schweren Panzern wurden 1944 insgesamt 17 300 hergestellt.[33] Zwar wird man bei diesen Angaben berücksichtigen müssen, daß nicht alle von Speer veröffentlichten Statistiken letzte Glaubwürdigkeit verdienen. Goebbels jedenfalls fragte Ende 1943, nachdem die Rote Armee soeben den Dnjepr überschritten hatte, mißtrauisch, wo denn die Mehrproduktion eigentlich geblieben sei.[34] Aber die Erfolge waren doch unübersehbar, und Hitler nannte seinen jüngsten zugleich seinen »fähigsten Minister«[35]. Ohne die Aktivität Speers, der schon 1943 über 80 % der deutschen Industriekapazität in seiner Hand vereinigte, hätte Hitler den Krieg zweifellos nicht so lange fortsetzen können und möglicherweise, wie der Minister selbst vermutete, bereits 1942/43 verloren geben müssen.[36]

Dieser Sachverhalt macht indes auch die ganze Fragwürdigkeit dieser Bemühungen deutlich, und gewiß hat Speer diesen Zwiespalt allmählich erkannt, wenn er ihn auch zunächst in seiner technokratischen Selbstsicherheit persönlich nicht empfunden haben mag. In seinen Reden aus jener Zeit zitiert er unaufhörlich Produktionsziffern, Stückzahlen, Endfertigungen, Kapazitäten, wie im Rausch vor diesen trügerischen Erfolgsbilanzen, und der produktionstechnische Kommandojargon, den er verwendete, kennt ausschließlich die »Mobilisierung von Leistungsreserven«, die »Überwindung von Engpässen« u.a.m., Chiffren sämtlich, die losgelöst waren von der politischen Wirklichkeit und einer nachdenklichen Wendung keinen Raum ließen.[37] Erst als er im Frühjahr 1944 für mehrere Monate erkrankte, schien er sich erstmals von seinen fachmännischen Fixierungen zu lösen und jene Befangenheit abzustreifen, die allem voraussetzungslosen Denken ausschließlich in den Kategorien von Leistung und ›efficiency‹ innewohnt. Denn es waren offenbar diese Wochen, die in ihm die Elemente jenes inneren Konflikts freisetzten, der ihn von nun an unablässig gefangennahm. Nach seinen eigenen Worten hatte er schon auf dem Höhepunkt der Erfolge, im Sommer 1940, erste Anzeichen für die inneren Mängel und Verächtlichkeiten des nationalsozialistischen Herrschaftswesens erkannt, dessen prahlerischen Hochmut, seine Gier und die Maßlosigkeit des schlechten Siegers.[38] Gleichwohl hatte er weiter seinen fachmännischen Gleichmut bewahrt, hatte fortgefahren, seinen Ehrgeiz in der Mitte derer zu befriedigen, die er zu verachten begann, und dem Regime die Tempel seiner Tausendjahr-Erwartung zu bauen. Jetzt begann er zu entdecken, daß die ökonomisch-technische Verfügungsmacht, über die er gebot, politische Verantwortlichkeit nach sich zog. Diese Erkenntnis mag immerhin ihren Ausgang von der Gewißheit genommen haben, daß inzwischen alle Produktionssteigerungen von der Substanz zehrten und nur noch begrenzte Zeit durchzuhalten waren. Auch war sie wohl in diesem Stadium des immer totaler geführten Krieges vorwiegend von sachlichen Antrieben bestimmt, nämlich der Bekümmerung des Technokraten angesichts der schon geschehenen und weiterhin drohenden Vernichtung so vieler Fabriken, Bergwerke, Straßen, Brücken und Verkehrsanlagen. Jedenfalls kehrte er ohne jene überzeugungskräftige Sicherheit in sein Amt zurück, die ihn einst ausgezeichnet hatte. Die Zweifel verstärkten sich noch, als Hitler, den Beobachtungen Speers zufolge, vom Sommer 1944 an begann, die »Hauptschuld am Kriegsverlauf im Versagen des deutschen Volkes, keinesfalls aber bei sich selbst« zu suchen, und unter der Parole »Sieg oder Untergang« Anstalten traf, die immer sinnloser werdende Fortführung des Krieges in die Vorbereitung der totalen Selbstvernichtung hinüberzuleiten. Damit geriet Speer in die »Krise seines Lebens«[39].

In ihm kämpften Gefühle der Loyalität mit dem Bewußtsein der Verantwortung. Gewiß verdankte er Hitler viel. Die Auszeichnung persönlicher Zuneigung, die großzügig gewährten künstlerischen Möglichkeiten, Einfluß, Ruhm — das alles hatte ihm viel bedeutet. Aber er hatte sich immer eine idealistische Bereitwilligkeit bewahrt, die die Sache über die Personen stellte, und seine Nüchternheit war durchsetzt von einem sehr deutschen, romantisch gestimmten Enthusiasmus, der hinter dem Pathos von Kalendersprüchen die ganze Wucht kategorischer Imperative empfand. Seine späteren Denkschriften an Hitler beweisen das sehr deutlich, und in einer von ihnen hat er bekannt, er könne nur mit dem Gefühl inneren Anstands, mit Überzeugung und Glauben arbeiten[40], Voraussetzungen, die Hitler nun zusehends in Frage stellte. Der Versuch, sich die Alternative zu verschleiern und der Entscheidung zwischen den persönlichen Gefühlsbindungen und den Interessen des Landes und seiner Menschen auszuweichen, wie ihn beispielsweise die Denkschrift vom 20. September 1944 noch einmal unternahm, dauerte daher nur kurze Zeit. Schon einige Wochen vorher hatte er vielmehr begonnen, die von Hitler angeordneten Zerstörungsmaßnahmen in den vom feindlichen Vormarsch bedrohten Gebieten zu durchkreuzen.[41] Um ihn nachgiebiger zu stimmen und die Einsicht in den bereits aus wirtschaftlichen und technischen Gründen unvermeidbaren Zusammenbruch der Kriegsanstrengungen zu wecken, verfaßte er zahlreiche Memoranden. In einer Denkschrift vom 30. Januar 1945, die mit den Worten begann: »Der Krieg ist verloren ...«, versuchte er, den Trugbildern, die der Irrwelt des Führerhauptquartiers das unwirkliche Gepräge gaben, eine umfangreiche realistische Situationsanalyse entgegenzusetzen, ohne allerdings mehr zu erreichen als die von nun an unverhüllte Gegnerschaft sowohl von Bormann als auch von Goebbels, der lange zu ihm gehalten hatte.[42] Hitler dagegen weigerte sich angesichts des Anfangssatzes, das Schreiben überhaupt weiterzulesen.[43] Zusehends geriet Speer nun in Ungnade. Doch mit dem Mangel an blindem Respekt, der ihm eigen war, begann er daraufhin, den Untergangsplänen Hitlers systematisch entgegenzuarbeiten. Im Frühjahr 1945 spitzte sich die Auseinandersetzung dramatisch zu. Als Speer am 18. März im Führerhauptquartier eine Denkschrift überreichte, die den unmittelbar bevorstehenden »endgültigen Zusammenbruch der deutschen Wirtschaft mit Sicherheit« voraussagte und die Verpflichtung der Führung betonte, dem Volk die Voraussetzungen seiner Weiterexistenz zu sichern, kam es zu einem heftigen Zusammenprall, dessen Kernstück Speer in einem späteren Brief an Hitler in die Worte faßte:

»Als ich Ihnen am 18. März meine Schrift übergab, war ich der festen Überzeugung, daß die Folgerungen, die ich aus der gegenwärtigen Lage

zur Erhaltung unserer Volkskraft zog, unbedingt Ihre Billigung finden werden. Denn Sie hatten selbst einmal festgelegt, daß es Aufgabe der Staatsführung ist, ein Volk bei einem verlorenen Krieg vor einem heroischen Ende zu bewahren.
Sie machten mir jedoch am Abend Ausführungen, aus denen – wenn ich Sie nicht mißverstanden habe – klar und eindeutig hervorging: Wenn der Krieg verlorengeht, wird auch das Volk verloren sein. Dieses Schicksal ist unabwendbar. Es sei nicht notwendig, auf die Grundlagen, die das Volk zu seinem primitivsten Weiterleben braucht, Rücksicht zu nehmen. Im Gegenteil sei es besser, selbst diese Dinge zu zerstören. Denn das Volk hätte sich als das schwächere erwiesen und dem stärkeren Ostvolk gehöre dann ausschließlich die Zukunft. Was nach dem Kampf übrigbliebe, seien ohnehin nur die Minderwertigen; denn die Guten seien gefallen. Nach diesen Worten war ich zutiefst erschüttert. Und als ich einen Tag später den Zerstörungsbefehl und kurz danach den scharfen Räumungsbefehl las, sah ich darin die ersten Schritte zur Ausführung dieser Absichten ...«[44]

Während Hitlers Selbstsucht deutlich die Gestalt enttäuschten Hasses gegen das eigene Volk annahm, ging Speer zu offener Gegenaktivität über. Zwar war sein Weisungsrecht ausdrücklich aufgehoben worden; dennoch reiste er in die frontnahen Gebiete, überzeugte die örtlichen Behörden von der Sinnlosigkeit der Befehle, ließ Sprengstoff versenken und verschaffte den Leitern lebenswichtiger Betriebe Maschinenpistolen zur Verteidigung gegen die eingesetzten Sprengkommandos. Von Hitler schließlich zur Rede gestellt, erklärte er erneut, daß der Krieg verloren sei. Hitler gab ihm eine 24stündige Bedenkzeit. Doch statt der Versicherung wiedergewonnener Siegeszuversicht überreichte Speer ihm ein ausführliches Schreiben, das ihre gegenseitige Beziehung analysierte und die Aufhebung des Zerstörungsbefehls vom 19. März verlangte.[45] Dennoch gelang es ihm schließlich, Hitler so weit zu versöhnen, daß er seine Amtsvollmachten zurückerhielt. Unter Ausnutzung des allgemeinen Befehlswirrwarrs gab Speer sodann, teils im Namen fremder Instanzen wie des OKW oder der Reichsbahn, teils im eigenen Namen zahlreiche Anordnungen heraus, die er Hitler vorenthielt und die bisweilen nur dem Vorsatz dienten, das Zuständigkeitschaos zu erhöhen, um die in Gang gesetzte Aktivität der Vernichtung zu lähmen. Zugleich leitete er Schritte in die Wege, die die Absicht führender Funktionäre verhinderten, sich durch die Flucht ins Ausland der Verantwortung zu entziehen.[46] Am Ende faßte er schließlich, in seiner »Verzweiflung«, wie er sagte, den Plan, Hitler zusammen mit jener eigensüchtigen Kumpanei, die sich in apokalyptischer Endstimmung im Bunker der Reichskanzlei um ihn geschart hatte, durch Einführung von Giftgas in das unterirdische Entlüftungssystem zu töten; denn Hitler hatte »seine Berufung einst vom Volke erhalten«, so meinte Speer. »Er hatte kein Recht, mit seinem Schicksal auch das Schicksal des Volkes zu verspielen.«[47] Doch ein in letzter Minute von Hitler selbst verfügter Umbau des Luftschachtes machte die Durchführung des Unternehmens zunichte. Noch einmal war Hitler einem Attentatsplan entkommen.

Gleichwohl war dies nicht der Abschluß ihrer merkwürdigen Beziehung. Vieles kam zusammen: eigenem Bekenntnis zufolge fürchtete Speer, feige zu erscheinen; auch fühlte er wohl unter den Trümmern seines einstigen Treuegefühls noch vereinzelte Impulse lebendig, und am Ende mag jene psychologische Erscheinung im Spiel gewesen sein, wonach jeder Aufklärung noch einmal ein Rückfall in die bergende Dunkelheit des alten Aberglaubens folgt. Jedenfalls flog Speer, von »widerstreitenden Gefühlen« erfüllt, wie er selbst versicherte, am 23. April 1945 in das umklammerte, brennende Berlin, um sich von seinen Mitarbeitern zu verabschieden und »um mich nach allem, was geschehen war, Hitler zur Verfügung zu stellen«[48]. Ohne Zögern bekannte er sich zu den Maßnahmen, die er getroffen hatte, um den Befehl vom 19. März zunichte zu machen. Doch statt des erwarteten Zornesausbruchs blieb Hitler ruhig und schien eher beeindruckt von der Freiheit, mit der Speer ihm entgegentrat. Unbehelligt ließ er ihn gehen. Lediglich sein Name verschwand von der Kabinettsliste, die er wenige Tage später testamentarisch verfügte.

»Sie standen alle in seinem Bann«, hat Speer von den führenden Gefolgsleuten Hitlers gesagt, »sie gehorchten ihm blind, ohne eigenen Willen – was immer die medizinische Bezeichnung für dieses Phänomen sein mag.«[49] Doch er selbst war die Ausnahme, die einzige Erscheinung, die in der näheren Umgebung Hitlers sowohl das Opfer des eigenen Willens als auch das von Vernunft und Charakter verweigerte, zu dem die Mehrzahl sich so eilfertig drängte. Die apologetische Natur der Memoiren und Selbstdarstellungen über jene Zeit hat der These von der bezwingenden Gewalt Hitlers und der angeblich unwiderstehlichen Magie seines Willens das Wort geredet. Die Erscheinung Speers beweist, daß es offenbar weit eher die Schwäche und Nichtigkeit der Charaktere in seiner Umgebung war, die dem ›Führer‹ eine so unangefochtene Überlegenheit bis zum Ende sicherten.

Trotz aller offen zugestandenen menschlichen und moralischen Besonderheit hat der englische Historiker Hugh R. Trevor-Roper indes Albert Speer den »wahre(n) Verbrecher Nazideutschlands« genannt, denn »er vertrat, stärker als irgendein anderer, jene verhängnisvolle Philosophie, die Deutschland verheert und die Welt beinahe in den Untergang getrieben hat. Zehn Jahre lang saß er im wirklichen Zentrum der politischen Macht ... aber – er tat nichts.«[50] Doch täuscht sich dieses Urteil ebenso über die Strukturmerkmale hochindustrialisierter Gesellschaften wie über das Wesen totalitärer Herrschaftssysteme und über die Möglichkeiten des Einzelnen zu entgegenwirkender Aktivität. Tatsächlich saß Speer bis zum Jahre 1942 weder in irgendeinem relevanten Sinne im wirklichen Zentrum der Macht, noch hat er nichts getan. Aber er repräsentierte einen Typ, ohne den weder die nationalsozialistische noch irgendeine andere Spielart des modernen Totalitarismus erfolgreich gewesen wäre: jenen Typ der Fachleute, die sich im Rückzug auf die angeblich unpolitische Position ihres Berufs eine vorwurfsfreie Existenz zu sichern suchten und nur taten, was sie ihre Aufgabe nannten, um gerade ihr Nichtstun unter dem Gesichtspunkt der ›Pflichterfüllung‹ zu glorifizieren. Indem sie sich, wie einflußreich sie auch sein mochten, vom Geschehen des Tages fernhielten, keine Uniformen anzogen, keine Willkürakte verübten, keine Gesetze erließen oder Menschen verhafteten, blieben sie gewiß frei von rechtstechnisch greifbarer Schuld. Dennoch taten sie, an ihrer Stelle und angesichts ihrer Möglichkeiten, nicht genug, um die Errichtung und Ausbreitung der Gewalt abzuwehren, und so trifft sie der Vorwurf verweigerter Verantwortlichkeit fürs Ganze. Denn die Pflicht ist sehr wenig, wenn in einem Staat Uniformen angezogen, Willkürakte verübt und Menschen verhaftet oder getötet werden. Wer sich nur auf sein individuell untadeliges Verhalten berufen kann, bleibt vom Vorwurf nicht verschont, soviel persönliche Genugtuung auch darin liegen mag, aus solchen Zeiten unkorrumpiert hervorgegangen zu sein. Allerdings bleibt auch zu sagen, daß nur wenige Helden sind, und in schlimmen Zeiten sind Schwäche und Blindheit für viele eine Technik des Überlebens. Verbrecher sind sie deshalb nicht.

Albert Speer hat dieses Versagen eingestanden. Die Erkenntnis persönlicher Schuld ist ihm nicht nur infolge der traditionellen Politikverachtung des Technikers, sondern auch angesichts der außerordentlichen Komplizierung moralischer Einsichten in einer Welt, die nur partielle Zuständigkeiten und geteilte Verantwortlichkeiten kennt, lange verdunkelt geblieben. Immerhin ist er dem Konflikt, dem er sich schließlich gegenübersah, nicht ausgewichen, und wenn er größere Macht hatte als andere, so besaß er offenbar auch größere charakterliche Entschiedenheit.

Er wurde in Nürnberg zu 20 Jahren Gefängnis verurteilt. Doch tauchte in der Urteilsbegründung sein technokratischer Abkapselungsversuch von jeglicher politischen Verantwortlichkeit nicht auf; denn er unterliegt nicht den Kategorien des Strafrechts, sondern denen der persönlichen Schuldzurechnung, des Gewissens. In den Vernehmungen sowohl durch seinen Verteidiger als auch durch die Anklagevertretung kehrte er auf eine merkwürdig gebannte Weise immer wieder zum Problem der Verantwortung zurück, zu der er sich nachdrücklich und wie in einem Akt später Verrechnung als zu seiner »selbstverständlichen Pflicht« bekannte:

> »Es gibt meiner Ansicht nach im Staatsleben zwei Verantwortungen«, so hat er das Problem definiert; »die eine Verantwortung ist für den eigenen Sektor, dafür ist man selbstverständlich voll verantwortlich. Darüber hinaus bin ich persönlich der Meinung, daß es für ganz entscheidende Dinge eine Gesamtverantwortung gibt und geben muß, soweit man einer der Führenden ist, denn wer soll denn sonst die Verantwortung für den Ablauf der Geschehnisse tragen ... ?«[51]

Die Verurteilung Speers erfolgte auf Grund seiner Teilnahme am Zwangsarbeiterprogramm.

HANS FRANK

Kopie eines Gewaltmenschen

»Der Deutsche trägt in seinem Rassecharakter ein Merkmal, das unendlich ernst zu nehmen ist: eine ungewöhnliche Rechtsbedürftigkeit und Rechtsempfindlichkeit . . .«

Hans Frank

»Zimperlich dürfen wir nicht sein, wenn wir die Zahl von 17 000 Erschossenen hören . . .«

Hans Frank

Er war eine der gebrochensten Erscheinungen innerhalb der nationalsozialistischen Führungsspitze, schwach, unstet und voller befremdlicher Widersprüche. Hinter dem blutig gezeichneten Bilde des »Polenschlächters« und ersten Juristen der Partei werden bei genauerem Zusehen die Umrisse eines unsicheren und labilen Menschen deutlich, dem in der Person Hitlers und im zeitlebens illusionär mißdeuteten Parteiprogramm der NSDAP die Objekte zügelloser, bis in die Niederungen des Verbrechens reichender Verehrung für einen theatralisch gestimmten Idealismus begegnet waren. Gefühlsbestimmt, hingabebereit und verstiegen, wie er war, mit den plötzlichen Anfällen eines selbstzerstörerischen Trotzes aus letztlich unüberwindbarem Normbewußtsein, schien er inmitten all dieser kalten Machttechniker wie geschaffen für das Schicksal eines Sektierers, dessen üblichem Ende er in der Tat auch nur mit einiger Not entging. Vor der letzten Herausforderung bewahrten ihn lediglich eingewurzelte Unterwürfigkeit und jener Rest von Devotion dem »gloriosen Phänomen der Führungskunst«, dem »unvergleichlich einmaligen Meistergestalter« Hitler gegenüber, den er sich selbst noch »im Angesicht des Galgens« erhielt: »Während ich nun hier in der Nürnberger Einsamkeit sitze, . . . schreitet (Adolf Hitler) durch die ernsten, tiefen Gedanken als geballt-prägnante Persönlichkeit, deren Auswirkung riesenhafte Ausmaße erreicht hat.«[1]

Er gehörte nie zum engsten Kreis führender Gefolgsleute, schon die bürgerliche Herkunft, deren Stigma im Grunde nur Speer und Ribbentrop zu überwinden vermochten, verwehrte es ihm wohl. Zwar ist jede Soziologie der nationalsozialistischen Bewegung unvollständig ohne den Typus des Gebildeten aus gutem bürgerlichem Herkommen; zweifellos hat er insbesondere in der frühen Phase der Parteigeschichte eine nicht unbeträchtliche Rolle gespielt.[2] Dennoch stand er immer neben den eigentlichen Bewegungszentren, die zu keinem Zeitpunkt von den Rauschning, Darré oder Frank, sondern nahezu ausschließlich von den kleinbürgerlichen Gewaltpropheten und den radikalisierten Angehörigen der Kriegsgeneration die entscheidenden Impulse erhielten. Die Funktion jener »Bürgerlichen« bestand lediglich darin, dem hier rücksichtslos nach vorn drängenden Machtwillen eine biedere Kulisse sowie unter wechselnden Vorzeichen ideologische Deckung zu verschaffen. Magisch angezogen von der Kraft und Brutalität dieser Bewegung, bereit, sich aus Gründen, die an anderer Stelle dieses Buches dargelegt worden sind, von jeder romantisch verbrämten Barbarei faszinieren zu lassen, umschwirrten sie unruhig diesen Aufbruch und berauschten sich an den neuen Ordnungsprinzipien, die sich unter dem Marschtritt der braunen Kolonnen ankündigten. Was immer sie zur pseudorationalen Struktur der nationalsozialistischen Weltanschauung beisteuerten — sie hatten strenggenommen kein Mitspracherecht, und Hitler, dem »Gebildetsein und Schwachsein ... dasselbe« bedeuteten[3], gab sich kaum Mühe, seine Verachtung für sie zu verbergen.

Empfindlich für die Demütigungen einer nur bedingten Zugehörigkeit, hungerte Frank nach Anerkennung und vollberechtigter Aufnahme in den engsten Kreis. Mit Vorliebe rühmte er sich seines besonderen persönlichen Vertrauensverhältnisses zu Hitler und versicherte beispielsweise, der Führer sei ihm »unendlich erschlossen in dem, was er selbst seinen nächsten politischen Mitarbeitern nicht mitteilt«[4]. Labil und unsicher, wie er angelegt war, emotional bestimmt und mit stark femininer Charakterprägung, starrte Frank mit heimlicher Bewunderung auf die Gewaltmenschen in seiner Umgebung, die offenbar ohne einen Blick zurück verrichteten, was immer ihnen aufgetragen war. Begierig nach ihrem Beifall, zwang er sich ihre Rolle auf: zeitweilig härter, zynischer und erbarmungsloser als jene — der Lehnsherr Hitlers, der das ihm unterstellte Generalgouvernement in der Tat auch im übertragenen Sinne zu jenem »Vandalengau« machte, von dem er einst gesprochen hatte; aber dann doch auch ohne die rohen Nerven der Draufgänger, die er kopierte, der Mörder aus Profession: all der Globocnik, Stroop und Krüger, sondern immer wieder rückfällig werdend in »bürgerliche« Normvorstellungen und, wie Hitler verächtlich gesagt hat, eben »nur ein Jurist wie alle«[5]. Brücken, die jene nie hinter sich gehabt hatten, verbrannte er unter grauenvollen Beschwörungen, deren Lärm die Stimmen übertönen sollte, die ihn beunruhigten.

Aus dieser Konfliktsituation ergaben sich die schroffen Dissonanzen seiner Erscheinung: millionenfacher Mörder, als den die Außenwelt — Diener und nahezu Märtyrer des Rechts, als den er selbst sich sah; der den Verfechtern einer bedenkenlosen Staatsraison entgegenrief, wenn das Recht nicht gestützt werde, »dann verliert auch der Staat den moralischen Halt, dann sinkt er in den Abgrund der Nacht und des Grauens ... Sie können damit rechnen, daß ich lieber falle, als daß ich diese Rechtsidee aufgebe«, und dem es dann wiederum, fast zur gleichen Zeit, nur eine Randbemerkung wert war, daß auf Grund einer von ihm eingeleiteten Maßnahme »1,2 Millionen Juden umkommen werden«[6]; der es mit dem ordinären Gestus, wie er für die Funktionäre der »Endlösung« charakteristisch war, als seine Aufgabe bezeichnete, das Generalgouvernement von Läusen und Juden zu säubern, und der dann doch in vier aufsehenerregenden Universitätsreden vom Sommer 1942 Hitler entgegenhielt, noch nie sei »ein Reich denkbar (gewesen) ohne Recht – oder gegen das Recht«[7]. Obwohl Franks Verliebtheit in hochtrabende Wortmacherei seine wirklichen Überzeugungen immer wieder hinter mächtigem phraseologischem Gedröhn verbarg, wird man doch diesen Mahnungen zum Recht zumindest eine stimmungsgetragene Aufrichtigkeit nicht absprechen dürfen. Der Gewaltmensch Frank dagegen entstand aus dem Nachahmungstrieb eines schwächlichen Exzentrikers, der sich seiner Schwäche ebenso schämte, wie er die selbstsichere Rohheit bewunderte. In bezeichnender Übernahme eines hitlerschen Lieblingswortes gebrauchte er mit Vorliebe die Vokabel »eiskalt«, ohne daß er es je zu sein vermochte, und viel zu oft hat er den Verdacht der Schwäche zurückgewiesen, um ihn nicht geradezu herauszufordern, ehe er schließlich doch bekannte: »Und dann bin ich ein so schwacher Mensch.«[8] Dem Psychiater G. M. Gilbert gestand er in Nürnberg, ihm sei bisweilen, als ob er aus zwei Menschen bestünde: »Ich, ich selbst, Frank hier – und der andere Frank, der Nazi-Leiter. Und manchmal frage ich mich, wie dieser Mensch Frank jene Dinge tun konnte. Der eine Frank sieht den anderen Frank an und sagt: ›Hm, was bist du doch für eine Laus, Frank! Wie konntest du solche Dinge tun?!‹«[9]

Die Problematik des Intellektuellen mit dem Kontakverlangen nach der idealisch mißdeuteten Welt des primitiven Kraftmenschen, in dem der Typus des »edlen Wilden« eine modern-barbarische Wiederkehr erlebte, hat zahlreiche Angehörige der gebildeten Schichten auf den Weg des Nationalsozialismus geführt. Nicht immer haben dabei in ähnlich starkem Maße wie im Falle Franks individuelle Haltlosigkeit und Schwachheit mitgewirkt, durchweg jedoch ein tiefes Ungenügen an der gesamten Basis der gegebenen Ordnung, ihren »mechanischen«, »seelenlosen«, »rational-verdünnten« Strukturen. Wo indes personale Substanzarmut und das Unbehagen am Bestehenden sich so durchgreifend ergänzten wie hier, war der Weg in den revolutionären Nihilismus nahezu zwangsläufig vorgezeichnet.

Für den Juristen Hans Frank erhielt das Gefühl des Mißbehagens den Anstoß von jener zeitkritisch vielbeklagten Kluft zwischen Recht und Leben, deren allenthalben registrierte Symptome der dritten Gewalt den Vorwurf krisenhaften Ungenügens eingetragen hatten. Im Schlagwort von der »volksfremden Justiz« war dieser Sachverhalt zu seinem populären Ausdruck gelangt. Dahinter stand der mit dem Zusammenbruch der Monarchie und der bis dahin unangefochtenen Ordnungsfundamente plötzlich erkennbar gewordene Abschluß der rechtspositivistischen Ära. In das Vakuum, das der Einsturz des stolzen, freilich immer merkwürdig leer anmutenden Gedankengebäudes hinterlassen hatte, strömte eine Fülle meist romantisch orientierter Idealkonstruktionen, die das Recht durch unmittelbare Verknüpfung mit mystizistisch gefaßten Begriffen wie Nation, Volksgemeinschaft, Volksseele, Geschichte usw. neu beleben wollten und sich, bei allen Unterschieden im einzelnen, einig waren in der Ablehnung des liberalen Rechtsstaates, dessen pluralistische Struktur als Gefährdung des homogen-mythologischen Grundes verneint wurde, auf dem das »Volk« stehe. Die Kritik an Recht und Rechtspraxis entzündete sich beispielsweise am herrschenden »Formalismus«, an der Entartung des Rechts zur rechtstechnischen Routine, unter deren Einwirkungen sich die Idee der materiellen Gerechtigkeit verflüchtigte, oder auch am Gegensatz zwischen »fremden« römischen und deutschen Rechtsprinzipien. Von hier aus ergaben sich dann zahlreiche, wie auch auf anderen Ebenen allerdings von Mißverständnissen nicht freie Querverbindungen zum Nationalsozialismus.

Zweifellos hat auch Hans Frank, nachdem er zur nationalsozialistischen Bewegung gestoßen war, lange geglaubt, in Hitler den Partner zur Verwirklichung jener Träume gefunden zu haben, in denen er sich als Schöpfer eines auf altgermanischen Vorstellungselementen beruhenden volksverbundenen Rechts in die Unsterblichkeit eintreten sah. Wenn er auf der Gründungskundgebung der »Deutschen Rechtsfront« im Juni 1933 ausrief, »Deutschland war noch immer der Heiland der Menschheit«, so implizierte das die Überzeugung der weit über den nationalen Raum hinausweisenden epochalen Bedeutung dieses Schöpfungswerkes.[10] Allen anderslautenden Erfahrungen zum Trotz war er einfach unfähig, das dahinter verborgene Mißverständnis zu erkennen. Hitlers wesensmäßige Rechtsfremdheit, die zur Notwendigkeit rechtlicher Ordnungskategorien in einem zivilisierten Gemeinwesen schlechthin keinen Zugang besaß, machte alle Reformpläne Franks aussichtslos. Ausgehend von seinen sozialdarwinistischen Kampfmaximen, vermochte er auch im Recht nicht anders als in den Institutionen der Justiz lediglich Instrumente zur Bekämpfung politischer Gegner zu sehen, wie es dann später in der Formel vom Strafrecht als Kampf- oder Vernichtungsrecht die theoretische Begründung erfuhr[11], und der Raum des

Rechts erstreckte sich grundsätzlich nur so weit, wie die permanente Maßnahmenfreiheit der Politischen Polizei davon nicht beeinträchtigt wurde. Infolgedessen erbitterte es ihn denn auch immer aufs neue, wenn unpolitische: eben rechtliche Gesichtspunkte ins Spiel kamen und dem totalitären Durchsetzungswillen Schranken auferlegten, bis alle Juristen schließlich nur noch »Volksverräter«, »Idioten«, »vollendete Trottel« waren, und in seiner denkwürdigen Reichstagsrede vom 26. April 1942 hat er erklärt, er »werde nicht eher ruhen, bis jeder Deutsche einsieht, daß es eine Schande ist, Jurist zu sein«[12]. Während Frank noch unbeirrt und mit seinem Hang zu großen Worten verkündete, daß »der Nationalsozialismus eine säkulare Revolution des verschütteten deutschen Volksrechts gegen totes Juristenrecht« durchführe, äußerte Hitler, »niemandem komme der Jurist näher als dem Verbrecher« und eigentlich verdiene er es, wie früher die Schauspieler, auf dem Schindanger begraben zu werden[13]; bewegt dozierte Frank von Deutschland als einem »Hort der volksgenössischen Lebenssicherheit« und konstruierte sich seine sentimentalen Kompromisse zwischen Rechtsidee und totalitärem Staat, indes Hitler meinte, er setze sich, wenn nötig, unbedenklich über die Auffassungen der Juristen hinweg.[14]

Die verschiedenen Kodifizierungsentwürfe, vor allem der Versuch zur Neuformulierung des Strafrechts, sind denn auch, obwohl sie auf die Erfordernisse der nationalsozialistischen Herrschaftsordnung zugeschnitten waren, über Ansätze nicht hinausgelangt; denn die schon mit dem Machtergreifungsprozeß etablierte Praxis der totalen Eingriffsgewalt des Regimes in eine grundsätzlich weiterbestehende Rechtsordnung garantierte eine größere Manipulierfreiheit als selbst ein verbindliches nationalsozialistisches Recht, und gerade die mit diesem System erzeugte Rechtsunsicherheit schuf Machtsicherheit.

In der romantischen Ergriffenheit von sich selbst und seinen Plänen war Frank allerdings jederzeit geneigt, seine widrigen Erfahrungen mit der Rechtsfeindschaft Hitlers zu verdrängen. So schuf er sich eine Idealwelt, in der, noch in den Tagen vor seiner Hinrichtung, in wirklichkeitsfremder Hartnäckigkeit, Grundsätze und Konzepte galten, die Hitler teilweise nie anerkannt oder schon zu Beginn seiner Laufbahn über Bord geworfen hatte. Betroffen beschwor Frank das Parteiprogramm, das doch »keinen auch noch so kleinen Hinweis auf eine Judenvernichtung enthält« als angeblichen Beweis dafür, daß »die Partei ... mit diesen Vorgängen weder ideologisch noch praktisch das geringste zu tun« gehabt habe; desgleichen berief er sich wiederholt auf Punkt 19 des Parteiprogramms, als ob die doch gänzlich inhaltsleere Forderung nach einem »deutschen Gemeinrecht« geeignet sei, dem nationalsozialistischen Regime oder doch seinen alten Kämpfern einen Anstrich rechtsstaatlicher Gutwilligkeit zu verschaffen. In all seiner larmoyanten Anhänglichkeit an die frühe Phase der Bewegung traten ihm noch in Nürnberg »ehrliche Tränen« ins Auge beim Gedanken an den »damaligen Hitler« und jenen Aufbruch, den er so zukunftsgewiß mitgemacht hatte.[15]

Schon als Student war Frank, der 1919 einige Wochen dem Freikorps Epp und dann der Thulegesellschaft angehört hatte, mit der NSDAP in Verbindung geraten, ehe er im September 1923, als 23jähriger Referendar, in die »Sturmabteilung« der Partei eingetreten war, wie so viele »geradezu in Bann genommen« von der Person Hitlers. Im November 1923 beteiligte er sich am Marsch zur Feldherrnhalle und wurde schließlich, bald nachdem er sich als Anwalt niedergelassen hatte, Rechtsbeistand und Starverteidiger der NSDAP, die er im Rahmen der bis zum Jahre 1933 gegen die Partei durchgeführten rund 40 000 Prozesse über 2400mal vertrat.[16] Im Verlauf einer Auseinandersetzung über die von Hitler und der Parteiführung aus opportunistischen Gründen aufgegebene Sache Südtirols war er 1926 aus der Bewegung ausgeschieden, doch schon damals ließ die Erscheinung Hitlers ihn offenbar nicht mehr los, jedenfalls kehrte er ein Jahr später in die NSDAP zurück. Auch ein zweiter Trennungsversuch scheiterte: als er sich im Jahre 1929 auf die wissenschaftliche Laufbahn zurückziehen wollte, stimmte Hitler persönlich ihn um: »Und der neue, starke, strahlend-leuchtende Weg in die Welt Adolf Hitlers war betreten«, schrieb Frank rückblickend in seinem exaltierten Stil, »ein unsagbar ernster und schwerer, lichtfunkelnder, endlich nachtgrauer Gang.«[17]

Er brachte ihm frühzeitig den Höhepunkt seiner Karriere. Seit 1929 Leiter des Rechtsamtes der NSDAP, wurde er im Jahre 1933, im Verlauf der Machtergreifung in den Ländern, bayerischer Justizminister und kurz darauf »Reichskommissar für die Gleichschaltung der Justiz in den Ländern und für die Erneuerung der Rechtsordnung«, wie der offizielle Titel lautete. Der bis dahin eher unscheinbare, von ihm geführte Bund Nationalsozialistischer Deutscher Juristen schwoll unter dem opportunistischen Zulauf jener Monate zu einer Massenorganisation an, die Ende 1933 bereits 80 000 Mitglieder zählte und dem vereinzelt aufflackernden Bemühen um die Selbstbehauptung des Rechts durchaus hätte dienstbar gemacht werden können. Frank indes stand solchen Bestrebungen gänzlich verständnislos gegenüber, und es ist nur eine seiner zahlreichen Selbstdramatisierungen, wenn er später behauptete, der Bund sei »eine echte Kampffront gegen Himmler und Bormann gewesen«[18]. Vielmehr wurde er nicht nur rechts- und personalpolitisch zu einem wichtigen Instrument der Gleichschaltung, sondern auch ideologisch zur breiten Einbruchstelle der totalitären Konzeptionen in den Juristenstand. Die Wirkungen waren hier um so verheerender, als die Taktik der legalen, zudem noch national verkleideten Revolution gerade den Juristenstand, nicht anders als die Beamtenschaft überhaupt, an der schwächsten Stelle getroffen hatte. In dem gleichen Maße, in dem die noch immer wirksamen gesetzespositivistischen

Auffassungen jeden Widerstand gegen die formalrechtlich abgesicherte und unterbaute Machteroberung von den Grundlagen her erschwerten, lähmte der nationale Anspruch der neuen Machthaber jeden Gedanken an Gegenwehr innerhalb des fast kastenartig in sich abgesperrten, traditionell konservativen Standes, der seine Denkhaltungen und seine innere Geschlossenheit nahezu unberührt über die republikanische Ära gerettet hatte. Dank dieser besonderen Anfälligkeit konnte der Kurs auf den permanenten Ausnahmezustand ohne nennenswerte Schwierigkeiten gesteuert und der Übergang vom rechtsstaatlichen Prinzip der Stabilität der Rechtsinstitute zum Grundsatz ihrer totalen »Mobilität« weitgehend reibungslos vollzogen werden. Es war nur der konsequente Endpunkt auf diesem allmählich abgleitenden Wege in die von Frank rückblickend beklagte »Rechtsnacht«, wenn er in einer öffentlichen Rede versicherte: »Wir müssen im Dritten Reich der Justiz gleichsam die bekannte Binde von den Augen nehmen, auf daß sie klar ins Leben sieht«, und im gleichen Zusammenhang »nur eine totale Zuständigkeit« postulierte: »die des Führers.«[19] Ähnlich verkündete er in den ›Leitsätzen für den deutschen Richter‹ vom Jahre 1936: »Gegenüber Führerentscheidungen, die in die Form eines Gesetzes oder einer Verordnung gekleidet sind, steht dem Richter kein Prüfungsrecht zu«, und es vermag sein später so nachdrücklich hervorgehobenes Widerstreben nicht glaubwürdig zu legitimieren, wenn er, einen Absatz weiter, dieser Äußerung die Phrase hinzufügte: »Zur Erfüllung seiner Aufgaben in der Volksgemeinschaft muß der Richter unabhängig sein. Er ist nicht an Weisungen gebunden.«[20]

Allerdings registrierte Frank schon bald nach dem Abschluß des Machtergreifungsprozesses eine »geradezu systematische Juristenhetze«[21]. Sein persönliches Prestige in den Augen Hitlers und der engeren Führungsspitze war offenbar stark beeinträchtigt, seit er während der Mordaffäre Röhm einige formale Einwände erhoben hatte. Jedenfalls, so hat er selbst nicht ohne zutreffenden Grund bekannt, war er »seit 1934 eine langsam, aber stetig fallende politische Größe«: endlich am Ziel, bedurfte Hitler des Rechts nicht mehr, und es bezeugt nur die Naivität Franks, wenn er klagt, »nicht ein einziges Mal« habe Hitler ihn »in all den Jahren in Rechtsangelegenheiten empfangen«[22]. Seine Versuche, die wachsende Machteinbuße wettzumachen, äußerten sich insbesondere in einem schrankenlosen Führerkult, der in die mythisch übersteigerte Figur Hitlers alles hineinlegte, was ein bombastisches Vokabular nur irgend hergab und aus seinem Munde die überspanntesten Formulierungen erfuhr. Noch im Jahre 1944, nach all den angeblichen Demütigungen, Niederlagen und Zusammenstößen, feierte Frank überschwenglich das Gefühl »wahrhafter Glückeshochgehobenheit«, das in der Berufung liege, »diesem Mann erste Wegbereiter zu sein«[23]. Freilich vermochte der exzessive Schwulst seiner Worttiraden, an dem er sich erkennbar selbst berauschte, das stetig verminderte Einflußterrain nicht zurückzuerobern, offenbar war Hitler unfähig, die Person des Reichsrechtsführers von der verhaßten Sache zu trennen, die er vertrat. Als der »nebensächlichste Bereich der Parteileitung« wurde das Reichsrechtsamt der NSDAP denn auch alsbald aus dem Braunen Haus in München ausquartiert.[24]

Um so überraschender kam, daß Hitler ihn Mitte September 1939 vom Dienst in einer Potsdamer Truppeneinheit abberief, um ihn zum zivilen Oberverwaltungschef beim Oberbefehlshaber Ost und mit Wirkung vom 26. Oktober des Jahres zum Generalgouverneur der besetzten polnischen Gebiete zu ernennen. Das Amt schien wie geschaffen für den pathetischen Geltungshunger Franks, und mit dem prahlerischen Anspruch eines orientalischen Despoten bezog er in Krakau die alte Königliche Burg, die sich auf einem steil zur Weichsel hin abfallenden Felsplateau erhebt. Hier residierte er unter dem aufwendigen Zeremoniell, das seiner Natur entsprach, und betrachtete sich »dreist romantisierend als von Hitler über Polen gesetzter Lehnskönig«[25], Herr über Leben und Tod, unberechenbar in Großmut oder Grausamkeit, ein patriarchalisches Willkürregiment führend, dessen Grundsätze offenbar aus eher zufälligen Lesefrüchten über Herrenmenschenart, Weltmachtstil, deutsches Sendungsbewußtsein und billiger Literatur über slawische Psychologie sehr subjektiv zusammengesetzt waren. Schon in den ersten Unterredungen mit Hitler wurden Einzelmaßnahmen erörtert, die zugleich die künftige Linie der Politik gegenüber dem besetzten Gebiet vorzeichneten, so wenn die Niederlegung des Schlosses von Warschau, der Abtransport der Kunstschätze oder die Liquidierung der geistigen Führerschicht Polens vereinbart wurden. Dahinter stand als Zielvorstellung jener »Rückdeutschungsprozeß«, von dem Frank gelegentlich gesprochen hat, die »absolute Deutschdurchdringung« des Raumes und dessen Säuberung von »nicht mehr benötigtem Fremdvolkstum«; ganz in diesem Sinne rief er überwältigt aus, daß nun »die größte Stunde des Deutschtums« anhebe, und schwärmte davon, daß »das Generalgouvernement eine ungeheure weltgeschichtliche Aufgabe zu erfüllen« habe. In Berliner Regierungskreisen hieß das Generalgouvernement denn auch bald das »Frank-Reich« im Osten.[26]

Darüber hinaus sollte es das praktische Anwendungsgebiet für jene »Technik des Staates« werden, deren schulmäßige Begründung und Vervollkommnung eine der Lieblingsideen Franks war. Tatsächlich ist es das, wie inzwischen nachgewiesen werden konnte[27], auch geworden, allerdings in einem Sinne, der den Konzeptionen Franks geradewegs entgegengesetzt war. Im Verlauf dieses Prozesses wurden die unterworfenen polnischen Gebiete zum Modell für polizeistaatliche Herrschaftspraktiken und zur Hohen Schule für die Kader totalitärer Machtausübung; doch war es die SS, die hier in unaufhaltsamem und kaum behindertem Vordringen Technik und Techniker des

Staates ausbildete, deren Bereitstellung auch auf die Perfektionierung der totalitären Apparatur innerhalb Deutschlands zurückwirkte.

Dieser Sachverhalt bietet denn auch die Erklärung dafür, daß Frank die Zeit als Generalgouverneur »die entsetzlichsten Jahre« seines Lebens genannt und immer wieder darauf verwiesen hat, daß er, im Gegensatz zum äußeren Anschein, »ein isolierter, machtloser Mann« gewesen sei, der »keinen Einfluß auf die Geschehnisse« gehabt habe.[28] In der Tat war seine Zuständigkeit vom Tage seiner Ernennung an vielfach durchlöchert, und es wirft ein bezeichnendes Licht auf die treulose Doppelgleisigkeit der hitlerschen Personalpolitik, daß er Frank insbesondere gegenüber den Selbständigkeitsbestrebungen des SS-Obergruppenführers Krüger, dem SS und Polizei im Generalgouvernement unterstanden, von vornherein jede Autoritätsbekräftigung versagte und die rivalisierende Eigenmacht des formell Untergebenen gegenüber dem Generalgouverneur noch förderte. Das hier wie überall zu beobachtende System der halben Kompetenzen, die sich erst an der Spitze, in der Person Hitlers selbst, zur allein entscheidenden Vollkompetenz vereinigten, wurde in der Folgezeit nicht nur zur Ursache einer völligen, offenbar aber bewußt in Kauf genommenen Desorganisation, sondern auch zum Anlaß ständiger zermürbender Auseinandersetzungen, in deren Verlauf der unkontrollierte Gefühlsmensch Frank dem kalten Intriganten Krüger hoffnungslos unterlegen war. Während er sich in den Regierungssitzungen, zusehends verzweifelter, auf seine ausschließliche Weisungsbefugnis berief, verfolgte Krüger, von Himmler gedeckt, ungerührt seine eigene oder doch die SS-eigene Konzeption einer Polenpolitik. Wechselweise versuchte Frank, ihr durch eine Linie relativer Milde und Vernunft mit vereinzelten kooperativen Ansätzen entgegenzuarbeiten oder aber sie durch noch brutalere Härte zu überbieten – nicht zuletzt, um dadurch in den Augen Hitlers und des Hofes jenen Ruf nationalsozialistischer Osttüchtigkeit zu erwerben, der seine Pluspunkte aus Terrorakten und Massengräbern bezog. Sein berühmtes Tagebuch, das er bei seiner Gefangennahme im Mai 1945 übergab, enthält in 38 Bänden, zusammen mit dem minutiösen Bericht über das Geschehen jedes einzelnen Tages seiner Regierungstätigkeit, zahllose Äußerungen solcher imponiersüchtigen Brutalität:

> »Von einem Korrespondenten des ›Völkischen Beobachters‹ namens Kleiss nach dem Unterschied zwischen dem Protektorat Böhmen und Mähren und dem Generalgouvernement gefragt, antwortete Frank: »Einen plastischen Unterschied kann ich Ihnen sagen. In Prag waren zum Beispiel große rote Plakate angeschlagen, auf denen zu lesen war, daß heute 7 Tschechen erschossen worden sind. Da sagte ich mir: wenn ich für je sieben erschossene Polen ein Plakat aushängen lassen wollte, dann würden die Wälder Polens nicht ausreichen, das Papier herzustellen für solche Plakate . . .«; auf einer

Sitzung seiner Regierung erklärte er in einer seiner zahllosen Reden, die seine Leidenschaft waren, »mit den Juden – das will ich Ihnen auch ganz offen sagen – muß so oder so Schluß gemacht werden ... Ich werde daher den Juden gegenüber grundsätzlich nur von der Erwartung ausgehen, daß sie verschwinden. Sie müssen weg ...«; und bei anderer Gelegenheit, mit einer humorigen Niedertracht: »Was ist denn das? Es soll doch in dieser Stadt einmal Tausende und Abertausende von diesen Plattfußindianern (den Juden; der Verf.) gegeben haben – es war keiner mehr zu sehen. Ihr werdet doch am Ende mit denen nicht böse umgegangen sein?« – und das Protokoll vermerkt dazu: Heiterkeit. Auf den Tag genau vier Wochen später dagegen notierte Frank in einer Niederschrift: »Die Macht und die Sicherheit, Gewalt anwenden zu können ohne jeden Widerstand, sind das süßeste und verderblichste Gift, das einer Regierung eingeflößt werden kann. Dieses Gift ist absolut auf die Dauer tödlich, und die Geschichte lehrt, daß Rechtssysteme Jahrtausende, Gewaltsysteme kaum Jahrzehnte dauern.« Himmler, dem Äußerungen dieser Art naturgemäß nicht verborgen blieben, meinte gelegentlich aufgebracht, Frank sei ein »Vaterlandsverräter, der mit den Polen unter einer Decke stecke und den er in der nächsten Zeit beim Führer zu Fall bringen werde«[29].

Diese kaum noch auflösbaren Widersprüche hatten ihre Ursache allerdings nicht nur im sanguinischen Herrschaftsstil Franks, sondern auch im Mangel einer verbindlichen Ostkonzeption. Der Gedanke eines polnischen Reststaates, der ursprünglich die Überlegungen zu beherrschen schien, wurde bald aufgegeben, desgleichen Erwägungen, die auf einen Protektoratsstatus zielten, sowie Franks, freilich unklare, »Idee eines deutschen Mehr-Völker-Imperiums«. Hitler scheute jede Festlegung um so mehr, als er schon frühzeitig der Vorstellung Raum gegeben hatte, diese Gebiete nicht mehr aufzugeben. Lediglich die völkerrechtlich unpräzise Formel »Nebenland des Reiches«, die alle Möglichkeiten offenhielt, während sie dem Amt des Generalgouverneurs eine gewisse Souveränität verschaffte, wurde Frank zugestanden.[30] Hitlers ursprünglicher Auftrag für ihn lautete, »die Verwaltung der eroberten Ostgebiete aufzunehmen, mit dem Sonderbefehl, diesen Bereich als Kriegsgebiet und Beuteland rücksichtslos auszupowern, es in seiner wirtschaftlichen, sozialen, kulturellen, politischen Struktur sozusagen zu einem Trümmerhaufen zu machen«[31].

Die destruktive Grundlinie dieses Auftrags widersprach indessen allzusehr der jeder Verwaltungstätigkeit innewohnenden Mechanik, die immer zur Etablierung von Ordnungen drängt, als daß sie durchführbar gewesen wäre. Zudem erkannte Frank, daß solche Prinzipien den kriegswirtschaftlichen Bedürfnissen des Reiches insbesondere nach Agrarerzeugnissen und Arbeitskräften direkt entgegenwirkten, während Hitler – tief in seine rassischen Ressentiments verstrickt – das Unmögliche wollte: ausbeuten und ausrotten zugleich. Erst nachdem die wiederholten Vorschläge Franks, die eine Politik der provozierenden Herabwürdigung des polnischen Volkes durch Maximen praktischer Nützlichkeit ersetzen wollten, bei Hitler auf taube Ohren gestoßen waren, begann er, einen vorsichtigen Gegenkurs zu steuern, der allerdings von der terroristischen Linie des SS-Obergruppenführers Krüger und, als Reaktion darauf, auch von ihm selbst immer wieder durchkreuzt wurde. In diesem Chaos gegensätzlicher oder konkurrierender Auffassungen und Ziele ging jede zulängliche Möglichkeit, das eine oder das andere zu erreichen, mitsamt den Grundsätzen von Vernunft und Humanität verloren. »Die Menschlichkeit«, so schrieb Frank im Juli 1942 in seinem Tagebuch, als ihm das Wort unbeabsichtigt ins Diktat geriet, »ein Wort, das man manchmal nicht mehr zu sprechen wagt, wie wenn es ein fremdes geworden wäre.«[32]

Angesichts der ständigen Kompetenzfehden sowie der mangelnden Stetigkeit in der Führung des Generalgouvernements schien Franks Stellung im Sommer 1942 stark untergraben. Als er sich darüber hinaus dem Vorwurf der privaten Bereicherung von Familienangehörigen aussetzte, mußte er sich einem »kameradschaftlichen Verhör« unterziehen und dabei eine empfindliche Beschneidung seiner Zuständigkeit hinnehmen, aus der vor allem sein Gegenspieler Vorteile zog: als Staatssekretär für Sicherheitsfragen im Generalgouvernement erhielt Krüger Regierungsrang und wurde zudem als Beauftragter Himmlers (in dessen Eigenschaft als Reichskommissar zur Festigung deutschen Volkstums) mit der obersten Kompetenz für die geplante große Umsiedlungsaktion von Polen und Deutschen betraut. Die immer offener zum Austrag kommende Rivalität steuerte sichtlich ihrem Höhepunkt entgegen, als Frank im Sommer 1942 vier Universitätsansprachen hielt, die ihm auf persönliche Weisung des äußerst verärgerten Hitler das allgemeine Redeverbot sowie die Entlassung aus allen Parteiämtern eintrugen. Damit schien auch seine Abberufung als Generalgouverneur, um die sich vor allem Himmler und Bormann bemühten, unmittelbar bevorzustehen, und innerhalb der SS sah man sich bereits nach einem Nachfolger um. In der Ungewißheit seiner Stellung und seines Schicksals schrieb Frank einen Rechenschaftsbericht, der in seiner wortreichen Mischung aus Kühnheit, Selbstkasteiung, Sentimentalität und konfusem Idealismus ein außerordentlich bezeichnendes Porträt seines Charakters enthält. Frank, so notierte Goebbels bald darauf in seinem Tagebuch, »genießt beim Führer gar kein Ansehen mehr. Ich stelle dem Führer aber doch in allem Ernst vor, daß er entweder Frank beseitigen oder seine Autorität wiederherstellen muß; denn ein Generalgouverneur, d. h. ein Vizekönig in Polen ohne Autorität ist natürlich in diesen kritischen Zeiten undenkbar.«[33]

Überraschenderweise entschloß Hitler sich jedoch, nicht Frank, sondern dessen Gegenspieler Krüger fallenzulassen, nachdem vor allem die im rücksichtslosesten Stil betriebenen Zwangsumsiedlungen eine Welle der Aufsässigkeit hervorgerufen hatten – »das Generalgouvernement ist sozusagen ein latenter Ausnahmezustand«, definierte Frank.[34] Selbst die anfangs zu loyaler Zusammenarbeit bereiten Schichten waren dadurch endgültig zurückgestoßen, und sofern die Bevölkerung sich inzwischen nicht dem aktiven Widerstand angeschlossen hatte, dessen Zellen zu Kristallisationspunkten des zeitweilig verschütteten Staatsgefühls der polnischen Nation geworden waren, verharrte sie in einem Zustand stummer Indolenz, in dem sie die Versprechungen und gelegentlichen Ansätze zu einer Änderung der Politik einfach nicht mehr zur Kenntnis nahm.

Mit dem Nachfolger Krügers, dem SS-Obergruppenführer Wilhelm Koppe, der bis dahin als Höherer SS- und Polizeiführer in Posen gewirkt hatte, gelangte Frank zwar zu einem erträglichen Verhältnis, aber die Streitigkeiten nach allen Seiten gingen weiter, da sie eher strukturell als psychologisch begründet waren, und bis zum Ende seiner Tätigkeit bot der Generalgouverneur insgesamt 14mal, freilich vergeblich, seinen Rücktritt an. Nach außen brüstete er sich weiterhin, wie seine Unsicherheit es ihm eingab, mit dem besonderen Vertrauen Hitlers und versicherte auf einer Regierungssitzung, seine Vorschläge hätten ihm »beim Führer den Ehrentitel des großen Realpolitikers des Ostens eingetragen«[35]. Tatsächlich jedoch zeichneten sich seine Vorstellungen, die schon immer von den Zerrbildern einer überhitzten Einbildungskraft geprägt waren, durch jenen besonderen Mangel an Wirklichkeitssinn aus, der mit dem näherrückenden Ende des Krieges unter den Funktionären des Dritten Reiches epidemisch um sich griff. Allen Ernstes schien er zu glauben, die Propagierung des Reichsgedankens werde unter der polnischen Bevölkerung als Versöhnungsimpuls wirken. Während die Kriegslage sich zusehends verschlechterte und die Front den Grenzen des Generalgouvernements näher rückte, schlug er eine Politik der »Vermenschlichung« und der »Vereuropäisierung« vor, ohne daß allerdings Hitler auf der einen, die polnische Bevölkerung auf der anderen Seite zu derartig unglaubwürdigen und auch unaufrichtigen Kompromissen noch zu gewinnen waren. Zwischen solchen Truggebilden, in denen ein letzter hektischer Enthusiasmus am Werke war, Zuständigkeitskämpfen und abrupten Ausbrüchen in die große menschenverachtende Phrase ging seine Herrschaft zu Ende. Am 18. August 1944 unterrichtete er Berlin von der »völligen Zertrümmerung der Autorität« seiner Verwaltung und schlug die Auflösung des Generalgouvernements vor. In einer seiner letzten Reden auf der Krakauer Burg erinnerte er seine Zuhörer an »die blutberauschten, blutleuchtenden Organismen völkischer Substanzeinheiten, die unüberwuchert gehalten werden müssen«[36]. Dann nahm er Abschied von Krakau, von der königlichen Residenz hoch über der Weichsel, von seinem Vizekönigtum. Die große Stunde des Deutschtums im Osten, von der er einst gesprochen hatte, war in mancherlei Betracht zu Ende ...

Er hat es in Nürnberg als das Ziel seiner Politik bezeichnet, »Gerechtigkeit zu gewährleisten, ohne die Interessen des Krieges zu verletzen«[37]. In solchen Widersprüchen, je unauflösbarer sie waren, hat er sich heimisch gefühlt. Aber wann immer im Verlauf seines Lebens ein Interesse der Partei- oder Staatsraison auf das Prinzip der Gerechtigkeit gestoßen war, hatte er sich für das Interesse und gegen die Gerechtigkeit entschieden. Seine Berufung auf die »Fahne des Rechts«, die er hochgehalten haben will, zählt nicht viel, er müßte denn nicht unter einem Manne, dem das Recht ein fremdartiger Begriff und der Dienst an der Gerechtigkeit eine »Schande« war, so hoch emporgestiegen sein — mochte es auch zu gelegentlichen Verstimmungen gekommen sein. »Hier stehe ich mit meinen Bajonetten, dort Sie mit Ihrem Recht! Wir wollen sehen, was mehr gilt!« hatte Hitler ihm höhnisch entgegengehalten, und es fällt schwer zu glauben, daß es danach, jenseits von Geltungssucht, Ehrgeiz und Eitelkeit, noch Gründe gab, sich einzureden, unter der Herrschaft Hitlers werde das Recht je etwas gelten.[38] Glaubte Frank an die Gerechtigkeit, oder glaubte er an die Gewalt, wie sie ihm in der Person Hitlers und seiner machthungrigen Suite begegnete? Die Wahrheit seines Lebens ist es wohl, daß er, in paradoxerer, aber genauerer Formulierung, »Gerechtigkeit gewährleisten wollte, ohne die Interessen der Gewalt zu verletzen«, daß er Recht, Moral und Wahrheit mit der gleichen enthusiastischen Unverbindlichkeit bewunderte wie die Gewalt und den ideologisch verbrämten Schrecken »historischer Größe«. Allem überzeugungsvoll wirkenden Überschwang zum Trotz hat er im Grunde keine Überzeugungen besessen, sondern nur Stimmungen, ekstatisch hochgetriebene Augenblicksneigungen, die, von wechselnden Umweltreizen bestimmt, ihn in willkürlich wechselnde Richtungen führten. »Das Halbe ist schlimmer als das Ganze«, hat er später als Einsicht und Selbstvorwurf seines Lebens festgehalten, »in ihm liegt der Fluch. Meine Rede war: ja zu Hitlers Ideen, nein zu seinen Methoden. Ich hätte aber auch zu seinen Ideen nein sagen müssen. So blieb ich in diesem Widerspruch hängen.«[39]

Doch nicht nur an diesem einzelnen Widerspruch, sondern an der widersprüchlichen, jeden festen Grund entbehrenden Struktur seiner Persönlichkeit überhaupt ist er schließlich zugrunde gegangen, fassungslos über den Irrlauf und die Sinnverfehlung seines Lebens. Der Mechanismus seiner ziellosen, emotional bestimmten Hingabebereitschaft funktionierte bis zuletzt, der Rechenschaftsbericht, den er in seiner Nürnberger Zelle niederschrieb, ist in seiner Ungereimtheit ein anschaulicher Beleg für diesen Befund. »Mich ergreift jetzt«, so äußert er darin, »da ich mich schon zum Abschied von dieser Erde rüste, um dem Führer zu folgen (!), tiefste Wehmut, wenn ich dieses gewaltigen Aufbruchs eines ganzen großen selbstbewußten Volkes gedenke, das einer starken Stimme wie zu einer Feier der ewigen Gottheit selbst folgte. Warum, warum ging das alles verloren, ist alles verklungen, verweht, zerstört? Unfaßliches Grauen über die Sinnlosigkeit des Schicksals ergreift mich.«[40]

Indes hat das Schicksal ihn mit pedantischer Konsequenz dorthin geleitet, wohin Hörigkeit, Schwäche und Unaufrichtigkeit einen Menschen führen. Als er soeben seine ersten erfolgreichen Auftritte als Verteidiger von nationalsozialistischen Schlägerkommandos hinter sich hatte, warnte ihn einer seiner Lehrer, der alte Geheimrat von Calker: »Herr Kollege, ich bitte Sie, lassen Sie diese Leute! Das tut nicht gut! Das wird nichts Gutes! Politik, die im Strafprozeß beginnt, endet auch in einem solchen.«[41]

Nun endete es tatsächlich dort. Erschüttert und tief verwirrt sah er sich den Selbstzeugnissen gegenüber, die ihm im Gerichtssaal vorgelegt wurden, Dokumente eines aus der Schwäche immer wieder in die unmenschliche Pose, aus der Armut in zerstörerische Radikalität geflüchteten Lebens, seines Lebens, das er nun unter dem »zornigen Gelächter Gottes«, wie er es zu vernehmen meinte[42], zerknirscht in die Knie schlug. Das Gefühl der Reue, das er bekundete, die sichtbaren Zeichen innerer Umkehr verdienen gewiß Beachtung, aber vieles spricht doch dafür, daß auch das Bekenntnis der Schuld nur von Stimmungen getragen war; in einem Charakter wie diesem ist für Wahrheit im Grunde kein Raum. »Tausend Jahre werden vergehen«, so äußerte er, spontan überwältigt, im Verhör durch seinen Rechtsanwalt vor Gericht, »und diese Schuld von Deutschland nicht wegnehmen.«[43]

In seinem Schlußwort dagegen zog er diese Äußerung wieder zurück. So war das Letzte, was man von ihm vernahm, ein Widerspruch. Es war ein bezeichnendes Ende.

BALDUR VON SCHIRACH

und die »Sendung der jungen Generation«

»Wir glaubten einfach.«

Baldur von Schirach

»Für uns Deutsche ist alles Religion. Was wir tun, das leisten wir nicht nur mit unseren Händen und Hirnen, sondern mit unseren Herzen und unserer Seele. Das ist uns oft zum tragischen Verhängnis geworden.«

Baldur von Schirach

Die nationalsozialistische Bewegung ist, insbesondere vor und unmittelbar nach der Eroberung der Macht, weithin als Aufbruch und Sieg der Jugend interpretiert worden. Außenstehende Beobachter ebenso wie die Wortführer des Nationalsozialismus selbst haben ihren Anspruch hervorgehoben, weit über alle rivalisierenden politischen Gruppen hinaus die »Sendung der jungen Generation« gegenüber der morschen und brüchigen Welt von gestern zu vertreten. Einen Artikel, der diesen Zusammenhang in den Vordergrund stellte, hatte Gregor Strasser Ende der zwanziger Jahre mit der zum Schlagwort aufrückenden Formel »Macht Platz, ihr Alten!« überschrieben, Goebbels aktivierte mit suggestiven Wendungen den Radikalismus der Großstadtjugend, und Baldur von Schirach proklamierte lapidar: »Die NSDAP ist die Partei der Jugend.«[1]

Mit diesen Generationsparolen, die Stil und Thematik seiner Agitation zusehends geprägt haben, hat der Nationalsozialismus allerdings, wie durchweg, lediglich Stimmungen aufgegriffen, die im politischen Raum vorherrschend und eines der Symptome für den Übergangscharakter der Zeit waren. Die Vorstellung, daß Jugend, frei von jeder Beweislast, ein Wert an sich sei, die einherlief mit einer summarischen Verächtlichmachung des Alters, gehört zur Signatur dieser wie jeder revolutionären Epoche. Jugend, Jugendstil, Jugendbewegung, und dann, schon mit der konkreten politischen Wendung, der Mythos der »jungen Völker« oder auch die Jugendideologie des italienischen Faschismus, dessen Hymne bezeichnenderweise »Giovinezza« hieß, sind auf verschiedenen Ebenen Ausdruck des gleichen Tatbestandes.

Die Jugend hatte das Recht, die Hoffnung und die Zukunft für sich, das Alter den Tod. Mit der Mehrzahl der nationalsozialistischen Kernvokabeln teilte der Begriff der »Jugend« überdies den Vorzug inhaltlicher Unbestimmtheit und erlaubte eher beliebig die Diffamierung oder aber Aufwertung dessen, was dem jeweilig vorgegebenen taktischen Konzept zufolge das eine oder andere verlangte. So ließen sich Liberalismus, Bürgertum, Parlamentarismus oder demokratische Ordnung ebenso dem Verdikt unterwerfen, einer alten und abgelebten Zeit zugehörig zu sein, wie man Wertkomplexe anderer Art im Namen der Jugend für die eigene Sache usurpieren konnte: »Faust, die Neunte Symphonie und der Wille Adolf Hitlers sind ewige Jugend und kennen weder Zeit noch Vergänglichkeit«, versicherte Schirach.[2]

Obwohl schon in der Terminologie der Jahrhundertwende immer wieder greifbar, hat der Jugendmythos seinen entscheidenden und jedenfalls auf politischer Ebene wirksamen Durchbruch mit dem Ersten Weltkrieg erhalten. Zu den Erfahrungen der Kriegsgeneration zählte nicht zuletzt, daß mit so vielen anderen Werten und Positionen auch die Gegensatzpaare liberal und konservativ, national und sozial oder links und rechts, die der Vorkriegsära ganz wesentlich das Gepräge gegeben hatten, dahingegangen waren und der eigentliche Riß zwischen alt und jung verlief: »Wir sehen im Krieg den Sturz der alten Generation und den Aufbruch der Jungen«, schrieb Max Hildebert Böhm im Jahre 1919 in einem Buch mit dem kennzeichnenden Titel »Ruf der Jungen«[3].

In der Art, wie er diesen Ruf aufnahm, ihm antwortete und ihn seinerseits laut werden ließ, bezeugte der aufstrebende Nationalsozialismus einmal mehr sein außerordentliches Gefühl für massenpsychologisch wirksame Stimmungswerte. Er hat sich im gleichen Maße die Erwartungen der Jugend selbst wie die verbreiteten Hoffnungen auf die »Jugend« zunutze gemacht. Während sämtliche übrigen Parteien mit Programm, Anhang und Aktivitätsstil die Vorkriegsentwicklung weiterführten, erstand in der NSDAP eine Partei ohne, ja gegen jede Vergangenheit, und ihr Mangel an Tradition, ihre Verneinung aller herkömmlichen Fronten im Zeichen jugendbestimmter Zukunftsgewißheit hat in nicht unbeträchtlichem Maße die ihr eigene Anziehungskraft auf eine Generation ohne Bindungen und Brücken hinter sich begründet. Auf diese Generation richtete sich die Werbung von Beginn an, ihr wurden mit suggestiver Überredungskunst Aufgaben, Ziele und jene »Pionierrolle«[4] zugewiesen, die sowohl ihrem persönlichen Aufstiegsehrgeiz wie ihrem Tatenhunger entsprach. Zusammen mit dem geschickt kultivierten Bewußtsein des Gegensatzes zum »Alten« hat dieses Programm der Verheißungen als einer der entscheidenden Antriebe für den Zulauf gewirkt, den die NSDAP in so auffälligem Maße gerade aus dem Lager der jüngeren Jahrgänge fand. Dieser Sachverhalt hat Mitgliederstruktur und

Profil der militanten Ursprungsbewegung zumindest vor ihrer Entwicklung zur amorphen Massenpartei wesentlich bestimmt. Die durch Krieg und Nachkrieg erschwerten Existenzbedingungen, das Leiden an der nationalen Wirklichkeit, die vom Kameradschaftserlebnis des Krieges ebenso wie von den Bünden geweckte und vom herrschenden Parteienbetrieb nicht aufgefangene Sehnsucht nach neuen, »organischen« Gemeinschaftsformen, ein aktivistischer Bewährungswille oder die vielfältig akzentuierten, meist vom Bewußtsein der »Zeitenwende« getragenen antibürgerlichen Stimmungen, die den ohnehin verbreiteten Ressentiments gegen die Weimarer Republik als dem »Staat der Alten« zusätzliche Nahrung gaben – alle diese und zahlreiche andere Motive ähnlichen Ursprungs drängten einen immer größeren Teil vor allem der bürgerlichen und hier wiederum besonders der akademischen Jugend zur NSDAP und gaben ihr geradezu den Charakter einer Jugendbewegung eigenen Stils. »Bei der Jugend«, so schrieb ein zeitgenössischer Chronist in einer Analyse dieser Erscheinung, »gehen soziale Verzweiflung, nationalistische Romantik und der Generationsgegensatz eine geradezu klassische Verbindung ein.«[5]

Schon diese Beobachtung betraf nicht mehr die junge Generation der Kriegsteilnehmer allein, die das bestimmende Element während der Anfangsphase der Bewegung gebildet hatte, sondern die Nachkriegsjugend überhaupt. In immer dichteren Scharen, gläubig, fanatisch, ohne Zögern zum Äußersten bereit, sah sie sich für die Ziele des Nationalsozialismus mobilisiert und füllte, vielfach bis hinab zu den Halbwüchsigen, die Ränge der Parteiformationen. »Was geht in solchem Jungen vor«, fragte eine Buchanzeige zu Schenzingers ›Hitlerjunge Quex‹, »wenn ihn plötzlich der große Strom erfaßt? Was ist es, das ihn treibt, das ihn zieht, das ihn beseligt, das ihn vernichtet? Wie kommt ein Kind von fünfzehn Jahren dazu, die Mutter zu verlassen, den Vater zu hassen, die bisherigen Freunde zu verachten? Norkus und Preißer waren kaum älter, als sie für eine Idee starben, deren Größe sie noch nicht zu erfassen vermochten, die sie nur ahnten.«[6]

Was war es wirklich? Das kommerzielle Pathos der Anzeige sollte nicht darüber hinwegtäuschen, daß es diesen Typus des jugendlichen Unbedingten zwischen fünfzehn und fünfundzwanzig Jahren, der sich vom späteren Mitläufertum scharf unterschied, tatsächlich gegeben hat. Die erwähnten aktuellen Notstände oder jugendlicher Radikalismus vermögen die aufopferungswillige Blindheit seines Idealismus nur zu einem Teil zu erklären. Mitgewirkt hat zweifellos auch die Romantik einer Partei, die immer hart am Rande der Legalität operierte und dem rücksichtslosen Einsatzwillen auch den Schritt darüber hinaus erlaubte.[7] Aber jenseits solcher Begründungen deutete die besondere Anfälligkeit der jungen Generation für die Partei Hitlers Fehlentwicklungen an, die das Selbstverständnis der Jugend überhaupt betrafen und alle tagespolitischen oder entwicklungspsychologischen Erklärungsversuche hinter sich lassen. Denn diese Jugend lebte und argumentierte seit langem schon auf irrationalem Grunde, sie war »tief« statt sachlich, vergangenheitszugewandt statt wirklichkeitsoffen, sie war gesellschafts- und zivilisationsfeindlich und hatte den »Rückzug in Deutschlands Wälder« angetreten, lange bevor die nationalsozialistische Ideologie ihr den Weg dorthin gewiesen hatte. Hier kamen verborgene Übereinstimmungen zum Vorschein, die der demagogischen Verführungsmacht des Nationalsozialismus schon den Weg ebneten, noch ehe die Krise mit ihren verheerenden Wirkungen den großen Einbruch erzielte.

Was damit angedeutet ist, hat in der deutschen Jugendbewegung seinen greifbarsten Ausdruck gefunden, obwohl es als eine allgemeine Erscheinung weit darüber hinaus anzutreffen war. Zwar ist es nicht so, wie die um Vorläuferschaften bemühten Verteidiger des Regimes erklärt haben: daß die Revolution des Nationalsozialismus in der Jugendbewegung oder doch im Wandervogel ihren Anfang genommen habe.[8] Immerhin aber hat jener Aufbruch um die Jahrhundertwende ein Gefühlsklima erzeugt, das Elemente der späteren Entwicklung enthielt und weite Kreise der jüngeren Generation für die nationalsozialistische Programmatik ideologisch disponierte. Bei allen Unterschieden im einzelnen werden, angefangen von der verschwommenen Terminologie über den pseudoromantischen Vergangenheitskult bis hin zu den Bekundungen eines elitären Bundesbewußtseins die verwandten Strukturen immer wieder sichtbar. Von anderen Motiven und gewiß anderen, gutwilligen Absichten geleitet, hat die Jugendbewegung doch die Voraussetzungen ihrer eigenen Perversion durch den Nationalsozialismus entwickelt. Schon die SA, mehr noch die HJ und im weiteren Sinne auch die SS waren im Grunde die totalitär entarteten Endprodukte eines Prozesses, der bereits bei Beginn zahlreiche prätotalitäre Züge aufgewiesen hatte und von den unschuldigen Tagen des Wandervogels zunächst zur Bündischen Jugend und dann mit einer gewissen, wenn auch immer wieder von außen beeinflußten Folgerichtigkeit zu den vom Nationalsozialismus geschaffenen Formen fand.

Denn allem revolutionären Anspruch zum Trotz war der »Wandervogel« eine Fluchtbewegung. Was sich als Auflehnung gegen die Dumpfheit und Öde der bürgerlichen Umwelt ausgab, war im Grunde ein von unverkennbar resignativen Stimmungen getragener Rückzug auf ein Sonderbewußtsein, das die Welt nicht verändern, sondern verachten wollte. Indem der Protest gegen die Gesellschaft kein anderes Ausdrucksmittel fand als die Abkehr von der Gesellschaft, desavouierte er sich selbst und entwertete das »Wanderglück«, die Wiederentdeckung der Heimat und ihrer Vergangenheit zu Akten einsamer Selbstbefriedigung. Bezeichnenderweise hat die Wandervogelbewegung, obwohl ihr zweifellos eine Elite des Landes angehörte, keine sozialkritischen Theorien oder Konzepte entwickelt, sondern nur rauschhafte Bekenntnisse ihres Jungseins hinterlassen, wie denn überhaupt ihr Vorwurf gegen die herrschende Ordnung nicht von konkreten gesellschaftlichen Erscheinungen, sondern vom eigenen Unbehagen ausging und dort auch verharrte. Immer schien ihr, »was hinter den Bergen haust«, wichtiger als das Geschehen in den Fabriken, den Machtzentren oder wissenschaftlichen Laboratorien. Ihre in einer nahezu unübersehbaren Fülle von Selbstverlautbarungen dokumentierte Unfähigkeit, sich zu artikulieren, war nur der Ausdruck ihres politischen, technischen und sozialen Desinteresses, das von einem hochherzigen und ungestümen, aber eben selbstgenügsamen Idealismus nicht aufgewogen werden konnte. Es ist nicht ohne irritierende Wirkung, einen Teil der intellektuellen Vorhut einer großen Industrienation zu Beginn des 20. Jahrhunderts mit leidenschaftlicher Hingabe bei der Wiederbelebung toter Volkstümer, der Sammlung von Landsknechtsliedern oder der gewollten Rückkehr zu weltanschaulich begründeter Primitivität zu beobachten. Im ständigen Wechsel zwischen einem narzißtischen Ichkult und ekstatischem Umhertappen in kosmischen Weiten entzog diese Generation ihren Blick dem Naheliegenden, Notwendigen, und auch das berühmte »Problemwälzen« an nächtlichen Lagerfeuern, das an sich zu den Vorrechten orientierungsbemühter Jugend gehört, hatte immer den Charakter einer Ausweichbewegung. Der philanthropische Enthusiasmus, den sie zu wecken wußte, blieb ganz unverbindlich und war ohne jeden »aufklärerischen Impuls«[9]. Nicht einmal im eigenen Bereich hat der Wandervogel eine Gegenordnung zur Welt der Väter herzustellen gewußt und ist beispielsweise in dem Bemühen, konfessionelle, klassenbedingte oder auch rassische Vorurteile zu beseitigen, über Ansätze kaum hinausgelangt. Seine Kritik an der bürgerlichen Gesellschaft tastete deren Grundlagen nicht an, sondern optierte nur für die Möglichkeit, sich romantisch darin einzurichten. Strenggenommen protestierte diese Jugend gegen die Lebenslüge der älteren Generation, weil sie, bei allem Streben nach »innerer Wahrhaftigkeit«, das Recht auf ihre eigene Lebenslüge verlangte. Sie verachtete Sedanfeiern und Operngermanentum und ließ sich unterdessen bei dem Schritt ins neue Jahrhundert von Jörg von Frundsberg anführen. Was literarisch von ihr gewisse Zeit überdauerte, waren kennzeichnenderweise eine Liedersammlung und vor allem das Buch von Walter Flex, jener »Wanderer zwischen beiden Welten«, der aber im Grunde immer nur der anderen entgegenwanderte, die er sich in seinen Wachträumen aus »Theologie, politischer Unvernunft und Schicksalshörigkeit« aufgebaut hatte.[10] Rein bleiben und reif werden – diese Formel hat das Selbstverständnis jener Vorkriegsjugend, die sich vor dem verpflichtenden Anspruch ihrer Gegenwart auf die »Wacht am Sein« zurückzog, wie in einem Schlüsselwort zusammengefaßt, und ganz in diesem Sinne hat die legendäre Versammlung auf dem Hohen Meißner, kurz vor dem Ausbruch des Ersten Weltkrieges, den Rückzug auf »innere Freiheit und eigene Verantwortung« als Erwiderung auf die durchaus als Notstand empfundene Situation der Zeit proklamiert. Das Beste, was der Wandervogel denen, die ihm verbunden waren, mitzugeben wußte, waren Aufrichtigkeit, Selbstdisziplin und gläubige Begeisterungsfähigkeit, aber dies alles blieb weitgehend selbstbezogen, ohne Verankerung in einem objektiven Wertsystem und daher dem Mißbrauch ausgesetzt. Dem eigentümlichen Typus, den die Jugendbewegung entwickelte, haftete immer ein merkwürdig antiquierter Zug an, eine altfränkische Geradheit, die nur schlecht ihre Ratlosigkeit gegenüber der Umwelt verbarg, der sie sich allzu lange entzogen hatte. Die »Suche nach den Wurzeln« hatte sie nicht bewährungstüchtiger, sondern vielmehr unsicher gemacht, so daß sie beim Eintritt in den Beruf und das zivile Dasein vielfach »um so entschiedener in die Krisenzone der lange vermiedenen Auseinandersetzung mit der Umwelt« geriet und entweder »vor einem gesinnungswidrigen Kompromiß oder einem entscheidenden Bruch mit der existierenden Ordnung« stand.[11]

Der Erste Weltkrieg verstärkte die von der Wandervogeljugend geprägten Tendenzen noch. Die Erfahrung der Materialschlachten brachte nicht das Erwachen zur Wirklichkeit, genausowenig, wie die Revolution und der Beginn der demokratischen Entwicklung jenes Erwachen zur Politik herbeiführten, auf das sie als historischer Appell eigentlich abzielten: »Erst der neue Mensch, dann der neue Staat«, lautete eine der geläufigen Fluchtparolen aus weiterhin »innerer« Verantwortung.[12] Nur etwa ein Drittel der rund 15 000 »Feldwandervögel« kehrte von den Fronten zurück, und der prozentual außerordentlich hohe Verlustanteil wirkte eher als Bestätigung eines Kurses, der selbstlosen Einsatz, Hingabewilligkeit und Todesbereitschaft als hohe Tugenden gefeiert hatte. Aber auch der alte antizivilisatorische Affekt schien keiner Revision zu bedürfen und kam nun eher noch gesteigert und von nationaler Erbitterung durchsetzt zum Vorschein; er richtete sich nicht mehr allein gegen das Phänomen der Stadt, gegen die Versachlichung des Daseins und die urbane Überfeinerung des Lebens, sondern nun zusätzlich gegen die Alliierten als Repräsentanten des »seichten Westens« und gegen die aufgezwungene Demokratie, den Parlamentarismus, die Parteienwirtschaft als Ausflüsse jener Zivilisation.[13] In solchen und zahlreichen ähnlichen ressentimentgebundenen Konstruktionen bezeugte sich das weiterhin gestörte Verhältnis zur Realität, es blieb halb Selbstbespiegelung, halb politische Gebrauchsmythologie. Wille zu dienender Eingliederung, Gemeinschafts- und Führerkult, Kameradschaftsmythos, Brauchtumspflege, bündischer Sozialismus, mystischer Volksbegriff – das waren jetzt die Ansatzpunkte einer eifernd geführten Diskussion, deren Wortführer auf Absonderung von der Wirklichkeit bedacht blieben: »Gehört das (politische Treiben)«, so fragte einer von ihnen, »nicht alles zur großstädtischen Zivilisation von gestern, die wir flohen, als wir draußen in den Wäldern unsern Freundschaftsbund aufrichteten? Gibt es etwas Unpolitischeres als den Wandervogel? Waren nicht das Meißnerfest und seine Formel eine Absage an die Parteileute, die danach gierten, die Jugend in ihren politischen Betrieb einzuspannen? Ist es nicht die einzige Aufgabe der freideutschen Gemeinschaften, freie, edle und gütige Menschen zu erziehen?«[14] In anderen Veröffentlichungen gab sich der Abkapselungsversuch als Sorge »vor unberufenem Politisieren (durch die Jugend), vor dem frühzeitigen verderblichen Untertauchen in Organisationen, vor dem modernen nervösen Aktivismus der Unreife und Unberufenheit« und postulierte das Erziehungsmonopol der Bünde.[15]

Unter den gewandelten politischen Bedingungen war diese Entwicklung von ungleich gefährlicherer Wirkung als in der Vorkriegszeit, da die Jugendbewegung in der nun sich formierenden sogenannten Bündischen Jugend zu einer Massenerscheinung mit einer bald nach Hunderttausenden zählenden Anhängerschaft wurde, deren Weigerung vor politischer Mitverantwortung dem öffentlichen Leben wichtige Energien entzog. Erschwerend wirkte, daß die Republik in ganz anderem Maße als der Staat der Vorkriegszeit auf aktive Teilnahme angewiesen war. Während die Herrschaftsstruktur des Kaiserreiches durch die »Unlustreaktionen« einer noch dazu kleinen Minderheit nicht zu erschüttern gewesen war, mußte »die schwächere Republik ... unter der bürgerlichen Weigerung, sich ihrer Formen zu bedienen, erheblich leiden, wenn nicht gar unmöglich werden«[16]. Die kruden Rezepte, mit denen zahlreiche Vertreter der Bündischen Jugend in die öffentliche Auseinandersetzung eingriffen, indem sie Wege zur »Wiederfindung heroischer Maßstäbe in der Politik« wiesen oder im politischen Alltagsbetrieb den »Kampf um das Ewige im Menschen« vermißten, den der Deutsche »zwischen Tod und Teufel« auszufechten habe, einen »Jungenstaat« oder die »Überwindung der Parteien aus dem Geist der Jugend« forderten, halfen nicht und waren nur Ausdruck der gleichen, aus Hochmut und gesellschaftlicher Unreife gemischten Weigerung, politische Verantwortung zu akzeptieren. Ihre Verlautbarungen waren visionär und deklamatorisch, nicht sachbezogen und analytisch.

Für die Bünde selbst allerdings wurde der Versuch, sich abseits zu halten, immer schwieriger, und alle Beschwörungen konnten nicht verhindern, daß zumindest das Echo der politischen Gegensätze in den ängstlich gehüteten Kreis einbrach. Die immer neuen, alsbald unübersehbaren Aufsplitterungen der Bewegung, die das Meinungschaos im engeren politischen Bereich übergenau widerspiegelten, geben nachdrücklich davon Zeugnis. Nichtsdestoweniger hielten die Bünde an ihrem apolitischen Selbstbewahrungskonzept fest, und bei den liberal, sozialistisch, nationalistisch, pazifistisch, christlich, völkisch, weltbürgerlich oder wie immer orientierten Spaltungen ging es, neben persönlichen Rivalitäten, im Grunde stets nur um den divergierenden Akzent, mit dem das Nein zu staatlicher und gesellschaftlicher Mitwirkung begründet wurde. Auch die Wehrverbände, die Kampfbünde und Jugendformationen der radikalen Parteien, in die der politisch aufgeschlossenere Teil der Jugend eintrat, waren nur eine andere Weise der Fluchtbemühung aus romantischer Antistimmung.

Jenseits dieser übereinstimmenden Grundhaltung waren den Gruppen der Bündischen Jugend die vergleichsweise straffen Organisationsmerkmale gemeinsam, die an die Stelle der losen, individuell geprägten Formen des vom Wandervogel entwickelten Zusammenschlusses traten. Sie ließen den Einfluß der Kriegsgeneration erkennbar werden, wie denn überhaupt eine gewisse, rasch voranschreitende Militarisierung die neue Situation kennzeichnete. Der Soldat wurde zum Leitbild, die Befehlsstruktur zum Aufbauschema, und wo die Vorkriegsjugend gewandert war, begann die Bündische Jugend zu marschieren. Wie es ihrem verfehlten und von solchen Mustern weiter verbildeten Wirklichkeitsverständnis entsprach, ging die Vorstellung von »soldatischer Existenz« allerdings nicht von der realen Erfahrung des Krieges, sondern von ruhmredigen Trugbildern aus, nicht von Schmutz, Ekel und Todesangst, sondern von jenem Mythos des Frontsoldaten, mit dem die Generation der Älteren das Bewußtsein der Niederlage kompensierte. Auch der vom Wandervogel schon ausgebildete Ansatz zu einer idealisierten Lebensverachtung, jene Walstatt-Romantik mit »Toten zuhauf«, die Verklärung von Hauen und Stechen und Würgen, jene ganze Ästhetisierung des Gewalttodes, die im Rausch vor großen Untergängen kulminierte, erfuhr jetzt eine hemmungslose Ausweitung: im unwissendseligen Schauder vor Nibelungen und Letzten Goten, vor den Verlorenen Haufen des Mittelalters, vor Langemarck, Koltschak und dem von Tusk, dem Führer der »d. j. 1. 11.«, gepriesenen Ideal des Samurai — dies alles doch nicht nur Ausdruck einer historisierenden Heroenschwärmerei, sondern auch Symptom einer alteingewurzelten Neigung deutscher Erziehungstradition, den Zögling eher zum Tode als zum Leben bereit zu machen. Selten hat die Charakterstruktur der Bündischen Jugend in ihrer Mischung aus Alltagsmetaphysik, Ichbewahrung und pseudomilitärischem Geist eine treffendere Formel gefunden als in der von einer ihrer Gruppen proklamierten »deutschen Dreieinigkeit«, von der es hieß, sie laute »Gott, ich und die Waffe«[17].

Allerdings bedarf die Gesamtheit dieser Bemerkungen einiger Abstriche; denn die Entwicklung ist keineswegs so geradlinig und einschichtig verlaufen, wie es nach diesem notgedrungen gerafften Überblick den Anschein haben könnte. Auch wies das Bild der Bündischen Jugend nicht unwesentliche Farbtönungen auf, vor allem im Unterschied zwischen den sogenannten freideutschen Gruppen, die den republikanischen Staat überwiegend tolerierten, und ihren völkischen Gegenspielern, die alldeutsch und antisemitisch dachten. Aber nicht diese Schattierungen bestimmten das Wesen der Bünde, sondern das grundsätzlich falsche, romantische Wirklichkeitsverhältnis, das die Jugend hier wie dort unfähig machte, sich in den Wirren der Zeit, vor allem in der großen Krise am Ende der zwanziger Jahre, intellektuell und moralisch zu behaupten. Die, bei allen Unterschieden im einzelnen, zumindest im ideologischen Vorfeld schon immer vorhandenen Berührungspunkte mit der Rechten kamen nun zwangsläufig der machtvoll vorwärtsdrängenden Hitlerbewegung zugute, und wenn es, zumindest bei einem Teil der Gruppen, nicht jetzt schon zu einer Verschmelzung kam, so nur, weil sie eifersüchtiger denn je auf ihr Eigenleben bedacht waren, auch wenn sie den Gegensatz zum Nationalsozialismus nicht mehr überzeugend definieren konnten. Daher erfolgte der nun rasch fortschreitende Einbruch der Hitlerjugend weniger in den Bünden selbst als vielmehr in der proletarischen und auch kleinbürgerlichen Jugend, die vom bündischen Betrieb bis dahin ausgeschlossen oder ihm ferngeblieben war.[18] Ende 1932 zählte die HJ, nach langer Stagnation, bereits nahezu 110 000 Mitglieder. Ohne Sinn dafür, daß auch die unpolitische Haltung politisches Verhalten war, blieben die Bünde allerdings weiterhin beim Grundsatz der Isolierung vom politischen Geschehen. Die »Zeitung« der Deutschen Freischar enthielt noch in der Ausgabe vom 2. 1. 1933 kein Wort zur konkreten politischen Situation.[19]

Um so unvermeidlicher fielen nun die Bünde, unmittelbar nach dem 30. Januar 1933, der allgemeinen Gleichschaltungswelle zum Opfer. Mehr noch als Opportunismus und Überläufertum hatte an den auch hier spontan einsetzenden Akten der Selbstgleichschaltung jene politische Naivität Anteil, zu der die Bündische Jugend sich nicht ohne Anmaßung selbst erzogen hatte. Nur einzelne Außenseiter oder kleine Gruppen gingen zu konsequenter Opposition über; was darüber hinaus an widerstrebender Haltung bezeugt wurde, galt weniger den neuen Machthabern und dem Dritten Reich als vielmehr dem empört registrierten Griff nach der Existenz der Bünde. Anfang April besetzte der Obergebietsführer Nabersberg mit 50 Hitlerjungen handstreichartig das Haus des »Reichsausschusses der deutschen Jugendverbände« und gab damit den Auftakt zu einer kompromißlosen Beseitigung aller, selbst der völkischen Gruppen, so daß innerhalb kurzer Frist das Ende dessen, »was man früher als deutsche Jugendbewegung bezeichnete«, verkündet werden konnte.[20] Die unter dem Zustrom aus allen Lagern bald zu millionenfachem Anhang anschwellende Organisation der Hitlerjugend erhielt »die Aufgabe des wichtigsten Erziehungsträgers in der

NS-Gesellschaft und wurde zu einem totalen Erfassungs- und Beeinflussungssystem der Jugend entwickelt«: »Die Kampfauslese der HJ muß nun zur Volksjugend werden«, lautete die Devise der neuen Phase.[21]

Diese Aufgabe wurde am 17. Juni 1933 dem damals 26jährigen Baldur von Schirach mit der Ernennung zum »Jugendführer des Deutschen Reiches« übertragen. Schirach entstammte nicht der HJ im engeren Sinne, sondern hatte sich zunächst als Führer des Nationalsozialistischen Deutschen Studentenbundes (NSDStB) mit der Mobilisierung eines überdurchschnittlich großen Teils der akademischen Jugend für den Nationalsozialismus um die Partei verdient gemacht, ehe Hitler ihn 1931 zum »Reichsjugendführer der NSDAP« berief.[22] Sein Studium hatte er, bald mit zahlreichen Funktionärsaufgaben belastet, nicht abgeschlossen, und offensichtlich ist diese scheinbare Äußerlichkeit nicht ohne Bedeutung für seine persönliche Entwicklung gewesen; immer wirkte er wie ein Student, unfertig im guten wie im schlechten Sinne: idealistisch, lyrisch, studiert. Nie hat er es vermocht, zum wirklichen Repräsentanten der HJ zu werden, und wenn er schon nicht auf die Herkunft aus dem großstädtischen Arbeiter- oder Mittelstandsmilieu verweisen konnte, so entsprach seine äußere Erscheinung noch weit weniger dem Idealtypus des Hitlerjungen: Er war weder hart, noch zäh, noch flink, wie es die berühmte, von Hitler selbst formulierte Parole wollte, sondern ein großer verwöhnter Junge aus gutem Hause, der den rauhen und zackigen Stil der Jungenkameradschaft bemüht kopierte. Seine ungeprägten, eher weichen Züge waren nicht frei von femininem Einschlag, und solange er im Amt war, wollten die Gerüchte über sein angeblich weißes, mädchenhaft eingerichtetes Schlafzimmer nicht verstummen. In der braunen Uniform wirkte er immer wie verkleidet. Mühsam stilisierte er sich zu verlangten Haltungen und lebte dem robusten Draufgängerideal des Hitlerjungen nach, das er selbst mitgeschaffen hatte, ohne ihm doch je entsprechen zu können. Dieses Bewußtsein hat schließlich seine ganze Persönlichkeitsstruktur verfälscht und ihr die unechten, erkünstelten Züge untermischt. Sein Pathos ebenso wie die Arroganz, die ihm vorgeworfen wurde, waren Folge jener unablässigen Verstellung, selbst die kameradschaftlichen Gesten wirkten prätentiös und auf hergeholte Weise leutselig. Innerhalb der Hitlerjugend war er zwar nicht ohne Ansehen, aber — vor allem in den unteren Rängen — nie populär, er galt als literatenhaft und stieß vielfach auf eine nur durch seine Führungsposition gemilderte Geringschätzung. Auch seine Reden vermochten nicht mitzureißen, sie waren verschwärmt, aber ohne Feuer, eine »Mischung aus akademischem Referat und lyrischem Gedicht«[23]. Immerhin nahm er seine Ideale ernst, und in dem engen Rahmen, den sie ihm ließen, verfügte er über eigenes Urteil, Aufgeschlossenheit und auch ein gewisses Maß an Zivilcourage, wie er es beispielsweise am Tage nach der sogenannten Kristallnacht bewies, als er die höheren Führer der Hitlerjugend in Berlin zusammenrief, von einer »Kulturschande« sprach und der HJ jede Teilnahme an »verbrecherischen Aktionen« dieser Art verbot.[24] Seine Ideologiebeziehung war ohne jeden berechnenden Zynismus, er »glaubte einfach« und sah die Übergriffe, die Terrorakte als Abweichungen von der reinen Idee an, der er unbeirrt und eingeschworen auf seine jungenhaften Treuevorstellungen bis ans Ende folgte.

Baldur von Schirach entstammte einer Offiziersfamilie mit künstlerischen Neigungen und weltläufigem Hintergrund. Seine beiden Eltern waren in den Vereinigten Staaten geboren, der Vater hatte in Deutschland als aktiver Offizier gedient, ehe er 1908 seinen Abschied einreichte, um in Weimar die Leitung des Hoftheaters, des späteren Weimarer Nationaltheaters, zu übernehmen. Im Verlauf der Revolution entlassen, brachte ihn die für die Anhängerschaft Hitlers typische Ressentimentstruktur von nationalen und sozialen Deklassierungskomplexen noch in der ersten Hälfte der zwanziger Jahre in persönlichen Kontakt zum Führer der NSDAP, dessen Erscheinung insbesondere auf seinen damals 18jährigen Sohn einen unauslöschlichen Eindruck machte. Einer Anregung Hitlers folgend, ging Schirach zum Studium nach München, und wenn er es nicht schon gewesen war, so wurde er jetzt »einer seiner treuesten Anhänger«[25].

Im Rückblick auf seine Weimarer Jugendjahre hat Schirach in Nürnberg erklärt, es sei vor allem »die Aura des klassischen, aber auch nachklassischen Weimar« gewesen, die auf seine Entwicklung bestimmend eingewirkt habe. Tatsächlich aber hat weit eher der Geist einer völkisch denaturierten Romantik ihn geprägt, die dem Rembrandtdeutschen, Paul de Lagarde oder dem Nietzsche der Elisabeth Förster weit näher stand als den E. T. A. Hoffmann, Tieck oder Heinrich Heine. Die der klassischen Ära zugehörigen Kategorien der Ordnung, der Vernunft und der Humanität waren ihm wie dieser ganzen, in ihrem Gleichgewicht gestörten, neurotischen, selbstergriffenen Jugend der Nachkriegszeit gänzlich fremd, und das Weimar der Klassik vermittelte ihnen weit eher die leeren Gefühle nationalen Stolzes als verbindliche Maßstäbe der Selbsterziehung. Henriette von Schirach, die ehemalige Frau des Reichsjugendführers, hat in ihrem Erinnerungsbuch jenen studentischen Freundeskreis in München geschildert, der sich regelmäßig zusammenfand, um unter einem Bilde Napoleons Stefan George zu lesen, über Talhoffs hymnische ›Totenmahl‹-Dichtung zu diskutieren, den ›Cornet‹ bei Kerzenlicht vorzutragen und Ernst Jünger zu zitieren.[26] Die Auswahl charakterisiert außerordentlich treffend die Bewußtseinslage des Kreises, vor allem, sofern man noch die Werke hinzuzählt, denen Schirach selbst »den nachhaltigsten Einfluß« auf seine Entwicklung zuerkannt hat: Houston St. Chamberlains ›Grundlagen des 20. Jahrhunderts‹, die Schriften des völkischen, antijüdischen Literaturwissenschaftlers Adolf Bartels, Henry Fords ›Der internationale Jude‹ und Hitlers ›Mein Kampf‹.[27] Seine eigenen Gedichte, die nach den Worten des Reichsdramaturgen Rainer Schlösser »das Jahr 1 der nationalsozialistischen Dichtung« einleiteten[28], sind eine Art Summe aus diesem Bildungsgrund, wenn auch frei von der Muffigkeit und dem abgestandenen Schwulst der Mehrzahl dieser Werke und statt dessen getragen vom Pathos persönlichen Miterlebens, von einem Überschwang, der zumeist das poetische Vermögen weit hinter sich läßt. Immerhin haben sie, als politische Zweck- und Andachtslyrik, eine beträchtliche Wirkung gehabt und den Bewährungswillen einer Generation auf Fahne, Kampf, Heldentum und Opfer gelenkt. Von den fünfzig Gedichten des Bandes ›Die Fahne der Verfolgten‹ entstammen nahezu alle diesem Motivbereich, und mehr als die Hälfte variiert den Todesgedanken, der das große Suchtthema dieser nationalgesinnten Jugend war. Im Namen seiner Altersgenossen, die gleich ihm den Krieg an der Front nicht mehr erlebt hatten, dichtete Schirach: »Wir wollen unseres Daseins Sinn verkünden: Uns hat der Krieg behütet für den Krieg!« Opfergang, Gefallene, Gräber, Bahrtücher, Marmormonumente, die »Feier der Front« — das war das in immer neuen, immer gleichen Zusammenhängen beschworene Grundvokabular. Wie es seinem unechten Wesen entsprach, war ein hohes Maß nur literarischer Ergriffenheit in diesen Versen, eine Lust an Untergängen in Folio. Aber diese Literatur verwandelte sich in Leben. Ihre Formeln bestimmten Richtung und Weg der HJ-Schulung und lehrten eine Generation junger Menschen, zu glauben, zu gehorchen und zu sterben.

Denn mit der Machtergreifung rückte das in diesen Gedichten proklamierte Ethos zum Kernstück einer Staatserziehung auf, die nach den Prinzipien sowohl möglichst umfassender Totalität als auch äußerster Intensität unverzüglich ins Werk gesetzt wurde. Von den Parolen, die Schirach nun Jahr für Jahr zu Bildung organisatorischer oder ideologischer Einsatzschwerpunkte ausgab, lautete die erste für 1934: »Jahr der inneren Schulung und Ausrichtung«. Der für den totalitären Charakter des Regimes kennzeichnende Griff nach dem Menschen richtete sich am konsequentesten gegen die Jugend und zielte darauf, jeden Einzelnen in jeder einzelnen Entwicklungsphase organisatorisch zu binden und einer planmäßigen Prozedur der Beeinflussung zu unterwerfen: »Die HJ will sowohl die Gesamtheit der Jugend, wie auch den gesamten Lebensbereich des jungen Deutschen erfassen.«[29] Sie wurde damit zur ersten Stufe in einem nahezu lückenlosen System der Organisierung und Indoktrination des Menschen.

»Diese Jugend«, so hat Hitler im Jahre 1938 nicht ohne zynischen Unterton erklärt, »die lernt ja nichts anderes, als deutsch denken, deutsch handeln, und wenn diese Knaben mit zehn Jahren in unsere Organisation hineinkommen und dort oft zum ersten Male überhaupt eine frische Luft bekommen und fühlen, dann kommen sie vier Jahre später vom Jungvolk in die Hitlerjugend, und dort behalten wir sie wieder vier Jahre, und dann geben wir sie erst recht nicht zurück in die Hände unserer alten Klassen- und Standeserzeuger, sondern dann nehmen wir sie sofort in die Partei, in die Arbeitsfront, in die SA oder in die SS, in das NSKK und so weiter. Und wenn sie dort zwei Jahre oder anderthalb Jahre sind und noch nicht ganze Nationalsozialisten geworden sein sollten, dann kommen sie in den Arbeitsdienst und werden dort wieder sechs und sieben Monate geschliffen, alles mit einem Symbol, dem deutschen Spaten. Und was dann nach sechs oder sieben Monaten noch an Klassenbewußtsein oder Standesdünkel da oder da noch vorhanden sein sollte, das übernimmt dann die Wehrmacht zur weiteren Behandlung auf zwei Jahre, und wenn sie nach zwei, drei oder vier Jahren zurückkehren, dann nehmen wir sie, damit sie auf keinen Fall rückfällig werden, sofort wieder in die SA, SS und so weiter, und sie werden nicht mehr frei ihr ganzes Leben. Und wenn mir einer sagt, ja, da werden aber doch immer noch welche übrigbleiben: Der Nationalsozialismus steht nicht am Ende seiner Tage, sondern erst am Anfang!«[30]

Die Voraussetzungen zu diesem unentrinnbaren Requirierungsprogramm wurden überwiegend bereits im Verlauf des Machteroberungsprozesses geschaffen. Die Beseitigung der bündischen Gruppen und die Verfügung Hitlers vom 17. Juni 1933, mit der Schirach die Kontrolle über die gesamte Jugendarbeit erhielt, richteten das Feld für den ungehinderten Aufbau einer Staatsjugendorganisation her. Schon Ende 1934 gehörten ihr über dreieinhalb Millionen, Ende 1936 rund sechs Millionen Mitglieder an. Dabei haben nicht nur Zwang und die bewährten Methoden psychologischen Drucks eine Rolle gespielt, sondern in nicht geringem Maße auch die nationale Begeisterungswelle, von der sich die Jugend eher noch gläubiger als die übrige Bevölkerung ergreifen und tragen ließ. Der jetzt mit allem staatlichen Gewicht erhobene Appell an die junge Generation hat die stürmische Schwenkung gewiß mitbewirkt, und die Jugend selbst konnte ihm in der Mehrzahl um so bereitwilliger folgen, als der von der bündischen Bewegung entwickelte Typus des Jungenverbandes die neuen Formen nur in den seltensten Fällen als Bruch empfinden ließ. Wie es dem Hitlerschen Grundsatz der »gleitenden Revolution« auf allen Ebenen entsprach, war die Reichsjugendführung überdies darauf bedacht, den Übergang möglichst unmerklich zu vollziehen. Gliederung, Aktivitätsstil und Führerprinzip der HJ, aber auch Fahrt, Lager, Uniform oder Heimabend waren ohnehin bündischen Ursprungs, die Lieder, die Riten und ein gewisses ideologisches Rahmenbewußtsein konnte die Hitlerjugend unverändert übernehmen, um sie erst später und schrittweise den eigenen Bestrebungen auch im einzelnen anzupassen. Das Gesetz über die Hitlerjugend vom 1. Dezember 1936 gab einer im Grunde längst vollzogenen Entwicklung nur noch den legalen Unterbau und eröffnete rechtstechnisch die in zwei späteren Durchführungsverordnungen wahrgenommene Möglichkeit, den Dienst in der Hitlerjugend der Arbeitsdienst- und Wehrdienstpflicht gleichzustellen.[31] »Der Kampf um die Einigung der Jugend ist beendet«, erklärte Schirach am 1. Dezember 1936. Er drückte die Hoffnung aus, auch die neu hinzukommenden Jugendlichen, vor allem aus den Reihen der bis dahin unter zahllosen Drangsalierungen weitergeführten Reste der katholischen Jugendverbände, »zu versöhnen und innerlich zu gewinnen«. In einer zweiten Ansprache vom Abend des gleichen Tages, die an die Eltern gerichtet war, ergänzte er seinen Hinweis auf den »harten und kompromißlosen« Einigungsfeldzug durch die nahezu unverhüllte Aufforderung zu politischem Opportunismus: »Den Marschallstab der Jugend«, so versicherte er, »trägt jeder Pimpf in seinem Tornister. Aber es ist nicht die Führung der Jugend allein, die ihm offensteht, auch die Tore des Staates sind ihm weit geöffnet. Wer von frühester Jugend an in diesem Deutschland Adolf Hitlers seine Pflicht erfüllt, tüchtig, treu und tapfer ist, braucht um seine Zukunft keine Sorge zu haben.«[32]

Die mit solchen Hinweisen genährten Motive der Berechnung oder der Furcht haben zweifellos viele Jugendliche, oft nicht ohne Mitwirkung besorgter Eltern, in die Reihen der Hitlerjugend geführt. Aber ein nicht geringer Teil fühlte sich auch angezogen von der Fähigkeit der Führung, Ideale zu zeigen, Glauben zu erwecken und die Phantasie mit einer erregenden Utopie zu erfüllen. In einem bis dahin ungekannten Maße konnte die Jugend ihren spontanen Drang nach Einsatz, Aktivität und Bewährung befriedigen. Das nationalsozialistische Regime schien ihr zu gewähren, was sie ersehnte: »Sich einzusetzen, Verantwortung für Altersgenossen zu erhalten, arbeiten zu können für ein immer stärkeres Vaterland im Gleichklang mit ebenso begeisterten Gefährten«, wie einer aus ihren Reihen zurückblickend schrieb; »da lagen öffentliche Anerkennung und Aufstieg zu Positionen, die früher undenkbar waren.«[33] Wenn Schirach in Nürnberg wiederholt erklärt hat, sein Ziel sei die Bildung eines »Jugendstaates im Staate« gewesen, so ist daran immerhin richtig, daß versucht wurde, der Jugend ein eigenes Selbst- und Vorzugsbewußtsein zu verschaffen. Das offiziell nunmehr geleugnete, angeblich in der Volksgemeinschaft aufgehobene Generationsproblem schien tatsächlich weitgehend gelöst. Bei genauerer Betrachtung dagegen zeigte sich, daß es nur auf eine merkwürdige Weise verkehrt worden war und daß sich nun vielfach die Erwachsenen in den Zustand der Abhängigkeit gedrängt sahen. In dieser Form wurde der Gegensatz nicht selten bewußt wachgehalten und vor allem gegen die rivalisierende Autorität von Eltern, Kirchen und Lehrern aufgeboten. Gegen sie richtete sich im Verlauf einer der nun zahlreich anhebenden Auseinandersetzungen der Vorwurf Schirachs, sie vergäßen einfach, »daß die Jugend in einem höheren Sinne immer recht« habe.[34] Zur Absicherung des überlegenen Sonderbewußtseins diente auch der eigene Ehrenkodex der Jugend, sie hatte ihre Fahnen, ihre Hymne, ihre Führer und in Herbert Norkus sowie den 21 Angehörigen der sogenannten »Unsterblichen Gefolgschaft« ihre eigenen Märtyrer: »Jugend muß von Jugend geführt werden«, lautete die von Hitler selbst geprägte Formel.

Das alles konnte allerdings nicht die Einsicht unterbinden, daß selten eine heranwachsende Generation unmündiger war als diese. Das Prinzip der Selbständigkeit galt ausschließlich im Verhältnis zur bürgerlichen Umwelt und war ein Mittel zur Unterhöhlung der traditionellen Erziehungsträger. Die starre Eingliederung der Hitlerjugend in die Parteiorganisation unterwarf sie völlig den Direktiven der Herrschaftsspitze, und Schirach hat sie daher auch den »Sektor Jugend der Nationalsozialistischen Arbeiterpartei« genannt.[35] Mit einer kaum verhüllten Konsequenz wurde sie zum »Material« für die ausgreifenden Zukunftspläne des Regimes erzogen und als Faktor in die Berechnung der außenpolitischen Kräfteverhältnisse eingesetzt. Ihrer ganzen unpolitischen Erziehung nach schlechthin außerstande, in den Maßnahmen der Staatsmacht die dahinter wirksamen Motive zu erkennen und mit der Einsicht in die eigene Lage zu verbinden, hat die Jugend selbst in der ideologischen Schulung, im Dienstbetrieb oder auch in der Gliederung der HJ mit den von der Wehrmacht übernommenen Strukturen zumeist nur Zugeständnisse der Führung an ihren Spiel- und Abenteuertrieb erblickt und naiverweise als Appell an einen allgemeinen Idealismus interpretiert, was tatsächlich einem konkreten machtpolitischen Zweck diente. Obwohl die Verschleierungstechnik der nationalsozialistischen Führung solche Mißverständnisse immerhin erleichterte, wären sie doch ohne die traditionelle Politikfremdheit der deutschen Jugend kaum möglich gewesen. In den Begeisterungsstürmen, die insbesondere vor den Rednertribünen Hitlers hochbrandeten, hat diese Haltung aus Wandervogeltagen ihr eigentliches Debakel erlebt: stets glaubte diese Jugend sich bei ihrer »guten Gesinnung«, nicht aber als Objekt imperialer Zielsetzungen angesprochen. Unpolitisch, wie sie im Grunde auch jetzt noch war, meinte sie, moralische Imperative zu hören, wo es um den totalitär verfügbaren Menschen, um Machtsteigerung und Krieg ging; so beispielsweise, wenn Hitler ihr zurief:

»Ein Wille muß uns beherrschen, eine Einheit müssen wir bilden, eine Disziplin muß uns zusammenschließen; ein Gehorsam, eine Unterordnung muß uns alle erfüllen. Denn über uns steht die Nation ... Ihr müßt die Tugenden heute üben, die Völker brauchen, wenn sie groß werden wollen. Ihr müßt treu sein, ihr müßt mutig sein, ihr müßt tapfer sein, und ihr müßt untereinander eine einzige große, herrliche Kameradschaft bilden. Dann werden all die Opfer der Vergangenheit, die für das Leben unseres Volkes gebracht werden mußten und gebracht worden sind, nicht umsonst hingegeben worden sein ...«[36]

Den machtpolitischen Bestrebungen des Regimes war die gesamte praktische und ideologische Schulung der Jugend unterworfen. Schon das Jahr 1935 erhielt die Parole »Jahr der Ertüchtigung« und machte damit den Anfang zu einer wahren Begriffsinflation: man sprach von Leibesertüchtigung, Wehrertüchtigung, musischer, beruflicher, rassischer und sogar auch hauswirtschaftlicher Ertüchtigung (im Rahmen des BDM). Parallel dazu lief eine systematische Diffamierung von Vernunft, Wissen und dem vorzugsweise mit dem Adjektiv »feige« gekoppelten Intellekt. »Wir wollen es im Laufe der Jahre erreichen«, erklärte der Obergebietsführer Dr. Hellmuth Stellrecht in einem Vortrag, »daß den deutschen Jungen die Büchse ebenso sicher in der Hand liegt wie der Federhalter. Es ist schon eine merkwürdige Geistesverfassung für eine Nation, wenn sie jahrelang viele Stunden täglich auf Schön- und Rechtschreiben verwendet, aber nicht eine einzige Stunde auf Schießen. Der Liberalismus hat über die Schultüren geschrieben, daß ›Wissen Macht ist‹. Wir aber haben es in der Kriegs- und Nachkriegszeit erfahren, daß die Macht eines Volkes letzten Endes immer nur auf seinen Waffen beruht und denen, die sie zu führen wissen.«[37] Einem Leistungsbericht zufolge, den Arthur Axmann, der Nachfolger Schirachs als Reichsjugendführer, 1943 veröffentlichte, wurden »30 700 HJ-Schießwarte ausgebildet ... 1,5 Millionen HJ-Jungen machten regelmäßig Schießdienst. Über die Ausbildung der gesamten Führerschaft auf allen Gebieten der Wehrertüchtigung in besonderen Schulungslagern wurde Anfang 1939 zwischen dem Oberkommando der Wehrmacht und der Reichsjugendführung eine Vereinbarung getroffen ... Während sich die Ausbildung im Schieß- und Geländedienst auf die gesamte männliche Jugend erstreckte, erfuhr die Wehrertüchtigung der HJ ihre Erweiterung in Sondereinheiten. Die Marine-HJ umfaßte 1938 50 000 Jungen, die Motor-HJ hatte eine Stärke von 90 000 Jugendlichen, in den Fliegereinheiten standen 74 000, in den Modellflug-Arbeitsgemeinschaften des DJ 73 000 Jungen; die Nachrichten-HJ hatte 29 000 Angehörige.«[38]

Die »weltanschauliche Ertüchtigung« ergänzte dieses Programm. Einem Wort Hitlers folgend, war es ihre Aufgabe, »jenes unverdorbene Geschlecht zu erziehen, das ... bewußt wieder zurückfindet zum primitiven Instinkt«[39]. In ihrem Mittelpunkt standen die Ideen des Kampfes und der Rasse. Als die beiden zentralen Vorstellungen der nationalsozialistischen Ideologie begleiteten und beherrschten sie die Entwicklung des jungen Menschen von frühester Zeit an. Schon die Märchenliteratur wurde »als ein kindertümliches Erziehungsmittel zur heldischen Welt- und Lebensauffassung« verstanden, und ein Märchenband des Unterrichtswerkes ›Volk und Führer‹ trug den bezeichnenden Titel »Menschen kämpfen«. Für das sogenannte Robinsonalter sollten nach den Richtlinien des NS-Lehrerbundes Weltkriegsschilderungen und die HJ-Literatur herangezogen werden. Die Jugend müsse, so lautete die Forderung, »von früh an eine Zeit ins Auge fassen können, die nicht nur zu handeln, sondern auch zu sterben gebieten kann«, sie müsse »einfach wieder wie unsere Ahnen denken lernen: Des Mannes größte Ehre liegt im Tode vor dem Feinde seines Volkes«[40]. »Gott ist der Kampf, und der Kampf unser Blut, und darum sind wir geboren«, sang die HJ. Die Verszeile deutete die enge Verknüpfung von »heroischen« und »rassischen« Vorstellungskomplexen an, denen sämtliche übrigen Erziehungsbereiche untergeordnet wurden; denn »an philosophischen Systemen, an vortrefflichen Grammatiken, an schönen Gedichten« sei Deutschland überreich. »Aber an Danzig, Wien oder am Saargebiet, an Eupen und Malmedy sind wir zur Zeit sehr arm«, wurde im Jahre 1933, zunächst noch beschränkt auf die außenpolitischen Nahziele, die neue Linie begründet.[41] Dahinter standen von vornherein weitaus ehrgeizigere Entwürfe. Das Erziehungsprogramm sollte nicht mehr und nicht weniger gewährleisten, als »dereinst das für die letzten und größten Entscheidungen auf diesem Erdball reife Geschlecht zu erhalten«, wie Hitler versicherte [42]:

> »Meine Pädagogik ist hart. Das Schwache muß weggehämmert werden. In meinen Ordensburgen wird eine Jugend heranwachsen, vor der sich die Welt erschrecken wird. Eine gewalttätige, herrische, unerschrockene, grausame Jugend will ich. Jugend muß das alles sein. Schmerzen muß sie ertragen. Es darf nichts Schwaches und Zärtliches an ihr sein. Das freie, herrliche Raubtier muß erst wieder aus ihren Augen blitzen. Stark und schön will ich meine Jugend ... So kann ich das Neue schaffen.«

In solchen frühen Äußerungen Hitlers war viel »Literatur«, und das Erziehungskonzept des Regimes ist davon nur insoweit geprägt worden, als diese Visionen sich mit der starren Herrschaftspraxis vereinbaren ließen. Das »freie, herrliche Raubtier« war in Wirklichkeit eine domestizierte, auf beliebige Reaktionen abgerichtete Varietät. Berechenbarkeit, äußerste Effektivität, die funktionalen Qualitäten überhaupt, bestimmten das Bild des verlangten Typus. Das Vermögen zu eigener Entscheidung und Verantwortung wurde systematisch nur zu halber Höhe entwickelt und fand seine Schranken innerhalb vorgegebener Einsatzziele. Der »Glauben an das Unmögliche«, den die Jugend nach einem Wort Schirachs erwerben sollte, war nichts anderes als die gläubige Bereitschaft zum Vollzug unmöglich scheinender Befehle.[43]

Der Krieg, der die Erprobung dieser Erziehungsmaximen brachte, hat erwartungsgemäß deren Wirksamkeit bestätigt und die nach diesen Grundsätzen geschulte Generation zu Leistungen befähigt, deren Glanz freilich nicht das Elend personaler Verkümmerung verbergen konnte, an das er gebunden war. Schirach selbst ging zu Beginn des Jahres 1940, das er als »Jahr der Bewährung« ausgerufen hatte, an die Westfront, ehe er im Juli des gleichen Jahres ins Führerhauptquartier befohlen und zum Gauleiter von Wien ernannt wurde. Sei es, daß dieser Funktionswechsel schon als Kaltstellung gedacht war, sei es, daß der Einfluß der vergleichsweise immer noch liberalen und weltoffenen Stadt ihn von seinen ideologischen Fixierungen löste und erste Zweifel an der Richtigkeit des beschrittenen Weges weckte — jedenfalls geriet er in eine wachsende Distanz zu dem einst emphatisch bewunderten Führer. Schon dem Entschluß zum Kriege hatte er sich skeptisch widersetzt, die amerikanische Verwandschaftsbeziehung sowie seine unorthodoxe Kulturpolitik als Gauleiter belasteten das Verhältnis weiter, und Anfang 1943 äußerte Hitler zu Göring, er empfinde gegen Schirach »ein unbestimmtes Mißtrauen«[44]. Als der ehemalige Reichsjugendführer etwa um die gleiche Zeit in Wien eine Ausstellung veranstaltete, die auch Werke der »entarteten Kunst« berücksichtigte, fühlte Hitler sich auf seinem eigensten Gebiet herausgefordert und machte ihm den Vorwurf, daß er »die kulturelle Opposition in Deutschland gegen ihn anführe«. Zwar traf diese erregte Behauptung weder Schirachs wirkliche Aktivität, noch gab sie Richtung und Ausmaß seiner Bestrebungen wieder. Immerhin aber versuchte er wenige Wochen später, bei einem Besuch auf dem Berghof, Hitler zu einer maßvolleren Politik gegenüber den russischen Völkerschaften zu bewegen und, mit Hilfe seiner Frau, Hitlers Aufmerksamkeit auf die barbarischen Umstände der Judendeportationen zu lenken, ohne doch mehr als einen Zusammenstoß zu provozieren, der die vorzeitige Abreise des Ehepaares zur Folge hatte. Von diesem Zeitpunkt an sah er sich isoliert, und wenn sein späteres Vorbringen, er habe verschiedentlich aus begründetem Verdacht mit Verhaftung und Anklage vor dem Volksgerichtshof gerechnet, vermutlich auch nur in seinem Hang zur Selbstdramatisierung begründet war, so ist doch immerhin seine Äußerung zutreffend, er sei seit der Kontroverse auf dem Berghof »politisch ein toter Mann« gewesen. Auch hielt er selbst sich nun zusehends zurück, aus persönlicher Furcht und nicht zuletzt wohl auch aus der Verlegenheit eines Mannes, der seine romantischen Ideale und Wunschbilder von Opfer, Heldentum und Marmormonumenten durch die Realität des Krieges widerlegt sah, auch wenn er es nicht aussprach, um

»einen törichten Traum noch ein wenig zu erhalten«[45]: im Kampfeinsatz der Hitlerjugend in der Festung Breslau, in den Volkssturmeinheiten des »Dritten Aufgebots« oder an der Pichelsdorfer Brücke in Berlin wurde jener Jungentod wirklich gestorben, den er in Reimen gefeiert hatte.

Der Verteidiger Schirachs hat im Nürnberger Schlußplädoyer betont, daß an den Händen seines Mandanten kein Blut klebe. So zutreffend dieser Hinweis im juristischen Sinne auch ist, verdunkelt er doch eher den Tatbestand, der sich mit Person und Weg des Reichsjugendführers des Dritten Reiches verbindet. Man verfehlt leicht die Problematik und wohl auch den – trotz allem – möglichen Sinn einer Erscheinung wie dieser, wenn man, von welcher Warte aus immer, für oder gegen ihr Mördertum plädiert, wo es sich tatsächlich um Selbstmördertum aus irrational-pathetischem Antrieb handelte. Nicht der Tod des Gegners, sondern der eigene Tod waren Inhalt und Sehnsucht der rauschhaften Bekenntnisse Schirachs, und mit ihm und lange vor ihm war es eines der großen Themen der jungen Generation. Aus diesem Grunde weit eher als wegen der braunen HJ-Uniform, die er trug, repräsentierte er einen Typus oder doch eine verbreitete Haltung – wie verbreitet, das hat diese Untersuchung trotz ihres begrenzten Rahmens immerhin erwiesen. »Wir sind geboren, um für Deutschland zu sterben«, stand über dem Eingang eines HJ-Heimes, doch hätte der Satz auch aus dem Tagebuch eines Feldwandervogels oder aus einer der zahllosen Publikationen der Bündischen Jugend stammen können. Was sie alle verband, war, neben manchen anderen gemeinsamen Zügen, die schwärmerische Reduktion des Selbsterhaltungstriebes, der Glaube an die magische Kraft des Opfers. Es war eine romantische Haltung, die als heldisch bezeichnet und verstanden wurde, aber in Wahrheit nur lebensuntüchtig und todesbereit war.

Man wird schwerlich bestreiten können, daß das Jugendprogramm des Dritten Reiches, wie ein Buchtitel Schirachs das zum Ausdruck brachte, eine »Revolution der Erziehung« darstellte; aber zugleich enthielt es doch auch zahlreiche vornationalsozialistische, auf dem Boden eines verfehlten Selbstverständnisses erwachsene Elemente: Autoritätsgläubigkeit, politischer Irrationalismus, Vergangenheitskult, die Flucht aus der Wirklichkeit in ein »inneres« Reich, das nicht von dieser Welt war, Schicksalshörigkeit oder eben mystische Todesbereitschaft – das waren lange vorhandene Motive, die der Nationalsozialismus nur ausgebeutet und seinen Absichten zynisch dienstbar gemacht hat. Wenn Schirach im Verlauf des Nürnberger Prozesses die deutsche Jugend wiederholt beschwor, dem Antisemitismus abzusagen, so verkannte er den komplexen Charakter des Problems. Es verlangt nicht nur den Widerruf extremer oder gar verbrecherischer Erscheinungen, sondern ein radikal verändertes Selbstverständnis der Jugend. Im Übergang von der gläubigen zur »skeptischen« Generation werden die Ansätze dazu erkennbar.

GENERAL VON ICKS

Haltung und Rolle des Offizierskorps im Dritten Reich

»Ach, wissen Sie, man ist solch ein Lump geworden . . .«

Wilhelm Keitel

»Das wahre Heldentum ist, im Gegensatz zum militärischen, immer mit Schimpf und Schmach verbunden.«

Theodor Fontane

Am 30. Januar 1933 setzte sich General von Icks, damals noch am Beginn seiner Karriere, neben dem Leutnant Graf von Stauffenberg an die Spitze einer begeisterten Menschenmenge, die in den Straßen Bambergs die Ernennung Hitlers zum Reichskanzler feierte. Wenige Wochen später, am Tag von Potsdam, ließ er sich willig vom Schauspiel der Versöhnung des alten mit dem neuen Deutschland überwältigen. Er hatte beim »Röhm-Putsch« seine Hand im Spiel und widmete sich Mitte der dreißiger Jahre der Aufstellung neuer Divisionen, die das Zeichen seiner Energie und seines präzisen Sachverstandes trugen, ehe das Jahr 1938 seiner illusionären Selbstgewißheit die Ernüchterung bereitete. Er konspirierte und nahm, wie v. Brauchitsch und andere, persönliche Dotationen entgegen. In ihm vereinigte sich die enthusiastische Blindheit v. Blombergs mit der Moralität Becks, die fachmännische Borniertheit v. Mansteins mit der würdelosen Bereitwilligkeit Keitels. Er war, wie man von dem Generalmajor Oster gesagt hat, »ein Mann nach dem Herzen Gottes«, und doch des »Teufels General«[1]. Die zahlreichen Urteile, die ihn, den »preußisch-deutschen Offizier«, vor der Geschichte beschuldigen, gehen an der Wirklichkeit des Verhältnisses zwischen Hitler und seinen Generalen vorbei, sofern sie nicht ein Element des Widerspruchs enthalten; denn *den* deutschen Offizier hat es unter der sich entfaltenden und verwirklichten Herrschaft Hitlers ebensowenig gegeben wie *das* Offizierskorps als homogene Einheit. Der Generaloberst Ludwig Beck repräsentierte niemanden, auch menschlich, auch moralisch nicht; das gleiche gilt von seinen Gegentypen: Keitel, Burgdorf oder Jodl. Die verheerende Wirkung der Sprengsätze, die Hitler tief in dem sozialen Block der Offizierskaste zündete, erlaubt als summarische Behauptung nur die eine: daß sie allesamt Besiegte gewesen sind; denn die Feststellung unterschiedlichen oder gar kontroversen Verhaltens bezeugt bereits die Niederlage eines gesellschaftlichen Gefüges, das stets eifersüchtig über seine innere wie äußere Geschlossenheit gewacht hatte.

Der Bruch deutete sich schon vor dem Jahre 1933 im Zeichen der aufstrebenden nationalsozialistischen Bewegung an und trennte zunächst die Generationen. Nach dem Rücktritt Seeckts, dessen Autorität die während der ersten Nachkriegsphase im Offizierskorps aufgetretenen Frontenbildungen noch einmal zurückgedrängt und durch eine rigoros einseitige Personalpolitik die Reichswehr zu innerer Identität zusammengezwungen hatte, setzte gegen Ende der zwanziger Jahre eine gegenläufige Entwicklung ein, die im Prozeß gegen die Ulmer Reichswehroffiziere sowie in den teilweise schroff divergierenden Reaktionen innerhalb des Offizierskorps auf die Begleitumstände dieses Prozesses einen weithin überraschenden und nahezu dramatischen Ausdruck fand. Dabei wurde deutlich, daß sich vor allem unter den jüngeren Offizieren eine nicht unbeträchtliche Minderheit fand, die nicht nur aus Gründen des nationalen Temperaments und der Unzufriedenheit mit der angeblichen Tatenlosigkeit und Schwäche der republikanischen Instanzen für die »aktivistische« NSDAP optierte, sondern auch aus den beruflichen Ressentiments derer, die sich unter den Beschränkungen des Hunderttausendmann-Heeres zeitlebens zu einer »Karriere-im-zweiten-Glied« verurteilt sahen.[2] Anders dagegen die ältere Generation, die sich der wachsenden Hitlerpartei gegenüber teils reserviert, teils offen ablehnend verhielt – freilich nur zum geringen Teil als Gegner aus dezidiert republikanischer Überzeugung, zum weitaus größeren dagegen aus restaurativen oder sentimentalen, jedenfalls unwiderruflich im Kaiserreich verhafteten Denk- und Gefühlsweisen sowie schließlich auch als Gegner schlechter Manieren und eines politischen Rowdytums, das offensichtlich keine Kavaliersstandpunkte kannte. Dieser Riß durch die Generationen blieb allerdings lange weitgehend überdeckt von der gemeinsam beobachteten Abneigung gegen die Weimarer Republik. Bis zuletzt hat ihr die Reichswehr nur mit allen Zeichen einer widerwilligen, abgenötigten Loyalität gedient und gerade Seeckt allen Ansätzen zu einer Versöhnung konsequent entgegengearbeitet. Die Kälte und Unpersönlichkeit seines Verhältnisses zu den politischen Führungsinstanzen, seine ostentative Weigerung, an den jährlichen Verfassungsfeierlichkeiten teilzunehmen, seine erfolgreichen Bestrebungen, den Flaggenstreit zumindest für die Reichswehr zugunsten der alten Farben Schwarz-Weiß-Rot zu entscheiden, sowie die Unnachgiebigkeit, mit der er die Stiftung eines republikanischen Verdienstordens ablehnte, waren sämtlich Ausfluß der grundsätzlichen und halsstarrigen Verneinung eines von revolutionären, sozialistischen und pazifistischen Zügen bestimmten Staatswesens, dessen Existenz nur als Provisorium, als »Durststrecke« angesehen und ertragen wurde.[3]

Seeckts Bemühungen, die Reichswehr ideologisch von allen äußeren Einflüssen freizuhalten, fanden, zumindest vor der Präsidentenschaft Hindenburgs, ihre Ergänzung in dem Bestreben, die traditionelle Bindung des Offizierskorps an den Monarchen, dessen Ersetzung durch einen abstrakten Staatsbegriff dem weiterwirkenden Verlangen nach persönlich geprägten Treuebeziehungen nicht genügen konnte, auf die militärische Führungsspitze selbst umzupolen und jedenfalls nicht dem demokratischen Regime zugute kommen zu lassen. Darüber erhob sich die Idee vom »unpolitischen Soldaten«, die als Prinzip der Überparteilichkeit propagiert, in Wirklichkeit jedoch nur als taktische Maxime verwendet wurde, um die autonome Sphäre zu erweitern und sich gegenüber allen geforderten republikanischen Engagements abzuschirmen. Nicht in der aktiven Förderung der NSDAP oder gar in mehr oder minder nachdrücklich vorgetragenen Interventionsakten zugunsten Hitlers liegt, wie eine unterschiedlich voreingenommene Geschichtsauffassung gemeint hat, der Schuldanteil der Reichswehr an der Entwicklung zum 30. Januar 1933, sondern in der störrisch und unbelehrbar behaupteten Abseitsstellung als »Staat im Staate«[4]. Ihr Verhalten fand eine folgenschwere Entsprechung in der sachlichen und persönlichen Indifferenz, mit der die republikanischen Organe ihrerseits dem Offizierskorps begegneten, so daß am Ende das Unvermögen beider Seiten es verhinderte, die alte tragische Kluft zwischen zivilem und militärischem Geist zu überbrücken.

Im übrigen bot gerade die Reichswehr in den letzten Januartagen des Jahres 1933, zumindest an ihrer Spitze, eher ein Bild der Verwirrung und des Zwiespalts, wie allein schon die Vorgänge bei der Ernennung Blombergs zum Reichswehrminister bezeugen. Vereinzelten Gefühlen der Resignation oder auch der Auflehnung – am stärksten zum Ausdruck gelangt in dem vom damaligen Chef der Heeresleitung, General von Hammerstein, unternommenen Schritt, dem Reichspräsidenten die Bedenken der Reichswehrführung gegen eine Amtsbetrauung Hitlers vorzutragen – stand überwiegend die Bereitschaft gegenüber, in dem dann doch erfolgten Kanzlerwechsel zunächst eine Entscheidung Hindenburgs zu erblicken, der ohnehin den Staat, dem die Reichswehr diente, jenseits aller parlamentarischen und kabinettstechnischen Veränderungen, diejenige vom 30. Januar 1933 eingeschlossen, allein repräsentierte. Es war gerade diese eher passive Haltung, die Hitler im September 1933 zu dem berühmten, immer wieder als Beweisgrundlage für die Schuldverfehlung der Generalität herangezogenen Ausspruch veranlaßte: »Wenn die Reichswehr nicht in den Tagen der Revolution auf unserer Seite gestanden hätte, dann ständen wir heute nicht hier.«[5]

Aber im historischen Zusammenhang betrachtet, sollte diese Äußerung erst jene Leistung bewirken, als deren Dank sie sich ausgab. Sie war Teil jener Politik der entgegenkommenden Gesten und Gunstbeweise, die Hitler in den ersten Monaten, angesichts seiner noch keineswegs gefestigten Machtstellung befolgte, um die offensichtlich skeptische Generalität zu sich herüberzuziehen. Die Formel lag denn auch auf einer taktischen Linie mit der Flut nationaler, der Tradition, dem Preußentum, den abendländischen Werten oder dem Frontsoldatengeist gewidmeten Lippenbekenntnisse des Regimes, der demonstrativ bezeugten Ehrerbietung gegenüber der Person des Reichspräsidenten, der Betonung von Zucht, Sitte, Ordnung, Christentum sowie aller Begriffskomplexe überhaupt, die ein konservatives Bewußtsein mit der Vorstellung des ihm zugehörigen Staates verband. Im Zuge der gleichen werbenden Bemühung hatte Hitler schon am 3. Februar 1933 eine Ansprache vor den höchsten Befehlshabern gehalten, die er, dem Zeugnis von Blombergs zufolge, als »eine seiner schwierigsten Reden« bezeichnet hat, »da er die ganze Zeit wie gegen eine Wand gesprochen habe«[6]. In der Art, wie er das allerdings auf nur schwankendem Grunde stehende Mißtrauen der militärischen Führungskräfte zwar nicht sogleich ausräumte, aber doch entscheidend irritierte, erwies er sich jedoch wiederum als Meister psychologischer Berechnung. Er versprach ihnen nicht nur die Aufrüstung der Wehrmacht, die »Ertüchtigung der Jugend und Stärkung des Wehrwillens mit allen Mitteln« sowie die militärische Schlüsselgewalt im Staate gegenüber den rivalisierenden Ansprüchen Röhms und der SA, sondern präsentierte auch seine Gegenforderung in einer Form, die »nur die Wünsche der Reichswehr zu erfüllen schien«[7]. Die Ansprache gipfelte in der Erklärung, die Wehrmacht solle »unpolitisch und überparteilich« bleiben, »der Kampf im Innern (sei) nicht ihre Sache, sondern (die) der Nazi-Organisationen«, was in dieser Formulierung als Entgegenkommen und Rückkehr zur vertrauten Praxis Seeckts mit allen ihren Vorteilen im Entscheidungsentzug und ihren im stillen erhofften Möglichkeiten, die Rolle des supremus arbiter gegebenenfalls zu übernehmen, begriffen wurde, während es in Wirklichkeit den ahnungslosen Offizieren eine terroristische Blankovollmacht entwand.

Entscheidend war dabei, daß Hitler in dem Reichswehrminister von Blomberg und dessen engstem Berater, dem schon am 2. Februar zum Chef des Ministeramts ernannten Oberst von Reichenau, zwei Partner fand, die seinem Kurs fast bedingungslos folgten. Trotz annähernd gleicher Ausgangslage waren beide doch völlig verschieden voneinander. Die Freiheit von allen Belastungen der Tradition, die Unbefangenheit und Aufgeschlossenheit, die ihnen gemeinsam war, resultierte in dem einen Falle aus der Wurzellosigkeit und mangelnden seelischen Balance eines von Stimmungen und momentanen Eindrücken fast beliebig geleiteten Temperaments, im Falle von Reichenaus dagegen aus dem berechnenden Zynismus eines Mannes, der alle Wertnormen als machthindernde beziehungsweise machtmindernde Faktoren erkannt und sich ihrer daher konsequent entledigt hatte. Blomberg war eine schwankende, leicht beeinflußbare Persönlichkeit, die den zielstrebigen Überredungskünsten Hitlers nicht viel mehr als die Unstetigkeit eines Charakters entgegenzusetzen hatte, der wechselweise und nebeneinander sich demokratischen Überzeugungen, der Anthroposophie, preußischem Sozialismus, sodann (nach einer Rußlandreise) »fast dem Kommunismus« und schließlich mehr und mehr autoritären Tendenzen überlassen hatte, ehe er nun Hitler mit dem ganzen Überschwang seines schwärmerischen, im Grunde substanzlosen Naturells verfiel: ihm seien, so versicherte er später in seinen Memoiren, im Jahre 1933 über Nacht Dinge in den Schoß gefallen, die er nach 1919 niemals erwartet hätte: zuerst Glauben, Verehrung für einen Mann und völlige Anhänglichkeit an eine Idee. Er habe sich dem Nationalsozialismus verschrieben, weil er gefunden habe, daß im Kern dieser Bewegung alles richtig war.[8]

Schon während ihrer gemeinsamen Zeit in Ostpreußen wurde Blomberg in solchen Auffassungen bestärkt und wohl auch geführt von seinem damaligen Stabschef, dem Oberst von Reichenau, der auch jetzt, als Chef des Ministeramtes, seine ehrgeizigen Aspirationen nicht wie Blomberg von affektbestimmten Motiven verwirren ließ, sondern dafür die Kälte eines beträchtlichen macchiavellistischen Instinkts einzusetzen hatte. Obwohl er schon vergleichsweise frühzeitig den Kontakt zu Hitler gefunden und einen Briefwechsel mit dem Führer der NSDAP unterhalten hatte, bedeutete ihm auch der Nationalsozialismus keine Sache innerer Überzeugung, sondern die Ideologie einer politischen Massenbewegung, deren revolutionären Elan er sowohl für seine persönliche Karriere als auch für die Machtstellung der Armee einzuspannen und im gegebenen Augenblick zu bändigen gedachte. Ebenso nüchtern wie intelligent, entscheidungsfreudig, großzügig, dabei nicht ohne eine Spur von Leichtsinn, verkörperte Reichenau nahezu vollendet den Typ des modernen, technisch geschulten und sozial unvoreingenommenen Offiziers, der die feudalen Kategorien seines Standes entschlossen über Bord geworfen und seine Vorurteilslosigkeit auch auf moralische Prinzipien ausgedehnt hatte. Auf einer Befehlshaberbesprechung im Februar 1933 erklärte er, der naturgemäß schon bald zur bestimmenden Figur für die Reichswehrpolitik jener Phase wurde, den Notizen eines Teilnehmers zufolge:

> »Erkenntnis (ist) notwendig, daß wir in einer Revolution stehen. Morsches im Staat muß fallen, das kann nur mit Terror geschehen. Die Partei

wird gegen Marxismus rücksichtslos vorgehen. Aufgabe der Wehrmacht, Gewehr bei Fuß. Keine Unterstützung, falls Verfolgte Zuflucht bei der Truppe suchen.«[9]

Nach dieser unehrenhaften Parole, die zwar »starke Betroffenheit«, aber bezeichnenderweise doch nur den Protest eines einzigen Teilnehmers herausforderte, hat die Reichswehrführung in den folgenden Monaten gehandelt. Sie stand Gewehr bei Fuß, als die Verfassung schrittweise durchbrochen, die Länder beseitigt, die Parteien und politischen Organisationen unterdrückt, Minderheiten drangsaliert, die Gegner des Regimes verhaftet, mißhandelt oder ermordet sowie Recht und Gesetz überhaupt ausgeschaltet wurden; zu dieser Haltung fand sie nicht unter dem Druck äußerer Umstände, auch nicht unter dem Gewissenszwang einer doch erst später eingegangenen Eides- und Gehorsamsverpflichtung, und schließlich nicht einmal im Gefolge traditioneller Denkweisen, denen die Devise Reichenaus doch schärfstens widersprach, sondern in einem Akt bewußter politischer Entscheidung. Und sie rührte sich nicht, als in der Affäre Röhm Hitler seine Mordkommandos zu einem dreitägigen Massaker losschickte. Wenn die öffentliche Ordnung, wie Blomberg es später darstellte, tatsächlich von Aufrührern und Verschwörern bedroht war, hätte die Reichswehrführung die Pflicht gehabt, einzugreifen; war das nicht der Fall, so hätte sie dem Geschehen Einhalt gebieten müssen. Doch weit von solcher Pflichterkenntnis entfernt, lieh sie der SS überdies ihre Waffen und nahm, um des Rechtes willen, der einzige Waffenträger der Nation zu heißen, schließlich auch die an ihr selbst verübten Verbrechen hin – befangen in ihren militärpolitischen Zielsetzungen, die sich allen elementaren Bindungen des Kameradschaftsgefühls überlegen zeigten, und in der Tat bereit, »die Ehre der Armee für die Illusion der Macht zu verhökern«[10]. Die Maxime der Nichteinmischung kam am Ende dem Verzicht auf Integrität und moralischen Anspruch überhaupt gleich, und mit seiner untrüglichen Witterung für Machtverhältnisse hat Hitler das dahinter verborgene Eingeständnis der Schwäche augenblicklich erkannt. Als Blomberg und Reichenau unmittelbar nach dem Tode Hindenburgs, Anfang August 1934, die Reichswehr in einem eher überstürzten Verfahren zu unbedingtem Gehorsam gegenüber dem »Führer des deutschen Reiches und Volkes, Adolf Hitler, dem Oberbefehlshaber der Wehrmacht« vereidigen ließen, war dies denn auch weniger, wie es später vielfach dargestellt worden ist, der Beginn einer unheilvollen Verstrickung, sondern strenggenommen schon deren erster abschließender Höhepunkt.

Die Politik der Reichswehrführung deckte sich allerdings von diesem Zeitpunkt an nicht mehr mit den vorherrschenden Stimmungen im Offizierskorps. Aber sie alle, ob sie nun die Juni-Morde kurzsichtig als Sieg der

Reichswehr, vorschnell als endlichen Abschluß der revolutionären Phase, als bedenklichen Übergriff oder empört und angewidert als nackte Mordaktion bewerteten, trafen sich in der Anschauung, die ein Abteilungsleiter der Heeresleitung mit den Worten festgehalten hat: »Soldat hat seinen Dienst zu tun, sich aber nicht um anderer Leute Sachen zu kümmern.«[11] Es war die alte, im Grundsatz nicht einmal falsche, aber einst wie jetzt falsch angewendete Formel vom »unpolitischen Soldaten«, die nun stärker denn je zur ideologischen Bemäntelung einer fundamentalen Entscheidungsscheu herangezogen wurde, mit dem Unterschied freilich, daß sie während der Weimarer Republik dazu herhielt, dem Staate, unter der sich entfaltenden Herrschaft Hitlers dagegen den vom Staat Verfolgten die Loyalität zu versagen oder, anders ausgedrückt: damals bot sie Gelegenheit, das Ja, jetzt dagegen das Nein zu verweigern. Sie bestimmte, insbesondere seit der Wiedereinführung der allgemeinen Wehrpflicht im März 1935, überwiegend die Haltung des höheren Offizierskorps. Sofern es das politische Geschehen im weiteren Sinne überhaupt zur Kenntnis nahm, begrüßte es die ordnende und straffe Energie des Regimes, seine nationale Entschiedenheit, die sich so vorteilhaft von der nachgiebigen Verzichtshaltung der Weimarer Zeit abhob, seine Aufrüstungspolitik samt der damit verbundenen Aufwertung des eigenen Standes. Wie es nie gelernt hatte, über die eigenen Zwecke hinauszudenken, so verdrängte es auch jetzt, in der fachlichen Beschränkung auf die unmittelbar militärischen Aufgabenstellungen, die beunruhigenden Erscheinungen im öffentlichen Bereich, die bezeichnenderweise als unvermeidliche Begleitsymptome eines revolutionären Neubeginns abgetan wurden. Wo immer oppositionelle Regungen überhaupt auftauchten, zeigten sie sich wiederum eher in der älteren Generation; aber auch hier waren sie, zu diesem Zeitpunkt jedenfalls, mehr taktischer als grundsätzlicher Art. Die Mehrheit dagegen dankte es Hitler, daß er den Soldaten wieder »in die reine Sachlichkeit des Dienstes (rettete)«, wie General von Choltitz noch im Rückblick schrieb.[12] Im gleichen Zusammenhang ist auch das damals weitverbreitete Wort von der Armee als der »aristokratischen Form der Emigration« zu verstehen, mit dem sich vor allem Teile des resignierten Bürgertums aus der abstoßenden Wirklichkeit des politischen Betriebs in die Nüchternheit des militärischen Dienstes flüchteten, um ihren individuellen Leistungsehrgeiz an vermeintlich wertfreien Aufgaben zu befriedigen.

Die Motivstrukturen sind im übrigen nicht immer eindeutig nachweisbar. Mitunter fällt es schwer zu entscheiden, was an diesem nahezu einheitlich angetretenen Rückzug auf die sachlichen Erfordernisse des Metiers stummer Protest, Fluchthaltung, reiner Karrierismus oder Ausdruck eines ohnehin blinden Expertentums war, das hinter moralischen Einwendungen nur die Schwäche emotional bestimmter Charaktere witterte und seinen fachmännischen Sachverstand ohne Bedenken jeder beliebigen Partnerschaft zur Verfügung hielt. Es bedarf dabei kaum eines Hinweises auf Hitlers Entschlossenheit, das politisch reservierte Spezialistentum innerhalb der Wehrmacht nur so lange zu dulden, wie der Aufbau eines wirksamen Instruments für seine hegemonialen Zielsetzungen darauf angewiesen war. Schon im Jahre 1934 hatte er in einem Interview versichert, es gebe in seiner »Anschauung nicht den geringsten Raum für den unpolitischen Menschen«, und später, in der Endphase der schon bald mit äußerstem Nachdruck einsetzenden Bestrebungen zur weltanschaulichen Indoktrination der Wehrmacht, bei der Absetzung des Generalfeldmarschalls v. Brauchitsch, erklärt, »die Aufgabe des Oberbefehlshabers des Heeres ist es, das Heer nationalsozialistisch zu erziehen. Ich kenne keinen General des Heeres, der diese Aufgabe in meinem Sinne erfüllen könnte. Daher habe ich mich entschlossen, den Oberbefehl über das Heer selbst zu übernehmen.«[13] Tatsächlich war die Entmachtung der Generalität nur die Konsequenz einer Entwicklung, an deren Beginn, neben anderen Voraussetzungen, die Formel vom »unpolitischen Soldaten« gestanden hatte, wie sie sich in zahllosen überlieferten Äußerungen widerspiegelte, so wenn der zeitweilige Chef der Heeresleitung, Generaloberst v. Fritsch, nicht ohne einen Unterton kurzsichtiger Selbstzufriedenheit, im Mai 1937 in einem Brief bemerkte: »Ich habe es mir zur Richtschnur gemacht, mich nur auf mein militärisches Gebiet zu beschränken und mich von jeder politischen Tätigkeit fernzuhalten ... Zur Politik fehlt mir alles.«[14] Ähnlich nannte v. Brauchitsch die Politik kurzerhand ein Gebiet, das seinen Horizont übersteige, und mit Ernst Udet wurde sie vielfach als »komischer Lärm im Hintergrund« belächelt[15], auch wenn dieser Lärm in Gestalt von Unrecht, Terror und Mord bis vor die eigene Tür und bisweilen gar über die Schwelle drang.

Wenn Blomberg und Reichenau die totalitären Bestrebungen Hitlers zunächst unterstützt hatten, weil sie rechneten, daß die versprochene und in Gang gesetzte Aufrüstung mit den vermehrten Truppenstärken zwangsläufig auch Gewicht und Einfluß der militärischen Instanzen vergrößern werde, so sahen sie sich alsbald getäuscht. Soweit Blomberg in all seiner Liebedienerei nicht selbst die eigenen Positionen räumte, wirkte gerade die überstürzt und fast planlos betriebene Aufrüstung zersetzend auf die Einheit des Offizierskorps, da die vorhandenen Kräfte schlechterdings nicht in der Lage waren, die binnen kurzer Zeit eingestellte Masse junger Offiziere ihrem prägenden Einfluß zu unterwerfen. Der Freiherr von Fritsch klagte denn auch, daß Hitler »alles viel zu sehr forciere, übertreibe, tothetze ... und jede gesunde Entwicklung zunichte« mache. Es mag dahingestellt bleiben, ob bei dem Drängen auf beschleunigte Aufrüstung nicht auch diese Nebenwirkung mitbedacht wurde, zweifellos aber kam sie Hitler gelegen, obwohl er dem Chef der Heeresleitung bei seinem Amtsantritt am 1. Februar 1934 befohlen hatte: »Schaffen Sie ein Heer in größtmöglicher Stärke und innerer Geschlossenheit und Einheitlichkeit auf dem denkbar besten Ausbildungsstand.«[16] Jedenfalls wurde, was ein Instrument der Wehrmachtführung hatte werden sollen, mehr und mehr zu einer wirksamen Waffe Hitlers gegen alle innenpolitischen Ambitionen der militärischen Führungsinstanzen. Die Kenntnis der Gesamtheit dieser Umstände hat ihm denn auch den Entschluß zu dem beispiellosen Schritt erleichtert, mit dem er im Frühjahr 1938 die Wehrmacht demütigte und auch den letzten verbliebenen Illusionen eines militärischen Führungs- oder doch Selbstbehauptungsanspruchs den Garaus machte.

Die Umstände wollten es, daß Blomberg selbst ihm die Gelegenheit zuspielte, nachdem er zu Hitlers wachsendem Unwillen den riskanten außenpolitischen Aktionen nur zögernd gefolgt war und innerhalb der militärischen Führung überhaupt einem Geist Raum gegeben hatte, in dem sich die Abneigung gegen kriegerische Verwicklungen mit ideologischer Indolenz mischte. Aus der Sicht Hitlers mußte die Haltung eines Offizierskorps, das die Aufrüstung, doch nicht den Krieg, die vom Nationalsozialismus geschaffene »Ordnung«, doch nicht seine Weltanschauung guthieß, in der Tat inkonsequent erscheinen. Wenn der Chef der Heeresleitung in einer Niederschrift betonte, »ganz unabhängig davon, daß die Grundlage unseres heutigen Heeres nationalsozialistisch ist und sein muß, kann ein Eindringen parteipolitischer Einflüsse in das Heer nicht geduldet werden«[17], so verbarg sich darin ein Widerspruch, den nicht nur Hitler vergeblich aufzulösen versuchte. Die von Blomberg und seiner Umgebung vom Jahre 1936 an wiederholt vorgebrachten Warnungen und grundsätzlichen Einwände, in ihrer bestimmtesten Form in der berühmten Besprechung vom 5. November 1937 zum Ausdruck gelangt, brachten Hitler zu der Überzeugung, daß die militärische Spitze nicht aus dem Material gemacht sei, dessen er zur Verwirklichung seiner ausgreifenden Eroberungspläne bedurfte. Als daher Ende Januar 1938 bekannt wurde, daß Blombergs kürzlich erfolgte Wiederverheiratung eine Mesalliance mit sittenpolizeilichem Charakter war, die den Abschied des Ministers notwendig machte, ergriff er die Gelegenheit, um zugleich auch den natürlichen Nachfolger Blombergs, den Freiherrn von Fritsch, kaltzustellen. In einem Auftritt wie aus einem Schmierenstück wurde der ahnungslose Chef der Heeresleitung in der Reichskanzlei homosexueller Verfehlungen beschuldigt, die sich zwar bald darauf als gänzlich haltlos herausstellten, aber den erwünschten Anlaß zu dem umfangreichen Revirement vom 4. Februar gaben, das, weit über die militärische Sphäre hinaus, die letzten verbliebenen Vertreter des Konservatismus aus ihren Einflußpositionen verdrängte. Hitler selbst übernahm die Ausübung des Oberbefehls über die Wehrmacht unmittelbar persönlich und umgab sich im neu errichteten Oberkommando der Wehrmacht mit willfährigen Männern, die in der genauen Umkehrung der Marwitzschen Devise »Gnade wählten, wo Ungehorsam nicht Ehre brachte«. Nachfolger von Fritschs wurde der General von Brauchitsch, der sich für das Amt durch charakterliche Schwäche und die Bemerkung empfohlen hatte, er sei »zu allem bereit«, was von ihm verlangt werde. Insbesondere gab er die Zusicherung, die Wehrmacht näher an den Nationalsozialismus heranzuführen.[18]

Mit einem Schlage, ohne die Andeutung eines Widerstandes, hatte Hitler damit auch den letzten Machtfaktor von einigem Gewicht ausgeräumt und neben der gesamten zivilen nun auch die militärische Gewalt in seiner Hand vereinigt. Verächtlich äußerte er, nun sei er gewiß, daß alle Generale feige seien.[19] Seine Geringschätzung wurde eher noch verstärkt durch die Bedenkenlosigkeit, mit der sich zahlreiche Angehörige der Generalität bereits vor der Rehabilitierung v. Fritschs zur Übernahme der freigewordenen Positionen bereit gefunden hatten. Dieser Vorgang drückte zugleich aus, daß die innere Einheit des Offizierskorps endgültig zerbrochen und die Solidarität des Standes, die schon im Falle des Mordes an v. Schleicher und v. Bredow den Beweis schuldig geblieben war, nicht mehr existierte. Niedergeschlagen schrieb der Generaloberst von Fritsch:

> »Eine so schmachvolle Behandlung hat zu keiner Zeit je ein Volk seinem Oberbefehlshaber des Heeres angedeihen lassen. Ich gebe das hiermit ausdrücklich zu Protokoll, damit die spätere Geschichtsschreibung weiß, wie im Jahre 1938 der Oberbefehlshaber des Heeres behandelt worden ist. Eine solche Behandlung ist nicht nur unwürdig für mich, sie ist zugleich entehrend für die ganze Armee.«[20]

Bezeichnenderweise hatte der ehemalige Chef der Heeresleitung lediglich die Geschichtsschreibung im Auge, nicht die Geschichte selbst. Einer Gruppe von Offizieren, die unter dem Eindruck des Geschehens verschwörerische Kontakte zu ihm anzubahnen versuchte, verweigerte er jetzt und ein halbes Jahr später noch einmal die Unterstützung mit der fatalistischen Bemerkung: »Dieser Mann ist Deutschlands Schicksal, und dieses Schicksal wird seinen Weg zu Ende gehen.«[21]

Gleichwohl wurde die Frühjahrskrise des Jahres 1938 zum Ausgangspunkt von Bestrebungen, die Ehre der Armee, deren Verlust der Generaloberst nur zu beklagen vermochte, unter persönlichem Einsatz zurückzugewinnen, zumal die bis dahin leichtsinnig in den Wind geschlagenen oder einfach übersehenen Elemente der von Hitler betriebenen Konfliktspolitik sich mehr und mehr zu konkreten Befürchtungen verdichteten. Tatsächlich hat als gesichert zu gelten, daß die Mehrheit der führenden Offiziere seinen abenteuerlichen Zukunftsprojekten durchaus kritisch gegenüberstand und den zum Krieg drängenden Kurs Hitlers keineswegs gebilligt hat: wenn auch naturgemäß weniger aus moralischen Erwägungen als auf Grund nüchterner Beurteilung der gegebenen Kräfteverhältnisse. Aber in einem vielfach gestaffelten System von Beschwichtigungen und Selbsttäuschungen hatten sie ihre Vorbehalte immer wieder auflaufen lassen und sich mit wechselnden Begründungen über die »besorgte Ahnung seiner Katastrophenanfälligkeit«[22] hinweggeholfen, sei es, daß sie sich mit Blomberg lange Zeit weigerten, Hitlers Entwürfe »ernst zu nehmen«, sei es, daß sie auf die dämpfende Wirkung machtpolitischer Tatsachen vertrauten, die schon frühzeitig genug die Grenze dieser ausschweifenden Herrschaftsphantasien deutlich machen würden, sei es schließlich, daß sie, vor allem nach den erstaunlichen Triumphen unblutiger Expansion, auf das »Genie des Führers« vertrauten.[23] Nur eine Minderheit hat sich solche unredlichen Ausflüchte versagt und sowohl Person und Pläne Hitlers als auch die Herausforderung an den persönlichen Entscheidungswillen, die darin enthalten war, ernst genommen. Schon im Januar 1937 hatte Ludwig Beck, der Chef des Generalstabs, an seinen damaligen Vorgesetzten, den Generaloberst von Fritsch, geschrieben:

> »Die Wehrmacht genießt in unserem militärfrommen Volk ein fast unbegrenztes Vertrauen ... Auf der Armee liegt ganz ausschließlich die Verantwortung für die kommenden Dinge. Vor dieser Feststellung gibt es kein Ausweichen.«[24]

Beck hat denn auch von seiner Stelle aus alles versucht, Hitlers Kriegsabsichten zu durchkreuzen oder zumindest zu verzögern, ohne indessen zunächst mehr als die Verabschiedung zu erreichen. »Was macht der Hund aus unserem schönen Deutschland!« hat er damals ausgerufen[25] und sich langsam erst, unter unendlichen Gewissensnöten, zur Bejahung der vom Jahre 1938 an innerhalb eines begrenzten Kreises immer wieder erörterten und geplanten Staatsstreichprojekte durchgerungen. Seine Verzweiflung, die nicht nur aus der äußeren Machtlosigkeit des Einzelnen gegenüber einem totalitären Regime, sondern offenkundig auch aus der inneren Ohnmacht eines in den charakteristischen Vorstellungen seines Standes befangenen Menschen resultierte, macht die von nahezu allen Offiziersverschwörern als bedrückend empfundene Problematik exemplarisch deutlich. Die Achtung auch vor der nur noch formal bestehenden Bindung durch Eid und Gehorsamsverpflichtung blieb strenggenommen unüberwindbar. Alle intellektuelle Einsicht in den von Hitler doch längst verwirkten Eidesanspruch und die erlaubte Notwendigkeit der Attentatsversuche hat nie ganz jene letzte gefühlsmäßige Barriere beseitigen können, hinter der ihm, was er plante, als Meuterei und Revolution erschien, Worte, wie er selbst in einer Auseinandersetzung mit Halder sagte, »die es im Lexikon eines deutschen Soldaten nicht gibt«, und ganz in diesem Sinne hat er bis zuletzt im Tag der Vereidigung auf Hitler den »schwärzesten Tag« seines Lebens gesehen.[26]

Im Grunde enthüllt der Zwiespalt die Lebensuntüchtigkeit einer Haltung, die von frühauf in den starren Begriffskategorien militärischen Denkens und Empfindens fixiert war. Das Ethos exakten Funktionierens, dem die objektive Leistung und Einordnung in zweckmäßige Wirkungskollektive alles, das subjektive Element dagegen stets eine nur mit Mißtrauen beobachtete Größe war, ging von der Vorstellung einer verbindlich akzeptierten Ordnung aus. Es erwies sich daher nur so lange als tauglich, wie diese Ordnung selbst nicht in Frage gestellt war; in revolutionären Zeiten versagte es, mochte es der Idee nach auch weniger auf den »mechanischen« als auf den disziplinierten Charakter abzielen, den es in seinen besten Vertretern auch erreicht hat. Aber gewohnt, individuelle Züge zu unterdrücken und sich allen Widerspruch, alle Gefühle, auch und gerade die der Empörung gegen eine gesetzte Ordnung als »räsonnierende« Anmaßung zu versagen, da »hier für Sentiments kein Raum« war, schlug der Zweifel am Herrschaftsrecht des Diktators immer wieder auf das Recht zum Zweifel selbst zurück. Man wird dieses Dilemma, wo es sich so wie in diesem Falle ohne ausweichende Nebenabsichten dokumentiert, sicherlich respektieren; hier stieß ein Erziehungsprinzip an seine Grenze, auf die es keine Antwort hatte. Aber zu fragen ist auch, ob es nicht gerade diese skrupelvolle, von steten inneren Besorgnissen und Konflikten beschwerte Haltung der oppositionellen Offiziere von Hammerstein bis Canaris, von Olbricht, Tresckow, Stieff und Schlabrendorff bis hin zu Stauffenberg gewesen ist, die aus der Geschichte des militärischen Widerstandes in so unbegreiflichem Maße eine Geschichte fortgesetzt fehlgeschlagener Versuche gemacht hat. Gewiß waren einmal die entmutigende Nachgiebigkeit Englands, dann ein technisches Versagen, dann wieder Hitlers immer neue verblüffende Erfolge oder schließlich seine offenbare Witterung für Gefahren und zuletzt immer wieder ein unseliger Zufall dafür verantwortlich – aber am Ende wohl auch jener Mangel an letzter Entschiedenheit zu einer allen anerzogenen Normen zuwiderlaufenden Tat, der im Grunde aus ihnen allen, diesen grüblerischen, gebrochenen, unaufhörlich diskutierenden, in ihre Gründe und Gegengründe tief verstrickten Verschwörern, merkwürdige, moderne Hamletnaturen macht.

Sie scheiterten indessen auch an der Schwäche und dem moralischen Immobilismus eines großen Teils der Generale und führenden Offiziere, die in immer neuen Beschwörungen gewonnen werden mußten, um schließlich doch wieder schwankend zu werden und jede der Aktionen, vom Sommer

1938 bis zum 20. Juli 1944, mit einem Element der Unsicherheit zu belasten, über das schließlich weniger der Gedanke an den Erfolg als vielmehr die Erwägung hinwegleitete, daß selbst ein mißlungenes Attentat wenigstens die verlorene Ehre zurückgewinnen half: »Wir reinigen uns selbst«, entgegnete General Stieff auf eine skeptische Frage nach den Aussichten des Unternehmens.[27] Hier war noch die Auffassung wirksam, einem besonderen Imperativ der Pflichten unterworfen zu sein, der auf den traditionellen Vorstellungen vom elitären Rang des Offiziers beruhte. Die Belastungsprobe, denen diese Vorstellungen unter dem totalitären Herrschaftssystem ausgesetzt waren, enthüllte jedoch, daß das militärische Wertbewußtsein für die Mehrheit zu einem leeren gesellschaftlichen Privilegierungsanspruch pervertiert war. Sie besaß nur noch die Allüre, verfügte nur noch über Formen und Formeln jenes preußischen Offizierstyps, auf den sie sich berief und mit dem sie denn auch häufig verwechselt worden ist. Das ganze Ausmaß dieser Entartung wird bestürzend deutlich daran, daß einer ihrer Repräsentanten noch aus postkatastrophaler Sicht seine Unfähigkeit bezeugte, auch nur die Konfliktsituation der Akteure vom 20. Juli 1944 zu erkennen und lediglich verletzte Eitelkeit, einen nicht zum Zuge gekommenen Ehrgeiz und Postenjägerei (!) am Werke sah.[28] Als der einstige Generalfeldmarschall von Rundstedt in Nürnberg gefragt wurde, ob er nie daran gedacht habe, Hitler zu beseitigen, antwortete er bestimmt und ohne Zögern, er sei Soldat und kein Verräter.[29] Hier, wie auch in der vielfach von der gleichen Konfusion der Begriffe geprägten Nachkriegserörterung über den militärischen Widerstand, wirkt offenbar die Vorstellung nach, daß ein Soldat das Land, das Volk, die Ehre, die Verantwortung für das Leben der Untergebenen, kurzum alles verraten könne, nur einen seinerseits tausendfach wortbrüchig gewordenen Mann nicht, dem er einen Eid geschworen hat.

Es fällt denn auch nicht schwer, hinter diesem Verteidigungsvorbringen, das mit pseudomoralischem Pathos zur Haltung der Pflichterfüllung und Selbstlosigkeit stilisiert, was tatsächlich nur Mangel an personaler Festigkeit war, den Grundzug einer opportunistischen Schwäche zu erkennen, der die überwiegende Mehrheit der führenden deutschen Offiziere jener Zeit charakterisiert und in Friedrich Fromm und Günther von Kluge zu typischem Ausdruck gelangt ist. Ihr Wankelmut entsprang einem Zwiespalt, der mit den hergebrachten Normen und Denkgewohnheiten nicht mehr zu lösen war, sondern nur mit einem Maß an individueller, »ziviler« Tapferkeit, über das sie nicht geboten. Im Wirbel der kollidierenden Werte, nach langem unausgesetztem Schwanken, in dessen Verlauf die Zusagen an die Verschwörer abrupt mit Treuebekenntnissen an die Adresse des »Führers« wechselten, fand das Leben beider in dem Augenblick, da sie sich endlich vor eine unwiderrufliche Entscheidung gestellt sahen, einen gleichermaßen bezeichnenden und denkwürdigen Abschluß: während Fromm in einem überhasteten Verfahren die Partner der Verschwörung im Hof des Kriegsministeriums in der Bendlerstraße erschießen ließ, um mögliche Belastungszeugen zu beseitigen und das eigene Leben zu retten, verübte der seines Postens enthobene und aus Frankreich nach Berlin zurückbeorderte Generalfeldmarschall von Kluge auf der Strecke zwischen Paris und Metz in seinem Wagen Selbstmord, nicht ohne freilich in einem Abschiedsbrief Hitler noch einmal seine persönliche Bewunderung bezeugt zu haben.[30] An der gleichen unzulänglichen Charakterstruktur, wenn auch nicht unter vergleichbar dramatischen Umständen, sind viele gescheitert und haben statt der geschichtlich wirksamen oder doch erinnerungswerten Tat resigniert den Tod gesucht. Keitel hat später bedauernd gefragt, warum ihm das Schicksal am 20. Juli 1944, beim Attentat auf Hitler, den »anständigen, ehrenvollen Soldatentod« verweigert habe, und damit doch nur deutlich gemacht, welchen Grad die Verfallssituation erreicht haben mußte, wenn als letzte Antwort auf den Zwang zu eindeutiger Gewissensentscheidung nur die Sehnsucht nach einem Zufallstod blieb.[31]

Diese fast durchgehend zu beobachtende Persönlichkeitsschwäche hat denn auch im Verlauf des Krieges zu einem wachsenden Einflußverlust der militärischen Instanzen sowohl auf staatlichem als auch auf dem eigenen, operativen Gebiet geführt. Indem sie sich, oft wider besseres Wissen, den sprunghaften, von Augenblickseingebungen bestimmten Anordnungen Hitlers fügten, haben sie jenen Entmachtungsprozeß selbst gefördert, der schon mit der Planung des Frankreichfeldzuges begann, vor Dünkirchen, bei der Absetzung v. Brauchitschs und im Geschehen um Stalingrad seine Höhepunkte sowie endlich nach dem 20. Juli 1944 mit der Ernennung Himmlers zum Chef des Ersatzheeres seinen Abschluß erreichte. Es war diese gleiche schwächliche Bereitschaft zur Kollaboration auch um den Preis der Selbstbloßstellung, der eine beträchtliche Zahl schließlich in die Unrechts- und Ausrottungspraktiken des Regimes verstrickt hat. Zwar darf man sicher sein, daß der sogenannte Gerichtsbarkeitsbefehl, der »Nacht-und-Nebel-Erlaß« oder der »Kommandogruppenbefehl« bei den führenden Offizieren wiederum »starke Betroffenheit« auslöste; aber wie schon einmal unterblieb auch jetzt wieder, von wenigen Ausnahmen abgesehen, jeder Versuch zu Protest oder gar gegengerichteter Aktivität. Statt dessen wurden vereinzelte Bemühungen um die Wahrung einer lediglich formalen Integrität sichtbar, so wenn Mansteins Stabschef den Einsatzgruppenleiter Otto Ohlendorf aufforderte, die Ausrottungsmaßnahmen abseits vom Armeehauptquartier durchzuführen, während Manstein selbst, aber auch v. Küchler, Hoth und v. Reichenau über solche Unterscheidungen schon hinausgingen, als sie sich mit einem Befehl annähernd gleichlautenden Inhalts an die ihnen unterstellten Einheiten wandten, in dem es hieß, daß »der Soldat im Ostraum nicht nur ein Kämpfer nach den Regeln der Kriegskunst, sondern auch Träger einer unerbittlichen völkischen Idee« sei, der »für die Notwendigkeit der harten, aber gerechten Sühne am jüdischen Untermenschentum volles Verständnis haben« müsse.[32] Wenn Manstein später in Nürnberg geltend machte, er könne sich an diesen Befehl nicht mehr erinnern, so offenbart dies nur die korrumpierenden Wirkungen einer anhaltenden Teilnahme am Unrechtssystem; denn anders als aus der Haltung blinden und grundsätzlichen Mitmachens ist nicht zu erklären, daß eine so einschneidende, allen soldatischen Traditionen zuwiderlaufende Verlautbarung der »Erinnerung ganz entfallen« konnte.

Schließlich hat auch die Berufung auf den Gehorsamsbegriff, der in den Rechtfertigungsbemühungen der Generalität eine so große Rolle spielt, nur als Mittel zur Verdunkelung einer alles überlagernden Persönlichkeitsarmut gedient. Es bedarf keines Hinweises, daß der Gehorsam ein konstitutives Element militärischer Ordnungsstrukturen ist, aber wie jede Bindung findet auch er seine Grenze in übergesetzlichen Normen, auf die er seinerseits bezogen ist. Die Verabsolutierung der Befehlsabhängigkeit, die zwangsläufig auch Verantwortung und Gewissen zu »weisungsgebundenen« Instanzen degradieren will, hat weder im Recht noch im Gesetz eine Berufungsmöglichkeit, und wenn die immer wieder angeführte preußische Tradition auch den Ungehorsam verwarf, so hatte sie doch Raum für den verweigerten Gehorsam gewährt: angefangen von jenem General, der einen seiner Offiziere bei gedankenloser Befehlsausübung anherrschte: »Herr, dazu hat Sie der König von Preußen zum Stabsoffizier gemacht, daß Sie wissen müssen, wann Sie nicht zu gehorchen haben!«, bis hin zu den Generalen von der Marwitz, Seydlitz oder Yorck.[33] Gewiß weist auch der Zweite Weltkrieg vergleichbare Beispiele auf, Rommels Entschluß, seine Truppen vor El Alamein zurückzunehmen, obwohl ein ausdrücklicher, auf Sieg oder Untergang lautender Befehl vorlag, ist keineswegs ohne Parallelen. Aber die Gegenbeispiele überwiegen doch bei weitem, von Stalingrad bis zu den sinnlosen Akten der Selbstvernichtung in der Endphase des Krieges hat die Mehrheit auch hier eine Unschlüssigkeit, einen Kleinmut, ein moralisches Phlegma bezeugt, das, unfähig zu selbstverantwortlichem Handeln, Hitlers Befehlen bedingungslos sich fügte, um an seiner Seite endlich unbewegt, verdrossen und ohnmächtig einer Niederlage entgegenzugehen, die sie sich selbst längst bereitet hatte.

Indessen bedarf auch diese Feststellung einer differenzierenden Ergänzung; denn für einen Teil, vor allem der Frontkommandeure, ist die Entscheidung zwischen Gehorsam oder Gehorsamsverweigerung auf Grund der besonderen Umstände, unter denen sie damit konfrontiert wurden, außerordentlich erschwert worden. Gerade in ihren Reihen war der Typus des »unpolitischen Soldaten« besonders stark vertreten, der sich durch die Folge glänzender Siege zu Beginn des Krieges in seinem selbstgenügsamen Professionalismus eher noch bestätigt gesehen hatte. Erst in der Peripetie des Krieges wurde ihm zusammen mit dem Unvermögen auch der Unrechtscharakter des Regimes deutlich, dem er bis dahin nie mehr als eine gänzlich unideologische Erfolgsloyalität entgegengebracht hatte. Die grundsätzliche Bereitschaft zum Widerstand sah sich jedoch, nach dem Anbruch der defensiven Periode des Krieges, von unterschiedlichen Erwägungen durchkreuzt. Die einen glaubten sich nicht berechtigt, durch eigene Auflehnung die ihnen anvertraute Truppe unsicher zu machen; andere hielten sich für verpflichtet, vorerst den Krieg zu Ende zu führen, um dann erst die als notwendig erkannten innenpolitischen Eingriffe vorzunehmen; wieder andere fürchteten den Zusammenbruch der Front, das unvermeidliche Chaos, und versuchten, die Opfer der einen oder anderen Entscheidung abzuwägen, und neben ähnlich gelagerten Gründen hemmte sie alle die Forderung nach »bedingungsloser Kapitulation«. Wieviel fachliche Befangenheit oder gedankliche Inkonsequenz dabei auch mitgespielt haben mag – nicht zu bestreiten ist, daß dieser Konflikt vielfach quälend empfunden wurde, und richtig ist immerhin, daß sich der Entscheidungsspielraum mit der Fortdauer des Krieges beträchtlich verengt hatte. Möglicherweise gab es denn auch aus dieser Zwangslage keinen anderen Ausweg, als ihn die Masse der höheren Frontoffiziere mit der Weiterführung des Kampfes gewählt hat; denn in diesem Stadium ging es im Grunde nur noch um die Milderung von Folgen. Die Ursachen lagen wesentlich früher.

Fraglos kann, wer zurückblickt, ziemlich genau die entscheidenden Markierungen auf diesem Wege benennen. Es war nicht der 30. Januar 1933 oder gar ein früheres Datum, so sehr in dieser Phase auch gewisse psychologische Ausgangspositionen vorbereitet und bezogen wurden; nicht die leichtsinnige Überheblichkeit, mit der das Offizierskorps »Ordnung« und nationales Selbstbewußtsein des Regimes begrüßte, dem seelischen Gewaltstreich von Potsdam erlag oder sich allzu lange in seiner Führungsrolle täuschte; es war auch nicht eine wesensbedingte Anziehung von »preußischem Militär« und nationalsozialistischem Ungeist. Alle diese Elemente sind, sofern überhaupt, nur von sekundärer Bedeutung gewesen. Es war vielmehr das allmähliche, protestlose Einschwenken auf die ehrenrührige Gewehr-bei-Fuß-Parole v. Reichenaus; es war dieser doppelsinnige politische Neutralismus sowie vor allem der 30. Juni 1934 mit der Devise: »An SS Waffen abgeben, wenn sie diese will« – jene Mordaffäre, die als vermeintlicher Sieg in der militärischen Führung so offene Triumphgefühle auslöste, daß v. Blomberg mahnen mußte, es sei ungehörig, sich über die »Gefallenen«, wie er es nannte, zu freuen.[34] Diese Akte eines erst zögernden, mit schlechtem Gewissen befolgten, doch dann immer hemmungsloser praktizierten Opportunismus haben Weg und Stellung der militärischen Machtträger im Dritten Reich entscheidend fixiert, und es klingt wie ein Echo auf Reichenaus erwähnte Äußerung vom Frühjahr 1933, wenn Halder später in seinem Kriegstagebuch eine Bemerkung von Canaris über das Verhalten der militärischen Führer im Osten aufzeichnet: »Offiziere zu schlapp; kein menschliches Eintreten für unrecht Verfolgte.«[35] Doch war es wohl nicht nur Schlappheit, sondern ein längst zur Gewohnheit gewordener taktischer Grundsatz. Das Element eigensüchtiger Berechnung, das mehr und mehr die Aktionen der militärischen Spitzen bestimmte, hat ihnen indes lediglich kurzfristige Anfangserfolge oder überhaupt nur die Illusion von Siegen verschafft, die sich schon bald als Niederlagen enthüllten: »Les institutions périssent par leur victoires.« Die Tat vom 20. Juli 1944 war denn auch nicht zuletzt der Versuch einer Minderheit, durch einen couragierten Entschluß aus diesem Teufelskreis auszubrechen und sich in einem Akt sichtbarer und entschiedener Auflehnung von den Irrtümern und Verblendungen vergangener Jahre abzukehren, um zumindest einen Teil der um kurzsichtiger Ziele willen preisgegebenen Integrität wiederzugewinnen.

Die wachsend bezeugte Geringschätzung Hitlers für die militärische Führung beruhte gewiß auf komplexen Motiven. Einiges aber spricht immerhin dafür, daß die Erkenntnis einer stetig zwischen den Fronten lavierenden Schwäche, wie sie in der Haltung der Generalität gegenüber dem Kriege und gegenüber dem Nationalsozialismus am sichtbarsten zum Ausdruck kam, zu dieser verächtlichen Bewertung wesentliche Akzente beigesteuert hat. Selten ist denn auch ein militärischer Führungsapparat mit unzutreffenderen, im Grunde vorurteilsvollen Argumenten der eroberungssüchtigen Aggressivität beschuldigt worden als der deutsche Generalstab jener Jahre. Von Fritsch und Blomberg bis hin zu den Generälen Wilhelm Adam und Georg Thomas haben sie immer wieder gewarnt, fachliche Bedenken geltend gemacht und die rauschhaften Zukunftsentwürfe Hitlers durch pessimistische Lagebeurteilungen zu Fall zu bringen versucht – und immer wieder unrecht behalten. Der häufige Wechsel in den Führungspositionen ist der deutliche Reflex dieses Widerstrebens. Hitler selbst hat während des Krieges bemerkt:

> »Als ich noch nicht Reichskanzler war, habe ich gemeint, der Generalstab gleiche einem Fleischerhund, den man fest am Halsband haben müsse, weil er sonst jeden anderen Menschen anzufallen drohe. Nachdem ich Reichskanzler geworden war, habe ich feststellen müssen, daß

der deutsche Generalstab nichts weniger als ein Fleischerhund ist. Dieser Generalstab hat mich immer gehindert, das zu tun, was ich für nötig halte. Der Generalstab hat der Aufrüstung, der Rheinlandbesetzung, dem Einmarsch nach Österreich, der Besetzung der Tschechei und schließlich sogar dem Kriege gegen Polen widersprochen. Der Generalstab hat mir abgeraten, gegen Rußland Krieg zu führen. Ich bin es, der diesen Fleischerhund immer erst antreiben muß.«[36]

Ähnlich widerstrebend hat sich die höhere Generalität in ihrer Gesamtheit auch gegenüber dem Nationalsozialismus gezeigt. Die geläufige Aufschlüsselung in die drei Gruppen der reinen militärischen Fachleute, der Offiziere des Widerstands und der sogenannten »Parteisoldaten« verzeichnet in der letztgenannten Kategorie die wenigsten Namen. Das Tagebuch eines jener »Parteisoldaten«, des Generalobersten Jodl, führt denn auch wiederholt bewegt Klage darüber, daß der Generalstab nicht an das Genie des Führers glauben wolle, und bezeichnet es beispielsweise anläßlich des Nürnberger Parteitages von 1938 als »tieftraurig, daß der Führer das ganze Volk hinter sich (habe), nur nicht die führenden Generale des Heeres«[37]. Diese aus Arroganz, Skepsis und Gleichgültigkeit gemischte Zurückhaltung hat Hitlers ohnehin vorhandene Ressentiments zu offenbekundeten Haßgefühlen gegen die gesamte Generalität gesteigert, von denen anscheinend selbst seine engeren Mitarbeiter im Führerhauptquartier nicht verschont blieben; jedenfalls notierte Goebbels auf dem Höhepunkt des Krieges:

> »Er (Hitler) fällt über die gesamte Generalität ein vernichtendes Urteil, das in seiner Schärfe zwar manchmal etwas voreingenommen oder ungerecht ist, aber im großen und ganzen doch wohl zutrifft. Er erklärt mir auch, warum er jetzt im Hauptquartier nicht mehr am großen Mittagstisch ißt. Er kann die Generäle nicht mehr sehen ... Alle Generäle lügen, sagt er; alle Generäle sind treulos, alle Generäle sind gegen den Nationalsozialismus, alle Generäle sind Reaktionäre ...
> Sie sind treulos, sie hängen nicht an ihm, sie verstehen ihn zum großen Teil auch gar nicht ... Allerdings meint er, daß ein General ihn nicht mehr beleidigen könne. Er stehe dieser Menschenklasse vollkommen fremd gegenüber und bleibe ihnen in Zukunft mehr denn je fern.«[38]

Man kann, ans Ende gelangt, nicht umhin, den Befund der hier angestellten Untersuchung über Haltung und Rolle des Offizierskorps im Dritten Reich an dem Nimbus zu messen, der die deutsche militärische Führung, insbesondere den deutschen Generalstab, umgab. Ihm ging ein nahezu legendärer Ruf voraus; doch das Geheimnis, das Hitler diesem Fabelwesen entriß, konnte nicht demütigender sein: ein sich schlau dünkender, überzeugungsloser, fast ausschließlich aufs Eigene bedachter Opportunismus, der »zu allem bereit« war und offenbar doch Blombergs Überzeugung teilte, die Ehre des preußischen Offiziers sei es gewesen, korrekt zu sein, die des deutschen Offiziers müsse es werden, verschlagen zu sein.[39] In solchen und anderen, hier teilweise wiedergegebenen Zeugnissen wurde der Endpunkt eines langanhaltenden Degenerationsprozesses sichtbar, demgegenüber die Berufung auf Eid, Gehorsamsbindung und Treueverpflichtung, aber auch auf die preußische Tradition keine Kraft mehr besitzt. Gewiß ist richtig, daß das Versagen einer Nation nicht einseitig der militärischen Macht zur Last gelegt werden kann und daß »ein paar Armeegenerale, stünden ihnen auch noch so viele Panzer zur Verfügung«, weder einen über die Gesamtheit der politischen Willensträger hinausweisenden Auftrag noch allein die Möglichkeit haben, solches Versagen wiedergutzumachen[40]; aber die besondere moralische und nationale Kompetenz, die das Offizierskorps in Deutschland seit Generationen zu seinem eigensten Anspruch erhoben hat, rechtfertigte zumindest die Forderung auf ein höheres Maß an Initiative, als es die überwiegende Mehrheit bewiesen hat. Es zählt zu den positiven Wirkungen jener Jahre, daß dieser Anspruch seither vertan ist. Am Beispiel des eher unwillig bezeugten Respekts, der dem militärischen Widerstand heute entgegengebracht wird, erweist sich, wie wenig auch er diesen Anspruch zu bewahren vermochte. Es ist im übrigen nicht allein der Typus des nationalsozialistischen Parteioffiziers gewesen, der Ruf und Geltung der Armee in Mitleidenschaft gezogen hat. Es war in nicht geringerem Maße diese Willfährigkeit einer so großen Anzahl, dieser gänzliche Mangel an moralischer Tapferkeit bei so vielen, der den Glanz aller gewiß vorhandenen soldatischen und fachlichen Tugenden überaus verdunkelt und das Bild des Offizierskorps stärker und wirklicher entehrt hat als alles, was seine unversöhnlichsten Gegner ihm je vorgeworfen haben.

»PROFESSOR NSDAP«

Die Intellektuellen und der Nationalsozialismus

»Ich will keine Intellektuellen!«

Adolf Hitler

»In jeder geistigen Haltung ist das Politische latent.«

Thomas Mann

»Ich sage Ja!« bekannte Gerhart Hauptmann im Frühjahr 1933 in einer öffentlichen Erklärung. Die nationale Aufbruchstimmung, die epidemisch um sich griff und nur verschont ließ, wer sehr sicher stand, löste eine Welle von Loyalitätsbekundungen an die Adresse der neuen Machthaber aus, in der die erbitterten Proteste und der ohnmächtige Ekel derer, die sich verfolgt oder gar aus dem Lande vertrieben sahen, fast ungehört untergingen. Angesichts der abertausend, oft eilfertig und unverlangt abgegebenen Beifallsäußerungen – den Bruchstücken einer großen Kapitulation – fragt man sich verblüfft nach den Ursachen des Erfolges, den die unverhohlen widergeistige Bewegung des Nationalsozialismus bei Dichtern und Denkern verzeichnen konnte. Er macht die These, das hohe Offizierskorps und die Großindustrie hätten sich als die schwächste Stelle gegenüber den Verführungskünsten und Erpressungsversuchen des Regimes erwiesen, äußerst fragwürdig; denn zweifellos ist »die geistige Überrumpelung ... dem Nationalsozialismus noch rascher und wirkungsvoller gelungen als die politische und gesellschaftliche Machtergreifung«[1]. Gewiß wirkten, wo nicht reiner Opportunismus am Werke war, zahlreiche Mißverständnisse an dieser merkwürdigen Bruderschaft mit, und mancher mußte bald erkennen, daß er den Tag vor dem schlimmen Abend gelobt hatte. Aber jene tiefere Gemeinsamkeit, die doch schon begrifflich ein Mißverständnis erst möglich macht, war auch hier wohl vorhanden, und nicht zu Unrecht schrieb Thomas Mann an Ernst Bertram: »Das Letzte, was man Ihnen vorwerfen kann, ist, daß Sie Ihren Mantel nach dem Winde gehängt hätten. Er hing schon immer ›richtig‹ ...«[2]

Diese Schwäche und Kapitulationsbereitschaft wird verständlich erst vor dem Hintergrund komplexer Motive, die teilweise mit Stellung und Funktion der Intellektuellen in der modernen Gesellschaft überhaupt zusammenhängen und immer wieder die eigentümliche Anfälligkeit dieser Schichten für totalitäre Lösungen begründet haben: darunter die Zwiespältigkeit ihres Verhältnisses zur Macht, ihr Hang zu utopischen Systemen oder ideologischen Konzepten schlechthin.[3] Wirksamer noch erwies sich jener Zustand umfassender Unsicherheit der Werte, Meinungen und Wahrheiten, der dem Gesicht der Zeit die unverwechselbar vortotalitären Züge verschaffte und gerade im Nationalsozialismus seinen Ausdruck, aber auch die vermeintlichen Ansätze zu seiner Überwindung fand. Wenn die Bewegung, und später das Regime, sich als »Anbruch einer neuen Epoche« und »Zeitenwende« definierten, so war das gewiß Zeugnis ihrer säkular rechnenden Selbstüberschätzung; und doch bargen diese Formeln einen zutreffenden Kern. Denn der Nationalsozialismus war ein Aufbruch, der seine Geschichte hatte, längst bevor es eine Geschichte der NSDAP gab. Es waren doch nicht allein die rücksichtslos ausgebeuteten Angstzustände eines sich in seiner Mehrheit als sozial deklassiert empfindenden Volkes oder das virtuos für die eigenen Bestrebungen genutzte nationale »Gemütsleiden«, nicht allein die Tagesparolen, die der Bewegung den Massenzulauf sicherten; vielmehr war es doch auch dieses ganze antirationalistische vernunftfeindliche Getöse, das sie von den sektiererischen Anfängen bis zu den triumphal zelebrierten Massenhysterien der späteren Jahre begleitet und, nicht anders als ihre totalitäre Gegenposition auf der Linken, auf weite intellektuelle Kreise eine so betörende Wirkung ausgeübt hat.

Gerade damit deckte der Nationalsozialismus Erscheinungen auf, für die er selbst wiederum nur Symptom war: die im Raum politischer Machtgruppierungen konsequenteste Verwirklichung einer divergierenden Vielfalt von pseudoreligiösen Sehnsüchten, Bedürfnissen nach grundsätzlicher Gewißheit, intellektuellem Selbstüberdruß, von Fluchtneigungen aus der versachlichten Sphäre des Geistes in das wohnlichere Halbdunkel metaphysischer Ersatzbereiche. Diese Motive waren ihrerseits durchsetzt von dem immer wieder spürbaren Verlangen des in seiner Buchstabenwelt isolierten Intellektuellen nach Verbrüderung mit den Massen, nach Teilhabe an ihrer Vitalität, Dumpfheit und Ursprünglichkeit, aber auch ihrer Gewalt und geschichtlichen Wirksamkeit, wie es im Mythos der Volksgemeinschaft seinen Ausdruck fand. Der Nationalsozialismus war auf seinem Grunde die politisch organisierte Geistesverachtung. Freilich haben deshalb doch nicht die intellektuellen Gegentypen: die Saalschlachtheroen und die Bravos im Braunhemd, ihm die Massen gewonnen; am Rande seines Weges und zusehends auch in seinen Reihen fanden sich Angehörige der gebildeten Schichten ein, die aus den genannten Gründen, aber auch aus Selbsthaß, Zerstörungstrieb oder einfach pointenhungriger Verantwortungslosigkeit jenen »Hochverrat des Geistes« betrieben, zu dem Ernst Jünger sich nicht ohne Stolz bekannt hatte[4], und die der Bewegung die Ideologiestücke verfügbar machten, die sie so wahllos in sich hineinschlang, daß es jeden Respekt vor der Logik in Verlegenheit setzte. Trotz der fast durchweg abstrusen Elemente und Zusammenhänge dieser Weltanschauung konnte sich der Nationalsozialismus nicht nur auf den Irrwitz dunkel schwelgender Eigenbrötler berufen, sondern nicht minder auf die Autorität von Universitätslehrern, politisierenden Rechtsanwälten, Dichtern oder schriftstellernden Studienräten. Seine Vernunftfeindschaft war intellektuell, wie er denn selbst ganz wesentlich eine Bewegung gescheiterter, an der Vernunft verzweifelter Intellektueller war.[5] Sie vor allem ermöglichten ihm jene geistige Maskerade, ohne die in einer wissenschaftsgläubigen Zeit die kleinbürgerlichen Massen nicht zu gewinnen sind: selbst die Verleugnung der Vernunft muß sich in rationalen Formeln präsentieren. »Die geistige Vorbereitung der deutschen Revolution«, so schrieb Edgar Jung, der sie vom Rande her intellektuell gefördert hatte, im Jahre 1933, »geschah in zahlreichen wissenschaftlichen Werken«; ihnen verdanke das deutsche Volk »die Unterhöhlung der Menschenrechtsideologie, die das Weimarer Gebäude trug, ferner die Zerstörung des Glaubens an das formale Recht, an die Dialektik und den Intellekt schlechthin«[6].

Solche Korrumpierung kultureller und sittlicher Maßstäbe war das Ergebnis eines langen, weit ins 19. Jahrhundert zurückreichenden Auflösungsprozesses, in dessen Verlauf sich der Geist von sich selbst abwandte, indem er im Namen einer Philosophie des Lebens, des Machtwillens, der rohen dynamischen Vitalität und in diesen sowie zahlreichen anderen Aussageformen stets der europäischen Tradition der Vernunft entsagte. Generationen von Philosophen, Historikern, Soziologen oder Psychologen haben daran mitgewirkt, den »Geist als Widersacher der Seele« in Verruf zu bringen und an seiner Stelle der Intuition, dem Blut, dem Instinkt einen Rang einzuräumen, durch den unweigerlich die Dummheit als Instanz inauguriert und eine moralische Verelendung, ein »Defätismus der Humanität«[7] heraufbeschworen werden mußten, die ohne Beispiel waren und doch nicht als Rückschritt oder Verlust beklagt, sondern als Wiedergeburt schöpferischer Lebenskräfte schwärmerisch gefeiert wurden. Diese vehemente, von romantischen Impulsen gespeiste Gegenaufklärung war gewiß eine gesamteuropäische Erscheinung, Namen wie Carlyle, Sorel oder Bergson unterstreichen diesen Sachverhalt und deuten zugleich einige der hauptsächlichen Stoßrichtungen dieses geistesgeschichtlichen Umschlags an; aber nirgendwo ist der Prozeß der Vernunftkritik so sehr zu einem Prozeß der »Zerstörung der Vernunft« ausgeweitet, nirgendwo ist er mit einer so rachsüchtig anmutenden Gründlichkeit durchgeführt worden wie in Deutschland, wo ein verbreitetes Werk die Vernunft eine »Verruchtheit« und einen »Frevel« nennen konnte und die Klagen über die Not des »verstandesversklavten Menschen«, seine »Verhirnlichung«, auf ständig anwachsenden Beifall traf.[8]

An diesem Vorgang hat ein Geflecht spezifischer Voraussetzungen mitgewirkt. Wenn Luthers zugespitzte Formel von der »Hure Vernunft« in ihrer von persönlichem Temperament, Zeit und theologischem Zusammenhang diktierten Bedingtheit auch nicht, wie es geschehen ist, die Konstruktion einer im ewigen Aufstand gegen europäische Gesittungsnormen befindlichen deutschen Ahnengalerie erlaubt, so deutet sie doch eine Tradition des Mißtrauens gegen rationale Kategorien an, die stets lebendig war und jedenfalls die Einbürgerung der Vernunft zu selbstverständlicher Geltung nie recht gelingen ließ. Immer blieb sie nur von halber Anerkennung getragen und, umgeben vom Geruch profanierender Oberflächlichkeit, merkwürdig ausgesperrt.

Man muß weiter, als es in diesem Rahmen möglich ist, in die politischen und gesellschaftlichen Ausgangslagen mit den von ihnen bewirkten und sie wiederum bewirkenden psychologischen Strukturen zurückgehen, um die Elemente jener romantizistischen Grundhaltung zu erfassen. Dazu zählte dann das jahrhundertelange Dilemma deutscher Staatlichkeit, das immer wieder die Vorstellung des »Inneren Reiches« und, damit verbunden, die Neigung zu Träumerei und politisch verschwommenen Gefühlslagen begünstigte; zu nennen wäre insbesondere auch der deutsche Bildungsbegriff, in dem Wirklichkeitsflucht und antigesellschaftlicher Hochmut eine so eigentümliche Verbindung eingingen, sodann das traditionell unbalancierte Verhältnis von Geist und Macht oder beispielsweise die Rolle der Dichter und Schriftsteller des Landes in der gesellschaftlichen Wirklichkeit, von der sie sich immer wieder ausgeschlossen und zum Rückzug in ihre engen Dachstuben verurteilt sahen, wo sie es vorzogen, über die letzten Dinge nachzudenken, da ihnen die ersten Einfluß- und Wirkungsmöglichkeit versagten.

Noch in den krudesten Texten jener Strömung der zwanziger Jahre, die man mit dem Sammelbegriff der Konservativen Revolution verbindet, ist etwas von dieser Bemühung lebendig: in der inbrünstig-überhöhten, kategorischen, an Wirklichkeitskorrektiven nie geschulten Tonlage wird noch die Spur der Wegverfehlung eines aus seinen Winkeln und provinziellen Beschränkungen ins »Ewige« hinausstrebenden Geistes sichtbar, der seine Gedanken zur politischen Situation nicht als Soziologie, sondern als theologisches Traktat, nicht als Analyse, sondern als Vision verstanden wissen will: »Nicht vom Kopf, sondern vom Herzen her, nicht aus Doktrinen, sondern aus Gesichten (!) und Instinkten muß die Erneuerung der deutschen Wirklichkeit erfolgen.«[9] Das alte deutsche Ungenügen an der staatlichen Existenz, das nur während der kurzen Periode des Kaiserreiches eine hektisch überspannte Befriedigung gefunden hatte und sich in der Weimarer Republik auf seine hergebrachten Positionen zurückgeworfen sah, schoß in zahllosen, von solchen Ausgangspunkten bestimmten Rezepten zusammen, und es war doch nicht mehr als eine Nuance, wenn einige wenige Stimmen den erbitterten metaphysischen Ernst aller übrigen durch die Pose zynischen Amüsements ersetzten. Gemeinsam blieb ihnen der unablässige, gegen die Fundamente des Staates selbst gerichtete Versuch, Geist, Gesittung und Humanität von hoher Warte aus zu diskreditieren. Angesichts der Lebensverdünnung, die sie allenthalben wahrzunehmen meinten, sahen viele in ihrem Gefolge sich bereit, die Wendung in Seelentümelei, zu den »Urkräften des Lebens«, ins »heilige Dunkel der Vorzeit« mitzumachen und in den Chor derer einzustimmen, die den Geist als die »unfruchtbarste der Illusionen« verhöhnten. Nicht zuletzt entzündeten sich die antirationalistischen Stimmungen gerade auch an der Wirklichkeit der Republik, die in ihrer Nüchternheit und emotionalen Dürre das Versagen rationaler Prinzipien nur zu bestätigen schien und den Zweifel zumindest immer tiefer grub mit all den Anfälligkeiten für »neue Lösungen«, die er zur Folge hatte. Selbst Max Scheler deutete in einem Vortrag gegen Ende der zwanziger Jahre, nicht ohne sich von der modischen Verächtlichmachung des Geistes zu distanzieren, die irrationalistischen Bewegungen der Zeit als einen »Gesundungsprozeß«, eine »systematische Triebrevolte im Menschen des neuen Weltalters gegen die einstige Sublimierung, gegen die übersteigerte Intellektualität unserer Väter und ihre jahrhundertelang geübten Askesen ...«[10] Und als endlicher Durchbruch im Zuge dieses Gesundungsprozesses wurde denn auch weithin der Sieg der Hitlerbewegung verstanden, indes der Nationalsozialismus, ganz im Sinne seiner Selbstinterpretation, ein neues Zeitalter heraufzuführen schien, das die Herrschaft der Vernunft ablösen und das Leben wieder in sein Urrecht einsetzen würde.

Nur vor diesem Hintergrund wird die Welle der Zustimmung, die unmittelbar nach dem 30. Januar 1933 auf breiter Bahn dem neuen Regime entgegenrollte, begreiflich. Es waren keineswegs nur die »völkisch«, »national«, »konservativ« oder »autoritär« festgelegten Namen, die ihre Erwartungen auf ähnlich hochfühlende Formeln brachten wie Hans Friedrich Blunck, der »Demut vor Gott, Ehre dem Reich, Hochzeit der Künste« ansagte.[11] Bereits am 3. März erklärten sich dreihundert Hochschullehrer aller Richtungen in einem Wahlaufruf für Hitler, während die Masse der Studenten schon beträchtlich früher ihren Übertritt ins nationalsozialistische Lager vorgenommen hatte: bereits im Jahre 1931 verfügte die Partei an den Hochschulen mit 50 % bis 60 % der Stimmen über eine nahezu doppelt so hohe Anhängerschaft wie im Reichsdurchschnitt. Der dominierende Einfluß rechtsgerichteter Stimmungen bekundete sich ebenso im Lehrkörper wie in der weithin vom NSDStB bestimmten studentischen Selbstverwaltung; er wurde in dem mit nationalistischem Überschwang und ohne Gefühl für die sinnlose Tragik des Geschehens vom Jahre 1927 an regelmäßig gefeierten Tag von Langemarck nicht minder greifbar als in Durchführungsstil und Reden der Studententage, deren letzter, vom Sommer 1932, bezeichnenderweise bereits in einer Kaserne stattgefunden hatte.[12] Im Mai 1933 erschien wiederum ein kollektives Bekenntnis der Professorenschaft zur neuen Regierung. Eine Fülle individueller Beifallsäußerungen lief daneben her, verbunden teilweise mit konkreten Forderungen, wie sie beispielsweise von dem bekannten Kultursoziologen Hans Freyer nach bewußter Politisierung der Universitäten im neuen Geiste erhoben wurden, während am Vorabend der Volksabstimmung vom 12. November bekannte Wissenschaftler wie Pinder, Sauerbruch oder Heidegger die Gebildeten dazu aufriefen, der Politik Hitlers Verständnis entgegenzubringen.[13] Unter einem »Treuegelöbnis der deutschen Dichter für den Volkskanzler Adolf Hitler« fand man die Namen Binding, Halbe, v. Molo, Ponten, v. Scholz und Stucken. Dem um Anerkennung und dekorative Namen buhlenden Regime, das nach bewährter Taktik zunächst auch hier wiederum die Zielsetzungen der nationalsozialistischen Revolution hinter allgemein nationalen Tönen verbarg, stellte sich, wer immer dazu aufgefordert wurde, fast ausnahmslos zur Verfügung: Richard Strauss, Wilhelm Furtwängler, Gustaf Gründgens, Heinz Hilpert oder Werner Krauß. Solcher fatalen Dienstwilligkeit entsprach die Mühelosigkeit, mit der die neuen Machthaber bestehende Institutionen wie beispielsweise die Preußische Dichterakademie überwältigten. Gewiß konnte mancher der Paktierenden sich auf ehrenhafte Motive berufen; männlicher aber wirkte die Haltung Ricarda Huchs, die aus der neuen Akademie der Künste mit der Begründung austrat, ihr Deutschtum sei nicht das der Regierung.[14] Angesichts der Massenkonversionen warnte Hitler im September 1933 vor denen, die »plötzlich ihre Fahne wechseln und so, als ob nichts gewesen wäre, in den neuen Staat einziehen, um dort auf dem Gebiete der Kunst und Kulturpolitik abermals das große Wort zu führen ... ; denn das ist unser Staat und nicht der ihre«[15].

Während also die neuen Machthaber sich der herandrängenden Schar neuer Parteigänger fast erwehren mußten, waren vergleichsweise wenige Zwangsmaßnahmen erforderlich, und den Kulturfunktionären des Regimes oblag schließlich nur, die weitgehend vollzogene Selbstgleichschaltung im intellektuellen Bereich auch institutionell zu besiegeln. Lediglich an einigen Universitäten mußte während einer kurzen Phase die erprobte Kombination der »spontanen Willensbekundungen« von unten mit nachfolgendem Verwaltungsakt von oben jene Ordnung schaffen, die sich im Machtkonzept der Führung von allem Anfang an mit der konsequent angesteuerten Vorstellung des Dritten Reiches verband. Denn daß sie entschlossen war, gerade den kulturellen Bereich in ihre strikte Regie zu übernehmen, blieb zu keinem Zeitpunkt zweifelhaft.

Die Zielsetzung der ersten Periode definierte der Reichsinnenminister Frick mit den Worten: »Es muß jetzt endgültig Schluß gemacht werden mit diesem Geist der Zersetzung, der nun lange genug an Deutschlands Herzen genagt hat.«[16] Diesen Bestrebungen dienten vor allem der große Professorenschub an allen deutschen Hochschulen und Universitäten, die durch tätliche Behinderung oder erste Verbotsverfügungen erfolgende Zurückdrängung unerwünschter Künstler sowie die spektakulärste Geste dezidierter Geistfeindschaft: die von SA- und SS-Kapellen mit »vaterländischen Weisen« begleitete Verbrennung von annähernd 20 000 sogenannten undeutschen Schriften auf den öffentlichen Plätzen der deutschen Universitätsstädte. Ergänzt wurden diese Maßnahmen durch den unverzüglichen Aufbau der Reichskulturkammer, die in sieben Einzelkammern sämtliche Angehörige künstlerisch-publizistischer Tätigkeitsbereiche erfaßte, um — wie Goebbels mit zynisch anmutender Offenheit begründete — den schaffenden Menschen das »Gefühl trostloser Leere« zu nehmen und ihnen das Bewußtsein zu vermitteln, daß der Staat »seine schützende Hand« über sie halte.[17]

Nebenher ging eine Fülle von Drangsalierungen, Berufsverboten und schikanösen Verwaltungsanordnungen, die das ungeregelte Eingriffsverfahren der ersten Zeit in ein System brachten, ohne daß freilich die allmählich erwachende Erkenntnis der Betroffenen vor einer anderen Instanz als den verborgen geführten Tagebüchern zur Sprache gebracht wurde. Allein 250 namhafte Schriftsteller verließen in jenen Wochen Deutschland und gaben damit den Auftakt zu einem Prozeß unvergleichlicher kultureller Auszehrung, der bis in die Gegenwart nachwirkt, andere zogen sich zurück und verstummten — aus Widerwillen, Abscheu, ohnmächtigem Zorn. Aber eine Geste der Empörung, des gemeinsam bekundeten Selbstbehauptungswillens wurde nicht vernehmbar, und was immer an Widerstand geleistet wurde: an den Menschen, die sich in den individuellen Bewährungsproben nach beispielhaften Verhaltensweisen umsahen, ist er gewiß vorübergegangen. Zwar ist richtig, daß totalitäre Systeme kaum den Verruf fürchten, in den die Notzüchtigung des Geistes sie bringt. Aber zumindest um ihres eigenen Rufes willen hätten Literatur und Wissenschaft eine solche Geste wohl leisten müssen. Viele der Zurückgebliebenen, die Blunck, Benn, Bäumer, Hauptmann, von Molo oder Seidel, die jetzt die offiziellen Plätze in den Akademien und bei den Festbanketten einnahmen, hatten Freunde unter den Emigranten, sie alle waren, wie einer von ihnen sich später erinnerte, eine große Gemeinschaft.[18] Aber der nationale Rausch spülte solche Gefühle fort, und wo sie nicht betreten hinwegsahen von den vielfältigen Tragödien der Verfemten und Verjagten, höhnten sie ihnen hinterher im Vollgefühl ihrer schönen Täuschungen. »Ob uns die Bannsträhle der Weltmeinung treffen, weil wir angeblich die Freiheit verrieten; wir können dazu nur schmerzlich lächeln, wie es die Wissenden tun«, erklärte Wilhelm Schäfer in einer Rede in Berlin unter dem selbstbewußt-ironisierenden Titel »Der deutsche Rückfall ins Mittelalter«. Und während Rudolf G. Binding in seiner »Antwort eines Deutschen an die Welt« die Vertreibungsmaßnahmen unter Berufung auf die Volksgemeinschaft verteidigte und meinte: »Deutschland – dieses Deutschland – ist geboren worden aus der wütenden Sehnsucht, aus der inneren Besessenheit, aus den blutigen Wehen, Deutschland zu wollen: um jeden Preis, um den Preis jedes Untergangs«[19], rechtfertigte Börries v. Münchhausen den gleichen Vorgang mit den Worten: »Auf der Tenne der Welt ist wieder einmal das Korn geworfelt – was liegt daran, ob beim Auskehren der Spreu auch eine Handvoll goldener Körner verlorengeht, die heilige Ernte wird doch geborgen werden! Deutschland, das Herz der Völker, ist verschwenderisch wie alle echten Herzen«; und als die Zeitschrift ›Der Nationalsozialist‹ die Deportation unvölkischer Dichter und Schriftsteller vorschlug, äußerte sich ›Die Tat‹ in zustimmendem Sinne.[20]

In solchen und vielen anderen Erklärungen, die es ihnen gleichtaten oder sie auch überboten, kamen nicht zuletzt die anhaltenden Enthumanisierungstendenzen des literarischen Betriebs zur Wirkung. Die Bücherverbrennung bekümmerte die nicht viel, die von ihren Schreibtischen aus unter kunstvoll erweckten Schaudern ganze Welten hatten im Feuer versinken lassen oder den Kampf, die »Lust an allem, was zerstören kann«, als charakteristisches Merkmal eines heroischen Nationalismus gefeiert hatten[21]; und Emigrationen oder Schikanen waren kein Argument für den, der kosmische Katastrophen zu beschwören pflegte und beispielsweise den »schönen Tag« pries, »wo die Monts Pelées diese fruchtbaren Siedlungen mit ihrer Lava erstikken und die Ozeane diesen Meliorationsmodder ohne Gebrüll überfluten werden«. Nicht selten lebte der Terrorist dicht neben dem Ästheten, und Gottfried Benn meditierte denn auch zu Beginn des Dritten Reiches, daß alles, was das Abendland kulturell berühmt gemacht habe, in Sklavenstaaten entstanden sei, und meinte, die Geschichte sei »reich an Kombinationen von pharaonischer Machtausübung und Kultur«[22].

Die Geschichte des Dritten Reiches zeugt offenkundig für das Gegenteil. Selten war der kulturelle Ehrgeiz einer Staatsführung höher, nie das Ergebnis provinziell-unansehnlicher. Den selbstgewissen Prophezeiungen der Anfangsperiode über »eine unerhörte Blüte der deutschen Kunst«, eine »neue künstlerische Renaissance des arischen Menschen«, folgten in einem von Goebbels nach fünf Jahren nationalsozialistischer Kulturpolitik vorgenommenen Rückblick weitaus gedämpftere Formeln, so wenn es hieß, das

Schrifttum ringe, »gründlichst bereinigt, in schweren Wehen zu neuem Licht«[23]. Hitler, der mit der Unduldsamkeit des Gescheiterten die höchste Autorität in künstlerischen Fragen beanspruchte, hatte schon in seiner Rede zum Ermächtigungsgesetz den heroischen und den rassischen Maßstab zur verpflichtenden Norm künstlerischen Schaffens erhoben und in zahlreichen, in ihrer wütenden Gereiztheit eigentlich nur noch mit seinen späten antisemitischen Äußerungen vergleichbaren Ausfällen der Folgezeit das Ende der »Novemberkunst«, der »Kunstvernarrung und Kulturvernichtung« proklamiert, »kulturellen Neandertalern« entweder ärztliche Verwahrung oder Gefängnis wegen Betruges angedroht und bestimmt, ihr »Kunstgestammel«, diese »internationalen Kunstkritzeleien« in den deutschen Museen, die »Ausgeburten einer frechen, unverschämten Anmaßung« der Vernichtung zu überantworten.[24]

Was an die Stelle der verbannten Werke trat, war trotz aller wortreichen Verbrämungen nichts anderes als die Projektion der auf die Kunst bezogenen Vorurteile des deutschnationalen kleinen Mannes, der seine Rückständigkeit und kulturelle Borniertheit nun als gesundes Volksempfinden vom Staate selbst sanktioniert sah, ein martialisches Biedermeier, das trotz aller großzügigen Förderungsprogramme hoffnungslos in der Enge seiner eigenen Voraussetzungen gefangen blieb, auch wenn es in den jährlich veranstalteten Sammelausstellungen im Haus der Deutschen Kunst aufwendig arrangierte Triumphe feierte. Über leere klassizistische Nachahmungen ist die ambitiöse Kunstbemühung des Dritten Reiches nie zu einer eigenen Ästhetik gelangt, obwohl Hitler schon auf dem Reichsparteitag von 1933 die Devise ausgegeben hatte, »durch weltanschauliche Erneuerung und damit rassische Klärung einen neuen Lebens-, Kultur- und Kunststil« zu finden. Es blieb insgesamt beim Prinzip der negativen Auslese, wie es in Malerei und Plastik in dem von Hitler selbst geleiteten Zulassungsverfahren für die Münchener Kunstausstellungen sinnfällig demonstriert wurde.

Mit der gleichen Aufgabe war auf literarischem Gebiet ein umfangreicher Zensurapparat betraut, dessen Eingriffe alles abfingen und unterdrückten, was der Literatur des Landes zu neuer Weltgeltung verholfen hatte, und einer dumpfen Blut- und Schollendichtung den Weg frei machten. Es war im Grunde der Durchbruch einer immer schon vorhandenen pseudoromantischen Unterströmung der deutschen Literatur, die freilich nie zu sachlicher Anerkennung gelangt war, sich nun jedoch in die Lage versetzt sah, ihre Hervorbringungen zusammen mit den Ressentiments der Erfolglosen mit dem ganzen Gewicht staatlicher Unterstützung zur Geltung zu bringen. Sich absperrend von der Welt, stolz auf die Enge des Eigenen, ohne Urbanität und Geistoffenheit, betrieb sie ihren Kult der Dämmerung und Erdgebundenheit, doch nicht mit der Sensibilität, der poetischen Gebrochenheit und dem artistischen Raffinement der deutschen romantischen Literatur, sondern in der verbissenen Abwehrhaltung völkischer Bewußtheit. Ihr neurotisches Verhältnis zur modernen Wirklichkeit verengte und primitivierte ihren Blick, immer waren es der deutsche Ackerboden, der deutsche Wald oder die firnbeglänzten Gipfel, die dagegen ausgespielt wurden, Pfahlbauerntum gegen großstädtische Zivilisation, Wotanskult gegen Fließband, Nordmännerart gegen die Gesellschaftsstrukturen der Gegenwart, eine falsche Innerlichkeit, die hinter blinden Fenstern Besinnung aufs Wesentliche übte: Pflug, Schwert und abends dann Glück unter der Linde. Es bedarf tatsächlich keiner komplizierten Psychologie, um die Synkresis von solcher Innerlichkeit und totalitärem Denken offenbar zu machen; es genügt statt dessen, einen Hinweis von literaturwissenschaftlicher Seite aufzugreifen[25] und sich, in chronologischer Reihenfolge, die Titel des Werkes von Max Jungnickel zu vergegenwärtigen: »Sorge« (1913); »Peter Himmelhoch« (1916); »Jakob Heidebuckel« (1917); »Der Wolkenschulze« (1919); »Michael Spinnler« (1925); »Rutsch ins Mauseloch« (1929); und dann 1933: »Goebbels«; 1935: »Junge lacht ins Leben«; 1938: »Mythos der Soldaten«; 1939: »Kommando der Erde« und schließlich 1940: »Fliegende Grenadiere«.

Eisen und Innerlichkeit – es war diese Verbindung, die Goebbels mit dem verschiedentlich wiederholten Postulat einer »stählernen Romantik« vor Augen hatte.[26] Parallel dazu lief die Forderung nach den entsprechenden »menschlichen Haltungen«, wie es in dem wiederum von Goebbels unterstrichenen Willen der Machthaber zum Ausdruck kam, »einen neuen deutschen Künstlertyp (zu) züchten« oder die »Schaffung eines neuen Hochschullehrertyps« voranzutreiben.[27] Die Richtung dieser Bestrebungen wurde deutlich, wenn von einem »Soldatentum des Geistes« gesprochen, Dichtung als »Kampfkraft« gedeutet, die Wissenschaftler als »Kameraden im Wissensdienste deutscher Nation« bezeichnet und, neben der Einführung von »Autorenstammrollen«, beispielsweise »Kameradschaftsabende der Fachschaft Lyriker« veranstaltet wurden[28]: nämlich durch Einordnung in militärische Kategorien die Dienstbarkeitsfunktion von Wissenschaft und Kunst nachdrücklich ins Bewußtsein zu rücken, so daß die Regungen individueller Aufsässigkeit oder Skepsis zu Akten der Fahnenflucht wurden, die – einem insgesamt doch militärfrommen Volk unauslöschlich tief eingegraben – stets das Odium besonderer Verwerflichkeit besaßen. Am Ende stand dann die Aufhebung aller Unterschiede zwischen Dichter und Soldat in der zu einem militanten Block vereinten Nation, wie der Reichsdramaturg Rainer Schlösser es in seinem überspannten Stil verherrlichte: »Nicht: hier Dichter und Denker, dort Soldat und Politiker, sondern: stolze Stirnen unterm Stahlhelm, hohe Herzen im Harnisch und, wenn es den Kampf gilt, deutsche Seelen in die Sappen.«[29]

Als Modell weltanschaulichen Soldatentums diente, zumindest bis zum 30. Juni 1934, vor allem die SA. Mit Vorliebe sprach man von »SA-Männern des Geistes«, und während Göring und Rosenberg den Kunstsinn des »gesunden SA-Mannes« zum richtungweisenden ästhetischen Maßstab erhoben[30], sahen sich renitente Kunstkritiker dem Vorwurf konfrontiert, sie hätten Horst Wessel nacheifern und in den »braunen Bataillonen Adolf Hitlers« mitmarschieren sollen, um »heute besser Bescheid um die deutsche Kunst« zu wissen.[31] Damit »der volksfremde deutsche Gelehrte bald der Vergangenheit« angehöre, erkor der spätere Rektor der Technischen Hochschule Berlin, Prof. Ernst Storm, Hitler in seiner Eigenschaft als Obersten SA-Führer und den Stabschef Ernst Röhm zu Vorbildern »für jeden deutschen Dozenten«. Am 1. Dezember 1933 ließ der Reichsführer der Deutschen Studentenschaft und des NSDStB, Oscar Stäbel, verlauten, daß die Zeit »nimmer fern (sei), wo auf deutschen Hochschulen kein Platz mehr ist für Leute, die zu vornehm sind, sich in die Gemeinschaft der SA einzuordnen«. Wie eine Ergänzung dazu wirkte ein Erlaß des Preußischen Kultusministers vom gleichen Tage, der »die Ableistung von zehn Wochen Arbeits- oder SA-Dienst für die Erlangung einer Lehrbefähigung« zur Voraussetzung machte.[32]

Zur institutionellen Reglementierung trat auch im Bereich des Hochschulwesens alsbald die sachlich-materielle Ausrichtung. Es war Hitlers Überzeugung, daß der Gedanke einer freien, voraussetzungslosen Wissenschaft »absurd« sei, daß es wie im moralischen so auch im wissenschaftlichen Sinne keine Wahrheit gebe, ja, daß Wissenschaft im Grunde, wie er es formulierte, »verheerend« wirke, denn »sie führt vom Instinkt weg«[33]. Beflissene Kulturbeamte, aber auch zahlreiche Universitätslehrer machten sich alsbald daran, diesen Auffassungen im akademischen Bereich Geltung zu verschaffen. Die auf Ablösung der Verstandesherrschaft gerichteten Bestrebungen dokumentierten sich in teilweise grotesken Ausbrüchen einer endlich ungeniert zu sich selbst befreiten Geistfeindschaft. »Verstand – was gehört zu ihm?«, fragte der bayerische Kultusminister Hans Schemm in einer seiner Reden; er antwortete: »Logik, Berechnung, Spekulation, Banken, Börsen, Zinsen, Dividenden, Kapitalismus, Karriere, Schiebung, Wucher, Marxismus, Bolschewismus, Gauner und Spitzbuben«.[34] Und während die Idee der wissenschaftlichen Objektivität – der Anschauung Hitlers zufolge ein »Schlagwort«, mit dessen Hilfe sich die »Professorenschaft nur von der sehr nötigen Beaufsichtigung durch die staatliche Macht befreien« wolle – in einer Flut von Richtlinien und Pamphleten als Symptom einer bürgerlich-liberalen Epoche verdammt wurde, sahen sich die Historiker beispielsweise aufgefordert, »deutsche Geschichte nur mit deutschen Augen, mit den Augen des Blutes (zu) sehen«, schrieb der Nobelpreisträger Philipp Lenard zum 550jährigen Jubiläum der Heidelberger Universität seine unsäglichen Sätze über »arische Physik«, verherrlichte Professor Walter Poppelreuther Hitler als »wissenschaftlichen Psychologen« und erhob Professor Reinhard Höhn den Begriff der Volksgemeinschaft »zum wissenschaftlichen Grundprinzip«[35]. Die Liste ließe sich nahezu endlos fortsetzen und enthielte dann auch die Namen von Juristen, Ärzten, Theologen, Nationalökonomen, Germanisten oder Musikwissenschaftlern.

Gewiß argumentierte, wer so schrieb, nicht wider alle Überzeugung; denn selbst der Verrat an der Vernunft geschieht in ihrem Namen, weil der Mensch auf Gründe angewiesen bleibt. Im Phänomen des »verführten Denkens« ist, wenn auch auf ungleich rigoroserer Ebene, für die kommunistische Welt die Mechanik dieses Vorganges analysiert worden. Immerhin boten sich dem sacrificium intellectus auch im Zeichen der nationalsozialistischen Herrschaft mannigfache Ideologisierungsmöglichkeiten an, die vor allem unter dem illusionären Schwung der Anfangsphase Auftrieb erhielten. Angefangen vom Aspekt der Verwirklichung des mittelalterlichen Reichsgedankens oder der von der deutschen idealistischen Philosophie entwickelten Staatsvorstellung bis hin zu der Auffassung einer nun anhebenden Vollendung des Bismarckreiches sah sich die nationalsozialistische Machtergreifung von den unterschiedlichsten, nicht selten gewaltsamen geistesgeschichtlichen Ansatzpunkten her begleitet und fundamentiert, wie sie dann später in den Konstruktionen einer von den Erregungen der Nachkriegsjahre bestimmten »Revision« der deutschen Geschichte eine merkwürdige Wiederbelebung fanden. Nicht zuletzt las man auch die vom antirationalistischen Schrifttum der prätotalitären Phase geweckten Ideenkomplexe der Revolution des Instinkts, des Blutes, der vitalen Urkraft gegen die als rationalistisch und westlich eingestufte »Asphaltwelt« aus dem Geschehen ab, und allen diesen Entwürfen gemeinsam war das Grundgefühl eines langen politischen Advents, dessen Zeit sich nun erfüllte. Von daher fanden dann die Einzelmaßnahmen im Zuge der Machteroberung ebenso wie die individuellen Verhaltensweisen ihre ideologische Stützung. Härte, Willkür und Gehorsamsanspruch des Regimes konnten beispielsweise ihre Rechtfertigung aus solchen halbmythologischen Begriffen wie Ordnung, Preußentum oder germanische Demokratie herleiten, das unmutige Schweigen, das Hinwegsehen von den Akten der Roheit hilfreich überdeckt werden von den für das durchschnittliche deutsche Bewußtsein ungemein suggestiven Kategorien der Pflicht und nationalen Selbstzucht, oder der exzessive Nationalismus des Systems im Sinne des endlich aus seiner Tiefe, seinem »Nachtmützenkosmopolitismus« und Jahrhundertschlaf, zu geschichtlicher Präsenz erwachenden Deutschland gedeutet und überhöht werden. Darüber hinaus schwang in den bereitwillig geleisteten Akklamationen immer etwas vom eigentümlichen deutschen Schicksalsbegriff mit, der seit je die Ergebung in offenkundig unabwendbare Ereignisabläufe forderte.

Das gleiche Schema ermöglichte es dann eben auch, den Verzicht auf objektive Erkenntnis, wie er in den erwähnten Zeugnissen zum Ausdruck kommt, etwa im Namen jener nach ewiger Zerrissenheit überwältigend verwirklichten Volksgemeinschaft zu fordern und auch zu leisten, die ohnehin in der politischen Begriffstradition des Landes eine sakrale Bedeutung hatte. Mit dem historischen wurde ihr zugleich das allgemeine Recht zuerkannt, ehrwürdige Normen wie die von der Objektivität wissenschaftlichen Denkens von den Thronen zu zerren, so daß als Dienst an einer imaginativen geschichtlichen Größe erschien, was doch immer wieder nur auf einen Verrat am Geiste hinauslief.

Damit zusammen und daneben wirkten bei vielen, die auf stillere Weise kapitulierten oder doch ihren Frieden mit den Machthabern suchten, die Täuschungen und Wunschbilder mit, die im Volke insgesamt lebendig und von den neuen Herren wirksam gefördert worden waren: so die allgemeinen und unklaren Erneuerungsvorstellungen unterschiedlicher Art und Herkunft, die usurpierte Rolle der »Verteidiger des Abendlandes gegen den Bolschewismus«, ja, dazu gehört — neben einem weiteren, über den Bereich dieser Darstellung hinausweisenden Bündel von Strömungen und Tendenzen der deutschen und europäischen Geistesgeschichte, die, vielfach verfälscht und pervertiert, mit einer frappierenden Selbstsicherheit auf die eigene Sache bezogen wurden — die Idee vom »Dritten Reich« selbst, die eine jahrhundertealte magische Verheißung barg. Alle Impulse von einiger Wirkungskraft fanden sich in der innerhalb gewisser Rahmenkonturen von der Führungsspitze weitgehend sich selbst überlassenen nationalsozialistischen Weltanschauung aufgehoben, deren mangelnde Konsistenz erstaunlicherweise nicht verräterisch und entlarvend gewirkt, sondern bei vielen Intellektuellen geradezu die ihr eigene Anziehungskraft verursacht hat. Indem sie allen nationalen, konservativen oder völkisch-revolutionären Ideengebilden breiten Raum ließ, war sie überwiegend das, was die Vorstellung jeweils erheischte. Und wer sich dem Mechanismus der Selbstverführung versagte, sah seine Illusionsbereitschaft nicht selten von den abschreckenden Beispielen versuchter Selbstbehauptung gefördert: der publizistischen Verfemung, der Überwachung durch Partei und Gestapo, dem Verlagsverbot usw., von denen zusehends diejenigen betroffen wurden, die sich den Unwillen der Machthaber zugezogen hatten und als »unerwünscht« figurierten. Zuletzt erst wird man darauf hinweisen, daß sich auch hier, wie immer in aufgeregten Zeiten, die Charaktere enthüllten und ihre unansehnlichsten Seiten bloßlegten: Opportunismus, bedingungsloser Ehrgeiz, Intrigantentum feierten in verblüffenden Karrieren wahre Triumphe. In seinen Tagebuchblättern notierte Thomas Mann im Juni 1933:

»Die Erbärmlichkeit der Menschen ist zuweilen erstaunlich. Die Simplicissimus-Künstler, die erklären, sie hätten die Gesinnung des Blattes nie geteilt und seien nur von Heine verführt worden. – Der Berliner Bildhauer, der um seiner Professur – oder sonst seines Fortkommens willen erklärt: Seine Frau sei allerdings Jüdin, aber er habe seit fünf Jahren nicht mit ihr verkehrt ...

Die deutschen Zeitungen: – Grauen ...«[36]

Der Offenbarungseid, den die Zeit von jedem einzelnen Intellektuellen verlangte, deckte einen tief verwirrenden Zustand auf. Nur in denen, die verstummten, und in den Emigranten schien noch etwas von jener Überzeugung lebendig, daß der Geist auch der Opferbereitschaft derer bedarf, die ihn für sich reklamieren. Das Recht zum Irrtum ist gewiß fundamental, und der Irrtum selbst hat nichts Verwerfliches. Auch ist es zutreffend, daß »noch nie geistige Freiheit und kulturelles Wertgefühl in einem ähnlichen Ausmaß ... auf die Probe gestellt worden sind«[37]. Aber was in jenen Jahren offenbar wurde, war mehr als ein Irrtum, und dieses »unvergeßliche und für die Ehre des deutschen Geistes tödliche Versagen«, von dem Thomas Mann sprach[38], war mehr als das Ergebnis eines kurzfristigen, von verführungsmächtigen Händen manipulierten Rauschzustandes. Erst auf dem Grunde einer langanhaltenden Korrumpierung aller politisch-moralischen Wertvorstellungen wird die Schwäche des intellektuellen Selbstbehauptungswillens begreiflich. Gewiß ist auch hier wiederum nur eine Minderheit dem Nationalsozialismus und seiner Führung konsequent gefolgt, vor allem die spätere Entwicklung des Regimes hat manche Hochstimmungen der Anfangsperiode ernüchtert. Hitlers immer wieder hervorbrechender Groll gegen die »intellektuellen Schichten«, von denen er in seiner Rede vor der deutschen Presse vom 10. November 1938 erklärte, wenn er sie so »ansehe, leider, man braucht sie ja; sonst könnte man sie eines Tages ja, ich weiß nicht, ausrotten oder so was. Aber man braucht sie leider«, findet in eben dieser Verweigerung andauernder Gefolgschaft seine Begründung.[39]

Aber fast noch ratloser steht der Chronist vor den unzähligen halben Pakten mit den nationalsozialistischen Machthabern, den zu jeder theoretisierenden Geistwidrigkeit entschlossenen Haltungen, deren Träger sich offenbar einredeten, daß die Barbarei teilbar sei, und im Nationalsozialismus schließlich noch die Entartung ihrer völkischen, vernunftfeindlichen, auf seelische oder wie immer geartete Wiedergeburt eingeschworenen Idealvorstellungen erblickten, darin vergleichbar dem Literaturwissenschaftler und Dichter Ernst Bertram, der es in den ersten Maitagen des Jahres 1933 unternahm, die Bücher seiner persönlichen Freunde, Thomas Mann und Friedrich Gundolf, von den Verbrennungslisten zu entfernen, und nach erfolgreicher Bemühung glücklich schrieb, nun könne er »also dem feierlichen ›Auto da Fee‹ beiwohnen«, und gar noch ein eigens dafür angefertigtes Flammengedicht vortragen ließ.[40] In solchen Verhaltensweisen, die erschreckender sind als die überzeugungsvollen Torheiten Philipp Lenards oder Reinhard Höhns, offenbarte sich wohl nicht nur das Dilemma eines auf seine Teilgebiete spezialisierten wissenschaftlichen Geistes, der, ohne einen Begriff vom eigenen gesellschaftlichen Ort, in einem Zustand politischer Unmündigkeit verharrte, sondern auch die umfassende Sinn- und Lebensverfehlung eines bürgerlichen Bildungsideals, das angeblich »unpolitisch«, in Wahrheit aber immer obrigkeitsfreundlich, autoritätsverpflichtet und behördenfromm mit der Staatsmacht zu paktieren gewohnt war. Nicht nur die »politische Verführbarkeit bürgerlichen Geistes«[41] in Deutschland, sondern auch der Mangel an zivilem Selbstvertrauen, an couragierten Haltungen, das so entmutigende Zwielicht über den Charakteren in jener Zeit hat hierin eine ihrer wesentlichen Ursachen: »Wenn das Leben doch endlich keine Lösungen mehr von uns verlangte«, hat Gerhart Hauptmann mit dem Blick auf die Entscheidungssituation, in die er gestellt und der er immer wieder auszuweichen bemüht war, ausgerufen.[42]

Indes, zuletzt führt die Frage nach Ursachen und Verantwortung für das Versagen der Gebildeten immer wieder auf jene Bewußtseinskrise zurück, deren ausgedehnte Vorbereitungsphase im infektuösen geistigen Klima der zwanziger Jahre ihren Höhepunkt erreichte. Jeder Intellektuelle kennt die gelegentlichen Versuchungen zur Scharlatanerie, in jedem lebt der geheime Wunsch, dem Teufel die Messen zu lesen und »die Welt des Geistes mit einer intellektuellen Geste auf den Kopf zu stellen . . ., die Vorzeichen ihres ganzen Beziehungssystems zu vertauschen, so wie der Spaßmacher des Nachts vor den Hotelzimmertüren alle Schuhe vertauscht«[43]. Aber wenn die Scharlatane und »Spaßmacher« plötzlich in Massen und ohne die Gesten ironischer Selbstdistanzierung, sondern mit dunkler Weisheitsgebärde auftreten, als hielten sie ständig leidvolle Zwiesprache mit dem Engel, so deutet alles auf eine jener Bewußtseinskrisen, die den politisch-moralischen Katastrophen voraufzugehen pflegen. Eine Kultur, deren Anwälte sich längst unter dem Beifall der Mehrheit zu Wortführern der Diffamierung und Verneinung alles dessen gemacht hatten, worauf diese Kultur beruhte, vermochte ihrer eigenen Zerstörung nicht mehr glaubwürdig entgegenzutreten. Es traf den Nerv dieser Krise, wenn der expressionistische Dichter und spätere Präsident der Reichsschrifttumskammer, Hanns Johst, einen seiner Dramenhelden sagen ließ, er entsichere den Browning, sobald er das Wort »Kultur« höre[44]; im Grunde taten sie alle es. Denn was war es anderes, wenn F. G. Jünger schrieb, »jede neue Schraube an einem Maschinengewehr, jede Vervollkommnung des Gaskrieges (sei) wesentlicher als der Völkerbund«; was anderes, wenn Stefan George sich vernehmen ließ: »Wir sehen in jedem Ereignis, jedem Zeitalter nur ein Mittel künstlerischer Erregung. Auch die Freiesten der Freien konnten ohne den sittlichen Deckmantel – man denke nur an die Begriffe von Schuld usw. (!) – nicht auskommen, der uns ganz wertlos geworden ist.«[45] Symptome des gleichen Zustandes waren die Verhöhnung des Menschen in Literatur und Kunst, die Brutalität der Stile und Aussagen, wie sie der Dämmer- und Dunkelsucht merkwürdig parallel lief, die Lust an Barbareien, Untergängen, Mythen oder Zynismen, die nicht nur auf die politische Rechte beschränkt blieb. Franz Werfel hat rückblickend, aus eigener zeitweiliger Dazugehörigkeit, wie er versicherte, bekannt, was wohl nicht allgemein, aber doch weitgehend für die besondere Situation jener Zeit gilt: nämlich, »daß es keinen verzehrenderen frecheren, höhnischeren, teufelsbesessenen Hochmut gibt als den der avantgardistischen Künstler und radikalen Intellektuellen, die von eitler Sucht bersten, tief und dunkel und schwierig zu sein und wehe zu tun. Unter dem amüsiert empörten Gelächter einiger Philister waren wir die unansehnlichen Vorheizer der Hölle, in der nun die Menschheit brät.«[46] Daß die verlästerte Kultur doch zugleich einschloß, worauf ihr Dasein als Künstler, Schriftsteller, Intellektuelle beruhte, ging ihnen in all ihrer verspielten Untergangsgestimmtheit nicht ein, und viele bejubelten schließlich den Sieg des Nationalsozialismus gerade auch wegen der barbarischen und chaotischen Möglichkeiten, die er – zum Schrecken freilich nur für eine »feige und satte Bürgerlichkeit«, wie sie meinten – mit heraufführte.

Zu spät erkannten sie, daß der Schrecken gegen sie alle gerichtet war. Manche zahlten furchtbar dafür. Anderen dagegen war das Geschick gewogen. Niemand forderte von ihnen die Konsequenzen dessen ein, was sie so nachdrücklich beschworen hatten. Sie verstummten nur, kauerten sich zusammen und blieben unangetastet, während sie mit heimlicher Erbitterung die Herrschaft des Pöbels, die Barbarisierung des öffentlichen Lebens, den Weg in Krieg und Chaos registrierten – und allemal fanden, daß dies nicht der Pöbel, die Barbarei, das Chaos waren, die sie einst über die Zivilisation herabgerufen hatten. Nicht zu Unrecht hielt Hitler ihnen entgegen:

> »Heute krähen die literarischen Weiber der Welt ›Verrat am Geist‹ über mich. Und eben noch haben sie selbst über den Verrat des Geistes am Leben in Worten geschwelgt. Solange es eine literarische Köstlichkeit war, haben sie sich damit wichtig gemacht. Jetzt, da wir Ernst machen, markieren sie erstaunte Kinderaugen.«[47]

Es ist zu vermuten, daß etwas von diesem Erstaunen auch in den Augen Edgar Jungs stand, als Ende Juni 1934 die Häscher der SS bei ihm eindrangen. Wenige Monate zuvor hatte er noch denen, die »in den Vorstellungen des Rechtsstaates« befangen sind und sich »bei mancher Gewalttat nicht beruhigen« können, entgegengehalten, »daß die Gewalt ein Element des Lebens« sei und »ein Volk, das zu keiner Gewaltäußerung mehr fähig ist, ... im Verdachte biologischen Niedergangs« stehe.[48]

Die Geschichte der Entmachtung des Geistes in einem Lande ist stets die Geschichte seiner Selbstentmachtung, und wenn sein Widerstand, das »savoir résister« gefordert wird, so bezieht sich das vorab auf die Versuchung, Hand an sich selbst zu legen. Thomas Mann fragte 1930, ob es denn überhaupt möglich sei, in einem alten, reifen, vielerfahrenen Kulturvolk, das geistige und seelische Abenteuer hinter sich habe wie das deutsche, den Ungeist, die Primitivität, die vollkommene nationale Simplizität durchzusetzen. Die Antwort lag im Grunde schon vor dieser Frage, wenn auch erst später, unter den Bedingungen der totalitären Herrschaft, ihr definitiver Charakter zusammen mit der Erkenntnis deutlich wurde, daß die Grenze des dem Menschen Zumutbaren im Unendlichen verläuft. In der Präparierung des öffentlichen Bewußtseins für die umfassenden Zumutungen des Regimes, in der Austreibung der Vernunft, der Entwertung des Menschenbildes, der Verächtlichmachung aller, die noch Wahrheiten oder moralische Maßstäbe anerkannten, und jener konsequent betriebenen Denunziation aller Gesittungsgrundlagen, die sich als neues, unerschrockenes, illusionsloses Lebensgefühl aufspielte, liegt, jenseits aller vordergründigen Kausalität etwa im Sinne der Frage, ob man geistige Haltungen für ihre verfälschte Verwirklichung haftbar machen könne, der Schuldbeitrag der intellektuellen Radikalität an der Wirklichkeit des Nationalsozialismus: »Alles Romantische steht im Dienst anderer, unromantischer Energien«, hatte Carl Schmitt, sich unfreiwillig selbst decouvrierend, im Jahre 1925 geschrieben.[49]

Es gab Ausnahmen, die am einen wie am anderen, sowohl vor als auch nach dem Jahre 1933, keinen Anteil hatten. Der Bildhauer Ernst Barlach, der Dichter Friedrich Reck-Malleczewen, der Maler Karl Schmitt-Rottluff, die sich, von kleinlichen Kulturfunktionären schikaniert, der »langsamen Erdrosselung«, wie Barlach schrieb, preisgegeben sahen[50]; oder die nicht unbeträchtliche Minderheit von Wissenschaftlern, die in zähen Auseinandersetzungen die Integrität von Forschung und Lehre zu bewahren versuchten: der Historiker Friedrich Meinecke, der Philosoph Kurt Huber, die Naturwissenschaftler Otto Hahn und Werner Heisenberg. Und wenn dem Regime statt der erwarteten kulturellen Erfolge nur Verarmung und Verödung beschieden waren, so blieb es auch militärisch-wissenschaftlich infolge der Vertreibung der intellektuellen Elite sowie der begründeten Loyalitätsverweigerung der führenden naturwissenschaftlichen Fachleute des Landes so weit hinter der Welt zurück, daß sich daran nicht zuletzt sein Schicksal mitentschied.[51] Die Geistfeindschaft, die unter den Bedingungen seines Aufstiegs an vorderster Stelle rangiert, steht unter den Bedingungen seines Untergangs ebendort.

Für den zurückschauenden Beobachter mag darin der Rest einer Genugtuung liegen, dem Zeitgenossen half es wenig. Der unglückliche Oskar Loerke faßte das Martyrium seiner Erfahrungen im Dritten Reich: den Schmerz über die unwürdigen Situationen, in die er sich ständig gedrängt sah, die Erbitterung über Anpassungsfähigkeit und Opportunismus der Freunde, die Verzweiflung über die prahlerische Gemeinheit der Machthaber in den Worten zusammen: »Einen Ekel gibt es in der Welt, der reicht über den Tod und dauert die Ewigkeit.«[52]

DEUTSCHE FRAU UND MUTTER

Die Rolle der Frau im Dritten Reich

»Werdet nie Damen, bleibt deutsche Mädchen und Frauen!«

Julius Streicher

»Wer wird einmal nach dreihundert oder fünfhundert Jahren fragen, ob ein Fräulein Müller oder Schulze unglücklich war?«

Heinrich Himmler

Die nationalsozialistische Bewegung, von ihrem Beginn an eine militante Gesinnungsgemeinschaft von Männern, gewährte den Frauen nahezu keinen Raum in ihren Reihen. Schon die erste Generalmitgliederversammlung faßte Anfang 1921 den einstimmigen Beschluß, daß »eine Frau ... in die Führung der Partei und in den leitenden Ausschuß nie aufgenommen werden« könne.[1] Noch das Führerlexikon von 1934 erwähnt unter zahllosen, oft drittrangigen Namen nicht eine einzige Frau, und auch in den folgenden Jahren des Dritten Reiches gab es trotz aller Millionenorganisationen, mit deren Hilfe die Frauen erfaßt wurden, keine echte politische Repräsentanz des anderen Geschlechts. Die Frauenfeindlichkeit der Anfangsphase blieb, trotz aller abschwächenden Verlautbarungen der Führungsspitze, in den Reihen der Bewegung einer der bestimmenden Grundzüge und unterschied die NSDAP nachdrücklich von allen übrigen Parteigruppierungen im politischen Raum. Der Typus des Heimatlosen, zu bürgerlichen Verankerungen zutiefst Unfähigen, der in der Frühzeit ihr Gesicht formte, verschmähte zumeist mit jedweder anderen festen Bindung auch die an eine Frau und eine Familie; denn die entscheidenden Eindrücke, die ihn geprägt hatten: das Fronterlebnis, die Freikorpsjahre oder die militanten Zusammenschlüsse einer politisierenden Großstadtbohème, hatten stets den Charakter eines Männerbundes besessen, und die verbreiteten bündischen Stimmungen jener Jahre bestärkten diese Tendenzen noch. In dem vor allem innerhalb der SA sowie später der SS bewußt gepflegten Elite- und Ordensgedanken, in der Schwärmerei für den »unbezwinglichen Führer«, den »heroisch veranlagten Freund« oder den »opfermütigen Kameraden« kam immer wieder jener homoerotische Zug zum Durchbruch, der sich auch in der weichlichen, unklar sentimentalen Gefühlslage bekundete, mit der die Akte der Roheit romantisch verbrämt wurden.

Es ist denn auch gewiß kein Zufall, daß sich innerhalb der engeren Führungsgarnitur der Bewegung auf Jahre hin kaum jemand fand, der eine Familie besaß oder gar den beträchtlichen Anforderungen der nationalsozialistischen Familienideologie zu genügen vermochte, wie sie in zahllosen, aufdringlich präsentierten Metaphern, Bildern und Denkmälern oder im offiziell geförderten Dilettantismus »völkisch echtbürtiger Dichtung« popularisiert wurde[2]: der Mann, ein Held, am besten auf freier Scholle, den Blick kühn in die aufgehende Sonne haltend oder breitbeinig der Brandung des Lebens die nackte starke Brust darbietend; und an ihn gelehnt das hochgewachsene, vollbusige Weib, tapfer und wehrhaft auch sie, zugleich aber innig, tief und eine Frohnatur inmitten unermüdlich gezeugter Kinder — eine hochgereckte blonde Idylle mit jenem unverwechselbaren Ausdünstungsgemisch von Männerschweiß und Seelenadel, das, gleichgültig auf welchem Gebiet, allen Stilisierungen nationalsozialistischer Weltanschauung eigen war. Hinter dem gestellten Heroismus ihrer Bilder wurden immer wieder die nüchternen machtpolitischen Zweckerwägungen sichtbar, die in der Ehe ein »Produktionsverhältnis« sahen und die Frau nach »Gebärleistungen« einstuften.[3] Wie es der an militärischen Vorstellungen orientierte Wortschatz nahelegte, sprach man vom »Einsatz« der Frau und meinte, er erfolge »nicht im Gesellschaftlichen, sondern im Erotischen. Liebeserfüllung, Liebesglück, Empfängnis und Geburt (seien) die heroischen Höhepunkte weiblichen Lebens«[4], man klassifizierte die Frau, die »freiwillig auf Mutterschaft« verzichtete, als »Fahnenflüchtige«, und Hitler versicherte gar: »Jedes Kind, das sie zur Welt bringt, ist eine Schlacht, die sie besteht für Sein oder Nichtsein ihres Volkes.«[5]

Ursprung und Inhalt der nationalsozialistischen Frauenideologie werden allerdings, jenseits der reinen Machtüberlegungen, erst ganz verständlich vor dem Hintergrund der problematischen Beziehung Hitlers zum anderen Geschlecht. Man darf ziemlich sicher sein, daß seine persönliche Abweichung vom postulierten Idealbild zunächst einmal, wie alle seine Entscheidungen und Verhaltensweisen selbst privater Natur, von den Ergebnissen machtpsychologischer Berechnungen mitbestimmt war. Schon 1919 hatte sein späterer Mentor Dietrich Eckart, als er an Schwabinger Stammtischen die Umrisse eines künftigen Retters aus deutscher Not entwarf, verlangt: »Es muß ein Junggeselle sein! Dann kriegen wir die Weiber«, und Hitler selbst gestand später, daß er es sich mit Rücksicht auf die in den Wahlen ausschlaggebende Bedeutung der Frauen nicht habe leisten können, zu heiraten.[6] Zu den bestimmenden Elementen seines »ideologiewidrigen« Verhaltens zählten aber zweifellos auch die ihm eigene Gefühlskälte sowie seine Kontaktgestörtheit, die schon in dem Bericht des Jugendfreundes August Kubizek über die eigentümliche Beziehung zu dem Mädchen ›Stefanie‹ deutlich wird. Möglicherweise wurde das ohnehin schwer durchdringliche, komplexreiche Gestrüpp seines persönlichen Verhältnisses zur Frau weiter kompliziert durch jene unglückliche Affäre mit seiner Nichte Geli Raubal, die sich, allem Anschein nach, den Bedrückungen seiner Gegenwart durch den plötzlichen Entschluß zum Selbstmord entzog — ohne daß freilich hier entschieden werden kann oder soll, welchem dieser Motive primäre, das heißt verursachende, und welchem lediglich bestärkende Bedeutung zukommt. Jedenfalls schloß die für Hitler charakteristische Angst vor allen selbstentäußerten, humanen Haltungen, einem Zeugnis aus seiner Umgebung zufolge, auch die ständige Angst ein, »mit einer Frau ins Gerede zu kommen«, und die gelegentlich geäußerte Vermutung ist nicht unbegründet, daß die sorgfältig verheimlichte spätere Beziehung zu Eva Braun, weit entfernt von jeder natürlichen Geschlechtsbindung, ihm lediglich vor sich selbst und seinem engsten Gefolge eine krampfhafte Legitimation des Männlichen verschaffen sollte.[7]

Zweifellos sind Überlegungen dieser Art von spekulativen Bestandteilen nicht frei. Aufschlußreicher und verläßlicher ist demgegenüber noch immer Hitlers Bekenntnisbuch ›Mein Kampf‹, das die wesentlichen Elemente seines offenbar krankhaft beschwerten Verhältnisses zur Frau unfreiwillig aufgedeckt hat: in jenem endlosen und nahezu unerträglichen Kapitel über die Syphilis vor allem, in dem eigentümlich »verdorbenen« Vokabular schlechthin oder auch in jenem immer wiederkehrenden schmuddeligen Alptraum, auf den er augenscheinlich zeitlebens fixiert blieb und dem der von ihm gegen alle Anfeindungen immer wieder gedeckte Julius Streicher später eine so widerwärtige Publizität verschaffte: das grausam gefesselte, nackte germanische Weib, dem sich vom Hintergrund her lauernd der schwarzhaarige jüdische Schächter nähert, während er selbst, ein feiger, gehemmter, immer erneut versagender Ritter Georg, die Jungfrau nicht befreit, sondern dem ›Drachen‹ überläßt. Es spricht immerhin einiges dafür, daß seine sogenannte Weltanschauung zu wesentlichen Teilen die Rationalisierung der in solchen demütigenden Traumerfahrungen geweckten Haß- und Rachegefühle war, und das ideologische Gerüst, in das er die Frau zu spannen versuchte, Züge jenes irrealen, von verklärenden ebenso wie von dumpfen Vorstellungen geprägten Bildes enthielt, das nie den korrigierenden Erfahrungen einer normalen Geschlechtsbeziehung ausgesetzt war.

Allerdings hat Hitler, wie an anderer Stelle dargelegt worden ist, in seinen öffentlichen Auftritten als Redner, vor großen Massen, gesucht und wohl auch weitgehend gefunden, was ihm im persönlichen Kontakt zu einzelnen Menschen versagt geblieben war. Der von Selbstbefriedigungsimpulsen unverkennbar geprägte Charakter dieser Veranstaltungen hat im übrigen ebenso wie seine ganz offenbar unter dem Druck vielfacher Stauungen stehende Erscheinung schon frühzeitig eine besondere Anziehungskraft auf Frauen entwickelt, deren enthusiastische Reaktionsweisen »in der Frühzeit der Bewegung gewöhnlich entscheidend für den Erfolg« einer von Hitler gehaltenen Rede wurden.[8] Er selbst, den Friedrich Reck-Malleczewen nach einer zufälligen Begegnung nicht umsonst mit einem Heiratsschwindler verglichen hatte, der liebeshungrige Köchinnen hereinlegen möchte, hat jedenfalls gestanden, die Frauen hätten in seiner »politischen Laufbahn eine nicht unwichtige Rolle gespielt«: sie haben ihn – vereinfacht ausgedrückt – entdeckt, gewählt und vergöttert.[9] Lange bevor die ›Münchener Post‹ im April 1923 schrieb, man spreche »von den in Hitler verschossenen Weibern«, annoncierte die Gräfin Reventlow ihn als den »kommenden Messias«, indes sich jene mütterlichen Freundinnen zu ihm drängten, die in dem düsteren, zutiefst merkwürdigen jungen Mann »instinktsicher das unerlöste Männchen witterten«[10]: insbesondere Carola Hofmann, die Witwe eines Studiendirektors (die ›Hitler-Mutti‹); die aus dem europäischen Hochadel stammende Gattin des Verlegers Bruckmann oder die Frau des Pianofabrikanten Bechstein. Sie vor allem, denen sich in späteren Jahren die eine oder andere Nachfolgerin oder Rivalin zugesellte, öffneten ihm die Tore zur sogenannten besseren Gesellschaft; und sofern es nicht Angehörige der respektablen Rechten waren, handelte es sich vielfach um die Repräsentanten einer in den Verfeinerungen des Lebens müde und überdrüssig gewordenen Schicht, die gerade jene Sensationen suchten, die Hitler zu bieten hatte: seine Radikalität, die hanebüchene Konsequenz seiner Anschauungen, aber auch seine gesellschaftliche Unbeholfenheit und seine schlechten Manieren – überhaupt die schockierenden Akzente seines Auftretens waren das Entzücken einer Gesellschaft, die sich im Leerlauf ihrer Tage die Stimulantien holte, wo sie sie fand. Immerhin ließ die düstere Verkrampftheit, die Bedrückung, unter der er zu leiden schien, vielfache Spannungen vermuten, die auf Befreiung von kundiger Hand warteten, und manche dumpfe Begehrlichkeit floß in die mütterliche Sorge mit ein. Hannah Arendt hat gelegentlich auf die im 19. Jahrhundert »ständig wachsende Bewunderung der guten Gesellschaft für die Unterwelt« hingewiesen, »ihr allmähliches Nachgeben in allen moralischen Fragen, ihre wachsende Vorliebe für den anarchischen Zynismus ihres Sprößlings«, und auf die verblüffende Affinität zwischen der politischen Weltanschauung des Mob und der Weltanschauung der bürgerlichen Gesellschaft, gereinigt von aller Heuchelei, aufmerksam gemacht: ein Prozeß, der in den Münchener Salons der frühen zwanziger Jahre oder später im berühmten Cercle der Frau v. Dircksen seinen Kulminationspunkt erreichte.[11]

Fast wirksamer noch als die gesellschaftliche und reiche materielle Unterstützung, die dem jungen Agitator in wachsendem Umfang von dieser Seite gewährt wurden[12], war ihre Bedeutung für den Kult, der sich um seine Person entwickelte. Gewiß sind die Elemente abgöttischer Verehrung in der »männlichen Bewegung« nicht minder wirksam gewesen; aber jener schrankenlos überreizte, entschieden hysterische Ton, der alsbald um sich griff, nahm seinen Ausgang doch vom Gefühlsüberschwang einer bestimmten Gattung ältlicher Frauen, die das unbefriedigte Triebmaterial ihres Innern im Taumel nächtlicher Großkundgebungen vor der ekstatischen Gestalt Hitlers zu aktivieren versuchten. »Man muß von oben, von der Rednertribüne aus«, so schrieb einer der engeren Gefolgsleute Hitlers, »diese vor Entzückung gebrochenen, feuchten und verschleierten Augen der Hörerinnen gesehen haben, um über den Charakter dieser Begeisterung nicht mehr im Zweifel zu sein«: die »Rolle der Erotik in der modernen Massenpropaganda« ist selten wirkungsvoller dokumentiert worden.[13] Und wie eine suggestive Regie durch den planmäßigen Einsatz raffinierter Reizmittel politische Kundgebungen zu reinen Triebvorgängen pervertierte, so wurde Hitler vom Redner im herkömmlichen Sinne zusehends zum Triebobjekt, vor dem sich neurotische Kleinbürgerinnen zu kollektiver Ausschweifung zusammenfanden: begierig auf den Augenblick der Enthemmung, der großen Auslösung, der im überschnappenden Aufschrei der Menge den Lustcharakter dieser Veranstaltungen und ihre fatale Übereinstimmung mit den öffentlichen Beischlafhandlungen primitiver Völkerstämme schlagend enthüllte. Hitler selbst hat bekundet, er habe sich in seinen Reden »systematisch auf den Geschmack der Frauen« eingestellt, sie seien von Anfang an »zu seinen begeistertsten Bewunderern« zu zählen gewesen, und noch im Kriege versuchte er, kritische Stimmungen durch rhetorische Argumentationsweisen zu überwinden, die »insbesondere das weibliche Gemüt ansprachen«[14].

Ob man nun für Art und Umstände solcher Kundgebungserotik machttaktische Erwägungen oder die persönlichen Fixierungen Hitlers verantwortlich macht – im einen wie im anderen Falle wurde die Frau lediglich als Objekt betrachtet und in den spezifisch weiblichen Eigenschaften beispielsweise einer gesteigerten Hingabefähigkeit oder des Verlangens nach Autorität und Ordnung nur die Möglichkeiten intensiverer psychologischer Lenkbarkeit erkannt und verwertet. Hier liegt denn auch der Schnittpunkt zwischen der individuellen Ausgangslage Hitlers und den, wenn auch wenigen, deutlichen Konturen der nationalsozialistischen Frauenideologie; denn obwohl sie überwiegend nur die im völkischen Schrifttum vertretenen Theoreme aufgriff, gab sie ihnen doch eine besondere Richtung, und hinter der anheimelnden Verlogenheit ihrer Worte und Bilder wurde die mörderische Wirklichkeit ihrer Zwecke sichtbar. Nie war sie, darin einen charakteristischen Grundzug nationalsozialistischer Ideologiepraxis andeutend, etwas anderes als Verkleidung machttechnischer und imperialer Bestrebungen im Gewande pseudoromantischer Vorstellungen.

Dem selbstgewiß verkündeten Anspruch, der Nationalsozialismus werde die Frauenfrage endgültig lösen, lag die Auffassung zugrunde, daß die problematische Stellung der Frau in der modernen Gesellschaft lediglich eine Folge der liberalistischen Gleichstellung der Geschlechter sei. Sobald man den von der Menschenrechtsideologie angeblich geleugneten naturgegebenen Unterschied zwischen Mann und Frau wiederherstellte und zu den Ursprüngen, dem Urwillen zurückkehrte, würden alle Probleme, die »ein Intellektualismus verdorbenster Art« erst künstlich geschaffen habe, gegenstandslos.[15] Die Frau war danach Bewahrerin der Sippe und des biologischen Erbes, Hüterin des unverfälschten rassischen Blutquells, häuslicher Tugenden und ewiger Sitte, sie denke auch, wie Alfred Rosenberg gelegentlich definierte, im Gegensatz zum Manne »lyrisch« und nicht »architektonisch«, »atomistisch« und nicht »zusammenschauend«, was immer das heißen mochte; und während er eine der wesentlichen Aufgaben der Frau »in der Predigt von der Reinerhaltung der Rasse« sah, vermißte, ganz in diesem Sinne, die Reichsfrauenführerin Gertrud Scholtz-Klink in der nüchternen Gegenwart vor allem die völkisch-sakrale Funktion und Bedeutung der Frauen und rief sie dazu auf, »wieder Priesterin der Familie und der Nation zu werden«[16]. Solchen Vorstellungsweisen erschien dann die Frauenrechtsbewegung des 19. Jahrhunderts als ein »Verfallssymptom« wie Demokratie, Liberalismus oder Parlamentarismus, ein im Zuge der planmäßigen Zerstörung der arischen Rasse »vom jüdischen Intellekt erfundenes Wort«, wie Hitler meinte[17], indes eine populäre Grundlegung der nationalsozialistischen Weltanschauung versicherte: »Die deutschen Frauen wollen ... in der Hauptsache Gattin und Mutter, sie wollen nicht Genossin sein, wie die roten Volksbeglücker es sich und ihnen einzureden versuchen. Sie haben keine Sehnsucht nach der Fabrik, keine Sehnsucht nach dem Büro und auch keine Sehnsucht nach dem Parlament. Ein trautes Heim, ein lieber Mann und eine Schar glücklicher Kinder steht ihrem Herzen näher.«[18]

Die dem Nationalsozialismus eigene feindselige Haltung gegen die moderne Arbeitswelt, der gärend-romantische Protest gegen die Großstadt, die Zivilisation schlechthin und sein absurdes Bestreben, einer hochtechnisierten Industriegesellschaft agrarische Leitbilder aufzuzwingen, das bis zur offen erhobenen Forderung nach einer »geistigen Verbäuerlichung des

Volkes« ging[19], fand auch im postulierten Frauenideal seinen Ausdruck. Die kritischen Direktiven beispielsweise, die dem nationalsozialistischen Schrifttum Richtung und Weg weisen sollten, vermitteln davon einen anschaulichen Eindruck, so wenn den »Literaturschaffenden« von ministerieller Seite die Themen vorgeschlagen wurden: »Die bäuerliche Landnahme; der Sippengedanke; das Erbhofgesetz; die Abwehr der Verstädterung; die Erprobung des Menschen in einer neuen Volksordnung, die dem Rassegedanken verpflichtet ist; das landverbundene Soldaten- und Siedlertum; die technische Aufrüstung und kulturelle Eigenständigkeit des Dorfes.« In einem Zeitungsartikel, der »Ordnung im deutschen Schrifttum« ankündigte, schrieb der Reichsdramaturg Rainer Schlösser: »Harren wir nicht alle der Auferstehung jener echten deutschen Erotik, die einen Goethe, einen Kleist, einen Storm oder Mörike auszeichnete? Wie wenig anderes müßte es unsere Dichter reizen, der Raserei artfremder Sexualspekulationen des nun glücklich zurückgewiesenen Asiatentums den Hochgesang vom blühenden Blut des erdhaft deutschen Menschen gegenüberzustellen!«[20] Gemeinsam war diesen und einer Fülle gleichgerichteter Äußerungen die Wendung gegen das sogenannte Ibsen-Weib, das die Muttereigenschaften des »Urweibes, des Bauernweibes« eingebüßt und »statt der Kinder ... seelische Konflikte« habe[21], sowie gegen den städtischen Typus der »Dame« überhaupt, als deren Attribute rote Lippen, lackierte Fingernägel, hohe Absätze und Nikotingenuß galten. Vor allem in den Anfangsjahren nationalsozialistischer Machtausübung kam es dabei zu zahlreichen Übergriffen eines schikanösen Puritanertums, dessen säuerliche Engherzigkeit in bezeichnendem Gegensatz zu der vom Nationalsozialismus im übrigen praktizierten, moralverachtenden Anbetung roher und vitaler Gewalt stand und selbst Goebbels zum Protest herausforderte; so ließen beispielsweise die Polizeipräsidenten zahlreicher deutscher Städte in allen öffentlichen Restaurants Plakate anbringen, wonach weiblichen Personen das Rauchen untersagt sei, und der Polizeipräsident von Erfurt forderte die Bevölkerung gar auf, in der Öffentlichkeit rauchende Frauen anzuhalten und »an ihre Pflicht als deutsche Frau und Mutter zu gemahnen«[22]. Im herrschenden Vorstellungsbild, das auf eine schwer entwirrbare Weise den Typus der friesischen Bauersfrau untermischt mit Zügen der Königin Luise verlangte, waren »deutsch« und Nikotin, »deutsch« und Lippenstift oder »deutsch« und Mode nicht zu vereinbarende Begriffe:

> »Die deutschen Männer aber wollen«, so schrieb Curt Rosten in einer ›das ABC des Nationalsozialismus‹ genannten Schrift, »und das mit Recht, auch wieder *deutsche* Frauen haben. Nicht ein leichtfertiges Spielzeug, das oberflächlich nur auf Genuß sinnt, sich mit Tand und Flitter behängt und einer glitzernden Schale gleicht, deren Inneres hohl und öde

> ist. Unsere Gegner versuchten, die Frauen ihren dunklen Zwecken dienstbar zu machen, indem sie denselben das leichtfertige Leben in den glühendsten und rosigsten Farben malten und den wahren, der Frau von Natur zugewiesenen Beruf als Sklaverei bezeichneten.«[23]

Dieser Beruf war ausschließlich der der Mutterschaft und »Herdhüte« und die »Dame« immer vom Verdachtsgeruch umgeben, sich dieser Aufgabe nicht mit dem aus einem weltanschaulich gefestigten Bewußtsein stammenden Sippenernst anzunehmen. Ihr, dem verheerenden Vorbild ihres Typus, schrieb man die Verantwortung für den besorgt registrierten Prozeß der »Familiendämmerung« zu. Sie war es auch, die sich der Forderung nach nackter und unentwegter Reproduktion des Daseins, auf die all das diffuse und wirre Theoriengemenge im Grunde einheitlich hinauslief, entzog und — in den Begriffen der Zeit — »Naturverrat« beging, indem sie in den »Gebärstreik« trat.[24] »Das Gesunde ist heroischer Befehl«, lautete die von Hanns Johst proklamierte Maxime dieses Menschenbildes.[25] Schon in seinem Buch ›Mein Kampf‹ hatte Hitler versprochen, »mit der Vorstellung aufzuräumen, als ob die Behandlung seines Körpers jedes einzelnen Sache selber wäre«, und in der durchgängigen Neigung, die Ehe als züchterische Institution zu betrachten, spätere sogenannte »erbgesetzliche Ausmusterungspraktiken« angekündigt: »Ein völkischer Staat wird ... in erster Linie die Ehe aus dem Niveau einer dauernden Rassenschande herauszuheben haben, um ihr die Weihe jener Institution zu geben, die berufen ist, Ebenbilder des Herrn zu zeugen und nicht Mißgeburten zwischen Mensch und Affe.«[26]

Die Abschnürung der Frau von allen Funktionen, Interessen und Rechten haben nationalsozialistische Ideologen zwar immer wieder bestritten und beteuert, daß »der seelisch-geistige Frauenkampf neben dem vorstoßenden Manneskampf sein Recht und seine Aufgabe« habe, oder, wie Gertrud Scholtz-Klink es in einem eher grotesken Bilde ausdrückte: »Wenn auch unsere Waffe ... nur der Kochlöffel ist, soll seine Durchschlagskraft nicht geringer sein als die anderer Waffen.«[27] Im Zentrum solcher Aufwertungsversuche stand indessen der Gedanke der Mutterschaft: »Können die Frauen sich etwas Schöneres denken, als mit dem geliebten Manne im trauten Heim im ehrfürchtigen Hinhorchen auf das innere Weben schöpferischen Muttertums die Jahrhunderte und Jahrtausende erleben?«[28] Und während Joseph Goebbels versicherte, die »Verdrängung der Frau aus dem öffentlichen Leben« erfolge nur, »um ihr ihre wesentliche Würde zurückzugeben«[29], äußerte Hitler freimütig: »Wenn früher die liberalen intellektualistischen Frauenbewegungen in ihren Programmen viele, viele Punkte enthielten, die ihren Ausgang vom sogenannten Geiste nahmen, dann enthält das Programm unserer nationalsozialistischen Frauenbewegung eigentlich nur einen einzigen Punkt, und dieser Punkt heißt: das Kind.« Solchen Postulaten, die das Problem zu lösen vorgaben, indem sie es zusammen mit allen seinen Voraussetzungen kurzerhand ignorierten, ließ Hitler die dürftige Vision der Geschlechtereintracht im nationalsozialistischen Staat folgen: »Dann wird niemals zwischen den beiden Geschlechtern Streit und Hader entbrennen können, sondern sie werden dann Hand in Hand gemeinsam kämpfend durch dieses Leben wandeln, so, wie die Vorsehung es gewollt hat, die sie zu diesem Zwecke beide erschuf.«[30]

Der aphoristische und vielfach ins ungreifbar Allgemeine ausweichende Charakter zahlreicher Formeln zur Frauenfrage entsprach ganz dem geringen Interesse der nationalsozialistischen Führung an ideologischer Präzisierung, dem freilich ein äußerst scharfer Instinkt für die reinen Machttatsachen gegenüberstand. Während die neuen Machthaber nach dem 30. Januar 1933 rigoros nach den wirksamen Einflußmöglichkeiten auf Frau und Familie griffen, ließen sie alle Elemente einer eigenen Frauen- oder Familienideologie, wie sie überwiegend im völkischen Schrifttum vorgebildet waren, im Unklaren oder Widersprüchlichen. Ihr Totalitätsanspruch, dem gleich zu Beginn, im Verlauf der Gleichschaltungsmaßnahmen, die bestehenden Frauenverbände zum Opfer fielen, schuf sich die Ausgangsstellungen seiner Herrschaft in einer kaum überschaubaren Fülle von Organisationen: der NSV, der NS-Frauenschaft, dem Deutschen Frauenwerk mit seinen angeschlossenen Gruppen, dem Hilfswerk Mutter und Kind, dem Frauenamt der DAF usw. »Wir allein sind befugt«, rief Hitler aus, »das Volk als solches – den einzelnen Mann, die einzelne Frau – zu führen. Die Lebensbeziehungen der Geschlechter regeln wir. Das Kind bilden wir!«; und an anderer Stelle erklärte er, daß die Kinder »den Müttern genauso gehören wie im selben Augenblick auch mir«[31].

Um diese Ansprüche zu sichern, wurde darüber hinaus, beginnend mit dem Jahre 1933, ein umfassender Katalog »volksbiologischer« Maßnahmen durchgesetzt oder doch planend vorbereitet, dessen Ausweitung und Perfektionierung jedoch lediglich in seinen antisemitischen Teilen zustande kam, im übrigen aber in allerdings hinreichend barbarischen Ansätzen steckenblieb. Der Vielzahl der Ämter, Ausschüsse, Sachverständigenbeiräte und ministeriellen Abteilungen, die für Fragen der Bevölkerungs-, der Rassen- und Gesundheitspolitik künftig Zuständigkeiten anmeldeten, entsprach die gesetzgeberische, auf Vermehrung und eugenische Aufbesserung abzielende Aktivität des Staates. Dazu zählten beispielsweise das »Gesetz zur Förderung der Eheschließungen« vom 5. Juli 1933 (mit der Neufassung vom 21. Februar 1935), das vor allem Ehestandsdarlehen verfügbar machte, die durch wachsende Kinderzahl getilgt werden konnten, ferner das »Gesetz zur Verhütung erbkranken Nachwuchses«, das als »Beginn ausmerzender Maßnahmen des Staates« öffentlich gefeiert wurde, oder Entwürfe mit dem Zweck, die »Übertragung einer Planstelle an den jungen Beamten davon abhängig zu machen, daß er verheiratet ist«[32]. In den gleichen Rahmen gehören die Bestrebungen zur Einführung des Ahnenpasses, zur Umwandlung der Standesämter in Sippenämter, denen mit Hilfe der schon 1933 begonnenen Fotokopierung sämtlicher Kirchenbücher die Klärung der »blutsmäßigen Zusammenhänge aller Deutschen« übertragen werden sollten; weiter dann das Euthanasieprogramm und schließlich die Stiftung des Mutterkreuzes, das jeweils am 12. August, »dem Geburtstag der Mutter unseres Führers«, wie die Begründung lautete, verliehen wurde und die Überlegung zum Ursprung hatte, daß »die deutsche kinderreiche Mutter ... den gleichen Ehrenplatz in der Volksgemeinschaft erhalten (solle) wie der Frontsoldat, denn ihr Einsatz von Leib und Leben für Volk und Vaterland war der gleiche wie der der Frontsoldaten im Donner der Schlachten«[33].

Der Sicherung des tatsächlichen Einflusses diente auch die Erfassung der Frauen in straffgegliederten uniformierten Zwangsorganisationen wie beispielsweise der weiblichen Hitlerjugend oder auch der Institution des weiblichen Arbeitsdienstes, dessen Gründung den angeblich jüdisch-liberalistischen Vermännlichungstendenzen der Frau ein bemerkenswertes völkisches Gegenstück verschaffte und ein eindrucksvoller Beleg für den Manipulationscharakter ideologischer Prämissen im Nationalsozialismus ist. Wie immer, wenn Ideologiefragen mit Machtzwecken in konkurrierenden Zusammenhang traten, entschied sich die nationalsozialistische Führungsspitze für die Macht, und der Versuch, diesen Akt ideologischer Selbstdesavouierung mit dem Gedanken der Volksgemeinschaft zu rechtfertigen, blieb allzu durchsichtig.[34] Darüber hinaus wurden Bemühungen sichtbar, in der weiblichen RAD-Führerin den neuen idealen Frauentypus zu entwickeln, der den »protestierenden, demonstrierenden und männliche Art lächerlich kopierenden ›Frauenrechtlerinnen‹ anderer Länder« entgegengestellt werden und aus der Kraft weltanschaulicher und biologischer Voraussetzungen befähigt sein sollte, den Nationalsozialismus, wie es hieß, »vorzuleben«[35].

Dieser Typus hatte seine feststehenden Erscheinungsmerkmale, und erst relativ spät gelang es – insbesondere unter dem urbaneren Einfluß von Magda Goebbels, der Frau des Propagandaministers –, an der bäuerlich groben Kontur dieses Frauenbildes einige kosmetische Korrekturen anzubringen. Aber es blieb das Ideal der verklärten Blondheit unter dem zu Knoten oder Krone geflochtenen Haar, das Bild des schwerhüftigen, trainierten Weibes im langen weitfallenden Rock, mit Gesundheitsabsätzen und befreit vom verpönten Korsett – eine Erscheinung ohne Intimität, die in all ihrer stilisierten Natürlichkeit auffallend unnatürlich wirkte und eine entmutigende folkloristische Gemütlichkeit ausstrahlte. Sie schien sich tatsächlich, wie sie ging und stand, ihrer »Blutverpflichtung« bewußt und die »nötigen rassedienstlichen Selbststeuerungen« in sich zu tragen.[36] Eine Heiratsannonce aus dem Jahre 1935 macht diesen Frauentypus überaus treffend deutlich:

»52jähriger, rein arischer Arzt,
Tannenbergkämpfer, mit Siedlungsabsicht,
wünscht
männliche Nachkommenschaft durch standesamtliche Ehe
mit gesundem, altarisch, jungfräulich jungem, anspruchslosem,
auch für grobe Arbeit geeignetem, wirtschaftlichem Weibe
mit breiten Absätzen, ohne Ohrringe, möglichst ohne Vermögen.
Vermittler abgelehnt, Verschwiegenheit zugesichert.
Briefe unter AEH 151 094 an die M. Neuest. N.«[37]

Der Idealtypus der nationalsozialistischen Frau hat, jenseits solcher Wunschvorstellungen, eine seiner reinsten Ausprägungen in Gerda Bormann, der Frau Martin Bormanns, erfahren. Zum familiären Hintergrund, zur äußeren Erscheinung und der großen Zahl ihrer Kinder kam eine unbeirrbar naive Anhänglichkeit an die Person des Führers, die einherging mit einem schlichten, jeder intellektuellen Zumutung offenen ideologischen Buchstabenernst. Der teilweise veröffentlichte Briefwechsel mit ihrem Mann macht das psychologische Grundmuster dieser Frauenerscheinung überaus deutlich: das Verlangen nach Unterwerfung und Hingabe, dem weder die Züge persönlicher Uneigennützigkeit noch die schrillen Töne gläubiger Hysterie fehlen; die ungenierte Radikalität der Vorurteile und das Vermögen, alle offenbar widersprechenden Tatsachenelemente ohne jede rationale Verlegenheit dem Weltbild einzuordnen, Torheiten zu kanonisieren und dem Tiefsinn, wo er am dunkelsten auftritt, sich auch am seligsten zu ergeben. »O Papa«, so schreibt sie einmal gegen Ende des Krieges im charakteristischen Ton hausbackener Überspanntheit, »jedes Wort, das der Führer in den Jahren unseres härtesten Kampfes sagte, geht wieder in meinem Kopf um und um . . .«, und etwas später: »Im Radio singen sie das Lied ›Und wenn die Welt voll Teufel wär‹. Ohne es zu wissen, schrieb Luther ein richtiges Nazi-Lied!«; sie macht sich Gedanken über die Bedeutung der Geschichte für das Leben, über die Verantwortung Karls des Großen für das Eindringen von Christentum und Judentum in Mitteleuropa, über die verderblichen Wirkungen christlicher Moral schlechthin oder über Rassenmerkmale und läßt sich von Schulungsrednern oder Gauleitern Belehrungen erteilen, die »alles sofort klar« machen. Ihr Eiferertum fand sich stets zu weltanschaulichen Andachtsübungen oder Bewährungsproben bereit und ließ sich, eher glücklich über jedes verlangte

Opfer »für die Sache«, willig beim Wort nehmen. Nur so wird verständlich, warum sie der Mitteilung ihres Mannes über die endlich gelungene Verführung der Schauspielerin »M.« mit nichts anderem als dem Vorschlag begegnet, M. mitzubringen, ein System umschichtiger Mutterschaft auszuarbeiten, um schließlich »alle Kinder im Haus am See zusammenzutun und zusammenzuleben, und die Frau, die gerade kein Kind hat, wird immer in der Lage sein, bei Dir in Obersalzberg oder Berlin zu sein«. Sodann versichert sie:

> »Natürlich bin ich nicht böse auf Euch beide noch bin ich eifersüchtig. Das war etwas, was Dich überkam, gerade so, wie Du oft erfaßt wirst von einer Idee oder einem Verlangen und es dann in Deiner ungestümen resoluten Art sofort ausführst ... Ich bin nur besorgt, ob Du dem armen Mädchen nicht einen furchtbaren Schock bereitet hast mit Deiner stürmischen Art (ZUERST BESTIMMT). Liebt sie Dich denn nun wirklich . . .?« Und mit einer Überlegung, die aus dem Vorfall augenblicklich Nutzanwendungen im Sinne der Ideologie zu ziehen versucht, fährt sie fort: »Es wäre gut, wenn am Ende dieses Krieges ein Gesetz gemacht würde wie jenes am Ende des Dreißigjährigen Krieges, welches gesunden, wertvollen Männern das Recht auf zwei Frauen einräumt (DER FÜHRER HAT ÄHNLICHE GEDANKEN!). So furchtbar wenig wertvolle Männer überleben diesen schicksalsvollen Kampf, so viele wertvolle Frauen sind zur Kinderlosigkeit verurteilt, weil ihr vorgesehener Partner im Felde blieb — muß das sein? Wir brauchen die Kinder auch von diesen Frauen! (ABSOLUT, FÜR DEN BEVORSTEHENDEN KAMPF, DER DAS NATIONALE SCHICKSAL ENTSCHEIDET).«[38]

Damit, sowie mit den weiteren Ausführungen Gerda Bormanns zur »Volksnotehe«, die zum Zwecke der Kinderproduktion das Prinzip der Einehe aufheben und Nebenfrauen gestatten sollte, waren Gedankengänge angerührt, die sich mit zahlreichen offiziellen Überlegungen deckten. Einige populäre Aspekte der nationalsozialistischen Familienpolitik haben vielfach den Blick dafür verstellt, daß die staatlichen Förderungsmaßnahmen ausschließlich darauf zielten, die bevölkerungspolitischen Voraussetzungen für die »imperiale Sendung« des deutschen Volkes, das heißt für geplante kriegerische Auseinandersetzungen zu schaffen. Während Bormann forderte, »um der Zukunft unseres Volkes willen geradezu einen Mutterkult (zu) treiben«[39], meinte Walther Darré mit der bezeichnenden Sorglosigkeit des Ideologen, der die Katastrophen seiner Ideologie sogleich selbst einplant, daß »bei gesundem Bodenrecht und gesunden Ehen ... der Nordischen Rasse noch niemals ein Krieg im biologischen Sinne geschadet« habe.[40] Entsprechend versicherte Himmler, ohne Blutvermehrung »werden wir die Erde nicht beherrschen können, ... werden wir das große germanische Reich, das im Entstehen begriffen ist, nicht halten können«[41]. Und wenn der Leiter der Parteikanzlei in einer Denkschrift über die ›Sicherung der Zukunft des deutschen Volkes‹ die »Fruchtbarkeit vieler Jahrgänge von Millionen Frauen« als das »wichtigste Kapital« bezeichnete, so war es doch ein Kapital, das von vornherein zur Verschleuderung zusammengetragen wurde: der bedingungslos aggressive Charakter nationalsozialistischen Wesens tritt selten offener hervor. So erklärte Hitler: »Daß wir einen Überschuß an Kindern haben, wird unser Glück sein, denn das schafft uns Not (!).«[42]

Die hohen Verluste des Krieges, die in solcher bewußten Notplanung offensichtlich nicht einberechnet waren, inspirierten die Führungsfunktionäre etwa vom Jahre 1943 an zu einer Flut schauerlicher Projekte, in denen die prätentiöse Plattheit von Kleintierzüchtern ihre hemmungslosen Parallelen zur Menschenwelt zog. Was dabei zum Vorschein kam, war eine Mischung aus dilettantischen Phantastereien, privater Brünstigkeit und quälendem Spießerwitz, die sich mit dem anspruchsvollen Ernst zukunftsverpflichteter Staatsgesinnung gebärdete. Die von Hitler und seiner engeren Umgebung angestellten Überlegungen gingen davon aus, daß nach dem Kriege drei bis vier Millionen Frauen unverheiratet bleiben müßten, ein Verlust, der, in Divisionen umgerechnet, wie Hitler anläßlich einer Unterredung meinte, »für unser Volk gar nicht zu ertragen sei«. Infolgedessen müsse auch diesen Frauen die Möglichkeit verschafft werden, Kinder zu haben. Da sie jedoch, wie die erwähnte Denkschrift Bormanns im ordinärsten Kasinoton versichert, »ihre Kinder ja nicht vom heiligen Geist bekommen (könnten), sondern nur von den dann noch vorhandenen deutschen Männern«, habe der Staat dafür zu sorgen, daß sich »die anständigen, charaktervollen, physisch und psychisch gesunden Männer ... verstärkt fortpflanzen«. Nach einem besonderen Antrags- und Ausleseverfahren solle es ihnen ermöglicht werden, »nicht nur mit einer Frau, sondern mit einer weiteren ein festes Eheverhältnis eingehen (zu) können, in dem die Frau dann ohne weiteres den Namen des Mannes erhält, die Kinder ohne weiteres den Namen des Vaters«[43].

Überlegungen der gleichen Art wurden auch von Himmler angestellt. Nachdem er, im Anschluß an frühere Verlautbarungen, bereits in dem »SS-Befehl für die gesamte SS und Polizei« vom 28. Oktober 1939 zur vermehrten Zeugung vor allem auch unehelicher Kinder aufgefordert und mit der Gründung der staatlichen Bordellorganisation Lebensborn e.V. sowie der systematischen Erfassung sogenannter Zeugungshelfer die ersten praktischen Maßnahmen in die Wege geleitet hatte[44], wurde er jetzt neben Bormann zur treibenden Kraft im Rahmen dieser Bestrebungen. Um die Vorzugsstellung der ersten Frau zu sichern, hatte er ihr die Bezeichnung ›Domina‹ zugedacht und dafür plädiert, das Recht, eine zweite Ehe einzugehen, vorerst »als hohe Auszeichnung den Helden des Krieges, den Trägern des Deutschen Kreuzes in Gold sowie den Ritterkreuzträgern« zu verleihen. Später, so versicherte er, könne es dann »auf die Träger des Eisernen Kreuzes I. Klasse sowie auf diejenigen, die die silberne und goldene Nahkampfspange trügen, ausgedehnt werden«[45]; denn »dem größten Kämpfer gebührt die schönste Frau«, pflegte Hitler zu sagen. Die Klischees einer romantisierenden Geschichtsauffassung, der Sankt-Georgs-Traum seiner frühen Jahre und die sozialdarwinistischen Lesefrüchte aus der Traktatliteratur, der er die Grundlagen seiner Bildung verdankte, gingen in solchen Formulierungen eine unsägliche Verbindung ein:

> »Wenn der deutsche Mann als Soldat bereit sein solle, bedingungslos zu sterben, dann müsse er auch die Freiheit haben, bedingungslos zu lieben. Kampf und Liebe gehörten nun einmal zusammen. Der Spießer solle froh sein, wenn er das bekomme, was übrig bleibe.«[46]

Im übrigen sahen die Konzepte zu einem neuen Ehegesetz die Möglichkeit vor, eine über den Zeitraum von fünf Jahren kinderlos gebliebene Ehe zu scheiden, »da der Staat, dem es darauf ankäme, daß möglichst viele Kinder gezeugt würden, an einer kinderlosen Ehe nicht das geringste Interesse habe«[47]. Nach einer Äußerung Kaltenbrunners, die sich auf gleichartige Überlegungen innerhalb der Führungsspitze der SS berief, sollten »alle ledigen und verheirateten Frauen, soweit diese noch nicht vier Kinder haben, im Alter bis zu 35 Jahren verpflichtet werden, von reinrassigen einwandfreien deutschen Männern vier Kinder zu zeugen. Ob diese Männer verheiratet sind, spielt dabei keine Rolle. Jede Familie, die bereits vier Kinder hat, muß den Mann für diese Aktion freigeben.«[48]

Kaltenbrunner stellte diese Ausführungen in den Zusammenhang mit künftigen umfassenden Ausrottungsplänen und machte damit einmal mehr den doppelten Antrieb dieser Bestrebungen deutlich; denn neben den unmittelbaren Absichten der Potential- und Machtvergrößerung zielten sie immer auch auf jenen »neuen Menschen«, dessen Geburt Hitler gelegentlich als die eigentliche historische Aufgabe des Nationalsozialismus bezeichnet hat.[49] Die vielfältigen, darauf gerichteten Entwürfe, denen nationalsozialistische Theoretiker sich mit wahrer Leidenschaft und dem weitschweifigen Wissensgebaren von Eingeweihten um so mehr hingaben, als gerade dieses anthropologische Teilgebiet mit seinen weithin ungesicherten Voraussetzungen ihrem Hang zu halbwissenschaftlich-spekulativem Obskurantismus alle erdenkliche Freiheit ließ, knüpften ihrerseits an Konstruktionen der sozialdarwinistischen Schulen des 19. Jahrhunderts an. Das ganze Arsenal der Begriffe, Vorstellungsinhalte und Thesen lag hier schon vorgebildet bereit: die Vernichtung lebensunwerten Lebens, eine quantitative Bevölkerungspolitik, die Zwangsasylierung und Sterilisierung der Fortpflanzungsunwürdigen, die Ausleseprinzipien oder der Gedanke der aristokratischen Polygamie – dies alles war längst diskutiert worden und mußte lediglich terminologisch abgewandelt und auf die veränderten Zeitbedingungen zugerichtet werden. Auch die pseudoromantische Naturschwärmerei mit bäuerlichen Leitbildern, der die Vorstellung von der kontraselektorischen Funktion des zivilisatorischen und sozialen Fortschritts zugrunde lag, beruhte auf älteren Konzeptionen; Himmlers Lebensborn e. V. hatte einen Vorläufer im »Menschengarten« des Mittgart-Bundes[50], und die Forderung nach erbbiologischen Personalbogen sah sich im Zuchtpunktsystem der Kartothek des RUSHA, des Rasse- und Siedlungshauptamtes der SS, für einen Teil der Bevölkerung bereits verwirklicht. Und wenn im 19. Jahrhundert die Überzeugung geäußert worden war, daß durch »günstige Keimkombinationen« das Gesamtniveau der Menschheit auf die Ebene der Genies zu heben sei »und wir ... deshalb erwarten (können), daß die ausgezeichneten Dichter und Philosophen der Zukunft einen Homer und Shakespeare, Goethe und Humboldt entschieden überragen werden«, so meinte Himmler in entsprechender, aber bezeichnender Abwandlung, daß »Nietzsches Übermensch ... auf züchterischem Wege zu erreichen« sei.[51] Schon mit dem »Verlobungs- und Heiratsbefehl« für die SS vom 31. 12. 1931 hatte er sich die Einwirkungsmöglichkeit auf die Partnerwahl seiner Gefolgsleute gesichert, im Rasse- und Siedlungshauptamt das Instrument systematischer biologischer Zuchtsteuerung geschaffen und durch die spätere Ernennung Münchens zur »Hauptstadt der Neuordnung und der Familie« seine persönlichen Ansprüche bei der Durchführung künftiger umfassender Pläne angemeldet.[52] In den Überlegungen für die Einrichtung sogenannter »Frauenhochschulen für Weisheit und Kultur« war dann der methodisch nächste Schritt im Zuge dieser Entwürfe vorbereitet. Ausgehend von der Überzeugung, daß dem deutschen Volk »die große, starke, zielbewußte, erhabene Frau (fehle), wie sie die Römer in der Vestalin und die Germanen in ihren Weisen Frauen« besaßen, wollte er eine politisch, biologisch und intellektuell auserlesene Elite junger Frauen in Schulen zusammenfassen und ihnen nach einer breitfundierten Ausbildung, die von Koch- und Haushaltskursen über Sport und Pistolenschießen bis hin zu den Grundregeln des Auswärtigen Dienstes reichen sollte, den Titel einer »Hohen Frau« verleihen. Einem Wunsche Hitlers zufolge, waren sie vorerst dazu ausersehen, »die Frauen der meisten unserer nationalsozialistischen Führer« zu ersetzen, die lediglich »brave, gute Hausfrauen (sind), die in der Kampfzeit durchaus am Platze waren ... und zu ihren Männern heute nicht mehr passen«. Solche systematische Kopulierung hochwertiger Menschen zu »nationalsozialistischen Musterehen«, so schwärmte Himmler, »ist ein einzig dastehendes Phänomen und kann die Grundlage für einen neuen Aufstieg der germanischen Rasse sein ...«[53]

Die Aufklärung der Öffentlichkeit über alle diese Projekte sollte allerdings, wie Bormann anregte, »aus einleuchtenden Gründen erst nach dem Kriege einsetzen«. Immerhin beschäftigte sich die psychologische Vorbereitung schon mit den Einzelheiten. So sollten künftig keine Romane, Novellen und Bühnenstücke mehr zugelassen werden, »die ›Ehedrama‹ gleich ›Ehebruch‹ setzen« oder »Konflikte zwischen ›rechtmäßiger Gattin‹ und ›unrechtmäßiger Nebenbuhlerin‹ bringen. Im Gegenteil«, so verlangte die Denkschrift Bormanns weiter, »müssen wir geschickt und unaufdringlich darauf hinweisen, daß z. B. — wie die Ahnenforschung erhellt — sehr viele Stammbäume berühmter Gelehrter, Staatsmänner, Künstler, Wirtschaftler und Soldaten die Geburt außerehelicher Kinder zeigen«. Im übrigen müsse das Wort »unehelich« überhaupt »gänzlich ausgemerzt« werden; vielmehr sei es »notwendig, daß wir die jetzigen ›Verhältnis‹-Bezeichnungen, die einen mehr oder weniger anrüchigen Klang haben, abschaffen und verbieten« und statt dessen dafür »gute, freundliche Namen finden . . .«[54]

Die guten, freundlichen Namen wurden nicht mehr gefunden, und wenn auch nicht alles, so blieb doch vieles nur Plan, Entwurf im Blutkult fanatischer Projektemacher. Noch immer steigt aus den weltanschaulichen Konzepten des Nationalsozialismus eine unerträgliche, fast physisch spürbare Ausdünstung auf, ein obszöner ideologischer Arme-Leute-Geruch. Die Behauptung, daß die Frau nie etwas anderes war als Objekt ehrgeiziger Herrschaftsbestrebungen, wird an seinen Zukunftsplänen zur Vermehrung, »Blutauffrischung« und »Bluterneuerung« der germanischen Rasse überdeutlich. Konsequenterweise endete daher auch, was einst als Protest gegen die »Vermännlichung« der Frau begonnen hatte, mit der endlichen Aufhebung aller Unterschiede im totalitären System, das nur noch geschlechtslose »Einsatzträger« kannte. Weit nachdrücklicher als die Erscheinung der in Rüstungsindustrie oder in den Nachrichtenabteilungen der Wehrmacht zum Kriegsdienst herangezogenen Frau vermag, was hier gemeint ist, eine Aufnahme aus den Tagen nach dem Zusammenbruch sichtbar zu machen; sie zeigt am Zaun des Konzentrationslagers Bergen-Belsen einige der ehemaligen Bewacherinnen. Die von Hitler und dem Nationalsozialismus betriebene Degradierung der Frau ist vom blinden und mit Hilfe populärer Förderungsmaßnahmen korrumpierten zeitgenössischen Bewußtsein freilich nie ganz realisiert und in ihrem Ausmaß auch heute noch nicht erkannt worden. Es ist jedoch vermutlich nur Ausdruck des gleichen, durch die Bedingungen der privaten Sphäre verschärften Sachverhalts, daß von den sechs Frauen, denen Hitler in seinem Leben nähergestanden hat, fünf durch Selbstmord geendet — oder ihn doch gesucht haben . . .[55]

RUDOLF HÖSS

Der Mann aus der Menge

»Ich bin völlig normal. Selbst als ich die Ausrottungsaufgabe durchführte, führte ich ein normales Familienleben und so weiter.«

Rudolf Höß

Die totalitären Herrschaftssysteme der Gegenwart haben dem Erfahrungswissen vom Menschen zahlreiche neue Aufschlüsse vermittelt. In einer bis an die äußerste Grenze vorgetriebenen Belastungsprobe haben sie nicht nur offenbar gemacht, was dem Menschen möglich ist, sondern auch, was alles mit dem Menschen möglich ist. Die Institution des Lagers mit ihren vielfältigen Funktionen der Bekämpfung, Ausschließung und Vernichtung der jeweiligen Gegner einerseits und der Erziehung zur Härte, der elitären Auslese andererseits, die doch im einen wie im anderen Falle auf die vorbedachte Zerstörung aller humanen Substanz hinausliefen, hat das gesichert scheinende Maß dessen, was der Mensch zu tun und auch zu ertragen imstande ist, von Grund auf in Frage gestellt. In Chelmno, Treblinka oder Auschwitz zergingen ebenso die letzten Reste eines optimistischen, vom Pathos seiner selbst ergriffenen Menschenbildes wie die Urteilskategorien und Bezugssysteme einer »kausal« argumentierenden Psychologie. Die Lager haben die Entdeckung gebracht, »daß es ein radikal Böses wirklich gibt . . ., das man weder verstehen noch erklären kann durch die bösen Motive von Eigennutz, Habgier, Neid, Machtgier, Ressentiment, Feigheit oder was es sonst noch geben mag und demgegenüber daher alle menschlichen Reaktionen gleich machtlos sind«[1].

Vielmehr erscheint dieses radikal Böse in anderer, weniger geläufiger Gestalt. Was man, mit einem freilich eher konventionellen Begriff, der die Schrecken des Geschehenen nicht mehr deckt, die barbarischen Züge des Regimes nennt, beruhte nicht so sehr auf der von der Führung planmäßig zum

Einsatz gebrachten Brutalität von Schindernaturen, auf elementarer Grausamkeit oder Sadismus. Zwar finden sich in jeder Gesellschaft Elemente, mit deren Hilfe ein rücksichtslos offenes Terrorregiment errichtet und eine Zeitlang durchgehalten werden kann, und auch das nationalsozialistische Herrschaftssystem hat sich ihrer, vor allem in der Anfangsphase, bedient. Aber ihre Zahl ist beschränkt, und überdies gibt es eine Grenze dessen, was Haß, Roheit oder Mordlust töten können. Für den fabrikmäßig organisierten Mord dagegen, wie er später zusehends vervollkommnet wurde, existiert diese Grenze nur als Frage der technischen Kapazität. Was in den Vernichtungslagern des Dritten Reiches geschah, ist daher mit der Mobilisierung von Affekten oder kriminellen Energien nicht mehr hinreichend zu erklären. Die neue, beunruhigende Erfahrung liegt gerade darin, daß es solcher Mittel und Antriebe nicht bedarf. Erst der Appell an den Idealismus, die Aufopferungsbereitschaft für eine historische Mission und die immer neu geweckte Hingabe an eine utopische Welt haben dem Regime jene Kräfte verfügbar gemacht, ohne deren Dienstwilligkeit, Selbstzucht und Pflichtbewußtsein weder der Umfang noch der kalte Perfektionismus des Ausrottungssystems möglich gewesen wären. Trotz aller Unterschiede im einzelnen war es überwiegend die gläubige, auf ihre ideologischen Konstruktionen und Treuevorstellungen eingeschworene Normalität, von der das Grauen die bestimmenden Züge empfing. Sie hat das Bild des Menschen nachhaltiger erschüttert, als es selbst der kollektive Ausbruch niedriger Leidenschaften je vermocht hätte.

Es gehört zum Wesen totalitärer Herrschaft, daß sie alle Begriffe verkehrt, alle Maßstäbe pervertiert. Ihre Anhängerschaft verdankt sie weniger der Verheißung rechenschaftsloser Triebbefriedigung als vielmehr der konsequenten Verwirrung der moralischen Kategorien, die begleitet ist von der Verkündung einer neuen eigenen Moral. Losgelöst von jedem übergreifenden Bezugssystem, ist sie freilich nur noch eine rein funktionelle, am machtpolitischen Nutzeffekt ausgerichtete Sittlichkeit. Im Namen der Geschichte, der Rasse, der Volksgemeinschaft oder ähnlich ausdeutungsfähiger Begriffe weckt das totalitäre System die latente Bereitschaft vor allem der orientierungslosen, nach Gewißheit begierigen Menschen, sich einem »höheren Gesetz« unterzuordnen und mit einer »ehernen Notwendigkeit« sich zu identifizieren. Zahlreiche einfache, gewissenhafte Deutsche haben sich in den Jahren des Dritten Reiches dem Anruf der Machthaber um so weniger versagt, als die Fähigkeit des Regimes, Ziele zu zeigen und Glauben zu erwecken, ihren freilich durchweg von individueller Verantwortungsmüdigkeit geprägten Sehnsüchten entgegenkam: den Bedürfnissen nach Befehl, Ordnung und klaren Abhängigkeiten, dem in einer pluralistischen Gesellschaft weithin ungestillten Verlangen nach »Gemeinschaft« oder auch dem in den zurückliegenden krisenhaften Jahren gestauten Bewährungshunger. Erfaßt von den tönenden Parolen eines neuen, elitären Ethos, sind sie ihm gefolgt, selbstlos, diszipliniert und auch dann noch im subjektiv ungestörten Gefühl, einer im Recht befindlichen Sache zu dienen, als deren verbrecherische Natur längst offenkundig geworden war. Eine Minderheit ist, mehr oder weniger unversehens, in diese verbrecherische Aktivität selbst verstrickt worden. Aber die Ideologie vom höheren Gesetz, die Maximen der neuen Moral und Mission in Verbindung mit der umfassenden Gefolgschaftsstruktur des Systems haben es ihnen ermöglicht, geduldig und pflichtbewußt auch den unmenschlichen Auftrag zu erfüllen, ohne je das Bewußtsein persönlich verwirkter Schuld zu haben.

An einem der Funktionäre des Regimes aus den mittleren Rängen ist dieser Sachverhalt in extremer und beklemmender Schärfe deutlich geworden: an Rudolf Höß. Sein Name ist während der Zeit des Dritten Reiches nur einem vergleichsweise engen Kreis bekannt geworden, er war eine Figur aus dem zweiten Glied. Indessen machen ihn nicht nur Charakter, Bildung und Intelligenz, sondern auch Herkommen und Lebensweg zu einer im Wortsinne durchschnittlichen Erscheinung seiner Generation, die einzelnen Stadien und Wendepunkte seines Lebens sind kennzeichnend für die Entwicklung vieler, die über Krieg, Freikorps, Feme, Zuchthaus und schließlich einen der völkischen Bünde zum Nationalsozialismus stießen. Und repräsentativ, wenn auch in dieser zugespitzten Form nur selten sichtbar geworden, ist zugleich der innere Weg dieses Mannes, der nichts anderes war als eine beständige, von Unruhe, Leere und Ziellosigkeit bestimmte Suche nach Abhängigkeiten. Seine Biographie verdeutlicht am grauenvollen Idealfall das Dilemma des unmündig gewordenen Menschen, die Misere der totalen Dienstbarkeit.

Rudolf Höß war der Typus des Funktionärs im eigentlichen Sinne: das exemplarische Produkt aus der Verbindung zwischen dem Verzichtsverlangen auf individuelle Selbstbestimmung und totalitärer Dressur. Die Unterdrückung persönlicher »Spontaneität«, der absolut verläßliche Automatismus der Denk- und Reaktionsweisen, wie sie jeder totalitären Menschenabrichtung als pädagogisches Programm vorschweben, konnte in diesem Falle deshalb so erfolgreich gelingen, weil Höß durch charakterliche Disposition ebenso wie durch die äußeren Umstände von frühauf dazu gebracht worden war, nur noch in einer Welt der Befehlsverhältnisse heimisch zu sein und nur in ihrem Rahmen noch Bewährungsbewußtsein und Selbstbestätigung zu finden. »Glauben, Gehorchen, Kämpfen schlechthin!«, in dieser Maxime der SS erkannte er sich, sah er sich aber auch in seinen Grundbedürfnissen erkannt und verstanden.[2] Die Fähigkeit zum Umgang mit Gründen und Gegengründen, das Vermögen, subjektiv verantwortlich abzuwägen, Entscheidungen zu treffen, war in ihm auf nahezu einmalige Weise verkümmert, und der einzige Zweifel, der je sein williges Gesicht überschattete, galt der Frage, ob eine befohlene Maßnahme durch die jeweilige, im übrigen beliebig auswechselbare Autorität gedeckt war. Wäre das Leben, das ihn führte, zu anderen Wegen mit ihm gelangt, so hätte er mit der gleichen zuverlässigen Gewissenhaftigkeit Aktenvorgänge erledigt oder auch den Bauernhof, von dem er träumte, bewirtschaftet, mit der er schließlich Menschen zu Hunderttausenden gemordet hat. Rudolf Höß war der Kommandant des Konzentrations- und Vernichtungslagers Auschwitz.

Immer im Gefühl, zum Dienst gerufen zu sein, hat er sich noch als Häftling bemüht, sowohl den Untersuchungsbehörden in Nürnberg als auch später in Polen mit seinen Beobachtungen und Erfahrungen »in einer fast befremdlichen Weise behilflich zu sein«[3]. Mit der gleichen Bereitwilligkeit, mit der er zum Vollstrecker des Massenmordes geworden war, hat er seinen Richtern die Unterlagen zur Verurteilung beschafft und ganz im Sinne des Befehlsschemas, auf das er festgelegt war, in der ihm gewährten Möglichkeit zur Niederschrift seines Lebensberichts eine »aufgegebene Schreibarbeit« erblickt, für die er dankbar war.[4]

Diese Aufzeichnungen sind nicht nur ein aufschlußreiches Dokument über System und Praxis der Vernichtungsmaschinerie des Dritten Reiches, sondern darüber hinaus der eindrucksvollste Beleg für den eingangs erwähnten Sachverhalt: das Protokoll der Verführung eines Durchschnittsmenschen durch den pseudomoralischen Anspruch einer totalitären Ideologie. War Höß schon nicht der Typus des sadistischen Kriminellen, so zählte er auch nicht zur großen Gruppe der Minderwertigen, die sich durch die Zugehörigkeit zu einem privilegierten Orden das Bewußtsein persönlicher Höherwertigkeit zu verschaffen suchten. Tatsächlich hat dieser Typus, dessen rohes Herrenmenschentum, dessen Schneid und Rücksichtslosigkeit nur die Erscheinungsweisen einer auf Strammheit gedrillten Primitivität waren, dem Bild des himmlerschen Lagerkommandanten weithin die bestimmenden Züge vermittelt. Von ihm unterschied sich Rudolf Höß in immerhin nicht unbeträchtlichem Maße. Zu seinen hervorstechenden Charaktermerkmalen zählten Pflichtstrenge, Uneigennützigkeit, Naturliebe, Sentimentalität, sogar eine gewisse Hilfsbereitschaft und Gutartigkeit, Einfachheit und schließlich ein ausgeprägtes Moralverlangen, ein fast hypertrophierter Hang, sich strikten Imperativen zu unterwerfen, der die ins Sachlich-Normative gewendete Form seines Autoritätshungers war. Das Dilemma, dem er sich zusammen mit einem Teil seiner Generation ausgesetzt sah, bestand darin, daß dieser Hang in einer an ihren Werten irre gewordenen, sie verleugnenden oder nur noch verschämt eingestehenden Gesellschaft weitgehend unbefriedigt blieb. Lediglich die militärische Welt schien noch jene Verläßlichkeit der Begriffe, jene feste und unverrückbare

Wertwelt zu bieten, nach der er verlangte: Kameradschaft, Treue, Ehre, Mut galten hier in einem ganz unmittelbaren Sinne als das, was das Wort offenbar jeweils meinte; nicht angekränkelt von differenzierenden Erwägungen, die das einfache, unkritische Bewußtsein gern als »zersetzend« empfand.

Es war dieses ebenso starke wie richtungslose Moralverlangen, das Rudolf Höß zum geeigneten Material für die Ansprüche totalitärer Sittlichkeit machte; denn sie enthielt alles, wonach er suchte: Einfachheit der Formeln, ein unkompliziertes Gut-und-Böse-Schema, eine an militärischen Kategorien orientierte Hierarchie der Normen und eine Utopie. Anders als für die Mehrheit der SS-Führer neben ihm lagen die Forderungen, denen er sich konfrontiert sah, nicht durchweg auf einer Ebene mit dem persönlichen Triebverlangen. Gerade weil ihm, was er zu leisten hatte, lange Zeit schwerfiel, konnte er das Gefühl besonderer Bewährung haben. Immer wieder hat er in seinem Lebensbericht betont, wie außerordentlich schwer ihm, vor allem anfangs, die Härte geworden sei, der Anblick von Exekutionen, von »In-den-Draht-Gegangenen«, von Akten der Brutalität; er hat daran die Bemerkung geknüpft, daß er »für den Dienst an einem KL nicht geeignet« gewesen sei.[5]

Tatsächlich hat aber gerade diese psychologische Ausgangslage seine besondere Eignung im Sinne der Ausleseprinzipien Himmlers erst begründet. Die ständige Überwindung stimulierte den irregeleiteten Idealismus immer wieder aufs neue, so daß Höß in der »kalten, ja steinernen« Haltung, die er sich, seinen eigenen Worten zufolge, abverlangte, noch das Ergebnis einer ethischen Bemühung erblicken konnte. Erst auf Grund dieser Voraussetzungen wurde er im Verlauf eines stetigen Abhärtungsprozesses zum Typus des leidenschaftslosen, im Grunde unparteiischen Mörders, den das Morden jenseits der aufgegebenen sachlichen Zwecke gar nichts mehr anging. Wenn Hitler gelegentlich geäußert hatte, der Ausdruck Verbrechen stamme noch aus einer überwundenen Welt, es gebe nur positive und negative Aktivität[6], so war Höß das Produkt dieser Auffassung. Außerhalb aller herkömmlichen moralischen Kategorien stehend, war jede persönliche Tatbeziehung, das Bewußtsein individueller Schuld aufgehoben und Mord nur noch ein administrativer Vorgang: in dem von ihm repräsentierten Typus verkörperte sich das Böse im Zustand buchhalterischer Ruhe, pedantisch, nüchtern, exakt. Das Gefühl Haß sei ihm nicht eigen gewesen, hat er gemeint, und in den späteren Abschnitten seiner Selbstdarstellung wiederholt über seinen vergeblichen Kampf gegen böswillige, rohe Untergebene geklagt, ohne daß man etwa den Eindruck hätte, diese Äußerungen sollten der nachträglichen Rechtfertigung dienen. Der Mann, der sich so viel auf seine bürgerliche »Anständigkeit« zugute hält, der seine Abneigung gegen die alkoholischen Exzesse der Kameraden bekundet, der versichert, daß er die Juden persönlich nie gehaßt und die antisemitische Zeitschrift ›Der Stürmer‹ abgelehnt habe, da sie auf »niedrigste Instinkte berechnet« gewesen sei — dieser Mann konnte gerade infolge dieser Voraussetzungen zum »Idealtyp« des himmlerschen Lagerkommandanten werden[7], da jeder subjektive Antrieb, vom Sadismus bis zum Mitleid, den reibungslosen Ablauf im Räderwerk der Vernichtung gestört hätte. »Was mich betrifft«, hat Rudolf Höß im Jahre 1944 einem Kameraden versichert, »so habe ich seit langem aufgehört, menschliche Gefühle zu haben.«[8] In solchen Äußerungen verwirklichte sich das von Himmler angestrebte, in zahllosen Reden bekräftigte Vorstellungsbild des SS-Lagerfunktionärs, der in seiner subjektiven Ungerührtheit nur zu sehr dem blutarmen, bürokratischen Fanatismus des Reichsführers-SS selber entsprach. Wenn man in der Bezeichnung SS die Initialen für den Begriff »Societas Satanas« sehen will, so ist noch keineswegs ausgemacht, von welchem Typus diese Ordensgemeinschaft ihre »satanischen« Qualitäten empfing: von den sachlich unbewegten, aller persönlichen Antriebe ledigen Erscheinungen, wie Rudolf Höß sie repräsentierte, oder den kriminellen, »anomalen« Elementen, hinter deren lustvoller Brutalität immerhin ein überwältigendes soziales, intellektuelles oder wie immer motiviertes persönliches Ressentiment wirksam war, das auf uns bezeichnenderweise »wie ein letzter Rest menschlich verstehbaren Verhaltens wirkt«[9].

Der spätere Kommandant von Auschwitz wurde im Jahre 1900 in Baden-Baden geboren und entstammte einem strengen und außergewöhnlich frommen Elternhaus. Der Vater, dessen kategorische und übermächtige Erscheinung der frühen Entwicklungsphase die eher bedrückenden Erfahrungen verschaffte, hatte den Sohn durch ein Gelübde zum Priesterberuf bestimmt. Die Erziehungsgrundsätze, die gleich auf den ersten Seiten der autobiographischen Aufzeichnungen beschrieben werden, lesen sich wie die nahezu künstlich konstruierte Ausgangssituation für den späteren Weg des Sohnes und bergen bereits die Elemente für dessen Ende:

> »Von meinen Eltern war ich so erzogen, daß ich allen Erwachsenen und besonders Älteren mit Achtung und Ehrerbietung zu begegnen hätte, ganz gleich aus welchen Kreisen sie kämen. Überall, wo es notwendig ist, behilflich zu sein, wurde mir zur obersten Pflicht gemacht. Ganz besonders wurde ich immer darauf hingewiesen, daß ich Wünsche und Anordnungen der Eltern, der Lehrer, Pfarrer usw., ja aller Erwachsenen bis zum Dienstpersonal unverzüglich durchzuführen bzw. zu befolgen hätte und mich durch nichts davon abhalten lassen dürfe. Was diese sagten, sei immer richtig.
>
> Diese Erziehungsgrundsätze sind mir in Fleisch und Blut übergegangen. — Ich kann mich noch gut entsinnen, wie mein Vater — der als fanati-

scher Katholik ein entschiedener Gegner der Reichsregierung und deren Politik war — seinen Freunden stets vor Augen hielt, daß, trotz aller Gegnerschaft, die Gesetze und Anordnungen des Staates unbedingt zu befolgen wären.

Schon von klein auf wurde ich zu einem festen Pflichtbewußtsein erzogen. Es wurde in meinem Elternhaus streng darauf geachtet, daß alle Aufträge genau und gewissenhaft ausgeführt wurden. Jedes hatte immer einen gewissen Pflichtenkreis . . .«[10]

Damit ist das Grundthema angeschlagen, das, in der Sache immer bedeutungsreicher und in den Auswirkungen immer folgenschwerer, den gesamten Weg dieses Mannes begleitet. Es gibt kein Stadium seiner Entwicklung, in dem es nicht, unter wechselnden Autoritäten, zwingend und Fügsamkeit fordernd zur Geltung gelangte. Am Ende seines Lebens, in der Nürnberger Zelle, hat Rudolf Höß diesen Sachverhalt mit den Worten resümiert: »Ich habe nichts zu sagen; ich konnte nur ›Jawohl!‹ sagen. Wir konnten nur Befehle ausführen ohne weitere Überlegung.« Und auf die Frage, ob er einen gegebenen Befehl nicht hätte verweigern können, fügte er hinzu: »Nein, von unserer gesamten Ausbildung her kam einem der Gedanke an Befehlsverweigerung einfach nicht in den Kopf, gleichgültig, um was für einen Befehl es sich handelte.«[11]

Dieses Motiv wurde ergänzt und noch verstärkt durch eine ebenfalls schon früh hervortretende, außerordentliche Introvertiertheit und Kontaktschwäche, die zahlreichen Funktionären des nationalsozialistischen Führungskorps eigentümlich war und nicht nur deren Autoritätsblindheit, sondern auch deren Mangel an menschlichem Mitgefühl, die Unfähigkeit zur Identifizierung mit dem anderen schlechthin begründete. »Ich war immer am liebsten allein«, so hat Höß bezeugt. »Wenn ich Kummer hatte, versuchte ich allein damit fertig zu werden. Das war das, was meine Frau am meisten betrübte. Ich war mir immer selbst genug. Ich hatte nie Freunde oder enge Beziehungen zu irgend jemandem — auch nicht in meiner Jugend. Ich hatte nie einen Freund . . . Ich hatte niemals ein wirklich vertrautes Verhältnis zu meinen Eltern — und auch nicht zu meinen Schwestern. Es fiel mir erst auf, nachdem sie verheiratet waren, daß sie wie Fremde für mich waren. Als Kind spielte ich immer allein . . .«[12] Die schwärmerische Tierliebe, die schon in der Beschreibung seiner Kindheit immer wieder hervortritt, war nicht anders als später die nur kurz unterbrochene Zugehörigkeit zu soldatischen Gemeinschaften Ausdruck der gleichen Suche nach Surrogaten für seine individuelle Beziehungsarmut: beides war ein Fluchtversuch vor dem personalen Anspruch der Umwelt, der sich im einen Falle dem »stummen Kameraden«, im anderen der bergenden anonymen Institution zuwandte, wo der Einzelne nichts mehr galt; denn gerade diese Aufhebung des Individuellen begründete für den gehemmten Einzelgänger offenbar die Anziehungskraft der militärischen und männerbündlerischen Organisationen. Martin Broszat, der in seiner Einleitung zu den autobiographischen Aufzeichnungen von Rudolf Höß auf diesen Sachverhalt eingegangen ist, hat zum Wesen der Kameradschaft bemerkt, »daß sie, unbeschadet ihrer positiven Seiten, gerade nicht im Persönlichen und Individuellen der Partner gründet, sondern von der vorgegebenen Situation der Gruppe, vom jeweiligen ›Einsatz‹ her bestimmt und unterschiedslos jedem gewährt wird, der ›dazugehört‹«[13].

Unmittelbar nach dem Tod des Vaters im Jahre 1914 drängte Rudolf Höß denn auch bereits darauf, Soldat zu werden. Nach unausgesetztem, aber vergeblichem Bitten bei der Mutter und dem Vormund gelang es dem 15-jährigen schließlich, heimlich in einem Regiment unterzutauchen. Nach kurzer Ausbildung kam er an die türkische Front. Wie jeder andere erlebte er die Ängste und die innere Not des ersten Einsatzes, sah beim Vorgehen »zögernd und scheu« seinen »ersten Toten« und erklärte zur Belobigung durch seinen Rittmeister, vor dessen Erscheinung nun das Autoritäts- und Aufblicksbedürfnis Befriedigung fand: »Wenn er gewußt hätte, wie es *in mir* ausgesehen hatte!«[14] Mehrfach verwundet, aber auch mehrfach ausgezeichnet und unter anderem Inhaber des Eisernen Kreuzes II. und I. Klasse, wurde er mit 17 Jahren der jüngste Unteroffizier des Heeres. Um der Internierung zu entgehen, schlug er sich nach dem Waffenstillstand mit seinem Zug auf eigene Faust in einer abenteuerlichen Odyssee von Anatolien bis nach Deutschland durch und meldete nach einer dreimonatigen Irrfahrt die geschlossene Formation ordnungsgemäß bei seinem Ersatztruppenteil.

Alsbald freilich sah Höß sich dem Problem jener ganzen Generation heimgekehrter, vom Kriege entwurzelter Soldaten gegenüber, der Frage ziviler Existenzsicherung und Daseinsbewährung. Dem Priesterberuf hatte er sich inzwischen entfremdet, die Mutter war 1917 verstorben, und da er von seiten seiner Verwandten wenig Verständnis zu finden meinte, meldete er sich beim Ostpreußischen Freiwilligen-Korps zum Grenzschutz. In seinen Erinnerungen findet sich darüber die charakteristische, so oder doch ähnlich in zahlreichen Biographien späterer Funktionäre des Dritten Reiches auftauchende Wendung: »So ward mein Berufsproblem plötzlich gelöst«[15], und vermutlich zugleich damit auch das weit vordringlichere individuelle Problem eines Mannes, der sich im militärischen Kollektiv am ehesten von seiner Richtungslosigkeit und durch die Befehlssprache von allen Fragen und Zweifeln erlöst sah: »Ich wurde wieder Soldat. Ich fand wieder eine Heimat, ein Geborgensein in der Kameradschaft der Kameraden. Und seltsam«, so fügte er, den weiter oben angedeuteten Zusammenhang bestätigend, hinzu,

»ich, der Einzelgänger, der all das innere Erleben, all das Aufrührende mit sich selbst abmachen mußte, fühlte mich stets hingezogen zu einer Kameradschaft, in der sich einer auf den anderen in der Not und Gefahr unbedingt verlassen konnte –.«[16] Als Angehöriger des berüchtigten Freikorps Roßbach nahm er an den Kämpfen im Baltikum teil und registrierte »wie versteinert« den »Vernichtungswahn« der mit gnadenloser Erbitterung geführten Auseinandersetzungen, erlebte die Kämpfe in Mecklenburg, im Ruhrgebiet und in Oberschlesien. Immerhin hat es den Anschein, als habe diese Schule der Verrohung ihre Wirkungen auf den empfindsamen Sonderling nicht verfehlt. Jedenfalls tauchte im Jahre 1923 sein Name im sogenannten Parchimer Fememordprozeß auf, als der Staatsgerichtshof den Fall einiger ehemaliger Mitglieder des inzwischen verbotenen Freikorps Roßbach verhandelte, die einen jungen Mann, den sie für einen Verräter hielten, nach einem nächtlichen Trinkgelage in den Wald entführt, mit Knüppeln halbtot geschlagen, schließlich durch Pistolenschüsse ermordet hatten. Als einer der an der Durchführung der Tat Hauptbeteiligten wurde Höß zu zehn Jahren Zuchthaus verurteilt. Der analytische Berichtston seiner Schilderung über die Erfahrungen in der Brandenburger Strafanstalt, die sachliche, ohne jeden ernsthaften Hinweis auf die persönliche Not des Häftlingsdaseins verfaßte und immer wieder in einen fachmännisch befriedigten Sentenzenstil zurückgleitende Niederschrift macht deutlich, daß er auch und gerade im strengen Reglement des Zuchthauses nur eine andere Art jener »Heimat«, jenes »Geborgenseins« fand, die ihm bis dahin die militärischen Ordnungsstrukturen geboten hatten: »Von Jugend auf zu unbedingtem Gehorsam, zu peinlichster Ordnung und Sauberkeit erzogen, fiel es mir ... nicht besonders schwer, mich in das harte Zuchthausleben einzufügen. Gewissenhaft erfüllte ich meine mir genau vorgeschriebenen Pflichten, machte meine geforderte Arbeit, meist mehr, zur Zufriedenheit der Werkmeister und hielt meine Zelle stets musterhaft sauber und in Ordnung, so daß selbst die böswilligsten Augen nichts zu Beanstandendes finden konnten.«[17]

Das monotone Thema seines Lebens, die von einer verzweifelten Beflissenheit getragene Kardinalfrage seiner sowie jeder unselbständigen, entleerten Existenz: »Wo kann ich dienen?« Mit dem wörtlich gleichen Vokabular von »unbedingtem Gehorsam«, »peinlichster Ordnung«, »Gewissenhaftigkeit« oder »Erfüllung mir genau vorgeschriebener Pflichten« wird er später seine Tätigkeit in Auschwitz begründen und dem Ungeheuerlichen nicht mehr als ein Weltbild entgegenhalten, das nie über den naiven und sinnlosen Stolz des Rekruten vor scharf gezogenen Bettkanten oder zufriedenen Unteroffiziersmienen hinausreichte. Als erstem unter 800 Delinquenten wurden denn auch dem beispielhaft korrekten Häftling Höß die Bewährungsbedingungen zuerkannt, die zahlreiche Hafterleichterungen und eine vorzeitige Entlassung in Aussicht stellten. Wiederholte Gesuche um Freilassung waren allerdings erfolglos, Höß verblieb vorerst im Zuchthaus, und in seinen Träumen und Gedanken verfestigte sich zusehends die Vorstellung, später als Siedler auf einem eigenen Hof den verlorenen Anschluß an das zivile Leben zu finden.

Auf Grund des Amnestiegesetzes vom 14. Juli 1928 wurde er nach annähernd sechs Jahren Zuchthausaufenthalt doch noch überraschend entlassen und trat bald darauf dem »Bund der Artamanen« bei, einer völkischen Gruppe, die antizivilisatorische Ressentiments, Schollen- und Runengläubigkeit sowie lebensreformerische Bestrebungen mit einem Landsiedlungsprogramm verband. Die Aufforderung ehemaliger Kameraden, als altes Parteimitglied eine Funktion in der NSDAP zu übernehmen, lehnte er überzeugungsvoll ab – einverstanden zwar mit den Zielsetzungen der Bewegung, nicht aber mit ihrem »Feilschen um die Gunst der Masse«, ihrem »Eingehen auf niedrigste Masseninstinkte«. Höß wollte siedeln: »Es gab für mich nur ein Ziel, für das es sich zu arbeiten, zu kämpfen lohnte – der selbsterarbeitete Bauernhof mit einer gesunden großen Familie. Das sollte der Inhalt meines Lebens, mein Lebensziel werden.«[18] Bald nach seiner Entlassung heiratete er, war dann mehrere Jahre in verschiedenen Landdienstgruppen in Brandenburg und Pommern tätig, und schon sollte ihm das ersehnte Land zugewiesen werden, da erging erneut der Ruf einer Autorität an ihn, und Höß war nicht der Mann, sich diesem Ruf zu versagen. Heinrich Himmler, ebenfalls Mitglied des Bundes der Artamanen, forderte ihn 1934 auf, in die aktive SS einzutreten. Nach längerem Zögern kam Höß zu dem Entschluß, die Ungewißheit der zivilen Zukunft mit dem vertrauten Dienst in einer festgefügten Gemeinschaft zu vertauschen. Bezeichnenderweise hatte er sich allerdings, wie er später versicherte, keine Gedanken über Himmlers Bemerkung gemacht, in die Wachtruppe eines Konzentrationslagers einzutreten: »Mir stand nur der aktive Soldat, das Militärleben vor Augen.«

Kommandant des Konzentrationslagers Dachau, dem Höß zugewiesen wurde, war der damalige SS-Standartenführer Theodor Eicke, ein Mann, der die Energie und organisatorische Umsicht des einstigen Offiziers mit der Skrupellosigkeit des verwilderten Landsknechts verband und dessen Briefbogen den Vordruck trugen: »Es gibt nur eines, was Gültigkeit hat: Der Befehl!« Für Höß war diese Devise, die ihn aus seiner Entscheidungsunsicherheit zu der Mechanik fragloser Dienstverrichtung befreite, ein goldenes Wort, so ähnlich hatte es der Vater, so ähnlich der Rittmeister, so ähnlich der Freikorpsführer und nicht viel anders auch der Werkmeister im Zuchthaus gesagt, es war, in einem ganz buchstäblichen Sinne, das Fundament seiner Lebensanschauung, und man täuscht sich leicht, wenn man in dieser Reduzierung der Existenz auf bloße Befehlsreaktionen nur den Aspekt der

Entwürdigung erkennt und nicht die Glücksgefühle in Rechnung stellt, die sie für viele, der Last eines selbstverantwortlichen Daseins überdrüssige Menschen bereithält. Merkwürdig, wenn auch schon ein erster Schritt zu jener Bewußtseinsspaltung, die ein bezeichnendes Symptom der Anpassung an totalitäre Verhältnisse darstellt, ist die von Höß in diesem Zusammenhang vorgebrachte Behauptung, daß er die terroristische Praxis Eickes entschieden abgelehnt habe. Beim Vollzug der zahlreich verhängten Prügelstrafen drückte er sich, seinem eigenen Eingeständnis zufolge, stets in den hinteren Reihen herum, da er die Quälerei nicht ertragen konnte, und bekennt mit naiver Offenherzigkeit, er sei auch später, als Lagerkommandant von Auschwitz, bei den von ihm selbst verhängten Prügelstrafen nur »selten zugegen« gewesen. Offenbar ohne Empfinden für die ihm fehlende Qualifikation zu entrüsteten Urteilen nannte er die Kameraden, die sich an seiner Stelle zur Durchführung der Prügelstrafe drängten, »fast durchwegs hinterhältige, rohe, gewalttätige, oft gemeine Kreaturen«, und befand schließlich, mit einer gerade aus seinem Munde nahezu unbegreiflich anmutenden Wendung: »Häftlinge waren für *die* keine Menschen.«[19]

Zweifellos hat Höß die Widersprüchlichkeit seines Verhaltens in all seiner unreflektierten Dumpfheit nie erkannt. Wenn auch der Hang zur Selbstbeschönigung und gefühlvollen Stilisierung in seiner Darstellung immer wieder durchschlägt, braucht man doch kaum die subjektive Aufrichtigkeit der Formeln seiner Empfindsamkeit in Frage zu stellen: »Nie stumpfte ich ab gegenüber menschlicher Not. Gesehen und empfunden habe ich sie immer«[20]; aber es war die ganz in ihrer eigenen Gedankenlosigkeit und seelischen Taubheit befangene Aufrichtigkeit eines Mannes, dem für die bewußten Akte der Rechenschaft wirkliches Mitgefühl, Maßstäbe und auch Denkvermögen fehlten. Seine Introvertiertheit war nur Ausdruck der unerreichbaren Gemütskälte, und was er für Mitgefühl mit den Opfern hielt, nur die Rührseligkeit gegenüber der eigenen Person, die zu so unmenschlichen Verrichtungen befohlen war. So konnte er sich auf die Regungen einer zu nichts verpflichtenden, gänzlich ichbezogenen Sentimentalität wie auf ein Verdienst berufen und sich das verlogene Selbstmitleid des »traurigen Mörders« als Zeugnis humanitärer Gesinnung anrechnen.

Wie vielen seinesgleichen half ihm in der Lagerwirklichkeit darüber hinaus das in wachsendem Umfang ausgebildete Vermögen, die verschiedenen Erlebnisebenen voneinander zu trennen, den »Dienst« von jenen Zonen des Privaten abzusondern, in denen Empfindungen herrschen, Frauen und Kinder hausväterlich umsorgt werden oder auch die Erhebungen durch feierliche Gefühle stattfinden durften, über solche Paradoxe hinweg. Zwar war der ständige Wechsel von den außerdienstlichen Haltungen der Gemütseinfalt zur schikanösen Tagesroutine, von der ergriffenen Feierabendidylle zum

Henkergeschäft nicht ohne gelegentliche Komplikationen möglich, und bisweilen rebellierte wohl auch das Unterbewußtsein gegen die Zumutungen der Persönlichkeitsaufspaltung. Aber die gerade für den von Höß repräsentierten Typus des gedankenlosen Handlangers kennzeichnende Unfähigkeit, die individuelle Situation, sei es geschichtlich, sozial oder eben auch moralisch, kritisch und im Zusammenhang zu sehen, hat jene Barriere errichtet, hinter der er in unanfechtbarer Selbstgerechtigkeit verrichtete, was ihm aufgetragen war. Im übrigen wurden alle Konflikte zumeist schon im Ansatz von der übermächtigen Angst vor dem Vorwurf der Schwäche abgefangen. Das von den pervertierten Idealen des nationalsozialistischen Menschenbildes gezüchtete Verlangen, »als hart verschrien (zu) sein«, wie Höß vermerkte, »um nicht als weich zu gelten«, drängte alle auftauchenden Bedenken zurück. Die Umstände kamen ihm noch entgegen, als er im Jahre 1938 nach Sachsenhausen abkommandiert wurde, wo er als Adjutant des Lagers überwiegend bürokratische Funktionen wahrzunehmen hatte, so daß er »nicht mehr so unmittelbar mit den Häftlingen in Berührung kam« und das Nebelwerk der Phrasen und Pseudogefühle kaum noch vom Anblick der schmutzigen Alltagswirklichkeit beeinträchtigt wurde. Bezeichnenderweise rühmte er an dem Kommandanten des Lagers, dem SS-Standartenführer Hermann Baranowski, in dem er sein »vergrößertes Spiegelbild« verehrte, dessen »Gutmütigkeit« und »weiches Herz«, das gepaart gewesen sei mit der Fähigkeit, »hart und unerbittlich streng in allen Dienstangelegenheiten« zu sein.[21]

Diese schizophrene Bewußtseinshaltung, die sich inmitten einer brutalen Mordwelt ihre sentimentalen Reservate bewahren und am Schreibtisch zwar jede Maßnahme mit phantasieloser Roheit verfügen, ihren Vollzug dagegen aus lauter Empfindsamkeit nicht mitansehen kann, hat Höß zu schlechthin unfaßlicher Konsequenz entwickelt, als er zwei Jahre später, vielfach bewährt, den Auftrag erhielt, das Lager Auschwitz aufzubauen. Fast auf jeder Seite seines Lebensberichtes spricht er davon, wie er von seiner Aufgabe »voll erfüllt, ja besessen«, wie es sein »ganzes Sinnen und Trachten« gewesen sei, die geforderte höchste Effektivität des Lagerkomplexes herzustellen: »Es galt für mich nur noch eines: vorwärtskommen, vorwärtstreiben, ... um die befohlenen Maßnahmen durchführen zu können. Der RFSS verlangte Pflichterfüllung, Einsatz der ganzen Person bis zur Selbstaufgabe.«[22] Zugleich aber reißen die Bemerkungen über sein verletzliches Innenleben nicht ab, und trotz aller nachträglichen Verbrämungen vermittelt offenbar dieses Nebeneinander von hektischer Betriebsamkeit und ständig wachem Selbstbedauern ein ziemlich genaues Bild seiner inneren Verfassung zu jener Zeit. Beides ließ die Tragödien der Opfer zu schemenhafter Unwirklichkeit verblassen, die er eigentlich gar nicht mehr wahrnahm, der exemplarische Vertreter jener abstrakten Mordgesinnung, die ihre Morde methodisch, mit gelegentlichem privaten Unbehagen, aber durchweg mit geduldiger Desinteressiertheit begeht. Auf die Frage, ob er von der Schuld der ermordeten Juden überzeugt gewesen sei, hat er versichert, diese Frage sei unrealistisch, er habe »wirklich nie viel Gedanken darauf verschwendet«[23]. Statt gepeinigt zu sein von der Vorstellung qualvoll sterbender Menschen und ihren Verzweiflungsschreien, reduzierte sich der Vorgang für ihn schließlich zu einem verwaltungsmäßigen Problem: als Frage von Fahrplankonferenzen zur reibungslosen Heranschaffung immer neuer Menschenladungen, als Frage von Ofentypen, Vergasungskapazitäten und »feuerungstechnischen Möglichkeiten«. Gerade diese Mechanisierung des Vernichtungsgeschehens erlaubte es ihm später, jede eigene Verantwortung zu leugnen und aus der für den Beobachter doch gerade so erschreckend wirkenden Tatsache, daß er ohne jedes persönlich beteiligte Gefühl mordete, das Bewußtsein fehlender Schuld abzuleiten. Ungemein aufschlußreich dafür ist jener Abschnitt seines Berichts, in dem er seine Erleichterung darüber bekundet, daß die Verwendung von Gas eine ebenso rationelle wie unblutige, hygienische Tötungsweise gestatte: »Mir graute immer vor den Erschießungen, wenn ich an die Massen, an die Frauen und Kinder dachte. Ich hatte schon genug von den Geiselexekutionen, von den Gruppenerschießungen, die vom RFSS oder RSHA befohlen. Nun war ich doch beruhigt, daß uns allen diese Blutbäder erspart bleiben sollten.«[24] Schon die Häufung der Personalpronomina macht die ausschließliche und kaum noch erträgliche Ichbezogenheit seiner Betrachtung deutlich, in der die Opfer selbst nur noch entfernt als lästiges und im Grunde ärgerliches Element persönlicher Beunruhigung auftauchen. Mit beredten Worten schildert er sein »ewiges Gehetztsein«, die privaten Enttäuschungen, die Verständnislosigkeit der zuständigen Behörden für Material- und Personalwünsche, um im Anschluß an eine dieser Klagen schließlich auszurufen: »Wirklich kein erfreulicher und wünschenswerter Zustand.«[25] Diese überwiegend sachlichen Schwierigkeiten, nicht dagegen die unmenschlichen Zumutungen seines Auftrags, brachten ihn, wie er selbst schreibt, zur Verzweiflung und zu jener misanthropischen Bitterkeit, von der er mit der beleidigten Miene der unverstandenen Tüchtigkeit spricht. In seiner moralischen Lethargie erschienen ihm die millionenfachen Leiden der Opfer als eine Nichtigkeit angesichts der technischen Schwierigkeiten des Henkers: »Sie können mir glauben, es war nicht immer ein Vergnügen, diese Berge von Leichen zu sehen und das fortwährende Verbrennen zu riechen.«[26] Die gleiche unerschütterliche Selbstgerechtigkeit brachte ihn dazu, mit dem Sittendünkel des Kleinbürgers von Diebstählen und sexuellen Vergehen unter den Lagerinsassen zu berichten oder mit dem deutlichen Unterton verwunderter Mißbilligung darauf zu verweisen, daß jüdische Sonderkommandos sich für den Lohn einer kurzen Lebensfrist dazu hergaben, bei der Vergasung ihrer Rassegenossen behilflich zu sein.

Es kommt noch etwas vom einseitig-perfektionistischen Stolz des Fachmannes zum Vorschein, wenn Höß betont: »Nach dem Willen des RFSS wurde Auschwitz zur größten Menschen-Vernichtungs-Anlage aller Zeiten«, oder wenn er mit der Befriedigung des erfolgreichen Planungsbeamten darauf hinweist, daß die Gaskammern des eigenen Lagers ein zehnmal so großes Fassungsvermögen wie diejenigen von Treblinka besaßen.[27] Auch seine Beschreibungen der einzelnen Stadien des Vernichtungsvorganges sind ganz auf den selbstgefälligen Ton eines überlegenen Expertentums gestimmt und nicht frei von einem didaktischen Element, als wolle er die Welt an seinen Erfahrungen über die rationellsten Methoden der Massenausrottung teilhaben lassen. So schreibt er beispielsweise, nachdem er die bei den ersten Transporten entstandenen Panikausbrüche geschildert hat:

> »Bei den nächsten Transporten wurde von vornherein nach den unruhigen Geistern gefahndet und diese nicht aus den Augen gelassen. Machte sich Unruhe bemerkbar, so wurden die Unruheverbreiter unauffällig hinter das Haus geführt und dort mit dem Kleinkalibergewehr getötet, das war von den anderen nicht zu vernehmen. Auch das Vorhandensein des Sonderkommandos und dessen beruhigendes Verhalten besänftigte die Unruhigen, die Ahnenden. Weiterhin wirkte beruhigend, daß einige vom Sonderkommando mit in die Räume hineingingen und bis zum letzten Moment darinblieben, ebenso blieb bis zuletzt ein SS-Mann unter der Türe stehen. Wichtig war vor allen Dingen, daß bei dem ganzen Vorgang des Ankommens und Entkleidens möglichst größte Ruhe herrschte. Nur kein Geschrei, kein Gehetze. Wenn sich einige nicht ausziehen wollten, mußten schon Ausgezogene helfen oder die vom Sonderkommando. Mit gutem Zureden wurden auch Widerspenstige besänftigt und ausgezogen. Die Häftlinge des Sonderkommandos sorgten auch dafür, daß der Vorgang des Entkleidens schnell vor sich ging, damit den Opfern nicht lange Zeit zu Überlegungen blieb ...«[28]

Die Art der weiteren Durchführung des Vernichtungsprozesses: die Vergasung, die Beseitigung der Leichen, die Verwertung ihrer Hinterlassenschaft usw., hat Höß im Laufe der Jahre zu einem reibungslos funktionierenden System ineinandergreifender Abläufe ausgebaut, das ganz dem ehrgeizigen, kalten Organisationshunger entsprach, der Menschen seines Schlages kennzeichnet, und jene hemmungslose Gründlichkeit erkennen ließ, die ein Mangel an humanem Maß ist. Es war dieses Bewußtsein einer besonderen Leistung, das ihm »im ersten Moment die Losreißung schmerzlich« machte, als er nach dreieinhalb Jahren aus Auschwitz abberufen und zum Amtschef der Politischen Abteilung der Inspektion der Konzentrationslager ernannt wurde.[29] Diese Funktion übte er bis zum Ende des Krieges aus, zusehends bekümmerter über den trostlosen Zustand der meisten Lager, die den Perfektionismus des Auschwitzer Modells vermissen ließen, aber angesichts der sich verschärfenden Lage auch unfähig, für Abhilfe zu sorgen. Ein letztes, in allem Wahnwitz für Lebensweg und Charakter dieses Mannes bezeichnendes Bild taucht auf am Ende seines Berichts. Er beschreibt die im Chaos des totalen Zusammenbruchs sich vollziehende Absetzbewegung seiner Amtsstelle. »Wir mußten flüchten«, so heißt es da. »Zuerst nach dem Norden, nach dem Darß, nach zwei Tagen weiter nach Schleswig-Holstein. Immer befehlsgemäß dem RFSS nach. Was wir überhaupt noch bei ihm sollten, was wir überhaupt noch an Dienst verrichten sollten, war uns allen unerklärlich.«[30] So steht auch am Ausgang dieses unselbständigen, immer nur aus zweiter Hand gelebten Lebens die sinnlose Fügung in einen sinnlosen Befehl, ein Akt blinden Gehorsams.

Tatsächlich blieb Rudolf Höß vieles unerklärlich. Obwohl er den verbrecherischen Charakter seiner Tätigkeit später in seinen Aussagen zugegeben hat, scheint er doch nie ganz begriffen zu haben, wer er war und was sein Name in Verbindung mit dem Namen Auschwitz bedeutete. Vielmehr drängt der Verdacht sich auf, daß auch dieses Eingeständnis lediglich ein letzter bemühter Anpassungsversuch an die Autorität der Untersuchungs- und Gerichtsbehörden war, die den organisierten Völkermord nun einmal verurteilten und denen er, »immer befehlsgemäß«, mit der eigenen Ablehnung seines Tuns zu Willen sein wollte. Der amerikanische Gerichtspsychologe G. M. Gilbert gewann aus einer Unterredung mit Höß den Eindruck, daß dem ehemaligen Kommandanten von Auschwitz die Ungeheuerlichkeit seines Verbrechens »nie zum Bewußtsein gekommen wäre, wenn ihn nicht jemand darauf aufmerksam gemacht hätte«[31]. Nicht nur zahlreiche Passagen seiner Aufzeichnungen, sondern weit mehr noch deren Tonlage und Stil beweisen, daß es ihm selbst im Angesicht des Endes nicht gelungen ist, sein Handeln unter dem Gesichtspunkt von Schuld und Verantwortung zu betrachten. Statt dessen blieb er bis zuletzt auf die Kategorien von Befehl und Gehorsam fixiert, doch nicht, weil er sich durch die Betonung seiner rein ausführenden Funktion rechtfertigen oder gar retten wollte, sondern weil er es nicht anders begriff. Wie einer der Exekutoren der Französischen Revolution hielt er sich nur für das Beil, und wie jener bei seiner Aburteilung schien auch er nur immer zu fragen, ob man denn über das Beil zu Gericht sitze. Das Gefühl, stets recht getan, den Dienst »gewissenhaft, aufmerksam und zu aller Zufriedenheit« erfüllt zu haben, war durch keinen Appell, keine Erschütterung mehr zu erreichen oder in Frage zu stellen. »Im Gefängnis«, so heißt es beispielsweise an der Stelle seines Berichts, wo er die Ankunft in Warschau und die Übergabe an die polnischen Behörden schildert, »kamen auch gleich mehrere Beamte auf mich los und zeigten mir ihre eintätowierten Nummern von Auschwitz. Ich konnte sie nicht verstehen –.«[32] Mit ihm selbst, dem einzelgängerischen, naturliebenden, gemütsweichen, seiner Familie, vor allem seinen Kindern, zärtlich zugetanen Rudolf Höß hatte, was immer auch in seinem Namen geschehen war, nichts zu tun. Es ging ihn im Grunde nichts an.

Aus der Erwartung, daß die Welt diese Unterscheidung nicht anerkennen werde, hat er am Ende das Bewußtsein persönlicher Tragik gezogen und das Schicksal angeklagt, das ihm so beharrlich einen ehrlichen Tod verweigert habe, nur um ihn, der »unbewußt (!) ein Rad in der großen Vernichtungsmaschine des Dritten Reiches geworden« war, jetzt »so schändlich umzubringen«. Mit der charakteristischen Wendung des Introvertierten kehrte er sich in den Schlußsätzen seiner Aufzeichnungen von dieser Welt ab, die ihn mißbraucht, betrogen, mit fremder Verantwortung allein gelassen und schließlich nicht verstanden hatte, hingegeben nun und für den Rest seines Lebens jenem Selbstmitleid, das einer der beherrschenden Züge seines Persönlichkeitsbildes war: »Mag die Öffentlichkeit ruhig weiter in mir die blutdürstige Bestie, den grausamen Sadisten, den Millionenmörder sehen – denn anders kann sich die breite Masse den Kommandanten von Auschwitz gar nicht vorstellen. Sie würde doch nie verstehen, daß der auch ein Herz hatte, daß er nicht schlecht war.«[33] Aber wenn in den autobiographischen Notizen, die er hinterließ, die furchtbarste Seite der Vergangenheit sichtbar wird, so ist sie furchtbar nicht nur angesichts der Millionen Ermordeten, die dort verzeichnet stehen. Ihre Schrecken empfängt sie ebensosehr vom Bild gerade jener Organisatoren des Massenmordes, die zwar »auch ein Herz« gehabt haben, deren befehlsfreudige Blindheit und sachliche Ungerührtheit jedoch in größere Schuld führte, als je ein »herzloser« Verbrecher sie auf sich lud.

Das zur Aburteilung von Kriegsverbrechern errichtete polnische Oberste Volksgericht verhängte am 2. April 1947 über Rudolf Höß die Todesstrafe. Sie wurde 14 Tage später in Auschwitz durch den Strang vollstreckt.

DAS GESICHT DES DRITTEN REICHES

VERSUCH EINER ZUSAMMENFASSUNG

»Nie hat es bessere Sklaven, nie schlechtere Herren gegeben.«

Tacitus

Einer Schlußbetrachtung, deren Aufgabe es ist, einige wesentliche Ergebnisse der in diesem Bande vorgelegten Studien zusammenzufassen, bietet der Ausgangspunkt wie von selbst sich an. Der Versuch, die psychologischen Strukturen prominenter Führungsfiguren des Dritten Reiches aufzudecken, hat in einem jede Erwartung übertreffenden Maße nahezu die ganze Skala menschlicher Blößen, Mängel und Unzulänglichkeiten zutage gefördert. Eher ratlos sieht sich der Chronist jener Epoche dem Problem gegenüber, so viel Unvermögen, so viel Durchschnittsmaß und charakterliche Nichtigkeit mit den außerordentlichen Wirkungen, die davon ausgingen, in einen begreifbaren Zusammenhang zu bringen. Was ihm begegnet, ist nie Größe, selten ein überragendes Talent und in kaum einem Falle eine große Besessenheit auf ein Ziel hin; es ist nicht einmal eine im hergebrachten Sinne niedrige Leidenschaft, die groß wäre durch die Intensität des dahinter wirksamen Willens, sondern es sind ganz überwiegend »kleine« Schwächen, Egoismen, Verstiegenheiten und Antriebe in durchaus unbedeutenden, wenn auch enthemmten Charakteren. Die Analyse von Elementen einer Psychologie totalitärer Herrschaftsformen ist zumindest im Falle der führenden nationalsozialistischen Akteure nicht, wie man oft gemeint hat, eine Aufgabe der Dämonologie und nur mit deren vergleichsweise ungesichertem Begriffsapparat zu lösen; sie ist vielmehr die Beschreibung konkreter, individueller Versagensweisen. Von Hitler bis Heydrich, von Goebbels bis Rosenberg sind es durchweg trieb- oder affektbestimmte Ausgangslagen, von denen her jede einzelne der hier skizzierten Erscheinungen zur Macht drängte oder sich von der bereits zur Macht drängenden Bewegung mitreißen ließ, und das gleiche gilt schließlich von der Masse des Volkes selbst, deren Repräsentanten die führenden Männer des Regimes in diesem Sinne durchaus gewesen sind. Gemeinsam war ihnen allen, daß sie primär nicht von einer übergreifenden Idee, sondern von einer psychischen Konfliktsituation getrieben den Weg in die Politik fanden, was immer auch zur Verschleierung dieses elementaren Sachverhalts an ideologischen Konstruktionen errichtet worden ist; es ging nicht so sehr darum, einen Zukunftsentwurf von verbindender Kraft zu verwirklichen, sondern ein Triebverlangen abzureagieren.

Dennoch war der Nationalsozialismus, wie an entsprechender Stelle dargelegt worden ist, kein ausschließlich von den individuellen Begehrlichkeiten seiner Wortführer bestimmter, auf sich selbst beschränkter Machtwille; vielmehr enthielt er zweifellos ein utopisches Element. »Götter und Tiere, so steht die Welt heute vor uns«, hat Hitler gelegentlich in einem seiner vertraulichen machtphilosophischen Exkurse vor seiner engsten Umgebung ausgerufen.[1] Dieser lapidare Satz ist die wohl bündigste Formel dessen, was der Nationalsozialismus jenseits aller weltanschaulichen und machttaktischen Maskeraden gewesen ist. Auf ihr basieren sein Herrschaftsanspruch, sein Menschenbild, seine rassischen und hegemonialen Zielsetzungen, und sie birgt den nicht weiter zurückführbaren Grund, auf dem die mannigfachen ideologischen Elemente sich entfalteten. Die herrischen und hybriden Züge im Gesicht des Dritten Reiches, die Kälte dieses Profils, seine pathetische Angestrengtheit, aber auch die wüsten, fratzenhaften Verzerrungen, die Brutalität seiner Konturen und nicht zuletzt die neurotische Verbissenheit, die ihm eigen waren, sind in dem von Hitler formulierten Grundsatz enthalten, daß Mensch nicht gleich Mensch sei, sondern geschieden in Götter und Tiere.[2]

Wie die Götter aussahen und möglicherweise auch die Tiere, der Idealtypus und die wirkliche Erscheinung; welche Wechselbeziehungen zwischen ihnen bestanden; ob die einen der anderen bedurften; unter welchen Voraussetzungen der Mensch erkennbar wird, der die modernen Gewaltherrschaften errichtet, und der, mit dem sie errichtet werden können; ja ob es überhaupt den Typus des totalitär disponierten Menschen gibt – in solchen Fragen, die Gegenstand auch dieser Untersuchung waren, bekundet sich die Sorge eines »gebrannten« Zeitalters, das die Feuer des Totalitarismus nicht nur scheuen gelernt hat, sondern ihren Ursachen durch Erkenntnis entgegenwirken will. Gewiß liegen große Partien des Problems noch im Dunkeln oder im eher fragwürdigen Bereich massenpsychologischer Deutungsversuche. Immerhin aber lassen sich aus dem tatsächlichen Erscheinungsbild der Gefolgschaft Hitlers sowie aus den spezifischen Ausleseprinzipien des Nationalsozialismus Elemente gewinnen, die diesen Typus eingrenzen und wesentlich markieren.

Jede totalitäre Herrschaft geht von einem neuen Menschenbild aus, es ist dies geradezu per definitionem das Merkmal, das sie von den klassischen Formen der Zwangsherrschaft unterscheidet. Ihr revolutionärer Anspruch zielt nicht allein auf den Umbau des Staates; sie schreibt nicht nur neue Gesetze vor, fordert nicht nur neue Ordnungsprinzipien oder neue Formen des Zusammenlebens, sondern: den neuen Menschen. Sie will, anders als die großen Umwälzungen vergangener Epochen, nicht die Sachen, sondern die Personen, nicht die Strukturen, sondern die Existenz selbst verändern — eben dies macht sie totalitär. Nichts bezeugt den in diesem strengen Sinne totalitären Charakter des Dritten Reiches eindeutiger als der auf allen gesellschaftlichen Ebenen konsequent unternommene Griff nach dem Menschen mit dem Ziel, einen neuen Typus zu prägen, dessen Bildung von nationalsozialistischer Seite denn auch als »die Aufgabe des 20. Jahrhunderts« bezeichnet worden ist.[3] Hitler selbst hat dieses Vorhaben geradezu mit dem Sinn seines Machtstrebens identifiziert, wenn er versicherte:

> »Die Auslese der neuen Führerschicht ist mein Kampf um die Macht. Wer sich zu mir bekennt, ist berufen, eben durch dieses Bekenntnis und die Art, wie er sich bekennt. Das ist die große umwälzende Bedeutung unseres langen, zähen Kampfes um die Macht, daß in ihm eine neue Herrenschicht geboren wird, berufen, nicht bloß die Geschicke des deutschen Volkes, sondern der Welt zu lenken.«[4]

In zahllosen Reden und Verlautbarungen hat Hitler immer wieder das Bild des »neuen Menschen« beschworen, und die vielen Akklamateure des Regimes, die jedem seiner Schritte oder Programmpunkte einen ideologisch verbrämten Beifall zollten, haben die Heraufkunft dieses Menschen als den Anbruch des »wahrhaft goldenen Zeitalters« gefeiert.[5] Wie durchweg in der von nur wenigen originalen Zutaten geprägten »Weltanschauung« des Nationalsozialismus, ist auch in diesem Falle der Rückgriff auf ältere Vorstellungen, hier der sozialdarwinistischen Schule des 19. Jahrhunderts, unverkennbar; der eigene Beitrag lag nicht auf der ideologischen, sondern auf der exekutiven Ebene: in der haarsträubend buchstäblichen Konsequenz, mit der die Verwirklichung dieser Planspiele mit der menschlichen Natur betrieben wurde.

Dem Programm zur Vernichtung der Fremd- oder Gegenrassen entsprachen die Bestrebungen zur »Aufadelung« der Blutsubstanz des eigenen Volkes. Dahinter war die Überzeugung wirksam, daß das deutsche Volk selbst vom postulierten Typus des rassisch reinen Herrenmenschen mit seinen besonderen schöpferischen, kulturellen und führungstechnischen Fähigkeiten weit entfernt sei, ausgenommen die höheren und möglicherweise mittleren Ränge der nationalsozialistischen Gefolgschaft, die eben durch ihren Rang und ihr Bekenntnis zur Person des Führers rassisch legitimiert waren. Sie repräsentierten die Auslese und die Vorstufe zu jener neuen Artprägung, deren Träger identisch waren in Erscheinung, Ausdruck und Haltung: es mache die Größe der Bewegung aus, so verkündete Hitler gelegentlich, daß »sechzigtausend Mann äußerlich wirklich eine Einheit geworden« seien, »daß nicht nur die Ideen dieser Glieder (der Bewegung) uniform sind, sondern auch ihr physiognomischer Ausdruck. Wenn man diese lachenden Augen sieht, diesen fanatischen Enthusiasmus, dann weiß man ..., wie in der Bewegung hunderttausend Menschen ein einziger Typus geworden sind.«[6] Den erstrebten Zustand, in dem die Gesamtheit des Volkes diesem Bilde entsprechen sollte, hat Hitler als das Ergebnis eines langen biologischen und pädagogischen Prozesses angesehen. In seiner Geheimrede vor dem Offiziersjahrgang 1938 sprach er von einer hundert Jahre dauernden Entwicklung, an deren Ende eine Mehrheit über jene Auslesemerkmale verfügen sollte, mit denen sich die Welt erobern und beherrschen lasse. »Wer den Nationalsozialismus nur als politische Bewegung versteht«, so hat er an anderer Stelle geäußert, »weiß fast nichts von ihm. Er ist mehr noch als Religion: er ist der Wille zur neuen Menschenschöpfung.«[7]

Es war indes wohl nur im Verlauf einer jener Exaltationen, in die Hitler während seiner endlosen nächtlichen Monologe im engsten Kreis zu geraten pflegte, wenn er diesen neuen Menschen mit raubtierhaften, dämonischen Zügen malte, »furchtlos und grausam«, wie er meinte, so daß er selbst vor diesem Bilde erschrocken sei.[8] Auch die revolutionären Attribute, mit denen dieser Neuentwurf des Menschen, eine Zeitlang zumindest, ausgestattet wurde, enthüllen sich bei näherem Zusehen als rhetorisches Beiwerk; denn was schon die Macht- und Selbsterhaltungsinteressen der Führungsspitze verbieten, folgt auch aus der inneren Struktur totalitärer Herrschaft selbst: sie zielt nicht auf den revolutionären, sondern auf den aggressiven Typus, dessen Aggressivität allerdings abgerichtet und zu beliebigen Zwecken einsetzbar ist. Die Erkenntnis der eigenen sozialen und persönlichen Situation, die eine der begrifflichen Voraussetzungen des wahrhaft revolutionären Menschen ist, wurde hier konsequent verdunkelt und durch das Element der »Gesinnung« ersetzt, theoretische Klarheit durch die Kategorie des »gläubigen Erlebens« und jene »Blindheit«, die in wechselnden Wortverbindungen die nationalsozialistische Wertehierarchie bestimmte: als blinde Treue, blinde Tapferkeit oder blinder Gehorsam. Die charakterologischen Grundsätze, nach denen auf den Nationalpolitischen Erziehungsanstalten oder den SS-Ordensburgen die junge Elite des kommenden Großgermanischen Reiches herangebildet wurde, orientierten sich denn auch ganz an Begriffen, die auf den beherrschbaren Typus abzielten: nicht unbedingt furchtlos, sondern bedingungslos sich fügend, nicht grausam, sondern sachlich und perfektionistisch, dabei kühn im Einsatz, diszipliniert, uneigennützig und ebenso funktionswillig wie vom Bewußtsein seines Herrentums erfüllt. Robert Ley hat in seiner Schrift ›Der Weg zur Ordensburg‹ das Bild dieses neuen Menschen anschaulich beschrieben:

> »Wir wollen wissen, ob diese Männer den Willen zum Führen in sich tragen, zum Herrsein, mit einem Wort zum Herrschen. Die NSDAP und ihre Führer müssen herrschen wollen. Wer die Totalitätsansprüche auf die Führung des Volkes nicht erhebt oder gar gewillt ist, sie mit andern zu teilen, kann nie Führer der NSDAP sein. Wir wollen herrschen, wir haben Freude am Herrschen, nicht um ein Despot zu sein oder um einer sadistischen Tyrannei zu huldigen, sondern weil wir felsenfest daran glauben, daß in allen Dingen nur einer führen und auch nur einer die Verantwortung tragen kann. Diesem einen gehört auch die Macht. So werden diese Männer z. B. reiten lernen, nicht um einem gesellschaftlichen Vorurteil zu huldigen, sondern sie sollen reiten lernen, um das Gefühl zu haben, ein lebendes Wesen absolut beherrschen zu können ... Wir wollen, daß diese Männer jeder Lebenslage gewachsen sind und sich durch nichts in der Welt imponieren lassen ... Diese Männer, die damit der Orden der NSDAP zu Ehre und Macht bringt und ihnen alles gibt, was ein wirklicher Mann vom Leben erhoffen kann, sollen auf der anderen Seite erkennen und das in der Tiefe ihres Herzens bewahren, daß sie diesem Orden auf Gedeih und Verderb verfallen sind und ihm unbedingt gehorchen müssen ... So will ich: diese Männer, die die Ehre haben, politische Leiter in Deutschland zu werden, und denen sich somit das Tor zur höchsten Macht und zu höchster Führung öffnet – denn sie allein werden dereinst Deutschland führen –, sollen wissen und erkennen, daß es ein Zurück für sie nicht mehr gibt. Wer versagt oder wer gar die Partei und ihren Führer verrät, wer der Gemeinheit in sich selber nicht Herr zu werden vermag, den wird dieser Orden vernichten. Wem die Partei das Braunhemd auszieht – das muß jeder von uns wissen und erkennen –, dem wird dadurch nicht nur ein Amt genommen, sondern der wird auch persönlich mit seiner Familie, seiner Frau und seinen Kindern vernichtet sein. Das sind die harten und unerbittlichen Gesetze eines Ordens. Auf der einen Seite dürfen die Menschen in den Himmel greifen und sich alles holen, was ein Mann nur wünschen kann. Auf der anderen Seite ist der tiefe Abgrund der Vernichtung.«[9]

Herrenmenschentum und Entpersönlichung, autonomes Machtgefühl und Automatismus, Unerschrockenheit und Unterwürfigkeit: in solchen ambivalenten Bewußtseinslagen offenbarte der verlangte Typus seine wahren Umrisse. Aus der zitierten Passage läßt sich nahezu die gesamte Skala der Dressurformeln des total verfügbaren, auf wirkungsvollen Funktionsvollzug abgestellten Menschen analysieren. Auf ihn richteten sich die Bemühungen zahlreicher pädagogischer Institutionen. Daneben führte die vom Nationalsozialismus entwickelte rassische Abart der »Psychosomatik«, der im sogenannten Rassehöchstwert zugleich die charakterlichen und intellektuellen Höchstwerte verbürgt schienen, zu Versuchen, den neuen Menschen planmäßig zu züchten; in den genetischen und ehegesetzlichen Maßnahmen, wie sie teils verwirklicht, teils für die Nachkriegszeit vorgesehen waren, wurden die Ansätze dazu erkennbar.[10]

Vor dem Hintergrund dieser Bestrebungen und idealtypischen Prospekte nahm sich die Wirklichkeit widersprüchlich genug aus. Man wird lange suchen müssen, um innerhalb der Führungsschicht des Dritten Reiches, deren vorherrschender Typus doch eher wie das rassisch vielfach überlagerte und durchkreuzte Mischprodukt einer alpinen Provinz wirkte, jene blutmäßigen Vorstellungen auch nur angedeutet zu finden. Und wenn, ganz auf der Linie des rassischen Leitbildes, »das Gesunde« als »heroischer Befehl« proklamiert wurde[11], so hat auch hier der tatsächliche Befund eher entgegengesetzte Ergebnisse vorzuweisen. Abgesehen von der schwerer faßbaren neurotischen Konstitution fast aller führenden Nationalsozialisten, für die diese Darstellung zahlreiche Belege brachte, war eine beträchtliche Anzahl auch im engeren klinischen Sinne krank, darunter Goebbels, Göring, Ley, Himmler und nicht zuletzt Hitler selbst. Mit der Fiktion, daß die rassische Werthaftigkeit sich nicht so sehr im äußeren Erscheinungsbild oder in physischen Merkmalen als vielmehr in der Reaktion auf die nationalsozialistische Idee und ihren Führer zeige, half Hitler sich über solche offenbaren Diskrepanzen hinweg, unbekümmert um die damit ausgesprochene Desavouierung der gesamten Rassentheorie: Dies, so versicherte er, »ist die unfehlbare Methode, die Menschen zu suchen, die man finden will, denn jeder hört nur auf den Klang, auf den sein Innerstes gestimmt ist«[12].

Trotz aller gegenteiligen Beteuerungen, wie sie beispielsweise in einer Schrift unter dem Titel ›Unsere Führer im Lichte der Rassenfrage‹ vorgetragen wurden, die darauf hinwies, daß die nationalsozialistische Repräsentanz »vorwiegend aus nordischen Menschen mit sehr guten führerischen charakterologischen Merkmalen« bestehe, war die außerordentliche Seltenheit der blutmäßig geforderten »Artgestalt« innerhalb der sogenannten Alten Garde doch unverkennbar.[13] Das hatte seine Ursache nicht nur in der ideologischen Indolenz und der eingestandenermaßen vor allem werbetechnischen Funktion von Parteiprogramm und Weltanschauung, sondern auch in der Entstehungsgeschichte der Bewegung.

Den soziologischen Kern der frühen Anhängerschaft bildete eine militante Minderheit von Enttäuschten, Verbitterten aus allen Klassen und Ständen. Und wenn auch die Wendung gegen »den Juden« relativ frühzeitig erfolgte, ja von vornherein zu den entscheidenden Sammlungsparolen der Partei rechnete, so war doch dessen nordische »Gegengestalt« noch lange nicht der rassisch konkret verbindliche Idealtypus, wie denn überhaupt nicht nur das biologische, sondern auch das soziale, ideologische Woher eines jeden ebenso gleichgültig blieb wie allen zusammen das Wohin. Nur Bewegung, aktivistische Protestbekundung verband sie, der gleiche oder doch ähnliche Ursprung ihrer prinzipiellen Antigefühle und Ressentiments: das Unvermögen, eine militärische und politische Katastrophe der Nation individuell zu bewältigen. Im Grunde gab es, jenseits der Grundmaxime des »Dreinschlagens«, die aus der bayerischen Kulisse ihre eigentümlichen Stichworte erhielt, keine strengeren ideologischen Prämissen, wenn auch die Überzeugung gefordert wurde, daß Bewegung und Dreinschlagen »für Deutschland« geschähen, und außerordentlich kennzeichnend hat Göring in Nürnberg versichert, er habe sich aus revolutionären Beweggründen der Partei angeschlossen, »nicht etwa wegen des ideologischen Krams«[14]. Die Gruppe der sogenannten Ernstmeinenden, die ein wie immer geartetes gesellschaftliches Erneuerungskonzept vorzuweisen hatten, blieb demgegenüber stets in der Minderheit, und als entscheidender Antrieb für den Beitritt zur Partei Hitlers haben ideologische Zielsetzungen wohl bei kaum einem der führenden Gefolgsleute gewirkt. Nahezu in jedem Einzelfalle läßt sich verfolgen, in welchem Maße persönliche Anpassungsschwierigkeiten und unartikulierte Mißstimmungen, überhaupt die große Lebensverlegenheit jener Generation, den ausschlaggebenden Anstoß zur Politik auslösten, die in jener unruhigen Epoche rasch zum klassischen »Beruf« der Heimat- und Kontaktlosen wurde. Gerade das übersteigert männliche Gebaren der Bewegung, ihre halbmilitärischen Organisationsformen wirkten stets eher verräterisch als Hinweiszeichen auf die Labilität von Menschen, die nur innerhalb geschlossener Formationen ihr individuelles Ohnmachtsbewußtsein zu verdrängen vermochten. Wie Babeuf konnten sie fast alle von sich sagen, daß die revolutionäre Zeit sie »schrecklich verdorben« habe, so daß sie zu jedem anderen Beruf als dem des Politikers unfähig geworden seien. Es waren unbalancierte Naturen mit einem von Krieg und Nachkrieg pervertierten Wertbewußtsein, Entwurzelte, in denen sich das »nationale Gemütsleiden« mit dem individuellen Versagen zu mitunter ausgesprochen neurotischen Befunden verband – Hitler selbst ist noch immer das anschaulichste Beispiel für diesen Sachverhalt, aber auch Heß ist hier zu nennen, Rosenberg und vor allem das unübersichtliche Gewimmel im zweiten Glied, darunter die Angehörigen der Freikorps und nationalen Verbände, die rasch zur Bewegung stießen. Das eher blinde Bedürfnis nach radikaler Umkehrung der bestehenden Verhältnisse, in dem die divergierenden Erwartungen ihren einheitlichsten Nenner fanden, hat Gregor Strasser vollendet in der Formulierung zum Ausdruck gebracht, Nationalsozialismus sei »das Gegenteil von dem, was heute ist«, während Hitler betonte: »Zu uns kommen (werden) niemals die, welche in der Erhaltung eines gegebenen Zustandes den letzten Sinn ihrer Lebensaufgabe erblicken«[15]: rerum novarum cupidi.

Das entscheidende Auslesemerkmal während der frühen Phase der Bewegung war folglich die nahezu absolute Voraussetzungslosigkeit ihrer Anhänger. Gerade daß sie nichts besaßen, keine Bindungen, keine traditionell bestimmten Achtungsreservate, kein »Herkommen«, nicht die Stützen familiärer, religiöser, sozialer Zugehörigkeiten, und selbst die Übereinkünfte von Konvention und Gesittung in einer nihilistischen Gesamtbereinigung ihrer Existenz verleugneten, machte sie teils zu Material, teils zu Wortführern totalitärer Aspirationen. Und wenn die Voraussetzungslosigkeit ihre wesentliche Voraussetzung war, so war es daneben allenfalls noch die Bereitschaft zur Gewaltanwendung und »direkter Aktion«: bildete sie im Innern der Bewegung einen festen Kitt, weil außer gemeinsamen Idealen, wie Hitler meinte, nichts die Menschen so fest verbinde wie »gemeinsame Verbrechen«[16], so wirkte sie nach außen, auf die von der Katastrophe gleichfalls Betroffenen, geradezu als Beweis für den Ernst einer Empörung, die angesichts einer zerrütteten Ordnung nicht auf heimliche Kompromisse sann, sondern alle Schiffe verbrannt und alle Brücken hinter sich abgebrochen hatte.

Diese Kombination von Bindungslosigkeit und Gewaltglaube, die an sämtlichen Exponenten der nationalsozialistischen Bewegung nachweisbar ist, zählt denn auch nicht nur zu den wichtigsten Voraussetzungen für den Aufstieg Hitlers, sondern ist die wohl entscheidende Signatur vortotalitärer Phasen überhaupt. Was hier, im Zusammenbruch einer überlieferten Ordnung, zum Vorschein kam, war der Macchiavellismus des kleinen Mannes, der keine Instanzen mehr kannte, denen gegenüber er sich für seine Worte und Werke verantwortlich fühlte, und angesichts eines problematisch gewordenen Daseins kurzerhand zum Verbrechen Zuflucht nahm. Der Glorienschein, der eine, wenn auch ideologisch drapierte und als politisches Kämpfertum ausgegebene Kriminalität in wachsendem Maße umgab, die Bewunderung für »große Männer« und Führernaturen sowie die verbreitete Verachtung aller Normen, waren auf psychologischer Ebene nichts anderes als ein Identifizierungsversuch mit der historischen Größe an sich, die vermeintlich ebenfalls weder Gesetz noch Rücksicht kannte, sondern nur immer ehern ihren Weg ging. Hinter solchen Denk- und Reaktionsweisen war unschwer die Absicht zu erkennen, ein in Krieg und Nachkrieg mit allen ihren ökonomischen und gesellschaftlichen Degradierungserscheinungen verlorenes Selbstbewußtsein zurückzugewinnen. Die Diffamierung der Moral als »kleinbürgerlich« enthüllte indes die Kleinbürgerlichkeit der Diffamierenden selbst. Jene eigentümliche Mischung aus provinzieller Beschränktheit und Cäsarenträumen, wie sie für die Mehrheit der nationalsozialistischen Führungsfiguren so überaus charakteristisch ist, hat Rudolf Heß in einem Brief aus der Spandauer Haft noch einmal auf bezeichnende Weise dokumentiert: »Meine geistige Ausgleichstätigkeit der letzten Zeit«, so heißt es da, »bewegte sich zwischen Heinrich Seidels ›Leberecht Hühnchen‹ und Rankes ›Männer und Zeiten‹, also der Atmosphäre von Monsieur Petit, als er noch friedlich seinen Kohl in einem Vorort von Paris pflanzte, und jener um Napoleon auf dem Feldherrnhügel von Austerlitz.«[17]

Im übrigen hat die nationalsozialistische Bewegung aus der Radikalität ihres Auftretens, das ihr eine so auffallende Ähnlichkeit mit den »politico-criminellen Associationen« Sorels verschaffte, tausendfältigen Gewinn gezogen. Die bürgerlichen Politiker, die ihr die Kette ihrer Gewaltakte zum Vorwurf machten, waren zwar unstreitig im Recht; aber die Art ihrer Argumentation bewies doch auch immer wieder, daß sie die panischen Züge einer Zeit nicht verstanden, in der sich eben diese bürgerliche Welt mit ihren Ordnungs- und Gesittungsvorstellungen zum Sterben anschickte. Gewiß sind die totalitären Neigungen einer Gesellschaft eng gekettet an politische, soziale und wirtschaftliche Bedingungen; aber sie sind vorab ein psychologisches Problem. Indem die »Unpsychologen von Weimar« sie ausschließlich von der politischen, sozialen und wirtschaftlichen Ebene her zu bekämpfen versuchten, verkannten sie doch deren eigentliche Struktur. Die Anziehungskraft der NSDAP rührte gerade daher, daß sie das Bedürfnis der durch die Niederlage, das Autoritätsvakuum der Nachkriegsjahre, die Inflation und später die Weltwirtschaftskrise verzweifelten Massen nach Aggression stillte. »Ich will Menschen um mich haben«, rief Hitler, »die gleich mir in der Gewalt den Motor der Geschichte sehen und daraus die Konsequenzen ziehen.«[18] In der Gewalt den Motor nicht allein der Geschichte, sondern auch der eigenen Interessen und das Heilmittel problematischer Existenzlagen überhaupt zu sehen, wurde in wachsendem Umfange, bei immer breiteren Schichten zum kennzeichnenden Reaktionsmerkmal, das stärker als alle Geschehenszusammenhänge im Vordergrund auf jene Krise hindeutete, aus der jederzeit der Umschlag in ein totalitäres Abenteuer erfolgen konnte. Der blind-fordernde Glücksanspruch vor allem des verängstigten und deklassierten Kleinbürgertums, sein säkularisiertes Glaubensverlangen, seine Neigung, hinter allen Schicksalsschlägen das Wirken finsterer Mächte zu wittern und das eigene Versagen auf fremde Schultern abzuwälzen, seine Sentimentalität und schließlich sein Kapitulationsbedürfnis vor der starken Pose — das alles fand vor den Rednertribünen der Nationalsozialisten eine wenn auch schamlos manipulierte Befriedigung.

Es war vor allem die Erscheinung Hitlers, die das ziellose Aufbegehren aus seiner Dumpfheit erlöste. Erst in ihm, der wie das synthetische Produkt all der kollektiven Unlustgefühle jener Jahre wirkte, erhielten die zunächst hundertfältig rivalisierenden nationalen Gruppen, Bünde und Sekten sowie später die unstet fluktuierenden Massen ihren unbestrittenen Führer, und damit ihre Hoffnungen, ihre Feinde, ihre Ziele und taktischen Einsatzbefehle. Er ermöglichte es ihnen, das Bewußtsein eigener Schwäche in der Gleichsetzung mit einer vermeintlich elementaren Kraft zu überwinden. Dank seiner Überlegenheit, die sich im innerparteilichen Machtkampf ebenso bewährte wie in der suggestiven Gewalt über Menschen und Massen, gelang es ihm alsbald, die diffusen Ressentiments fest zu verklammern. Und während die einstigen Antriebe und Programmpunkte, wie verschwommen sie auch immer gewesen sein mochten, zusehends verblaßten, wurde er selbst zum wirksamsten Zusammenhalt der im Grunde programmlosen Bewegung. »Es entstand alles ...«, so hat Hans Frank später bemerkt, »ausschließlich aus Hitler selbst. Und die mit ihm zogen als seine engsten Männer, folgten nicht, weil sie seinem Programm folgten, sondern weil sie als Gefolgsleute Adolf Hitlers Marsch in die Zukunft begleiteten.« Noch kürzer stellte der SA-Führer August Schneidhuber in einer Denkschrift fest, daß die Anziehungskraft der Partei auf die Massen »nicht etwa das Verdienst von Organisatoren (ist), sondern allein das des Kennwortes ›Hitler‹, unter dem alles zusammenhält«[19].

Die von Hitler der Partei auferlegte Kommando- und Unterwerfungsstruktur änderte freilich das Prinzip der Voraussetzungslosigkeit der neuen Elite. Zum Aktivismus, der bis dahin ihr einziges Merkmal war, trat mit dem Zeitpunkt, da seine Erscheinung die halbmythologischen Züge des »Führers« annahm, die Forderung absoluten Gehorsams, auf der nach einem Wort Franz L. Neumanns alle charismatische Herrschaft gegründet ist.[20] Bis kurz vor seinem Ende, noch aus der Zelle seines unterirdischen Bunkersystems heraus, hat Hitler ihr in der rigorosesten Weise Geltung zu verschaffen gewußt. Die Zugehörigkeit zur engeren Gefolgschaft mußten sie alle sich durch ein tausendfach beleidigtes Selbstwertgefühl, das ständige sacrificium honoris, erkaufen, und wer darin noch einen Stachel zu empfinden vermochte, log sich wie Goebbels mit der Formel darüber hinweg, daß es das größte Glück eines Zeitgenossen sei, einem Genie zu dienen.[21] Was in den Figuren der Umgebung Hitlers immer wieder greifbar wird, war ein substanzleerer, aber verbissener Wille zur Macht, der sich so häufig mit der Bereitschaft zu äußerster Servilität verbindet. Selbst Göring, der sich nicht zu Unrecht rühmte, er sei »der einzige Mann in Deutschland neben Hitler (gewesen), der eigene, keine abgeleitete Autorität hatte«, mußte gestehen: »Wenn eine Entscheidung zu treffen ist, zählt keiner von uns mehr als der Stein, auf dem er steht. Der Führer allein entscheidet.«[22] Und sofern Hitler Widersetzlichkeit, wie im Falle Gregor Strassers oder Ernst Röhms, nicht einfach durch Ausstoßung oder Liquidierung ahndete, griff er auf die abgestufteren Mittel demonstrativer Gleichgültigkeit oder Zutrittsbeschränkung zurück. Die Wirkung solcher Maßnahmen wurde beispielsweise an Rosenberg, Frank oder Ribbentrop deutlich, über deren Leiden und Verzweiflungen, als sie von Hitler nicht mehr gelobt, beachtet oder hinzugezogen wurden, immerhin genügend bekanntgeworden ist, um den wohl nur noch mit religiösen Kategorien faßbaren Charakter der psychischen Zwangsgewalt Hitlers zu ermessen. Von Himmler, Göring und Ribbentrop wird berichtet, daß sie auf kritische Ausbrüche Hitlers hin so krank wurden, daß sie das Bett aufsuchen mußten, und wenn Frank ausrief: »Unsere Verfassung ist der Wille des Führers«, so galt das zweifellos auch im übertragenen medizinischen Sinne. Die Suche nach einem Vatersurrogat, die angesichts der Unselbständigkeit und Persönlichkeitsarmut so vieler führender Gefolgsleute ein wesentliches Motiv der über alle Demütigungen hinweg aufrechterhaltenen Anhänglichkeit an die Person Hitlers gewesen ist, hat im Bewußtsein seiner Nähe die tiefste Befriedigung erfahren. Die Strenge und Willkür, mit der er seiner Umgebung gegenübertrat, hat dieses Gefühl nur bestätigt und verstärkt. Ganz in diesem Sinne hat denn auch Ribbentrop in Nürnberg geäußert, der Gedanke, Hitler zu töten, wäre ihm wie Vatermord erschienen.[23] Am Endpunkt solcher Erscheinungen steht dann die unsägliche, aber überaus aufschlußreiche Äußerung Franks kurz vor seiner Hinrichtung: er rüste sich zum Abschied von dieser Erde, um dem Führer zu folgen.[24]

Was immer in diesen Phänomenen von der monströsen Macht Hitlers über die Gemüter offenbar wird – sie machen auch etwas von der Mechanik des elitären Ausleseverfahrens sichtbar. Nur wer sich zu den Akten byzantinischer Unterwerfung bereit fand, erhielt die höhere Weihe des Zutritts zum engsten Kreis der nächtlichen Tischrunden, in denen Hitler, voller Verachtung für das Volk, die Crapule, seine zynischen Beherrschungsgrundsätze preisgab und weiterreichte. Man hat die Spitzen totalitärer Bewegungen mit Geheimgesellschaften verglichen, die sich im vollen Licht der Öffentlichkeit etablieren[25], und was immer aus der verschwörerischen Abgeschiedenheit dieser Gesprächsrunden bekanntgeworden ist, unterstreicht diesen Gedanken. Während nach außen hin der Katalog »granitener Grundsätze« ebenso wie die Versicherung der eigenen Friedensbereitschaft oder die Beschwörungen der Ordnungsabsichten des Regimes den Eindruck prinzipienfester Gutwilligkeit vortäuschten, gab Hitler sich hier, in seinen einsamen Monologen, wie er war. Sein taktischer Opportunismus, seine Treulosigkeit gegenüber Ideen und Grundsätzen, die ihm eigene Mischung aus Fanatismus und Berechnung, die noch die leidenschaftlichsten Regungen der Wut mit verschlagenen Zweckerwägungen durchsetzte und allein den eigenen Machtanspruch als unverzichtbare Maxime gelten ließ – das alles wird darin ebenso evident wie der im Wortsinne barbarische Kulturhaß, die ausgreifenden Welteroberungspläne, die Entwürfe zur rassischen Flurbereinigung oder zur Umgliederung der Gesellschaft. Die Absichten der Führungsschicht, so meinte Hitler, dürften »niemals die Gedanken des einfachen Parteigenossen beschweren«, und sprach vom »ganz besonderen heimlichen Genuß, zu sehen, wie die Leute um uns nicht gewahr werden, was mit ihnen wirklich geschieht«. Die neue Sozialordnung, die er den Eingeweihten verkündete, sah vier Schichten vor: den »durch Kampf erlesenen« nationalsozialistischen Hochadel; sodann die Hierarchie der Parteimitglieder, die »den neuen Mittelstand abgeben« werden; schließlich »die große Masse der Anonymen ..., das Kollektiv der Dienenden, der ewig Unmündigen« und zuletzt »die Schicht der unterworfenen Fremdstämmigen ..., nennen wir sie ruhig die moderne Sklavenschicht«[26].

Die Kälte und skrupellose Rationalität in der Ausnutzung menschlicher Leidenschaften, Illusionen und Erwartungen, die gänzlich wertfreie Sachlichkeit in der Planung des Ungeheuerlichen haben mitunter die Einsicht verdunkelt, daß Hitler und die gesamte nationalsozialistische Elite selbst in allen düsteren Winkeln der Irrationalität verhaftet waren. Zwar ist richtig, daß Verblendung und Haß zu jener technischen Perfektion, die den Durchsetzungsstil des mörderischen Geschehens gekennzeichnet hat, nicht in der Lage sind; aber es war eine rein aufs Methodische beschränkte Nüchternheit, die den trüben Grund der affektgebundenen Fixierungen nicht erreichte. Gerade die erwähnten Gespräche Hitlers machen diesen Tatbestand eindringlich deutlich. Sooft Hitler selbst oder die Teilnehmer der Runde sich in schneidenden Macchiavellismen turmhoch über die Menge des verachteten Volkes erhoben glaubten, warf sie die nächste Bemerkung in all ihrer aberwitzigen Verstiegenheit auf ihre Ursprungsbereiche zurück. Weniges nur kennzeichnet den totalitären Charakter nationalsozialistischer Spielart treffender als dieses unvermittelte Nebeneinander von Macchiavellismus und Magieverfallenheit, von Kälte und dumpfem Irrglauben, totaler Vorurteilslosigkeit und totalem Mystizismus.[27]

Diese Mischungselemente haben nicht nur das Denken und Verhalten der Spitzengruppe, sondern das Klima der gesamten Bewegung geprägt. Der Typus des nationalsozialistischen Funktionärs, der während der Machtergreifung in den Jahren 1933/34 in die Schlüsselstellungen drängte, verfügte zumeist über eine erstaunliche Kenntnis der Möglichkeiten, eigene

Ansprüche durchzusetzen, Gegner oder Rivalen auszuschalten, Einflußzonen zu erobern oder Positionen abzusichern. Der Scharfsinn, der seine machttaktischen Situationsanalysen und Reaktionen auszeichnete, stand jedoch durchweg in einem verblüffenden Gegensatz zur Verschwommenheit seiner ideologischen Ausgangsüberzeugungen. Das herrschende Menschenbild, das sich halb an den Naumburger Stiftergestalten, halb an Cesare Borgia orientierte und das Bekenntnis zu altdeutschem Adel unbekümmert mit den Praktiken einer robusten Selbstsucht verband, zeugte auf seine Weise von dem gleichen Sachverhalt. Es machte zugleich, als ein Beweisstück mehr, den Rang deutlich, der den ideologischen Konstruktionen als bloßen Zugnummern oder Verschleierungsmitteln zukam. Tatsächlich waren sie nichts anderes als der »große Prospekt im Hintergrund unserer Bühne«, von dem Hitler gesprochen hat.[28] Gerade auch auf der unteren und mittleren Ebene der Parteihierarchie ging es um nackte Wunschbefriedigung und Sicherung persönlicher Interessen. Das ständige Ringen um Selbstbehauptung, der Zwang zur Vervollständigung des Machtwissens zehrten die intellektuelle Energie auf und sorgten für jene verbreitete ideologische Teilnahmslosigkeit, die sich jenseits der allgemeinsten Vokabeln von Vaterland, Ehre, Blut oder Treue selbst mit dem Widersprüchlichsten zufriedengab.

Gewiß bezieht jede revolutionäre Bewegung einen Teil ihrer Dynamik aus dem Prinzip der Carrière ouverte aux talents, aber die Erscheinungen der Anfangsphase des Dritten Reiches waren mit solchen Formeln nicht mehr hinreichend zu erfassen: es war weniger Machteroberung als Machterbeutung. Hitler selbst hat diesem Treiben seiner Gefolgsleute widerspruchslos zugesehen, es kümmere ihn »einen Dreck«: »Macht, was ihr wollt, aber laßt euch nicht erwischen«, äußerte er, nicht ohne freilich auch diese Aufforderung mit machtpsychologischen Erwägungen zu motivieren: »Nur wer sein eigenes Fortkommen mit der allgemeinen Sache so verknüpft, daß keins mehr vom andern zu trennen ist, nur auf den kann ich mich verlassen.«[29]

Das parasitäre Herrenmenschentum, das sich in dieser Jagd nach Posten, Pfründen und Pensionen in seiner kleinbürgerlich-habsüchtigen Struktur demaskierte, erwies sich aus den gleichen Gründen den übernommenen sachlichen Aufgaben keineswegs gewachsen. Was sich, angefangen von der Exekutive des Reiches bis hinab zu den Landratsämtern und Bürgermeistereien oder auch in den Gau- und Kreisleitungen der NSDAP mit derber Machtallüre breitmachte, hatte den verwaltungstechnischen Anforderungen des Amtes zumeist nichts als das revolutionäre Recht und die eigene lang gestaute Begehrlichkeit entgegenzusetzen. Zutreffend hat Goebbels angesichts solcher ideologisch kaschierter Triebentladungen bemerkt, diese Männer brauchten »nur noch das alte jus primae noctis, um größere Macht zu besitzen als die absolutesten Fürsten des 17. und 18. Jahrhunderts«[30].

Ausnahmen fanden sich nur wenige; die Regel bezeichneten, neben zahllosen zweit- und drittrangigen Namen, Erscheinungen wie Mutschmann, Brückner, Forster, Streicher oder Lutze. Einige von ihnen mußten denn auch alsbald wegen offenbarer Unfähigkeit abgesetzt oder auf reine Repräsentationsposten abgeschoben werden; die Mehrzahl allerdings sah sich von Hitler, selbst gegen den bisweilen heftigen Widerstand aus den eigenen Reihen, gedeckt; wie denn überhaupt »die harten ›Männer‹ ..., die beim Volke unbeliebt oder verhaßt waren«, nach einem Zeugnis aus seiner engsten Umgebung, Hitlers »höchstes Vertrauen genossen«; als alter Revolutionär bevorzugte er stets die rücksichtsloseren Naturen.[31] Goebbels, auf seine Weise zweifellos zu den Ausnahmen zählend, hat gegen Ende des Krieges über diese alte Partei-Elite ein tatsächlich abschließendes Urteil gefällt:

> »Das ist doch im besten Fall menschlicher Durchschnitt. Kein einziger hat die Qualitäten eines mittelmäßigen Politikers, geschweige denn das Format eines Staatsmannes. Sie sind doch alle die Schreier aus dem Bürgerbräukeller geblieben, die sie immer waren. Und viele von ihnen haben noch das bißchen Verstand, das sie einst zur Bewegung führte, in zwölf Jahren Wohlleben versoffen. Diese Meute bösartiger Kinder, die jeder gegen jeden intrigieren, die nur auf ihr persönliches Wohl und auf ihre Stellung beim Führer bedacht sind, und die die Summe all dieser ihrer Handlungen ›Regieren‹ nennen, sie tun und lassen heute, da der Führer sie nicht mehr am festen Zügel führt, was sie wollen.«[32]

Allerdings hat der Typus des braunen Amtswalters, einmal in seinen Interessen befriedigt, nicht lange als elitäres Element figuriert. Allzusehr schienen diese schwerfälligen, ungeprägten Erscheinungen, deren Gesichter so viel dumpfe Brutalität ausdrückten, die Partei an ihre voraussetzungslose Vergangenheit zu erinnern. Auch die Figur des SA-Führers, die lange als elitäres Modell gedient hatte, büßte nach der Affäre Röhm rasch ihren Vorbildcharakter ein. Unterdessen wurden, vor allem durch die Aktivität Himmlers, Bestrebungen erkennbar, das Gesicht des Dritten Reiches erstmals auch typologisch den postulierten Idealvorstellungen anzunähern, jenen »Orden guten Blutes« zu schaffen, dessen Begründung der Reichsführer-SS als das »unverrückbare Gesamtziel« seiner Tätigkeit bezeichnet hat.[33] Der Typus des verhunzten Kleinbürgers, wie ihn insbesondere die Funktionäre der Politischen Organisation repräsentiert hatten, sah sich infolgedessen alsbald abgelöst, und an die Stelle seiner stämmigen und berechnenden Diesseitigkeit trat die zunächst von eher schwärmerisch-strengen Vorstellungen geprägte Figur des SS-Mannes. In bewußter Anlehnung an bestehende Ordenstraditionen setzte Himmler seinen ganzen sektiererischen Ehrgeiz daran, durch Auslese, Schulung und Zucht den nationalsozialistisch und nordisch geprägten Idealtypus hervorzubringen. In einer seiner zahllosen Verlautbarungen zu diesem Thema hat er gefordert, der SS-Mann müsse die »Tradition echten Soldatentums, die vornehme Gesinnung, Haltung und Wohlerzogenheit des deutschen Adels, das Wissen und Können sowie die schöpferische Tatkraft der Industriellen und die Tiefe deutschen Gelehrtentums auf dem Boden rassischer Auslese mit den sozialen Forderungen der Zeit« verbinden.[34] Die zunehmende Betrauung der SS mit terroristisch-polizeilichen Funktionen, wie sie dem totalitären Regime zwangsläufig erwuchsen, hat indes dazu geführt, daß solche Postulate bald nur noch als leerer Anspruch wirkten, der das ordinäre Mordgeschäft moderner Sbirren romantisch verbrämte. Ein höherer SS-Führer hat diese Doppelfunktion mit den Worten umschrieben:

> »Die Auslese der neuen Führerschicht vollzieht die SS – positiv durch die Nationalpolitischen Erziehungsanstalten (Napola) als Vorstufe, durch die Ordensburgen als die wahren Hochschulen der kommenden nationalsozialistischen Aristokratie sowie durch ein anschließendes staatspolitisches Praktikum; negativ durch die Ausmerzung aller rassenbiologisch minderwertigen Elemente und die radikale Beseitigung jeder unverbesserlichen politischen Gegnerschaft ...«[35]

Der Widerspruch zwischen Anspruch und Funktion der SS hat nicht zuletzt auch das merkwürdig heterogene Charakterdiagramm ihrer Mitglieder geprägt. Zwar kann die Frage, ob und in welchem Umfange die Wirkungsweise totalitärer Systeme gerade den Typus des zwiegespaltenen Menschen verlangt, in dieser zusammenfassenden Betrachtung nicht näher untersucht werden. Immerhin hat ihm die SS, als die utopische Vorhut des Nationalsozialismus, den kalten Perfektionismus ihrer Zukunftswelt in einem Maße zu danken, der einen solchen Zusammenhang nahelegt. In den verschiedentlich beschriebenen Phänomenen des »Zwiedenkens« oder »Zwieverhaltens« ist der gleiche psychologische Tatbestand, wenn auch vorwiegend mit dem Blick auf die kommunistische Welt, analysiert worden. Erscheinungen wie Rudolf Höß, Otto Ohlendorf oder Adolf Eichmann haben diese Figur des total verfügbaren Menschen, der das schlechthin Unvereinbare ohne jeden Anflug innerer Bedrängnis ins Gleichgewicht zu bringen vermag, jeder auf seine bestürzende Weise repräsentiert. Die tägliche Mordpraxis und eine fast zärtliche Familienbeziehung, Erörterungen über die Verbesserung der »feuerungstechnischen Kapazität« der Verbrennungsöfen und die fast sprichwörtlich gewordenen Hausmusikabende bei Kerzenlicht, sinnlose Härten und Schikanen gegenüber den Opfern und ein strenges Ethos der »Anständigkeit«, das sich beispielsweise über Diebstähle unter den jüdischen Lagerinsassen tief entrüsten konnte –, das alles stand unvermittelt nebeneinander, und wenn Rudolf Höß in seinen nachgelassenen Aufzeichnungen klagt, daß er doch auch »ein Herz« gehabt habe und »nicht schlecht« gewesen sei, so wirkt das eben darum so erschreckend, weil es in gewissem Sinne die Wahrheit ist. Äußerste Gefügigkeit nach oben und Unbeugsamkeit nach unten, Unsicherheit in der Sphäre persönlicher Entscheidungen und entschlossene Kaltblütigkeit im Einsatz, Sentimentalität im privaten Bereich und Gefühlsarmut im Dienst, das Vermögen, sich aufzuspalten und doch in Übereinstimmung mit sich selbst zu sein: aus solchen und zahlreichen ähnlich gelagerten Gegensatzpaaren lassen sich die Ansatzpunkte zu einer Psychologie dieses Typus gewinnen. Sein Anlehnungsbedürfnis, das ein Ausdruck fehlender Persönlichkeitssubstanz war, wurde durch das absichtsvoll geförderte Bewußtsein der allgegenwärtigen Bedrohung noch verstärkt, so daß sich das Gefühl der Sicherheit, wo überhaupt, nur zusammen mit der blinden Vollzugstreue einstellte. »Menschliche Regungen«, so vermerkte Rudolf Höß, seien ihm »beinah wie Verrat am Führer« vorgekommen.[36]

Im Gegensatz zu der verbreiteten Vorstellung, die den totalitären Systemen eine monolithische Geschlossenheit ihres Machtgefüges nachrühmt, sind sie strukturell überwiegend chaotisch. Hinter der Fassade verschworener Gemeinsamkeit wuchern die Rivalitäten, die Feindschaften, die Intrigen, und die voraufgegangenen Kapitel haben dafür eine Fülle von Belegen erbracht. Das Grundgefühl der Unsicherheit, das gerade in den führenden Rängen wirksam ist, treibt jeden einzelnen zu im Grunde nichtigen Anstrengungen persönlicher Absicherung, die von der Autoritätsspitze nicht nur geduldet, sondern eher noch unterstützt werden; denn wo angesichts der ausschließlichen Kompetenz des einen Führers alle übrigen Kompetenzen belanglos werden, darf jeder sich nach eigenem Vermögen seine Einflußdomänen schaffen, die wiederum vom Ehrgeiz, von der Eifersucht der Mitbewerber und notfalls auch durch gesteuerte Verlagerungen der Machtgewichte hinreichend in Schach gehalten werden. Noch heute fällt es mitunter schwer, das bizarre Durcheinander in den Beziehungen der Führungskräfte des Dritten Reiches aufzudecken und die unterschiedlichen Motivstrukturen, die den gegenseitigen Abneigungen das Gepräge gaben, in ihren wechselnden Frontstellungen zu dechiffrieren. In den verbissenen Machtkämpfen vor dem Throne Hitlers stand jeder irgendwann gegen jeden, Göring gegen Goebbels, Goebbels gegen Rosenberg, Rosenberg gegen Ley (er versucht, »mich hinter meinem Rücken um mein Lebenswerk zu bringen«[37]) und Bormann, Bormann gegen Frank, Frank gegen Himmler und alle gegen alle. Die ständigen Fehden um die außenpolitische oder propagandistische Zuständigkeit haben, mit teilweise grotesken Zügen, die Folgen dieses »Multicaesarismus« deutlich gemacht. Nicht zu Unrecht fühlte Charles Dubost, der stellvertretende französische Hauptankläger in Nürnberg, sich an »die kleinen Höfe der italienischen Renaissance« erinnert.[38]

Hitler hat diese Anarchie der Rivalitäten immer gefördert; sie war, von Beginn seiner Laufbahn an, eines der verläßlichsten Mittel seiner innerparteilichen Erfolgstaktik. Nicht zuletzt deshalb blieb er, auch im realen Machtsinne, bis zum Ende der ausschließliche Bezugspunkt, die dynamische Mitte der »Bewegung«, Wirkungsachse einer großen zentripetalen Kraft, die den Lauf der Trabanten bestimmte und das System der Gleichgewichtslagen zwischen ihnen herstellte. Jede Veränderung, jede Bewegungsphase, Aufstieg oder Untergang waren auf ihn hin orientiert, »ihr Licht war der Widerschein seines Lichts«[39]. Angesichts der Erscheinung Hitlers wird denn auch, nachdrücklicher als irgend sonst, der psychologische Grundtatbestand sichtbar, der seine gesamte Anhängerschaft unter den vielfach wechselnden persönlichen Vorzeichen miteinander verband: die personale Leere, der Mangel an fester individueller Prägung, an humanem Maß schließlich. Die Elemente des totalitär disponierten Menschen, die sich im Verlauf dieses Überblicks ergaben: seine Voraussetzungslosigkeit, seine Kontaktschwäche und Labilität, der aggressiv betonte Charakter seiner Vorurteile, die Triebbestimmtheit, die Gespaltenheit und seine Führervergottung ebenso wie seine Menschenverachtung sind immer wieder zurückführbar auf den einen Befund personaler Armut.

Nicht nur in der Richtungslosigkeit, die den meisten der in diesem Buch geschilderten Lebensläufe bis zur Begegnung mit Hitler eigen ist, wird dieser Sachverhalt greifbar, sondern noch in den abseitigsten Neigungen: in der verbreiteten Suche beispielsweise nach historischen »Vordermännern«, so wenn Himmler sich als Reinkarnation Heinrichs I. betrachtete und aus den eigenen Reihen nicht ungern die Bezeichnung »der schwarze Herzog« hörte oder Rosenberg sich als geistiger Nachfahre Heinrichs des Löwen, Friedrichs des Großen und Bismarcks feiern ließ.[40] »Warum liebt der deutsche Mensch Adolf Hitler?« hat Robert Ley 1942 in einer Rede im Berliner Sportpalast ausgerufen und mit der keineswegs nur für ihn selbst bezeichnenden Wendung geantwortet: »Weil er sich bei Adolf Hitler geborgen weiß – das Gefühl der Geborgenheit, das ist es!« Die starken Gesten und die großen Worte, die sie alle zu handhaben wußten, haben lange die Einsicht verdeckt, daß sie nichts anderes als Projektionen des hitlerschen Willens gewesen sind. Vor allem die Generation der Miterlebenden war immer wieder versucht, die individuelle Bedeutung der Gefolgsleute Hitlers an der Macht des Regimes zu messen. Erst der Prozeß, der ihnen gemacht wurde, hat die Wahrheit ihrer nur von Hitler ausgeliehenen Statur enthüllt. Vor den Schranken des Gerichts erschien (von wenigen Ausnahmen wie Göring oder Speer abgesehen) eine aufgelöste, gesichtslose Herde von Unpersönlichkeiten, denen nicht einmal die Millionen Opfer, die ihre Herrschaft gekostet hatte, ein flüchtiges Gewicht zu geben vermochten. Nie waren sie, die doch immerhin erst ein Volk, dann einen Erdteil unterworfen und die Welt herausgefordert hatten, mehr als Protuberanzen ihres Führers Hitler gewesen. Sie waren keineswegs groß und grausam, wie eine im Naheliegenden verhaftete Vorstellungsweise vermutet hatte; auch die meist polemisch gefärbten Urteile, die ihnen geistige Unbeweglichkeit oder gar Dummheit vorgeworfen haben, verkennen den Kern des Problems; denn der Gleichmut, mit dem sie alle das widerspruchsgesättigte Theorienwerk der nationalsozialistischen Weltanschauung hinnahmen, war weniger in mangelnden intellektuellen Fähigkeiten als vielmehr im Zynismus von Machtpraktikern begründet, die Ideologien nicht glaubten, sondern benutzten. Die in Nürnberg veranstalteten Testuntersuchungen haben denn auch bei der Mehrheit einen überdurchschnittlichen Intelligenzquotienten ergeben.[41] In Wirklichkeit waren sie weder bedeutend, noch primitiv, sondern einfach leer, fremden Zwecken offen und bereit, sich mißbrauchen zu lassen: ausgelaugte Existenzen, Menschenhüllen, deren Schwäche der konstituierende Beitrag zur Herrschaft Hitlers gewesen war. »Alles (lag) in einem mich mitreißenden mächtigeren Schicksal beschlossen«, hat einer der Angeklagten versichert.[42] Der Prozeßverlauf bestätigte auch, was mit diesen Bemerkungen schon angedeutet ist: daß sie sich nicht einmal einer Idee verschworen fühlten, so daß alles, Gewalt, Krieg und Völkermord, am Ende den Charakter eines Irrtums, eines schrecklichen Mißverständnisses annahm, vor dessen Folgen sie sich achselzuckend fortstehlen wollten. Dem vorherrschenden Typus, wie er vor allem auch in den Nürnberger Nebenprozessen zum Vorschein kam, fehlte selbst die kriminelle Unbedingtheit, er hatte die kleinbürgerlichen Haltungen und Antriebe seines Ursprungs bewahrt; sein Fanatismus war besinnungslose Tüchtigkeit. Pedantisch, mit einer mörderischen »Liebe zur Sache«, hatte er stets nur getan, was er als seine Pflicht begriff, und war, wie Himmler oder Höß, schlechthin unfähig, seinen furchtbaren Ruf zu begreifen. Statt des von aller Welt erwarteten »Tieres aus der Tiefe« erhob sich von den Bänken der Angeklagten immer nur die platte »Normalität«. Man hat in den ersten Jahren nach dem Zusammenbruch des Regimes, noch verlegen um die Entschlüsselung seines Wesens, von einer »Krisis des Faustischen« gesprochen und den Nationalsozialismus damit als ein Phänomen übermenschlichen Aufbegehrens gedeutet. In solchen Formeln zeigte ein fundamentales Mißverständnis sich an.[43] Nicht Faust, sondern Wagner war die Figur der Krise.

Die Darstellung führender Akteure jener Jahre, die der Gegenstand dieses Buches ist, sollte indessen nicht dazu dienen, eine Gruppe von Sündenböcken zu schaffen, die das geschichtliche Versagen eines ganzen Volkes in die Wüste des Vergessens zu tragen hätte. Diese Sammlung zeitgeschichtlicher Porträtstudien bedarf am Ende des Hinweises auf eine Schuld, die vom Verhalten der nationalsozialistischen Spitzenfiguren nicht erfaßt wird. »Hitler«, beteuerte Hans Frank in Nürnberg, »war der Teufel. So verführte er uns alle.«[44] Solche Wendungen mindern die allgemeine Verantwortung nicht; denn die Wahrheit ist doch, daß ein Volk erst die Bedingungen seiner Verführbarkeit besitzen muß, um sich dem Abenteuer des Totalitarismus hinzugeben. Im Bereich historischer Verfehlung gibt es keine »Teufel«, die unterm selbstkritischen Befragen nicht die Physiognomie des Mannes von der Straße annähmen. Die nationalsozialistischen Führer waren im Grunde nur besonders ausgeprägte Erscheinungen eines Typus, der in der gesamten Gesellschaft anzutreffen war, und das Gesicht des Dritten Reiches war in diesem Sinne das Gesicht eines ganzen Volkes. Denn noch immer ist es so, daß nicht die Vergolder, sondern die Anbeter den Götzen machen. Nichts wäre gefährlicher, so hat ein Historiker unlängst bemerkt, »als jetzt, da die lügenhafte Legende *von* Hitler zerstört ist, eine neue Legende *gegen* Hitler auf Kosten der Wahrheit und Gerechtigkeit zu züchten. Dazu gehört nicht zuletzt auch, daß man nicht alle Schuld allein ihm und dem Nationalsozialismus zuschiebt«[45]. Unter den Bedingungen, die das Geschehen jener Jahre ermöglichten, wird man an erster Stelle nicht die vielfältigen aktuellen Notstände der zwanziger und beginnenden dreißiger Jahre nennen; sie waren eher Symptome als Ursachen des Versagens. Die Voraussetzungen für totalitäre Herrschaft in einem Lande sind in tieferen Schichten zu suchen, denn sie sind »die Folge eines irrigen Selbstverständnisses des Menschen«[46]. Man muß nicht zu den Anhängern der These zählen, daß die deutsche Geschichte einen einzigen konsequenten Weg zum Nationalsozialismus bedeute, um dennoch die Elemente jenes Versagens in Entwicklungsketten mit teilweise langen historischen Anlauffristen vorgebildet zu finden. Immer wieder sieht man sich dabei, wie die einzelnen Beiträge dieses Bandes deutlich bezeugt haben, auf das traditionelle deutsche Unverhältnis zur Politik zurückverwiesen: auf jenen fatalen deutschen Bildungsbegriff insbesondere, der das Politische aussperrte, es zum verachteten Geschäft fragwürdiger Erscheinungen oder zu einer Sache der »starken Männer« machte; der den Mangel an bürgerlicher Freiheit durch den Rückzug auf die »innere Freiheit« kompensierte und eine falsche politische Enthaltsamkeit ebenso kultivierte wie ein heroisch durchsetztes Politikbewußtsein; dem nicht der parlamentarische Ausschuß mit seinem Kompromißcharakter, sondern Dürers »Ritter, Tod und Teufel« als Symbol politischer Alltagsbewährung erschien; der seine Orientierungsschwäche als »Tiefe« oder »Gemüt« feierte und der Welt als »deutsche Art und Sendung« entgegenhielt; der den Staat nicht als ein System von Gleichgewichtslagen zur Schonung individueller Freiheitsreservate begriff, sondern als absolute Größe mit weitgehenden Unterwerfungsansprüchen, als ein Sakralwesen, heilig nicht nur als Römisches Reich Deutscher Nation, sondern heilig schlechthin. In solchen und zahlreichen anderen Voraussetzungen, auf die an geeigneter Stelle verwiesen werden konnte, wurde das ideologische Milieu vorbereitet, in dem Hitler seine Wirkungen erst zu entfalten vermochte.[47] Hier hat folglich auch die vielberedete ›Bewältigung der Vergangenheit‹ einzusetzen, sie umfaßt nicht nur die Vergegenwärtigung und Kenntnis der letzten dreißig Jahre. Eine lange und elende Tradition der deutschen Geistesgeschichte, die sich neben ihren humanen Entwicklungen und schließlich zusehends dagegen zu behaupten wußte, ist in jene Erscheinung eingegangen, die wir Nationalsozialismus nennen — er hatte seine Geschichte, längst bevor es eine Geschichte des Nationalsozialismus gab. Ganze Generationen von Universitätslehrern, schriftstellernden Pseudopropheten und vaterländischen Vereinsvorsitzenden haben mitgewirkt, jene Atmosphäre zu schaffen, in der die herrschende Vernunftfeindschaft, die Verrohung des Lebens, die Korrumpierung sittlicher Maßstäbe nur noch der besonderen politischen Zuspitzungen und des mitreißenden Wortführers bedurften, um ihre zerstörerische Gewalt zu entfalten.

Gewiß ist Hitler heute vergessen, und jenes Nichts einer »Weltanschauung«, mit dem er einen so gewaltigen Aufruhr erzeugte, ist mit ihm dahingegangen. Selbst die Spuren seiner Herrschaft schrecken nur noch wenige. Unter den Dokumenten, die von der psychischen Gewalt seiner Erscheinung zeugen, blieb nicht viel mehr als der Eindruck seiner Stimme, die den Überlebenden eher Gefühle der Verlegenheit als der Faszination bereitet.

> »Diese Bestandslosigkeit«, so hat Hannah Arendt in ihrem Buch ›Elemente und Ursprünge totaler Herrschaft‹ bemerkt, »hat sicher etwas mit der sprichwörtlichen Unbeständigkeit der Massen und des Massenruhms zu tun, mehr noch mit der Bewegungssüchtigkeit totalitärer Bewegungen, die sich überhaupt nur halten können, solange sie in Bewegung bleiben, und alles um sich herum in Bewegung versetzen, so daß in gewissem Sinne auch gerade diese Vergeblichkeit den toten Führern kein schlechtes Zeugnis über das Ausmaß ihrer Erfolge in bezug auf die spezifisch totalitäre Infizierung ihrer Untertanen ausstellt; denn gerade diese außerordentliche Umstellungsfähigkeit und Kontinuitätslosigkeit ist, wenn es überhaupt so etwas gibt wie einen totalitären Charakter oder eine totalitäre Mentalität, zweifellos ein hervorragendes Merkmal. Es wäre daher ein Irrtum, zu meinen, daß Unbeständigkeit und Vergeßlichkeit ein Zeichen dafür seien, daß die Massen von dem totalitären Wahn ... geheilt seien; das Umgekehrte könnte der Fall sein.«[48]

Es fällt nicht leicht, in der politischen Wirklichkeit der Gegenwart Beweiselemente zu finden, die den skeptischen Grundton dieser Erwägung widerlegen. Zwar hat das Hitlerregime sich in einem alle historische Erfahrung übersteigenden Maße kompromittiert und, für die Mehrheit des Volkes insbesondere nach dem Ende, Züge offenbart, die sentimental-verklärenden Gefühlsbindungen keinen Raum lassen. Jener verhängnisvollen Neigung, die nicht zuletzt der Weimarer Republik das eigentümliche Gefühlsvakuum beschert und ihr die Lebensmöglichkeiten genommen hat: der Diffamierung der Gegenwart im Zeichen hemmungslos idealisierter Erinnerungskomplexe, ist damit der Boden entzogen. Auch begegnet man kaum mehr jenen romantizistischen, von aggressiven Stimmungen durchsetzten Fluchtvorstellungen in imaginäre Reiche der weiteren Vergangenheit oder der Zukunft, die der politischen Bewußtseinsgeschichte der Deutschen so lange das fatale Gepräge gegeben haben; der unter mancherlei Gestalt und Namen die Phantasie der Nation immer wieder erregende Traum vom »Dritten Reich« ist mit der abschreckenden Gestalt, in der es sich schließlich verwirklicht hat, dahingegangen. Das Deutschland der nachhitlerschen Zeit hat sich zu einer Haltung der Gegenwärtigkeit entschlossen, zu der frühere Generationen immer unfähig schienen und deren Mangel zu den Hauptschwächen des politischen Lebens unseres Volkes zählte. Sie wäre uneingeschränkter Bejahung sicher, wenn daraus nicht weniger das Verlangen spräche, die jüngste Vergangenheit in ihren Voraussetzungen erkennend zu überwinden, als sie vielmehr zu verdrängen. Die sowohl von Ressentiments wie von unkritischer Selbstbeschwichtigung gleichermaßen freie Revision unserer geschichtlichen, politischen und gesellschaftlichen Bewußtseinsinhalte, die Klärung der Beziehung von Geist und Macht, Gesellschaft und Freiheit, die Problematik von Obrigkeit, Gehorsam, staatsbürgerlicher Verantwortung, zivilem Ethos, Widerstand oder moderner Rechtsstaatlichkeit — alle diese und zahlreiche ähnliche Fragenkomplexe sind, auf dem Hintergrund der Erfahrungen mit der nationalsozialistischen Herrschaft, nur in Ansätzen überprüft worden, und es ist kein ermutigendes Zeichen, daß alle diese Begriffe einen abgenutzten Klang erhalten haben. Gewiß ist Hitler tot. Aber er war, trotz allem, zu groß, zu unverleugbar Symptom und Ergebnis spezifischer Fehlentwicklungen unserer Geschichte, zu sehr »in uns selbst«, als daß das Vergessen eine angemessene Reaktion wäre. Der totalitäre Infekt überdauert in vielen, oft unscheinbar anmutenden Äußerungsformen die Phase seiner eigentlichen Wirksamkeit. Die weltweite politische Entwicklung der Nachkriegszeit hat dem deutschen Volk, zumindest in der Bundesrepublik, eine Schonzeit gewährt, in der es die Bewährungsprobe auf ein verändertes Bewußtsein noch nicht zu leisten hatte. Möglich ist immerhin, daß die nicht selten apologetisch ins Treffen geführte »politische Vernunft« unseres Volkes nur der Reflex »vernünftiger« Umstände ist. Die Antwort steht noch aus, doch wer wollte diejenigen tadeln, die ihr mit Besorgnis entgegensehen?

ANMERKUNGEN

LITERATURVERZEICHNIS

REGISTER

ABKÜRZUNGSVERZEICHNIS

ANMERKUNGEN

VOM MÄNNERHEIM ZUR REICHSKANZLEI: DER WEG ADOLF HITLERS

I. Teil: Die Zeit der Inkubation

1 Hans Frank, ›Im Angesicht des Galgens‹, S. 137. Vgl. dazu aber auch die Schlußabsätze des zusammenfassenden Beitrags am Ende dieses Buches.
2 Zit. bei Hermann Rauschning, ›Die Revolution des Nihilismus‹, S. 58.
3 Grigoire Gafencu, ›Derniers Jours de l'Europe‹, zit. bei Walter Görlitz/Herbert A. Quint, ›Adolf Hitler‹, S. 473.
4 Johann von Leers, ›Die geschichtlichen Grundlagen des Nationalsozialismus‹, Berlin 1938, S. 83; ferner Rudolf Alexander Moißl, ›Die Ahnenheimat des Führers‹, St. Pölten o. J., S. 21.
5 H. Frank, aaO., S. 320 f. Es besteht kein Grund, der Darstellung Franks prinzipiell zu mißtrauen und dahinter sensationelle oder von Renommiermotiven getragene Gründe zu vermuten. Dagegen spricht schon die eigentümliche Treuebeziehung, die Frank bis zuletzt seinem Führer gegenüber bewahrte. Auch schreibt er, in einem halben Rettungsversuch, der allerdings in merkwürdigem Widerspruch zu seinen Ausführungen steht: »Daß Adolf Hitler bestimmt kein Judenblut in seinen Adern hatte, scheint mir aus seiner ganzen Art dermaßen eklatant erwiesen, daß es keines weiteren Wortes bedarf.« Vgl. dazu im übrigen die außerordentlich verdienstvolle Studie, die Franz Jetzinger unter dem Titel ›Hitlers Jugend. Phantasien, Lügen – und die Wahrheit‹, Wien 1956, veröffentlicht hat. Die Darstellung unterwirft – bei Berücksichtigung des gesamten verfügbaren, teilweise vom Verfasser selbst erarbeiteten Materials – nicht nur die Abstammungsgeschichte Hitlers, sondern dessen Formationszeit überhaupt einer sorgfältigen und scharfsinnigen Analyse, deren

Ergebnisse die Mehrzahl der seinerzeit in Umlauf gesetzten Legenden beseitigen. In dem erwähnten Zusammenhang weist Jetzinger allerdings darauf hin, daß der Name Frankenberger (oder, wie es gelegentlich heißt: Frankenreiter) auf den ersten Blick keineswegs ›jüdisch‹ erscheine. Die Frage bleibt infolgedessen bis auf weiteres nicht eindeutig zu klären, obgleich gewisse Verhaltensweisen der Kindesmutter bzw. ihres späteren Mannes, des Müllergesellen Johann Georg Hiedler, eine plausible Erklärung finden, sobald man (unabhängig von dem ›rassischen‹ Fragenkomplex) den von Frank behaupteten Sachverhalt zugrunde legt. Dazu im einzelnen: F. Jetzinger, aaO., S. 33.

6 F. Jetzinger, aaO., S. 34 f.

7 F. Jetzinger, aaO., S. 85 ff., insbesondere auch S. 96 ff. Vgl. dazu im übrigen Hitlers eigene Darstellung in seinem Bekenntnisbuch ›Mein Kampf‹, S. 3 ff. Nicht nur die Führer-Literatur aus der Zeit des Dritten Reiches, sondern auch manche spätere historische Arbeit hat die von Hitler in Umlauf gesetzte Schilderung kritiklos übernommen, vgl. insbesondere W. Görlitz/H. A. Quint, aaO., S. 29 ff.

8 August Kubizek, ›Adolf Hitler. Mein Jugendfreund‹, Graz und Göttingen 1953, S. 141 f. Über Hitlers Verhältnis zu Richard Wagner vgl. ebd. S. 233 ff. Kubizeks Buch hat allerdings quellenkritischen Nachforschungen, wie sie vor allem von F. Jetzinger angestellt wurden, streckenweise nicht standgehalten. Von den rein sachlichen Unstimmigkeiten abgesehen, wird auch in der psychologischen Akzentuierung durchgängig das Bemühen spürbar, den einstigen Freund, dem er eine naiv-unbelehrbare Anhänglichkeit bewahrt hat, dämonisch aufzuwerten und das Bild Hitlers, wie es sich ihm post eventum darstellt, in die Schilderung der Jugendjahre hineinzuprojizieren. Dennoch vermittelt die Niederschrift gewisse wichtige Aufschlüsse über diese außerordentlich bedeutsame Phase in der Entwicklung Hitlers. Sie wurden hier insoweit herangezogen, als sie sich auch anderweitig belegt finden oder in das Bild fügen, das wir auf Grund anderer Darstellungen oder Untersuchungen besitzen. Bisweilen ist Kubizek auch, wie sich das aus dem sehr einfachen Zuschnitt seiner Person ergibt, auf unfreiwillige Weise wahr.

9 A. Hitler, ›Mein Kampf‹, S. 20.

10 Vgl. dazu F. Jetzinger, aaO., S. 170 ff. Zum Vergleich führt Jetzinger an, daß ein Lehrer während der ersten fünf Jahre seines Dienstes im allgemeinen 66 Kronen monatlich bezog, ein Postangestellter nicht einmal ganz 60 Kronen.

11 Zu Hitlers Orthographie vgl. A. Kubizek, aaO., S. 68 und S. 265; ferner F. Jetzinger, aaO., S. 155 und die Beispiele S. 201 ff. Über die dramatischen und schriftstellerischen Versuche des jungen Hitler berichtet A. Kubizek, aaO., S. 220 u. a.

12 A. Kubizek, aaO., S. 217; vgl. auch ebd. S. 150, wo der Verfasser von den »gefährlichen Depressionen« spricht, denen Hitler zeitweilig ausgesetzt war; desgl. S. 195.

13 F. Jetzinger, aaO., S. 220 ff.

14 K. Heiden, ›Hitler I‹, S. 40. Heiden stützt sich für diese Phase weitgehend auf die Äußerungen R. Hanischs, denen gegenüber freilich ebenfalls kritische Vorsicht am Platze ist. Allerdings wird Hitlers verwahrlostes und abgerissenes Äußeres auch von anderer Seite bezeugt, vgl. sowohl bei K. Heiden, aaO., S. 41, selbst als auch bei F. Jetzinger, aaO., S. 220. Im übrigen ist Heidens Darstellung zwar in faktischer Hinsicht weitgehend überholt, da inzwischen ein wesentlich breiteres Quellenmaterial vorliegt, als es ihm zur Verfügung stand; in der psychologischen Analyse der Persönlichkeit Hitlers ist sie indessen immer noch allen späteren Veröffentlichungen, die sich vielfach auch auf Heiden stützen, durchaus ebenbürtig. Allerdings gerät sie gegen Ende – was angesichts der Situation, in der der Autor das

Buch schrieb, gewiß nicht unverständlich, aber der sachlichen Beweiskraft abträglich ist – in eine stark polemische Tonlage. Anders das immer noch beste Buch Heidens, das einen für die Zeit erstaunlichen Überblick und auch heute noch großen Instruktionswert besitzt: ›Geschichte des Nationalsozialismus. Die Karriere einer Idee‹.

15 Rudolf Olden, ›Hitler‹, S. 46 ff.; vgl. auch K. Heiden, aaO., S. 34 ff.

16 A. Hitler, ›Mein Kampf‹, S. 21.

17 AaO., S. 21 sowie S. 229. Hitler hat im übrigen auf S. 36 ff. seines Buches aufschlußreiche Notizen über »die Kunst des Lesens« gemacht. Es ist die Haltung des totalen Vorurteils, die nur »liest«, was sie schon besser weiß, nur aufnimmt, wodurch sie sich bestätigt findet, und sich weigert, Widersprüche, die das voreingenommene »Wissen« in Frage stellen, zur Kenntnis zu nehmen. – Nachweislich hat er im übrigen nur Karl May gelesen, den er gelegentlich sogar seinen Generälen als Anregung für die moderne Kriegführung empfahl (!), sowie Gustave le Bon, auf den sich vor allem das vielgerühmte Propaganda-Kapitel seines Buches stützt; vgl. dazu Alfred Stein, ›Adolf Hitler und Gustave le Bon. Der Meister der Massenbewegung und sein Lehrer‹, in: ›Geschichte in Wissenschaft und Unterricht‹, H. 6 (1955), S. 362 ff.

18 Vgl. dazu Wilfried Daim, ›Der Mann, der Hitler die Ideen gab‹. Die erwähnte Äußerung Hitlers findet sich in ›Mein Kampf‹, S. 59 f.

19 K. Heiden, ›Hitler I‹, S. 44. Hitlers Angst vor der Proletarisierung wird auch von A. Kubizek, aaO., S. 296 f., mitgeteilt.

20 R. Olden, aaO., S. 43; ferner A. Hitler, ›Mein Kampf‹, S. 59.

21 Rede in Kulmbach vom 5. Febr. 1928, zit. bei Alan Bullock, ›Hitler‹, S. 32.

22 Das Zitat über Lueger findet sich bei A. Hitler, ›Mein Kampf‹, S. 107; die Aufforderung zur Verschlagenheit bei Hermann Rauschning, ›Gespräche mit Hitler‹, S. 84; zur Brutalität als schöpferisches Prinzip vgl. Walther Hofer, ›Der Nationalsozialismus‹, S. 17.

23 A. Hitler, ›Mein Kampf‹, S. 61.

24 AaO., S. 70.

25 AaO., S. 54.

26 Die Überlegung, daß Hitlers Antisemitismus im Sexualneid zumindest eine seiner Ursachen habe, wurde zuerst wohl von R. Olden formuliert. Josef Greiner hat in seinem Buch ›Das Ende des Hitler-Mythos‹, Zürich 1947, das allerdings in vielfacher Hinsicht späteren Ergebnissen der Hitlerforschung nicht standgehalten hat, von einem eher skandalösen Versuch des jungen Hitler berichtet, sich einer Studentin, die als Modell tätig war, zu nähern. Dieses Mädchen, das dem von Hitler bevorzugten blonden Typ entsprach, soll später einen halbjüdischen Fabrikanten geheiratet haben. Bei der nicht allzu großen Glaubwürdigkeit Greiners wird man indes diese Episode, die doch sehr den Charakter einer nachträglichen Konstruktion besitzt, äußerst vorsichtig bewerten müssen. – Über die Beziehung zu »Stefanie« vgl. A. Kubizek, aaO., S. 76 ff.; Stefanie war eine große, blonde, eher walkürenhafte Erscheinung, für die Hitler »ungezählte Liebesgedichte« verfaßt haben soll, ohne daß sie allerdings je eines zu lesen bekam. Hitler stand vielmehr, wenn wir Kubizek glauben dürfen, jeden Nachmittag an einer bestimmten Stelle in den Straßen, an der Stefanie mit ihrer Mutter auf einem Spaziergang vorbeizukommen pflegte, und starrte sie an. In einem der Gedichte, das den Titel »Hymnus an die Geliebte« getragen haben soll, ritt, Kubizek zufolge, Stefanie »als Burgfräulein in dunkelblauem, wallendem Samtkleid auf weißem Zelter über blumenbesäte Wiesen. Das offene Haar fiel ihr wie eine goldene Flut von den Schultern. Ein heller Frühlingshimmel stand darüber. Alles war reines, strahlendes Glück.«

27 Herbert Lüthy, ›Der Führer persönlich. Gedanken beim Lesen zweier Biographien‹, in: ›Der Monat‹, November 1953, Heft 62, S. 155.
28 AaO., S. 156.
29 A. Hitler, ›Mein Kampf‹, S. 135.
30 Dieser Zusammenhang, auf den schon K. Heiden bei seinen Nachforschungen gestoßen war, ist jetzt, unter Benutzung aller verfügbaren Unterlagen, bei F. Jetzinger, aaO., S. 253 ff. dargestellt.
31 Abgedr. bei F. Jetzinger, aaO., S. 262 ff.
32 Josef Greiner, aaO., S. 147; das zuvor angeführte Zitat über die ziellosen Hoffnungen auf eine Karriere als Baumeister findet sich in ›Mein Kampf‹, S. 136.
33 A. Hitler, ›Mein Kampf‹, S. 177.
34 H. Frank, aaO., S. 40.
35 R. Olden, aaO., S. 56; vgl. ferner O. Dietrich, ›12 Jahre mit Hitler‹, S. 241: »Als er (Hitler) im Juni 1940 nach dem Frankreichfeldzug die alten Feldstellungen und Ruhequartiere in der Umgebung von Lille besuchte, in denen er im Jahre 1915 gelegen hatte, zeigten mir einige seiner alten Kompaniekameraden, die ihn auf dieser Besichtigungsreise begleiteten, die Laube im Garten eines Hauses, in der der Sonderling Hitler ihnen schon damals die Ideen vordeklamiert habe, über die er später so oft und eindringlich öffentlich geredet hat.«
36 Vgl. W. Görlitz, ›Adolf Hitler‹, Göttingen 1960, S. 10 f.
37 A. Hitler, ›Mein Kampf‹, S. 173.

II. Teil: Der Trommler

1 Hanns Hubert Hofmann, ›Der Hitlerputsch‹, S. 53.
2 Adolf Hitler, ›Mein Kampf‹, S. 223 ff. – Hitler hat dort auch behauptet, er sei blind oder nahezu blind gewesen, und hat dieses Vorbringen später zu der Formel erweitert, er sei »als Krüppel« aus dem Felde zurückgekehrt. In seiner Kriegsstammrolle dagegen ist von einer Erblindung keine Rede, es heißt da nur, Hitler sei »gaskrank« gewesen. Diese Verwundung hat offenbar keine Folgen gehabt; denn als er am 31. März 1920 aus dem Militärdienst entlassen wurde, machte er keine Versorgungsansprüche geltend, obwohl er, wie das Dokument ausweist, über die »Anmeldung von Versorgungsansprüchen und die dabei zu beachtenden Fristen . . . unterrichtet« worden war. Ausdrücklich heißt es dann: »Versorgungsansprüche werden von ihm nicht erhoben.« Abgdr. bei Ernst Deuerlein, ›Hitlers Eintritt in die Politik und die Reichswehr‹, in: VJHfZ 1959/H. 2, S. 190, Dok. 1a.
3 E. Deuerlein, aaO., S. 195, Dok. 4. Hitler wurde übrigens nicht, wie er später zu formulieren pflegte, als »Bildungsoffizier«, sondern als »V-Mann« geführt. In den erwähnten Dokumenten bleibt diese Bezeichnung, anders als möglicherweise im Sprachgebrauch, durchweg Angehörigen des Offiziersstandes vorbehalten; vgl. aaO., S. 179.
4 Vgl. E. Deuerlein, aaO., S. 198 ff., Dok. 8 und 9.
5 Ein Teilnehmer der Aufklärungskurse namens Adolf Gemlich hatte sich mit einigen Fragen an Hauptmann Mayr gewendet, der den Brief zur Beantwortung an Hitler weiterreichte. Hitler schrieb unter dem Datum vom 16. September 1919 an Gemlich. Das Schreiben ist zusammen mit den übrigen Briefen in der erwähnten Dokumentation von E. Deuerlein, S. 201 ff. (Dok. 10 ff.), abgedruckt. Bei dieser Gelegenheit sei darauf hingewiesen, daß alle Zitate in der überlieferten Schreibweise,

d. h. mit allen Fehlern in Orthographie, Interpunktion usw. wiedergegeben werden. Auffallend ist im übrigen schon in diesem Schreiben Hitlers der ausgesprochene Redestil, in dem es verfaßt ist; insbesondere der letzte zitierte Satz macht das anschaulich.

6 E. Deuerlein, aaO., S. 187, hat nach den vorliegenden Akten des Hauptstaatsarchivs München ein Verzeichnis der kontrollierten politischen Gruppen zusammengestellt. Daraus seien genannt: Berg-Partei, Bund sozialer Frauen, Diskutier-Club, Freie Vereinigung sozialer Schüler, Neues Vaterland, Nova Vaconia, Ostara-Bund (!), Rat geistiger Arbeit, Siegfriedring, Schutz- und Trutzbund, Universalbund.

7 Die DAP hat mehrere Vorstadien durchlaufen, doch kann hier auf eine differenziertere Darstellung verzichtet werden. Immerhin sollte man darauf hinweisen, daß Drexlers Gründung zunächst auch andere Namen hatte, die Veranstaltungen nicht durchweg im Sternecker-Bräu stattfanden usw. Genaueren Aufschluß über diese Einzelheiten vermittelt die in ihrer Quellenarbeit sehr verdienstvolle, in der Interpretation dagegen manchmal recht fragwürdige Darstellung von Georg Franz-Willing, ›Die Hitlerbewegung‹, S. 62 ff.

8 G. Franz-Willing, aaO., S. 66f.

9 Hitler war nicht, wie er in seinem Bekenntnisbuch ›Mein Kampf‹, S. 244, mißverständlich erklärt hat, Mitglied Nr. 7 der DAP. Diese Ziffer bezog sich vielmehr auf seine Zugehörigkeit zum Arbeitsausschuß der Partei. Auch war er nicht das 555., sondern lediglich das 55. Mitglied. Aus Gründen der »Optik«, wie man heute sagen würde, begann nämlich die Mitgliederliste der DAP erst mit der Nr. 501.

10 A. Hitler, ›Mein Kampf‹, S. 390 f.

11 Eine Ausnahme bildeten lediglich das von Goebbels redigierte Blatt ›Der Angriff‹, das, freilich weitgehend auf Berlin beschränkt, tatsächlich zu größerer Bedeutung gelangte, und der ›Völkische Beobachter‹. Das Bild änderte sich erst mit dem eigentlichen Aufstieg der NSDAP im Jahre 1930. Bis dahin verfügte die Partei neben den beiden genannten Blättern über 12 kleine Tageszeitungen (gegenüber 170 der SPD), 34 Wochenblätter, wenige Monatsschriften, eine Illustrierte Zeitung und eine Parlamentskorrespondenz mit einer Gesamtauflage von kaum 700 000 Exemplaren; vgl. Karl Dietrich Bracher, ›Die Auflösung der Weimarer Republik‹, S. 126. – Das zuvor erwähnte Zitat findet sich bei A. Hitler, ›Mein Kampf‹, S. 116. Vgl. auch ebd. S. 525 ff.

12 A. Hitler, ›Mein Kampf‹, S. 203.

13 Vgl. G. Franz-Willing, aaO., S. 71.

14 H. Lüthy, ›Der Führer persönlich‹, in: ›Der Monat‹, Heft 62, S. 159.

15 E. Deuerlein, aaO., S. 211 ff. (Dok. 19 und 23).

16 Protokoll des Politischen Nachrichtendienstes München, der vom Polizeipräsidium zur Überwachung der politischen Aktivität eingesetzt worden war, über die Veranstaltung der DAP vom 13. November 1919, in der Hitler als Redner auftrat; abgdr. bei E. Deuerlein, aaO., S. 205 f., Dok. 14. Vgl. VJHfZ 1963, Heft 3, S. 274 ff.

17 Gottfried Grießmayr, ›Das völkische Ideal‹, als Ms. gedruckt, S. 77. Tatsächlich jedoch war Hitlers Stellung innerhalb der Partei zu jenem Zeitpunkt noch durchaus zweitrangig; die Veranstaltungshinweise erwähnen nicht einmal seinen Namen.

18 A. Hitler, ›Mein Kampf‹, S. 510; ferner: Rede vom 6. Juli 1933 auf einer Konferenz der Reichsstatthalter in Berlin, zit. bei C. Horkenbach, S. 276.

19 Eine sehr detaillierte Beschreibung dieser Auseinandersetzung vermittelt die erwähnte Arbeit von G. Franz-Willing, aaO., S. 103 ff.

20 Aussage Wilhelm Fricks im Prozeß vor dem Münchener Volksgericht, zit. bei G. Franz-Willing, aaO., S. 201.
21 Rudolf Olden, ›Hitler‹, S. 75.
22 K. Heiden, ›Hitler I‹, S. 130. Vgl. auch A. Bullock, ›Hitler‹, S. 77 ff.; W. Görlitz/H. A. Quint, ›Adolf Hitler‹, S. 146 ff. Soweit dieser Absatz Tatsachen, Beobachtungen Beteiligter usw. wiedergibt, stützt er sich ebenfalls vorwiegend auf diese Arbeiten.
23 W. Görlitz/H. A. Quint, aaO., S. 145. Vgl. auch die bei A. Bullock, aaO., S. 77 f., zitierte Beschreibung der Erscheinung Hitlers, die Friedelind Wagner, eine Enkelin des Komponisten, gegeben hat.
24 Heinrich Hoffmann, ›Hitler was my friend‹, S. 46.
25 G. Franz-Willing, aaO., S. 133 f., der diese Charakterisierung einem Hinweis von Kurt Lüdecke aus dessen Buch ›I knew Hitler‹ folgen läßt.
26 Zit. bei G. Franz-Willing, aaO., S. 150.
27 Die damalige Bescheidung Hitlers auf die Rolle des »Trommlers« hat vor allem H. H. Hofmann in dem erwähnten Buch über den ›Hitlerputsch‹ herausgearbeitet.
28 Zit. bei K. Heiden, ›Hitler I‹, S. 132.
29 Zit. bei H. H. Hofmann, aaO, S. 86.
30 Im gleichen Sinne äußerte Hitler in seiner Ansprache im Bürgerbräukeller am Vorabend des 9. November: »Der Morgen findet entweder in Deutschland eine deutsche nationale Regierung oder uns tot.« Zutreffend hat Hans Frank in seinem Nürnberger Rechenschaftsbericht, S. 57, darauf hingewiesen, daß Hitlers »ganzes Leben in der Geschichte« in den Ereignissen vom 8. und 9. November 1923 »in nuce enthalten«, daß die »Substanz seines Gesamtcharakters« in diesen Tagen deutlich geworden sei.
31 Hitler selbst ist offenbar durch den untergehakt neben ihm marschierenden Scheubner-Richter, der bei der ersten Salve tödlich getroffen zu Boden stürzte, niedergerissen worden und hat sich vermutlich dabei, wie der Amtsarzt des Landsberger Gefängnisses zwei Tage später im Verlauf der Aufnahmeuntersuchung feststellte, einen Bruch des Oberarmkopfes sowie eine schmerzhafte Luxation des Schultergelenks zugezogen. Schon dieser Befund macht die behauptete Rettungstat unmöglich.
32 Bericht eines Augenzeugen, zit. bei K. Heiden, ›Hitler I‹, S. 196.
33 Ernst von Salomon kam nach dem Studium der Prozeßakten zu diesem gewiß nicht übertreibenden Ergebnis; zit. bei H. H. Hofmann, aaO., S. 21.
34 Helmut Heiber, ›Adolf Hitler‹, S. 43.
35 ›Der Hitler-Prozeß. Bericht über die Verhandlungen des Volksgerichtshofs in München 1924‹, S. 264 ff.
36 Theodor Heuß, ›Hitlers Weg‹, S. 18. – Die zuvor zitierte Äußerung Hitlers stammt aus der Ansprache an die Alten Kämpfer vom 6. November 1937. Ähnlich hatte er am 8. November 1933 in seiner Gedenkrede aus dem gleichen Anlaß erklärt: »Dieser Abend und dieser Tag, die haben es uns möglich gemacht, später zehn Jahre lang legal zu kämpfen. Denn täuschen Sie sich nicht: Wenn wir damals nicht gehandelt hätten, hätte ich niemals eine revolutionäre Bewegung gründen, sie bilden und erhalten und dabei doch legal bleiben können«; vgl. Max Domarus, ›Hitler‹, S. 327.
37 Th. Heuß, aaO., S. 142.
38 H. Rauschning, ›Gespräche mit Hitler‹, S. 100.

III. Teil: Der Führer

1 Hans Frank, ›Im Angesicht des Galgens‹, S. 40.
2 Hans Wendt, ›Hitler regiert‹, Berlin 1933, S. 19.
3 H. Frank, aaO., S. 39.
4 Adolf Hitler, ›Mein Kampf‹, S. 69. Nicht zu Unrecht hat Theodor Heuß in seiner Studie über ›Hitlers Weg‹ von dem antisemitischen Kapitel des Buches gesagt, was im Grunde durchweg gilt: es sei »in der Tonlage ... subaltern und brutal«; aaO., S. 41.
5 Rudolf Olden, ›Hitler‹, S. 140; an anderer Stelle meint Olden: »Zu der Ausführlichkeit des Redners tritt die Langatmigkeit des Oberösterreichischen Kanzleidienstaspiranten ... Ein bäurisches Mißtrauen, die Sprache könne ihrer Aufgabe der Mitteilung, der Erklärung nicht gewachsen sein, lebt in der täppischen Ausführlichkeit solcher Satzgebilde, ein ängstliches Bitten um Verständnis. Seltsamer Gegensatz zu den Drohungen mit Schwert, Kugel, Galgen«; aaO., S. 138 f. – Die zuvor erwähnten stilistischen Mißgriffe sind einer anonymen, offenbar kommunistischen Schrift entnommen: ›Das Selbstportrait Adolf Hitlers. Deutschland erwache! - Deutschland lache!‹, Berlin 1931, S. 3.
6 A. Hitler, ›Mein Kampf‹, S. 448 f.
7 H. Frank, aaO., S. 304.
8 Hermann Rauschning, ›Gespräche mit Hitler‹, S. 216 f.
9 Aussage Reinhold Hanischs, vgl. K. Heiden, ›Hitler I‹, S. 41.
10 So Herbert Lüthy in seiner Porträtstudie ›Der Führer persönlich‹, S. 154. Auch Lüthy ist auf diesen Sachverhalt eingegangen, Anmerkungen dazu finden sich u. a. auch verschiedentlich bei Hans Frank.
11 Alfred Richter, ›Unsere Führer im Lichte der Rassenfrage und Charakterologie‹. Der Verfasser bezeichnet sich auf dem Titelblatt als »Direktor des Privat-Instituts für praktische Menschenkenntnis und Rassenkunde, Bärenstein«. Das Buch, das zahlreiche führende Männer der Bewegung unter ähnlichen wie im Zitat angedeuteten Aspekten »rassisch-charakterologisch« analysiert, enthält die Widmung: »Aus tiefer Geistverbundenheit allen schaffenden germanischen Artschwestern und Artbrüdern, die deutsch leben und streben.« Das erwähnte Zitat findet sich auf S. 17 ff.
12 Zit. nach K. Heiden, aaO., S. 340. Vgl. dazu auch H. Frank, aaO., S. 319, der dazu äußert: »Gruber urteilte im wesentlichen phrenologisch, schloß aus der eigenartigen fliehenden Stirn Hitlers auf dessen Mangel an objektiver Denkkraft und zugleich angesichts seines starken Hinterkopfes auf dessen übersteigertes intellektuell-subjektives Wesen. Rassisch bezeichnete Gruber Hitler als typisch unnordisch, ostisch-slawisch.«
13 K. Lüdecke, ›I knew Hitler‹, S. 214. Zu den Distanzierungsbemühungen Hitlers während der Haftzeit vgl. die Erinnerungen eines der Mithäftlinge: Hans Kallenbach, ›Mit Adolf Hitler auf der Festung Landsberg‹, 4. Aufl., München 1943.
14 Rede Hitlers vom 9. November 1934, zit. bei A. Bullock, ›Hitler‹, S. 115; zur Betrauung Rosenbergs mit der Parteiführung vgl. dessen ›Letzte Aufzeichnungen‹, S. 107 und S. 319.
15 H. H. Hofmann, ›Der Hitlerputsch‹, S. 265.
16 Zit. nach K. Heiden, ›Hitler I‹, S. 215.
17 Vgl. den Beitrag über Ernst Röhm. Zur Versammlung vom 27. Februar 1925 die Schilderung bei K. Heiden, aaO., S. 215 ff.
18 K. Lüdecke, aaO., S. 217 f.
19 Otto Strasser, ›Hitler und ich‹, S. 82.
20 Zur wirtschaftlichen und sozialpolitischen Entwicklung der Weimarer Republik

vgl. insbesondere Ferdinand Friedensburg, ›Die Weimarer Republik‹. Die Zahlenangaben zur Mitgliederbewegung innerhalb der Partei folgen A. Bullock, aaO., S. 136.

21 A. Hitler, ›Mein Kampf‹, S. 503.

22 Th. Heuß, aaO., S. 132. Aufschlußreich ist in diesem Zusammenhang auch die Rede, die J. Goebbels am 7. November 1933 im Berliner Sportpalast gehalten hat und in der er ausführte: »Die Partei hatte ihre Autoritäten, sie hatte ihren Führer, sie hatte ihre Idee, sie hatte ihre Organisationsgesetzlichkeit, ihren Stil, ihren Glauben, ihre Zuversicht. Alles, was zum Staat gehört, war schon in der Partei zu Hause, und in dem Augenblick, in dem man ihr die äußere Macht übertrug, brauchte sie nur noch diese Gesetzlichkeit, diesen Autoritätsglauben, diese ideelle Gebundenheit auf den Staat zu übertragen, um damit die Revolution praktisch zu vollenden. Das hat sich seit dem 30. Januar abgespielt, sonst nichts«; zit. nach Dr. Joseph Goebbels, ›Signale der neuen Zeit‹, S. 283 f.

23 Dieser Katalog des Versagens und der Versäumnisse stützt sich weitgehend auf eine selbstkritische Äußerung aus dem sozialistischen Lager: Vgl. Hendrik de Man, ›Sozialismus und Nationalfaschismus‹, Potsdam 1931, zit. in: ›Zwischenspiel Hitler‹, S. 88 f. Dort heißt es dann weiter: »Daß der Sozialismus nach dem Fehlschlagen der Sozialisierungsexperimente in den ersten Nachkriegsjahren keine Utopie mehr hatte, macht es erklärlich, daß so viele Leute aus einem dumpfen Protestgefühl gegen die bestehende Ordnung sich von der nationalfaschistischen Utopie des Dritten Reiches begeistern lassen, unbehindert durch die Vagheit ihrer Vorstellungen und die Widerspruchsfülle ihrer Mythologie.«

In der vorliegenden Darstellung, die naturgemäß die Elemente des Versagens der Weimarer Republik in den Vordergrund rückt, sollte zumindest an dieser Stelle der Hinweis nicht fehlen, daß dieser Staat, bei allen improvisatorischen Mängeln, doch auch große Vorzüge und, solange ihm dies möglich war, große Leistungen aufzuweisen hatte. Das Versagen seiner Institutionen war weniger in der untauglichen strukturellen Konzeption als vielmehr im Versagen der Menschen begründet, die diese Institutionen handhabten. Die Verfassungskonstrukteure konnten sich zwar darauf berufen, daß niemand die beispiellosen Krisen, die der Republik von ihrem Beginn an das Leben erschwerten, vorausgesehen hatte oder voraussehen konnte; der eher prinzipielle Fehler lag aber vermutlich in der Überschätzung des Menschen überhaupt, so daß dem Staat schließlich alle guten Ansätze unversehens zum Unglück ausschlugen. Das eindrucksvollste Beispiel für diesen Sachverhalt ist noch immer die über alle erbitterten Anfeindungen hinweg konsequent bewahrte Haltung der Liberalität. Auch der aus dem liberalen Gedankengut stammende utopische Glaube an den staatlichen Gesetzesautomatismus, der Führerschaft in der Demokratie entbehrlich mache, ist in diesem Zusammenhang zu nennen; er hat in der Person Hitlers, der die weiterbestehenden Bedürfnisse nach charismatischer oder doch persönlicher Herrschaft zu aktivieren verstand, seine deutliche Widerlegung erfahren.

24 Gregor Strasser in einer Rede im Berliner Sportpalast vor der NSBO am 20. Oktober 1932.

25 A. Hitler, ›Mein Kampf‹, S. 108 f.

26 AaO., S. 45 f. Daß Hitler auch zu diesem Ergebnis wieder am Beispiel angeblich gegnerischer Methoden gelangte, ändert nichts an der Gültigkeit dieser Formel für sein eigenes Wirken und bestätigt nur die weiter oben erörterten Zusammenhänge über sein komplexes Verhältnis zu seinem Spiegelbild. – Die übrigen Zitate und Hinweise zur Propagandatechnik Hitlers entstammen vorwiegend den Aufzeichnungen H. Rauschnings über seine ›Gespräche mit Hitler‹, S. 197 ff., sowie ver-

schiedenen Textstellen aus ›Mein Kampf‹; vgl. insbesondere die Seiten 108, 116 ff., 193 ff., 526 ff., 530 f. u. a.
In einer Unterredung mit dem französischen Journalisten Bertrand de Jouvenel vom 21. Februar 1936 erwähnte Hitler eine weitere Bedingung für seine Erfolge: »Ich will Ihnen verraten, was mich in meine Stellung hinaufgetragen hat. Unsere Probleme erschienen kompliziert. Das deutsche Volk konnte nichts mit ihnen anfangen. Unter diesen Umständen zog man es vor, sie den Berufspolitikern zu überlassen. Ich dagegen habe die Probleme vereinfacht und sie auf die einfachste Formel gebracht. Die Masse erkannte dies und folgte mir«; zit. bei Max Domarus, ›Hitler I‹, S. 580. In diesem Zusammenhang sollte auch erwähnt werden, daß Hitler sich mit außerordentlicher Geschicklichkeit die freilich zu einem Gutteil intuitivem Spürsinn entsprang, auf sein jeweiliges Auditorium einzurichten verstand. Für die Stimmungen, Bedürfnisse oder Interessenlagen seiner Zuhörer, mochten sie Kleinbürger, Industrielle, Bauern oder Generäle sein, wußte er stets die exakt zugeschnittenen Argumente oder doch Vokabeln zu finden.

27 Die Gesamtzahl von 4135 Versammlungen bezieht sich auf die Zeit vom 1. April bis 30. August 1931. Davon entfielen auf die einzelnen Parteien: NSDAP 1910; KPD 1129; SPD 447; DNVP 73; Zentrum 50; DVP 30 und Staatspartei 12 Versammlungen. Der Rest verteilte sich auf kleinere Splittergruppen. Vgl. dazu ›Frankfurter Zeitung‹ vom 4. Dezember 1931.

28 So Hannah Arendt, ›Elemente und Ursprünge totaler Herrschaft‹, S. 530. Dazu auch Kurt Sontheimer, ›Antidemokratisches Denken in der Weimarer Republik‹, S. 353: »Der Nationalsozialismus vereinigte in seiner Bezeichnung die beiden mächtigsten ideologischen Antriebe der Epoche. Er nahm schon als Begriff die Synthese vorweg, die das Zeitalter vollbringen mußte. Die sozialistischen Parteien alten Stils waren nicht national, die national-bürgerlichen nicht sozialistisch. Hier aber schien die Partei zu sein, die beides zugleich war, die Partei der deutschen Zukunft.«

29 Joseph Goebbels, ›Vom Kaiserhof zur Reichskanzlei‹, S. 307.

30 Weigand von Miltenberg (d. i. Herbert Blank, der neben dem Major Buchrucker zum Kreis um Otto Strasser gehörte), ›Adolf Hitler Wilhelm III.‹, Berlin 1931, zit. nach ›Zwischenspiel Hitler‹, S. 149.

31 Vgl. K. Heiden, ›Hitler I‹, S. 335, bei anderer Gelegenheit versicherte er: »Wenn man so durch zehn Säle geht und überall schreien einem die Menschen vor Begeisterung entgegen – das ist doch ein erhabenes Gefühl«; vgl. W. Görlitz/H. A. Quint, ›Adolf Hitler‹, S. 170. Die energiespendende Wirkung, die von den rednerischen Triumphen auf Hitler selbst ausging, hat Goebbels während des Krieges in einer Tagebuchnotiz vermerkt: »Es ist ganz gut«, so heißt es in der Eintragung vom 19. November 1943, »wenn der Führer wieder einmal vor einer größeren Gemeinschaft spricht. Er verbreitet damit nicht nur Kraft, er empfängt sie dadurch auch«; ›Goebbels Tagebücher 1942/43‹, S. 485.

32 August Kubizek, ›Adolf Hitler. Mein Jugendfreund‹, S. 204.

33 Otto Dietrich, ›12 Jahre mit Hitler‹, S. 160; dort findet sich auch, S. 155 f., eine anschauliche Beschreibung des Strukturmodells einer Hitlerrede.

34 H. Lüthy, ›Der Führer persönlich‹, S. 160, der dort die erwähnte Auffassung vertritt: »Vielleicht ist die Diskrepanz zwischen der überdimensionalen weltgeschichtlichen Figur und der armen, amorphen Persönlichkeit, mit der seine Biographen ringen, nichts anderes als die Diskrepanz zwischen dem Erregungszustand des agierenden Mediums, aus dem ›der Geist spricht‹, und dem Rückfall in die Dumpfheit seiner eigenen unansehnlichen Individualität.« Auch Lüthy verwendet, in der offenbar gleichen Ratlosigkeit wie der erwähnte zeitgenössische Beobachter, die der

Dämonologie entnommene Formel vom »Geist«, der aus Hitler gesprochen habe.
35 H. Picker, ›Hitlers Tischgespräche‹, S. 439 (Eintrg. vom 8. Juli 1942), sowie K. Lüdecke, aaO., S. 479. Vgl. auch Henriette v. Schirach, ›Der Preis der Herrlichkeit‹, Wiesbaden 1956, S. 226: »Einmal sah ich ihn nach einer Rede, verfallen und blaß, erschöpft und völlig still, in seinem Uniformmantel, auf einen neuen Anzug und frische Wäsche wartend.«
36 Leitartikel der ›Frankfurter Zeitung‹ vom 1. Januar 1933, zit. nach K. D. Bracher, ›Die Auflösung der Weimarer Republik‹, S. 683.
37 J. Goebbels, ›Vom Kaiserhof zur Reichskanzlei‹, S. 253. Die zuvor erwähnte Äußerung Hitlers, die er im Verlauf einer Rede in Königsberg am 17. Oktober 1932 machte, heißt im genauen Wortlaut: »Wonach ich strebe, ist die Macht und nicht ein Titel . . . Ich will nur die Macht. Wenn wir einmal die Macht bekommen, dann werden wir sie, so wahr uns Gott helfe, behalten. Wegnehmen lassen wir sie uns dann nicht mehr«; vgl. M. Domarus, aaO., S. 140.
38 J. Goebbels in einer Rede vom 8. Mai 1933 im Hotel Kaiserhof, abgdr. in: ›Goebbels spricht. Reden aus Kampf und Sieg‹, S. 72.

IV. Teil: Der Reichskanzler

1 Vgl. L. Graf Schwerin von Krosigk, ›Es geschah in Deutschland‹, S. 147.
2 H. Picker, ›Hitlers Tischgespräche‹, S. 71 (Eintrg. v. 11. April 1942)
3 Vgl. die Rede Hitlers am 30. Januar 1935, bei M. Domarus, ›Hitler I‹, S. 478, sowie J. Goebbels in einer Rede über ›Rassenfrage und Weltpropaganda‹ auf dem Reichsparteitag 1933, abgedr. in: Dr. Joseph Goebbels, ›Signale der neuen Zeit‹, S. 211. Im Verlauf der Gedächtnisansprache vom 30. Januar 1937, in der Hitler rühmte, daß die nationalsozialistische Revolution »noch nicht einmal eine Fensterscheibe zertrümmert« habe, fügte er freilich bezeichnenderweise hinzu: »Ich möchte aber nicht falsch verstanden werden: wenn diese Revolution unblutig verlief, dann nicht deshalb, weil wir etwa nicht Männer genug gewesen wären, um auch Blut sehen zu können«; vgl. M. Domarus, aaO., S. 665.
4 Hans Frank, ›Im Angesicht des Galgens‹, S. 311.
5 C. Horkenbach, ›Das Deutsche Reich von 1918 bis Heute. Das Jahr 1933‹, S. 554. Noch am 10. Februar 1933 hatte Hitler in einer Rede im Berliner Sportpalast von »den Millionen« gesprochen, »die uns heute verfluchen«. Doch schon am 1. Mai mußte die NSDAP angesichts des stürmischen Zulaufs auf ihre Parteibüros eine Aufnahmesperre verhängen, und einige Zeit darauf teilte der Reichsschatzmeister der Partei mit, daß über zwei Millionen Neuanmeldungen registriert worden seien; vgl. C. Horkenbach, aaO., S. 378.
6 A. Hitler in einer Wahlrede in Essen am 27. März 1936.
7 Hans Wendt, ›Hitler regiert‹, S. 23 f.
8 Diesen Gesichtspunkt und diese Entwicklung hat bes. Hans Frank in seiner erwähnten Niederschrift herausgestellt, vgl. z. B. S. 137, 291, 298 und passim. Desgleichen, offenbar auf Frank fußend, W. Görlitz/H. A. Quint in ihrer Hitler-Biographie.
9 Rede Hitlers vom 12. Juli 1933 vor den Gauleitern, Treuhändern der Arbeit und Landesobleuten der Betriebszellenorganisation, zit. bei C. Horkenbach, aaO., S. 281.
10 Verordnung vom 4. Februar 1933; sie sah Einschränkungen der Versammlungs- und Pressefreiheit vor, da – wie die offizielle Begründung verlauten ließ – die Mahnung, »alles zu vermeiden, was Beunruhigung in das Volk tragen und die öffent-

liche Sicherheit gefährden könnte, . . . nicht befolgt worden« sei. Die Verordnung war die erste Maßnahme im anhebenden Wahlkampf und richtete sich fast ausschließlich gegen SPD und KPD. Vgl. C. Horkenbach, aaO., S. 43.

11 Proklamation Hitlers zum Reichsparteitag 1934, zit. bei M. Domarus, ›Hitler I‹, S. 448.

12 Vgl. O. Strasser, ›Hitler und ich‹, S. 137.

13 H. Picker, ›Hitlers Tischgespräche‹, S. 237 (Eintrg. vom 4. Mai 1942). Vgl. in diesem Zusammhang ferner Gerhard Meinck, ›Hitler und die deutsche Aufrüstung‹, S. 157 ff., sowie vor allem René Erbe, ›Die nationalsozialistische Wirtschaftspolitik im Lichte der modernen Theorie‹, Zürich 1958; diese vorzügliche, von jeder polemischen Wertung freie Studie macht anhand umfangreichen Materials deutlich, daß die nationalsozialistische Wirtschaftspolitik nicht zum Wohl, sondern auf Kosten des Volkes betrieben wurde. Schon 1934 gingen 49 % der öffentlichen Investitionsausgaben an die Rüstungsindustrie, im Jahre 1938 waren es bereits 79 %. Zur Finanzierung dieser Vorhaben wurde ein Verfahren entwickelt, das einerseits eine durch Preisstopp und vielfältige Zwangsmaßnahmen verschleierte, inflationäre Entwicklung heraufführte und andererseits die stille Enteignung aller Sparer und Versicherungsnehmer zur Folge hatte. Die günstige gesamtwirtschaftliche Entwicklung spiegelte sich im übrigen keineswegs in der Erhöhung des Lebensstandards wieder, die Löhne und Gehälter betrugen z. B. im Jahre 1938 nur noch rund 57 % des Volkseinkommens. Im Mittelpunkt der nationalsozialistischen Wirtschaftspolitik standen nicht, wie unaufhörlich proklamiert wurde, Arbeit und Brot, sondern Rüstung und Krieg; Arbeit und Brot waren zu keinem Zeitpunkt primäres Ziel, sondern nur eine, freilich erwünschte Begleiterscheinung.

14 Vgl. Anm. 26.

15 O. Dietrich, ›12 Jahre mit Hitler‹, S. 150; ferner H. Frank, ›Im Angesicht des Galgens‹, S. 86, sowie E. v. Weizsäcker, ›Erinnerungen‹, S. 201.

16 J. Goebbels, »Wer hat die Initiative?«, Art. vom 28. 6. 1942, abgedr. in: ›Das eherne Herz‹, S. 380.

17 A. Zoller, ›Hitler privat‹, S. 32, sowie O. Dietrich, aaO., S. 30.

18 H. Frank, aaO., S. 326.

19 O. Dietrich, aaO., S. 27.

20 A. Zoller, aaO., S. 58; die Äußerung gegenüber Ward Price wird von M. Domarus, aaO., S. 20, wiedergegeben.

21 H. Picker, ›Hitlers Tischgespräche‹, S. 71 (Eintrg. vom 11. April 1942). Etwa um die gleiche Zeit bemerkte er, es gehe »nicht an, daß die oberste Führung eine Kritik ihrer Maßnahmen von unten zulasse. Rechte dieser Art wolle auch nicht das Volk an sich, sondern nur der Querulant im Volk« (aaO., S. 283; Eintrg. vom 14. Mai 1942); auch seine Abneigung gegen die Berliner war in der ätzenden Kritiklust der hauptstädtischen Bevölkerung begründet, vgl. aaO., S. 271 (Eintrg. vom 30. März 1942). Die Zusammenstellung der Reden Hitlers bei M. Domarus zeigt eindringlich, wie sehr Hitler immer wieder vom Ärger über die kritische Einstellung vor allem der Intellektuellen überwältigt wurde.

22 Rede Hitlers am 27. Juni 1937 in Würzburg, zit. bei M. Domarus, aaO., S. 704.

23 Diesen Zug berichtet insbesondere Hitlers Leibfotograf Heinrich Hoffmann, S. 196 f. Hoffmann bemerkt in diesem Zusammenhang auch, daß Hitler, bevor er ein neues Kleidungsstück öffentlich trug, zuvor darin fotografiert sein wollte, um sein Aussehen zu begutachten. Auch veranlaßte er nach dem Jahre 1933, alle Bilder, die ihn in Lederhosen zeigten, aus dem Verkehr zu ziehen, und äußerte bspw. sein Befremden darüber, daß Mussolini sich gelegentlich in Badehosen hatte fotografie-

ren lassen: »Ein wirklich großer Staatsmann tut das nicht.« – Zur Äußerung Ribbentrops vgl. J. v. Ribbentrop, ›Zwischen London und Moskau‹, S. 45.

24 H. Hoffmann, aaO., S. 198, sowie A. Zoller, aaO., S. 127.

25 H. Picker, aaO., S. 327 sowie S. 271, 418, und O. Dietrich, aaO., S. 149.

26 W. Sauer, in: K. D. Bracher/W. Sauer/G. Schulz, ›Die nationalsozialistische Machtergreifung‹, S. 745; vgl. dort auch die anschließenden, detaillierten Ausführungen.

27 H. Picker, ›Hitlers Tischgespräche‹, S. 142 (Eintrg. vom 12. April 1942). Vgl. dazu Hitlers Äußerung in seiner Rede vor den Befehlshabern der Wehrmacht vom 22. 8. 1939: »Wir haben nichts zu verlieren, nur zu gewinnen. Unsere wirtschaftliche Lage ist infolge unserer Einschränkungen so, daß wir nur noch wenige Jahre durchhalten können. Göring kann das bestätigen. Uns bleibt nichts anderes übrig, wir müssen handeln«; zit. in IMT Bd. XXVI, S. 338.

28 In der zitierten Reihenfolge sind diese Äußerungen den folgenden Fundstellen entnommen: H. Picker, ›Tischgespräche‹, S. 201 (Eintrg. vom 27. 1. 1942); aaO., S. 80 (Eintrg. vom 8. Mai 1942); H. Rauschning, ›Gespräche mit Hitler‹, S. 81; H. Frank, ›Im Angesicht des Galgens‹, S. 231.

29 Protokoll der Ansprache vor den militärischen Befehlshabern vom 22. August 1939, sog. Zweite Ansprache, IMT XXVI, S. 523.

30 A. Hitler, ›Mein Kampf‹, S. 742.

31 Sog. Hoßbach-Protokoll, abgedr. in: H.-A. Jacobsen, ›1939–1945. Der Zweite Weltkrieg in Chronik und Dokumenten‹, S. 97 ff.; vgl. im übrigen H. R. Trevor-Roper, ›Hitlers Kriegsziele‹, in VJHfZ 1960, Heft 2.

32 Mitteilung des Gaupropagandaleiters Waldemar Vogt, überliefert von M. Domarus, aaO., S. 745; vgl. auch H. Rauschning, ›Gespräche mit Hitler‹, S. 190, sowie S. 229; ferner H. Frank, aaO., S. 322. Eine entsprechende Äußerung machte Hitler auch gegenüber Chamberlain in Berchtesgaden, vgl. Michael Freund, ›Geschichte des Zweiten Weltkrieges in Dokumenten‹, Bd. I, S. 136. In der erwähnten Rede vor den Befehlshabern der Wehrmacht vom 22. 8. 1939 nannte Hitler unter den Gründen für seine Entschlossenheit zur Auseinandersetzung: »Meine eigene Persönlichkeit und die Mussolinis. Wesentlich hängt es von mir ab, von meinem Dasein, wegen meiner politischen Fähigkeiten. Dann die Tatsache, daß wohl niemand wieder so wie ich das Vertrauen des ganzen deutschen Volkes hat. In der Zukunft wird es wohl niemals wieder einen Mann geben, der mehr Autorität hat als ich. Mein Dasein ist also ein großer Wertfaktor. Ich kann aber jederzeit von einem Verbrecher, einem Idioten beseitigt werden«; vgl. M. Freund, aaO., Bd. III, S. 192. Im übrigen wird man freilich annehmen können, daß der Hinweis auf den frühen Tod zumindest teilweise auch von taktischen Überlegungen bestimmt war; die Bemerkung sollte seinen Argumenten den nötigen Nachdruck verschaffen.

33 L. Graf Schwerin v. Krosigk, ›Es geschah in Deutschland‹, S. 220.

34 So A. Bullock, ›Hitler‹, S. 319; vgl. in diesem Zusammenhang auch H. Rauschning, ›Gespräche mit Hitler‹, S. 253, sowie H. Frank, aaO., S. 367.

35 O. Dietrich, ›Zwölf Jahre mit Hitler‹, S. 53.

36 Vgl. dazu W. Görlitz/H. A. Quint, ›Adolf Hitler‹, S. 506.

37 Hitler auf dem Parteitag 1936 vor den Politischen Leitern, zit. in: ›Der Reichs-Parteitag der Ehre vom 8.–14. 9. 1936. Offizieller Bericht über den Verlauf des Reichsparteitages‹, S. 174 f.; es gibt darüber hinaus eine Fülle ähnlich gestimmter Äußerungen.

38 Rede am 14. 3. 1936 in München unter Anspielung auf den gelungenen Einmarsch in die entmilitarisierte Zone des Rheinlands.

39 A. Bullock, aaO., S. 386.

40 Hjalmar Schacht vor dem Nürnberger Gerichtshof, vgl. IMT XIII, S. 4; ferner A. Bullock, aaO., S. 456; vgl. dort auch die Aufzeichnung Kirkpatricks über Hitlers Äußerung gegenüber Sir Horace Wilson am 27. September 1938: »Wenn Frankreich und England losschlagen wollen, dann sollen sie es nur tun. Mir ist das völlig gleichgültig. Ich bin auf alle Eventualitäten vorbereitet. Heute ist Dienstag, nächsten Montag haben wir dann Krieg« (AaO., S. 466). Sehr zutreffend äußerte Neville Chamberlain vor seinem Abflug nach Bad Godesberg, er mache sich nun auf, um mit einem bösen Tier zu kämpfen; vgl. M. Freund, ›Geschichte des Zweiten Weltkrieges in Dokumenten‹, Bd. 1, S. 143.

41 »Er wollte den Krieg«, urteilte angemessen lapidar H. Frank, aaO., S. 336, und man wird dieser Äußerung eines Mannes, der sich bis in die Nürnberger Zelle einen beträchtlichen Rest seiner Loyalität und Verehrung für Hitler bewahrt hatte, gerade angesichts der jüngsten Versuche, Hitlers Schuldanteil am Ausbruch des Krieges zu verringern, besonderes Gewicht beimessen müssen. Vgl. in diesem Zusammenhang auch die von Schwerin v. Krosigk überlieferte Äußerung Hitlers, der »Entschluß zum Schlagen war immer in mir«, in: ›Es geschah in Deutschland‹, S. 216.

42 Die Stelle lautet im ganzen Wortlaut: »Es war nunmehr notwendig, das deutsche Volk psychologisch allmählich umzustellen und ihm langsam klarzumachen, daß es Dinge gibt, die, wenn sie nicht mit friedlichen Mitteln durchgesetzt werden können, mit Mitteln der Gewalt durchgesetzt werden müssen. Dazu war es aber notwendig, nicht etwa nun die Gewalt als solche zu propagieren, sondern es war notwendig, dem deutschen Volk bestimmte außenpolitische Vorgänge so zu beleuchten, daß die innere Stimme des Volkes selbst langsam nach der Gewalt zu schreien begann ...«; die Rede ist im vollen Wortlaut abgedr. in: VJHfZ 1958, Heft 2.

43 Diese Äußerung hat Walter Hewel berichtet, vgl. E. Kordt, ›Nicht aus den Akten‹, S. 268, der dem Vorgang im übrigen breiten Raum gibt. Dazu weiterhin auch P. Schmidt, ›Statist auf diplomatischer Bühne‹, S. 417 f.; der stellvertretende Reichspressechef A. I. Berndt bemerkte dazu: »Die Menschen an der Straße erheben den Arm den Truppen zum Gruß, aber sie sind ernst und stumm. Was mag in ihren Hirnen vorgehen?«, in: ›Der Marsch ins Großdeutsche Reich‹, S. 222; ferner auch William Shirer, ›Aufstieg und Fall des Dritten Reiches‹, S. 376.

44 H. Rauschning, aaO., S. 105.

45 E. v. Weizsäcker, ›Erinnerungen‹, S. 358. In diesem Zusammenhang ist auch auf die zahlreichen Äußerungen Hitlers aus jener Zeit hinzuweisen, in denen er seine Entschlossenheit zum Risiko betont und die Risikoentschlossenheit geradezu zum Kriterium staatsmännischer Kunst erhebt: vgl. Ansprache vor den Befehlshabern der Wehrmacht vom 22. 8. 1939, zit. bei M. Freund, aaO., Bd. III, S. 194; ferner Halder, ›Kriegstagebuch‹, Bd. I, S. 8, 10, 12.

46 H. Frank, ›Im Angesicht des Galgens‹, S. 306.

47 H. Rauschning, aaO., S. 265.

V. Teil: Sieger und Besiegter

1 Aufzeichnung eines militärischen Adjutanten (Schmundts?) über die schon erwähnte Ansprache Hitlers vom 22. August 1939 vor den Befehlshabern der Wehrmacht, zitiert bei M. Freund, aaO., S. 192 ff. Ähnlich heißt es in Halders ›Kriegstagebuch‹ über eine Ansprache Hitlers: »Führer hat Sorge, daß England ihm den

endgültigen Abschluß im letzten Augenblick durch Angebote erschwert«; aaO., S. 11.
2 W. Shirer, aaO., S. 547; vgl. auch H. Frank. ›Im Angesicht des Galgens‹, S. 387, sowie zahlreiche andere.
3 ›Dokumente der Deutschen Politik‹, Bd. 7, Teil 1, S. 264.
4 Vgl. H.-A. Jacobsen. ›1939–1945‹, S. 672; den zahlreichen Klagen vor allem militärischer Stellen, wie sie beispielsweise der in IMT EC–28 wiedergegebene Bericht von General Georg Thomas zum Ausdruck bringt, schloß sich auch Goebbels an, als er am 17. April 1942 in seinem Tagebuch notierte, »Wir haben unsere Kriegführung auf dem Gebiet der Waffen- und Munitionsherstellung eben zu leicht genommen und müssen jetzt dafür bezahlen«; aaO., S. 163.
5 Peter Bor, ›Gespräche mit Halder‹, S. 23.
6 Ansprache Hitlers vor den Oberbefehlshabern der Wehrmacht nach der Beendigung des Polenfeldzuges. vgl. IMT PS 789.
7 ›Hitlers Zweites Buch‹, S. 78.
8 IMT PS-789; auch seinen Gegnern traute Hitler ausschließlich Überlegungen und Motive nackter Machtpolitik zu, vgl. z. B. H. Picker, ›Tischgespräche‹, S. 49.
9 Peter Bor, aaO., S. 214; Hitlers Verachtung für die Generalität beruhte nicht zuletzt auf seiner Abneigung gegen die vorsichtig abwägende, risikofeindliche Art, zu der das hohe Offizierskorps nach Temperament und Ausbildung überwiegend neigte; auch irritierten ihn sachverständiger Hochmut und weltanschauliche Reserve. Es handle sich, so äußerte er, »bei den noch bevorstehenden Aufgaben des Heeres nicht so sehr um fachmännisches Können als vielmehr um die Glut nationalsozialistischen Bekennens«; vgl. aaO., S. 227.
10 Reservierter allerdings ist die Auffassung von G. Buchheit im Rahmen seiner Studie ›Hitler, der Feldherr‹; danach hatte »das deutsche Heer ... nur solange militärische Erfolge zu verzeichnen, als die Feldherrntätigkeit Hitlers auf ein Mindestmaß beschränkt blieb«; aaO., S. 522; dagegen bspw. A. Bullock, ›Hitler‹, S. 592 sowie 669 f., der eher dazu neigt, Hitlers militärische Fähigkeiten zu überschätzen. Die zahlreichen Urteile zu dieser Frage sind vorwiegend skeptisch gestimmt und bewegen sich auf der hier vertretenen Linie.
11 Zit. bei Hans Frank, aaO., S. 229.
12 Das erwähnte Zitat stammt von Halder, vgl. P. Bor, aaO., S. 226; für das Mißtrauen Hitlers gegenüber seinen Generälen, die er um ihrer Unentbehrlichkeit willen zutiefst haßte, vgl. den Beitrag ›General von Icks‹; siehe auch A. Zoller, aaO., S. 167: »Der Generalstab ist die letzte Loge, die ich leider vergessen habe aufzulösen.« Die Formel vom Generalstab als der »letzten Loge« wird übrigens auch von anderer Seite überliefert, vgl. bspw. P. Bor, aaO., S. 74.
13 Vgl. dazu Paul Kluke, ›Nationalsozialistische Europaideologie‹, in VJHfZ 1955 / Heft 3, S. 256 ff. »Wie von einem Magnet«, so hat Hitler sich in seinen Tischgesprächen in einem auch an anderer Stelle gebrauchten Bilde geäußert, »müßten die Besten – gleichsam das metallische, eisenhaltige Menschentum – aus den germanischen Völkern von uns herausgezogen werden.« – darin erschöpfte sich im Grunde, neben dem nackten Raumeroberungsstreben, sein »Europa-Programm«, für das er sich im übrigen, wie Goebbels am 9. März 1943 in seinen Tagebüchern vermerkte, »nicht auf Einzelheiten einlassen« wollte; vgl. H. Picker, ›Tischgespräche‹, S. 122 (Eintrg. vom 25. Juli 1942).
14 ›Tischgespräche‹, S. 247 (Eintrg. vom 4. Juni 1942). Daß Hitler die Ausrottungsmaßnahmen nicht nur gekannt, sondern durch eigene Initiative immer wieder vorangetrieben hat, ist entgegen einem noch immer wirksamen, populären Vorurteil

(»Wenn das der Führer gewußt hätte ... !«) heute zweifelsfrei erwiesen. Dazu beispielsweise: A. Zoller, aaO., S. 194 f.; O. Dietrich, aaO., S. 83; Goebbels ›Tagebücher 1942/43‹, S. 179; Carl Haensel, ›Das Gericht vertagt sich‹, S. 315, u. a.

15 M. Broszat, ›Nationalsozialistische Polenpolitik 1939–1945‹, S. 118.

16 ›Kriegstagebuch des Wehrmachtführungsstabes‹, zit. bei H.-A. Jacobsen, ›1939–1945‹, S. 220.

17 Zit. bei A. Bullock, aaO., S. 655. Das voraufgehende Zitat entstammt einer Rede Hitlers vom 2. Februar 1934; zit. bei H.-A. Jacobsen/W. Jochmann, ›Ausgewählte Dokumente zur Geschichte des Nationalsozialismus. Hitler hatte in seiner gesamten Außenpolitik stets das taktische Prinzip der bilateralen Abmachungen befolgt und es durchweg abgelehnt, dem System kollektiver Sicherheit, wie es sich bspw. im Völkerbund darbot, beizutreten. Dabei zeigte es sich, daß sich immer die eine oder andere europäische Macht bereitfand (den Anfang machten Polen und England), ihren eigenen zweiseitigen Frieden mit Hitler zu machen und damit nicht nur die Freunde und Bundesgenossen sich selbst zu überlassen, sondern auch den Gedanken gemeinsamer Verantwortlichkeit zu desavouieren. Entsprechend hatte er auf militärischem Gebiet zunächst darauf zu achten versucht, nur *einen* gleichwertigen Hauptgegner zu haben. Nun begann er, diesem Prinzip, das er später durch die Kriegserklärung an die USA noch einmal brach, untreu zu werden und selbst die Koalition, das System kollektiver Verteidigung, auf der Gegenseite zu schmieden. Wenn er sie später empört »widernatürlich« nannte, so vergaß er, was er zweifellos vergessen wollte: seinen eigenen Anteil daran.

18 Berichtet von Halder, in: P. Bor, aaO., S. 199.

19 Goebbels, ›Tagebücher 1942/1943‹, S. 131, 133 sowie S. 177; als Hitler Ende April 1942 auf den Obersalzberg fuhr, um sich einige Tage zu erholen, fiel dort, sehr verspätet, etwas Schnee und Hitler sah sich gezwungen, wie Goebbels berichtet, »wieder aufzubrechen. Es ist sozusagen eine Flucht vor dem Schnee« (aaO., S. 186).

20 H. Picker, ›Tischgespräche‹, S. 202 (Eintrg. vom 27. Jan. 1942).

21 Zit. bei H.-A. Jacobsen, ›1939–1945‹, S. 690.

22 Berichtet von H. Frank, aaO., S. 398; zur Politik der reinen Unterwerfung und Ausbeutung mit ihren nachteiligen Wirkungen finden sich im Tagebuch von Goebbels, das nichtendenwollende Klagen über die politische Inaktivität im Osten enthält, aufschlußreiche Hinweise; vgl. u. a. S. 174 (Eintrg. vom 25. April 1942) sowie auch den Vermerk über eine Denkschrift Quislings zum gleichen Thema, aaO., S. 298 (Eintrg. vom 14. April 1943). In den gleichen Rahmen gehören die unentwegten Bemühungen des Propagandaministers um eine sogenannte Ostproklamation, zu der Hitler freilich, hier wie stets allen Festlegungen ausweichend, nicht zu bewegen war; vgl. bspw. S. 300, Eintrg. vom 15. April 1943.
Aufschlußreich für die Möglichkeiten, die sich einer kooperativen deutschen Politik in den eroberten Ostgebieten boten, ist im übrigen eine nach 1945 von amerikanischer Seite unter 1000 russischen DP's, die die deutsche Besatzungspolitik miterlebt hatten, veranstaltete Untersuchung. Die Frage, ob sich die Einstellung der Bevölkerung gegenüber den Deutschen vom Einmarsch bis zum Abzug gewandelt habe, beantworteten 728 mit ja und 85 mit nein. Der Stimmungsumschwung war nach Ansicht der Mehrheit im Jahre 1942 eingetreten, nachdem die Besatzungspolitik keinen Zweifel mehr über die deutschen Ziele gestattete; vgl. dazu H.-A. Jacobsen, ›1939–1945‹, S. 714 f.

23 A. Zoller, ›Hitler privat‹, S. 196.

24 Berichtet von H. Frank; vgl. W. Görlitz, ›A. Hitler‹, S. 138.

25 H. Frank, ›Im Angesicht des Galgens‹, S. 413; zu Jodls Äußerung vgl. IMT XV,

S. 283; ferner Goebbels ›Tagebücher 1942/43‹, S. 126.
26 Goebbels, ›Tagebücher 1942/43‹, S. 69 (Eintrg. vom 2. Februar 1942). Die außerordentliche Überschätzung rhetorischer Mittel kommt auch in einer Eintragung zwei Tage zuvor, die sich auf die gleiche Rede Hitlers bezieht, anschaulich zum Ausdruck: »Die Rede macht einen ungeheuren Eindruck ..., man kann davon überzeugt sein, daß nunmehr die hauptsächlichsten psychologischen Schwierigkeiten überwunden sind ... Er hat das ganze Volk wie einen Akkumulator aufgeladen«; aaO., S. 66 f.
27 Hitlers ›Tischgespräche‹ S. 98 (Eintrg. vom 8. Juni 1942); S. 390 (Eintrg. vom 12. April 1942); S. 393 (Eintrg. vom 26. April 1942); dazu auch A. Zoller, aaO., S. 51, sowie O. Dietrich, aaO., S. 191. Zu den Eigenarten des hitlerschen Kunstgeschmacks vgl. im übrigen den Beitrag über A. Speer.
28 Vgl. das Zitat der Niederschrift über diese Äußerung Hitlers im Zusammenhang bei A. Bullock, aaO., S. 758; dazu auch Goebbels, ›Tagebücher 1942/43‹, S. 241 f. – Für die Stimmungsschwankungen Hitlers, seine Wutausbrüche aus nichtssagendem Grund, findet sich bei O. Dietrich, aaO., S. 225, ein kennzeichnendes Beispiel.
29 Goebbels, ›Tagebücher 1942/43‹, S. 244 (Eintrg. vom 2. März 1943) sowie S. 262 (Eintrg. vom 9. März 1943); vgl. auch S. 336, 337 f. (Eintrg. vom 10. Mai 1943).
30 J. v. Ribbentrop, ›Zwischen London und Moskau‹, S. 265; die zuvor erwähnte Äußerung Rommels wird berichtet von W. Görlitz, ›Adolf Hitler‹, S. 138.
31 Goebbels, ›Tagebücher‹, S. 241: »Es ist tragisch, daß der Führer sich so vom Leben abschließt und ein so unverhältnismäßig ungesundes Leben führt. Er kommt nicht mehr an die frische Luft, findet keinerlei Entspannung mehr, sitzt in seinem Bunker, handelt und grübelt;« (Eintrg. vom 2. März 1943).
32 Vgl. P. Bor, aaO., S. 226; dazu auch W. Görlitz, ›Keitel‹, S. 308; Keitel wurde es, wie er schreibt, geradezu »verboten, die defaitistischen Berichte von General Thomas noch herauszugeben, das seien Phantasien . . .« Auch der Hinweis auf die Rede Hitlers vom 30. Januar 1939 vor höheren Offizieren, in denen er sich warnende Denkschriften verbeten hatte, findet sich bei W. Görlitz, ›Keitel‹, S. 410.
Hitlers Fähigkeit zur Tatsachenverachtung wird auch von anderer Seite immer wieder hervorgehoben. Als Rudolf Diels ihn gelegentlich auf »die objektive Falschheit seiner Gründe« hinwies, antwortete Hitler: »Dann muß ich eben andere Gründe suchen«; R. Diels, ›Lucifer ante portas‹, S. 58; vgl. dazu auch die Aussage Speers in Nürnberg, IMT XVI, S. 541, sowie E. v. Weizsäcker, ›Erinnerungen‹, S. 200: »Es schien, als könne er Tatsachen vergessen und Tatsachen sich einreden, je nach Bedarf.«
33 F. Halder, ›Hitler als Feldherr‹, S. 49; bei anderer Gelegenheit ging Hitler auf den Vortragenden los und verbat sich ein solches »idiotisches Geschwätz«; vgl. aaO., S. 52.
34 O. Dietrich, aaO., S. 99, sowie ferner S. 109, 112; dazu auch P. Bor, aaO., S. 215 und S. 222 ff., wo eine bezeichnende und tragische Episode für die aus Dilettantismus und Durchhaltefanatismus gemischte »Rückzugsstrategie« Hitlers geschildert wird.
35 Goebbels, ›Tagebücher 1942/43‹, S. 444 (Eintrg. vom 23. September 1943).
36 Vgl. beispielsweise die Darstellung von G. Boldt, ›Die letzten Tage der Reichskanzlei‹, Hamburg – Stuttgart o. J., S. 15; ferner A. Zoller, ›Hitler privat‹, S. 25, wo sich eine höchst anschauliche Schilderung der Atmosphäre im Bunker findet.
37 A. Zoller, aaO., S. 231.
38 Vgl. die Wiedergabe in IMT 3569-PS. In einem »Anhang« zu seinem Testament schrieb Hitler: »Das Volk und die Wehrmacht haben in diesem langen und harten Kampf ihr Bestes hergegeben. Das Opfer ist gewaltig gewesen. Aber mein Vertrauen ist von vielen mißbraucht worden. Treulosigkeit und Verrat haben während

des ganzen Krieges den Widerstandswillen unterhöhlt. Deshalb war es mir nicht vergönnt, mein Volk zum Siege zu führen. Der Generalstab des Heeres war nicht mit dem Generalstab des ersten Weltkrieges zu vergleichen . . .«.

39 Hanns Schwarz, ›Brennpunkt FHQ. Menschen und Maßstäbe im Führerhauptquartier‹, Buenos Aires 1950, S. 90.

40 Bericht von Hermann Karnau, zit. nach einer Tonbandaufzeichnung des NWDR. Der Bericht lautet im größeren Zusammenhang: »Ich erhielt den Befehl von einem SS-Offizier, ich sollte meinen Dienstraum verlassen ... Ich habe das auch getan und bin so ins Casino gegangen. Nach einer halben Stunde kam ich wieder. Da war die Tür vom Führerbunker-Eingang verschlossen. Ich bin zurückgegangen und habe versucht, durch den Notausgang, den Notausgang, der zum Garten der Reichskanzlei lag, reinzukommen. Als ich die Ecke zwischen Hochbunker – das war ein Postenstand – und dem eigentlichen Führerbunker erreichte, als ich in dieser Höhe war, sah ich plötzlich, wie ein Benzinlappen geworfen wurde. Vor mir lag Adolf Hitler auf dem Rücken und Eva Braun auf dem Bauch. Ich habe genau festgestellt, daß er es war. Ich bin zurückgegangen, habe meinen Kameraden Hilger Poppen verständigt, der mir aber keinen Glauben schenkte. Nach einer halben Stunde war ich nochmals da. Ich konnte ihn nicht mehr erkennen, weil er schon ziemlich verbrannt war. Ich habe mit Erich Mansfeld, der zu dieser Zeit Posten auf dem Turm hatte, gesprochen, der mir auch bestätigte: hier – da liegt Adolf Hitler jetzt. Er brennt. Ich habe diese Stelle verlassen, ... und traf an der Treppe den Sturmbannführer Schedle, der mir bestätigte, daß der Chef hinter dem Haus im Garten der Reichskanzlei brennt. Gegen 18 Uhr war ich nochmals an dieser Stelle ... Ich sah, wie Hitler und Eva Braun bis jetzt so weit verbrannt waren, daß das markante Knochengestell noch zu sehen war. Ob in dieser Zeit von 18 bis 20 Uhr diese Reste nochmals übergossen wurden, weiß ich nicht, aber wie ich um 20 Uhr nochmals da war, da flogen schon die einzelnen Flocken im Winde . . .«. Zur Schlußphase des Dritten Reiches vgl. im übrigen H. R. Trevor-Roper, ›Hitlers letzte Tage‹.

41 K. Heiden, ›Hitler I‹, S. 335. Martin H. Sommerfeldt hat in seiner Schrift ›Ich war dabei‹, S. 93 die Auffassung vertreten, es sei kein Zufall gewesen, daß Charlie Chaplin Hitler im Film verkörpert habe.

42 H. Lüthy, aaO., S. 151.

43 K. Heiden, ›Hitler I‹, S. 109; etwas abweichend zitiert bei H. H. Hofmann, aaO., S. 194.

44 H. Picker, ›Tischgespräche‹, S. 187 (Eintrg. vom 22. Juli 1942); die gleiche Parallele zog Hitler in einer Ansprache vor der Parteiprominenz in Berlin, vgl. Goebbels, ›Tagebücher 1942/43‹ S. 326 f. (Eintrg. vom 8. Mai 1943); dazu auch W. Görlitz, ›Keitel‹, S. 416. – Vgl. in diesem weiteren Zusammenhang auch Hitlers Rede vor der deutschen Presse vom 10. November 1938, die ein einziger Beweis für die Überschätzung propagandistischer Mittel ist, in: VJHfZ 1958/H. 2, S. 175 ff.

45 Hitler bei einem Appell vor 30 000 SA-Männern im Berliner Lustgarten am 30. Januar 1936, zit. bei M. Domarus, ›Hitler I‹, S. 570; in zahlreichen ähnlichen Wendungen hat er immer wieder auf diesen Vorgang des Kraftaustauschs hingewiesen, vgl. bspw. bei Domarus, S. 609, 612, 643 u. a.

46 Zit. bei W. Görlitz, ›Adolf Hitler‹, S. 140; zu Hitlers Krankheit (Paralysis agitans) vgl. A. Bullock, S. 720 f. sowie H. R. Trevor-Roper aaO.

47 Vgl. Robert Coulondre, ›Von Moskau nach Berlin 1936–1939. Erinnerungen des französischen Botschafters‹, Bonn 1950, S. 473. Die zuvor angeführte Äußerung Hitlers ist den ›Tischgesprächen‹ S. 410 (Eintrg. vom 18. Jan. 1942) entnommen.

48 A. Hitler, ›Mein Kampf‹, S. 501; die Definition der Politik entstammt der Ge-

heimrede Hitlers vor dem Offiziersjahrgang 1938. Sie ist zitiert bei H.-A. Jacobsen/W. Jochmann, ›Ausgewählte Dokumente zur Geschichte des Nationalsozialismus«.
49 Vgl. O. Dietrich, aaO., S. 168; ebenso H. Frank, aaO., S. 133.
50 H. Picker, ›Tischgespräche‹, S. 284 (Eintrg. vom 14. Mai 1942).
51 Vgl. Goebbels, ›Tagebücher 1942/43‹, S. 329 (8. Mai 1943): »Der Führer gibt seiner unumstößlichen Gewißheit Ausdruck, daß das Reich einmal ganz Europa beherrschen wird. Wir werden dafür noch sehr viele Kämpfe zu bestehen haben, aber sie werden zweifellos zu den herrlichsten Erfolgen führen. Von da ab ist praktisch der Weg zu einer Weltherrschaft vorgezeichnet. Wer Europa besitzt, der wird damit die Führung der Welt an sich reißen.
In diesem Zusammenhang können wir natürlich Fragen von Recht oder Unrecht überhaupt nicht zur Diskussion akzeptieren ...«
52 H. Picker, ›Tischgespräche‹, S. 80 (Eintrg. vom 8. Mai 1942); ganz ähnlich berichtet H. Frank, aaO., S. 133, Hitler habe ihm gegenüber die Erde einmal als »Wanderpreis im Wettkampf der Rassen« bezeichnet.
53 Hitler in seiner erwähnten Rede vor den Chefredakteuren der Inlandspresse vom 10. November 1938, vgl. VJHfZ 1958/Heft 2, S. 188.
54 K. D. Bracher, »Das ›Phänomen‹ Adolf Hitler«, in: ›Politische Literatur‹ I (1952), S. 212; zur weiter oben angeführten Bemerkung, daß Hitler Deutschland seine »Braut« zu nennen pflegte, vgl. H. Hoffmann, S. 141.
55 Zit. bei M. Freund, aaO., Bd. I, S. 143.

TECHNIKER UND PRAKTIKER DER TOTALITÄREN HERRSCHAFT

Hermann Göring *Der Zweite Mann*

1 Vgl. W. Sauer, in: K. D. Bracher/W. Sauer/G. Schulz, ›Die nationalsozialistische Machtergreifung‹, S. 745 f. Zur Terminologie des Dritten Reiches vgl. Victor Klemperer, ›LTI‹ (Lingua tertii imperii), 2. Aufl., Berlin 1949, insbes. S. 15. ff. – Ein außerordentlich kennzeichnendes Beispiel für Charakter und Stil der von Hitler in seinem Buche ›Mein Kampf‹ vertretenen Kampfphilosophie findet sich auf S. 148: »Daß aber diese Welt dereinst noch schwersten Kämpfen um das Dasein der Menschheit ausgesetzt sein wird, kann niemand bezweifeln. Am Ende siegt ewig nur die Sucht der Selbsterhaltung. Unter ihr schmilzt die sogenannte Humanität als Ausdruck einer Mischung von Dummheit, Feigheit und eingebildetem Besserwissen, wie Schnee an der Märzensonne. Im ewigen Kampfe ist die Menschheit groß geworden – im ewigen Frieden geht sie zugrunde.« In ähnlichem Sinne, ebenso lapidar wie bezeichnend, äußerte Göring: »Menschheitsgeschichte ist Kriegsgeschichte«; vgl. H. Göring, ›Aufbau einer Nation‹, Berlin 1934, S. 1. Noch prägnanter erklärte Mussolini im Jahre 1926: »In jenem harten und metallischen Wort Kampf lag das ganze Programm des Faschismus, wie ich ihn erträumte, wie ich ihn wollte, wie ich ihn schuf«; zit. bei Hans Buchheim, ›Totalitäre Herrschaft‹, S. 29 f.
2 Zit. bei Douglas M. Kelley, ›22 Männer um Hitler‹, S. 78. Das vorerwähnte Zitat stammt aus Baldur v. Schirach, ›Die Pioniere des Dritten Reiches‹, Essen o. J.
3 Werner Bross, ›Gespräche mit Hermann Göring während des Nürnberger Prozesses‹, S. 131.

4 H. R. Trevor-Roper, ›Hitlers letzte Tage‹, S. 25. Zum Versagen Görings und der Kritik Hitlers vgl. O. Dietrich, ›Zwölf Jahre mit Hitler‹, S. 258. Im Kreuzverhör durch den amerikanischen Anklagevertreter R. H. Jackson erklärte Albert Speer, Hitler habe im April 1945 geäußert, er wisse seit langem, daß Göring versagt habe; IMT XVI, S. 582.

5 So Edgar von Schmidt-Pauli, ›Die Männer um Hitler‹, Berlin 1932, S. 88. Von »katonischer Unbeugsamkeit« spricht Martin H. Sommerfeldt in ›Hermann Göring. Ein Lebensbild‹, 7. Aufl., Berlin 1933, S. 64.

6 Vgl. G. M. Gilbert, ›Nürnberger Tagebuch‹, S. 19, S. 226; ferner: M. H. Sommerfeldt, ›Ich war dabei. Die Verschwörung der Dämonen. Ein Augenzeugenbericht‹, Darmstadt 1949, S. 16.

7 M. H. Sommerfeldt, ›Ich war dabei‹, S. 16; Charles Bewley, ›Hermann Göring‹, S. 79. Vgl. dazu auch L. Graf Schwerin von Krosigk, ›Es geschah in Deutschland‹ S. 225. Der Vater Görings war als Reichskommissar (Gouverneur) nach dem späteren Südwestafrika geschickt worden, das er als deutsche Kolonie erwarb.

8 W. Bross, aaO., S. 109. Nicht unglaubwürdig ist auch Görings Behauptung, der ›Stürmer‹ Streichers sei ihm immer so zuwider gewesen, daß er seinen Dienststellen die Lektüre verboten habe; aaO., S. 166.

9 H. Göring, ›Aufbau einer Nation‹, S. 36 f. Auch an anderer Stelle dieses Kapitels über die Ideologie des Nationalsozialismus half er sich über seine theoretische Verlegenheit durch äußerst allgemein gehaltene Formulierungen hinweg, an deren Ende zumeist ›Deutschland‹ stand, vgl. bspw. S. 33, S. 34.

10 K. Lüdecke, ›I knew Hitler‹, S. 129.

11 H. Göring, ›Aufbau einer Nation‹, S. 53.

12 AaO., S. 53; vgl. auch H. Göring, ›Reden und Aufsätze‹, S. 52.

13 H. Göring, ›Reden und Aufsätze‹, S. 51 f., sowie Ch. Bewley, aaO., S. 294.

14 Zit. bei Ch. Bewley, aaO., S. 294. An anderer Stelle formulierte Göring: »Es ist etwas Mystisches, Unsagbares, fast Unbegreifliches um diesen einzigen Mann, und wer es nicht fühlt, der wird es nicht erjagen«; H. Göring, ›Aufbau einer Nation‹, S. 52.

15 Berichtet von Hjalmar Schacht, ›Abrechnung mit Hitler‹, Hamburg-Stuttgart 1948, S. 32.

16 W. Bross, aaO., S. 185; Schwerin von Krosigk, aaO., S. 228, meint, daß Göring seinen einstigen Mut erst verloren habe, nachdem er zum Nachfolger Hitlers und Zweiten Mann ernannt worden war; die Befürchtung, daß Hitler diese Berufung rückgängig machen könnte, habe ihn aller Fähigkeit zum Widerspruch beraubt. Dem steht aber entgegen, daß er nach übereinstimmenden Berichten auch zu der Zeit schon in ungewöhnlich starker Abhängigkeit von Hitler stand, als die Frage der Nachfolgeschaft und des Zweiten Mannes noch keineswegs entschieden war. Vielmehr ist es wohl so, daß Göring weniger um seine zweite Position, als um die Macht und alles, was sie an persönlichen Privilegien bedeutete, zitterte: »Ein Wort des Führers, und jeder stürzt . . .«: dieses Wort und diesen Satz fürchtete er.

Rudolf Diels, ›Lucifer ante portas‹, S. 92, berichtet im gleichen Zusammenhang die aufschlußreiche Beobachtung: »Wer Göring in den schlimmen Tagen erlebte, nach den großen Schlägen, durch die ihn Hitler in wohlberechneten Abständen ernüchterte und erkennen ließ, daß er nichts ohne Hitler sei, der war erschrocken, wie wenig dann von dem prächtigen und mächtigen Mann übrigblieb. Nichts mehr war an ihm dran, als ihm Hitler ohne Ankündigung das Preußische Innenministerium, die Basis seiner Macht, weggenommen hatte, als er ostentativ seinem Opernball fernblieb, die pomphafte Eröffnung des Preußischen Staatsrates mied, als er höhnisch die

Schenkung eines Jagdhauses in der Schorfheide ablehnte oder ihm gar den Vierjahresplan entzog. Die Liquidierung der Preußischen Ministerien durch eine Rechtsverordnung Hitlers im Januar 1934 warf ihn buchstäblich um. Er legte sich ins Bett.«

17 Schwerin von Krosigk, aaO., S. 230; ferner W. Bross, aaO., S. 182, sowie Ch. Bewley, aaO., S. 292; vgl. auch Willi Frischauer, ›Ein Marschallstab zerbrach. Eine Göring-Biographie‹, Ulm 1951, S. 217.

18 H. Göring, ›Aufbau einer Nation‹, S. 54; vgl. auch Görings Äußerung zu Sir Nevil Henderson: »Wenn eine Entscheidung zu treffen ist, zählt keiner von uns mehr als der Stein, auf dem er steht. Der Führer allein entscheidet«; Sir Nevil Henderson, ›Failure of a Mission‹, London 1940, S. 282.

19 Vgl. dazu J. Goebbels, ›Vom Kaiserhof zur Reichskanzlei‹, S. 250.

20 H. Göring, ›Reden und Aufsätze‹, S. 184.

21 AaO., S. 17 f.; vgl. auch C. Horkenbach, S. 61. Das »Kugelzitat« findet sich bei H. Göring, ›Aufbau einer Nation‹, S. 86 f.

22 Erich Gritzbach, ›Hermann Göring. Werk und Mensch‹, 2. Aufl. München 1938, S. 31; vgl. auch C. Horkenbach, S. 66. Dazu auch Goebbels' Eintragung in seinem Revolutionstagebuch: »Göring räumt in Preußen auf, mit sehr viel Schneid und Zivilcourage« (S. 273; Eintrg. vom 2. März 1933). Einen Eindruck von dem Umfang dieser Maßnahmen vermittelt die Tatsache, daß allein von 32 Obersten der Schutzpolizei 22 verabschiedet wurden. »Hunderte von Offizieren und Tausende von Wachtmeistern folgten im Laufe der nächsten Monate. Neue Kräfte wurden herangezogen und überall wurden diese Kräfte aus dem großen Reservoir der SA und SS genommen«, schreibt Göring selbst dazu in ›Aufbau einer Nation‹, S. 84.

23 Rede auf einer Kundgebung der NSDAP in Frankfurt/Main am 3. März 1933, vgl. H. Göring, ›Reden und Aufsätze‹, S. 27.

24 Zit. bei Johannes Hohlfeld, ›Dokumente‹, Bd. IV, Berlin 1953, S. 25.

25 Carl Jacob Burckhardt, ›Meine Danziger Mission 1937–1939‹, S. 106.

26 J. Goebbels, aaO., S. 251 (Eintrg. vom 29. Januar 1933).

27 Vgl. Schwerin von Krosigk, aaO., S. 226, S. 229.

28 Berichtet von Sir Ivone Kirkpatrick, ›The Inner Circle‹, S. 90.

29 So Hans Frank, ›Im Angesicht des Galgens‹, S. 403.

30 Schwerin von Krosigk, aaO., S. 228.

31 AaO., S. 229; vgl. auch M. H. Sommerfeldt, ›Ich war dabei‹, S. 49. Im Jahre 1943 ließ Göring sich von der Stadt Berlin, ebenfalls auf eigenen Auftrag hin, einen van Dyck im Wert von 250 000 RM schenken, vgl. R. Semmler, ›Goebbels‹, S. 116 f. Von Hassell nennt darüber hinaus »ein Sèvres-Service von 2400 Stücken. Preis 500 000 Reichsmark. Ein französisches Jagdpalais (dort gestohlen und in einen Göringschen Jagdpark zu überführen), drei mittelalterliche Statuen zu je 16 000, 17 000 und 18 000 Reichsmark. Gritzbach (Adjutant von Göring) hat Schmitt angerufen und auf die Statue hingewiesen, falls er in Verlegenheit sei, was er schenken solle! Schmitt hat auch ganz brav die Statue geschenkt«; Ulrich von Hassell, ›Vom andern Deutschland‹, S. 294 f.

32 M. H. Sommerfeldt, ›Ich war dabei‹, S. 49.

33 E. Gritzbach, aaO., S. 273 f. – Ch. Bewley, der damalige irische Gesandte in Berlin, berichtet in seiner im ganzen überaus wohlwollenden Biographie, Göring habe gern seine Juwelen vor sich auf dem Tisch angehäuft und durch die Finger gleiten lassen; vgl. S. 152.

34 Schwerin von Krosigk, aaO., S. 226. Als Göring 1942 Italien besuchte, notierte Ciano in seinem Tagebuch: »Am Bahnhof trug er einen großen Zobelpelz, ein Mittelding zwischen einem Autopelz von 1906 und dem Abendpelz einer Kokotte«;

vgl. A. Bullock, aaO., S. 679. Wiederum andere Phantasiekostümierungen schildern E. von Manstein, ›Verlorene Siege‹, Bonn 1960, S. 18 f., und Heinz Guderian, ›Erinnerungen eines Soldaten‹, Heidelberg 1951, S. 404. Dazu insgesamt auch M. H. Sommerfeldt, ›Ich war dabei‹, S. 48.

35 C. J. Burckhardt, aaO., S. 105. Der Luxus in Karinhall entlockte dem Prinzregenten Paul von Jugoslawien, der als Kind einmal in Zarskoje Zelo gewesen war, den Ausruf: »Mais ça n'existait même pas chez les Zsars!«; vgl. Erich Kordt, ›Nicht aus den Akten‹, S. 303.

36 G. Schulz, in: K. D. Bracher/W. Sauer/G. Schulz, ›Die nationalsozialistische Machtergreifung‹, S. 470.

37 Ansprache Hitlers vor den Männern der deutschen Wirtschaft am 17. Dezember 1936 in Berlin, zit. bei M. Domarus, ›Hitler‹ Bd. I, S. 658. Anfangs entschuldigte Hitler Görings Schwächen auch damit, daß Göring doch im Ersten Weltkrieg und auch in der Kampfzeit »ein ganzer Kerl« gewesen sei; dagegen verzieh er ihm später nie das Versagen der Luftwaffe; vgl. A. Zoller, ›Hitler privat‹, S. 208.

38 Tatsächlich vertrat Göring den friedensbereiten Flügel in der Umgebung Hitlers. Das schloß freilich die Identifizierung mit den territorialen Aspirationen Hitlers nicht aus, doch wollte er sie auf »diplomatischem« Wege, das hieß für ihn: auf dem Wege des Diktats erreichen. Als er erkannte, daß der Krieg unausweichlich geworden war, äußerte er: »Wenn wir diesen Krieg verlieren, dann möge uns der Himmel gnädig sein!«; vgl. Paul Schmidt, ›Statist‹, S. 464.

39 Die Spiegelepisode berichtet E. Gritzbach, aaO., S. 224.
Für den Erfolg der britischen Rückzugsaktion war zwar ein Befehl Hitlers verantwortlich, der die Panzerkräfte Guderians, entgegen dem Rat der Truppenkommandeure, einige Kilometer südlich von Dünkirchen aufhielt, um sie für den großen Schlußangriff auf Frankreich bereit zu haben. Aber Hitler erließ diesen Befehl erst, nachdem Göring sich stark gemacht hatte, die Engländer allein mit Hilfe der Luftwaffe zu vernichten. Vgl. dazu B. H. Lidell Hart, ›Jetzt dürfen sie reden‹, Stuttgart 1951, S. 185 ff.; P. Bor, ›Gespräche mit Halder‹, S. 170; H. Guderian, ›Erinnerungen‹, S. 107 f.

40 W. Bross, aaO., S. 16. Der genaue Zeitpunkt der definitiven Abkühlung läßt sich kaum mehr feststellen; die früheste Datierung (v. Steengracht) nennt das Jahr 1938, die späteste (General Bodenschatz) das Jahr 1943. Vgl. Ch. Bewley, aaO., S. 290.

41 NB-170 USSR: »In jedem der besetzten Gebiete«, so heißt es da beispielsweise, »sehe ich die Leute vollgefressen, und im eigenen Volk herrscht der Hunger. Sie sind weiß Gott nicht hingeschickt, um für das Wohl und Wehe der Ihnen anvertrauten Völker zu arbeiten, sondern um das Äußerste herauszuholen, damit das deutsche Volk leben kann. Das erwarte ich von Ihren Energien. Die ewige Sorge für die Fremden muß jetzt endlich einmal aufhören.
Ich habe hier Berichte vorliegen darüber, was Sie zu liefern gedenken. Das ist gar nichts, wenn ich Ihre Länder betrachte. Es ist mir dabei gleichgültig, ob Sie sagen, daß Ihre Leute wegen Hunger umfallen ... Früher schien mir die Sache doch verhältnismäßig einfacher zu sein. Da nannte man das plündern. Es stand dem Betreffenden zu, das wegzunehmen, was man eroberte. Nun, die Formen sind humaner geworden. Ich gedenke trotzdem zu plündern, und zwar ausgiebig ...«

42 J. Goebbels, ›Tagebücher 1942/43‹, S. 281 (Eintrg. vom 18. März 1943).

43 Dazu R. Diels, aaO., S. 89 f.: »Göring praktizierte sein urtümliches Lebensideal, indem er sich übte, den Ger zu werfen und mit dem Bogen zu schießen. Durch die allerletzten technischen Banalitäten des Luftkrieges geisterten noch solche Gedanken

an eine verlorene Heldenzeit. Im wallenden Mantel auf dem wilden Greifen durch die Lüfte segelnd, hätte er am liebsten mit dem Speer nach dem feindlichen Unhold geworfen ...
›Meine Flieger sind keine Operateure und meine Kampfmaschinen keine Kinos‹, mit solchen Worten lehnte er einmal die Komplettierung des Führerstandes der Fernbomber um ein Ortungsgerät ab, das seiner Luftwaffe einen Vorsprung gegeben hätte. Daß ›Rammen‹ die würdigste Kampfesweise sei, machte er seinem Neffen K. H. Göring, der ihm widersprach, so polternd klar, daß dieser wenige Wochen später über Frankreich nach einem Rammversuch abstürzte. Wahrscheinlich klangen ihm noch die harten Scheltworte seines Onkels in den Ohren: ›Ihr seid ja alle Feiglinge‹. Der verständige Junge hatte darauf erwidert: ›Wenn Du meinst, Onkel, daß der Kampfflieger nicht ›denken‹ soll, so können wir auch rammen, ohne Rücksicht auf Verluste. Am Mut dazu fehlt es uns nicht.‹ – ›Denken, denken‹. Wenn wir nachgedacht hätten, hätten wir den Krieg gar nicht angefangen‹, war des Onkels letztes Wort.« Vgl. dazu auch das Urteil des Generalobersten Stumpf, Göring habe persönliches Heldentum immer höher geschätzt als technische Belange; Ch. Bewley, aaO., S. 235.

44 IMT XVI, S. 585. Dazu insgesamt auch Gert Buchheit, ›Hitler, der Feldherr‹, Rastatt 1958, S. 378 f., sowie ders., ›Soldatentum und Rebellion. Die Tragödie der deutschen Wehrmacht‹, Rastatt 1961, S. 81 ff.
Im gleichen Sinne äußerten sich, teilweise geradezu vernichtend, zahlreiche Generäle. General Koller bspw. warf Göring vor, »unangenehmen Dingen aus dem Weg zu gehen« (zit. bei W. Bross, aaO., S. 218); Hoßbach meinte, »die Führung der Luftwaffe ... ist einer der folgenschwersten Versager des Krieges 1939/45 gewesen«, und sprach von einem »wörtlich zu nehmenden ›blutigen Dilettantismus‹« (›Zwischen Wehrmacht und Hitler 1934–1938‹, S. 29 f.), und auch Generalfeldmarschall Milch äußerte sich, wie Goebbels seinem Tagebuch anvertraute, »in der schärfsten und kritischsten Weise über den Reichsmarschall. Er macht ihm zum Vorwurf, daß er die technische Entwicklung der deutschen Luftwaffe vollkommen auf den Hund habe kommen lassen.« (›Tagebücher 1942/43‹; S. 290; Eintrg. vom 9. April 1943). Zu einem äußerst scharfen Gesamturteil über die Rolle Görings im Dritten Reich kommt auch die Denkschrift, die Raeder in Moskau verfaßte, vgl. den Auszug bei G. M. Gilbert, aaO., S. 330 f. – In völliger Umkehrung des zutreffenden Sachverhalts vermutete dagegen Hitler längere Zeit, Görings »illusionistisches Bild« von der Wirklichkeit sei darauf zurückzuführen, daß er »von der Generalität der Luftwaffe von vorn und hinten beschwindelt« werde; vgl. J. Goebbels, ›Tagebücher 1942/43‹, S. 255 (Eintrg. vom 9. März 1943).

45 R. Semmler, aaO., S. 182. Goebbels vermerkte in seinem Tagebuch den »unglücklichen Umstand«, daß Göring zu wenig »in Berlin und auch nicht in seinem Hauptquartier, sondern auf dem Obersalzberg« zu finden sei; ›Tagebücher 1942/43‹, S. 245 (Eintrg. vom 3. März 1943).

46 R. Semmler, aaO., S. 181.

47 R. Semmler, aaO., S. 77 f. Abgeschlagen dagegen wurde Göring bspw. die Bitte, dem ehemaligen Botschafter v. Hassell, der in die Ereignisse vom 20. Juli verstrickt war, den Tod durch Erschießen zu gewähren; vgl. Ch. Bewley, aaO., S. 297; siehe auch W. Bross, aaO., S. 187.

48 Emmy Göring zu W. Frischauer, aaO., S. 286. Fast mit den gleichen Worten äußerte sich Emmy Göring gegenüber G. M. Gilbert; vgl. ›Nürnberger Tagebuch‹, S. 208.

49 W. Frischauer, aaO., S. 291.

50 W. Bross, aaO., S. 49.

51 G. M. Gilbert, aaO., S. 162. Hans Frank mokierte sich über Görings endlich befriedigten Ehrgeiz und meinte: »Jetzt hat Göring endlich seinen Willen – er ist Sprecher Nr. 1 für das nationalsozialistische Regime, für das, was davon übrig ist!« (aaO., S. 197). Für das herrische Regiment Görings unter den Häftlingen liefert das Tagebuch Gilberts eine nicht abreißende Kette von Beispielen (S. 65, 105, 108, 140, 156, 159 usw.). Dies führte so weit, daß schließlich die Gefängnisverwaltung einschritt und Göring rigoros von den übrigen Häftlingen trennte. Vgl. dazu auch D. M. Kelley, aaO., S. 86.
In seinem bemerkenswerten, mitunter freilich literarisch stilisierten Buch ›Das Gericht vertagt sich‹, berichtet der Nürnberger Verteidiger Carl Haensel, aaO.: »Vor dem Wiederbeginn der Verhandlungen lehnte Göring in seinem Zeugenstuhl und betrachtete die Mitangeklagten von vorn wie ein Offizier, der eine angetretene Mannschaft mustert, und dann sagte er nachdenklich zu einem Kollegen und mir, die in seiner Nähe standen: ›Ich habe einmal die Macht gehabt, die ganze Macht. Und ich habe sie genossen. Die andern da drüben haben nur die halbe gehabt oder nur ein Drittelchen. Oder noch weniger. Und es langt für uns alle zum . . .‹ Das letzte Wort knüllte er wie ein Stück Papier mit der Hand zusammen und warf es unter sich. Die wegwerfende Bewegung machte er überzeugend und überlegen. Der von ihm für seine Lebensbeschreibung zeitweilig ins Auge gefaßte Chronist erzählte mir einmal – aber nicht im Zeugenstuhl und nicht unter Eid –, Göring habe stets eine Abschußliste mit Namen seiner Gegner im Schreibtisch gehabt, und manchmal abends, wenn ihm der Burgunder schmeckte und er gut gelaunt war, feilte er daran herum. Er setzte einen Namen zu und radierte einen andern aus; die Krümelchen des Radiergummis wischte er dann fort, mit dieser selben Geste.«; aaO., S. 68 f.
52 C. Haensel, aaO., S. 64.
53 W. Bross, aaO., S. 168. Zu den Hoffnungen auf seinen Nachruhm vgl. G. M. Gilbert, aaO., S. 90; auch war er, eigenem Bekunden nach, »heilfroh, daß Dönitz die Kapitulation unterzeichnen mußte. Ich möchte nicht«, so meinte er, »daß mein Name in künftiger Geschichte mit der Sache verknüpft wird«; aaO., S. 84.
54 D. M. Kelley, aaO., S. 86. Hinweise auf seinen erhofften Märtyrerruhm finden sich bei G. M. Gilbert, aaO., auf den Seiten 90, 155, 170 und 429.

Joseph Goebbels *oder »Canaille Mensch«*

1 Vgl. Werner Stephan, ›Joseph Goebbels. Dämon einer Diktatur‹, S. 198. Das überaus starke Interesse, das die Erscheinung des Propagandaministers immer wieder gefunden hat, drückt sich auch darin aus, daß über ihn, mehr als über irgendeine andere Führungsfigur des Dritten Reiches (mit Ausnahme Hitlers), eine Fülle von Darstellungen erschienen ist. Zu nennen sind vor allem: Curt Riess, ›Joseph Goebbels. Eine Biographie‹, Baden-Baden 1950; Boris v. Borresholm (Hrsg.), ›Dr. Goebbels. Nach Aufzeichnungen aus seiner Umgebung‹, Berlin 1949; Heinrich Fraenkel/Roger Manvell, ›Goebbels. Eine Biographie‹, Köln-Berlin 1960; der Wert dieses Werkes wird allerdings stark beeinträchtigt durch die äußerst ungenaue Zitierweise, die den Sinn einzelner Äußerungen vor allem aus den Goebbelsschen Tagebüchern nicht nur verstümmelt, sondern geradezu ins Gegenteil verkehrt. Ferner jetzt: Helmut Heiber, ›Joseph Goebbels‹, Berlin 1962, die mit Abstand beste und fundierteste Darstellung dieses Mannes. Hinzu kommen noch zwei zeitgenössische Biographien: Willi Krause, ›Reichsminister Dr. Goebbels‹, Berlin o. J.; Max Jungnickel, ›Goeb-

bels‹, Leipzig 1933. Äußerst aufschlußreich, wenn auch nicht unbedenklich zu verwenden, sind darüber hinaus die Tagebücher zweier engerer Mitarbeiter des Ministers: Rudolf Semmler, ›Goebbels – the Man next to Hitler‹, London 1947, sowie Wilfried v. Oven, ›Mit Goebbels bis zum Ende‹, Bd. I und II, Buenos Aires, 1949/50.

2 J. Goebbels, ›Wenn Hitler spricht‹, in: ›Der Angriff, Aufsätze aus der Kampfzeit‹, München 1935, S. 217 f. (Im folgenden zitiert als ›Der Angriff‹).
Bezeichnend für den pseudoreligiösen Charakter der von Goebbels betriebenen Führerverehrung sind darüber hinaus die folgenden Äußerungen: »Was Sie da sagten (der Angesprochene ist Hitler; d. Verf.), das ist der Katechismus neuen politischen Glaubens in der Verzweiflung einer zusammenbrechenden, entgötterten Welt« (Dr. J. Goebbels, ›Die Zweite Revolution. Briefe an Zeitgenossen‹, S. 7). In seinem Revolutionstagebuch ›Vom Kaiserhof zur Reichskanzlei‹ schrieb er über Hitler: »Er allein hat sich niemals getäuscht. Er hat immer recht behalten. Er hat sich von der Gunst oder Ungunst des Augenblicks niemals blenden oder versuchen lassen. Er erfüllte wie ein Diener Gottes das Gesetz, das ihm aufgegeben war, und er wurde so im höchsten und besten Sinne seiner geschichtlichen Mission gerecht.«; aaO., S. 14. Berühmt ob ihres hemmungslos vergötzenden Tones sind vor allem die Geburtstagsansprachen geworden, von denen einige sich in den Aufsatzsammlungen ›Die Zeit ohne Beispiel. Reden und Aufsätze aus den Jahren 1939/40/41‹, München 1941, sowie in ›Das eherne Herz. Reden und Aufsätze aus den Jahren 1941/42‹, München 1943, finden. Auch im ›Angriff‹ veröffentlichte Goebbels im Jahre 1932 eine ganze Serie panegyrischer Artikel, die Hitler vor allem als Wahlkandidaten populär machen sollten. Einer dieser Artikel unter dem Titel ›Wir wählen Adolf Hitler‹, der am 5. März 1932 erschien, hatte folgende fünf bezeichnenden Abschnittsüberschriften: »Hitler, der Großdeutsche«; »Hitler, der Führer«; »Hitler, der Prophet«, »Hitler, Kämpfer«; »Hitler, der Reichspräsident«; vgl. J. Goebbels, ›Wetterleuchten. Aufsätze aus der Kampfzeit‹ (2. Band ›Der Angriff‹), hrsg. von Georg-Wilhelm Müller, München 1939, S. 269 ff. – An gleicher Stelle findet sich auch die Geburtstagsansprache zum 20. April 1937, die in Teilen an die öden Verherrlichungspraktiken der stalinistischen Ära erinnert. Da heißt es beispielsweise: »Möge der Führer uns noch viele Jahre erhalten bleiben in Kraft, Gesundheit und Stärke als der Fahnenträger des Volkes, als der Erste unter den Millionenmassen der Arbeiter, Soldaten, Bauern und Bürger, als der Freund und Schutzpatron der Jugend, der Beschirmer der Künste der Förderer von Kultur und Wissenschaft, der Baumeister der geeinten neuen Nation«; vgl. aaO., S. 392.

3 Vgl. W. Stephan, aaO., S. 27; ferner: H. Heiber (Hrsg.), ›Das Tagebuch von Joseph Goebbels 1925/26‹ (im folgenden zitiert als ›Tagebuch 1925/26‹); sowie B. v. Borresholm, aaO., S. 24.

4 Geburtstagsansprache zum 20. April 1942, zit. bei W. Stephan, aaO., S. 133.

5 ›Tagebuch 1925/26‹, S. 40 (Eintrg. vom 6. November 1925) und S. 43 (Eintrg. vom 23. November 1925). Um so grotesker mutet an, daß Goebbels in seiner Schrift ›Die Zweite Revolution‹ versichert: »Er (der Führer) duldet nicht die Lobhudeleien eitler Gecken und Phantasten um sich. Er sucht Männer, Kerle, und weiß sie zu finden, wo er sie braucht«; aaO., S. 6.

6 K. D. Bracher, ›Die Auflösung der Weimarer Republik‹, S. 120 (vgl. ebd. auch S. 117 ff.). Zur Beseitigung der freilich geringen Elemente innerparteilicher Demokratie siehe auch Goebbels' Brief über ›Die Führerfrage‹ in: ›Die Zweite Revolution‹, S. 5 ff.: »Der große Führer wird nicht gewählt. Er ist da, wenn er da sein muß. In dem drängenden Strom der Zeit wird er nach oben gehoben und steht gebieterisch fordernd vor der bis in die Tiefen erschütterten gläubigen Jugend.«

7 Hitlerrede im Sportpalast vom 30. Oktober 1936; zit. bei M. Domarus, ›Hitler‹ Bd. I, S. 653.
8 ›Tagebuch 1925/26‹, S. 55 (Eintrg. vom 20. Januar 1926).
9 J. Goebbels, ›Michael. Ein deutsches Schicksal in Tagebuchblättern‹, 3. Aufl., München 1933, S. 46. Die veröffentlichte Fassung des Buches unterscheidet sich allerdings wohl nicht unwesentlich von der ursprünglichen Fassung, die freilich noch nicht zugänglich ist. Aber sowohl der überschwängliche Führerkult als auch der Antisemitismus des Buches dürften auf spätere redaktionelle Bearbeitung zurückgehen.
10 J. Goebbels, ›Wenn Hitler spricht‹, in ›Der Angriff‹, aaO., S. 217. Vgl. auch ›Die Zweite Revolution‹, S. 6: »Er ist einer von denen, die deshalb dem alten Staate und seinen Trägern so gefährlich sind, weil sie mit unerschütterlicher Gewißheit an das glauben, was sie sagen.«
11 J. Goebbels, ›Michael‹, S. 52, 25, 31. In diesem Zusammenhang ist auch eine Wendung aufschlußreich, die sich in dem goebbelsschen Bericht über den Beginn seiner politischen Laufbahn, in: ›Kampf um Berlin‹, München 1932, S. 54, findet; dort zitiert er beifällig eine Formulierung aus dem Schauspiel ›Neidhart von Gneisenau‹ von Wolfgang Goetz: »Gott gebe Euch Ziele, gleichgültig, welche!«
12 Der genaue Beruf des Vaters, Friedrich Goebbels, ist offenbar nicht mehr zu klären. Während er in älteren Darstellungen als Vorarbeiter bzw. Werkmeister bezeichnet wird, figuriert er in der Biographie von Fraenkel/Manvell als Büroangestellter und schließlich als Prokurist. Die beiden Autoren stützen sich auf Angaben aus dem Familienkreise. Vgl. dazu auch H. Heiber, ›Joseph Goebbels‹, S. 8 ff.
13 Vgl. K. Heiden, ›Adolf Hitler‹, Bd. I, S. 392.
14 Albert Krebs, ›Tendenzen und Gestalten der NSDAP‹, S. 160. Die verbreitete Legende, Goebbels sei von Jesuiten erzogen worden, hat möglicherweise hierin ihren Ursprung.
15 ›Die Zweite Revolution‹, S. 54 f. Zumindest die elitäre Führungsspitze sollte, den goebbelsschen Vorstellungen zufolge, mehr als Gesinnung mitbringen, vgl. den Aufsatz ›Der Generalstab‹ in den ›Nationalsozialistischen Briefen‹, Nr. 16 vom 15. Mai 1926, in dem er forderte: »In Zucht und Strenge muß ein Kreis gesondert werden aus den Besten, Tapfersten und Opferbereitesten. Gehalten durch eine puritanische Grausamkeit gegen sich selbst haben sie ihr Herz hart zu schmieden für den Tag, der von uns mehr verlangen wird als Gesinnung: Brutalität, Konsequenz, Sicherheit der Erkenntnis, Klarheit der Schau.«
16 AaO., S. 61 (Auszeichnung im Original).
17 A. Krebs, aaO., S. 162 ff., berichtet aus dem Frühjahr 1931, den Tagen kurz vor der sog. Stennes-Revolte, eine aufschlußreiche Episode, die die unsichere Stellung des Berliner Gauleiters treffend charakterisiert.
18 Dieser Komplex hat seinen heftigsten Ausdruck in der Schrift ›Die Zweite Revolution‹ gefunden, in der er sich auch wiederholt dagegen verwahrt, als »bürgerlicher Intelligenzler« betrachtet zu werden (vgl. S. 20, 57); vgl. dazu auch die Vorbemerkung von H. Heiber zu dem ›Tagebuch 1925/26‹, aaO. S. 16
19 Beispiele für solche plötzlichen Schwankungen bieten etwa die Bamberger Tagung bzw. die anschließenden Wochen (s. weiter unten), die Stennes-Revolte, das Verhalten in der Auseinandersetzung über die Frage der Regierungsbeteiligung im Herbst 1932 sowie die Affäre Röhm.
20 ›Tagebuch 1925/26‹, S. 89 (Eintrg. vom 15. Juli 1926). Zum Anti-Intellekt-Zitat vgl. ›Michael‹, S. 117. Allein dieses Werk enthält zahlreiche weitere Belege für Goebbels' Intellektfeindschaft, vgl. S. 14, 36. In ›Kampf um Berlin‹, S. 28, heißt

es: »Der Verstand ist tausend Versuchungen ausgesetzt, während das Herz immer seinen gleichen Takt schlägt.«

21 ›Michael‹, S. 22; zu den frühen literarischen Versuchen vgl. H. Heiber, ›Joseph Goebbels‹, S. 34 f.

22 AaO., S. 115 f.

23 A. Krebs, aaO., S. 158, berichtet, er selbst habe »fast zwei Jahre lang dieses Gerücht weiterverbreitet«; »endgültig wurde mein guter Glaube ... erst durch Schauweckers ›Offenen Brief‹ zerstört, der nach meiner Erinnerung 1927 in einer der vielen kurzlebigen Zeitschriften der nationalrevolutionären Bewegung erschienen ist und Goebbels wegen seiner ›Frontsoldaten-Legende‹ angriff«.

24 ›Tagebuch 1925/26‹, S. 19, 20, 38, 49, 91, 95.

25 AaO., S. 90 (Eintrg. vom 15. Juli 1926).

26 ›Tagebuch 1925/26‹, S. 95 (Eintrg. vom 30. Juli 1926). Offenbar teilte er zu jener Zeit auch die Menschen in radikale und »bürgerliche« Erscheinungen ein. An Gregor Strasser bspw. rühmte er, daß dieser zu »jeder Radikalisierung der Idee bereit« sei; aaO., S. 30 (Eintrg. vom 30. September 1925). Seine Phantasie war, wie oft bei Menschen mit starken Minderwertigkeitskomplexen, vom Apokalyptischen merkwürdig fasziniert, und es scheint doch, als drückte sich darin mehr als eine Zeitmode aus: »Eine Zeit von einer Brutalität, von der wir uns noch gar keine Vorstellung machen können, zieht herauf, ja, wir sind schon mitten darin ... eine reißende Flutwelle mit blutrotem Kamm«; vgl. ›Die Zweite Revolution‹, S. 58. Einige Seiten später heißt es: »Wir werden erst dann ans Ziel gelangen, wenn wir Mut genug haben, lachend zu zerstören, zu zertrümmern, was uns einst heilig war als Tradition, als Erziehung, als Freundschaft und menschliche Liebe«; aaO., S. 62.

27 ›Die Zweite Revolution‹, S. 16, 55; im gleichen Zusammenhang wies er darauf hin, »daß wir alles andere sind, als eine schwarz-weiß-rote Schupo für bürgerlichen Eigennutz und spießerhafte Ruhe und Ordnung«; aaO., S. 55.

28 ›Tagebuch 1925/26‹, S. 36 f. (Eintr. vom 23. Oktober 1925); ferner S. 56 (Eintrg. vom 31. Januar 1926). Hier verdient auch eine aufschlußreiche Stelle Erwähnung, die von den nationalbolschewistischen Tendenzen der goebbelsschen Denkungsart in jener Zeit zeugt: »Darum schauen wir nach Rußland, weil es am ehesten mit uns den Weg zum Sozialismus gehen wird. Weil Rußland der uns von der Natur gegebene Bundesgenosse gegen die teuflische Verseuchung und Korruption des Westens ist. Mit erbittertem Schmerz müssen wir sehen, wie sogenannte deutsche Staatsmänner Brücke um Brücke nach Rußland zerschlagen, und dieser Schmerz ist groß, nicht darum, weil wir den Bolschewismus, weil wir die jüdischen Träger des Bolschewismus lieben, sondern weil wir im Bunde mit einem wahrhaft nationalen und sozialistischen Rußland den Anfang unserer eigenen nationalen und sozialistischen Behauptung erkennen«, in: ›Die Zweite Revolution‹, S. 47.

29 ›Die Zweite Revolution‹, S. 43; dort auch, S. 37, eine Äußerung, die wörtlich einem Pamphlet der radikalen Linken entstammen könnte: »Wir werden und müssen es dieser deutschen Bourgeoisie ewig zum Vorwurf machen, daß sie sich von den wenigen Großfinanziers, um die es sich eigentlich allein in diesem Kampfe handelt, hat zum Sklavenhalter und Antreiber der Börsendiktatur degradieren lassen.«

30 ›Tagebuch 1925/26‹, S. 30 (Eintrg. vom 30. September 1925). Ein gewisser Verdacht gegen ihn, seine radikalen sozialistischen Neigungen, blieb wohl bei den »Münchenern«, zu denen vor allem Heß, Rosenberg, Frick und Amann zählten, immer bestehen; vgl. A. Krebs, aaO., S. 161.

31 Die Äußerung, die von Otto Strasser in seinem Buch ›Hitler und ich‹, Konstanz

1948, S. 113, berichtet wird, ist bisweilen, mit Gründen von einigem Gewicht, angezweifelt worden, vgl. bspw. Fraenkel/Manvell, aaO., S. 93 f.; die einleuchtendste Version des Vorganges hat Helmut Heiber, ›Tagebuch 1925/26‹, S. 56, unter Berufung auf das Zeugnis eines ehemaligen Mitarbeiters der Gebrüder Strasser, Hans Hinkel, gegeben. Danach hat Goebbels diese Bemerkung zweifellos gemacht, aber vermutlich nicht, wie Strasser versichert, in öffentlicher Rede, sondern im Gespräch mit anderen Tagungsteilnehmern.

32 ›Tagebuch 1925/26‹, S. 60 und S. 74 (15. Februar und 19. April 1926).

33 ›Michael‹, S. 26; zur vorher zitierten Frage vgl. ›Tagebuch 1925/26‹, S. 34 (Eintrg. vom 14. Oktober 1925).

34 ›Tagebuch 1925/26‹, S. 92 (Eintrg. vom 24. Juli 1926).

35 Willi Krause, aaO., S. 50.

36 J. Goebbels, ›Die Straße‹, in: ›Nationalsozialistische Briefe‹, Nr. 17 vom 1. Juni 1926. Zur Berufung nach Berlin vgl. ›Kampf um Berlin‹, S. 38. Hitler selbst hat später betont, mit dieser Berufung »begann eigentlich die Geschichte der nationalsozialistischen Bewegung in Berlin, denn was vorher war, war nur ihre Vorgeschichte«; vgl. M. Domarus, ›Hitler‹, Bd. I, S. 652.

37 ›Tagebuch 1925/26‹, S. 67 (Eintrg. vom 27. März 1926); zur erwähnten Kapitelüberschrift vgl. ›Kampf um Berlin‹, S. 107. Eine eingehende Darstellung dieser Kampfmethoden findet sich bei H. Heiber, ›Joseph Goebbels‹, S. 59 ff., insbes. 106 ff.

38 J. Goebbels ›Erkenntnis und Propaganda‹, in: ›Signale der neuen Zeit‹, S. 28 f., S. 47 f.

39 J. Goebbels, ›Warten können‹, in: ›Der Angriff‹, aaO., S. 48 (Artikel vom 18. Februar 1929).

40 Zit. bei W. Stephan, aaO., S. 46. Die zuvor erwähnte Episode berichtet K. Heiden, aaO., S. 392.

41 J. Goebbels, ›Was wollen wir im Reichstag?‹, in: ›Der Angriff‹, aaO., S. 71 (Art. vom 30. April 1928). Die Bemerkung, daß Propaganda mit Wahrheit gar nichts zu tun habe, zit. W. v. Oven, aaO., Bd. I, S. 32. Die Bemerkung über den Young-Plan berichten W. Stephan, aaO., S. 49, sowie Fraenkel/Manvell, aaO., S. 78.

42 J. Goebbels, ›Idl‹ sowie ›Vor der Entscheidung‹, in: ›Der Angriff‹, aaO., S. 80 ff., S. 77 (Art. vom 28. Mai 1928 und 14. Mai 1928).

43 J. Goebbels, ›Der Marschall-Präsident‹. Der Artikel fehlt bezeichnenderweise in der erst 1935 erschienenen Sammlung.

44 M. Jungnickel, aaO., S. 52, S. 26; an anderer Stelle meint Jungnickel, Goebbels' Gestalt liege wie ein »Mephistoschatten« über der Versammlung, seine Rede sei eine Mischung aus »Salzsäure, Kupfervitriol und Pfeffer« (S. 37, S. 53).

45 J. Goebbels, ›Gegen die Reaktion‹, in: ›Der Angriff‹, aaO., S. 292 (Art. vom 13. Mai 1929); ferner ›Die Zweite Revolution‹, S. 56.

46 J. Goebbels, ›Warten können‹, a. a. O., S. 46 f.

47 Vgl. M. Domarus, aaO., S. 50.

48 J. Goebbels, ›Vom Kaiserhof zur Reichskanzlei‹, S. 157. Anläßlich einer Rede in Hamburg ließ er sich ankündigen: »Es spricht Pg. Dr. Goebbels, genannt der ›Bandit von Berlin‹, Inhaber der Immunität, kann reden was er will«; vgl. ›Vossische Zeitung‹ vom 12. Februar 1931.

49 Zit. bei W. Stephan, a. a. O., S. 57. In einem Artikel zum 40. Geburtstag des Propagandaministers schrieb Alfred Frauenfeld: »Joseph Goebbels hat die Nerven der Gegner zermürbt; er zog die Register der Propagandaorgel, daß es ihnen bald

schien, als gellten die Posaunen des Jüngsten Gerichts«; zit. bei W. Stephan, aaO., S. 57.

50 C. Horkenbach, S. 114.

51 William L. Shirer, ›Aufstieg und Fall des Dritten Reiches‹, S. 241 f. – Anders als hier will Hannah Arendt, ›Elemente und Ursprünge totaler Herrschaft‹, S. 539, nicht Terror und Propaganda, sondern Terror und Organisation als »die zwei Seiten der gleichen Medaille« betrachtet wissen. Aber das ist eine Frage von Mittel und Zweck. Die Organisation, die in den Zeiten des Aufstiegs totalitärer Bewegungen den Charakter eines Mittels zur Machterringung besitzt, wird nach der Etablierung zum Zweck, dem Terror und Propaganda zugeordnet sind. Vgl. dazu auch den Tagebucheintrag von Goebbels vom 20. September 1943 in: J. Goebbels, ›Tagebücher aus den Jahren 1942/43‹, S. 442 f.: »Hinter der Propaganda muß immer ein scharfes Schwert stehen, wenn sie sich endgültig durchsetzen soll.« In den ›Tischgesprächen‹, S. 292 (Eintrg. vom 26. Juli 1942) äußerte Hitler im gleichen Sinne: »Wenn man über die Grundsätze der Staatsführung nachdenke . . ., könne man immer wieder erkennen, daß es mit den Gesetzen der Geheimen Staatspolizei allein nicht zu machen sei. Die breite Masse brauche ein Idol.«

52 Vgl. Sir Ivone Kirkpatrick, ›The Inner Circle‹, S. 101.

53 K. Heiden, aaO., S. 390; vgl. auch den ebd. erwähnten Artikel von Erich Koch, der unter dem Titel ›Folgen der Rassenvermischung‹ einen scharfen Angriff auf Goebbels enthielt.

54 W. Stephan, aaO., S. 180. Der eher abrupte Wechsel ins antisemitische Lager ist erstmals in der Aufsatzsammlung ›Die Zweite Revolution‹ nachzuweisen. – Möglicherweise vergaß man es Goebbels in den engeren Parteikreisen nicht, daß er zeitweilig Schüler von F. Gundolf gewesen war. Eine Rolle hat vielleicht auch gespielt, daß seine Frau, Magda Quandt, in einem jüdischen Hause aufgewachsen war, nachdem ihre Mutter einen jüdischen Kaufmann geheiratet hatte. Goebbels selbst hat sich später damit gebrüstet, daß er »mit der Befreiung Berlins von den Juden« eine seiner »größten politischen Leistungen vollbracht« habe: ›Tagebücher 1942/43‹, S. 305 (Eintrg. vom 18. April 1943).

55 Vgl. ›Das Politische Tagebuch Alfred Rosenbergs‹, hrsg. von H.-G. Seraphim, S. 90 (Eintrg. vom 3. Dezember 1939).

56 Vgl. A. Krebs, aaO., S. 160, der berichtet, daß innerhalb der Hamburger Parteianhängerschaft viele für Goebbels als den besseren Redner stimmten, »was nicht selten gleichzeitig einer Option für ihn als den geeigneteren Parteiführer gleichkam«. Hitler dagegen äußerte, offenbar im Hinblick auf diese Rivalität: »Ich bin mir bewußt, daß mir in der Kunst der Massenbeeinflussung keiner gewachsen ist; auch Goebbels nicht. Was man sich mit dem Verstand und geschickten Einfällen geben kann, das hat der Goebbels, aber die eigentliche Führung der Masse ist nicht erlernbar«; vgl. H. Rauschning, ›Gespräche mit Hitler‹, S. 198 f.; vgl. auch H. Picker, ›Tischgespräche‹, S. 132 (Eintrg. vom 18. Januar 1942). In seiner Studie über ›Hitlers Weg‹ hat Theodor Heuss 1932 ebenfalls vermerkt, Goebbels habe »das lebhafteste Talent zu glücklichen aphoristischen Schlagworten« und sei darin »dem im Ausdruck umständlichen Hitler weit überlegen«; aaO., S. 132.

57 A. Hitler, ›Mein Kampf‹, S. 302.

58 Zu diesem Komplex vgl. W. Stephan, aaO., S. 257 ff.

59 Vgl. W. Stephan, aaO., S. 231.

60 Allein im ›Tagebuch 1925/26‹ taucht diese Wendung so oder ähnlich auf den Seiten 34, 75, 78, 83 auf. Vgl. auch ›Der Angriff‹, aaO., S. 46.

61 H. Rauschning, ›Gespräche mit Hitler‹, S. 212.

62 J. Goebbels, ›Vom Kaiserhof zur Reichskanzlei‹, S. 304.
63 Rede zur Eröffnung der Großen Deutschen Kunstausstellung am 4. Juli 1942, in: ›Das eherne Herz‹, S. 381.
64 ›Tagebuch 1925/26‹, S. 84 (Eintrg. vom 16. Juni 1926).
65 Geburtstagsansprache vom 19. 4. 1945, Tonbandkopie beim Lautarchiv des deutschen Rundfunks in Frankfurt/Main. »Für uns ist Politik das Wunder des Unmöglichen«, hatte er, mit dem Blick auf die Person Hitlers, schon in der Schrift ›Die Zweite Revolution‹, S. 6, geschrieben.
66 J. Goebbels, ›Kampf um Berlin‹, S. 39. Vgl. dazu auch die Äußerung: »Ich betone, wie so oft schon, daß ich in der Partei keine besondere Richtung vertrete. Es gibt bei uns überhaupt nur eine Richtung, und das ist die, die der Führer bestimmt«; zit. bei M. Domarus aaO., S. 145.
67 Hildegard Springer, ›Es sprach Hans Fritzsche‹, Stuttgart 1949, S. 31; zuvor hatte Goebbels seinen Mitarbeitern zynisch versichert: »Warum haben Sie mit mir gearbeitet! Jetzt wird Ihnen das Hälschen durchgeschnitten«; aaO., S. 30.
68 Rede über ›Die Aufgaben des deutschen Theaters‹ im Hotel Kaiserhof zu Berlin am 8. Mai 1933, in: ›Goebbels spricht. Reden aus Kampf und Sieg‹, Oldenburg i. O. 1933, S. 72.
69 ›Michael‹, S. 119. Vgl. dazu seinen Artikel im ›Reich‹ vom 19. März 1944: »Wir haben diesem Jahrhundert unseren Stempel aufgedrückt, und es wird einmal in der späteren geschichtlichen Würdigung unseren Namen tragen«; hier zit. nach H. Heiber, ›Joseph Goebbels‹, S. 405.

Reinhard Heydrich *Der Nachfolger*

1 Die Äußerung Hitlers wird u. a. von Walter Schellenberg, ›Memoiren‹, S. 35, zitiert. Die Beobachtung vom Gegensatz zu Himmler stammt von Felix Kersten, ›Totenkopf und Treue‹, S. 118.
2 Karl Dietrich Bracher, in: K. D. Bracher/W. Sauer/G. Schulz, ›Die nationalsozialistische Machtergreifung‹, S. 227.
3 Walther Hofer, ›Der Nationalsozialismus‹, S. 268. Vgl. dazu auch Th. Heuß, ›Hitlers Weg‹, S. 31 ff.
4 Vgl. dazu vor allem Hedwig Conrad-Martius, ›Utopien der Menschenzüchtung‹. Die Untersuchung macht erschreckend deutlich, daß der gesamte Katalog der von den Nationalsozialisten geplanten oder verwirklichten staatsdirigistischen Zuchtmaßnahmen, angefangen von den sog. Zuchtbüchern, die den Zuchtwert eines jeden nach einem System festlegten, bis hin zu Eheverbot, Tötung lebensunwerten Lebens, aber auch die Institution des Lebensborn und anderes mehr von den Wortführern des Sozialdarwinismus der verschiedenen Schulen vorweggenommen war; und wenn die Ausrottung ganzer Völker von ihnen auch nicht gefordert wurde, so wurde sie doch hinter den inhumanen Projekten, die sich in der prinzipiellen Verachtung menschlichen Lebens nicht genugtun konnte, mit Händen greifbar.
5 Hermann Rauschning, ›Gespräche mit Hitler‹, S. 129.
6 Zit. bei Gerald Reitlinger, ›Die Endlösung‹, S. 40.
7 Hans F. K. Günther, ›Adel und Rasse‹, o. O. 1926, zit. bei Hermann Glaser, ›Das Dritte Reich‹, S. 33.
8 Alfred Richter, ›Unsere Führer im Lichte der Rassenfrage und Charakterologie‹, S. 16.

9 H. Rauschning, aaO., S. 47.
10 ›Das Schwarze Korps‹, Gedenkartikel in der Ausgabe vom 11. Juni 1942. Die Beobachtung, Heydrich sei von seinen Gefolgsleuten mitunter »die blonde Bestie« genannt worden, wird von Willi Frischauer in ›Himmler, the Evil Genius of the Third Reich‹, London 1953, S. 35, mitgeteilt.
11 Vgl. dazu die Fotokopie beim Institut für Zeitgeschichte in München; ferner Charles Wighton, ›Heydrich. Hitler's Most Evil Henchman‹, S. 21 ff.
Einzelheiten zur Abstammung Heydrichs und mehr noch zu dessen Versuchen, die Hintergründe der Herkunft zu verschleiern, enthält das Buch von Walter Hagen (d. i. Willi Höttl), ›Die geheime Front‹, Linz und Wien 1950, S. 20 ff. Die Darstellung ist allerdings in den Fakten mitunter nicht ganz zuverlässig. Dagegen ist das Buch außerordentlich wertvoll auf Grund der von Hagen mitgeteilten persönlichen Beobachtungen. Auch ist er offenbar der erste gewesen, der die Persönlichkeit Heydrichs nicht in der Schablone des sadistischen Unmenschen gesehen hat, sondern sich bemüht zeigte, die komplizierten individuellen Strukturen aufzudecken.
Hagen hat im übrigen berichtet, Heydrich habe den Grabstein seiner Großmutter Sarah Heydrich auf dem Leipziger Friedhof entfernen und durch einen neuen Stein mit der unverfänglicheren Inschrift »S. Heydrich« ersetzen lassen; die Rechnung darüber soll bis zum Jahre 1945 bei der Adjutantur in Berlin existiert haben.
Dieser Hinweis geht allerdings von der Voraussetzung aus, daß der sog. jüdische Bluteinschlag Heydrichs nicht von der mütterlichen, sondern von der väterlichen Linie stammte. Das steht aber in Widerspruch zur Ahnenliste Heydrichs. Danach hieß nämlich die angebliche Sarah Heydrich tatsächlich Ernestine Wilhelmine, geb. Lindner. Nach dem frühen Tode ihres ersten Mannes heiratete sie in Meißen einen gewissen Robert Süß. Ähnlich wie Heydrichs Vater auf Grund dieser Verbindung gelegentlich Bruno Heydrich-Süß und, da der Name einen jüdischen Anklang besitzt, im Kollegenkreis weithin Isidor Süß genannt wurde, hat man der Mutter möglicherweise den Übernamen »Sarah« gegeben. Dieser Name hätte dann allerdings unter keinen Umständen auf dem Grabstein gestanden.
Den Hinweis, daß Bruno Heydrich von seinen Hallenser Kollegen allgemein Isidor Süß genannt wurde, verdankt der Verfasser dem Berliner Pianisten Helmut Maurer. Maurer, der in jenen Jahren als »ziviler Angestellter des Oberkommandos der Wehrmacht« im Amt Canaris tätig war, hat in einer Niederschrift betont, daß er noch 1940 auf dem Standesamt von Halle belastende Unterlagen über Heydrichs Abstammung abschriftlich erhalten habe. Maurer meint allerdings auch, daß, falls seine Erinnerung ihn nicht trügt, Heydrich der väterlichen Seite den jüdischen Blutanteil verdankte. Im übrigen widerspricht Maurers Aussage der Behauptung Hagens, daß Heydrich alle kompromittierenden Abstammungsunterlagen frühzeitig beseitigt habe. Die Ursache dieser Unstimmigkeit ist vermutlich nicht mehr zu klären. Tatsächlich spricht einiges dafür, daß Heydrich bei den Möglichkeiten, über die er verfügte, alle belastenden Dokumente aus Kirchen- und Standesregistern zu entfernen versuchte. Vgl. dazu auch das Ergebnis der Recherchen, die Robert M. W. Kempner in Nürnberg angestellt und in seinem Buch ›Eichmann und Komplicen‹, Zürich/Stuttgart/Wien 1961, S. 36 f., berichtet hat.
12 Vgl. W. Hagen, aaO., S. 13 f. Heydrich unterhielt Beziehungen zu der Tochter eines einflußreichen Kieler Kaufmanns, der über persönliche Kontakte zu den Marinebehörden, insbesondere auch zu Admiral Raeder verfügte. Nach der verbreiteten Version über die Umstände, die den Abschied mit sich brachten, soll das Mädchen schwanger geworden sein und Heydrich sich geweigert haben, mit ihm die Ehe einzugehen, da es mit der Ehre eines deutschen Offiziers nicht vereinbar sei,

eine schwangere Frau zu heiraten, selbst wenn er persönlich dafür die Verantwortung trage. Das scheint indessen tatsächlich eine von der Karikatur des deutschen Reserveleutnants bzw. vom ›Untertan‹ Heinrich Manns inspirierte Erfindung zu sein. Ch. Wighton hat demgegenüber auf S. 34 seines Buches über Heydrich unter Berufung auf Frau Lina Heydrich berichtet, Heydrich sei, als die Schwangerschaft mit der Tochter des Kaufmanns bekannt wurde, bereits mit seiner späteren Frau verlobt gewesen und habe sich geweigert, diese Verlobung zu lösen.

13 F. Kersten, aaO., S. 128.

14 AaO., S. 129 f.

15 W. Hagen, aaO., S. 15, der als prominentestes Beispiel für diesen Sachverhalt die geheimnisumwitterte Person Heinrich Müllers, des Chefs des Amtes IV im RSHA (Gestapo), anführt, der bis 1933 sogar ein ausgesprochener Gegner des Nationalsozialismus gewesen war. – Die Äußerung Frau Heydrichs über das mangelnde politische Interesse ihres Mannes in den zwanziger Jahren wird von Ch. Wighton, aaO., S. 35, überliefert. Frau Heydrich, die noch vor ihrem Mann der NSDAP beigetreten war, war es denn auch, die das Interesse Heydrichs an der Politik weckte.

16 Berichtet von Carl Jacob Burckhardt, ›Meine Danziger Mission‹, S. 57.

17 F. Kersten, aaO., S. 130.

18 Dieser Salon wurde unter dem Namen »Salon Kitty« geführt; vgl. dazu W. Schellenberg, aaO., S. 41.

19 Vgl. dazu Ch. Wighton, aaO., S. 124 ff.; ferner W. Hagen, aaO., S. 28 ff., und W. Schellenberg, aaO., S. 36 f.

20 Vgl. die Äußerungen bei W. Frischauer, aaO., S. 35; W. Hagen berichtet auf S. 24 seines Buches, Heydrich »entwickelte einmal den Gedanken, daß man die Stellung des Reichskanzlers von der des Führers abtrennen müsse. Was er dabei dem Führer zubilligte, war die mehr repräsentative Rolle eines Reichspräsidenten. Der Reichskanzler aber, der die wirkliche Macht in den Händen haben sollte – das war die Stellung, die er selbst einzunehmen gedachte. Heydrich war kein Träumer. Er spielte nicht mit solchen Ideen, er setzte sich ein Ziel und verfolgte es nach einem geradezu generalstabsmäßigen Plan.« Zum gleichen Thema auch: W. Schellenberg, aaO., S. 12. An anderer Stelle berichtet Schellenberg von dem Verhör, dem Himmler ihn wenige Tage nach dem Tode Heydrichs unterzog. Darin fragte der Reichsführer-SS: »Haben Sie Heydrich eingeredet, er sei der einzige Mann, der einmal als Nachfolger des Führers in Frage käme? Heydrich selbst hat mir gegenüber, wenn auch nur bruchstücksweise, derartiges verlauten lassen«; aaO., S. 262.

21 Vgl. Carl Haensel, ›Das Gericht vertagt sich‹, S. 61. Ulrich von Hassell notierte in seinem unter dem Titel ›Vom andern Deutschland‹ herausgegebenen Tagebuch S. 54 (Eintrg. vom 27. März 1939) eine Äußerung Frau Görings, wonach »Heydrich der Teufel« sei, Himmler dagegen »gänzlich unbedeutend und im Grunde harmlos!« Im gleichen Sinne äußerten sich W. Schellenberg, aaO., S. 36, sowie W. Hagen, aaO., S. 86; anders, aber wenig einleuchtend: Edward Crankshaw, ›Die Gestapo‹, S. 29 f.

22 F. Kersten, aaO., S. 118.

23 Ch. Wighton, aaO., S. 81.

24 W. Hagen, aaO., S. 86 f.; W. Schellenberg, aaO., S. 37.

25 Vgl. dazu Hannah Arendt, ›Elemente und Ursprünge totaler Herrschaft‹, S. 614 ff., die den gesamten Themenbereich von Terror und totalitärem Herrschaftssystem analysiert hat. Kaum etwas beweist im übrigen den totalitären Charakter des nationalsozialistischen Regimes nachdrücklicher als die Tatsche, daß die beiden erstaunlichsten Karrieren (neben derjenigen Bormanns, die auf anderen Voraussetzungen beruhte) auf dem Wege über die Politische Polizei gemacht wurden.

26 Vgl. Karl Heinz Abshagen, ›Canaris‹, S. 146 f. – Die erwähnte Niederschrift H. Maurers berichtet, Canaris habe Heydrich eines Abends zu sich geladen und ihm »in aller Freundlichkeit« eröffnet, daß er es verstanden habe, sich in den Besitz der belastenden Abstammungsurkunden zu bringen. Heydrich, so fährt Maurer fort, »nahm das lächelnd zur Kenntnis und änderte von da ab sein Verhalten uns gegenüber. Er zog die Konsequenzen, ließ uns in Ruhe . . .« Diese Schilderung deckt sich mit Äußerungen, die der ehemalige Staatssekretär im Reichsinnenministerium, Wilhelm Stuckart, gegenüber R. M. W. Kempner gemacht hat. Auch Stuckart meinte im übrigen, Canaris habe sich eben durch den Besitz der Dokumente »vor einem Zugriff Heydrichs schützen« können; vgl. R. M. W. Kempner, aaO., S. 37. Anderer Auffassung ist Abshagen, S. 148, der dieser Version skeptisch begegnet, da »Canaris nach einwandfreien Zeugnissen aus seiner Umgebung« Heydrich stets gefürchtet habe. Aber das muß sich keineswegs widersprechen. Natürlich blieb Heydrich, auch nachdem Canaris die Unterlagen sichergestellt hatte, ein außerordentlich gefährlicher Gegner.

27 Die Mitwirkung des deutschen Geheimdienstes an der Affaire Tuchatschewski ist, vor allem was den Umfang dieser Mitwirkung betrifft, bis heute umstritten. Eine in der Zeitschrift ›Die Gegenwart‹, 13. Jhg., S. 76, ohne Verfasserangabe erschienene Untersuchung gelangte zu folgendem, vorsichtig abwägendem Ergebnis, das vorerst jedenfalls das wohl letzte Wort zu diesem Geschehen bleiben muß:
»Mit einer an Bestimmtheit grenzenden Wahrscheinlichkeit ist die Tuchatschewski-Affaire nicht von den Machthabern des Dritten Reiches inszeniert worden.
Es kann auf der anderen Seite mit der gleichen an Wahrscheinlichkeit grenzenden Bestimmtheit angenommen werden, daß die Machthaber des Dritten Reiches irgendwie ihre Finger in der Tuchatschewski-Affaire hatten.
Es ist äußerst wahrscheinlich, daß sie versuchten, zum Sturze von Marschall Tuchatschewski beizutragen. Es ist fast bewiesen, daß sie sich dessen rühmten.
Es ist möglich, daß Heydrich und Konsorten die geschobenen und unbewußten Werkzeuge Stalins waren.«

28 Dazu: Walter Hagen, ›Unternehmen Bernhard. Ein historischer Tatsachenbericht über die größte Geldfälschungsaktion aller Zeiten‹, Wels und Starnberg 1955.

29 W. Hagen, ›Die geheime Front‹, S. 34. Von einem Giftanschlag auf ihre Person durch Heydrich berichten W. Schellenberg, aaO., S. 14, und Rudolf Diels, ›Lucifer ante portas‹, S. 423 f.

30 Vgl. IMT XII, S. 283 (Aussage Gisevius). Himmler erklärte in seiner Gedenkrede (hier zitiert nach einer Fotokopie beim Institut für Zeitgeschichte in München): »Aus unzähligen Gesprächen mit Heydrich aber weiß ich, was dieser nach außen so hart sein müssende und strenge Mann in seinem Herzen oft gelitten und gerungen hat, und was es ihn manchmal kostete, dennoch immer wieder nach dem Gesetz der SS, das uns verpflichtet, ›weder eigenes noch fremdes Blut zu schonen, wenn es das Leben der Nation verlangt‹, zu entscheiden und zu handeln«; vgl. dazu auch C. J. Burckhardt, aaO., S. 56.

31 Vgl. dazu G. Reitlinger, aaO., S. 26.; ferner W. Hagen, ›Die geheime Front‹, S. 38.

32 F. Kersten, aaO., S. 131. Die Äußerung gegenüber W. Schellenberg wird von Ch. Wighton, aaO., S. 221, berichtet. Die erwähnte Schrift Heydrichs ist als Sonderdruck aus dem ›Schwarzen Korps‹, München-Berlin 1936, veröffentlicht worden.

33 F. Kersten, aaO., S. 121 und S. 129 f.; ferner W. Schellenberg, aaO., S. 37.

34 W. Hagen, ›Die geheime Front‹, S. 24. Die Auffassung, daß auch die von Canaris ausgehenden Befürchtungen eine Rolle gespielt haben, vertritt H. Maurer in

seiner erwähnten Niederschrift. Die Äußerung Hitlers, Heydrich gehe als sein »Herzog Alba« nach Prag, berichtet Otto Meißner, in: ›Staatssekretär‹, S. 593. Der im Text weiter unten erwähnte Besuch im FHQ wird geschildert bei W. Schellenberg, aaO., S. 257. Zum Verhältnis Himmler-Heydrich vgl. ebd. S. 255 sowie W. Hagen, aaO., S. 24. Ferner auch G. Reitlinger, ›Die SS‹, S. 212.

35 W. Frischauer, aaO., S. 192; ferner Wenzel Jaksch, ›Europas Weg nach Potsdam. Schuld und Schicksal im Donauraum‹, Stuttgart 1958, S. 371, sowie Ch. Wighton, aaO., S. 252 ff. – Vgl. in diesem Zusammenhang auch die von Goebbels in den ›Tagebüchern 1942/43‹ berichtete Äußerung Hitlers, Heydrichs Politik im Protektorat sei »als geradezu vorbildlich anzusprechen« (aaO., S. 45, Eintrg. vom 21. Jan. 1942). Über entsprechende Äußerungen Hitlers berichtete auch Himmler seinem Masseur F. Kersten: »Heydrich habe es als einer der wenigen verstanden, ein Fremdvolk richtig zu behandeln. Hätte er mit Kommißstiefeln auf den Tschechen herumgetrampelt, hätte der Secret Service ihm eine Ehrenwache gestellt, damit ihm nichts passiere . . . «; vgl. aaO., S. 127. Zur Politik Heydrichs siehe auch Goebbels ›Tagebücher 1942/43‹, S. 90 (Eintrg. vom 15. Februar 1942).

36 F. Kersten, aaO., S. 127.

37 Vgl. den ›Abschlußbericht: Attentat auf den SS-Obergruppenführer Heydrich am 27. 5. 1942 in Prag, Anl. D‹ beim Institut für Zeitgeschichte in München, Nr. 1982/57.

38 Vgl. Alexander Mitscherlich/Fred Mielke, ›Medizin ohne Menschlichkeit. Dokumente des Nürnberger Ärzteprozesses‹, Frankfurt/Main 1960, S. 132 f.

39 W. Schellenberg, aaO., S. 261.

40 Achim Besgen, ›Der stille Befehl. Medizinalrat Kersten, Himmler und das Dritte Reich‹, München 1960, S. 185.

41 Vgl. W. Frischauer, aaO., S. 35. W. Schellenberg pflegte übrigens zu betonen, Heydrich würde nicht gezögert haben, selbst Hitler zu beseitigen, hätte er noch mit eigenen Augen den Weg in die totale Katastrophe verfolgt. Doch beruht diese Annahme offenbar allein schon auf einer Überschätzung der machttechnischen Möglichkeiten Heydrichs.

42 C. J. Burckhardt, aaO., S. 56.

43 H. Rauschning, aaO., S. 22.

44 F. Kersten, aaO., S. 129.

Heinrich Himmler *Kleinbürger und Großinquisitor*

1 Die eine der beiden Totenmasken wurde im Sommer 1945 von der Zeitschrift ›Time‹ abgebildet, die andere wurde in den Abbildungsteil dieses Buches aufgenommen.

2 Heinrich Himmler, ›Die Schutzstaffel als antibolschewistische Kampforganisation‹, München 1936, S 29; »gnadelos« war eines der Lieblingsworte Himmlers überhaupt, das in zahlreichen Reden, meist vielfach wiederholt, auftauchte.

3 Speers Urteil wird berichtet von Alexander Dallin, ›Deutsche Herrschaft in Rußland 1941–1945‹, S. 40. Walter Schellenberg berichtet in seinen ›Memoiren‹, S. 71, daß Himmler tatsächlich Zensuren zu erteilen pflegte. Durchweg auf der gleichen Linie liegen die Urteile bei Friedrich Hoßbach, ›Zwischen Wehrmacht und Hitler‹, S. 33; Graf Folke Bernadotte, ›Das Ende‹, Zürich-New York 1945, S. 33, sowie die zahlreichen Bewertungen, die Gerald Reitlinger in seinem Buch ›Die SS‹, S. 22 ff.,

zusammengetragen hat. Tatsächlich wäre vermutlich auch ein gefühlsbestimmterer Mensch als Himmler zum Perfektionismus dieses Ausrottungssystems unfähig gewesen. Vgl. dazu Hedwig Conrad-Martius, ›Utopien der Menschenzüchtung‹, S. 160.

4 Walter Dornberger, ›V 2‹, London 1954, zit. nach Edward Crankshaw, ›Die Gestapo‹, S. 28. Der Engländer Stephen H. Roberts beschrieb Himmler als einen »Mann großer Höflichkeit, der noch an den einfachen Dingen des Lebens interessiert ist. Er ist ohne Pose und führt sich nicht wie die andern Nazis wie ein Halbgott auf ... Niemandem könnte man weniger seinen Beruf als Polizeichef von Deutschland ansehen...«; zit. nach Hannah Arendt, ›Elemente und Ursprünge totaler Herrschaft‹, S. 505.

5 Hugh R. Trevor-Roper, ›Hitlers letzte Tage‹, S. 28.

6 Carl Jacob Burckhardt, ›Meine Danziger Mission 1937–1939‹, S. 124 f.

7 W. Schellenberg, aaO., S. 40. Zu den im übrigen erwähnten Vorstellungskomplexen vgl. vor allem Felix Kersten, ›Totenkopf und Treue‹.

8 Adolf Hitler, ›Mein Kampf‹, S. 394 ff.

9 Zit. bei Max Domarus, aaO., S. 894.

10 Zit. bei H. R. Trevor-Roper, aaO., S. 30.

11 Rede Himmlers auf der SS-Gruppenführertagung in Posen am 4. Oktober 1943; IMT XXIX, S. 115 (1919-PS).

12 Karl O. Paetel, ›Die SS‹, in: VJHfZ 1954/H. 1, S. 23.

13 AaO., S. 24.

14 F. Kersten, aaO., S. 392.

15 AaO., S. 156 f.

16 St. H. Roberts, zit. bei H. Arendt, aaO., S. 505.

17 IMT XXIX, S. 122 f. sowie S. 145. Es handelt sich dabei keineswegs um eine Textstelle, die Ausnahmecharakter besitzt. Viele der Motive, die in dieser Rede anklingen, von den Härtevorstellungen bis zum Kinderraubkomplex, tauchen auch in anderen Reden auf. Vgl. dazu die Ansprache Himmlers auf einer Befehlshabertagung in Bad Schachen vom 14. Oktober 1943, IMT XXXVII, S. 498 ff. (Dok. 070-L), oder die Denkschrift Himmlers über die Behandlung der Fremdvölkischen im Osten vom Mai 1940, abgedr. in VJHfZ 1957/H. 2, S. 194 ff. Die Bezugnahme auf den verderblichen Einfluß Herders findet sich auch in der Rede, die Himmler am 16. September 1942 in der Feldkommandostelle Hegewald gehalten hat; vgl. H. A. Jacobsen/W. Jochmann, ›Ausgewählte Dokumente zur Geschichte des Nationalsozialismus‹.

18 F. Kersten, aaO., S. 400. Vgl. dazu auch W. Schellenberg, aaO., S. 40. Dr. Karl Gebhardt, ein Jugendfreund Himmlers und Leiter der Heilstätte Hohenlychen, erklärte im Nürnberger Ärzteprozeß (Prot. S. 3991 f.): »Himmler stammt aus derselben Stadt wie ich, aus Landshut ... Wenn mein Elternhaus ein besonders liberales, freies, beruhigtes Haus war, so war das Himmler'sche Elternhaus das eines strengen, orthodox katholischen Schulmeisters, der seinen Sohn sehr streng und sehr kurz hielt.« Ferner: George W. F. Hallgarten, ›Mein Mitschüler Heinrich Himmler. Eine Jugenderinnerung‹, in: ›Germania – Judaica. Bulletin der Kölner Bibliothek zur Geschichte des deutschen Judentums‹, 1960/61, Nr. 2, S. 4 ff.

19 F. Kersten, aaO., S. 396 f.

20 Rede Himmlers vor den Reichsleitern und Gauleitern der NSDAP am 3. August 1944 in Posen, in: VJHfZ 1953/H. 4, S. 393.

21 Zur Quedlinburger Rede vgl. ›Das Archiv. Nachschlagewerk für Politik, Wirtschaft, Kultur‹, Hrsg. von Alfred-Ingemar Berndt, Jhgg. 1936/37, Lieferung Juli 1936, S. 518 ff.; das andere Zitat stammt aus H. Himmler, ›Die Schutzstaffel als antibolschewistische Kampforganisation‹, S. 28.

22 So jedenfalls Joseph Wulf, ›Heinrich Himmler. Eine biographische Studie‹, Berlin 1960, S. 8 f.

23 Vgl. dazu den Beitrag über R. Heydrich. Der Hinweis, daß die SS am 30. Januar 1933 52 000 Mitglieder zählte, findet sich bei Gunther d'Alquen, ›Die SS. Geschichte, Aufgabe und Organisation der Schutzstaffeln der NSDAP‹, Berlin 1939, S. 12.

24 Vgl. ›Dokumente der Deutschen Politik‹, Bd. IV, S. 37 f. Tatsächlich ist der 30. Juni 1934 eines der ganz entscheidenden Daten in der Geschichte des Nationalsozialismus, gewiß nicht viel folgenärmer als bspw. der 30. Januar 1933; denn er beseitigte nicht nur alle oppositionellen Regungen, sei es innerhalb der SA, der Wehrmacht oder des Bürgertums, fegte nicht nur die letzten rechtsstaatlichen Sicherungen durch die Selbsternennung Hitlers zum Obersten Gerichtsherrn hinweg, sondern öffnete auch der SS den Weg zu ihrer späteren Macht. Ende der dreißiger Jahre war Himmler tatsächlich neben Hitler der mächtigste Mann des Regimes, und es ist immerhin aufschlußreich, daß Stalin bei der Unterzeichnung des Moskauer Abkommens im Anschluß an seinen Toast auf Hitler einen Trinkspruch auf Himmler als den »Garanten der Ordnung in Deutschland« ausbrachte; vgl. ›Das politische Tagebuch Alfred Rosenbergs‹, S. 82 f. (Eintrg. vom 5. Oktober 1939).

25 K. O. Paetel, aaO., S. 13.

26 So die von Himmler ausgearbeitete Satzung des Instituts; vgl. IMT XXVI, S. 61.

27 Vgl. dazu Eugen Kogon, ›Der SS-Staat‹, S. 276 ff. Kogon meint allerdings, daß »im Sumpf der SS-Korruption . . . sehr selten einmal jemand zugrunde gegangen« sei, und weist nach, daß auch hier die aufrichtige Phrase nur die Wirklichkeit kaschierte. So war Himmler in dem berühmtesten Korruptionsfall in der Geschichte der SS lange Zeit bemüht, den Hauptangeschuldigten, den Kommandanten von Buchenwald, Koch, gegen die Vorwürfe des SS-Obergruppenführers Prinz Waldeck in Schutz zu nehmen. Prinz Waldeck gelang es in seiner Eigenschaft als Höherer SS- und Polizeiführer des Gebietsabschnitts, zu dem Buchenwald gehörte, das Verfahren schließlich doch in Gang zu setzen. Dies freilich erst, nachdem Koch zu einer »öffentlichen Belastung der SS« geworden war. Vgl. auch IMT XLII, S. 543 ff. (Affidavit SS-64) und S. 551 ff. (Affidavit SS-65).

28 IMT XXIX, S. 146.

29 Darauf hat vor allem E. Kogon, aaO., S. 34, und im Anschluß an ihn und ein gefügt in das System ihrerAnalyse totalitärer Herrschaftsstrukturen H. Arendt, aaO., S. 644 ff., hingewiesen.

30 K. O. Paetel, aaO., S. 29. Vgl. dazu auch den Beitrag über Ernst Röhm.

31 IMT XXIX, S. 104 f. Aus der gleichen Rede stammt die Bemerkung: »Bei ihm (dem Russen; d. Verf.) macht es nur die Masse, und diese Masse muß eben zertreten und abgestochen, abgeschlachtet werden. Es ist, um einmal ein ganz brutales Beispiel zu gebrauchen, wie bei einem Schwein, das abgestochen wird und allmählich ausbluten muß . . .« (aaO., S. 115).

32 Rede in Bad Schachen, IMT XXXVII, S. 519.

33 Schwerin von Krosigk, ›Es geschah in Deutschland‹, S. 248.

34 Himmler in seiner Posener Rede: »Entstanden sind wir durch das Gesetz der Auslese. Wir haben ausgelesen aus dem Durchschnitt unseres Volkes . . . Wir sind teils nach dem äußeren Erscheinungsbild gegangen und haben . . . dann dieses Erscheinungsbild überprüft durch immer neue Forderungen, durch immer neue Proben, körperlich und geistig, charakterlich und seelisch. Wir haben immer wieder ausgesucht und abgestoßen, was nicht langte . . . Wir sind verpflichtet, wann immer wir zusammenkommen, uns unseres Grundsatzes zu erinnern: Blut, Auslese, Härte«; IMT XXIX, S. 147 f.

35 Vgl. ›Aufbau‹, New York 1946, Nr. 34.
36 F. Kersten, aaO., S. 100.
37 AaO., S. 144 ff.
38 E. Kogon, aaO., S. 157 ff.; VJHfZ 1957/H. 2, S. 194 ff.
39 Werner T. Angress/Bradley F. Smith, ›Diaries of Heinrich Himmlers Early Years‹, zit. nach W. Sauer, in: K. D. Bracher/W. Sauer/G. Schulz, ›Die nationalsozialistische Machtergreifung‹, S. 928.
40 So Dr. Kurt Schilling, der in Dachau durch Experimente an Häftlingen ein Malaria-Serum suchte; vgl. G. M. Gilbert, ›Nürnberger Tagebuch‹, S. 102. Daneben waren diese Versuche Teil jener weitgesteckten Bemühung, eine »SS-eigene Wissenschaft« aufzubauen; vgl. dazu Alexander Mitscherlich/Fred Mielke, ›Medizin ohne Menschlichkeit. Dokumente des Nürnberger Ärzteprozesses‹, Frankfurt/Main 1960. In diesem Zusammenhang muß auch der sogenannte Freundeskreis Himmler erwähnt werden, ein Zusammenschluß vorwiegend industrieller Förderer der SS. Einige der Mitglieder dieses Kreises haben Himmler und den Quacksalbern in seiner Umgebung offenbar manche Anregung vermittelt, boten doch die Humanversuche in den Konzentrationslagern eine unvergleichliche Gelegenheit zur Abkürzung langwieriger und kostspieliger Versuchsreihen; vgl. A. Mitscherlich/F. Mielke, aaO., S. 69 ff.; ferner den in der Analyse hoffnungslos in den bekannten Klischees versinkenden, doch im Tatsachenmaterial aufschlußreichen Artikel von Klaus Drobisch, ›Der Freundeskreis Himmler. Ein Beispiel für die Unterordnung der Nazipartei und des faschistischen Staatsapparats durch (!) die Finanzoligarchie‹, in: ›Zeitschrift für Geschichtswissenschaft‹, Ost-Berlin 1960, H. 2, S. 304 ff.
41 F. Kersten, aaO., S. 150; auch pflegte Himmler sich gern mit der Geschichte selbst zu identifizieren, die, zum Unglück für die Menschen, eben »unsentimental« sei, wie er meinte: vgl. VJHfZ 1953/H. 4, S. 364.
42 Himmlers Ausführungen über den SS-Staat Burgund sind in der englischen Ausgabe der Erinnerungen F. Kerstens wiedergegeben, fehlen dagegen in der deutschen Fassung. Hier wird die von K. O. Paetel, aaO., S. 16 f., angegebene Textstelle zugrunde gelegt. Wiederum anderes Material als die deutsche oder englische Ausgabe der Memoiren Kerstens enthält außerdem das Buch von Achim Besgen, ›Der stille Befehl. Medizinalrat Kersten, Himmler und das Dritte Reich‹, München 1960. Auch Elsaß-Lothringen spielte übrigens in den Zukunftskonzepten der SS eine bedeutende Rolle vor allem als Siedlungsgebiet; vgl. Paul Kluke, ›Nationalsozialistische Europaideologie‹, in: VJHfZ 1955/H. 3.
43 F. Kersten, aaO., S. 398; andererseits wurde Himmler durch jede kritische Bemerkung Hitlers in höchste Bestürzung versetzt, die, wie Kersten berichtet, teilweise heftige körperliche Reaktionen auslöste. Ähnlich seinen meisten Führungspartnern, glich auch für ihn jeder Gang ins Führerhauptquartier einer Examenssituation.
44 W. Schellenberg, aaO., S. 73. Desgleichen berichtet C. J. Burckhardt, aaO., S. 124, daß Himmler mitunter versuchte, seinen Augen »nach berühmten Beispielen, einen starren, hypnotischen Blick« zu geben.
45 F. Kersten, aaO., S. 395 und S. 189 f.
46 Vgl. u. a. Allen Welsh Dulles, ›Verschwörung in Deutschland‹, S. 185 ff.; ferner: G. Reitlinger, aaO., S. 284 f. Eher verdächtig stimmt auch die lange Rechtfertigungspassage in der Rede, die Himmler am 4. August 1944 vor den Reichs- und Gauleitern hielt; vgl. VJHfZ 1953/H. 4, S. 375 ff.
47 Zit. bei J. Wulf, aaO., S. 32. Masur erwiderte auf Himmlers Begrüßung: »Dafür ist zuviel Blut zwischen uns. Aber ich danke Ihnen, daß Sie mich ermächtigt haben zu kommen, und ich hoffe, daß unsere Begegnung vielen Menschen das Leben retten

wird.« Tatsächlich gelang es Masur, für einige Tausend Häftlinge die Freiheit zu erwirken.

48 Walter Lüdde-Neurath, ›Regierung Dönitz. Die letzten Tage des Dritten Reiches‹, Göttingen 1953, 2. Aufl., S. 85 ff. Zu den übrigen Einzelheiten über die letzten Wochen Himmlers vgl. W. Schellenberg, aaO., G. Reitlinger, J. Wulf, Folke Bernadotte und die Memoiren und Darstellungen Beteiligter. Möglicherweise waren Himmlers Mangel an Realismus sowie seine Unschlüssigkeit in der letzten Zeit auch durch den Tod Heydrichs bedingt. Daß dieses Ereignis nachhaltige Wirkung auf ihn und seine Position gehabt hat, ist unbestreitbar, und Göring hat geäußert, daß seit dem Tode Heydrichs »gegen Himmler alles möglich« war; vgl. Carl Haensel, ›Das Gericht vertagt sich‹, S. 61.

49 So von W. Schellenberg berichtet; vgl. F. Bernadotte, aaO., S. 111.

50 Aussage Ohlendorf, zit. bei G. Reitlinger, ›Die Endlösung‹, S. 543. Auch Schwerin von Krosigk versuchte, dem Reichsführer-SS klarzumachen, daß es nur eine ehrenhafte Verhaltensweise für ihn gebe: sich zu stellen und die Verantwortung für die SS zu übernehmen. Aber Himmler lehnte das ab. Vgl. G. Reitlinger, ›Die SS‹, S. 434. Einen entsprechenden Versuch unternahm auch Albert Speer; vgl. IMT XLI, S. 540 (Aussage W. Baumbach).

51 F. Kersten, aaO., S. 328.

52 Rudolf Höß, ›Kommandant in Auschwitz‹, S. 144.
Tatsächlich hat Himmler die ideologischen Begründungen in der letzten Phase völlig aufgegeben. Masur gegenüber versuchte er die Ausrottungsmaßnahmen mit der Behauptung zu rechtfertigen, daß sich Ansteckungsgefahren für die deutschen Truppen ergeben hätten: »Die jüdischen Massen waren durch schwere Seuchen infiziert, besonders Flecktyphus herrschte. Ich selbst habe Tausende von meinen besten SS-Leuten durch diese Epidemien verloren. Und die Juden halfen den Partisanen ... Um den Seuchen ein Ende zu bereiten, waren wir gezwungen, die Leichen einer nicht festzustellenden Anzahl von Menschen, die der Krankheit erlegen waren, zu verbrennen. Wir mußten daher die Krematorien bauen, und deshalb wird für uns die Henkersschlinge vorbereitet«; zit. bei G. Reitlinger, ›Die Endlösung‹, S. 544.

53 IMT XXIX, S. 147 und S. 167.

MARTIN BORMANN *Die braune Eminenz*

1 Dieser Ausdruck stammt von Hannah Arendt, die dem hier beschriebenen Sachverhalt in ihrem Buch ›Elemente und Ursprünge totaler Herrschaft‹, S. 580 ff., ein Kapitel gewidmet hat, dem der Verf. sich verpflichtet weiß. Auch hat sie nachgewiesen, daß sowohl die eigentümliche Strukturlosigkeit als auch die Verdoppelung und schließliche Multiplikation der Instanzen bzw. Institutionen eine Erscheinung ist, die in mehr oder minder starkem Maße dem sowjetrussischen und dem nationalsozialistischen Herrschaftssystem gemeinsam ist. Das eindrucksvolle Buch treibt allerdings gerade in diesem Teil der Darstellung die Abstraktionen mitunter allzusehr ins Prinzipielle vor. Die Beschreibung der totalitären Herrschaftsstrukturen mutet daher bisweilen wie die Beschreibung der Bedingungen an, die ein totalitäres Regime erfüllen müßte, um ganz totalitär zu sein, während die Verfasserin davon ausgeht, daß dies bereits die nationalsozialistische (oder sowjetrussische) Realität gewesen sei. Offenbar traut sie den totalitären Machttechnikern ein geradezu grenzenloses diabolisches Ingenium zu und sieht wohl doch in vielem Absicht und

System, was in Wirklichkeit nur Zufall und nicht selten auch Schlamperei, Ignoranz, Gleichgültigkeit usw. war, Faktoren also, die in den Entscheidungen oder Verhaltensweisen totalitärer Systeme zweifellos eine größere Rolle spielen, als man gemeinhin annimmt.

2 Hans Buchheim, ›Totalitäre Herrschaft‹, S. 110, sowie das ganze Kapitel ›Totalitäre Herrschaft und Staat‹, S. 109 ff.

Die Konfusionstechnik, von der die Rede war, wurde noch dadurch vervollkommnet, daß man nicht nur sachlich die Instanzen spaltete, sondern auch die herkömmlichen geographischen Gliederungen zerschnitt, neu zusammenfaßte, überlagerte usw. Die Gebiete der HJ beispielsweise hatten territorial nichts mit den Gauen gemeinsam, diese wiederum nichts mit der geographischen Struktur und Lage der SA-Stäbe, der SS-Führungsämter usw., während alle zusammen der Einteilung der Länder zuwiderliefen. Vgl. H. Arendt, aaO., S. 588.

3 Der Begriff »Geheime Staatspolizei« scheint diesen Überlegungen zu widersprechen, da er die Gestapo offensichtlich der staatlichen Sphäre zuordnet. Indessen zeigt sich hier nur eine weitere terminologische Unklarheit. Reinhard Höhn hat denn auch darauf hingewiesen, »daß die Aufgabe der Geheimen Staatspolizei . . . von einer Gemeinschaft von Menschen übernommen wurde, die aus der Bewegung stammen und weiterhin in ihr verankert sind. Darauf, daß das Wort Staatspolizei dem eigentlich nicht Rechnung trägt, soll nur hingewiesen werden«; vgl. ›Grundfragen der deutschen Polizei‹, zit. bei H. Arendt, aaO., S. 587.

Die Wendung: »Die Partei befiehlt dem Staat«, wie sie noch während des Machtergreifungsprozesses geläufig wurde, traf den wahren Sachverhalt weit eher. Wenn sie neben der schließlich auch gesetzlich verankerten Formel der »Einheit von Partei und Staat« weiterlief, so zeigt das nur erneut die Gleichgültigkeit oder Verwirrabsichten des Regimes in den sachlichen Zuständigkeitsregelungen. Im übrigen hatte natürlich auch die Partei oder richtiger: die Bewegung kein originäres Befehlsrecht, sondern allein Hitler selbst. Vgl. dazu auch das freilich etwas künstlich wirkende System der Präponderanzen, das Franz Neumann in seinem Buch ›Behemoth‹, S. 66 ff., aufgestellt hat. Neumann überschätzt das Gewicht sachlicher Kompetenzen und vernachlässigt darüber die in den totalitären Systemen entscheidende Bedeutung der persönlichen Beziehungen. Oft waren die Befugnisse einer Machtgruppe oder Instanz von der (noch dazu schwankenden) Stellung abhängig, die deren jeweiliger Repräsentant am Hofe Hitlers besaß.

Vgl. im weiteren Zusammenhang auch Hans Buchheim, »Der Stellvertreter des Führers«, in: ›Gutachten des Instituts für Zeitgeschichte‹, S. 324.

4 H. Arendt, aaO., S. 594.

5 ›The Bormann Letters‹ The Private Correspondance between Martin Bormann and his Wife from January 1943 to April 1945. Edited by Hugh R. Trevor-Roper‹, London 1954, S. 25 (Brief vom 10. September 1943). Die Rechte an diesen Briefen erwarb kurz nach Kriegsende der Schweizer Anwalt François Genoud, der auch das Verfügungsrecht über weitere nationalsozialistische Quellen besitzt und damit zu einer Art literarischem Nachlaßverwalter des Nationalsozialismus geworden ist. Obwohl von den Briefen Bormanns inzwischen eine englische Ausgabe erschienen ist, ist eine deutsche Veröffentlichung bisher nicht zustande gekommen. Die hier angeführten Zitate sind folglich durchweg Rückübersetzungen aus der englischen Ausgabe und werden daher gelegentlich vom genauen Wortlaut des Originals abweichen.

6 ›Hitlers privates Testament‹; zit. nach A. Bullock, ›Hitler‹, S. 795. Bormann war in allem das strikte Gegenbild zu Göring, gewissermaßen dessen charakterologisches

Negativ. Er hat denn auch Göring bis zum Ende mit außerordentlichem Haß verfolgt, und ein großer Teil der Einflußminderung, der Göring sich ausgesetzt sah, geht zweifellos auf Bormanns Betreiben zurück.

7 Alfred Rosenberg, ›Letzte Aufzeichnungen‹, S. 207.

8 Als »böser Geist« Hitlers wurde Bormann in dem von Albert Zoller niedergeschriebenen Erfahrungsbericht einer der Sekretärinnen Hitlers bezeichnet. Alfred Rosenberg (aaO., S. 206) und Hans Frank (›Im Angesicht des Galgens‹, S. 159) haben daraus den erwähnten Schluß gezogen, Bormann habe Hitler verdorben, eine Vorstellung, auf die tatsächlich nur naivgläubige Nationalsozialisten wie Frank und Rosenberg verfallen konnten.

9 H. Frank, aaO., S. 159.

10 Vgl. Hildegard Springer, ›Das Schwert auf der Waage‹, S. 245.

11 H. R. Trevor-Roper, ›Hitlers letzte Tage‹, S. 47. Vgl. auch Görings Äußerung zu G. M. Gilbert in dessen ›Nürnberger Tagebuch‹, S. 211.

12 A. Zoller, ›Hitler privat‹, S. 220 f.; vgl. auch die von Heinrich Hoffmann, ›Hitler was my friend‹, London 1955, S. 216, berichtete, leidenschaftliche Verteidigung Bormanns durch Hitler, in deren Verlauf dieser erklärte: »Um den Krieg zu gewinnen, brauche ich Bormann«; und: »Wer immer gegen Bormann ist, ist gegen den Staat.« Hoffmann schreibt, er habe Hitler nie so erregt gesehen.

13 Vgl. A. Rosenberg, aaO., S. 206: »Der Weg Martin Bormanns war aber auch von der kühnsten Phantasie nicht vorauszusehen.«

14 Goebbels, ›Tagebücher 1942/43‹, S. 252 (Eintrag. vom 6. März 1943).

15 ›The Bormann Letters‹, S. 146 (Brief vom 4. November 1944).

16 Bormann wurde am 17. Juni 1900 in Halberstadt als Sohn eines Postbeamten und ehemaligen Oberfeldwebels geboren.

17 Vgl. die Schilderung des Tatherganges bei Emil Julius Gumbel, ›Verräter verfallen der Feme. Opfer, Mörder, Richter 1919–1929‹, Berlin 1929, S. 188 ff. Bormann, der für seine Tatbeteiligung zu einer Gefängnisstrafe verurteilt wurde, ließ später in seinen Lebensbeschreibungen verbreiten, daß »die Abneigung gegen das Novembersystem . . . ihm 1924 ein Jahr Gefängnis« eingebracht habe; vgl. den Artikel ›Profile der Zeit: Reichsleiter Martin Bormann‹, in: ›Deutsche Ukrainerzeitung‹ vom 3. September 1942. Dazu auch: ›Münchener Neueste Nachrichten‹ vom 18. Juni 1940 in einer Gedenknotiz zum 40. Geburtstag.

18 Vgl. bspw. Walter Schellenberg, ›Memoiren‹, S. 179; H. Frank, aaO., S. 159.

19 H. Frank, aaO., S. 161.

20 A. Rosenberg, aaO., S. 206. Dazu auch Schwerin von Krosigk, ›Es geschah in Deutschland‹, S. 244.

21 Im Spruchkammerverfahren der Stadt Linz wurde festgestellt, daß der gesamte Komplex auf dem Obersalzberg aus 87 Gebäuden bestand und einen Wert von ca. 1,5 Millionen Mark besaß. Vgl. in diesem Zusammenhang die im übrigen wenig befriedigende Biographie von Joseph Wulf, ›Martin Bormann. Hitlers Schatten‹, Gütersloh 1962, S. 31 ff.; ferner: Otto Dietrich, ›12 Jahre mit Hitler‹, S. 211 f.

22 R. Semmler, ›Goebbels‹, S. 33.

23 Vgl. zur Funktionsänderung des Amtes: Hans Buchheim, aaO., S. 323 ff.

24 A. Zoller, aaO., S. 223.

25 R. Semmler, aaO., S. 177; Wilfried von Oven, ›Mit Goebbels bis zum Ende‹, Bd. II, S. 89 ff.

26 W. Schellenberg, aaO., S. 188.

27 Vgl. Schwerin von Krosigk, aaO., S. 244; H. Frank, aaO., S. 323.

28 A. Zoller, aaO., S. 43.

29 ›The Bormann Letters‹, S. 48 (Randnotiz auf einem Brief Gerda Bormanns vom 4. Februar 1944).

30 H. R. Trevor-Roper, ›Martin Bormann‹, in: ›Der Monat‹, Mai 1954, Heft 68, S. 172 ff. Zur gesamten Frage auch IMT 2100-PS. Schon zu Beginn des Jahres 1942 konnte Bormann eine Verordnung durchsetzen, wonach die Mitwirkung der Partei an allen Gesetzgebungsakten, bei Ernennungen, Beförderungen usw. ausschließlich über seine Person zu erfolgen habe.

31 IMT 075-D. Ulrich von Hassell, ›Vom andern Deutschland‹, S. 258, hat darüber mit Recht geurteilt: »Das Schreiben beruht im übrigen auf einer Begründung, die an idiotischer Geschichtsfälschung und Unbildung nicht zu überbieten ist.« Zur gesamten Frage der nationalsozialistischen Kirchenpolitik siehe auch H. Buchheim, aaO., S. 13 ff., ferner K. D. Bracher, in: K. D. Bracher/W. Sauer/G. Schulz, ›Die nationalsozialistische Machtergreifung‹, S. 326 ff.

32 ›The Bormann Letters‹, S. 42 ff. Gerda Bormann war die Tochter von Major Walter Buch, dem Vorsitzenden des Parteigerichts. Bormann hatte sie im Jahre 1929 geheiratet und zehn Kinder von ihr, um die er sich stets außerordentlich besorgt zeigte. Vgl. dazu J. Wulf, aaO., S. 17 ff.
Wie aus dem Briefwechsel hervorgeht, schickte Bormann übrigens nicht nur die Briefe seiner Frau nach Hause zurück, damit sie dort abgeheftet würden, sondern auch die Liebesbriefe von »M.« – ein Bürokrat durch und durch, der selbst die Romanze im Aktenschrank verwahrte.

33 Vgl. H. Buchheim, aaO., S. 43. H. Frank, aaO., S. 323, behauptet sogar, Bormann habe die bereits verschickten Exemplare seines Schreibens an die Gauleiter wieder zurückfordern müssen, nachdem davon einmal etwas an die Öffentlichkeit gedrungen war und erhebliche Unruhe ausgelöst hatte.

34 H. Springer, aaO., S. 245.

35 Schreiben Bormanns an Rosenberg vom 23. Juli 1942; zit. bei L. Poliakov/J. Wulf, ›Das Dritte Reich und seine Denker‹, S. 517 f.

36 Vgl. L. Poliakov/J. Wulf, ›Das Dritte Reich und seine Denker‹, S. 132.

37 Vgl. die Äußerung Speers, die von H. R. Trevor-Roper, ›Hitlers letzte Tage‹, S. 45, zitiert wird. Dazu auch W. Schellenberg, aaO., S. 284 f.

38 Vgl. R. Semmler, aaO., S. 122 f.: Semmler notierte am 20. November 1943 (S. 107): »Ich bemerkte zum ersten Mal, daß Goebbels im engeren Kreise seine Schwäche hinsichtlich Bormann zugibt. Er möchte die geringste Verstimmung zwischen sich selbst und dem Chef der Partei-Kanzlei vermeiden.
Wie inkonsequent Goebbels sein kann. Vorgestern verbreitete er sich abfällig über Bormanns bescheidene intellektuelle Fähigkeit. Er nannte ihn einen ›primitiven GPU-Typ‹. Heute zeigt er, daß er ihn fürchtet!« – Und am nächsten Tag vermerkt Semmler: »Goebbels fühlt offenbar, daß er sich zu freimütig über Bormann geäußert hat. Bei Tisch warnte er uns einmal mehr, niemand anderem mitzuteilen, was dort gesagt werde.« Zur Auseinandersetzung Goebbels-Bormann s. auch H. R. Trevor-Roper, ›Martin Bormann‹, aaO., S. 169 f. Übrigens versuchte Bormann nicht erst gegen Ende des Krieges, die Position des Ministers zu untergraben. Schon im Dezember 1941 notierte Semmler: »Besonders Bormann tut, was er kann, um die Distanz zwischen ihnen (Goebbels und Hitler; der Verf.) zu vergrößern.«; aaO., S. 58.(Eintrg . vom 12. Dezember 1941.)

39 ›The Bormann Letters‹, S. 198; (Brief vom 2. April 1945).

40 AaO., S. 1 f., (Brief v. 16. Jan. 1943). Vgl. auch aaO., S. 12 (Brief v. 6. Juli 1943).

41 AaO., S. 132 ff. (Brief vom 7. Oktober 1944)

42 Affidavit Else Krüger, IMT Dok. Bormann-12.

ERNST RÖHM *und die verlorene Generation*

1 Die Formulierung findet sich lediglich in der ersten Auflage der Autobiographie, die Ernst Röhm unter dem Titel ›Die Geschichte eines Hochverräters‹, München 1928, veröffentlicht hat; in den späteren Fassungen wurde sie fallengelassen. Im übrigen zählt das Buch zu den bedeutendsten Quellen für die Frühzeit der Bewegung bis zum Jahre 1925.

2 Hermann Rauschning, ›Gespräche mit Hitler‹, S. 81; ganz in diesem Sinne äußerte Hitler später in seinen Tischgesprächen, »er habe politische Gegner durch Saalschutz stets so unsanft hinausbefördern lassen, daß die gegnerische Presse – die die Versammlungen sonst totgeschwiegen hätte – über die Körperverletzungen bei NSDAP-Versammlungen berichtete und dadurch auf die Versammlungen der NSDAP aufmerksam machte«; H. Picker ›Tischgespräche‹, S. 422.
Eine anschauliche Ergänzung dazu liefern die Erinnerungen von Hans Kallenbach, einem Mitglied des ›Stoßtrupps Adolf Hitler 1923‹. Es heißt da von den »Männern vom Stoßtrupp«: »Falsche Rücksichtnahmen und Leisetreten kannten sie nicht. Das Recht des Stärkeren, dem alten Faustrecht hingen sie an, und in der Not kannten sie kein Gebot . . . Wenn das Pfeifsignal Josef Berchtholds oder seines Stellvertreters Julius Schreck ertönte und das Kommando ›Stoßtrupp – zum Angriff rechts und links heraus – marsch, marsch!‹ zur Tat uns rief, dann flogen die Fetzen durch die Gegend und in Minuten waren die Straßen und Plätze vom Gegner reingefegt. Hart auf hart ging es immer, wenn wir losgelassen wurden, wenn Berchthold, Schreck und Maurice drauflosdroschen, daß die Funken stoben . . .«; Hans Kallenbach, ›Mit Adolf Hitler auf der Festung Landsberg‹, 4. Aufl., München 1943, S. 13 f.

3 A. Hitler, ›Mein Kampf‹, S. 569; an anderer Stelle erklärte Hitler: »Wir müssen mit Ideen kämpfen, aber wenn es sein muß, auch mit unseren Fäusten«; Rede in München, vgl. ›Völkischer Beobachter‹ vom 22. November 1922.

4 Der Ausdruck »Doppelpartei« ist freilich mit aller gebotenen Vorsicht anzuwenden. Wenn er auch die eigenartige Struktur der Bewegung nicht genau trifft, so macht er etwas vom Wesen dieses gänzlich neuartigen Gebildes in der Geschichte der politischen Parteien einigermaßen deutlich. Jedenfalls setzt er der geläufigen Vorstellung eine Schranke, die NSDAP sei seit je dieser monolithische Block gewesen, als der sie aus der Sicht späterer Jahre erscheint. Im übrigen ist darauf zu verweisen, daß eine eindeutige begriffliche Unterscheidung und Abgrenzung zwischen SA und PO kaum möglich ist, beide hatten keineswegs streng getrennte Funktionen. Der Unterschied wird noch am ehesten – jedenfalls in der Frühzeit der Bewegung – von der abweichenden, bei der SA stärker am militärischen Vorbild, bei der PO an den politischen Parteien orientierten Organisationsstruktur sowie von den psychologischen und soziologischen Voraussetzungen ihrer Mitglieder her greifbar. Vgl. dazu ferner W. Sauer, in: K. D. Bracher/W. Sauer/G. Schulz, ›Die nationalsozialistische Machtergreifung‹, S. 830 f.

5 K. Heiden, ›Hitler I‹, S. 244, hat einige dieser Lebensläufe stichwortartig zusammengestellt. Ein gewisser Unterschied ergibt sich mitunter lediglich aus der Tatsache, daß nicht alle führenden SA-Männer am Kriege teilgenommen haben; einige schlossen sich vielmehr in sehr jungen Jahren, oft von der Schulbank weg, den Freikorps an.

6 E. J. Jung schrieb in seinem Buch ›Die Herrschaft der Minderwertigen‹, S. 673: »Ein gut Teil (der aktivistischen Jugend) warf sich dem Radikalismus in die Arme. Nicht wegen seiner Ideen und wegen seiner Ziele, die meist fehlten; sondern nur aus Protest gegen die Tatenlosigkeit und die Stumpfheit bürgerlicher Politiker . . .

Man sollte sich in Deutschland darüber klar werden, daß hier der Wesenszug des 20. Jahrhunderts zum Ausdrucke kommt: der aktive, einsatzbereite, opferfreudige Mensch tritt an Stelle des gleichgültigen gesinnungsschwachen Stimmzettelträgers, der als letzter Rest des formaldemokratischen Zeitalters geblieben ist. Aktivismus gegen Quietismus, Lebendigkeit gegen Stumpfheit, ist der Schlachtruf einer neuen Zeit, die mehr von Gefühlen bewegt als von Überlegungen beherrscht ist«; bei aller Einseitigkeit und verklärenden Parteinahme trifft dieses Urteil doch eines der Kernmotive für das gesellschaftliche Außenseitertum der Kriegsgeneration. Zur Psychologie der Freikorps vgl. im übrigen Ernst v. Salomon, ›Die Geächteten‹, Berlin 1933.

7 E. Röhm, ›Hochverräter‹, S. 363; das vorher zitierte Wort stammt von dem Freiherrn Marschall v. Bieberstein, der später ebenfalls zur SA stieß; vgl. H. H. Hofmann, ›Der Hitlerputsch‹, S. 91.

8 E. Röhm, ›Hochverräter‹, S. 13 f.

9 Röhm verwendet das Wort in pejorativem Sinne auf den Seiten 117, 134, 169, 170 sowie 286 und allein auf S. 367 viermal.

Überhaupt fördert eine Stilanalyse dieser Autobiographie bezeichnende charakterliche Aufschlüsse zutage. Röhms besondere Abneigung gilt neben dem Wort »besonnen« dem Wort »Kompromiß« (S. 144, 172, 184, 255, 301 u. a.), das zumeist in Verbindung mit den Beiwörtern »feige«, »verwässernd« usf. verwendet wird. Als ausgesprochen negativ empfindet er auch Wörter wie »objektiv«, »intellektuell«, »bourgeois« bzw. »bürgerlich« sowie das in diesem Zusammenhang mit besonderer Vorliebe gebrauchte Wort »Spießer« (z. B. S. 280, 286, 347 usw.).

In positivem Zusammenhang, vor allem anläßlich der Bewertung bewunderter Kameraden, werden die Wörter verwendet: »frisch« (S. 173, 173, 25), »unbekümmert« (S. 173), »kraftstrotzend«, »ehrlich«, »Draufgänger«, »rücksichtslos« und schließlich besonders häufig »treu« (z. B. S. 39, 222, 239, 243 u. a.).

10 R. Diels, ›Lucifer ante portas‹, S. 122.

11 Hauptmann Weiß im ›Völkischen Kurier‹ vom 1. Mai 1925; zit. bei E. Röhm, ›Hochverräter‹, S. 345.

12 Viktor Lutze, ›Tagebuch‹, abgedr. in ›Frankfurter Rundschau‹ vom 14. Mai 1957.

13 Vgl. K. Heiden, ›Hitler I‹, S. 278.

14 Mit dem Zusatz, er fordere dieses Primat »insbesondere ... für den enger gezogenen Rahmen der nationalsozialistischen Bewegung«, fand sich diese Forderung noch in der 1934 herausgegebenen Fassung des Erinnerungsbuches, was auf Hitler den Eindruck eines bewußten Affronts machen mußte und vermutlich auch so gemeint war; aaO., S. 349.

15 W. Sauer, aaO., S. 884; dazu auch: E. Röhm, ›Hochverräter‹, S. 9; seine Überzeugungen hat Röhm u. a. ausführlich in einem Vortrag entwickelt, den er am 7. Dezember 1933 vor Diplomaten und Vertretern der Auslandspresse im Berliner Hotel Adlon hielt; vgl. C. Horkenbach, S. 636 ff.

16 Sir Ivone Kirkpatrick, ›The Inner Circle‹, S. 54; ferner E. Röhm, ›Hochverräter‹, S. 273.

17 Röhm wurde gelegentlich der »Maschinengewehrkönig von Bayern« genannt, vgl. H. H. Hofmann, ›Der Hitlerputsch‹, S. 75. Um welche Mengen es sich dabei handelte, wird deutlich angesichts der Tatsache, daß »das Material, das bei der Heeresvermehrung nach Hitlers Machtübernahme benötigt und herbeigeschafft wurde, zu einem Drittel aus dem von Röhm ›geretteten‹ Heeresgut bestand.«, vgl. P. Bor, ›Gespräche mit Halder‹, S. 103.

18 Vgl. A. Hitler, ›Mein Kampf‹, S. 601; das hinderte Hitler freilich nicht daran, später im Prozeß von Schweidnitz zu schwören, SA bedeute »Schutzabteilung«. Zu

den Übertreibungen, mit denen die nationalsozialistische Propaganda, von Hitler angefangen, diese Saalschlacht später ausschmückte, vgl. Heinrich Bennecke, ›Hitler und die SA‹, S. 32 f.

19 E. Röhm, ›Hochverräter‹, S. 348.

20 W. Sauer, aaO., S. 837.

21 K. Heiden, ›Hitler I‹, S. 375; vgl. dazu auch E. Röhm, ›Hochverräter‹, S. 350.

22 Abgedr. bei H. Bennecke, aaO., S. 237 f. (Dokument 3).

23 Befehl vom 3. November 1926 über »SA und Öffentlichkeit (Propaganda)«, zit. bei W. Sauer, aaO., S. 840.

24 So W. Sauer, aaO., S. 858.

25 Wilhelm Sauer, ›Kriminologie als reine und angewandte Wissenschaft‹, Berlin 1950, S. 444 ff., zit. bei W. Sauer, aaO., S. 857. Vgl. zu diesem gesamten Komplex auch Martin Broszat, ›Die Anfänge der Berliner NSDAP 1926/27‹, in: VJHfZ 1960/H. 1.

26 Schreiben des interimistischen Stabschefs der SA Otto Wagener an die OSAF-Stellvertreter vom 3. Oktober 1930, zit. bei W. Sauer, aaO., S. 849.

27 Zit. bei H. Bennecke, aaO., S. 253 (Dokument 13).

28 Vgl. dazu G. Franz-Willing, ›Die Hitlerbewegung I‹, S. 142; ferner W. Sauer, aaO., S. 842 f., 847, sowie Martin Broszat, aaO., S. 91.

29 Schon 1928 hatte Röhm im Rückblick auf die Bemühungen der frühen zwanziger Jahre geschrieben: »Mein Sinnen und Trachten (war) allein darauf gerichtet, Hitler die diktatorische politische und Kriebel die diktatorische militärische Führung in den Kampfbünden zu verschaffen.«; E. Röhm, ›Hochverräter‹, S. 190.

30 Vgl. W. Sauer, aaO., S. 871 ff., mit weiterem detaillierten Material zu dieser Phase der »Menschenjagd«. Von dort wurden auch die vier im folgenden Text erwähnten Namen übernommen.

31 SA-Sturmbannführer Schäfer, ›Konzentrationslager Oranienburg‹, Berlin 1934, S. 5. Zu der als ›Anti-Braunbuch‹ gedachten Veröffentlichung schrieb der Berliner SA-Führer Karl Ernst das Vorwort.

32 A. Hitler, ›Mein Kampf‹, S. 569, sowie C. Horkenbach, 1933 S. 178 f.

33 ›Preußens Mission, Rede in der Sitzung des Preußischen Landtags vom 18. Mai 1933‹, zit. bei: Erich Gritzbach (Hrsg.), ›Hermann Göring, Reden und Aufsätze‹, S. 65.

34 K. Heiden, ›Geburt des Dritten Reiches‹, S. 254 f. Vgl. in diesem Zusammenhang auch Karl O. Paetel, ›Die SS. Ein Beitrag zur Soziologie des Nationalsozialismus‹, in: VJHfZ 1954/H 1, S. 29 f.

35 Sir I. Kirkpatrick, ›The Inner Circle‹, S. 54; ferner: Ernst Röhm, ›SA und deutsche Revolution‹, in: ›Nationalsozialistische Monatshefte‹, 4. Jhg., Heft 39, S. 12 f.

36 H. Rauschning, ›Gespräche mit Hitler‹, S. 144.

37 Vgl. H. Krausnick, ›Der 30. Juni 1934. Bedeutung, Hintergründe, Verlauf‹, in: ›Das Parlament‹ vom 30. Juni 1954, (Beilage), S. 319, sowie H. Mau/H. Krausnick, ›Deutsche Geschichte der jüngsten Vergangenheit‹, S. 55 f.

38 K. Heiden, ›Hitler I‹, S. 374.

39 H. Frank, ›Im Angesicht des Galgens‹, S. 141.

40 H. Rauschning, ›Gespräche mit Hitler‹, S. 148.

41 Reichstagsrede Hitlers vom 13. Juli 1934, zit. bei M. Domarus, ›Hitler I‹, S. 411.

PERSONAL DER TOTALITÄREN HERRSCHAFT

Franz von Papen *und die Konservative Kollaboration*

1 Vgl. W. Sauer, in: K. D. Bracher/W. Sauer/G. Schulz, ›Die nationalsozialistische Machtergreifung‹, S. 847.
2 André François-Poncet, ›Botschafter in Berlin 1931–38‹, S. 49 f.
3 So Theodor Eschenburg in einer auf den Erinnerungen Papens basierenden Charakteranalyse, vgl. VJHfZ 1953/H. 2, S. 159. Spätestens an dieser Stelle ist anzumerken, daß in diesem Beitrag mit dem Begriff ›Konservatismus‹ lediglich dessen deutschnationale, standesbewußte Spielart gemeint ist. Weder die radikalen intellektuellen Wortführer des Konservatismus (Jünger, Niekisch, Tatkreis etc.) noch die militärischen Kreise sind hier in die Betrachtung einbezogen.
4 Vgl. dazu K. D. Bracher, ›Die Auflösung der Weimarer Republik‹, S. 519; dort auch, S. 520 f., über die Rolle Schleichers sowie der deutschnationalen und großagrarischen Kreise bei diesem Regierungswechsel.
5 Franz von Papen, ›Der Wahrheit eine Gasse‹, München 1952, S. 29. In einer zeitgenössischen nationalsozialistisch inspirierten Schrift hieß es über Papen: »Vieles aus seiner ganzen Politik erklärt sich durch den ungestümen Drang nach Bewegung, Veränderung, raschem Überreiten des Gegners; in Schwierigkeiten sucht er Überflügelung oder neue Attacke, aber es gibt kein Absitzen oder Sicheingraben. Manche Widrigkeiten werden im kecken Galopp vielleicht zu gering eingeschätzt«; Hans Wendt, ›Hitler regiert‹, Berlin 1933, S. 30 f.
6 Berichtet von H. Foertsch, demgegenüber Schleicher diese Äußerung, etwa im September 1932, im Anschluß an ein Telefongespräch mit Papen machte; vgl. K. D. Bracher, ›Auflösung‹, S. 661.
7 Th. Eschenburg, aaO., S. 162 f.
8 Vgl. zum Projekt des Neuen Staates die knappe und ausgezeichnete Analyse bei K. D. Bracher, ›Auflösung‹, S. 536 ff., sowie K. Sontheimer, ›Antidemokratisches Denken in der Weimarer Republik‹, S. 256 ff.
9 K. Sontheimer, aaO., S. 257. Dieser politische Herrenstandpunkt, der Mitsprache- und Mitbestimmungsrechte der Öffentlichkeit arrogant verneint, ist eines der beherrschenden Motive in einer Schrift, die Papen unter dem Titel ›Appell an das deutsche Gewissen. Reden zur nationalen Revolution‹, Oldenburg 1933, herausgegeben hat. Sie enthält Reden Papens aus dem Frühjahr 1933. Dort heißt es beispielsweise: »Wenn einmal die Gleichheit alles dessen, was Menschenantlitz trägt, schon für diese Erde (!) behauptet wird, dann darf man sich nicht wundern, wenn der Kollektivgedanke (gemeint ist der Bolschewismus; d. Verf.) das ganze politische Sein überwuchert« (S. 15); oder: »Es ist ein Unsinn und eine Verkennung der Demokratie, wenn die Exponenten der Massen unablässig in die Führung hineinreden. Staatsmann sein heißt zunächst, Verantwortung vor Gott, vor der Geschichte und vor seinem Gewissen tragen. Erst dann kommt die Rechenschaft, die er der Öffentlichkeit über sein Tun abzulegen hat« (S. 47); vgl. auch S. 72 f.
10 W. Schotte, ›Der neue Staat‹, Berlin 1932, mit einem Vorwort Papens; vgl. K. D. Bracher, ›Auflösung‹, S. 543.
11 F. v. Papen, ›Der Wahrheit eine Gasse‹, S. 185.
12 AaO., S. 250. Edgar Jung schrieb dazu: »Der Versuch, die Staatsautorität um den letzten großen Edelmann preußischer Prägung zu gruppieren, ist mit dem Kabinett v. Papen endgültig gescheitert«; E. Jung, ›Sinndeutung der deutschen Revolution‹, S. 48.

13 Eine brillante, die papenschen Rechtfertigungsbemühungen schonungslos sezierende Analyse über Zustandekommen, Verlauf und Konsequenzen des Bündnisses von Köln findet sich bei K. D. Bracher, ›Auflösung‹, S. 686 ff. Aus dem Chor der lobenden nationalsozialistischen Stimmen sei hier nur eine Äußerung Görings erwähnt: »Und da zeigte es sich, daß Herr von Papen, gegen den wir einst aus politischen Gründen kämpfen mußten, jetzt die Wichtigkeit der Stunde erkannt hatte. In aufrichtiger Herzlichkeit schloß er den Bund mit uns und wurde zum redlichen Vermittler zwischen dem greisen Feldmarschall und dem jungen Gefreiten des Weltkrieges«; vgl. H. Göring, ›Aufbau einer Nation‹, S. 76.
14 J. Goebbels, ›Vom Kaiserhof zur Reichskanzlei‹, S. 152 (Eintrg. vom 28. August 1932). Die Verwandtschaft zwischen der nationalsozialistischen Weltanschauung und der Ideologie der im ›ancien régime‹ geistig Beheimateten wird in der erwähnten Sammlung von Reden Papens besonders schlagend deutlich.
15 F. v. Papen, ›Der Wahrheit eine Gasse‹, S. 302; zur beherrschenden Frontstellung gegen das Jahr 1789 vgl. insbesondere F. v. Papen, ›Appell‹, S. 19 f., S. 35.
16 Zit. in ›Zwischenspiel Hitler‹ S. 109.
17 »Mit Zylinder und Gehrock stolzieren sie einher«, schrieb Goebbels im September 1932 in einem Artikel unter der Überschrift ›Politische Erbschleicherei‹. »Aber in Wirklichkeit sind sie machthungrige Leute, die nach Beute ausgehen, und da sie zu schwach und zu feige sind, sie von eigenem Feld zu holen, so halten sie sich hinter der kämpfenden Front zurück, um dann, wenn die wirkliche politische Armee weitermarschiert, in der Etappe das löbliche Handwerk des Schakals zu betreiben ... Das ist der nackteste, gemeinste und unanständigste politische Eigennutz, den es in Deutschland jemals gegeben hat«; J. Goebbels in: ›Wetterleuchten‹, S. 328. Tief in seinen führungsgewissen Illusionen befangen, begrüßte Papen denn auch in einer Rede vom 24. Februar 1933 »die entscheidende Tatsache, daß die deutsche Jugend in diesem, in unserem (!) Lager steht«; vgl. F. v. Papen, ›Appell‹, S. 40; ferner ebd. S. 104.
18 Vgl. Paul Kluke, ›Der Fall Potempa‹, in: VJHfZ 1957/H. 3, S. 284; Papen selbst hat übrigens den Unterschied zwischen Konservatismus und Nationalsozialismus ebenfalls im Taktischen gesehen: »Es ist kein Zufall«, so erklärte er am 17. März 1933 in einer Rede in Breslau, »daß das gefühlsmäßige Ziel des Nationalsozialismus nicht nur in derselben Richtung lag, sondern daß diese konservativen Gedankengänge auch in nationalsozialistischen Kreisen eine entscheidende Rolle spielten. Der Unterschied zwischen der konservativ-revolutionären und der nationalsozialistischen Bewegung lag entscheidend in der Taktik«; ›Appell‹, S. 97.
19 H. Rauschning, ›Revolution des Nihilismus‹, S. 32 f.
20 E. Jung, ›Sinndeutung der deutschen Revolution‹, S. 10; vgl. dazu auch Klemens von Klemperer, ›Konservative Bewegungen zwischen Kaiserreich und Nationalsozialismus‹, S. 219.
21 Ewald von Kleist-Schmenzin, ›Die letzte Möglichkeit. Zur Ernennung Hitlers zum Reichskanzler am 30. Januar 1933‹, in: ›Politische Studien‹, H. 106, S. 92.
22 K. Heiden, ›Geburt des Dritten Reiches‹, S. 266.
23 Rede vor der Reichstagsfraktion am 11. April 1933, zit. bei Matthias/Morsey, ›Das Ende der Parteien‹, S. 643 f.
24 K. D. Bracher, in: K. D. Bracher/W. Sauer/G. Schulz, ›Die nationalsozialistische Machtergreifung‹, S. 149.
25 Vgl. Otto Meißner, ›Staatssekretär‹, S. 294.
26 E. Jung, ›Sinndeutung‹, S. 31; dazu auch F. v. Papen, ›Der Wahrheit eine Gasse‹, S. 298 ff., sowie ders., ›Appell‹, S. 25, 63, 80.

27 Vgl. G. Schulz, in: K. D. Bracher/W. Sauer/G. Schulz, ›Die nationalsozialistische Machtergreifung‹, S. 477. Eine andere Stimme aus konservativem Lager brachte ihre Erwartungshaltung in der Formel zum Ausdruck, daß man in dieser Bewegung mit gutem Gewissen und ohne sich des eigenen Wesens zu schämen deutsch sein könne; vgl. K. Sontheimer, aaO., S. 376.

28 F. v. Papen, ›Der Wahrheit eine Gasse‹, S. 302.

29 Rede Hitlers auf dem Parteitag des Sieges am 1. September 1933, vgl. C. Horkenbach, S. 351; über Papens »Erziehungshoffnungen« vgl. Papen, ›Der Wahrheit eine Gasse‹, S. 294.

30 Michael Freund, ›Deutsche Geschichte‹, Gütersloh 1960, S. 610. Die doppelte Stoßrichtung des Geschehens vom 30. Juni 1934 wird überzeugend deutlich in Hitlers Äußerungen, wie H. Rauschning sie in seinem Buch ›Gespräche mit Hitler‹ wiedergegeben hat.

31 Schwerin von Krosigk, ›Es geschah in Deutschland‹, S. 148.

32 F. v. Papen, ›Der Wahrheit eine Gasse‹, S. 381 f.

33 Zit. bei Bernhard Schwertfeger, ›Rätsel um Deutschland‹, Heidelberg 1948, S. 388.

34 F. v. Papen, ›Der Wahrheit eine Gasse‹, S. 364. Nach G. M. Gilbert, ›Nürnberger Tagebuch‹, S. 357, äußerte Papen in Nürnberg sein Erstaunen darüber, daß »die Alliierten sich so lange hätten von Hitler an der Nase herumführen lassen«. Im übrigen berief er sich auch vor dem Gerichtshof auf die vaterländische Dienstideologie: »Nicht dem Nazi-Regime, sondern dem Vaterland habe ich gedient«; IMT XXII, S. 456.

35 IMT XIX, S. 475.

36 H. Rauschning, ›Gespräche mit Hitler‹, S. 162.

37 Als die bedeutendste wissenschaftliche Leistung unter diesem Vorzeichen ist noch immer Franz Neumanns Werk ›Behemoth. The Structure and Practice of National Socialism‹, zu nennen.

38 E. Jung, ›Sinndeutung‹, S. 20. Jung meint, daran anschließend, in dieser Formel werde »der scheinbare Widerspruch von revolutionär und konservativ, über den primitiv Denkende immer wieder stolpern, gelöst.«

39 Vgl. IMT XII, S. 502.

40 G. M. Gilbert, aaO., S. 13. Als Gilbert fragte, wie Papen beispielsweise die Nürnberger Gesetze mit seinem religiösen Empfinden habe vereinbaren können, erhielt er zur Antwort, er (Papen) sei »damals in Österreich gewesen und habe sich nicht viel um diese Dinge gekümmert«; vgl. aaO., S. 312.

41 F. v. Papen, ›Appell‹, S. 37.

42 »Ich bitte zu berücksichtigen, daß ich hier nicht für den Nationalsozialismus spreche, meine Verteidigung wird die des anderen Deutschlands sein«; vgl. IMT XVI, S. 266.

43 Zit. bei B. Schwertfeger, aaO., S. 392.

44 H. Rauschning, ›Gespräche mit Hitler‹, S. 44; vgl. auch ebd. S. 190 f. Ferner H. Picker, ›Tischgespräche‹, S. 310 (Eintrg. vom 15. Mai 1942). Vgl. ferner Harry Pross, ›Die Zerstörung der deutschen Politik‹, S. 320.

45 Vgl. IMT XVI, S. 248.

46 Thomas Mann, ›Deutschland und die Deutschen‹, Gesammelte Werke, Bd. XII, S. 558.

Alfred Rosenberg *Der vergessene Gefolgsmann*

1 Alfred Rosenberg, ›Letzte Aufzeichnungen‹, S. 272.
2 H. Rauschning, ›Die Revolution des Nihilismus‹.
3 J. Goebbels, ›Wesen und Gestalt des Nationalsozialismus‹, Berlin 1935, S. 5.
4 H. Rauschning, ›Gespräche mit Hitler‹, S. 41.
5 H. Frank, ›Im Angesicht des Galgens‹, S. 176.
6 Hitler am 6. September 1938 auf der Kulturtagung des Reichsparteitages, zit. bei M. Domarus, ›Hitler‹, Bd. I, S. 893.
7 ›Das politische Tagebuch Alfred Rosenbergs‹, hrsg. von H.-G. Seraphim, S. 113. Die Wiederholung des Gedankens findet sich in einer Niederschrift aus der Zeit der Nürnberger Haft; vgl. Serge Lang/Ernst von Schenck, ›Portrait eines Menschheitsverbrechers‹, S. 300.
8 Vgl. Albert Krebs, ›Tendenzen und Gestalten der NSDAP‹, S. 166.
9 Von den einflußreicheren Männern aus der Frühzeit der Bewegung waren Rudolf Heß, Rosenberg, Scheubner-Richter, Lüdecke und neben vielen anderen, zweitrangigen Namen vor allem auch Adolf Hitler selbst nicht im sogenannten Altreich geboren. Auch der spätere Ernährungsminister Darré, dessen Staatssekretär Backe oder der Gauleiter Bohle entstammten dem sog. Auslandsdeutschtum.
10 Alfred Richter, ›Unsere Führer im Lichte der Rassenfrage und Charakterologie‹, S. 64.
11 A. Rosenberg, aaO., S. 170. An anderer Stelle meinte er, er habe »ungewollt auf viele Süddeutsche abkühlend gewirkt und hinter mancher Harmlosigkeit haben sie nur Ironie empfunden«; aaO., S. 325.
12 A. Krebs, aaO., S. 180.
13 AaO., S. 177.
14 A. Rosenberg, aaO., S. 65; dort versichert er auch, daß er damals ins Reich gekommen sei als »ursprünglich ein vollkommen der Kunst, der Philosophie und Geschichte hingegebener Mensch, der nie daran gedacht hatte, sich jemals in die Politik zu mischen.«
15 Die sogenannten ›Protokolle der Weisen von Zion‹ waren um die Jahrhundertwende von der zaristischen Geheimpolizei zur Rechtfertigung der antijüdischen Pogrome lanciert worden. Sie stützten sich auf eine Streitschrift gegen Napoleon III., die von einem gewissen Maurice Joly stammte, der die Herrschaftstaktiken macchiavellistischer Politik in Form eines ›Dialogs in der Hölle zwischen Macchiavelli und Montesquieu‹ erörtert hatte. In ihrer veränderten Form erlebte die inzwischen längst vergessene Schrift nach dem Ersten Weltkrieg eine beispiellose Popularität in vielen Ländern. Sie gab vor, daß eine internationale jüdische Verschwörung existiere, die es sich zum Ziel gesetzt habe, durch Infiltration in alle einflußreichen Schlüsselstellungen aller Länder die Macht über die Welt zu erringen.
16 ›Das Werk Alfred Rosenbergs. Eine Bibliographie‹, bearb. von Karlheinz Rüdiger, München ca. 1941, S. 11. Rüdiger nennt den ›Mythus‹ zugleich einen »Markstein der ... ewigen Deutschheit« (S. 18). Tatsächlich ist die Bedeutung des ›Mythus‹ stets von allen Seiten außerordentlich überschätzt worden, und in gewissem Sinne ist Rosenberg auch in Nürnberg geradezu ein Opfer seines ›Mythos‹ (das Wort hier durchaus in seinem Doppelsinne verstanden) geworden. In der Öffentlichkeit galt der Titel des Buches weithin als Synonym für Nationalsozialismus. Ganz auf der Linie dieses verbreiteten Mißverständnisses bewegte sich auch der amerikanische Armeearzt und Psychiater Douglas M. Kelley, wenn er schrieb: »Dieses Werk bildete die Grundlage seines (Rosenbergs) Ruhmes; es war ein Standardwerk für die Nazi-

partei und galt in allen Fragen der Rassenprobleme als Autorität«; D. M. Kelley, ›22 Männer um Hitler‹, S. 56.

17 A. Rosenberg, ›Der Mythus des 20. Jahrhunderts‹. Eine Wertung der seelisch-geistigen Gestaltungskämpfe unserer Zeit‹, 12. Aufl., München 1943, S. 23. Vgl. auch ebd. S. 1 sowie A. Rosenberg, ›Das Wesensgefüge des Nationalsozialismus. Grundlagen der deutschen Wiedergeburt‹, München 1934, S. 14.

18 Vgl. F. Th. Hart, ›Alfred Rosenberg. Der Mann und sein Werk‹, S. 28 ff.

19 A. Rosenberg, ›Der Mythus‹, S. 114.

20 ›Das politische Tagebuch Alfred Rosenbergs‹, aaO., S. 197 ff. (abgedr. als 1749-PS). Rosenberg verwahrt sich zwar im Vorwort dieser Schrift gegen die Bezeichnung »Katechismus«, tatsächlich aber handelt es sich bei dieser thesenhaften Zusammenfassung der NS-Philosophie um nichts anderes. Im übrigen taucht die Wendung von der Verdrängung der Rosenkränze durch den Spaten des Arbeitsmannes in abgewandelter Form schon vorher im ›Mythus‹, S. 701, auf. Dort sind es freilich die Kriegerdenkmäler, die die »fürchterlichen Kruzifixe der Barock- und Rokokozeit, welche an allen Straßenecken verzerrte Gliedmaßen zeigen«, ablösen.

21 Vgl. A. Krebs, aaO., S. 179; ferner A. Rosenberg, ›Letzte Aufzeichnungen‹, S. 136 f.

22 H. Picker, ›Tischgespräche‹, S. 275. Hitler behauptet dort auch, nur die Gegner der Partei wüßten eigentlich in dem Buch richtig Bescheid.

23 Vgl. Erich Ebermayer/Hans Roos, ›Gefährten des Teufels‹, Hamburg 1952, S. 104; ferner G. M. Gilbert, ›Nürnberger Tagebuch‹, S. 339.

24 Vgl. ›Das politische Tagebuch Alfred Rosenbergs‹, aaO., S. 98.

25 »Ich hatte damals das sehr bestimmte Gefühl«, so schrieb Rosenberg später, »daß Hitler den völkischen Zwist gar nicht ungern sah. Er ... dachte sich eine spätere Wirksamkeit wohl leichter, wenn er nicht auf eine neue festgegründete Führung, sondern auf gespaltene Gruppen stoßen würde«; A. Rosenberg, ›Letzte Aufzeichnungen‹, S. 319.

26 A. Krebs, aaO., S. 178; dem »Zauberglauben«, den er Rom vorwarf, war er selber aufs äußerste verfallen.

27 AaO., S. 176.

28 Vgl. dazu Léon Poliakov/Joseph Wulf, ›Das Dritte Reich und seine Denker‹, S. 31 ff. (Briefe gegen Stefan Zweig und Richard Strauss an Goebbels vom 30. August 1934); ferner: ›Das politische Tagebuch Alfred Rosenbergs‹, aaO., S. 24. Vgl. im übrigen auch als symptomatisch für die Streitsucht Rosenbergs die weiteren bei Poliakov/Wulf angeführten Beispiele: S. 38 ff. (Ley); S. 64 f. (Heß); S. 148 ff. (Bormann).

29 IMT XVIII, S. 83. Zur Funktion des APA siehe F. Th. Hart, aaO., S. 46 f. Rosenberg suchte vor allem mit skandinavischen, aber auch mit rumänischen Faschistenkreisen in Kontakt zu gelangen.

30 Äußerung von Graf Baudissin, zit. bei Dietrich Strothmann, ›Nationalsozialistische Literaturpolitik‹, S. 346.

31 Das unsägliche Zitat, das den Kanonendonner von Sedan nicht nur als Ausdruck künstlerischen Vermögens feiert, sondern neben die Kleine Nachtmusik stellt, stammt von dem »Reichsdramaturgen« Rainer Schlösser, der übrigens einer der Hauptlektoren in Rosenbergs weiter unten erwähnten »Reichsstelle zur Förderung des deutschen Schrifttums«, der wohl wichtigsten Kontroll- und Zensurbehörde, war. Vgl. zu diesem gesamten Komplex die vorzügliche Arbeit von D. Strothmann. Die zitierten Bemerkungen finden sich dort auf den Seiten 7 und 332.

32 Bettina Feistel-Rohmeder, die zu den gnadenlosesten Wortführern der völkisch

orientierten Kulturvernichtung zählte; zit. bei Paul Ortwin Rave, ›Kunstdiktatur im Dritten Reich‹, Hamburg 1949, S. 21.

33 Zit. nach P. O. Rave, aaO., S. 24; die Forderung wurde von der ›Deutschen Kunstkorrespondenz‹, deren Leiterin B. Feistel-Rohmeder war, erhoben.

34 Die »Reichsstelle zur Förderung des deutschen Schrifttums« wurde später in »Amt Schrifttumspflege« und sodann in »Hauptamt Schrifttum« umbenannt. Vgl. D. Strothmann, aaO., S. 36 ff. Dort auch über die Ausweitung des Lektorenstabes, die Zensurmaßnahmen, Verbotskategorien usw.

35 Zit. nach K D. Bracher, in: K D. Bracher/W. Sauer/G. Schulz, ›Die nationalsozialistische Machtergreifung‹, S. 326.

36 Vgl. H.-G. Seraphim, aaO., S. 30, 43, 63, 50, 56.

37 In seinen ›Letzten Aufzeichnungen‹, S. 325, berichtet Rosenberg, deutlich verklärt, vom Urteil Hitlers über den Entwurf einer Rede, den er ihm vorgelegt hatte: »Sie stimmt derart mit meiner Rede zusammen, als ob wir uns vorher genau abgesprochen hätten.«

38 S. Lang/E. v. Schenck, aaO., S. 180 f.; davon nur geringfügig abweichend: A. Rosenberg, ›Letzte Aufzeichnungen‹, S. 327 f. und S. 193.

39 ›Das politische Tagebuch Alfred Rosenbergs‹, aaO., S. 72, S. 82.

40 AaO., S. 75.

41 Vgl. Niederschrift Graf Metternich, zit. bei L. Poliakov/J. Wulf, ›Das Dritte Reich und seine Denker‹, Berlin 1956, S. 323 ff.

42 L. Poliakov/J. Wulf, ›Das Dritte Reich und die Juden‹, Berlin 1955, S. 13 ff. Der Führererlaß über die Betrauung Rosenbergs mit den Vorbereitungen für die »Hohen Schulen« stammt vom 24. 1. 1940; vgl. IMT PS-136.

43 Vgl. dazu Alexander Dallin, ›Deutsche Herrschaft in Rußland 1941–1945‹, S. 208. Die Studie Dallins vermittelt darüber hinaus eine Fülle von Einblicken in die Struktur der Rivalitäten im Hintergrund.

44 Im Zusammenhang mit der bösartig treffenden Formel vom »Cha-ostministerium« rügte Goebbels auch Rosenbergs Mangel an organisatorischem Talent; vgl. ›Tagebücher 1942/43‹, S. 138 f. (Eintrg. vom 21. März 1942). Die andere erwähnte Bemerkung berichtet R. Semmler, ›Goebbels‹, S. 156.

45 IMT XLI, S. 194. Rosenberg selbst schrieb über sein Verhältnis zu Hitler: »Im Laufe der Jahre entstand eine wachsende Entfremdung zwischen dem Führer und mir. Er zog als vertraute Berater Männer heran, deren Tätigkeit mir in steigendem Maße Besorgnis einflößte«; ›Letzte Aufzeichnungen‹, S. 314.

46 Goebbels ›Tagebücher 1942/43‹, S. 103 (Eintrg. vom 27. Februar 1942).

47 D. M. Kelley, aaO., S. 49 ff. Überschätzt zu werden, war offenbar Rosenbergs Schicksal seit je. Schon vor dem Jahre 1933 zitierte Wiegand von Miltenberg in seinem Buch ›Adolf Hitler Wilhelm III.‹ die anscheinend verbreitete Wendung »Hitler befiehlt – was Rosenberg will«. Vgl. ›Zwischenspiel Hitler‹, S. 170. Vgl. auch oben, Anm. 16.

48 A. Rosenberg, ›Letzte Aufzeichnungen‹, S. 217 und S. 293.

49 Vgl. dazu H. Arendt, ›Elemente und Ursprünge totaler Herrschaft‹, S. 537 f.

50 A. Rosenberg, ›Letzte Aufzeichnungen‹, S. 343.

JOACHIM VON RIBBENTROP *und die Degradierung der Diplomatie*

1 Karl Mannheim, ›Mensch und Gesellschaft im Zeitalter des Umbaus‹, Leiden 1935, S. 50 ff.; ferner auch: Friedrich Meinecke, ›Die deutsche Katastrophe‹, S. 79 ff.

2 Erst auf dem Grunde der damit angedeuteten Voraussetzungen wird denn auch verständlich, warum sich die herkunftslosen kleinbürgerlichen Repräsentanten dieser Massen, die der aufstrebenden Hitlerpartei das Gepräge gaben, so rasch und überzeugend den machttechnischen Anforderungen im Verlauf der Erringung und Behauptung der Herrschaft gewachsen zeigten: bis hinunter zu den niederen Rängen der Parteihierarchie begegnete man in jenen Jahren einem ausgeprägten Machtwissen, dem auf immerhin verblüffende Weise die Mittel vertraut waren, sich nach oben zu bringen, Rivalitätskämpfe erfolgreich durchzustehen, Einflußzonen abzusichern und schrittweise auszudehnen, mit einem Wort, einem Typus, der das ganze Repertoire macchiavellistischer Taktiken beherrschte. Solchem Wissen stand in der Mehrzahl aller Fälle freilich die äußerste Inkompetenz in der sachlichen Bewältigung der gewonnenen Positionen gegenüber, und nur vereinzelt hat das Außenseitertum, das mit dem Jahre 1933 in die Schlüsselstellungen des Staates und der Gesellschaft eindrang, eine Belebung generationenalter Ämterroutine herbeigeführt.

3 Diese Vermutung hat jedenfalls Erich Kordt, ›Wahn und Wirklichkeit‹, S. 95, geäußert; ebenso R. Semmler, ›Goebbels‹, S. 19.

4 Robert Coulondre, ›Von Moskau nach Berlin 1936–1939. Erinnerungen des französischen Botschafters‹, Bonn 1950, S. 313. Der spanische Außenminister Suñer stieß sich an dem »Hochmut und der Steifheit« Ribbentrops und meinte, der politische Werdegang dieses Mannes sei ihm ein Rätsel (›Zwischen Gibraltar und Hendaye‹, S. 158 f.); Bonnet vermerkte eine »gezierte Höflichkeit« im gesellschaftlichen Umgang, dagegen ein »rohes und unpersönliches Wesen«, sobald politische Fragen erörtert würden (›Vor der Katastrophe. Erinnerungen des französischen Außenministers 1938–1939‹, S. 133 f.).

5 Ernst v. Weizsäcker, ›Erinnerungen‹, S. 154. Im Anschluß an seine Bemerkung, daß Diskussionen mit Ribbentrop nicht möglich seien, schrieb der ehemalige Staatssekretär: »Nach Bismarck ist in der Politik Kurzsichtigkeit weniger schlimm als Weitsichtigkeit. Dies hier war schon nicht mehr weitsichtig, es entschwand in einer Welt des Irrealen. Mir schien ... daß an meiner Stelle besser mein Bruder, der Professor der Inneren Medizin und der Neurologie in Heidelberg war, dem Minister beigegeben worden wäre.«

Die übrigen erwähnten Urteile finden sich bei O. Dietrich, ›12 Jahre mit Hitler‹, S. 258; Schwerin von Krosigk, ›Es geschah in Deutschland‹, S. 235. Ribbentrops Neigung zu endlosen Monologen beobachtete auch C. J. Burckhardt, ›Meine Danziger Mission‹, S. 201.

6 Die Wendung, Ribbentrop sei ein »zweiter Bismarck«, wird von O. Dietrich aaO., S. 259, berichtet, während die Äußerung, er sei ein »Genie«, von C. J. Burckhardt, aaO., S. 297, überliefert wird. – Die zuvor erwähnte Aussage seiner Sekretärin, Margarete Blank, ist in IMT X, S. 210 ff., zu finden.

7 IMT X, S. 127; dazu auch Paul Schmidt, ›Statist‹, S. 312, der dort auch vermerkt, er sei »niemals auf den Gedanken gekommen, ihn (Ribbentrop) etwa als einen Staatsmann oder Außenminister anzusehen.«

8 P. Schmidt, aaO., S. 444 f.; ferner J. v. Ribbentrop, ›Zwischen London und Moskau. Erinnerungen und letzte Aufzeichnungen‹, Leoni 1953, S. 209. Die Ribbentrop verschiedentlich nachgesagte Äußerung, er habe sich im Kreml »wie unter alten Parteigenossen« gefühlt, bestreitet er allerdings und schiebt sie dem Danziger Gau-

leiter Forster zu. Vgl. aber ›Das politische Tagebuch Alfred Rosenbergs‹, hrsg. von H.-G. Seraphim S. 82; dgl. E. v. Weizsäcker, aaO., S. 254. Im übrigen fällt auf, daß Ribbentrop bei der Beschreibung der Vorzüge und bedeutenden Eigenschaften Stalins unwillkürlich an ein Vokabular gerät, das demjenigen seiner Hitlerverehrung nicht unähnlich ist.

9 R. Coulondre, aaO., S. 329.

10 Vgl. E. Kordt, ›Wahn und Wirklichkeit‹, S. 94; ferner Notiz Frau von Ribbentrops in: J. v. Ribbentrop, aaO., S. 293.

11 Paul Schwarz, ›This Man Ribbentrop. His Life and Time‹, 2. Aufl., New York 1943, S. 12.

12 R. Semmler, aaO., S. 18 f. Von dem adligen Zweig der Familie Ribbentrop lebte nach dem Ersten Weltkrieg nur noch diese eine Nachfahrin, Gertrud von Ribbentrop, von der sich der spätere Außenminister adoptieren ließ. Bis zum Jahre 1918 hatten Adoptionen dieser Art keine Rechtsfolgen, insbesondere wäre der Adelstitel nicht auf Ribbentrop übergegangen. Doch nach der Weimarer Verfassung galt das Adelsprädikat als Bestandteil des Namens und konnte demnach durch Adoption erworben werden. Der Adoptierte wurde damit jedoch nicht adlig, sondern lediglich Träger eines Namens mit dem Bestandteil »von«. Ribbentrops sog. Nobilitierung war denn auch ein durchaus hochstaplerisches Unternehmen, wie ja auch sein Brief an den Grafen Maxence de Polignac beweist, in dem er, nach dem Bericht von P. Schwarz, behauptet hat, er sei aus Gründen persönlicher Tapferkeit in den Adelsstand erhoben worden; vgl. dazu P. Schwarz, aaO., S. 63. – Es wird im übrigen berichtet, Göring habe die Unterlagen über einen Prozeß besessen, in dem Ribbentrop von seiner Adoptivmutter auf Zahlung des Betrages verklagt wurde, den er für die Adoption zugesagt hatte; vgl. R. Diels, ›Lucifer ante portas . . .‹, S. 105. Dem Vernehmen nach hat sich der Vater Ribbentrops von der Großtuerei seines Sohnes stets distanziert; vgl. G. M. Gilbert, ›Nürnberger Tagebuch‹, S. 142.

13 Vgl. P. Schwarz, aaO., S. 27.

14 Ribbentrop selbst hat übrigens in Nürnberg aus seinem Opportunismus keinen Hehl gemacht, mochte dabei immerhin auch der Versuch mitspielen, sich vom Nationalsozialismus loszusagen. So versicherte er nicht nur, er habe bis 1931/32 der Deutschen Volkspartei nahegestanden (IMT X, S. 255), sondern machte Gilbert gegenüber auch die aufschlußreiche Bemerkung: »Wissen Sie, ich war kein fanatischer Ideologe wie Rosenberg oder Streicher oder Goebbels. Ich war ein internationaler Geschäftsmann, der nur die industriellen Probleme gelöst und den nationalen Wohlstand erhalten und richtig eingesetzt wissen wollte. Wenn der Kommunismus das machen konnte – gut; wenn der Nationalsozialismus das machen konnte – auch gut«; vgl. G. M. Gilbert, aaO., S. 167.

15 E. Kordt, ›Nicht aus den Akten‹, S. 202; vgl. auch ders., ›Wahn und Wirklichkeit‹, S. 96. Weizsäcker, aaO., S. 155, meinte: »Er hatte nämlich eine besondere Gabe dafür, sich an die politische Meinung Hitlers heranzutasten, dann, wenn ihre Tendenz feststand, mit ihr zu harmonieren und sie in gleicher Richtung noch zu überbieten.«

16 J. v. Ribbentrop, aaO., S. 102. Vgl. aber auch E. Kordt, ›Nicht aus den Akten‹, S. 88.

17 H. Rauschning, ›Gespräche mit Hitler‹, S. 249 ff.; ferner H. Picker, ›Tischgespräche‹, S. 365 (Eintrg. vom 14. Mai 1942). In einer Bemerkung vom 6. Juli 1942 betonte Hitler, »das Auswärtige Amt sei in Deutschland vor Ribbentrops Zeit ein wahrer Schuttplatz der Intelligenz gewesen« (aaO., S. 106).

18 Vgl. M. Domarus, ›Hitler‹, Bd. I, S. 68 ff.

19 E. v. Weizsäcker, aaO., S. 129. Tatsächlich vermochte das AA in den Anfangsjahren des Dritten Reiches noch eine gewisse Rolle zu spielen. Allerdings ist hier (wie überhaupt bei den auch von anderer Seite unternommenen Versuchen zur Mitarbeit am neuen Regime) zu fragen, ob dies nicht gerade die taktische Überlegung Hitlers war, welcher sich damit einen Kredit erwarb, der ihm später mit der Münze barer Illusionen zurückgezahlt wurde.

20 Vgl. dazu K. D. Bracher, in: K. D. Bracher/W. Sauer/G. Schulz, ›Die Nationalsozialistische Machtergreifung‹, S. 232 f.

21 J. v. Ribbentrop, aaO., S. 91 betont, er habe das Amt auf eigenen Vorschlag hin bekommen. Die Umstände indes, vor allem die Nachlässigkeit seiner Geschäftsführung, sprechen unmißverständlich gegen diese Version.

22 Paul Sealbury, ›Die Wilhelmstraße‹, S. 91; ferner: E. Kordt, ›Wahn und Wirklichkeit‹, S. 100; ders., ›Nicht aus den Akten‹, S. 151.

23 Vgl. William L. Shirer, ›The Rise and Fall of the Third Reich‹, New York 1960, S. 298. Die in der deutschen Ausgabe wiedergegebene Übersetzung der Textstelle ist nicht nur falsch, sondern völlig sinnentstellend. Vgl. dazu auch G. M. Gilbert, aaO., S. 19.

24 J. v. Ribbentrop, aaO., S. 122 f.

25 O. Dietrich, aaO., S. 55.

26 Vgl. bspw. R. Coulondre, aaO., S. 313 f.; Schwerin von Krosigk, aaO., S. 237; P. Seabury, aaO., S. 152; Sir Ivone Kirkpatrick, ›The Inner Circle‹, S. 197; André François-Poncet, zit. bei E. Kordt, ›Wahn und Wirklichkeit‹, S. 131; A. Zoller, ›Hitler privat‹, S. 218 u. a.

27 R. Coulondre, aaO., S. 367.

28 Aussage v. Steengrachts, IMT X, S. 124 f.

29 E. v. Weizsäcker, aaO., S. 191; vgl. auch E. Kordt, ›Nicht aus den Akten‹, S. 272 f.

30 J. Goebbels berichtet diesen Ausspruch in seinen ›Tagebüchern 1942/43‹, S. 242 (Eintrg. vom 2. März 1943).

31 Birger Dahlerus, ›Der letzte Versuch. London–Berlin Sommer 1939‹, München 1948, S. 99. Weizsäcker notierte am 28. August 1939 in einer privaten Aufzeichnung: »Kein konstruktiver Gedanke zu einer politischen Lösung fand Raum; wo einer sich zeigen wollte, versuchte Herr von Ribbentrop, ihn im Keime zu ersticken« (›Erinnerungen‹, S. 258). Später äußert Weizsäcker die Vermutung, daß bei der Entscheidung für den Krieg »der Rat Ribbentrops den Ausschlag gab« (aaO., S. 260).

32 Vgl. E. Kordt, ›Nicht aus den Akten‹, S. 332. Weizsäcker, aaO., S. 182, meint, daß System darin lag, die Missionschefs in Zeiten der Zuspitzung »in Zwangsurlaub zu schicken«. Hitler hielt »die leitenden Beamten unseres Dienstes jeweils von den Brennpunkten fern, in der Furcht, sie könnten sonst die gewollte Krise wieder in friedliche Bahnen hinüberlenken.«

33 H. Rauschning, aaO., S. 253.

34 E. v. Weizsäcker, aaO., S. 145.

35 Zit. bei A. Bullock, ›Hitler‹, S. 493. Ein Mitarbeiter Ribbentrops äußerte gelegentlich zu C. J. Burckhardt: »Ich bin von meinem Chef sehr verschieden: ich jage gern im Ansitz ... Ribbentrop dagegen ist immer auf der Pirsch, er läuft von einer Grenze zur anderen in seinem Revier herum. Wenn er im Osten eine Gelegenheit verfehlt, sucht er eine im Süden, bereit, auch diejenige zu ergreifen, die er auf halbem Wege antrifft ...«, in: ›Meine Danziger Mission‹, S. 334. Dies ist eine ziemlich präzise Umschreibung dessen, was Ribbentrop unter »dynamischer Außen-

politik« verstand. Ähnlich urteilte Mussolini: »Ribbentrop gehöre in die Kategorie von Deutschen, die Deutschland Unglück brächten. Er spreche immer davon, Kriege rechts und links anzuzetteln, ohne einen bestimmten Gegner oder ein bestimmtes Ziel zu haben.«; berichtet von E. Kordt, ›Nicht aus den Akten‹, S. 216.

36 Zit. nach IMT IV, S. 629 f. Ribbentrop allerdings hat diese Äußerung bestritten und erklärt, er habe lediglich auftragsgemäß die Entschlossenheit des Führers klargemacht, »die polnische Frage so oder so zu lösen«; vgl. J. v. Ribbentrop, aaO., S. 291. Zweifellos ist anzunehmen, daß zumindest der Ton der Empörung, auf den Ciano seine Äußerung gestimmt hat, eine nachträgliche Stilisierung darstellt. Nach dem Bericht Weizsäckers (aaO., S. 245) hat Ciano zwar zunächst vor einer Auseinandersetzung mit Polen gewarnt, auf Ribbentrops und Hitlers Widerspruch hin aber erklärt: »Führer, Sie haben bisher recht behalten, so wird es auch diesmal sein.«

37 R. Semmler, aaO., S. 102. Tatsächlich existierte eine solche Truhe bereits. Ribbentrop hatte sie nach seiner Rückkehr aus Moskau von dem ostpreußischen Gauleiter Koch erhalten. Zwar bewahrte Ribbentrop darin alle von ihm bislang unterzeichneten Verträge auf, aber E. Kordt, ›Nicht aus den Akten‹, S. 325 f., hat darauf hingewiesen, daß von den 18 Verträgen, die die Truhe enthielt, bereits 17 von Ribbentrop bzw. Hitler gebrochen worden waren.

38 Vgl. den Bericht bei P. Schmidt, aaO., S. 464.

39 Überliefert von O. Dietrich, aaO., S. 82. Eine ähnliche Äußerung Hitlers erwähnt Ribbentrop, aaO., S. 240: »Wir wissen nicht, welche Kraft dahinterliegt, wenn wir die Türe im Osten wirklich aufstoßen müssen.«

40 O. Dietrich, aaO., S. 63.

41 J. v. Ribbentrop, aaO., S. 90 und S. 254. Dgl. Aussage v. Steengrachts, in: IMT X, S. 126 f. Auch Goebbels notiert nach einem Gespräch mit Hitler: »Der Führer ist der Meinung, daß in diesem Kriege die Diplomatie nicht so viel zu sagen hat wie in früheren Kriegen« (›Tagebücher 1942/43‹, S. 330; Eintrg. vom 9. Mai 1943). Goebbels selbst dagegen war offenbar anderer Ansicht, obwohl dabei zu einem Teil zweifellos seine Rivalität gegenüber dem Außenminister im Spiele war. So beklagte er häufig, daß die Außenpolitik »vollkommen erstarrt und steril geworden« sei (aaO., S. 480; Eintrg. vom 15. November 1943; vgl. auch S. 469).

42 Aussage v. Steengrachts, IMT X, S. 126. Die zuvor erwähnte Bemerkung über den Einflußverlust Ribbentrops stammt von Weizsäcker, aaO., S. 347, der auch berichtet, daß es »je länger, je mehr als guter Sport (galt), unser Amt anzugreifen, weil Ribbentrop sich so schön ärgern ließ.«

43 Im September 1942 bspw. schrieb Ribbentrops Staatssekretär Luther: »Der Herr Reichsaußenminister hat mir heute telefonisch die Weisung erteilt, die Evakuierung der Juden aus den verschiedensten Ländern Europas möglichst zu beschleunigen ... Nach einem kurzen Vortrag über die im Gange befindliche Judenevakuierung aus der Slowakei, Kroatien, Rumänien und den besetzten Gebieten hat der Herr Reichsaußenminister angeordnet, daß wir nunmehr an die Bulgarische, die Ungarische und die Dänische Regierung mit dem Ziel, die Judenevakuierung aus diesen Ländern in Gang zu setzen, herantreten sollen«; Dok. 3688-PS; IMT XIX, S. 567. Vgl. auch Dok. D-736, IMT XIX, S. 567.

44 R. Semmler, aaO., S. 158; ferner: P. Seabury, aaO., S. 192 f., sowie J. v. Ribbentrop, aaO., S. 46.

Die Anzahl der Rücktrittsgesuche ist im übrigen unklar. Ribbentrops Sekretärin erinnerte sich nur an ein Gesuch aus dem Jahre 1941 (IMT X, S. 212), während Ribbentrop selbst von sieben Rücktrittsgesuchen gesprochen hat. Doch ist diese Zahl offenbar übertrieben und liegt auf der Linie seiner Bemühungen, sich als eigenständige Persönlichkeit gegenüber Hitler herauszustellen. Vgl. J. v. Ribbentrop, aaO., S. 126 und S. 256.

45 Bericht von SS-Sturmbannführer Eugen Dollmann, der als SS-Verbindungsoffizier zu Mussolini an diesem Tage zusammen mit dem Duce ins FHQ gekommen war; vgl. Allen Welsh Dulles, ›Verschwörung in Deutschland‹, S. 25 f.

46 Folke Bernadotte, ›Das Ende‹, Zürich – New York 1945, S. 25, S. 30 f.

47 Schwerin von Krosigk, aaO., S. 239.

48 J. v. Ribbentrop, aaO., S. 129. Die zuvor zitierte Bemerkung von B. Dahlerus ist dem erwähnten Buch ›Der letzte Versuch‹, S. 66, entnommen.

49 J. v. Ribbentrop, aaO., S. 68, 74, 98 und 203. Da heißt es dann bspw.: »Daß es im Gegensatz zur Sudetenfrage bei dem ähnlich gelagerten Danzig- und Korridorproblem nicht gelang zu einer friedlichen Regelung zu kommen, lag einerseits daran, daß England zum Kriege entschlossen war, weil es eine weitere Erstarkung Deutschlands nicht wünschte, und daß andererseits Hitler den Kampf nicht scheute, falls man seine vernünftigen Vorschläge nicht annähme.« An anderer Stelle versichert er: »Heute, im Herbst 1946, . . . glaube ich nach wie vor felsenfest, daß Adolf Hitler ein mit England geschlossenes Bündnis unter allen Umständen gehalten hätte.« Der Gedanke an das von ihm selbst abgeschlossene Flottenabkommen behelligte ihn offenbar bei der Niederschrift dieses Satzes nicht. Etwas später heißt es tollkühn: »Ich bin überzeugt, Adolf Hitler würde sich für den Rest seines Lebens dem friedlichen Aufbau eines Sozialstaates gewidmet haben, wenn damals die deutsch-englische Verständigung gelungen wäre.« Ähnlich verblüffende Behauptungen referiert G. M. Gilbert, aaO., S. 150 u. a., die dann zumeist, angesichts des ungläubigen Staunens, das sie hervorriefen, mit der Bemerkung abgeschlossen wurden, »daß in der Diplomatie die Dinge nicht so einfach« seien, wie der Gegenüber sich das vorstelle; vgl. G. M. Gilbert, aaO., S. 168. Angesichts solcher Äußerungen wird die von Sir Hartley Shawcross in seinem Plädoyer vorgetragene Auffassung begreiflich, daß »noch nie jemand in der Weltgeschichte die Diplomatie so degradiert« habe; vgl. IMT XIX, S. 578.

50 Brief an seine Frau vom 5. Oktober 1946, aaO., S. 303.

51 C. Haensel, ›Das Gericht vertagt sich‹, S. 141.

52 G. M. Gilbert, aaO., S. 230 und S. 72. Vgl. dazu auch ebd. S. 67 und 70. Dennoch hat Ribbentrop, unsicher wie er war, in Nürnberg versucht, sachliche Gegensätze zu Hitler zu konstruieren und sich als einen leidenschaftlichen Kämpfer für Frieden, Verständigung, die Rettung der Juden usw. dargestellt: J. v. Ribbentrop, aaO., S. 46, 76, 89 f., 150 f. und 257. G. M. Gilbert gegenüber versicherte er: »Gott weiß, wie ich gekämpft habe. Man braucht weniger Mut dazu, in zehn Schlachten gegen ... Atombomben oder was weiß ich zu gehen – als mit dem Führer über die Judenfrage zu streiten«; aaO., S. 314.

53 G. M. Gilbert, ›Psychology of Dictatorship‹, New York 1950, S. 193 f.

54 C. Haensel, aaO., S. 130 und S. 116. Vgl. auch Viktor Frh. von der Lippe, ›Nürnberger Tagebuchnotizen November 1945 bis Oktober 1946‹, Frankfurt/Main 1951, S. 203 ff., und G. M. Gilbert, ›Nürnberger Tagebuch‹, S. 229 f. Auch die Mitangeklagten hatten, der Beobachtung Gilberts zufolge, »von einem Ende der Anklagebank bis zum andern nichts als Hohn und Verachtung für Ribbentrop« übrig (aaO., S. 217). – Weizsäcker urteilte abschließend: »Man öffne eine Nervenheilanstalt und man (wird) manche dieses Schlages finden. Der Fehler lag bei dem System, in welchem eine derartige Erscheinung Minister der auswärtigen Angelegenheiten eines Siebzig-Millionen-Volkes werden und sieben Jahre bleiben konnte.«; ›Erinnerungen‹, S. 354.

Rudolf Hess *oder die Verlegenheit vor der Freiheit*

1 Dieser Sachverhalt ist bislang fast ausschließlich am kommunistischen Beispiel analysiert worden. Vgl. dazu beispielsweise Jules Monnerot, ›Soziologie des Kommunismus‹, Köln/Berlin 1952; Raymond Aron, ›Opium für Intellektuelle oder die Sucht nach Weltanschauung‹, Köln/Berlin 1957; ›Ein Gott, der keiner war‹, Konstanz/Zürich/Wien 1950; Waldemar Gurian, ›Totalitarian Religions‹, in: ›The Review of Politics‹, January 1952, No. 1, S. 3 ff.; teilweise auch Czeslaw Milosz, ›Verführte Denken‹, Köln/Berlin 1953.

2 Zit. bei Hermann Glaser, ›Das Dritte Reich. Anspruch und Wirklichkeit‹, 1961, S. 67.

3 Rede am 8. April 1933 vor der SA, zit. in: ›Die nationalsozialistische Revolution‹, hrsg. von W. Gehl, Breslau 1933, S. 55.

4 Das Gedicht lautet im Zusammenhang:

> »Führer mein Führer, von Gott mir gegeben,
> beschütz und erhalte noch lange mein Leben!
> Hast Deutschland gerettet aus tiefster Not,
> Dir danke ich heute mein tägliches Brot.
> Bleib lange noch bei mir, verlaß mich nicht,
> Führer, mein Führer, mein Glaube, mein Licht!
> Heil mein Führer!«

Vgl. Franz G. Grosse, ›Die falschen Götter. Vom Wesen des Nationalsozialismus‹, Heidelberg 1946, S. 48; zit. nach H. Glaser, aaO., S. 68.

5 ›Das Reich‹ vom 22. Dezember 1940.

6 Albert Krebs, ›Tendenzen und Gestalten der NSDAP‹, S. 170. Das übertriebene Bescheidenheitsgebaren von Heß hat vor allem Hans Frank, ›Im Angesicht des Galgens‹, S. 265 f., betont.

7 ›The Case of Rudolf Hess‹, edited by J. R. Rees, S. 18. Ganz ähnlich der weiter unten zitierte Bericht von Ilse Heß, vgl. Anm. 15.

8 IMT XXII, S. 425.

9 Hannah Arendt, ›Elemente und Ursprünge totaler Herrschaft‹, S. 572.

10 A. Krebs, aaO., S. 170.

11 ›Dokumente der Deutschen Politik‹, Bd. II, S. 18.

12 A. Krebs, aaO., S. 172.

13 Jochen Klepper, ›Der Vater. Roman eines Königs‹, Stuttgart 1958.

14 Ilse Heß, ›Gefangener des Friedens‹, S. 43. Prof. Karl Haushofer hat im übrigen von seinem Schüler gesagt: »Er war ein Schüler unter anderen, nicht besonders begabt, von langsamer Auffassungsgabe und schwerfällig in der Arbeit. Er war sehr von Gefühlen abhängig und verfolgte mit Leidenschaft phantastische Ideen. Er ließ sich nur durch Argumente ohne Bedeutung, an der äußersten Grenze menschlicher Erkenntnisse und des Aberglaubens beeindrucken; auch glaubte er an den Einfluß der Sterne auf sein persönliches und politisches Leben ... Ich war immer wieder betroffen vom Ausdruck seiner klaren Augen, der etwas Somnambules hatte ...«; zit. bei François Bayle, ›Psychologie et Ethique du Nationalsocialisme, S. 320.

15 I. Heß, aaO., S. 23 und S. 25.

16 ›Rudolf Heß, der Stellvertreter des Führers‹, ohne Verfasserangabe, erschienen in der Reihe ›Zeitgeschichte‹, Berlin 1933, S. 9 ff. Zur Flugblattaffaire und Verteidigung Hitlers durch Heß vgl. Georg Franz-Willing, ›Die Hitlerbewegung‹, S. 117 ff.

17 I. Heß, aaO., S. 43.

18 K. D. Bracher, in: K. D Bracher/W. Sauer/G. Schulz, ›Die nationalsozialistische Machtergreifung‹, S. 226.

19 ›Frankfurter Zeitung‹ vom 29. April 1938. In der unter Anm. 16 erwähnten zeitgenössischen Schrift heißt es dazu: »Über ein Dutzend Jahre hat er . . . sein Schicksal an das des Führers gekettet. Und doch wußten nur wenige um den Mann, den Adolf Hitler im April dieses Jahres zu seinem Stellvertreter in der Parteiführung ernannte. Man redete nicht von ihm. Man stieß kaum auf seinen Namen. Man sah ihn selten auf Bildern. Man hörte nie eine seiner Reden. Bis ihn nun der Führer selbst in das Licht der Öffentlichkeit stellte. Bis er aus dem Hintergrund trat . . .«; aaO., S. 4.

20 Vgl. ›Hannoverscher Kurier‹ vom 19. Januar 1941; ›Essener National-Zeitung‹ vom 27. April 1941.

21 A. Krebs, aaO., S. 170 und S. 172.

22 Vgl. dazu J. R. Rees, aaO., S.13 sowie S. 35; ferner ›Das politische Tagebuch Alfred Rosenbergs‹, hersg. von H.-G. Seraphim, S. 89.

23 J. R. Rees, aaO., S 16. Nach den Angaben des Buches war der einzige Besitz, den Heß darüber hinaus bei sich führte, eine Anzahl von Fotografien seines Sohnes. Vgl. im übrigen auch Sir Ivone Kirkpatrick, ›The Inner Circle‹, S. 179 f.

24 ›Rudolf Heß, der Stellvertreter des Führers‹, aaO., S. 47. Vgl. auch ›Volksdeutsche Zeitung Brünn‹ vom 3. Mai 1939.

25 Hans Frank, aaO., S. 157 f.

26 ›Das politische Tagebuch Alfred Rosenbergs‹, S. 67; ferner: J. R. Rees, aaO., S. 139.

27 ›Das Reich‹ vom 22. Dezember 1940. Merkwürdigerweise betont auch Alfred Richter in seinem krausen Buch ›Unsere Führer im Lichte der Rassenfrage und Charakterologie‹, S. 126, das Vermögen des Führerstellvertreters, zu schweigen: »Trotz der ihm eigenen impulsiven Veranlagung wird er in den wichtigen Fragen, wo es darauf ankommt, sehr zurückhaltend sein und lange zu schweigen wissen über das, was die Öffentlichkeit noch nicht erfahren soll.«

28 Dazu ausführlich: Sir Ivone Kirkpatrick, aaO., S. 176 ff.; eine knappe Zusammenfassung gibt Alan Bullock, ›Hitler‹, S. 649 f. Allem Anschein nach war Heß über den bevorstehenden Angriff auf Rußland nicht informiert; sofern das zutrifft, erledigten sich nicht nur gewisse Spekulationen über den »Hintergrund« des Unternehmens, die zählebig immer wieder auftauchen; vielmehr würde auch deutlicher als auf jede andere Weise demonstriert, welchen Grad der Einflußlosigkeit Heß zu diesem Zeitpunkt bereits erreicht hatte.

29 Henry Picker, ›Hitlers Tischgespräche‹, S. 142 f. (Eintrg. vom 19. April 1942).

30 Rudolf Semmler, ›Goebbels‹, S. 32 f. Hans Frank erklärte bei einem Dienstappell der Politischen Leiter im Arbeitsbereich Krakau am 19. Mai 1941: »Aber ich glaube, ich werde nicht mehr erleben, was der Erschütterung gleicht, die ich verspürte, als mir der Führer am Dienstag gegenübertrat. Es ist nun einmal so, daß dieser Schlag (die Flucht von Heß; d. Verf.) ein einmaliger ist. Der Führer war so erschüttert, wie ich das eigentlich noch nicht erlebt habe«; IMT XXIX, 2233-PS.

31 Zit. bei Hans-Adolf Jacobsen, ›1939–1945‹, S. 122; dort auch S. 241 die Aufzeichnung Halders vom 15. Mai 1941, die ebenfalls bestätigt, daß der Flug völlig überraschend kam. In der Besprechung mit den Chefs des OKH wurden als Motive hervorgehoben:

»a) Innere Belastung Heß durch seine innere Einstellung zu England und sein Kummer über das gegenseitige Zerfleischen germanischer Völker.

b) Innere Belastung durch Frontverbot; wiederholte Bitte um Einsatz an der Front abgelehnt.

c) Mystische Veranlagung (›Gesichte‹, Wahrsagung pp.).

d) Fliegerischer Wagemut. Daher schon lange Flugverbot des Führers.«
Diese und zahlreiche andere Indizien haben inzwischen gänzlich eindeutig gemacht, daß Heß auf eigene Faust handelte und nicht etwa, wie J. R. Rees, aaO., S. 58 f., unter Berufung auf einen ungenannten deutschen Propagandafachmann offenbar immerhin für möglich hält, mit Wissen und Billigung Hitlers.

32 Zit. bei Karl Anders, ›Im Nürnberger Irrgarten‹, S. 24.

33 R. Semmler, aaO., S. 35 (Eintrg. vom 21. Mai 1941).

34 Douglas M. Kelley, ›22 Männer um Hitler‹, S. 31.

35 Niederschrift IMT XL, S. 279 ff.

36 Aussage Gauleiter Bohle, zit. bei J. R. Rees, aaO., S. 174.

37 D. M. Kelley, aaO., S. 31. Nach F. Bayle, aaO., S. 325, hat auch eine astrologische Deutung bei dem Unternehmen eine Rolle gespielt. Der Astrologe Schulte-Strathaus habe Heß im Herbst 1940 wissen lassen, daß dessen Horoskop auf eine glückliche Mission im Nordwesten Europas deute.

38 Zit. bei J. R. Rees, aaO., S. 173 f.

39 Bericht von Dr. J. G. Graham, zit. bei J. R. Rees, aaO., S. 17 ff.; nach Auffassung des Buches liegt im übrigen ein gewisser Verdacht dafür vor, daß eine Schwester des Vaters von R. Heß geistesgestört war, während ein Bruder seiner Mutter unter ungeklärten Umständen Selbstmord verübt hat; vgl. aaO., S. 8. – Soweit im folgenden bestimmte psychiatrische Sachverhalte ohne näheren Hinweis angeführt werden, stützen sie sich jeweils auf die Analysen bei J. R. Rees.

40 J. R. Rees, aaO., S. 31.

41 Auf einem der Kuverts stand bspw.: »mit Saft von Pfirsichkompott getränkt«, der »vermutlich *Hirngift* und *ätzende Säure*« enthält (Ausz. im Orig.). Auf einem anderen Kuvert stand: »Aprikosen mit Abführmittel. Nur in Gegenwart neutraler Ärzte zu öffnen«; vgl. dazu auch die bei G. M. Gilbert, ›Psychology of Dictatorship‹, S. 124 f., abgebildeten Faksimiles.

42 J. R. Rees, aaO., S. 61 f.

43 AaO., S. 96 ff.; die hier wiedergegebenen Zitate aus der Niederschrift sind aus dem Englischen rückübersetzt.

44 Bericht von Dr. M. K. Johnston, zit. bei J. R. Rees, aaO., S. 62.

45 Die vorliegenden Berichte über die »wichtige Mitteilung« vom 4. Februar 1945 sind nicht so detailliert, dort werden die Wachmannschaften der Konzentrationslager als von den Juden hypnotisiert lediglich erwähnt. Um die Absurdität der Heßschen Halluzinationen im Zusammenhang deutlich zu machen, ist daher in diesem Fall auf ein Zitat aus seiner Niederschrift über den Englandaufenthalt zurückgegriffen worden; vgl. J. R. Rees, aaO., S. 127; auf der gleichen Seite meint Heß übrigens auch, was immer man von den Konzentrationslagern behaupte, sei in Wirklichkeit ihm und niemandem sonst widerfahren; denn es sei »typisch für die Juden, ihren Feinden nachzusagen, was sie selbst verübten«.
Auch die Bildung des Brückenkopfes bei Remagen führte Heß auf die Machenschaften und hypnotischen Künste der Juden zurück, die jene deutschen Soldaten, welche den Befehl zur Sprengung der Brücke hatten, beeinflußt hätten.

46 I. Heß, ›England-Nürnberg-Spandau‹, S. 72. Allerdings haben weder Heß noch seine Frau je überzeugend darzutun vermocht, warum der Gedächtnisschwund eigentlich vorgetäuscht worden sei. Die von Heß gelegentlich vorgebrachte Behauptung, er habe damit seine Entlassung nach Deutschland erreichen wollen (J. R. Rees, S. 124), klingt selbst angesichts des Maßes an Naivität, das man ihm zuzugestehen bereit ist, ebenso unglaubwürdig wie seine andere Auslassung, er habe dadurch Ruhe vor den Belästigungen durch die Ärzte finden wollen. In Nürnberg hat Heß gegenüber G. M.

Gilbert die Version, alles sei nur »Theater« gewesen, auch widerrufen oder jedenfalls nicht aufrechterhalten. Er äußerte vielmehr: »Die erste Periode meines Gedächtnisverlustes (in England) war wirklich echt. Ich nehme an, es muß durch die völlige Isolierung gekommen sein, die Ernüchterung spielte auch eine Rolle. Doch in der zweiten Periode (in Nürnberg) habe ich etwas übertrieben. Es war nicht nur Gedächtnisschwund«; vgl. G. M. Gilbert, ›Nürnberger Tagebuch‹, S. 113. Auch zu Rees (aaO., S. 167) äußerte er sich gelegentlich ähnlich. Er gewann denn auch sein Gedächtnis augenblicklich zurück, als ihm in der sog. zweiten Periode angedroht wurde, er werde andernfalls für »incompetent« erklärt, in seine Zelle zurückgeschickt werden und nicht mehr am Prozeß teilnehmen; vgl. G. M. Gilbert, ›Psychology of Dictatorship‹, S. 127. Als Gilbert dann Mitte Januar 1946 einen Test mit Heß veranstaltete, der ergab, daß wiederum Gedächtnisschwund vorliege, war Heß sehr schockiert. Er meinte, es läge ihm nichts ferner, als erneut einen Gedächtnisverlust zu spielen, denn in diesem Falle würde ihm niemand mehr glauben, nachdem er einmal erklärt habe, er habe seine Umwelt nur zum Narren gehalten. Ängstlich erklärte er, er hoffe, daß sich sein Zustand wieder bessere. – Dennoch, so fährt Gilbert fort, verschlechterte sich sein Zustand von Woche zu Woche und wischte jüngste Ereignisse mehr und mehr aus; vgl. ›Psychology of Dictatorship‹, S. 180 f. Die Sachlage ist also keineswegs so einfach, wie die triumphierenden, auf Befriedigung nazistischer Freunde und den Aufbau einer Rudolf-Heß-Legende zielenden Hinweise der Ilse Heß es nahelegen wollen.
An dieser Stelle spätestens ist die Bemerkung angebracht, daß die erwähnten, von Ilse Heß herausgegebenen Briefbände, vor allem in den von ihr selbst stammenden Teilen, ein entmutigend widerwärtiges Beispiel für die Selbstgerechtigkeit, Borniertheit und menschliche Inferiorität gewisser Kreise ehemals führender Nationalsozialisten sind, für ihre Wehleidigkeit gegenüber eigenen Ungelegenheiten (bspw. durch ein Spruchkammerverfahren) bei völliger moralischer Apathie gegenüber den Millionen unschuldiger Opfer.

47 J. R. Rees, aaO., S. 123.

48 K. Anders, aaO., S. 26. Die Überlegung, Heß habe sich verzweifelt um die Zurückgewinnung eines individuellen Profils bemüht, wird durch zahlreiche Randbeobachtungen gestützt. Seine kindlich anmutende Freude, Hitler mit dem Flugunternehmen hinters Licht geführt zu haben (vgl. Rees, S. 29), spricht ebenso dafür wie eine Textstelle aus einem Brief an Karl Haushofer vom 20. Mai 1942, wo Heß den Vers zitiert: »Magst Du scheitern oder landen: Immer bleibe selbst Pilot!«, um dann fortzufahren: »Es kann nicht bestritten werden, daß ich gescheitert bin. Ebensowenig kann aber bestritten werden, daß ich selbst Pilot war«; vgl. I. Heß, ›England–Nürnberg–Spandau‹, S. 41.

49 IMT XXII, S. 422 ff.

50 Hitlers Schlußrede im Prozeß vor dem Münchener Volksgericht endete: »Mögen Sie uns tausendmal schuldig sprechen; die Göttin des ewigen Gerichts der Geschichte wird lächelnd den Antrag des Staatsanwalts und das Urteil des Gerichtes zerreißen; denn sie spricht uns frei«; vgl. Beitrag Hitler II, Anm. 35.

51 K. Anders, aaO., S. 26. Heß hat im übrigen versichert, er habe sich den Spruch des Tribunals nicht angehört, »gemäß meiner grundsätzlichen Ablehnung des Gerichts ... Tatsächlich habe ich erst längere Zeit hinterher zufällig erfahren, wie der Spruch lautet«; vgl. I. Heß, ›England–Nürnberg–Spandau‹, S. 63.

52 I. Heß, ›Gefangener des Friedens‹, S. 87. Heß knüpft daran anschließend die Bemerkung, die sein ungebrochenes Zelotentum nachdrücklich dokumentiert: »Freilich, ganz stimme ich (der Bemerkung Hitlers; d. Verf.) nicht zu: es gab nicht nur einen dieser Art, sondern zumindest zwei, wenn er es vielleicht auch nicht wahr-

haben wollte, oder er sich dessen nicht bewußt war – sein Ausspruch spricht ja dafür. Dann kannte ich ihn eben besser, als er sich selbst. Das ist kein Bescheidenheitsgerede von mir, sondern meine ehrliche Überzeugung . . .«

53 Gutachten des amerikanischen Psychiaters Maurice M. Walsch, zit. bei F. Bayle, aaO., S. 351. Die Stelle heißt im Wortlaut: »A l'heure actuelle, Hess ne souffre d'aucun dérangement mental. Nous n'avons relevé aucun symptôme de tendance aux hallucinations, aux illusions ou aux désillusions. Au moment de l'examen, le sujet était parfaitement normal. Nous n'avons relevé aucune trace qui permette de le classer dans le type paranoiaque. Bien qu'il estime avoir une mémoire en parfait état, il ne se souvient plus de ses deux crises d'amnésie en Angleterre; ceci renforce l'impression que nous avions, à savoir que ces deux crises sont d'origine hystérique.«

54 G. M. Gilbert, ›Psychology of Dictatorship‹, S. 120. Die Diagnose bei J. R. Rees, aaO., S. 54, lautet: »Die paranoiden Züge seiner Persönlichkeit traten klar zutage in seiner Egozentrik, die auf einem tiefen Unsicherheitsgefühl beruhte, der Furcht, verletzt oder angegriffen zu werden . . . Er hat offenbar kein großes Vertrauen in die Güte anderer Menschen, und während er sich auf der einen Seite in sein Selbst zurückzieht, sucht er doch ständig nach einer idealisierten Person außerhalb seiner selbst, welche er lieben, welcher er vertrauen kann, um seine innere Einsamkeit zu mildern. In diesem Falle war die idealisierte Person natürlich Hitler; aber innerhalb der engeren Lebensumstände seiner Gefangenschaft traten andere Gestalten auf . . . Einen nach dem andern fand er mit Mängeln behaftet und identifizierte sie dann mit den bösen Mächten, die gegen ihn arbeiteten. Auf seltsame Weise spielten dabei der tapfere Duke of Hamilton und der ritterliche König von England als idealisierte Gegenstände seiner Verehrung eine mit Hitler annähernd identische Rolle . . .«

55 Zit. bei J. R. Rees, aaO., S. 170.

ALBERT SPEER *und die technizistische Unmoral*

1 Vgl. in diesem Zusammenhang den Aufsatz von Hans Buchheim, ›Struktur der totalitären Herrschaft und Ansätze totalitären Denkens‹, in: VJHfZ 1960/H. 2, S. 164 ff., sowie die Schrift desselben Verfassers: ›Totalitäre Herrschaft. Wesen und Merkmale‹, S. 95 ff. In den weiteren Rahmen dieser Problematik gehört auch: Max Weber, ›Wissenschaft als Beruf‹, 2. Aufl., München-Leipzig 1921. Vgl. aber auch Carl Schmitt, ›Der Begriff des Politischen mit einer Ansprache über das Zeitalter der Neutralisierungen‹, Berlin 1932. Außerordentlich aufschlußreich hierzu ist auch die Reaktion, mit der führende deutsche Kernphysiker und Chemiker wie Hahn, Bagge, v. Weizsäcker, Heisenberg u. a., die nach dem Kriege auf einem Landsitz in England interniert waren, die Nachricht vom Abwurf der ersten amerikanischen Atombombe entgegennahmen. Obwohl zumindest einige von ihnen, ihrer erwiesenermaßen oppositionellen Haltung gegenüber dem NS-Regime entsprechend, »froh waren, daß wir die Bombe nicht hatten«, bekundeten sie doch durchweg ihre Enttäuschung darüber, daß nicht sie diesen Erfolg hatten verzeichnen können. Der Zwiespalt zwischen dem »technologischen« und dem politischen Menschen wird selten so handgreiflich wie in diesem mitgehörten Gespräch. Vgl. dazu das Buch, das der Chef des amerikanischen Atombombenprojekts, Leslie Groves, unter dem Titel ›Now it can be told‹ veröffentlicht hat; auszugsweise abgdr. in ›Der Spiegel‹, 16. Jhgg., Nr. 34.

2 Albert Zoller, ›Hitler privat‹, S. 231.

3 Vgl. dazu K. D. Bracher, »Wissenschaft und Widerstand: Das Beispiel der ›Weißen Rose‹«, in: ›Aus Politik und Zeitgeschichte. Beilage zur Wochenzeitung Das Parlament‹, 17. Juli 1963, S. 8 f.

4 IMT XVI, S. 529. Ferner IMT II, S. 1514 vom 4. März 1947.

5 Vgl. bspw. IMT XVI, S. 491 f.; S. 503 f.

6 Erklärung Speers im Verhör durch den amerikanischen Hauptankläger Jackson, das im Für und Wider treffend verdeutlicht, was hier gemeint ist; IMT XVI, S. 564 f.

7 Vgl. Hildegard Springer, ›Das Schwert auf der Waage‹, S. 233.

8 Hugh R. Trevor-Roper, ›Hitlers letzte Tage‹, S. 77.

9 Lutz Graf Schwerin von Krosigk, ›Es geschah in Deutschland‹, S. 302.

10 Stahl war, seiner Aussage zufolge, zu Speer gekommen, um seine soeben erfolgte Betrauung mit der Funktion eines Verbindungsmannes zu den Leitern der Hauptausschüsse des Technischen Amtes rückgängig zu machen. Unter dem Eindruck der Persönlichkeit des Ministers entschied er sich dann jedoch anders. Vgl. IMT XLI, S. 515 f.

11 Göring zu Dönitz und Heß im Verlauf des Verhörs von Speer, als dieser sich nachdrücklich zur Schuld des Regimes und seiner persönlichen Verantwortung bekannte. Dieses Eingeständnis Speers und die Reaktion völligen Unverständnisses, mit der die Mehrzahl der übrigen Angeklagten Speers Haltung zur Kenntnis nahm, hat diese Andersartigkeit abschließend dokumentiert. Vgl. G. M. Gilbert, ›Nürnberger Tagebuch‹, S. 392. Gilbert stellt übrigens ebenfalls fest, daß Speer sich »von vornherein von den anderen« unterschied, da er »zum einen die Gültigkeit der Anklage und ihrer Forderung nach einer gemeinsamen Verantwortlichkeit der Nazi-Führerschaft für all die furchtbaren Verbrechen anerkannte« und »zum anderen den bloßen Gehorsam nicht als Rechtfertigung ansah«; aaO., S. 30.

12 Die Tatsache, daß Speers Name sich auf der Ministerliste der Verschwörer fand, war allerdings wohl von der Überlegung mitbestimmt, der neuen Regierung eine gewisse Kontinuität zu sichern und den Bruch, der mit den Folgen eines gelungenen Attentats verbunden gewesen wäre, durch Übernahme einiger geeigneter Persönlichkeiten, die sich ein mehr oder minder hohes Maß persönlicher Integrität bewahrt hatten, abzudämpfen. Vgl. im übrigen dazu IMT XVI, S. 530. Das Kreuzverhör Jacksons findet sich im gleichen Band, S. 563 ff. Auch in den Berichten der in Nürnberg anwesenden Journalisten wird übrigens das Gefühl der Achtung, dessen Bedeutung angesichts des erst kurz zurückliegenden Kriegsendes und der furchtbaren Enthüllungen im Verlauf des Prozesses um so mehr Gewicht besitzt, spürbar; vgl. bspw. Karl Anders, ›Im Nürnberger Irrgarten‹, S. 125: »Auch auf die Gefahr hin, mißverstanden zu werden, möchte ich trotzdem feststellen, daß ich Speer als einzigen unter den Angeklagten wegen seiner persönlichen Sauberkeit und seines Mutes achte.«

13 IMT XVI, S. 531. G. M. Gilbert gegenüber versicherte Speer: »Ich muß zugeben, das war Schwäche meinerseits. Ich will mich nicht besser machen als ich bin. Ich hätte es früher erkennen müssen und habe es auch wirklich erkannt. Ich habe aber weiter in diesem frevelhaften Spiel mitgemacht, bis es zu spät war ... Ja, weil es einfacher war. Ich weiß zum Beispiel, daß ich mich mindestens schon am 20. Juli 1944 auf die Seite der Opposition hätte stellen können und müssen«; aaO., S. 166.

14 In der Beymestraße richtete Speer eine Bezirksstelle des Gaues Berlin ein und übernahm bald darauf den Umbau des sogenannten Adolf-Hitler-Hauses in der Voßstraße zum Haus des Berliner Gaues der NSDAP.

15 Rede Hitlers am 30. Januar 1937; zit. bei M. Domarus, ›Hitler I‹, S. 674.
16 J. Petersen, in: ›Das Reich‹ vom 11. Januar 1942. Vgl. dazu auch die reich illustrierte Schrift von Rudolf Wolters, ›Albert Speer‹, Oldenburg (Oldbg.) 1943.
17 Zit. bei Walter Görlitz/Herbert A. Quint, ›Adolf Hitler‹, S. 474.
18 Adolf Hitler, ›Mein Kampf‹, S. 18.
19 Vgl. Heinrich Hoffmann, ›Hitler was my friend‹, S. 168, 175. Hoffmann berichtet dort, daß Hitler in seiner Münchener Wohnung Franz von Stucks ›Die Sünde‹ hängen hatte; ferner Lenbachs Bildnis ›Bismarck in Kürassieruniform‹, eine Parklandschaft von Anselm Feuerbach, viele Gemälde des schlesischen, auf Genreszenen aus dem Jagd- und Mönchsleben festgelegten Malers Eduard Grützner (»den er besonders liebte«), eine Arbeit von Heinrich Zügel und zahlreiche Bilder von Spitzweg. Vgl. dazu auch W. Görlitz/H. A. Quint, aaO., S. 474.
20 Vgl. K. Anders, aaO., S. 114.
21 Zit. in ›Der Parteitag der Arbeit vom 6. bis 13. September 1937. Offizieller Bericht über den Verlauf des Reichsparteitages mit sämtlichen Kongreßreden‹, München 1938, S. 78.
22 Henry Picker, ›Hitlers Tischgespräche‹, S. 364.
23 A. Hitler, ›Proklamation zum Reichsparteitag der Arbeit am 7. September 1937‹, vgl. M. Domarus, aaO., S. 715. Das zuvor angeführte Zitat über das ewige Gepräge der Stadt Nürnberg stammt aus der Begrüßungsansprache Hitlers vom voraufgegangenen Tage; aaO., S. 715.
24 Vgl. Otto Dietrich, ›12 Jahre mit Hitler‹, S. 173. Die hier wiedergegebenen Maße und Zahlen werden von W. Görlitz/H. A. Quint, aaO., S. 475 f., berichtet.
25 Hitler am 11. September 1935, zit. bei M. Domarus, aaO., S. 527.
26 W. Görlitz/H. A. Quint, aaO., S. 476. Die von Hans Frank überlieferte Bemerkung ist dessen Erinnerungsbericht ›Im Angesicht des Galgens‹, S. 312, entnommen.
27 R. Wolters, aaO., S. 68.
28 A. Hitler, »Die Reichskanzlei«, in: ›Völkischer Beobachter‹ vom 16. Juli 1939.
29 H. Springer, aaO., S. 229; vgl. IMT XVI, S. 476. Die besondere Stellung Speers kam auch darin zum Ausdruck, daß »er immer und zu jeder Zeit ungefragt Zutritt« zu Hitler hatte; vgl. R. Wolters, aaO., S. 68.
30 IMT 1435-PS
31 Joseph Goebbels, ›Tagebücher 1942/43‹, S. 262.
32 Schreiben Speers an Hitler vom 29. März 1945, IMT XLI, S. 427. Schwerin von Krosigk, aaO., S. 301, urteilte über Speers ministerielle Tätigkeit: »Speers Persönlichkeit hatte an den Erfolgen einen größeren Anteil als sein – in Einzelheiten sicher unbestreitbares – technisches Können oder seine Organisationsgabe. Seine künstlerische Phantasie hat ihn befähigt, schneller und weitreichender als andere die konstruktiven Linien zu sehen und in ihrer Bedeutung zu erfassen. Sie hinderte ihn allerdings auch, seinem Ministerium eine zweckmäßige Organisation zu geben. Unter ihm arbeiteten nicht Abteilungen mit fest abgegrenzten Befugnissen, sondern Männer mit bestimmten Aufträgen, die sich oft überschnitten.«
33 Vgl. Hans-Adolf Jacobsen, ›1939–1945‹, S. 562; dort auch zahlreiche weitere Angaben.
34 J. Goebbels, ›Tagebücher 1942/43‹, S. 465 f. Vgl. auch Rudolf Semmler, ›Goebbels‹, S. 165 f.
35 O. Dietrich, aaO., S. 289.
36 Brief Speers an Hitler vom 29. März 1945, IMT XLI, S. 426.
37 Vgl. bspw. die Rede Speers im Berliner Sportpalast vom 5. Juni 1943, abgdr. in:

›Tatsachen sprechen für den Sieg‹, Berlin o. J.; ferner die Ansprache Speers auf der Gauleitertagung vom 3. August 1944, IfZ-München, 276/52.
38 Brief Speers an Hitler vom 29. März 1945, IMT XLI, S. 427.
39 H. R. Trevor-Roper, aaO., S. 79. Zu der vorerwähnten Äußerung Speers vgl. IMT XVI, S. 541.
40 Brief Speers an Hitler, aaO., S. 429.
41 IMT XVI, S. 535 ff.
42 Vgl. J. Goebbels, ›Tagebücher 1942/43, S. 241 ff., S. 279. Bormann dagegen hatte in seinem prinzipiell gegen alle Favoriten Hitlers gerichteten Mißtrauen schon lange versucht, die Stellung Speers zu untergraben.
43 Vgl. Heinz Guderian, ›Erinnerungen eines Soldaten‹, Heidelberg 1951, S. 370.
44 Schreiben Speers an Hitler, aaO., S. 425 ff. Eine ganz ähnliche Äußerung Hitlers aus dem letzten Kriegsjahr berichtet Walter Schellenberg, ›Memoiren‹, S. 99.
45 Es handelt sich dabei um das in Anm. 44 erwähnte Schreiben.
46 Vgl. Aussage Speers in IMT XVI, S. 551; ferner eidliche Aussage des ehemaligen Kampffliegers Werner Baumbach, IMT XLI, S. 536 ff. Tatsächlich wird man den Maßnahmen Speers weitgehend zuzuschreiben haben, daß die Fluchtabsichten der führenden Funktionäre des Regimes fast sämtlich vereitelt wurden.
47 Aussage Speers, IMT XVI, S. 554; zu dem Attentatsplan vgl. ebd. S. 542 ff.
48 IMT XVI, S. 582.
49 Zit. bei H. R. Trevor-Roper, aaO., S. 78.
50 AaO., S. 222; ähnlich der amerikanische Hauptankläger Justice Jackson in seinem Plädoyer unter Bezugnahme auf Speer, aber auch auf Schacht, v. Neurath, Papen, Jodl u. a. Ohne die fachmännischen Kenntnisse dieses Personenkreises, so meinte Jackson, wären die Bestrebungen Hitlers und seiner engeren Gefolgsleute vermutlich nicht zu verwirklichen gewesen.
51 IMT XVI, S. 617. Vgl. zum Komplex der Verantwortung überhaupt, auf den Speer, wie erwähnt, immer wieder zurückkam, bspw. auch ebd. S. 531; 552; 553 f.; 557; 559; 597 f.; 617; 642. Ferner auch G. M. Gilbert, aaO., S. 11.

Hans Frank *Kopie eines Gewaltmenschen*

1 »Im Angesicht des Galgens« ist der Titel des Lebensberichts, den Frank im Nürnberger Gefängnis niedergeschrieben hat. Das Zitat findet sich auf S. 48, die vorerwähnten Formeln auf den Seiten 178, 179.
2 Vgl. G. M. Gilbert, ›Psychology of Dictatorship‹, S. 136; ferner Daniel Lerner, ›The Nazi Elite‹, Stanford 1951.
3 Vgl. H. Frank, ›Im Angesicht des Galgens‹, S. 130, die Bemerkung, in der Frank seine Verantwortung für seine schriftlichen Auslassungen bezeugt, wird von G. M. Gilbert, ›Nürnberger Tagebuch‹, S. 156 f. überliefert.
4 Franks Tagebücher, hier zit. nach Josef Wulf, ›Dr. Hans Frank. Generalgouverneur im besetzten Polen‹, in: Beilage zur Wochenzeitung ›Das Parlament‹ vom 2. August 1961, S. 459. Die Arbeit Wulfs geht im übrigen auf Grund ihrer undifferenzierten Betrachtungsweise an der Möglichkeit einer zutreffenden Charakteranalyse vorbei; wertvoll sind, wie dies für die Mehrzahl der Arbeiten des Autors zutrifft, die aus umfangreichem Material erschlossenen Quellentexte.
5 Hitler zu Frank; vgl. H. Frank, ›Im Angesicht des Galgens‹, S. 146.
6 Die zuerst wiedergegebene Äußerung machte Frank auf einer Tagung der Hauptabteilungsleiter und Reichsgruppenwalter des NSRB (Nationalsozialistischen Rechts-

wahrerbundes) am 19. November 1941 in Berlin; vgl. IMT XXIX, S. 479; die andere auf einer Regierungssitzung in Krakau am 24. August 1942; vgl. IMT XXIX, S. 580.

7 IMT XXIX, S. 415 (Ansprache an die Soldaten seines Wachbataillons vom 19. Dezember 1940) und IMT XXIX, S. 519 (Rede vor der Berliner Friedrich-Wilhelm-Universität vom 9. Juni 1942).

8 G. M. Gilbert, ›Nürnberger Tagebuch‹, S. 256. Im Gegensatz dazu hatte Frank bspw. am 14. Januar 1944 in einer Ansprache in Krakau erklärt: »Ich bin kein schwacher Mann! Ich weiß sehr wohl, meine Stärke zu erkennen ... Man soll daran nicht zweifeln ...«; vgl. J. Wulf, aaO., S. 462.
Zur Verwendung des Wortes »eiskalt« vgl. bspw. IMT XXIX, S. 512, 568, 603 u. a.

9 G. M. Gilbert, ›Nürnberger Tagebuch‹, S. 118.

10 Zit. in ›Dokumente der deutschen Politik‹, Bd. 1, Berlin 1937, S. 368. Die Reden, die Frank vor allem in der Frühzeit des Dritten Reiches gehalten hat, bezeugen in zahlreichen Beispielen seinen rechtsschöpferischen Ehrgeiz, vgl. aaO., S. 362 ff.; S. 369 ff.; Bd. 2, Berlin 1937, S. 304 ff.; Bd. 3, Berlin 1937, S. 315 ff.; Bd. 4, Berlin 1937, S. 337 ff.

11 Die instrumentale Funktion allen Rechts kam mit außerordentlicher Schärfe zum Ausdruck, wenn öffentlich erklärt wurde, die Aufgabe des Volksgerichtshofes sei »nicht die, Recht zu sprechen, sondern die, die Gegner des Nationalsozialismus zu vernichten«, vgl. K. D. Bracher/W. Sauer/G. Schulz, ›Die nationalsozialistische Machtergreifung‹, S. 565; vom Strafrecht als »Kampfrecht« sprach gelegentlich R. Freisler, vgl. aaO., S. 533.

12 Für Hitlers Haß gegen die Juristen existiert eine Fülle von Zeugnissen. Frank selbst hat bemerkt, Beamte seien für Hitler »Bürokraten«, »Reaktionäre« oder, »das schlimmste, ›Juristen‹« gewesen, vgl. ›Im Angesicht des Galgens‹, S. 116. Neben der berühmten Haßrede auf die Juristen vom 26. April 1942 finden sich eindrucksvolle Belege für diese Abneigung Hitlers vor allem in seinen ›Tischgesprächen‹, z. B. S. 210 ff. (Eintrg. vom 29. März 1942) oder S. 259 ff. (Eintrg. vom 22. Juli 1942). Hitler hat im übrigen erklärt, er sei »im Umgang mit Juristen immer besonders vorsichtig gewesen. Nur drei Männer hätten da eine Ausnahme gebildet: von der Pfordten, Pöhner und Frick«; Frank erwähnte er nicht. Vgl. ›Tischgespräche‹, S. 212 (Eintrg. vom 29. März 1942).

13 H. Picker, ›Tischgespräche‹, S. 260 (Eintrg. vom 22. Juli 1942). Zur Äußerung Franks vgl. ›Dokumente der deutschen Politik‹, Bd. 4, S. 336.

14 H. Picker, ›Tischgespräche‹, S. 259 (Eintrg. vom 22. Juli 1942). Zur Äußerung Franks vgl. ›Dokumente der deutschen Politik‹, Bd. 6, Teil 2, S. 677.

15 H. Frank, ›Im Angesicht des Galgens‹, S. 191; vgl. auch ebd. S. 66.

16 H. Frank, ›Im Angesicht des Galgens‹, S. 432. In den rund 40 000 Gerichtsverfahren wurden 14 000 Jahre Gefängnisstrafen und ca. eineinhalb Millionen Mark Geldstrafen verhängt, vgl. W. Görlitz/H. A. Quint, ›Adolf Hitler‹, S. 288.

17 H. Frank, ›Im Angesicht des Galgens‹, S. 67.

18 AaO., S. 161.

19 H. Frank, ›Die Technik des Staates‹, Rede anläßlich der Gründung des ›Instituts für die Technik des Staates‹ in München am 6. Dezember 1941, Berlin/Leipzig/Wien 1942, S. 17, S. 21.
Vgl. zu diesem gesamten Komplex auch die Ausführungen von G. Schulz, in: K. D. Bracher/W. Sauer/G. Schulz, ›Die nationalsozialistische Machtergreifung‹, S. 516 ff.

20 ›Dokumente der Deutschen Politik‹, Bd. 4, S. 337; dort auch, S. 345 f. Die Ausführungen zur »Substanzlehre des nationalsozialistischen Rechtsdenkens und seine fünf großen Rechtsordnungsaufgaben«. Ganz in diesem Sinne nannte der Reichs-

justizminister Thierack den Richter einen »unmittelbaren Gehilfen der Staatsführung«; vgl. ›Richterbriefe‹ Nr. 1 vom Oktober 1942; zit. bei H.-A. Jacobsen/W. Jochmann, ›Ausgewählte Dokumente zur Geschichte des Nationalsozialismus‹.

21 H. Frank, ›Im Angesicht des Galgens‹, S. 156.

22 AaO., S. 163, S. 186. Über die erwähnte Auseinandersetzung im Zusammenhang mit der Affäre Röhm vgl. ebd. S. 139 ff.

23 Rede vom 14. Mai 1944 auf einer Tagung aus Anlaß des Treffens der Blutordensträger und Träger des Ehrenzeichens der NSDAP im Generalgouvernement, vgl. IMT XXIX, S. 692 f.

24 H. Frank, ›Im Angesicht des Galgens‹, S. 156 f.

25 Martin Broszat, ›Nationalsozialistische Polenpolitik‹, Stuttgart 1961, S. 71.

26 IMT XII, S. 145. Den Hinweis auf die »größte Stunde des Deutschtums« machte Frank am 14. Juni 1940 auf einer Abteilungsleitersitzung, vgl. IMT XXIX, S. 377; die »weltgeschichtliche Aufgabe« wurde freilich nicht näher umrissen: s. IMT XXIX, S. 439.

Zu den Besprechungen mit Hitler, in denen die Direktiven der Politik in den besetzten polnischen Gebieten besprochen wurden, vgl. J. Wulf, aaO., S. 456, sowie IMT XXIX, S. 443 f.

27 Vgl. dazu die schon erwähnte, instruktive Studie von M. Broszat, auf die sich die Darstellung des folgenden Teils weitgehend stützt.

28 H. Frank, ›Im Angesicht des Galgens‹, S. 394.

29 In der zitierten Reihenfolge sind die Äußerungen Franks wiedergegeben in: IMT XXIX, S. 461; S. 502 f.; S. 541; ferner ebd. S. 559 (Niederschrift unter dem Titel ›Abschließende Betrachtung zur Entwicklung des letzten Vierteljahres‹ vom 28. August 1942). Die Bemerkung Himmlers wird von dem SS-Ogruf. und General der Waffen-SS Erich von dem Bach-Zelewski berichtet, vgl. IMT XL, S. 113 (Dok. Frank-8).

Im Interesse historischer Genauigkeit ist darauf hinzuweisen, daß die bislang einzig veröffentlichte Fassung der Tagebücher (IMT XXIX, 2233-PS) ein einseitiges Bild ergibt, da sie als Dokument der Anklagebehörde vorwiegend Äußerungen belastender Art vereinigt Im Gegensatz dazu enthält das vollständige Tagebuch doch auch Hinweise auf eine von gewissen kooperativen Vorstellungen geprägte Konzeption Franks, die freilich angesichts seiner Schwäche, seines Wankelmuts und seiner immer wieder jäh durchbrechenden Sucht, als harter Mann zu erscheinen, ohne Auswirkung blieb. Vgl. Franks eigenen Kommentar zu seinen Tagebüchern, IMT XII, S. 27.

30 Vgl. die Feststellung Franks auf der Abteilungsleitersitzung vom 6 November 1940, IMT XXIX, S. 381. In diesem Zusammenhang auch. M. Broszat, aaO., S. 69 f., wo es u. a. heißt: Das Generalgouvernement »blieb staats- und völkerrechtlich außerhalb des Deutschen Reiches, ein zum Zwecke möglichst rechtsunverbindlicher Herrschaft ad-hoc konstruiertes reichs-exterritoriales deutsches ›Nebenland‹ ohne Staatseigenschaft mit staatenlosen Einwohnern polnischer Volkszugehörigkeit.«

31 IMT XXIX, S. 369.

32 Vgl. Carl Haensel, ›Das Gericht vertagt sich‹, S. 219.

33 Goebbels, ›Tagebücher 1942/43‹, S. 258 (Eintrg. vom 9. März 1943); vgl. zur Auseinandersetzung mit Krüger auch M. Broszat, aaO., S. 82.

34 IMT XXIX, S. 669 (Arbeitssitzung über die ›Sicherheitslage im Generalgouvernement‹ vom 31. Mai 1943).

35 IMT XXIX, S. 627 f. (Regierungssitzung vom 22. Juli 1943 im Königssaal der Krakauer Burg).

36 Gedenkrede auf Nietzsche zu dessen 100. Geburtstag am 15. Oktober 1944 auf

der Krakauer Burg; veröffentlicht in der Schriftenreihe der ›Gesellschaft der Wissenschaften des Generalgouvernements‹, Burgverlag Krakau, S. 23 f. In der gleichen Rede fragte Frank auch, ob nicht »Nietzsches Vision eine Vorahnung Adolf Hitlers« gewesen sei (S. 25), und meinte schließlich: »Wir können heute erklären: Die ganze deutsche Nation ist gleichsam der Übermensch im Sinne Nietzsches geworden!« Zur Schlußphase der Herrschaft Franks vgl. im übrigen IMT XXIX, S. 717, sowie IfZ München, Fb50 (Schreiben Franks an Reichsminister Goebbels in dessen Eigenschaft als Beauftragter für den totalen Kriegseinsatz); zit. bei M. Broszat, aaO., S. 84.

37 IMT XII, S. 14.

38 H. Frank, ›Im Angesicht des Galgens‹, S. 397.

39 AaO., S. 186.

40 AaO., S. 89.

41 AaO., S. 61.

42 Vgl. G. M. Gilbert, ›Nürnberger Tagebuch‹, S. 26.

43 IMT XII, S. 19.

Baldur von Schirach *und die »Sendung der jungen Generation«*

1 Baldur von Schirach, ›Die Hitlerjugend‹, S. 180. Die Formel ›Sendung der jungen Generation‹ ist der Titel eines im Jahre 1932 von E. Günther Gründel veröffentlichten Buches. Der Aufsatz Gregor Strassers ist abgedruckt in ›Kampf um Deutschland‹, München 1932, S. 171. Ein bezeichnendes Beispiel für die Reaktion außenstehender Beobachter ist ein Leitartikel der ›Daily Mail‹ vom 10. Juli 1933 unter dem Titel »Sieghafte Jugend«. Der Artikel, der den Terror und die Übergriffe des Machtergreifungsprozesses als »vereinzelt dastehende Gewalttaten« beschrieb, »wie sie unter jeder großen Nation unvermeidlich sind«, meinte: »Es handelt sich um etwas viel Bedeutungsvolleres als um die Einsetzung einer neuen Regierung. Die Jugend hat das Kommando übernommen. Ein Strom jungen Blutes gibt dem Lande neues Leben ...«

2 B. v. Schirach, ›Die Hitlerjugend‹, S. 18 f.; zur Bedeutung, die der »Mythos der jungen Völker« in der jungkonservativen Ideologie, insbesondere im Werk Moellers van den Bruck gespielt hat, vgl. jetzt die Studie von Fritz Stern, ›Kulturpessimismus als politische Gefahr‹, Bern und Stuttgart 1963, S. 223 ff.

3 Zit. bei K. Sontheimer, ›Antidemokratisches Denken in der Weimarer Republik‹, S. 152; vgl. auch ebd. S. 149.

4 So Erik Reger, ›Naturgeschichte des Nationalsozialismus‹, in: ›Vossische Zeitung‹ vom 30. August 1931. Im gleichen Sinne meinte Ludwig Stahl in einem Aufsatz unter dem Titel ›Das Dritte Reich und die Sturmvögel des Nationalsozialismus‹: »Sämtliche Reichstagsparteien mit Ausnahme der Nationalsozialisten haben ein Vorkriegsprogramm: damit verlieren sie die Jugend. Denn die Jugend spürt, daß die Parteien von links bis rechts sie in die Gesellschaftsordnung von vor dem Krieg hineinbannen wollen, daß sie sich aus bürgerlichen Parteigrundsätzen her orientieren, statt aus dem geschehenen Schicksal her.«; vgl. ›Hochland‹, Juni 1931, XXVIII, 9.

5 Carlo Mierendorff, ›Was ist Nationalsozialismus?‹, in: ›Neue Blätter für den Sozialismus‹, 2. Jhg., Nr. 4. Zur Radikalisierung der Studentenschaft vgl. K. D. Bracher, ›Die Auflösung der Weimarer Republik‹, S. 146 ff.

6 Anzeigenteil in: Baldur von Schirach, ›Die Fahne der Verfolgten‹, Berlin o. J.

7 Eine Bemerkung, die diesen Anreiz verdeutlicht, findet sich bei B. v. Schirach, ›Die Hitlerjugend‹, S. 26. Im Rückblick auf den Sommer 1932, als zusammen mit

der SA auch die HJ verboten war, schreibt Schirach: »Es war eine große Zeit, und so merkwürdig es klingen mag: Wir sind nie glücklicher gewesen als damals, als wir in beständiger Gefahr lebten. Wir fuhren mit der Pistole in der Manteltasche durch das Ruhrgebiet, während die Steine hinter uns herflogen. Wir zuckten bei jedem Läuten zusammen, weil wir dauernd Haussuchungen und Verhaftungen befürchten mußten.«

8 So beispielsweise Hans Friedrich Blunck in einem Essay unter dem Titel ›Vom Wandervogel zur SA‹. »Keiner von den jungen SA-Männern«, so meinte Blunck, »hat ohne Geist und Gedankengut der sogenannten bündischen Bewegung und damit der früheren Jugendbewegung den Marsch durch die Straßen getan«; vgl. Will Vesper (Hrsg.), ›Deutsche Jugend‹, Berlin o. J., S. 2.

9 Harry Pross, ›Das Gift der blauen Blume. Eine Kritik der Jugendbewegung‹, abgedr. in: ›Vor und nach Hitler. Zur deutschen Sozialpathologie‹, Olten und Freiburg i. B. 1962, S. 119.

10 Vgl. Robert Minder, ›Kultur und Literatur in Deutschland und Frankreich. Fünf Essays‹, Frankfurt/Main 1962, S. 64.

11 K. D. Bracher, aaO., S. 130. Aus der gerade in den letzten Jahren erschienenen Fülle von Darstellungen über die deutsche Jugendbewegung seien hier genannt: Walter Z. Laqueur, ›Die deutsche Jugendbewegung. Eine historische Studie‹, Köln 1962; Werner Helwig, ›Die Blaue Blume des Wandervogels. Vom Aufstieg, Glanz und Sinn einer Jugendbewegung‹, Gütersloh 1960; Karl O. Paetel, ›Jugendbewegung und Politik. Randbemerkungen‹, Bad Godesberg 1961; Felix Raabe, ›Die Bündische Jugend. Ein Beitrag zur Geschichte der Weimarer Republik‹, Stuttgart 1961.

12 K. O. Paetel, ›Das Bild vom Menschen in der deutschen Jugendführung‹, zit. bei F. Raabe, aaO., S. 97.

13 Auf diesen Aspekt hat auch H. Pross, ›Die Zerstörung der deutschen Politik‹, S. 150, hingewiesen.

14 Helmut Tormin, ›Freideutsche Jugend und Politik‹, zit. bei K. O. Paetel, ›Jugendbewegung und Politik‹, S. 38 f.

15 Zit. bei H. Pross, ›Die Zerstörung der deutschen Politik‹, S. 152. Ähnlich formuliert eine von K. O. Paetel in ›Jugendbewegung und Politik‹, S. 60 f. zitierte Veröffentlichung: »Wohin die Jugend nicht will, das weiß sie heute, sie will nicht in die schmutzigen, trübe und träge fließenden Kanäle des liberalistischen Parteiensystems geleitet werden. Darum strebt die Jugend zu den BÜNDEN.«

16 So H. Pross, ›Die Zerstörung der deutschen Politik‹, S. 149.

17 ›Der Weiße Ritter‹, 6/1921; zit. bei W. Z. Laqueur, aaO., S. 154.

18 Die HJ rekrutierte sich zu Beginn vor allem aus den Söhnen von Arbeitern und, in geringerem Maße, von kleinen Angestellten der Großstädte. Nach einer HJ-eigenen Statistik setzte sich die Hitlerjugend 1931/32 zusammen aus 69 % Jungarbeitern und Lehrlingen, 10 % kaufmännischen Berufen und 12 % Schülern. Sie hieß zunächst »Großdeutsche Jugendbewegung« und wurde auf dem Weimarer Parteitag von 1926, auf Vorschlag von Julius Streicher, in »Hitlerjugend. Bund Deutscher Arbeiterjugend« umbenannt. Vgl. dazu und zur Geschichte und Struktur der HJ überhaupt die Schrift von Arno Klönne, ›Hitlerjugend‹.

19 K. O. Paetel, ›Jugendbewegung und Politik‹, S. 104 f.

20 So Baldur von Schirach am Anfang seines Buches ›Die Hitlerjugend‹. Der Versuch einiger Bünde, korporativ in die HJ übernommen zu werden, um auf diese Weise eine gewisse Eigenständigkeit zu bewahren, blieb ohne Erfolg. Lediglich der »Bund der Artamanen« wurde geschlossen in die HJ übernommen und bildete den Kern des HJ-Landdienstes. Verschont von der Gleichschaltung blieben, wenn auch

nur für gewisse Zeit, im übrigen lediglich die »Reichsschaft Deutscher Pfadfinder«, deren Auslandsbeziehungen dem Regime wichtig erschienen, sowie die katholischen Jugendbünde, die sich auf die Zusicherungen des Konkordats berufen konnten. Die evangelischen Jugendverbände wurden dagegen im Dezember 1933 mit Hilfe des Reichsbischofs Müller in die HJ eingegliedert.

21 Vgl. A. Klönne, aaO., S. 12.

22 Zur Mobilisierung der Studentenschaft für den Nationalsozialismus vgl. das Zahlenmaterial bei K. D. Bracher, aaO., S. 148.

23 Albert Krebs, ›Tendenzen und Gestalten der NSDAP‹, S. 231.

24 So jedenfalls die eigene Aussage Schirachs in Nürnberg; vgl. IMT XIV, S. 466.

25 Schirach zu Gilbert; vgl. ›Nürnberger Tagebuch‹, S. 28. Schirach wohnte als Student in München im Hause des nicht nur seinen Eltern, sondern auch Hitler freundschaftlich verbundenen Verlegers Bruckmann.

26 Henriette von Schirach, ›Der Preis der Herrlichkeit‹, Wiesbaden 1956, S. 187.

27 Aussage Schirachs, IMT XIV, S. 406 f. Über Hitlers ›Mein Kampf‹ äußerte Schirach: »Wir konnten unsere Auffassung noch nicht im einzelnen begründen. Wir glaubten einfach. Und als dann Hitlers ›Kampf‹ erschien, war uns dieses Buch wie eine Bibel, die wir fast auswendig lernten, um die Fragen der Zweifler und überlegenen (!) Kritiker beantworten zu können«; vgl. B. v. Schirach, ›Die Hitlerjugend‹, S. 17.

28 Rainer Schlösser, ›Über das Wirken der Jugend im Kulturleben‹, in: ›Völkischer Beobachter‹ vom 7. Januar 1937; zit. bei Dietrich Strothmann, ›Nationalsozialistische Literaturpolitik‹, S. 305.

29 Hans Helmut Dietze, ›Die Rechtsgestalt der HJ‹, Berlin 1939, S. 88.

30 Rede in Reichenberg vom 2. Dezember 1938; Tondokument im Lautarchiv Frankfurt/Main, Archiv-Nr. C 1326. Ähnlich äußerte sich Hitler auf dem Reichsparteitag 1935, vgl. M. Domarus, ›Hitler‹, S. 534. Grober im Ton erklärte Robert Ley: »Als Pimpf fängt er an, dann kommt er ins Jungvolk, dann in die Hitlerjugend, in den Arbeitsdienst, und wenn er dann noch immer nicht weich ist, wenn es ein hartgesottener Verbrecher sein sollte, dann kommt er ins Heer. Wenn das alles noch nicht reicht, kommt er in die SA, wenn es dann noch nicht reicht, fängt er als Blockleiter an. Glauben Sie mir, er kommt nicht weiter als Pimpf. Hier wird man schon auf solch einen Mischling, auf solch einen Verräter aufmerksam. Da weiß man, was für einen Burschen man vor sich hat ... So überwachen wir alles«; vgl. ›Dokumente der deutschen Politik‹, Band 5, S. 372.

31 Vgl. dazu A. Klönne, S. 20 ff.

32 Die Reden sind abgedruckt in B. v. Schirach, ›Revolution der Erziehung. Reden aus den Jahren des Aufbaus‹, München 1938, S. 49 ff.

33 Werner Klose, ›Hitlerjugend. Die Geschichte einer irregeführten Generation. Nach Quellen und Erlebnissen dargestellt‹, in: ›Die Welt am Sonntag‹, Ausgaben vom 17. Febr. 1963 ff. Das hier wiedergegebene Zitat findet sich in der Folge vom 10. März 1963. Einen aufschlußreichen und authentischen Einblick in die psychologische Struktur der Motive, die den breiten Durchschnitt der Jugendlichen zur Hitlerjugend führte, vermittelt das Buch von Melita Maschmann, ›Fazit. Kein Rechtfertigungsversuch‹, Stuttgart 1963. Vgl. in diesem Zusammenhang auch den Sammelband ›Jugend unterm Schicksal. Lebensberichte junger Deutscher 1946–1949‹, Hamburg 1950.

34 B. v. Schirach, ›Die Hitlerjugend‹, S. 174.

35 Vgl. IMT XLI, S. 322, Dok. 7. A. Klönne, aaO., S. 98, hat die HJ zutreffend »eine Art erzieherischer Exekutive« des nationalsozialistischen Regimes genannt.

36 Zit. bei C. Horkenbach, S. 359.

37 Hellmuth Stellrecht. ›Die Wehrerziehung der deutschen Jugend‹, Vortrag auf dem nationalpolitischen Lehrgang der Wehrmacht vom Januar 1937; abgedr. als 1992-PS in IMT XXIX, S. 189 ff.
38 Arthur Axmann, ›Hitlerjugend 1933–1943‹, zit. nach A. Klönne, aaO., S. 19.
39 Hitler in Nürnberg am 1. September 1933, vgl. C. Horkenbach, S. 351. Vgl. dazu auch H. Picker, ›Hitlers Tischgespräche‹, S. 362 (Eintrg. vom 12. April 1942), sowie ebd. S. 367 ff. (Eintrg. vom 8. Juni 1942).
40 Zu diesem gesamten Komplex vgl. D. Strothmann, aaO., S. 152 ff. sowie S. 350 f.
41 Vgl. Walther A. Berendsohn, ›Die humanistische Front. Einführung in die deutsche Emigranten-Literatur‹, Zürich 1946, S. 40.
42 A. Hitler, ›Mein Kampf‹, S. 475. Das folgende Zitat entstammt dem Buch von Hermann Rauschning, ›Gespräche mit Hitler‹, S. 237.
43 Schirach am 15. Jan. 1938 anläßlich der Grundsteinlegung von neun Adolf-Hitler-Schulen; vgl. ›Revolution der Erziehung‹, S. 101. Zum Idealtypus des Hitlerjungen s. A. Klönne, aaO., S. 61 f.
44 IMT IX, S. 431.
45 H. v. Schirach, aaO., S. 233. Über die Vorgeschichte und die näheren Umstände der Kontroverse mit Hitler hat Schirach in Nürnberg ausführliche Angaben gemacht; vgl. IMT XIV, S. 471 ff. Allerdings war die Haltung des ehemaligen Reichsjugendführers keineswegs so eindeutig, wie es seinem eigenen Bericht zufolge den Anschein haben könnte. Noch im Herbst 1942 sah er in der, freilich noch unter seinem Vorgänger ins Werk gesetzten Verschickung der Juden »ins östliche Ghetto« einen »aktiven Beitrag zur europäischen Kultur«; vgl. IMT XXXI, S. 515; 3048-PS. Er hat diese Äußerung, wie er später erklärte, vor sich selber nicht mehr zu rechtfertigen gewußt und gegenüber G. M. Gilbert betont, er sei bereit, dafür zu sterben; vgl. IMT XIV, S. 470, und G. M. Gilbert, aaO., S. 28.

General von Icks *Haltung und Rolle des Offizierskorps im Dritten Reich*

1 Zum Urteil über Oster vgl. F. v. Schlabrendorff, ›Offiziere gegen Hitler‹, S. 34.
2 Die psychologische Situation der Offiziere jüngeren Alters kommt anschaulich in dem Schreiben zum Ausdruck, das der eine der beiden verurteilten Ulmer Reichswehroffiziere, Richard Scheringer, aus der Zelle an den ›Völkischen Beobachter‹ richtete. Darin heißt es: »Man weiß nichts von der Tragik der fünf Worte: ›Zwölf Jahre im zweiten Glied‹ ... Die Alten sollen schweigen. Sie haben ihr Leben hinter sich, das unsrige beginnt erst ... Infolgedessen haben wir das Recht, mit allen Mitteln für unsere und unserer Kinder Freiheit zu kämpfen«, in: ›Völkischer Beobachter‹ vom 6. September 1930.
Vgl. in diesem Zusammenhang auch den Brief, den der damalige Obltn. Stieff am 7. Okt. 1930 an seine Frau richtete; abgedr. bei Thilo Vogelsang, ›Reichswehr, Staat und NSDAP‹, Stuttgart 1962, S. 419 (Dokum. 8); ferner Dorothea Groener-Geyer, ›General Groener. Soldat und Staatsmann‹, Frankfurt/Main 1955, S. 270 ff., S. 397 ff.
3 So Gen.-Major Oster in einer schriftlichen Erklärung zum Verhältnis Reichswehr und Weimarer Republik, die er nach seiner Verhaftung im Zusammenhang mit dem Attentat vom 20. Juli 1944 formulierte; zit. in einem Bericht Kaltenbrunners an alle höheren SS- und Polizei-Führer vom 24. Oktober 1944; Anlage: »Der ›unpolitische‹ Soldat oder ›Nur-Soldat‹«; IfZ/München, MA 146/1-3.
4 Dazu zählt neben der gesamten marxistisch orientierten Geschichtsschreibung auch ein großer Teil der angelsächsischen historischen Literatur aus der frühen

Nachkriegszeit; vgl. bspw. G. A. Craig, ›Die preußisch-deutsche Armee‹, S. 464 und S. 504 f.; ähnlich auch John W. Wheeler-Bennet, ›Die Nemesis der Macht. Die deutsche Armee in der Politik 1918–1945‹, Düsseldorf 1954. Der Reichswehrminister v. Blomberg hat am 1. Juni 1936 dazu ausgeführt: »Dieses Unpolitischsein hatte ja nie die Bedeutung, daß wir mit dem System der früheren Regierungen einverstanden waren. Es war vielmehr ein Mittel, uns vor zu enger Verstrickung zu bewahren.« Er fügte allerdings hinzu: »Jetzt ist das Unpolitischsein vorbei...«; Rede v. Blombergs in Bad Wildungen, Aufzeichnungen des Generals Liebmann, zit. bei H.-A. Jacobsen/W. Jochmann, ›Ausgewählte Dokumente zur Geschichte des Nationalsozialismus‹.

5 Vgl. Cuno Horkenbach, S. 413.

Zur Demarche v. Hammersteins vgl. H. Foertsch, ›Schuld und Verhängnis‹, S. 26 f. Durch Alfred Rosenbergs Nürnberger Aufzeichnungen ist die Drohung Hammersteins an die Adresse Hitlers bekanntgeworden: »Wenn Sie legal zur Macht kommen, soll es mir recht sein. Im anderen Fall werde ich schießen«; vgl. S. Lang/E. v. Schenck, ›Portrait eines Menschheitsverbrechers‹, S. 241. Demgegenüber entbehrt die immer wieder auftauchende Behauptung, Hammerstein habe in letzter Stunde der Betrauung Hitlers durch einen Putschversuch entgegenwirken wollen, wie Foertsch u. a. nachgewiesen hat, jeder Grundlage. Auf der anderen Seite ist auch dem ebenfalls immer wieder erhobenen Vorwurf entgegenzutreten, die Reichswehrführung hätte diesen Putschversuch unternehmen sollen. Abgesehen davon, daß die durchaus legal scheinenden Umstände dieser Betrauung sowie die Person des Reichspräsidenten (von der Zuverlässigkeit der Armee einmal abgesehen) allen solchen Überlegungen Einhalt geboten, kann es nicht Aufgabe der Armee sein, politische Fehlentscheidungen durch Waffengewalt zu verhindern, will man nicht unabsehbare Konsequenzen in Kauf nehmen.

6 H. Foertsch, ›Schuld und Verhängnis‹, S. 33.

7 W. Sauer, ›Die nationalsozialistische Machtergreifung‹, S. 711; das folgende Zitat stützt sich auf H.-A. Jacobsen, ›1933–1945‹, S. 95 f.

8 Telford Taylor, ›Sword and Swastika‹, S. 77, hier zit. nach W. Sauer, aaO., S. 714. Zur Persönlichkeit v. Blombergs sowie v. Reichenaus vgl. ebd. S. 712 ff., die ebenso knappe wie treffende Skizze. Ferner H. Foertsch, aaO., S. 30 ff.; F. Hoßbach, ›Zwischen Wehrmacht und Hitler‹, S. 76; W. Görlitz, ›Der deutsche Generalstab‹. Geschichte und Gestalt 1657–1945. Frankfurt/Main 1950, S. 375; Aussage Rundstedt IMT XXI, S. 591; VJHfZ 1959/Heft 4, S. 429 ff.

9 Vgl. W. Sauer, ›Machtergreifung‹, S. 729. Der im folgenden Text erwähnte protestierende Offizier, dessen Name überliefert zu werden verdient, war der Oberstleutnant Eugen Ott.

10 So J. W. Wheeler-Bennet in seinem bereits erwähnten, im übrigen fast gänzlich überholten, von Widersprüchen und auch Voreingenommenheiten nicht freien Buch ›Die Nemesis der Macht‹, S. 350. Die einzigen Generäle, die im Grunde einen energischen Versuch zur Rehabilitierung v. Schleichers und v. Bredows unternahmen, waren v. Hammerstein und der alte Generalfeldmarschall v. Mackensen.

11 Zit. bei H. Foertsch, aaO., S. 59.

12 Dietrich von Choltitz, ›Soldat unter Soldaten. Die deutsche Armee in Frieden und Krieg‹, Konstanz/Zürich/Wien 1951, S. 18.

13 Diese Äußerung, die Hitler gegenüber Halder machte, begann bezeichnenderweise mit der Bemerkung: »Das bißchen Operationsführung kann jeder machen«; vgl. P. Bor, ›Gespräche mit Halder‹, S. 214. Die zuvor wiedergegebene Interview-Äußerung Hitlers findet sich bei M. Domarus, ›Hitler‹, Bd. I, S. 349.

14 Zit. bei H. Foertsch, aaO., S. 41.

15 Vgl. W. Sauer, aaO., S. 740, sowie L. Graf Schwerin von Krosigk, ›Es geschah in Deutschland‹, S. 285.

16 F. Hoßbach, aaO., S. 70; die Äußerung v. Fritschs wird von H. Frank, ›Im Angesicht des Galgens‹, S. 246, überliefert.
Vgl. in diesem Zusammenhang auch Adolf Heusinger, ›Befehl im Widerstreit. Schicksalsstunden der deutschen Armee 1923–1945‹, Tübingen/Stuttgart 1950, S. 43 f.; H. Foertsch, aaO., S. 181 ff.; G. A. Craig, aaO., S. 521 ff., sowie Hans Rothfels, ›Die deutsche Opposition gegen Hitler‹, S. 74 ff.

17 Vgl. F. Hoßbach, aaO., S. 147.

18 Jodl-Tagebuch, Eintrg. vom 28./29. Januar 1938, zit. bei G. A. Craig, aaO., S. 534; ferner W. Görlitz, ›Keitel. Verbrecher oder Offizier?‹, S. 174.

19 Vgl. W. Görlitz/H. A. Quint, ›Adolf Hitler‹, S. 489.

20 Im Protokoll vom 23. Febr. 1938, zit. bei F. Hoßbach, aaO., S. 204; vgl. H. Foertsch, aaO., S. 199.

21 Es war Halder, der diesen Kontakt anzuknüpfen versucht und ein offenbar detailliert geplantes Staatsstreichunternehmen vorbereitet hatte, dem v. Fritsch diesen Bescheid zukommen ließ; vgl. H. Foertsch, aaO., S. 179; ferner auch U. v. Hassell, ›Vom andern Deutschland‹, S. 39.

22 So Hans Frank, ›Im Angesicht des Galgens‹, S. 245.

23 Zur widersprüchlichen, aber im ganzen doch kriegsunwilligen Haltung der militärischen Führungsinstanzen vgl. W. Sauer, aaO., S. 764 ff.; ferner auch Golo Mann, ›Geschichte und Geschichten‹, Frankfurt/Main o. J., S. 256 f., sowie weiter unten.

24 Memorandum an v. Fritsch vom Januar 1937; zit. bei Wolfgang Foerster, ›Generaloberst Ludwig Beck. Sein Kampf gegen den Krieg. Aus den nachgelassenen Papieren des Generalstabschefs‹, München 1953, S. 47. Das Buch zeichnet allerdings die Stellung Becks im Für, und noch mehr im Wider, zu wenig komplex. Beck hatte die Machtergreifung zunächst begrüßt, sich dann unter dem Eindruck der Unrechtspraktiken des Regimes alsbald anders besonnen, aber doch lange gebraucht, ehe er, immer wieder von den traditionellen Pflicht- und Gehorsamsvorstellungen irritiert, den Absprung zu entschlossener Gegenaktivität fand. Vgl. dazu bspw. F. Hoßbach, aaO., S. 130 f.; H. Krausnick, ›Vorgeschichte und Beginn des militärischen Widerstandes gegen Hitler‹, in: ›Die Vollmacht des Gewissens‹, München 1956, S. 292.

25 F. Hoßbach, aaO., S. 158.

26 P. Bor, ›Gespräche mit Halder‹, S. 113. Das konspirative Unvermögen der deutschen militärischen Führer war neben solchen von Erziehung und Denkgewohnheiten bestimmten Hemmungen auch auf einen allgemeinen Mangel an Gewandtheit, Lebensüberlegenheit und Finesse zurückzuführen, wie es etwa der italienische Botschafter Attolico in einer Bemerkung anläßlich der verschwörerischen Versuche vom Jahre 1938 angedeutet hat: »Den Deutschen liegt die Konspiration nicht. Ein Verschwörer braucht gerade alles das, was sie nicht haben: Geduld, Kenntnis der menschlichen Natur, Psychologie, Takt . . . Um gegen solche Verhältnisse anzukämpfen, wie sie hier herrschen, muß man ein beharrlicher und guter Heuchler sein wie Talleyrand und Fouché. Aber wo wollen Sie zwischen Rosenheim und Eydtkuhnen einen Talleyrand finden?«, zit. nach Paul Seabury, ›Die Wilhelmstraße‹, S. 149.

27 H. Rothfels, aaO., S. 79. Ähnlich äußerte H. v. Tresckow: »Das Attentat auf Hitler muß erfolgen um jeden Preis. Sollte es nicht gelingen, so muß trotzdem der Staatsstreich versucht werden. Denn es kommt nicht mehr auf den praktischen Zweck an, sondern darauf, daß die deutsche Widerstandsbewegung vor der Welt und der Geschichte unter Einsatz des Lebens den entscheidenden Wurf gewagt hat. Alles andere ist daneben gleichgültig«; aaO., S. 88.

28 W. Görlitz, ›Keitel‹, S. 176, S. 187; Keitel äußert diese Verdachtsmomente im Hinblick auf Beck. Die Bemerkungen spiegeln zugleich die Kategorien, in denen Keitels eigenes Denken sich offenbar bewegte, auf fatale Weise wider.
29 Vgl. Karl Anders, ›Im Nürnberger Irrgarten‹, S. 176, der ebenfalls die im Text gezogene Schlußfolgerung daran knüpft.
30 Zum Brief v. Kluges vgl. Chester Wilmot, ›Der Kampf um Europa‹, Frankfurt/Main 1954, S. 779 ff.
31 W. Görlitz, ›Keitel‹, S. 114.
32 Vgl. IMT XXXV, S. 81 ff. (D-411), sowie Prozeß XII, NOKW- 2523. Dazu auch IMT XXIX, S. 696 (2233-PS).
33 Dazu Ulrich Kayser-Eichberg, ›Geist und Ungeist des Militärs‹, S. 113 f.
34 Vgl. H. Foertsch, aaO., S. 51 und 58.
35 Halder, Kriegstagebuch, Bd. 1, S. 160 (Eintrg. vom 18. Januar 1940).
36 F. v. Schlabrendorff, aaO., S. 60.
37 IMT XXVIII, S. 377; ähnlich meinte später General Schmundt, wie Goebbels in seinem Tagebuch berichtet, die Generale beraubten sich auf Grund ihrer wenig enthusiastischen Haltung »des schönsten Glückes, das ein Zeitgenosse überhaupt heute erleben kann, nämlich einem Genie zu dienen«; Goebbels, ›Tagebücher 1942/43‹, S. 135 (Eintrg. vom 21. März 1942).
38 Goebbels, ›Tagebücher 1942/43‹, S. 326, S. 337 (Eintrg. vom 10. Mai 1943).
39 W. Görlitz, ›Der deutsche Generalstab. Geschichte und Gestalt 1657– 1945‹, Frankfurt/Main 1950, S. 348. – Angesichts dieses Tatbestandes war, wenn man so will, der ganze Generalstab, wie man von Seeckt gesagt hat, »eine Sphinx ohne Geheimnis«.
40 G. Mann, aaO., S. 260.

»Professor NSDAP« *Die Intellektuellen und der Nationalsozialismus*

»Professor NSDAP« heißt die Bildunterschrift, die der Schweizer Fotograf August Sander dem Foto eines nationalsozialistischen Hochschuldozenten gab.
1 K. D. Bracher, in: K. D. Bracher/W. Sauer/G. Schulz, ›Die nationalsozialistische Machtergreifung‹, S. 274. Das Buch enthält eine eingehende, umfangreich dokumentierte Darstellung zum Problem der intellektuellen Gleichschaltung.
2 Brief vom 14. Juni 1935, zit. in: ›Thomas Mann an Ernst Bertram‹, Pfullingen 1960, S. 189. Thomas Mann urteilte über seinen Briefpartner: »Er sah Rosen und Marmor, wo ich nichts sah als Teufelsdreck, Giftfusel fürs Volk, eingeborene Mordlust und das sichere Verderben Deutschlands und Europas«; aaO., S. 195.
3 Diese Feststellungen treffen vor allem für den Typus des Intellektuellen i. e. S. zu und müssen hier nicht weiter erörtert werden. Wenn im folgenden der Begriff »Intellektueller« verwendet wird, so geschieht das in der undifferenziertesten Weise. Es ist hier weder Raum noch Anlaß, den Begriff terminologisch zu präzisieren und durch eine der zahlreichen Definitionen, wie sie von Karl Mannheim bis Josef A. Schumpeter geprägt wurden, einzuengen. Denn es geht hier im umfassendsten Sinne um die Gesamtheit der Angehörigen geistiger Berufe. Vgl. zu diesem Komplex im übrigen die knappe und instruktive Schrift von Paul Noack, ›Die Intellektuellen. Wirkung, Versagen, Verdienst‹, München 1961.
4 Die Stelle lautet im Zusammenhang: »Eines der besten Mittel zur Vorbereitung

eines neuen und kühneren Lebens besteht in der Vernichtung der Wertungen des losgelösten und selbstherrlich gewordenen Geistes, in der Zerstörung der Erziehungsarbeit, die das bürgerliche Zeitalter am Menschen geleistet hat . . . Die beste Antwort auf den Hochverrat des Geistes gegen das Leben ist der Hochverrat des Geistes gegen den Geist; und es gehört zu den hohen und grausamen Genüssen unserer Zeit, an dieser Sprengarbeit beteiligt zu sein‹; E. Jünger, ›Der Arbeiter‹, 2. Aufl., Hamburg 1932, S. 40.

5 Nicht zu Unrecht hat Franz L. Neumann die Intellektuellen »vielleicht das wichtigste Einzelelement innerhalb der faschistischen Elite« genannt; vgl. Daniel Lerner, ›The Nazi Elite‹, Stanford 1951, Vorwort.

6 Edgar J. Jung, ›Sinndeutung der deutschen Revolution‹, Oldenburg i. O. 1933, S. 75 sowie S. 23. In einem Artikel unter dem Titel ›Neubelebung von Weimar?‹, in: ›Deutsche Rundschau‹, Juni 1932, S. 153 ff., schrieb Jung im gleichen Sinne: »Die geistigen Voraussetzungen für die deutsche Revolution wurden außerhalb des Nationalsozialismus geschaffen. Der Nationalsozialismus hat gewissermaßen das ›Referat Volksbewegung‹ in dieser großen Werksgemeinschaft übernommen. Er hat es grandios ausgebaut und ist zu einer stolzen Macht geworden. Wir freuen uns darüber nicht nur, sondern wir haben das Unsrige zu diesem Wachstum beigetragen. In unsagbarer Kleinarbeit, besonders in den gebildeten Schichten, haben wir die Voraussetzungen für jenen Tag geschaffen, an dem das deutsche Volk den nationalsozialistischen Kandidaten seine Stimme gab . . .«

7 Th. Mann in: ›Die Stellung Freuds in der modernen Geistesgeschichte‹, in: Gesammelte Werke XI, S. 213.

8 Ludwig Klages, ›Der Mensch und das Leben‹, Jena 1937, S. 33 und 214. Vgl. dazu auch Christian Graf v. Krockow, ›Die Entscheidung. Eine Untersuchung über Ernst Jünger, Carl Schmitt, Martin Heidegger‹, Stuttgart 1958. Von dieser Position aus wurde dann beispielsweise über Thomas Mann geurteilt: »Wir erkennen die literarische Kunst Thomas Manns an. Ein großer Literat, aber ein Dichter? Ein großer Scriptor, aber ein Vates? Delphischer Lorbeer blieb ihm fern. Dem allzu Klugen neigt sich nicht der Gott . . .«; Wilhelm Stapel, in: ›Deutsches Volkstum‹, Juni 1933, S. 480, zit. bei Kurt Sontheimer, ›Thomas Mann und die Deutschen‹, München 1961, S. 88.

9 Max Hildebert Böhm, ›Körperschaft und Gemeinwesen‹, in: ›Grundbegriffe der Politik‹, H. 1, Leipzig 1920, S. 81. Es klingt fast wie ein Echo darauf, wenn Hitler äußert: »Man muß Mißtrauen haben gegen Geist und Gewissen, und man muß Zutrauen haben zu seinen Instinkten. Wir müssen eine neue Naivität wiedergewinnen«; vgl. H. Rauschning, ›Gespräche mit Hitler‹, S. 211. Die Entfremdung von Literatur und Leben in Deutschland war schließlich auch das Thema von Hugo von Hofmannsthals berühmtem Essay »Das Schrifttum als geistiger Raum der Nation«.

Vgl. in diesem weiteren Zusammenhang auch den brillanten und aufschlußreichen Essay von Robert Minder über ›Deutsche und französische Literatur‹, in: ›Kultur und Literatur in Deutschland und Frankreich‹, Fünf Essays, Frankfurt/Main 1962; auch die Studie von Ulrich Kayser-Eichberg, ›Geist und Ungeist des Militärs‹, Stuttgart 1958, enthält zahlreiche essayistische Anmerkungen zu diesem Themenkomplex.

10 M. Scheler nannte als Symptome der antiintellektuellen Tendenz der Zeit den Bolschewismus, den Faschismus, die Jugendbewegung, die Tanzwut, die Psychoanalyse, die neue Wertschätzung des Kindes, die Lust an primitiver, mythischer Mentalität u. a.; vgl. K. Sontheimer, ›Antidemokratisches Denken in der Weimarer Republik‹, S. 43. In diesen weiteren Zusammenhang gehört auch das Buch von Ernst Robert Curtius, ›Deutscher Geist in Gefahr‹, Stuttgart 1932.

11 Vgl. ›Deutsche Kultur im Dritten Reich‹, hrsg. von Ernst Adolf Dreyer, Berlin 1934, S. 79.

12 Angaben bei K. D. Bracher, aaO., S. 317, 323, sowie Kurt Hirche, ›Nationalsozialistischer Hochschulsommer‹, in: ›Die Hilfe‹ vom 15. August 1931. Vgl. auch Th. Litt, in: ›The National-Socialist Use of Moral Tendencies in Germany‹, abgedr. in: ›The Third Reich‹, London 1955, S. 439, der im Hinblick auf die Studentenschaft meint: »It was from their ranks that the Party drew the most devoted, ingenious, and resolute champions.« Auch Th. Mann spricht in seinem Brief an den Dekan der Philosophischen Fakultät der Universität Bonn von der »schweren Mitschuld an allem gegenwärtigen Unglück, welche die deutschen Universitäten auf sich geladen haben . . .«; in: Gesammelte Werke XII, S. 753.

13 Vgl. K. D. Bracher, aaO., S. 318 sowie S. 266.

14 Brief Ricarda Huchs vom 9. April 1933 an den Präsidenten der Preußischen Akademie der Künste, Max von Schillings; zit. bei L. Poliakov/J. Wulf, ›Das Dritte Reich und seine Denker‹, S. 513. Vgl. dazu auch den berühmten Brief, den Oskar Maria Graf von Wien aus an J. Goebbels schrieb, weil er sich bei der Bücherverbrennung zu Unrecht übergangen fühlte: »Verbrennt mich auch! . . .«, zit. bei Walther A. Berendsohn, ›Die humanistische Front‹, Zürich 1946, S. 54.

15 Rede auf der Kulturtagung der NSDAP im Rahmen des Reichsparteitages 1933; zit. bei C. Horkenbach, S. 358. Ironisch glossierte der NS-Historiker Walter Frank diesen Opportunismus mit den Worten: »Die nationalsozialistische Bewegung hat in den rauhen Jahren ihres Kampfes die uneingeschränkte Verachtung der in Deutschland behausten Griechlein (i. e. die Intellektuellen) genossen. Sie war den Griechlein zu ungeistig. Aber das wurde sofort anders, als der Nationalsozialismus siegte; es war, als ob dem Siege eine vergeistigende Macht innewohne. Von allen Seiten kamen nun die Griechlein, klug und gebildet und charakterlos, grüßten bieder ›mit deutschem Gruß‹ und erboten sich, den nationalsozialistischen Sieg ›geistig zu unterbauen‹ «; vgl. ›Kämpfende Wissenschaft‹, Hamburg o. J., S. 31.

16 W. Frick auf einer Kundgebung des NS-Lehrerbundes am 19. Oktober 1933; zit. bei C. Horkenbach, S. 491.

17 Rede zur Eröffnung der Reichskulturkammer am 14. November 1933; zit. bei C. Horkenbach, S. 559; in einem ersten Rechenschaftsbericht über die Arbeit der Reichsschrifttumskammer am 6 Dezember 1934 erklärte Goebbels: »Die erste Aufgabe der Reichsschrifttumskammer war eine Säuberungsaktion auf allen Gebieten des Schrifttums. Nicht weniger als 40 v. H. betrug allein der Anteil des Judentums am deutschen Schrifttum. Weiter galt es, ein einheitliches Standesbewußtsein der deutschen Schriftsteller zu schaffen und ihnen ihre große Verantwortung vor Staat und Nation zum Bewußtsein zu bringen. Auch der Buchhandel und das Leihbüchereiwesen mußten gereinigt werden von Elementen, die vielleicht geschäftlich, nicht aber kulturell die Eignung besaßen, auf diesem verantwortungsvollen Gebiete tätig zu sein«; vgl. ›Das Archiv‹, Berlin, Nov./Dez. 1934, S. 1355. Vgl. dazu D. Strothmann, ›Nationalsozialistische Literaturpolitik. Ein Beitrag zur Publizistik im Dritten Reich‹.

18 Walter v. Molo in einem Beitrag der Zeitung ›Die Welt‹ vom 8. Juni 1957 unter dem Titel: »Kritisch waren die Poeten und sie hielten zusammen.«

19 Rudolf G. Binding, ›Antwort eines Deutschen an die Welt‹, Frankfurt/ Main 1933; die Schrift richtete sich gegen einen voraufgegangenen kritischen Artikel Romain Rollands über die Verhältnisse in Deutschland. Mit ähnlichen Argumenten wandten sich auch Erwin Guido Kolbenheyer, Wilhelm v. Scholz u. a. gegen den französischen Dichter und verteidigten die Bücherverbrennung als notwendigen Akt der »Reinigung« und »Läuterung«.

20 Vgl. K. Sontheimer, ›Thomas Mann und die Deutschen‹, S. 86 f.; zur Äußerung Börries v. Münchhausens vgl. ›Neue Literatur‹, H. 9. September 1934, S. 599.
21 Ernst Jünger im ›Tagebuch‹ vom 21. September 1929, zit. bei K. Sontheimer, ›Antidemokratisches Denken‹, S. 157. Vgl. dazu auch die Äußerung Friedrich Georg Jüngers, dessen zeitkritische Schriften im übrigen durchweg die Neigung zeigen, die Radikalität seines Bruders durch eine besondere Rücksichtslosigkeit und gewollte Brutalität zu überbieten: »Das große, mächtige Deutschland der Zukunft ist sein (des Nationalsozialisten) Wille ... Mögen Tausende, mögen Millionen sterben, was bedeuten die Ströme dieses Blutes gegenüber diesem Staate, in den alle Unruhe und Sehnsucht des deutschen Menschen mündet«; F. G. Jünger, ›Der Aufmarsch des Nationalismus‹, zit. bei K. Sontheimer, aaO., S. 296.
22 Gottfried Benn, ›Der neue Staat und die Intellektuellen‹, Gesammelte Werke I, S. 447. Das vorerwähnte Zitat entstammt einem Essay ›Zur Problematik des Dichterischen‹ aus dem Jahre 1930 und ist demselben Band, S. 80 f., entnommen.
23 Vgl. W. Stephan, ›Goebbels‹, S. 155. Die selbstgewissen Prognosen entstammen zwei Ansprachen Hitlers, und zwar der Rede auf der Kulturtagung des Reichsparteitages 1933, zit. bei C. Horkenbach, S. 357, sowie der Rede zur Einweihung des Hauses der Deutschen Kunst vom 19. Juli 1937, zit. bei M. Domarus, ›Hitler I‹, S. 708.
24 Diese Wendungen finden sich in zahlreichen Reden aus unterschiedlichem Anlaß. Eine Zusammenstellung dieser und ähnlicher Ausdrücke enthält D. Strothmann, aaO., S. 302, ergänzt durch einige Wendungen aus dem Vokabular Rosenbergs.
Was an die Stelle der verfemten »entarteten Kunst« trat, wurde vom Volksmund alsbald »Fotorismus« genannt.
25 R. Minder, aaO., S. 39.
26 Vgl. J. Goebbels, in: ›Goebbels spricht. Reden aus Kampf und Sieg‹, Oldenburg i. O. 1933. S. 81.
27 Goebbels in seiner Rede zur Eröffnung der Reichskulturkammer, zit. bei C. Horkenbach, S. 559, sowie Gerd Rühle, ›Das Dritte Reich‹, zit. bei K. D. Bracher, aaO., S. 318.
28 Die Wendung »Soldatentum des Geistes« stammt von Goebbels, zit. bei E. A. Dreyer, aaO., S. 135; zur Dichtung als »Kampfkraft« vgl. D. Strothmann, aaO., S. 6; als »Kameraden im Wissensdienste der Nation« wurden die Wissenschaftler von M. H. Böhm in dessen Jenaer Antrittsvorlesung als Ordinarius für Volkstheorie und Volkstumssoziologie bezeichnet, vgl. K. D. Bracher, aaO., S. 320; die »Kameradschaftsabende der Fachschaft Lyriker« erwähnt Oskar Loerke in seinen ›Tagebüchern 1903–1939‹, hrsg. von Hermann Kasack, Heidelberg-Darmstadt 1955. Andere Formeln bei D. Strothmann, aaO., S. 84 ff.
29 Rainer Schlösser, in: ›Wille und Macht‹, H. 3 1943, S. 11.
30 Vgl. Eugen Hadamovsky, zit. bei K. D. Bracher/W. Sauer/G. Schulz, ›Die nationalsozialistische Machtergreifung‹, S. 296. A. Rosenberg ›Blut und Ehre. Ein Kampf für deutsche Wiedergeburt. Reden und Aufsätze von 1919–1933‹, München 1934, S. 250, schrieb über Barlachs Magdeburger Kriegerdenkmal: »Kleine, halbidiotisch dreinschauende Mixovariationen undefinierbarer Menschensorten mit Sowjethelmen sollen deutsche Landsturmmänner versinnbildlichen! Ich glaube: Jeder gesunde SA-Mann wird hier das gleiche Urteil fällen wie bewußte Künstler.« Und Göring, in einer Rede vor den preußischen Theaterintendanten vom 12. September 1933, zit. bei C. Horkenbach, S. 385: »Jeder SA-Mann, der sich an den Protestaktionen gegen einen ›Schwejk‹ und ähnliche Stücke beteiligt habe, besitze mehr Kunstsinn als der Intendant, der das Stück zur Aufführung gebracht hat.«
31 Wilfried Bade, ›Kulturpolitische Aufgaben der deutschen Presse‹, Berlin 1933,

S. 16, zit. bei D. Strothmann, aaO., S. 260. Josef Müller-Marein schrieb in diesem Zusammenhang im ›Völkischen Beobachter‹: »Aber es bleibt doch gar keine Frage, daß es nahezu ausschließlich den SA-Dichtern vorbehalten blieb, dem Gedicht überhaupt noch Geltung und Lebensmöglichkeit zu bewahren«; zit. bei D. Strothmann, S. 12. Noch weiter ging Joseph Goebbels, als er am 23. Februar 1937 in einer Rede über »Die Kulturaufgabe der SA« die »Gemeinschaft der SA« kurzerhand zum »größten Kunstwerk« erhob, »das es in der heutigen Zeit gibt«; zit. in ›Das Archiv. Nachschlagewerk für Politik, Wirtschaft, Kultur, Bewegung, Staat, Volk‹, Berlin, Februar 1937, S. 1599.

32 Vgl. C. Horkenbach, aaO., S. 611; zur vorerwähnten Äußerung E. Storms vgl. L. Poliakov/J. Wulf, ›Das Dritte Reich und seine Denker‹, S. 115.

33 Vgl. H. Picker, ›Hitlers Tischgespräche‹, S. 205, sowie H. Rauschning, ›Gespräche mit Hitler‹, S. 210 f.

34 ›Hans Schemm spricht. Seine Reden und sein Werk‹, hrsg. von G. Kahl-Furthmann, Bayreuth 1935, S. 118; zit. nach H. Glaser, ›Das Dritte Reich‹, S. 110. Hans Schemm war auch einer der eifrigsten Wortführer einer »deutschen und subjektiven Wissenschaft«.

35 In der zitierten Reihenfolge finden sich die angeführten Äußerungen bei: H. Rauschning, aaO., S. 210; Hermann Schaller, ›Die Schule im Staate Adolf Hitlers‹, Breslau 1935, S. 187; Ph. Lenard, in: ›Volk im Werden‹, H. 7, 1936, S. 414, zit. bei L. Poliakov/J. Wulf, ›Das Dritte Reich und seine Denker‹, S. 297; W. Poppelreuther, in: ›Hitler, der politische Psychologe‹, Langensalza 1934, S. 9 f., zit. aaO., S. 399; R. Höhn, in: ›Die Volksgemeinschaft als wissenschaftliches Grundprinzip‹, in: ›Süddeutsche Monatshefte‹, Jg. 1934/35, S. 5 f. Zahlreiche weitere Beispiele bei Bracher aaO.

36 Th. Mann, ›Leiden an Deutschland, Tagebuchblätter aus den Jahren 1933 und 1934‹, Gesammelte Werke XII, S. 115. Vgl. damit auch den von K. Heiden, ›Hitler II‹, S. 111, berichteten Fall eines berühmten Kunsthistorikers und Museumsdirektors einer süddeutschen Großstadt, der nach einer Maßregelung durch die Partei erklärte, die Behandlung sei vielleicht nicht gerecht, aber notwendig gewesen, und, auf seine Vergangenheit zurückblickend, meinte: »Wir hätten geführt werden müssen.«

37 K. D. Bracher, aaO., S. 299.

38 Th. Mann, ›Leiden an Deutschland‹, aaO., S. 108.

39 Die Rede ist abgedruckt in VJHfZ 1958/Heft 2, S. 175 ff. Schon 1935 hatte, mit dem Blick auf die Schriftsteller, Prof. Walter Frank in einer Rede die Frage gestellt, »ob denn in Zeiten, wo ein Cäsar steigt und fällt, wo Reiche stürzen und sich erheben, wo Völker streiten um Sein und Nichtsein und um die Macht und Ruhm, diejenigen, die nur privatem Pläsier dichten, so eigentlich des Lebens würdig sind«; W. Frank, ›Zukunft und Nation‹, Schriften des Reichsinstituts für Geschichte des neuen Deutschlands, Hamburg 1935, S. 5.

40 Vgl. Dieter Sauberzweig, ›Die Kapitulation der deutschen Universitäten‹, in: ›Die Zeit‹ vom 17. März 1961.

41 Helmut Plessner, ›Die verspätete Nation. Über die politische Verführbarkeit bürgerlichen Geistes‹, Stuttgart 1959.

42 Zit. bei Rolf Michaelis, ›Das wandelbare politische Gesicht eines Dichters‹, in: ›Der Tagesspiegel‹ vom 15. November 1962. Vgl. dazu auch die Erinnerungen des Schriftstellers Ferenc Körmendy über seine persönliche Begegnung mit Gerhart Hauptmann im Sommer 1938, die den erwähnten Zwiespalt eindrucksvoll belegen.

43 Peter de Mendelssohn, ›Der Geist in der Despotie‹, Berlin 1953, S. 257.

44 Hanns Johst in dem Drama ›Schlageter‹.

45 Zit. bei Friedrich Wolters, ›Stefan George und die Blätter für die Kunst‹, Berlin

1930, S. 75; ferner F. G. Jünger, ›Der Aufmarsch des Nationalismus‹, zit. bei K. Sontheimer, ›Antidemokratisches Denken‹, S. 159.
46 Zit. bei Walter Muschg, ›Die Zerstörung der deutschen Literatur‹, München o. J. (List-Bücher), S. 23.
47 H. Rauschning, ›Gespräche mit Hitler‹, S. 255.
48 E. J. Jung, ›Sinndeutung der deutschen Revolution‹, S. 62.
49 Carl Schmitt, ›Politische Romantik‹, 2. Aufl., München-Leipzig 1925, S. 228.
50 E. Barlach, ›Als ich von dem Verbot der Berufsausübung bedroht war‹, geschrieben am 29./30. Juli 1937, zit. bei E. Barlach, Ausstellungskatalog, hrsg. von der Deutschen Akademie der Künste, Berlin 1951, S. 67.
Karl Schmitt-Rottluff erhielt 1941 von dem Präsidenten der Reichskammer der Bildenden Künste, Adolf Ziegler, einen Brief, in dem es u. a. hieß: »Obwohl Ihnen ... die richtungsweisenden Reden des Führers anläßlich der Eröffnung der Großen Deutschen Kunstausstellung in München bekannt sein mußten, geht aus Ihren nunmehr zur Einsichtnahme hergereichten Original-Werken der Letztzeit hervor, daß Sie auch heute noch dem kulturellen Gedankengut des nationalsozialistischen Staates fernstehen ... (Infolgedessen) schließe ich Sie aus der Reichskammer der Bildenden Künste aus und untersage Ihnen mit sofortiger Wirkung jede berufliche – auch nebenberufliche – Betätigung auf den Gebieten der bildenden Künste . . .«; zit. bei W. Hofer, ›Der Nationalsozialismus‹, S. 97 f.
51 Vgl. dazu auch die Auszüge aus den Rosenberg-Akten bei L. Poliakov/J. Wulf, ›Das Dritte Reich und seine Denker‹, S. 102 f.
52 Zit. bei W. Muschg, aaO., S. 64.

Deutsche Frau und Mutter *Die Rolle der Frau im Dritten Reich*

1 Zit. bei G. Franz-Willing, ›Die Hitlerbewegung‹, S. 82; vgl. auch A. Rosenberg, ›Mythus‹, S. 493; der frauenfeindliche Zug der Bewegung kommt insbesondere auch bei Ernst Röhm, ›Die Geschichte eines Hochverräters‹ zum Ausdruck. Nach einer offiziellen Quelle, die von Clifford Kirkpatrick in dessen Buch ›Nazi Germany' Its Women and Family Life‹, S. 57, angeführt wird, waren (gemeint ist offenbar die Kampfzeit) nur 3 % der Parteimitglieder weiblichen Geschlechts.
2 Lediglich Goebbels und Bormann besaßen eine im Sinne der nationalsozialistischen Ideologie vollwertige Familie. Es muß im übrigen schon hier darauf verwiesen werden, daß es strenggenommen eine nationalsozialistische Frauen- oder Familienideologie nie gegeben hat. Es existieren, wie es für die NS-Ideologie durchweg kennzeichnend ist, lediglich Ansätze, die jedoch angesichts der bewußten, weit größere herrschaftstechnische Elastizität verbürgenden Gleichgültigkeit des Nationalsozialismus an Systematisierungen nie zusammengefaßt und einheitlich durchgebildet wurden. Der Begriff wird hier nur aus Gründen terminologischer Vereinfachung verwendet.
3 So Wilhelm Frick auf der ersten Sitzung des Sachverständigenbeirats für Bevölkerungs- und Rassenpolitik am 28. Juni 1933, zit. in: ›Dokumente der deutschen Politik‹, Bd. 1, S. 170.
4 Die Formulierung stammt von Edgar Jung, ›Die Herrschaft der Minderwertigen‹, S. 100; sie zeigt, wie sehr die völkische Terminologie der nationalsozialistischen entsprach oder diese vorwegnahm. Die Übereinstimmung wird sich im folgenden Text noch häufiger ergeben. Tatsächlich verwendete Wilhelm Hartnacke in einem

Aufsatz »Erbgut verpflichtet« in: ›Mütter, die uns die Zukunft schenken‹, Königsberg 1936, denselben Vergleich.

5 Hitler auf einer Tagung der NS-Frauenschaft im Rahmen des Reichsparteitages von 1934, vgl. M. Domarus, ›Hitler I‹, S. 451; die Einstufung der auf Mutterschaft verzichtenden Frau als »Fahnenflüchtige« stammt von Schwabach in dessen Buch ›Die Revolutionierung der Frau‹, Leipzig 1928; vgl. E. Jung, ›Die Herrschaft der Minderwertigen‹, S. 199.

6 A. Zoller, ›Hitler privat‹, S. 106. Die Bemerkung D. Eckarts wird von K. Heiden, ›Hitler I‹, S. 77, überliefert.

7 So jedenfalls B. v. Schirach zu G. M. Gilbert, vgl. ›Nürnberger Tagebuch‹, S. 341 f.; ferner A. Zoller, ›Hitler privat‹, S. 106; Otto Strasser, ›Hitler und ich‹, S. 94 ff. Die hier gestreifte Problematik ist z. T. in den Beiträgen Hitler I-III erörtert.

8 H. Hoffmann, ›Hitler was my friend‹, S. 142 ff. Hoffmann fährt dort fort: »Diese Frauen waren die besten Propagandisten der Partei; sie überredeten ihre Männer zum Anschluß an Hitler, opferten ihre freie Zeit ihrer politischen Begeisterung und weihten sich völlig und selbstlos der Sache der Parteiinteressen.«

9 Diese Bemerkung belastet natürlich nicht etwa die Frauen allein mit der Schuld am Aufstieg Hitlers; sie ist vielmehr zu verstehen im Sinne des von Simone de Beauvoir in ihrem Buch ›Das andere Geschlecht‹, S. 606, übermittelten Zitats eines englischen Wissenschaftlers, wonach Männer die Götter machten, Frauen sie dagegen anbeteten. – Zur Bemerkung Hitlers vgl. A. Zoller, aaO., S. 108.

10 H. Lüthy, ›Der Führer persönlich‹, in: ›Der Monat‹, Heft 62, S. 159; die Bemerkung der ›Münchener Post‹ findet sich bei G. Franz-Willing, aaO., S. 188, die der Gräfin von Reventlow bei W. Görlitz/H. A. Quint, ›Adolf Hitler‹, S. 143.

11 Hannah Arendt, ›Elemente und Ursprünge totaler Herrschaft‹, S. 242 f.

12 K. Lüdecke berichtet in seinem Buch ›I knew Hitler‹, S. 99, er sei in den Anfangsjahren der Bewegung Zeuge gewesen, wie eine ältere Frau ihre gesamte Erbschaft, die ihr soeben vermacht worden war, der Partei übertrug. Weitere Zuwendungen erhielt Hitler von einer Frau v. Seidlitz, deren Mann beim Geiselmord während der Räteherrschaft umgekommen war. Auch Frau Bechstein sagte gelegentlich aus, daß ihre Familie Hitler wiederholt »unter die Arme gegriffen« hätte; vgl. G. Franz-Willing, aaO., S. 192.

13 H. Rauschning, ›Gespräche‹, S. 240 f.; auch Eva G. Reichmann, die vor 1933 an einer Veranstaltung im Berliner Sportpalast teilgenommen hatte, erwähnt den »erotischen Charakter nicht nur der Worte, sondern der sie begleitenden Gesten«; vgl. ›Flucht in den Haß‹, S. 258, Anm.

14 A. Zoller, aaO., S. 108, sowie Goebbels ›Tagebücher 1942/43‹, S. 410 (Eintrg. vom 12. September 1943); vgl. auch ebd. S. 335.

15 Hitler in der erwähnten Rede vor der NS-Frauenschaft auf dem Reichsparteitag 1934, vgl. M. Domarus, ›Hitler I‹, S. 451; zum Anspruch des Nationalsozialismus, die Frauenfrage zu lösen, vgl. C. Kirkpatrick, aaO., S. 119.

16 Zit. bei Hanns Kerrl (Hrsg.): ›Reichstagung in Nürnberg 1935‹, Berlin 1936, S. 233; das Zitat A. Rosenbergs findet sich im ›Mythus‹, S. 495.

17 Hitler in der Rede auf dem Reichsparteitag 1934, vgl. M. Domarus, aaO., S. 450. Im gleichen Zusammenhang meinte A. Rosenberg: »Mit der Lehre von der erotischen ›Wiedergeburt‹ greift der Jude heute – und zwar auch mit Hilfe der Lehren der Frauenemanzipation – an die Wurzeln unseres ganzen Seins überhaupt«; vgl. ›Der Mythus‹, S. 511. – Zu der alle soziologischen Tatsachenverhältnisse souverän leugnenden Emanzipationstheorie des Nationalsozialismus vgl. Th. Heuß, ›Hitlers Weg‹, S. 134 f.

18 Dr. Curt Rosten, ›Das ABC des Nationalsozialismus‹, 5. Aufl., Berlin 1933, S. 198.

19 Thilo von Trotha, »Volksneubau und Geschlechterfrage« in: ›Nationalsozialistische Monatshefte‹ 1934, S. 877, zit. bei Dietrich Strothmann, ›Nationalsozialistische Literaturpolitik‹, S. 325.

20 Vgl. D. Strothmann, aaO., S. 406 f.

21 Oswald Spengler, zit. bei E. Jung, aaO., S. 202 f.

22 C. Kirkpatrick, aaO., S. 105.

23 C. Rosten, ›Das ABC des Nationalsozialismus‹, S. 199. Der Verfasser tat sich in seiner Schrift auch als Dichter hervor. Die unsägliche Reimerei verdiente es nicht, hier wiedergegeben zu werden, charakterisierte sie nicht treffend die dümmlich-dilettantische Tonlage der Mehrzahl dieser Bestrebungen zur »Rettung der deutschen Frau«:

»Wir wollen wieder Frauen haben,
Nicht Spielzeug ausgeschmückt mit Tand.
Der deutschen Frau und Mutter Gaben
Besitzt kein Weib in fremdem Land.

Die deutsche Frau ist edler Wein.
Liebt sie, so blüht die Erde.
Die deutsche Frau ist Sonnenschein
Am heimatlichen Herde.

Verehrungswürdig sollt ihr bleiben,
Nicht fremder Rassen Lust und Spiel.
Das Volk soll rein und sauber bleiben,
Das ist des Führers hohes Ziel.«

24 Von »Naturverrat« sprach Wilhelm Hartnacke, »Erbgut verpflichtet«, in: ›Mütter, die uns die Zukunft schenken‹, Königsberg 1936, S. 64; von »Gebärstreik« E. Jung, aaO., S. 46.

25 Hanns Johst, »Rede zur Kundgebung des Deutschen Schrifttums«, in: ›Völkischer Beobachter‹ vom 24. Juli 1936.

26 A. Hitler, ›Mein Kampf‹, S. 444 f. und S. 278. Vgl. in diesem Zusammenhang auch die Schriften R. Walther Darrés, insbes. ›Das Bauerntum als Lebensquell der nordischen Rasse‹, sowie ›Neuadel aus Blut und Boden‹, wo er bspw. S. 134 die blutmäßige »Merz- und Hegetätigkeit« der altdeutschen Rechtsordnung als Vorbild beschwört.

27 Rede vor den deutschen Frauen auf dem Reichsparteitag 1937, in: ›Offizieller Bericht über den Verlauf des Reichsparteitages mit sämtlichen Kongreßreden‹, München 1938, S. 235. – Das zuvor wiedergegebene Zitat stammt von C. Rosten, aaO., S. 193.

28 C. Rosten, aaO., S. 201.

29 Zit. bei C. Kirkpatrick, aaO., S. 117; an anderer Stelle führte Goebbels aus: »Nicht, weil wir die Frauen nicht achteten, sondern weil wir sie zu hoch achteten, haben wir sie aus dem parlamentarisch-demokratischen Ränkespiel, das die Politik der vergangenen 14 Jahre in Deutschland bestimmte, ferngehalten«; vgl. J. Goebbels, »Deutsches Frauentum«, in: ›Signale der neuen Zeit‹, S. 118. Tatsächlich aber war es nichts anderes als eine dezidierte Verachtung der Frau; beispielhaft dafür ist die Bemerkung Hitlers in seinen ›Tischgesprächen‹ S. 360 (Eintrg. vom 12. April 1942).

30 Vgl. M. Domarus, aaO., S. 452; dazu R. W. Darré: »Kinderreichtum ist das Kenn-

zeichen der adligen Frau«, zit. bei L. Poliakov/J. Wulf, ›Das Dritte Reich und seine Denker‹, S. 23.

31 Hitler vor den deutschen Frauen auf dem Reichsparteitag 1936, vgl. ›Offizieller Bericht über den Verlauf des Reichsparteitages mit sämtlichen Kongreßreden‹, München 1936, S. 168. – Die zuvor erwähnte Äußerung Hitlers stammt aus seiner Rede anläßlich der Einweihung der Ordensburg Sonthofen vom 23. November 1937, vgl. M. Domarus, aaO., S. 762.

32 Staatssekretär Reinhardt über die ›Frühehe der Beamten‹ in einer Ansprache am 5. Juni 1937; vgl. ›Dokumente der deutschen Politik‹, Bd. 5, S. 295 f. – Der erwähnte Kommentar zum Gesetz zur Verhütung erbkranken Nachwuchses stammt von Hans F. K. Günther, ›Führeradel durch Sippenpflege‹, München 1936, S. 48. Günther war auch einer der energischsten Befürworter der Umwandlung der Standesämter »aus bloßen Eintragungsstellen zu beratenden und lenkenden Sippenämtern«, vgl. ebd. S. 49. – Im übrigen dazu K. D. Bracher, in: K. D. Bracher/W. Sauer/G. Schulz, ›Die nationalsozialistische Machtergreifung‹, S. 284 f.
In den gleichen Rahmen gehören auch Bestrebungen, einen »Aufartungsfonds« zur Förderung des erbbiologisch wertvollen Nachwuchses zu schaffen, vgl. Emil Vogt, »Kinderreichtum als Voraussetzung für den geistigen Hochstand eines Volkes«, in: ›Mütter, die uns die Zukunft schenken‹, Königsberg 1936, S. 43.

33 Vgl. ›Dokumente der Deutschen Politik‹, Bd. 6/I, S. 71 f. Es gab drei Stufen dieses Ehrenzeichens: »Ein Ehrenzeichen in Eisen für die Mutter von 4 Kindern, ein Ehrenzeichen in Silber für die Mutter von 6 Kindern, ein Ehrenzeichen in Gold für die Mutter von 8 Kindern.«

34 Vgl. Hans Retzlaff, ›Arbeitsmaiden am Werk‹, Leipzig 1940, S. 22: »Welches Geschenk hat der Führer dieser Jugend gemacht, daß er sie zueinander führt, damit sie in ihrer eigenen Gemeinschaft ihr Volk kennen und lieben lerne!«

35 H. Retzlaff, aaO., S. 28 sowie S. 7. In der gleichen Schrift wird dann der RAD für die weibliche Jugend »die große Schule einer neuen Volkskultur« genannt; ebd. S. 34.

36 Vgl. Emil Vogt, aaO., S. 46.

37 ›Münchener Neueste Nachrichten‹, Nr. 169, zit. bei L. Poliakov/J. Wulf, ›Das Dritte Reich und seine Denker‹, S. 541.

38 ›The Bormann Letters‹. Zur Editionsfrage vgl. den Beitrag über M. Bormann, Anm. 5. Die hier wiedergegebenen Äußerungen Gerda Bormanns stammen aus den Briefen vom 24. Januar 1944 sowie vom 27. Januar 1944 (S. 42 ff. sowie S. 45). – Martin Bormann pflegte die Briefe seiner Frau oft mit kurzen Randnotizen und Zwischenbemerkungen zu versehen, die hier in Großbuchstaben wiedergegeben sind.

39 Denkschrift Bormanns betr. ›Sicherung der Zukunft des deutschen Volkes‹ vom 29. Januar 1944, zit. bei H.-A. Jacobsen/W. Jochmann, ›Ausgewählte Dokumente zur Geschichte des Nationalsozialismus 1933–1945‹.

40 Marie Adelheit Reuß zur Lippe (Hrsg.), ›80 Merksätze und Leitsprüche über Zucht und Sitte aus Schriften und Reden von R. Walther Darré‹, zit. bei L. Poliakov/J. Wulf, aaO., S. 22.

41 Rede Himmlers auf der SS-Gruppenführertagung in Posen vom 4. Oktober 1943, vgl. IMT XXIX, S. 147 (1919-PS).

42 H. Picker, ›Hitlers Tischgespräche‹, S. 323 (Eintrg. vom 28. Januar 1942).

43 Denkschrift M. Bormanns vom 29. Januar 1944; vgl. dazu auch H. Picker, ›Hitlers Tischgespräche‹, S. 324 (Eintrg. vom 1. März 1942).

44 Das Schreiben Himmlers vom 13. September 1936 über die Gründung des Vereins Lebensborn e. V. hatte zwar von diesen Zielsetzungen noch nichts erkennen

lassen, sondern der Institution vielmehr die vierfache Aufgabe zugewiesen: 1. Unterstützung rassisch und erbbiologisch wertvoller Familien, 2. Unterbringung von rassisch und erbbiologisch wertvollen werdenden Müttern in geeigneten Heimen usw., 3. Sorge für die Kinder solcher Familien sowie 4. Sorge für die Mütter. In dem Schreiben wurde es zugleich allen »hauptamtlichen Führern« zur »Ehrenpflicht« gemacht, Mitglied des Vereins zu werden; vgl. IMT XXXI, S. 177 f. (2825-PS). Seinem Arzt und Masseur Felix Kersten aber versicherte Himmler unverhohlener: »Als ich den Lebensborn einrichtete, ging ich davon aus, zunächst einmal einem dringenden Bedürfnis abzuhelfen, um rassisch einwandfreien Frauen, die unehelich gebären, die Möglichkeit zu geben, kostenlos zu entbinden ... Unter der Hand ließ ich durchsickern, daß sich jede unverheiratete Frau, die allein stehe, aber sich nach einem Kinde sehne, vertrauensvoll an den Lebensborn wenden könne. Die Reichsführung-SS nehme Patenstellung bei diesem Kinde an und würde für die Erziehung sorgen. Das war ein revolutionärer Schritt ...« Als sog. »Zeugungshelfer«, versicherte Himmler dann weiterhin, wurden »nur wirklich wertvolle, rassisch einwandfreie Männer« empfohlen; vgl. F. Kersten, ›Totenkopf und Treue‹, S. 229 f.
Nach dem Stand von 1939 hatte der Lebensborn e. V. Heime in Steinhöring, Polzin, Klosterheide (Mark), Hohehörst und im Wienerwald. Später kamen mehrere Krankenhäuser, Kinderheime usw. aus früherem jüdischen Besitz hinzu. Sogenannte Außenstellen oder Leitstellen gab es in Bromberg sowie in Belgien und Holland; vgl. 2284-PS sowie NO 4705.

45 F. Kersten, ›Totenkopf und Treue‹, S. 223, 226.

46 H. Picker, ›Hitlers Tischgespräche‹, S. 301; das zuvor erwähnte Zitat, daß dem größten Kämpfer die schönste Frau gebühre, wird von A. Zoller, aaO., S. 105, überliefert.

47 F. Kersten, aaO., S. 92.

48 Aussage Bertus Gerdes IMT XXXII, (3462-PS).

49 H. Rauschning, ›Gespräche‹, S. 232.

50 Vgl. dazu die instruktive Schrift von Hedwig Conrad-Martius, ›Utopien der Menschenzüchtung. Der Sozialdarwinismus und sein Folgen‹.

51 F. Kersten, aaO., S. 100, sowie H Conrad-Martius, aaO., S. 139.

52 Zu Himmlers »Verlobungs- und Heiratsbefehl«, der als wichtigste Bestimmung die Heiratsgenehmigungspflicht für SS-Angehörige enthielt, vgl. IMT XXXI, 2825-PS, S. 174 f. – Über das Rasse- und Siedlungshauptamt hieß es in einer Darstellung der Organisation und der Grundsätze der SS vom 1. August 1942: »Das Rasse- und Siedlungshauptamt SS bearbeitet in seinen Ämtern die rassische Auslese des SS-Nachwuchses, lenkt die Gattenwahl der SS-Männer und fördert die Bildung erbbiologisch wertvoller kinderreicher Familien. Geeigneten und siedlungswilligen SS-Männern wird der Weg zum eigenen Hof ermöglicht«; IMT XXXI (2825-PS). Daß damit freilich nur ein geringer Teil der Tätigkeiten des RUSHA, und selbst dieser in äußerst schönfärbender Weise beschrieben war, bedarf keiner besonderen Hervorhebung, ist auch in diesem Zusammenhang weniger wichtig. – Die Ernennung Münchens zur »Hauptstadt der Neuordnung und der Familie« ordnete Himmler in einem Brief an SS-Ogruf. Pohl vom 8. Mai 1942 an, vgl. H. Conrad-Martius, aaO., S. 105.

53 F. Kersten, aaO., S. 93 ff.

54 So die erwähnte Denkschrift Martin Bormanns vom 29. Januar 1944 betr. die Sicherung der Zukunft des deutschen Volkes.

55 Vgl. Otto Dietrich, ›12 Jahre mit Hitler‹, S. 235.

Rudolf Höss *Der Mann aus der Menge*

1 Hannah Arendt, ›Elemente und Ursprünge totaler Herrschaft‹, S. 670 sowie überhaupt das Kapitel ›Die Konzentrationslager‹ S. 644 ff. Von ihm stammt auch die hier abgewandelte bzw. erweiterte Formel, daß dem totalitären Glauben die Überzeugung zugrunde liege, daß »alles möglich« sei. Ganz in diesem Sinne hat Hitler selbst gelegentlich erklärt, er liebe es, wenn seine Parteigenossen das Unmögliche wollen; vgl. Hermann Rauschning, ›Gespräche mit Hitler‹, S. 108.
Zu den im Text folgenden Ausführungen vgl. auch die Schrift von Hans Buchheim, ›Totalitäre Herrschaft. Wesen und Merkmale‹, insbes. S. 12 ff.
2 So SS-Obergruppenführer Heißmeyer am 23. April 1941 bei der Einweihung einer Nationalpolitischen Erziehungsanstalt; vgl. Karl O. Paetel, »Die SS. Ein Beitrag zur Soziologie des Nationalsozialismus«, in: VJHfZ 1954/H. 1, S. 17. Ähnlich H. Buchheim, aaO., S. 39, der die Erwartungen und Forderungen des totalitären Regimes gegenüber den Menschen auf die Formel bringt: »Glauben, Gehorsam und efficiency«.
3 Martin Broszat in der Einleitung zu ›Kommandant in Auschwitz. Autobiographische Aufzeichnungen von Rudolf Höß‹, S. 9. Vgl. auch G. M. Gilbert, ›The Psychology of Dictatorship‹, S. 250.
4 ›Kommandant in Auschwitz‹, S. 63.
5 AaO., S. 66 f. Eugen Kogon hat in seinem Buch ›Der SS-Staat‹, S. 314 ff., einen anderen, den vorherrschenden Typus des SS-Lagerfunktionärs analysiert. Zwar treffen einige der dort gewonnenen Ergebnisse auch für Höß zu, in der Grundstruktur aber unterscheiden sich die beiden Typen in dem gleichen Maße voneinander, in dem sie sich ihrerseits wiederum von einer Erscheinung wie Josef Kramer, dem berüchtigten zeitweiligen Kommandanten von Bergen-Belsen, unterscheiden.
6 H. Rauschning, aaO., S. 211.
7 M. Broszat, aaO., S. 15. In einem Verhör durch den Verteidiger Dr. Kaufmann versicherte Höß vor dem Nürnberger Gerichtshof: »Diese sogenannten Mißhandlungen und Quälereien in den Konzentrationslagern ... waren nicht, wie angenommen, Methode, sondern es waren Ausschreitungen einzelner Führer, Unterführer und Männer, die sich an Häftlingen vergriffen«; vgl. IMT XI, S. 446.
8 G. M. Gilbert, ›The Psychology of Dictatorship‹, S. 250.
9 H. Arendt, aaO., S. 663.
10 ›Kommandant in Auschwitz‹, S. 25. Der französische Schriftsteller Robert Merle hat den autobiographischen Bericht von Rudolf Höß als Vorwurf für eine romanhafte Darstellung dieses Lebens benutzt und unter dem Titel ›La mort est mon métier‹ (Titel der deutschen Ausgabe ›Der Tod ist mein Geschäft‹) veröffentlicht. Doch schon die durch teilweise groteske Gruseleffekte bewerkstelligte Dämonisierung des Vaters, ganz abgesehen von den weiteren Ausschmückungen, die nahezu jedes gängige Klischee von »dem« Deutschen aufs Banalste verarbeiten, verweist das Buch in die Niederungen der politischen Kolportageliteratur.
11 G. M. Gilbert, ›Psychology of Dictatorship‹, S. 255; vgl. auch ders., ›Nürnberger Tagebuch‹, S. 243 f.
12 G. M. Gilbert, ›Nürnberger Tagebuch‹, S. 251 f. Vgl. auch ›Kommandant in Auschwitz‹, S. 24, S. 26. Auch später taucht dieses Motiv wieder auf, so wenn Höß anläßlich seiner Ausführungen über die Jahre des Zuchthausaufenthalts die Vorzüge der Einzelhaft schildert; vgl. aaO., S. 39.
13 M. Broszat, aaO., S. 20.
14 ›Kommandant in Auschwitz‹, S. 30.
15 AaO., S. 34.

16 AaO., S. 34.
17 AaO., S. 45.
18 AaO., S. 51. Höß war im Jahre 1922, anläßlich eines Aufenthalts in München, in die NSDAP eingetreten und hatte die Parteinummer 3240 erhalten, wie M. Broszat, dessen editorische Leistung an dieser Stelle zumindest eine Erwähnung verdient, den Nürnberger Dokumenten entnommen hat.
19 ›Kommandant in Auschwitz‹, S. 55.
20 AaO., S. 67.
21 AaO., S. 69. Zu welchen Folgen der Schwächekomplex führen konnte, geht aus einer Episode hervor, die Gunther R. Lys nach einem Gespräch mit Harry Naujocks in Form eines Gedächtnisprotokolls festgehalten und dem Verf. zugänglich gemacht hat. Naujocks, von 1936 bis 1942 Lagerältester des Konzentrationslagers Sachsenhausen, berichtet: »Im Hochsommer 1938 wurde ich abends nach Einschluß an das Lagertor gerufen, wo mir der Rapportführer Kampe diverse dienstliche Anweisungen für den kommenden Tag gab. Beiläufig äußerte Kampe hierbei: ›Und dann der Gärtner, der Teschner, der muß weg.‹
Ich nahm an, der Gärtner solle abgelöst werden, weil er möglicherweise Tomaten gestohlen, unerlaubt geraucht oder etwas Ähnliches angestellt habe. Für einen Politischen hätte ich mich nicht einsetzen können, Kampe durchkreuzte jede Begünstigung von Schutzhäftlingen. Bei Teschner aber handelte es sich um einen Berufskriminellen. Auf einen entsprechenden Einwand hin, meinte Kampe: ›Mensch, verstehst du kein Deutsch? Der muß weg! Anordnung vom Adju!‹«
Nach Naujocks lag damit ein direkter Mordbefehl vor. Ungewöhnlich war daran, wie er versichert, 1) der Ort der Befehlsübermittlung, 2) der Auftraggeber und 3) die Bekanntgabe dieses Befehls an den Lagerältesten. Gemeinhin gebrauchten die SS-Blockführer oder Arbeitskommandoführer die Formel ›Der muß weg‹ gegenüber Kriminellen oder Asozialen im Bereich der Strafkompanie. Adjutant des Konzentrationslagers Sachsenhausen war um diese Zeit Rudolf Höß.
Naujocks, von Kampe verabschiedet, suchte sofort den Gärtner Teschner auf, der bereits schlief. Er fragte Teschner, ob sich in dessen Arbeitsbereich im Laufe des Tages etwas Besonderes ereignet habe. Auch Teschner dachte zunächst an ein Routinevergehen (Diebstahl, Rauchen etc.) und verneinte daher. Darauf Naujocks: »Hast du etwas mit Höß gehabt?« Nun entsann sich Teschner: Höß, leicht angegriffen durch Hitze oder Hitze plus Alkohol, habe am Vormittag in der Gärtnerei einen Schwächeanfall erlitten; er, Teschner, habe den halb ohnmächtigen Höß in den Schatten gezogen und ihn dort mit etwas kaltem Wasser auf Stirn und Halspartien zu sich gebracht. Höß sei danklos davongegangen.
Naujocks dazu heute: »Ich begriff sofort. Die Scham, einem Häftling gegenüber solche Schwäche gezeigt zu haben, war für Höß Anlaß, die Beseitigung dieses Häftlings anzuordnen. Ich lief sofort abermals zu Kampe und konnte erwirken, daß Teschner mit einem morgens um 4 Uhr das Lager verlassenden Transport nach Groß-Rosen kam. Auch Kampe war das Motiv des Höß klar: Sensibilität, übersteigertes Männlichkeitsbedürfnis, er fühlte sich ›entblößt‹ durch Teschner.«
22 AaO., S. 120.
23 G. M. Gilbert, ›Nürnberger Tagebuch‹, S. 252 f.
24 ›Kommandant in Auschwitz‹, S. 123. Vgl. auch die ähnliche, noch umfangreichere Passage dieser Art auf S. 128.
25 AaO., S. 129.
26 G. M. Gilbert, ›Nürnberger Tagebuch‹, S. 253.
27 ›Kommandant in Auschwitz‹, S. 120, sowie IMT XXXIII, 3868-PS. »Von vorn-

herein war mir klar«, so schreibt Höß in seinem Lebensbericht, S. 88, mit dem Stolz des Tüchtigen, »daß aus Auschwitz nur etwas Brauchbares werden könne durch unermüdliche zähe Arbeit aller, vom Kommandanten bis zum letzten Häftling.«

28 ›Kommandant in Auschwitz‹, S. 124. Vgl. auch die Beschreibung des Vernichtungsvorganges bei G. M. Gilbert, ›Nürnberger Tagebuch‹, S. 448 ff.

29 ›Kommandant in Auschwitz‹, S. 130.

30 AaO., S. 143.

31 G. M. Gilbert, ›Nürnberger Tagebuch‹, S. 253.

32 ›Kommandant in Auschwitz‹, S. 146.

33 AaO., S. 151. Auch in der resümierenden Schlußbetrachtung weist Höß noch einmal darauf hin, daß er die Grausamkeiten nie gebilligt habe: »Ich selbst habe nie einen Häftling mißhandelt oder getötet.« Gerade daraus folgte sein Gefühl, nicht nur ein guter SS-Führer im Sinne der Himmlerschen Vorstellungen, sondern auch ein »anständiger Mensch« gewesen zu sein. Lediglich in den beiden Abschiedsbriefen, die er unmittelbar vor seiner Hinrichtung an seine Frau und die Kinder schrieb, bricht die Erschütterung über das fehlgegangene Leben durch und gelangt er wenigstens ansatzweise zu einer moralischen Bewertung dessen, was er getan hat. Er gibt seiner Frau und den Kindern den Rat, einen anderen Namen anzunehmen: »Das Beste ist, wenn mit mir auch für immer mein Name verschwindet.« Die beiden Briefe sind in Deutschland bisher nicht veröffentlicht worden.

DAS GESICHT DES DRITTEN REICHES

Versuch einer Zusammenfassung

1 Vgl. H. Rauschning, ›Gespräche mit Hitler‹, S. 232.

2 Anläßlich des Beuthener Todesurteils gegen die fünf Mörder von Potempa erschien im August 1932 im ›Völkischen Beobachter‹ ein Artikel Alfred Rosenbergs unter dem Titel ›Mark gleich Mark, Mensch gleich Mensch‹-, in dem er dafür plädierte, daß auch im Rechtsleben Mensch nicht gleich Mensch und Tat nicht gleich Tat sei; vgl. F. Th. Hart, ›Alfred Rosenberg‹, S. 81 ff.

Eine ihrer eindrucksvollsten Formulierungen hat diese Maxime der nationalsozialistischen Ideologie in der im Jahre 1935 vom SS-Hauptamt herausgegebenen Schrift ›Der Untermensch‹ erfahren. Darin heißt es: »So wie die Nacht aufsteht gegen den Tag, wie sich Licht und Schatten ewig feind sind – so ist der größte Feind des erdebeherrschenden Menschen der Mensch selbst.

Der Untermensch – jene biologisch scheinbar völlig gleichgeartete Naturschöpfung mit Händen, Füßen und einer Art von Gehirn, mit Augen und Mund, ist doch eine ganz andere, eine furchtbare Kreatur, ist nur ein Wurf zum Menschen hin, mit menschenähnlichen Gesichtszügen – geistig, seelisch jedoch tiefer stehend als jedes Tier . . . Untermensch – sonst nichts! Denn es ist nicht alles gleich, was Menschenantlitz trägt. – Wehe dem, der das vergißt!« Zit. bei L. Poliakov/J. Wulf, ›Das Dritte Reich und die Juden‹, S. 217.

3 A. Rosenberg, ›Der Mythus des 20. Jahrhunderts‹, S. 531. Vgl. dazu auch die außerordentlich instruktive Schrift von Hans Buchheim, ›Totalitäre Herrschaft. Wesen und Merkmale‹, insbesondere S. 14 ff.

4 Vgl. H. Rauschning, ›Gespräche mit Hitler‹, S. 45.

5 Vgl. Gottfried Grießmayr, ›Das völkische Ideal‹ (als Ms. gedruckt), S. 160. Aufschlußreich in diesem Zusammenhang ist auch ein Artikel von Ernst Krieck über den

›Wandel der Wissenschaftsidee und des Wissenschaftssystems im Bereich der nationalsozialistischen Weltanschauung‹, der die völkisch-politische Anthropologie als »Sinnmittelpunkt« im nationalsozialistischen »Kosmos der Wissenschaften« feierte; zit. bei Walther Hofer, ›Der Nationalsozialismus. Dokumente 1933–1945‹, S. 99 f.

6 Zit. bei H. Arendt, ›Elemente und Ursprünge totaler Herrschaft‹, S. 613.

7 H. Rauschning, ›Gespräche mit Hitler‹, S. 232. Hitlers Rede vor dem Offiziersjahrgang 1938 ist zit. bei H.-A. Jacobsen/W. Jochmann, ›Ausgewählte Dokumente zur Geschichte des Nationalsozialismus 1933–1945‹, unter dem Datum vom 25. 1. 1939.

8 H. Rauschning, aaO., S. 233.

9 Zit. bei K. Heiden, ›Hitler II‹, S. 177 f. Vgl. dazu auch den aufschlußreichen Artikel von Karlheinz Rüdiger, ›Auslese der Bewegung‹, in: ›Wille und Macht, Führerorgan der nationalsozialistischen Jugend‹, 4. Jhg., Heft 12, 15. Juni 1936; abgedr. in: H.-A. Jacobsen/W. Jochmann, ›Ausgewählte Dokumente zur Geschichte des Nationalsozialismus 1933–1945‹.

10 Vgl. dazu den Beitrag ›Deutsche Frau und Mutter‹. Wie weit diese Überzeugung von der gegenseitigen Bedingtheit rassischer und charakterlicher Werte ging, wird durch eine von Felix Kersten, ›Totenkopf und Treue‹, S. 100 f., geschilderte Episode belegt: Himmler hatte gelegentlich einen blonden, hochgewachsenen jungen Mann kennengelernt und ihn ohne weitere Nachprüfung, lediglich auf Grund seiner offenkundigen rassischen Voraussetzungen, in die Leibstandarte Adolf Hitler übernommen. Als er bald darauf erfahren mußte, daß dieser Mann ein mehrfach vorbestrafter Krimineller war, sei er »erschlagen gewesen, denn so etwas habe er einem blonden Menschen nicht zugetraut«.

11 So Hanns Johst in einer ›Rede zur Kundgebung des Deutschen Schrifttums‹, zit. in: ›Völkischer Beobachter‹ vom 24. Juli 1936.

12 Hitler am 3. Sept. 1933 beim Abschluß des Parteitages in Nürnberg, zit. bei C. Horkenbach, S. 364. Die Stelle lautet im Zusammenhang: »Es war damit nur entscheidend, durch welche Methode man diese Menschen finden würde, die als Nachfolger und damit Erbträger der einstigen Schöpfer unseres Volkskörpers heute seine Forterhalter sein können. Es gab hier nur eine Möglichkeit: Man konnte nicht von der Rasse auf die Befähigung schließen, sondern man mußte von der Befähigung den Schluß auf die rassische Eignung ziehen. Die Befähigung aber war feststellbar durch die Art der Reaktion der einzelnen Menschen auf eine neu zu proklamierende Idee.«

13 Alfred Richter, ›Unsere Führer im Lichte der Rassenfrage und Charakterologie‹, S. 12.

14 Zit. bei D. M. Kelley, ›22 Männer um Hitler‹, S. 78. Auf die außerordentliche Bedeutung gerade der Münchener und bayerischen Umgebung für den Aufstieg der NSDAP hat in jüngster Zeit vor allem die gute Darstellung von H. H. Hofmann, ›Der Hitlerputsch‹, hingewiesen.

15 ›Mein Kampf‹, S. 441; die berühmte und treffende Formel Gregor Strassers fand sich in einer Rede vom 20. Okt. 1932 vor der NSBO im Berliner Sportpalast.

16 Vgl. Norman H. Baynes, ›The Speeches of Adolf Hitler‹, Oxford 1942, Bd. I, S. 75.

17 Zit. bei Ilse Heß, ›England–Nürnberg–Spandau. Ein Schicksal in Briefen‹, S. 107.

18 H. Rauschning, ›Gespräche mit Hitler‹, S. 256. Vgl. in diesem Zusammenhang auch Hitlers Äußerung: »Weltgeschichte wird durch Minoritäten gemacht dann, wenn sich in dieser Minorität der Zahl die Majorität des Willens und der Entschlußkraft verkörpert.«, in: ›Mein Kampf‹, S. 441.

19 Vgl. W. Sauer, in: K. D. Bracher/W. Sauer/G. Schulz, ›Die nationalsozialistische Machtergreifung‹, S. 850; ferner: H. Frank, ›Im Angesicht des Galgens‹, S. 369 f.

20 F. L. Neumann, ›Behemoth‹, S. 96.

21 Goebbels, ›Tagebücher 1942/43‹, S. 135 (Eintrg. vom 21. März 1942); es handelt sich dabei um eine Äußerung General Schmundts, die Goebbels beifällig zitiert.

22 Berichtet von Sir Nevil Henderson, ›Failure of a Mission‹, London 1940, S. 282; zit. nach A. Bullock, ›Hitler‹, S. 391.

23 G. M. Gilbert, ›Nürnberger Tagebuch‹, S. 230.

24 H. Frank, ›Im Angesicht des Galgens‹, S. 89. Die außerordentliche Suggestivmacht Hitlers erwies sich im übrigen nicht nur an seinen nationalsozialistischen Gefolgsleuten. Hindenburg, Papen, Blomberg; Industrielle oder Professoren verfielen ihm in mehr oder minder entwürdigendem Maße. General v. Brauchitsch ließ im November 1939 von einem Auflehnungsversuch der Generalität einfach ab, als Hitler ihn anschrie, und selbst der in seinem fachmännischen Hochmut fest verkapselte Hjalmar Schacht versicherte gelegentlich, er ginge »nie ohne innere Befreiung von einer Aussprache mit Hitler fort – er fühle sich immer gestärkt«, wie H. Rauschning, aaO., S. 178, berichtet. Die einzige Ausnahme innerhalb der eigentlichen Führungsspitze scheint Reinhard Heydrich gewesen zu sein. Das mag freilich nicht zuletzt darin seinen Grund haben, daß er in nicht so engem Kontakt mit Hitler persönlich stand, dafür vielmehr seinen »Strohmann« Himmler zur Verfügung hatte. Anders liegt der Fall Röhm. Er hielt sich wohl frei von den demütigenden Akten des Byzantinismus, die seinem soldatischen Ehrgefühl widersprachen; offenbar aber war er Hitler in nicht viel geringerem Maße verfallen als die übrigen Spitzenfunktionäre. Dieser Sachverhalt, der durch die Vorgeschichte des 30. Juni 1934 leicht verdunkelt worden ist, wird bestätigt durch das Verhalten Röhms in den Jahren seiner Verstoßung und durch die überstürzte Rückkehr aus Bolivien, als er von Hitler das Angebot erhielt, den Posten des Stabschefs der SA zu übernehmen. – Eine weitere Ausnahme ist in gewissem Sinne wohl auch Albert Speer. Immerhin bekannte er, »daß ich in seiner Gegenwart, gleichgültig wie lange sie dauerte, ermüdete und mich erschöpft und leer fühlte. Die Fähigkeit zu selbständiger Arbeit war lahmgelegt«; vgl. H. R. Trevor-Roper, ›Hitlers letzte Tage‹, S. 78.

25 Alexandre Koyré, ›The Political Function of the Modern Lie‹, in: ›Contemporary Jewish Record‹, Juni 1945, zit. nach H. Arendt, ›Elemente und Ursprünge totaler Herrschaft‹, S. 556. Vgl. in diesem Zusammenhang auch eine von H. Rauschning, aaO., S. 40, wiedergegebene Äußerung Darrés: »Nur wenn Wissen wieder den Charakter der Geheimwissenschaft zurückerlangt hätte und nicht allgemein zugänglich sei, würde es wieder die Funktion einnehmen können, die es normalerweise habe, nämlich Mittel der Beherrschung zu sein.« In seiner erwähnten Rede vor dem Offiziersjahrgang 1938 meinte Hitler ebenfalls, daß er Gedanken vortragen werde, »die vielleicht in späteren Jahrzehnten oder Jahrhunderten (!) offen ausgesprochen werden können, deren offizielle Bekanntgabe in den zurückliegenden Jahren und wohl auch heute noch der Werdekraft der Bewegung in einzelnen Teilen unseres Volkes vielleicht aber Abbruch tun könnte«; vgl. H.-A. Jacobsen/W. Jochmann, aaO.

26 Vgl. H. Rauschning, aaO., S. 46, 181, 45 f.

27 Vgl. dazu insbesondere Erwin Faul, ›Der moderne Macchiavellismus‹, S. 329 f., der als Beispiele für diesen Sachverhalt Hitlers »mystische Vorstellungen über die geschichtliche Stunde des Deutschtums«, »die ganz persönlichen Gefühle des Getragenwerdens von determinierenden Kräften, der ›Vorsehung‹, wie er es nennt«, und schließlich Hitlers »Haltung in der Judenfrage« anführt. Schon Theodor Heuß hatte 1932 in seiner Studie über »Hitlers Weg« darauf hingewiesen, daß sich »in der NSDAP zwei sehr verschiedene Tendenzen überdecken: eine völlig irrationale und

eine höchst rationalistische. Beide haben ihre Wurzeln in Hitlers Persönlichkeit, wie sie dem Doppelsinn deutschen Wesens entgegenkommen. Man könnte von bürokratischer Romantik sprechen«; aaO., S. 118.

28 Vgl. H. Rauschning, aaO., S. 177.

29 Zu diesem gesamten Komplex: H. Rauschning, aaO., S. 89 ff.

30 Zit. bei R. Semmler, ›Goebbels‹, S. 86.

31 So O. Dietrich, ›12 Jahre mit Hitler‹, S. 33. Ein anschauliches Beispiel für die Bevorzugung der jeweils härteren Naturen bietet der Streit zwischen Erich Koch und Alfred Rosenberg während des Krieges über die Politik in den Ostgebieten.

32 W. v. Oven, ›Mit Goebbels bis zum Ende‹, Bd. II, S. 299.

33 Ansprache Himmlers an das Offizierskorps der Leibstandarte-SS Adolf Hitler vom 7. Sept. 1940; zit. nach IMT XXIX, S. 109 (1918–PS).

34 Vgl. F. Kersten, aaO., S. 304.

35 Äußerung eines SS-Führers der Ordensburg Vogelsang im Herbst 1937; zit. bei E. Kogon, ›Der SS-Staat‹, S. 20. Vgl. dazu auch die von F. Kersten, aaO., S. 298 ff., berichteten Äußerungen Himmlers über die Waffen-SS, die freilich auch zahlreiche allgemeine Prinzipien und Auslesegrundsätze enthalten. Zur Doppelfunktion der SS ferner: Reinhard Heydrich, ›Wandlungen unseres Kampfes‹, München 1935, insbes. S. 20.

36 ›Kommandant in Auschwitz. Autobiographische Aufzeichnungen von Rudolf Höß‹. Eingel. und kommentiert von Martin Broszat, S. 129.

37 Vgl. ›Das politische Tagebuch Alfred Rosenbergs‹, S. 78.

38 IMT XIX, S. 604 f.

39 A. Bullock, aaO., S. 734. Goebbels bemerkte mit einem ähnlichen Bild: »Es ist schon so: nur ein paar Flammen brennen in Deutschland. Die anderen werden lediglich von ihrem Schein bestrahlt«; Vgl. ›Vom Kaiserhof zur Reichskanzlei‹, S. 17 (Eintrg. vom 4. Jan. 1932). Fast die gleiche Bemerkung taucht ziemlich genau ein Jahr später, am 3. Jan. 1933, in diesem Tagebuch noch einmal auf; vgl. aaO., S. 233.

40 Vgl. F Th. Hart, aaO., S. 58 f.; ferner: F. Kersten, aaO., S. 190.

41 Dazu G. M. Gilbert, ›Nürnberger Tagebuch‹, S. 35 f.

42 So Ernst Kaltenbrunner, zit. bei C. Haensel, ›Das Gericht vertagt sich‹, S. 166.

43 Johannes Pinsk, ›Krisis des Faustischen‹, Berlin 1949. Vgl. in diesem Zusammenhang auch die treffende Kritik, die Helmut Heiber in seinem Buch ›Joseph Goebbels‹, S. 415, an den Dämonisierungstendenzen übt, wie sie der Diskussion sowohl innerhalb der deutschen als auch der ausländischen Öffentlichkeit das merkwürdig gleichartige Gepräge gaben.

44 Hans Frank zu G. M. Gilbert, vgl. ›Nürnberger Tagebuch‹, S. 145.

45 So H. H. Hofmann, aaO., S. 278.

46 H. Buchheim, aaO., S. 85.

47 Vgl. dazu Ernst Weymar, ›Das Selbstverständnis der Deutschen. Ein Bericht über den Geist des Geschichtsunterrichts der höheren Schulen im 19. Jahrhundert‹, Stuttgart 1963, der die Verantwortung der deutschen Bildungstradition für die Anfälligkeit breiter Schichten gegenüber dem Nationalsozialismus herausarbeitet bzw. mit reichem dokumentarischem Material belegt. Einen Hinweis verdient an dieser Stelle auch die hervorragende Arbeit von Hans Schwerte, ›Faust und das Faustische. Ein Kapitel deutscher Ideologie‹, Stuttgart 1962. In einem Anhangskapitel enthält das Buch auch eine Analyse des Ideologisierungsprozesses, dem sich das im Text erwähnte Dürer-Bild »Ritter, Tod und Teufel« ausgesetzt sah.

48 H. Arendt, aaO., S. 456.

LITERATURVERZEICHNIS

In dieses Verzeichnis wurden alle verwendeten Werke aufgenommen, soweit sie in verschiedenen Beiträgen erwähnt werden oder doch für einzelne Beiträge von grundlegender Bedeutung sind. Die Angaben über Ort und Erscheinungsjahr jener Arbeiten, auf die nur gelegentlich verwiesen wird, wurden in den Anmerkungsapparat selbst aufgenommen.

Anders, Karl, Im Nürnberger Irrgarten, Nürnberg 1948.

Arendt, Hannah, ›Elemente und Ursprünge totaler Herrschaft‹, Frankfurt/Main, 1955.

Bayle, Francois, ›Psychologie et Ethique du Nationalsocialisme. Etude anthropologique des dirigeants SS‹, Paris 1953.

Bennecke, Heinrich, ›Hitler und die SA‹, München und Wien 1962.

Bewley, Charles, ›Hermann Göring‹, Göttingen 1956.

Bor, Peter, ›Gespräche mit Halder‹, Wiesbaden 1950.

Borch, Herbert v., ›Obrigkeit und Widerstand. Zur politischen Soziologie des Beamtentums‹, Tübingen 1954.

Bracher, Karl Dietrich, ›Die Auflösung der Weimarer Republik. Eine Studie zum Problem des Machtverfalls in der Demokratie‹, Stuttgart und Düsseldorf 1955.

– ›Das Anfangsstadium der Hitlerschen Außenpolitik‹, in: VJHfZ 1957/H. 1.

– ›Zusammenbruch des Versailler Systems und zweiter Weltkrieg‹, in: ›Propyläen-Weltgeschichte‹, Bd. 9, Berlin 1960.

– zusammen mit Wolfgang Sauer und Gerhard Schulz, ›Die nationalsozialistische Machtergreifung. Studien zur Errichtung des totalitären Herrschaftssystems in Deutschland 1933/34‹, Köln und Opladen 1960.

Brecht, Arnold, ›Vorspiel zum Schweigen. Das Ende der deutschen Republik‹, Wien 1948.

Bross, Werner, ›Gespräche mit Hermann Göring während des Nürnberger Prozesses‹, Flensburg/Hamburg 1950.

Broszat, Martin, ›Der Nationalsozialismus. Weltanschauung, Programm und Wirklichkeit‹, Stuttgart 1960.

– ›Nationalsozialistische Polenpolitik 1939–1945‹, Stuttgart 1961.
– (Hrsg.) ›Kommandant in Auschwitz. Autobiographische Aufzeichnungen von Rudolf Höß‹, Stuttgart 1958.
Buchheim, Hans, ›Totalitäre Herrschaft. Wesen und Merkmale‹, München 1962.
Buchheit, Gert, ›Hitler, der Feldherr. Die Zerstörung einer Legende‹, Rastatt 1958.
Bullock, Alan, ›Hitler. Eine Studie über Tyrannei‹, Düsseldorf 1959.
Burckhardt, Carl Jacob, ›Meine Danziger Mission 1937–1939‹, Zürich/München 1960.
Conrad-Martius, Hedwig, ›Utopien der Menschenzüchtung. Der Sozialdarwinismus und seine Folgen‹, München 1955.
Craig, Gordon A., ›Die preußisch-deutsche Armee 1640–1945. Staat im Staate‹, Düsseldorf 1960.
Crankshaw, Edward, ›Die Gestapo‹, Berlin 1959.
Daim, Wilfried, ›Der Mann, der Hitler die Ideen gab‹, München 1958.
Dallin, Alexander, ›Deutsche Herrschaft in Rußland 1941–1945. Eine Studie über Besatzungspolitik‹, Düsseldorf 1958.
Darré, Walther R., ›Neuadel aus Blut und Boden‹, München 1935.
Diels, Rudolf, ›Lucifer ante portas ... es spricht der erste Chef der Gestapo ...‹, Stuttgart 1950.
Dietrich, Otto, ›12 Jahre mit Hitler‹, München 1955.
›Dokumente der Deutschen Politik‹, hrsg. von Paul Meier-Benneckenstein, Bd. I–VII. Berlin 1937–1940.
Domarus, Max, ›Hitler. Reden und Proklamationen 1932–1945. Kommentiert von einem deutschen Zeitgenossen‹, I. Band, ›Triumph (1932–1938)‹, Würzburg 1962.
Dulles, Allen Welsh, ›Verschwörung in Deutschland‹, Kassel 1949.
Erfurth, Waldemar, ›Die Geschichte des deutschen Generalstabes von 1918 bis 1945‹, Göttingen/Berlin/Frankfurt 1957.
Faul, Erwin, ›Der moderne Macchiavellismus‹, Köln/Berlin 1961.
Foertsch, Hermann, ›Schuld und Verhängnis. Die Fritschkrise im Frühjahr 1938 als Wendepunkt in der Geschichte der nationalsozialistischen Zeit‹, Stuttgart 1951.
François-Poncet, André, ›Botschafter in Berlin 1931–1938‹, Berlin/Mainz 1962.
Frank, Hans, ›Im Angesicht des Galgens. Deutung Hitlers und seiner Zeit auf Grund eigener Erlebnisse und Erkenntnisse‹, 2. Aufl., Neuhaus 1955.
Franz-Willing, Georg, ›Die Hitlerbewegung. Der Ursprung 1919–1922‹, Hamburg/Berlin 1962.
Friedensburg, Ferdinand, ›Die Weimarer Republik‹, Hannover/Frankfurt am Main 1957.
Gilbert, G. M., ›Psychology of Dictatorship‹, New York 1950.
– ›Nürnberger Tagebuch‹, Frankfurt am Main 1962.
Glaser, Hermann, ›Das Dritte Reich. Anspruch und Wirklichkeit‹, Freiburg 1961.
Goebbels, Joseph, ›Das Tagebuch von Joseph Goebbels 1925/26. Mit weiteren Dokumenten herausgegeben von Helmut Heiber‹, Stuttgart o. J.
– ›Michael. Ein deutsches Schicksal in Tagebuchblättern‹, 3. Aufl. München 1933.
– ›Vom Kaiserhof zur Reichskanzlei. Eine historische Darstellung in Tagebuchblättern‹, München 1934.
– ›Signale der neuen Zeit. 25 ausgewählte Reden von Dr. Joseph Goebbels‹, München 1934.
– ›Der Angriff. Aufsätze aus der Kampfzeit‹, München 1935.
– ›Die Zweite Revolution. Briefe an Zeitgenossen‹, Zwickau (Sa.) o. J.
– ›Tagebücher aus den Jahren 1942/43. Mit anderen Dokumenten herausgegeben von Louis P. Lochner‹, Zürich 1948 (Zit. als ›Tagebücher 1942/43‹).

Göring, Hermann, ›Aufbau einer Nation‹, Berlin 1934.
— ›Reden und Aufsätze‹, hrsg. von Erich Gritzbach, München 1942.
Görlitz, Walter, ›Generalfeldmarschall Keitel. Verbrecher oder Offizier? Erinnerungen, Briefe, Dokumente des Chefs OKW‹, Göttingen/Berlin/Frankfurt 1961.
— und Herbert A. Quint, ›Adolf Hitler. Eine Biographie‹, Stuttgart 1952.
Grebing, Helga, ›Der Nationalsozialismus. Ursprung und Wesen‹, München 1959.
Gritzbach, Erich, ›Hermann Göring. Werk und Mensch‹, 2. Aufl., München 1938.
›Gutachten des Instituts für Zeitgeschichte‹, München 1958.
Haensel, Carl, ›Das Gericht vertagt sich. Aus dem Tagebuch eines Nürnberger Verteidigers‹, Hamburg 1950.
Hagen, Walter, ›Die geheime Front. Organisation, Personen und Aktionen des deutschen Geheimdienstes‹, Linz/Wien 1950.
Hart, F. Th., ›Alfred Rosenberg. Der Mann und sein Werk‹, 3. Aufl., München 1937.
Hassell, Ulrich von, ›Vom anderen Deutschland. Aus den nachgelassenen Tagebüchern 1938–1944‹, 2. Aufl., Zürich 1946.
Heiber, Helmut, ›Adolf Hitler. Eine Biographie‹, Berlin 1960.
— ›Joseph Goebbels‹, Berlin 1962.
Heiden, Konrad, ›Geschichte des Nationalsozialismus. Die Karriere einer Idee‹, Berlin 1932.
— ›Geburt des Dritten Reiches. Die Geschichte des Nationalsozialismus bis Herbst 1933‹, 2. Aufl., Zürich 1934.
— ›Adolf Hitler. Das Zeitalter der Verantwortungslosigkeit. Eine Biographie‹, Band I und II, Zürich 1936/37 (Zit. als ›Hitler I‹ bzw. ›Hitler II‹).
Heß, Ilse, ›Gefangener des Friedens. Neue Briefe aus Spandau‹, Leoni 1955.
— ›England – Nürnberg – Spandau. Ein Schicksal in Briefen‹, Leoni 1957.
Heuß, Theodor, ›Hitlers Weg. Eine historisch-politische Studie über den Nationalsozialismus‹, 7. Aufl., Stuttgart/Berlin/Leipzig 1932.
Hitler, Adolf, ›Mein Kampf‹, 37. Aufl., München 1933.
— ›Hitlers zweites Buch‹, hrsg. von G. L. Weinberg, Stuttgart 1961.
Hofer, Walther, ›Der Nationalsozialismus. Dokumente 1933–1945‹, Frankfurt/Hamburg 1957.
— ›Die Diktatur Hitlers bis zum Beginn des zweiten Weltkrieges‹, Konstanz 1960.
Hoffmann, Heinrich, ›Hitler was my friend‹, London 1955.
Hofmann, Hanns Hubert, ›Der Hitlerputsch. Krisenjahre deutscher Geschichte 1920 bis 1924‹, München 1961.
Hohlfeld, Johannes (Hrsg.), ›Deutsche Reichsgeschichte in Dokumenten. Urkunden und Aktenstücke zur inneren und äußeren Politik des Deutschen Reiches‹, Bd. IV: ›Die nationalsozialistische Revolution. 1931–1934‹, 2. Aufl., Berlin 1934.
Horkenbach, Cuno, ›Das Deutsche Reich von 1918 bis Heute. Das Jahr 1933‹, Berlin 1935.
Hoßbach, Friedrich, ›Zwischen Wehrmacht und Hitler 1934–1938‹, Wolfenbüttel/Hannover 1949.
Jacobsen, Hans-Adolf, ›1939–1945. Der Zweite Weltkrieg in Chronik und Dokumenten‹, 5. Aufl., Darmstadt 1961.
— und Werner Jochmann, ›Ausgewählte Dokumente zur Geschichte des Nationalsozialismus 1933–1945‹, Bielefeld 1961.
Jetzinger, Franz, ›Hitlers Jugend. Phantasien, Lügen – und die Wahrheit‹, Wien 1956.
Jung, Edgar J., ›Die Herrschaft der Minderwertigen – ihr Zerfall und ihre Ablösung durch ein Neues Reich‹, Berlin 1930.

– ›Sinndeutung der deutschen Revolution‹, Oldenburg i. O. 1933.

Kayser-Eichberg, Ulrich, ›Geist und Ungeist des Militärs. Versuch über ein Mißverständnis‹, Stuttgart 1958.

Kelley, Douglas M., ›22 Männer um Hitler‹, Olten/Bern 1947.

Kersten, Felix, ›Totenkopf und Treue. Heinrich Himmler ohne Uniform. Aus den Tagebuchblättern des finnischen Medizinalrats Felix Kersten‹, Hamburg o. J.

Kirkpatrick, Sir Ivone, ›The Inner Circle‹, London 1959.

Klemperer, Klemens von, ›Konservative Bewegungen zwischen Kaiserreich und Nationalsozialismus‹, München und Wien 1962.

Klönne, Arno, ›Hitlerjugend. Die Jugend und ihre Organisation im Dritten Reich‹, Hannover und Frankfurt/Main 1960.

Kogon, Eugen, ›Der SS-Staat. Das System der deutschen Konzentrationslager‹, Berlin 1947.

Kordt, Erich, ›Nicht aus den Akten. Die Wilhelmstraße in Frieden und Krieg. Erlebnisse, Begegnungen und Eindrücke 1928–1945‹, Stuttgart 1950.

– ›Wahn und Wirklichkeit. Die Außenpolitik des Dritten Reiches. Versuch einer Darstellung‹, Stuttgart 1948.

Krebs, Albert, ›Tendenzen und Gestalten der NSDAP. Erinnerungen an die Frühzeit der Partei‹, Stuttgart 1959.

Kubizek, August, ›Adolf Hitler, mein Jugendfreund‹, Graz und Göttingen 1953.

Lang, Serge, und Ernst von Schenck, ›Portrait eines Menschheitsverbrechers nach den hinterlassenen Memoiren des ehemaligen Reichsministers Alfred Rosenberg‹, St. Gallen 1947.

Lerner, Daniel, ›The Nazi Elite‹, Stanford 1951.

Lüdecke, Kurt, ›I knew Hitler‹, London 1938.

Meinck, Gerhard, ›Hitler und die deutsche Aufrüstung 1933–1937‹, Wiesbaden 1959.

Meinecke, Friedrich, ›Die deutsche Katastrophe. Betrachtungen und Erinnerungen‹, 5. Aufl., Wiesbaden 1955.

Meißner, Otto, ‹Staatssekretär unter Ebert–Hindenburg–Hitler. Der Schicksalsweg des deutschen Volkes von 1918–1945, wie ich ihn erlebte‹, 3. Aufl. Hamburg 1950.

Milosz, Czeslaw, ›Verführtes Denken‹, Köln/Berlin 1953.

Mohler, Armin, ›Die konservative Revolution in Deutschland 1918–1932. Grundriß ihrer Weltanschauungen‹, Stuttgart 1950.

Muschg, Walter, ›Die Zerstörung der deutschen Literatur‹, München o. J.

Neumann, Franz Leopold, ›Behemoth. The Structure and Practice of National Socialism‹, 2. Aufl., New York 1944.

Niekisch, Ernst, ›Das Reich der niederen Dämonen‹, Hamburg 1953.

Olden, Rudolf, ›Hitler‹, Amsterdam 1936.

Papen, Franz von, ›Appell an das deutsche Gewissen. Reden zur nationalen Revolution‹, Oldenburg 1933.

– ›Der Wahrheit eine Gasse‹, München 1952.

Picker, Henry, ›Hitlers Tischgespräche im Führerhauptquartier 1941–1942‹, Bonn 1951.

Poliakov, Léon, und Joseph Wulf, ›Das Dritte Reich und die Juden. Dokumente und Aufsätze‹, Berlin 1955.

– ›Das Dritte Reich und seine Denker. Weltanschauung – Philosophie – Naturwissenschaften – Geschichte‹, Berlin 1956.

›Der Prozeß gegen die Hauptkriegsverbrecher vor dem Internationalen Militärgerichtshof. Sitzungsprotokolle und Beweisurkunden‹, Bd. I–XLII, Nürnberg 1947–1949 (Zit. als IMT).

Pross, Harry, ›Die Zerstörung der deutschen Politik. Dokumente 1871–1933‹, Frankfurt/Main 1959.
Rauschning, Hermann, ›Die Revolution des Nihilismus. Kulisse und Wirklichkeit im Dritten Reich‹, 5. Aufl., Zürich/New York 1938.
– ›Gespräche mit Hitler‹, Zürich/Wien/New York 1940. Vierter unveränderter Neudruck.
Rees, J. R., ›The Case of Rudolf Heß. A Problem in Diagnosis and Forensic Psychiatry‹, London/Toronto 1947.
Reichmann, Eva Gabriele, ›Die Flucht in den Haß. Die Ursachen der deutschen Judenkatastrophe‹, Frankfurt am Main o. J.
Reitlinger, Gerald, ›Die SS. Tragödie einer deutschen Epoche‹, Wien/München/Basel 1957.
– ›Die Endlösung. Hitlers Versuch der Ausrottung der Juden Europas 1939–1945‹, 4. Aufl., Berlin 1961.
Ribbentrop, Joachim von, ›Zwischen London und Moskau. Erinnerungen und letzte Aufzeichnungen‹, Leoni 1953.
Richter, Alfred, ›Unsere Führer im Lichte der Rassenfrage und Charakterologie. Eine rassenmäßige und charakterologische Beurteilung von Männern des Dritten Reiches‹, Leipzig 1933.
Röhm, Ernst, ›Die Geschichte eines Hochverräters‹, 5. Aufl., München 1934.
Rosenberg, Alfred, ›Der Mythus des 20. Jahrhunderts. Eine Wertung der seelisch-geistigen Gestaltungskämpfe unserer Zeit‹, 12. Aufl., München 1943.
– ›Letzte Aufzeichnungen‹, Göttingen 1955.
– ›Das politische Tagebuch Alfred Rosenbergs aus den Jahren 1934/35 und 1939/40‹, hrsg. und erläutert von Dr. Hans-Günther Seraphim, Göttingen 1956.
Sauer, Wolfgang, ›Die Reichswehr‹ in: K. D. Bracher, ›Die Auflösung der Weimarer Republik‹, Stuttgart und Düsseldorf 1955.
– zusammen mit K. D. Bracher und G. Schulz, ›Die nationalsozialistische Machtergreifung. Studien zur Errichtung des totalitären Herrschaftssystems in Deutschland 1933/34‹, Köln und Opladen 1960.
Schellenberg, Walter, ›Memoiren‹, Köln 1956.
Schirach, Baldur v., ›Die Hitlerjugend. Idee und Gestalt‹, Berlin 1934.
Schlabrendorff, Fabian von, ›Offiziere gegen Hitler‹, Frankfurt/Main und Hamburg 1959 (Fischer-Bücherei).
Schmidt, Paul, ›Statist auf diplomatischer Bühne 1923–1945. Erlebnisse eines Chefdolmetschers im Auswärtigen Amt mit den Staatsmännern Europas‹, Bonn 1950.
Schulz, Gerhard, zusammen mit K. D. Bracher und W. Sauer, ›Die nationalsozialistische Machtergreifung. Studien zur Errichtung des totalitären Herrschaftssystems in Deutschland 1933/34‹, Köln und Opladen 1960.
Schwerin von Krosigk, Lutz Graf, ›Es geschah in Deutschland. Menschenbilder unseres Jahrhunderts‹, Tübingen/Stuttgart 1951.
Seabury, Paul, ›Die Wilhelmstraße. Die Geschichte der deutschen Diplomatie 1930 bis 1945‹, Frankfurt/Main 1956.
Semmler, Rudolf, ›Goebbels – the Man next to Hitler‹, London 1947.
Seraphim, Hans-Günther, ›Das politische Tagebuch Alfred Rosenbergs‹ s. unter Rosenberg.
Shirer, William L., ›Aufstieg und Fall des Dritten Reiches‹, Köln/Berlin 1961.
Sontheimer, Kurt, ›Antidemokratisches Denken in der Weimarer Republik. Die politischen Ideen des deutschen Nationalismus zwischen 1918 und 1933‹, München 1962.

Springer, Hildegard, ›Es sprach Hans Fritzsche‹, Stuttgart 1949.
– ›Das Schwert auf der Waage. Hans Fritzsche über Nürnberg‹, Heidelberg 1953.
Stephan, Werner, ›Joseph Goebbels. Dämon einer Diktatur‹, Stuttgart 1949.
Stern, Fritz, ›Kulturpessimismus als politische Gefahr. Eine Analyse nationaler Ideologie in Deutschland‹, Bern und Stuttgart 1963.
Strasser, Otto, ›Hitler und ich‹, Konstanz 1948.
Strothmann, Dietrich, ›Nationalsozialistische Literaturpolitik. Ein Beitrag zur Publizistik im Dritten Reich‹, Bonn 1960.
Trevor-Roper, Hugh Rewald, ›Hitlers letzte Tage‹, Zürich 1948.
– (Hrsg.) ›The Bormann Letters. The Private Correspondance between Martin Bormann and his Wife from January 1943 to April 1945‹, London 1954.
Weizsäcker, Ernst von, ›Erinnerungen‹, München/Leipzig/Freiburg 1950.
Wighton, Charles, ›Heydrich. Hitlers most Evil Henchman‹, London 1962.
Zoller, Albert, ›Hitler privat‹, Düsseldorf 1949.
›Zwischenspiel Hitler. Ziele und Wirklichkeit des Nationalsozialismus‹, 2. Aufl., Wien/Leipzig 1932.

REGISTER

Die im Anmerkungsteil des Buches auftauchenden Verfassernamen, sowie solche Namen und Begriffe, die lediglich in Buchtiteln erscheinen, wurden im Register nicht berücksichtigt.

ABKÜRZUNGSVERZEICHNIS

BDM	=	Bund Deutscher Mädel
DAF	=	Deutsche Arbeitsfront
DAP	=	Deutsche Arbeiterpartei
DNVP	=	Deutschnationale Volkspartei
DVP	=	Deutsche Volkspartei
FHQ	=	Führerhauptquartier
Gestapo	=	Geheime Staatspolizei
HJ	=	Hitlerjugend
IfZ	=	Institut für Zeitgeschichte, München
IMT	=	Internationales Militärtribunal in Nürnberg
KdF	=	Kraft durch Freude
KPD	=	Kommunistische Partei Deutschlands
NSBO	=	Nationalsozialistische Betriebszellenorganisation
NSDAP	=	Nationalsozialistische Deutsche Arbeiterpartei
NSDStB	=	Nationalsozialistischer Deutscher Studentenbund
NSV	=	Nationalsozialistische Volkswohlfahrt
Ogruf.	=	(SS-)Obergruppenführer
OKH	=	Oberkommando des Heeres
OSAF	=	Oberster SA-Führer
PO	=	Politische Organisation
RAD	=	Reichsarbeitsdienst
RFB	=	Rotfrontkämpferbund
RFSS	=	Reichsführer SS
RSHA	=	Reichssicherheitshauptamt
RuSHA	=	Rasse- und Siedlungshauptamt
SA	=	Sturmabteilung
SD	=	Sicherheitsdienst
SS	=	Schutzstaffel
VB	=	Völkischer Beobachter
VDA	=	Volksbund für das Deutschtum im Ausland
VJHfZ	=	Vierteljahrshefte für Zeitgeschichte

Der Verfasser möchte an dieser Stelle allen Instituten, Bibliotheken und Archiven danken, die ihm ihre Unterstützung gewährt haben, in ganz besonderem Maße dem Institut für Zeitgeschichte in München. Er weiß sich ferner Herrn Gunther R. Lys und Herrn Peter Schulze-Rohr für Anregungen und Hilfe freundschaftlich verpflichtet.